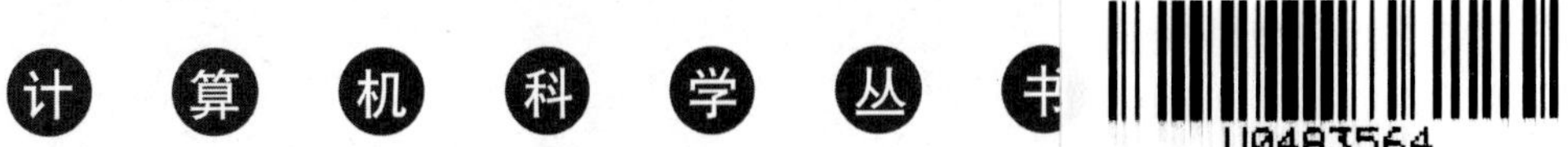

原书第11版

系统分析与设计

[美] 肯尼斯 · E. 肯德尔（Kenneth E. Kendall）
朱莉 · E. 肯德尔（Julie E. Kendall） 著

李刚强 文家焱 译

Systems Analysis and Design

Eleventh Edition

机械工业出版社
CHINA MACHINE PRESS

Authorized translation from the English language edition, entitled *Systems Analysis and Design, Eleventh Edition*, ISBN: 9780137947805, by Kenneth E. Kendall and Julie E. Kendall, published by Pearson Education, Inc., Copyright © 2024, 2019, 2014, 2011, 2008.

All rights reserved. No part of this book may be reproduced or transmitted in any form or by any means, electronic or mechanical, including photocopying, recording or by any information storage retrieval system, without permission from Pearson Education, Inc.

Chinese simplified language edition published by China Machine Press, Copyright © 2024.

Authorized for sale and distribution in the Chinese mainland only (Excluding Hong Kong SAR, Macao SAR and Taiwan).

本书中文简体字版由 Pearson Education（培生教育出版集团）授权机械工业出版社在中国大陆地区（不包括香港、澳门特别行政区及台湾地区）独家出版发行。未经出版者书面许可，不得以任何方式抄袭、复制或节录本书中的任何部分。

本书封底贴有 Pearson Education（培生教育出版集团）激光防伪标签，无标签者不得销售。

北京市版权局著作权合同登记　图字：01-2023-3011 号。

图书在版编目（CIP）数据

系统分析与设计 ：原书第 11 版 /（美）肯尼斯 · E. 肯德尔（Kenneth E. Kendall），（美）朱莉 · E. 肯德尔（Julie E. Kendall）著 ；李刚强，文家焱译. -- 北京 ：机械工业出版社，2024. 7. --（计算机科学丛书）.
ISBN 978-7-111-76436-6

Ⅰ. G202

中国国家版本馆 CIP 数据核字第 2024F8V972 号

机械工业出版社（北京市百万庄大街 22 号　邮政编码 100037）
策划编辑：曲　熠　　责任编辑：曲　熠
责任校对：张勤思　张雨霏　景　飞　　责任印制：单爱军
保定市中画美凯印刷有限公司印刷
2024 年 11 月第 1 版第 1 次印刷
185mm × 260mm · 37.5 印张 · 955 千字
标准书号：ISBN 978-7-111-76436-6
定价：149.00 元

电话服务　　网络服务
客服电话：010-88361066　机　工　官　网：www.cmpbook.com
010-88379833　机　工　官　博：weibo.com/cmp1952
010-68326294　金　书　网：www.golden-book.com
封底无防伪标均为盗版　机工教育服务网：www.cmpedu.com

译者序

本书英文版自1988年首次出版以来，几经更新和完善，目前已经更新到第11版。作者结合30多年的教学和实践经验，以清晰的结构、生动的语言、丰富的案例全面阐述了系统分析与设计所涉及的知识、技术和工具，其实用性和受欢迎程度已经毋庸置疑。许多国家和地区的高等院校都将本书选为系统分析与设计相关课程的教科书，目前已知选用本书作为教材的大学有：澳门大学、香港城市大学、匹兹堡大学、中央俄克拉荷马州立大学、布雷耶州立大学、宾夕法尼亚州立大学、肯塔基大学、德雷赛尔大学、南卡罗莱纳大学达拉·摩尔商学院、福特汉姆大学、威斯康星大学密尔沃基分校、马里兰州立大学、拉塞尔大学、孔敬大学、胡志明科技大学等。

本书作者 Kenneth E. Kendall 和 Julie E. Kendall 均就职于美国罗格斯大学商学院管理系，多年来一直从事系统分析与设计、决策支持系统、管理科学与作业管理的研究和教学工作，致力于开发系统分析员使用的工具，改良系统分析与设计的教学法，以及研究全新的决策支持系统应用。本书学时为一学期，也可以扩展为两学期，供计算机专业、信息管理专业本科高年级学生和研究生使用。课程的难度和课时可以根据实际的教学情况进行调整。

系统分析和设计是实践性很强的工作。本书注重理论与实践的有机结合，更突出实践。本书不是条条框框地列出系统分析员在分析与设计中应该做什么和不应该做什么，而是通过一个个实例来说明为什么要这样或那样做，并让读者自己归纳总结出相应的方法。书中设立了名为“咨询时间”的模块，讨论信息系统领域的新兴热点议题。本书是介绍系统分析与设计的权威著作，不管是在校学生还是实际从事软件项目开发的系统分析员，均可从中汲取有益的经验，这些经验往往需要他们完成几十个系统开发项目后才能领悟。

在本书的翻译过程中，我们力求忠实、准确地保留原书特色，并对书中的术语和难词难句进行了仔细的推敲和斟酌。但由于译者水平有限，疏漏和争议之处在所难免，恳请广大读者提出宝贵意见。

译者

2023年10月

第 11 版新增内容

由于过去几年信息系统领域的快速变革引起了巨大变化，因此本书相应地增加了相关内容，这也是对本书读者、学生和学术评论家提出的有益意见的回应。在这个新版本中，包含许多全新且领先的特征，特别是以下特征：

- 介绍**云开发生命周期（CDLC）的创新内容**，将其与系统开发生命周期（SDLC）进行对比，并详细说明如何实现。（第 1 章）
- 更新有关确定隐喻式第三设计空间的**开源软件研究的最新进展**，在该设计空间中，来自公司和开源社区的参与者可以协同合作，以构建新的设计环境。（第 1 章）
- 增加有关**技术对文化的影响**的内容。（第 2 章）
- 增加有关**敏捷开发**的内容，包括敏捷开发的适用场景，以及何时使用 SDLC 来完成项目。（第 1 章）
- 增加了**六种需求或功能优先级方法**，帮助用户针对拟建系统中最重要的软件功能进行优先级排序。（第 4 章）
- 新增有关**过程挖掘**和任务挖掘应用程序的内容，这些应用程序可以隐式地从企业系统中自动收集有关过程的数据。（第 5 章）
- 新增加有关**劳动力管理**和工作场所分析的内容，可以隐式地监控和改善员工和团队的参与，同时确保隐私和机密性得到保障，识别瓶颈并提出改进建议。（第 5 章）
- 新增关于**用户故事的扩展材料**。（第 6 章）
- **使用工作管理来创建并自动化形成客户与最终用户的用户故事简编**，称为史诗，将任务分解为各个发布版本。（第 6 章）
- 新增关于**数据可视化的创新性材料**，使数据易于理解，并阐述了其优势及注意事项等。（第 11 章）
- 增加商业环境中使用**数据可视化软件的新示例**。（第 11 章）
- 新增介绍如何为网站设计**引入超级菜单的内容**。（第 11 章）
- 新增**有关数据湖的内容**，数据湖是原始数据以及标准化和非标准化数据的存储库。（第 13 章）
- 新增有关基于区块链技术的 **Web 3.0 的内容**，以及基于数据和数据所有权的去中心化。（第 13 章）
- 介绍了有关**元宇宙的概念**以及为系统分析员带来的机会。（第 14 章）
- 新增基于隐私考虑将 **Cookie 合规性**纳入电子商务网站设计的新内容。（第 14 章）
- 增加有关将**人工智能聊天机器人**整合到电子商务设计的指导原则。（第 14 章）
- 增加有关**四种类型的需求可追溯性**的创新内容。（第 16 章）
- 增加有关管理需求可追溯性**软件工具**的新内容。（第 16 章）
- 增加关于**可追溯性规划优点**的新内容。（第 16 章）

- 增加有关**行为驱动开发**及其优缺点的新内容。(第 16 章)
- 增加有关设计注意事项的创新内容，以降低与物联网（IoT）相关的网络安全风险。(第 16 章)

设计特色

为了帮助学生更好地掌握本书内容，本书采用了程式化的插图。

概念图用来介绍系统分析员使用的许多工具，概念图范例说明了逻辑数据流图与物理数据流图的差别。此外，本书还介绍了许多其他重要的工具，包括用例图、顺序图和类图等。

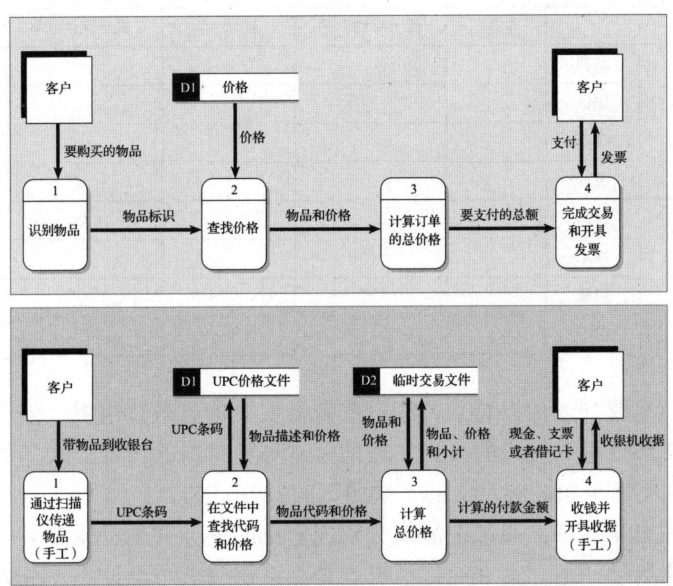

计算机截屏展示了对分析员有用的重要软件特征。这一版对 UX（用户体验）设计做了进一步深化。当我们把用户体验放在第一位时，屏幕显示是至关重要的。实际的截屏展示了设计的重要性。分析员不断寻求改进他们所设计的屏幕和 Web 页的外观，截屏实例有助于说明为什么有些屏幕设计特别有效。

纸质表单在本书中不仅用于展示如何获取用户故事，而且用于表示输入和输出设计以及调查表设计。尽管大多数组织将人工过程计算机化作为最终目标，但是许多数据仍然需要通过手写的纸质表单获取。表单设计的改进不仅能够确保分析员获取正确且完整的输入和输出，还有助于简化由企业对消费者（B2C）电子商务应用程序产生的新的Web自动化内部工作流程。

需求或机会：	应用简便方法实现更快的结算					
故事：	如果客户的身份已确认，并且发货地址正确，则通过接受文件上的信用卡和该客户偏爱的提示（诸如送货方式），可以加快交易过程					
		非常低	低于平均水平	平均水平	高于平均水平	非常高
活动：	编码			√		
	测试			√		
	倾听			√		
	设计				√	
资源：	时间				√	
	成本		√			
	质量				√	
	范围			√		

表格在需要对重要列表加以特别关注，或者需要对信息进行组织、分类时使用。表格还以一种有别于正文部分组织材料的方式，辅助读者理解材料的内容。大多数分析员发现，表格是一种把数字和文本组织成有意义的“快照”的有效工具。

本表格范例取自第3章，通过把活动分解成更小的任务并估计完成它们所需的时间，说明分析员如何细化活动计划。本书的基本观点是，系统分析与设计是一个将众多工具的使用与分析员特有的才智相结合的过程，旨在通过实施或修改计算机化的信息系统，系统地改善企业的效能。只要敢于直面最新的IT挑战（如设计多平台、新的用户类型以及实现基于云的系统等），在专业方面保持与时俱进，通过应用最新的方法、软件和工具，系统分析员就可以在工作中取得更大的成就。

活动	详细的活动	所需时间（周）
数据收集	执行面谈	3
	整理调查表	4
	阅读公司报表	4
	介绍原型	5
	观察对原型的反应	3
数据流和决策分析	分析数据流	8
建议准备	执行成本/效益分析	3
	准备建议	2
	提交建议	2

进一步分解这些活动。

然后估计所需的时间。

第 11 版概览

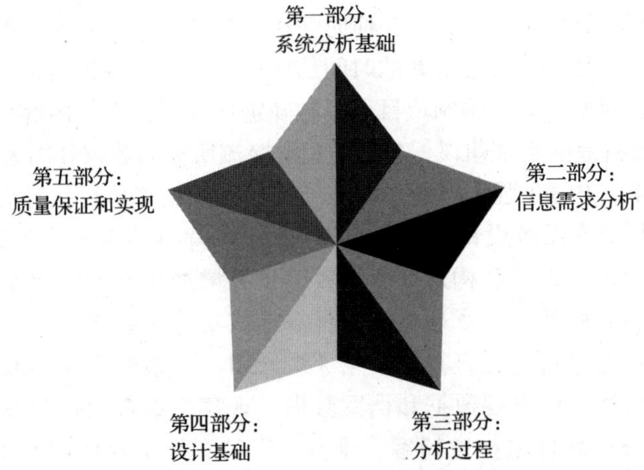

“系统分析与设计”课程通常用 1 ～ 2 个学期进行教学，本书的内容安排也遵循这一模式。本书适用于大学本科（三、四年级）、研究生或者社区学院的相关课程。课程的讲授深度和课时可以根据实际情况做相应调整。

第一部分（第 1 ～ 3 章）强调学生需要了解的有关分析员工作职责的基础知识，包括 SDLC 的三种主要方法体系、敏捷开发方法、UML 面向对象分析以及它们适用的原因和场景。第 1 章介绍了系统分析员的三种角色（顾问、支持专家和变革者），讨论了担任系统顾问的道德问题和职业指导原则，并强调了在新系统设计初期就考虑安全性的重要性。同时，介绍了人机交互（HCI）的概念。此外，介绍了 CDLC，并与 SDLC 进行了对比。本章还探讨了开源软件的使用，以及分析员和组织如何通过使用响应式设计来参与开源社区。第 2 章介绍了初步接触组织时，如何绘制上下文级数据流图、使用实体 - 关系模型以及开发用例和用例场景。

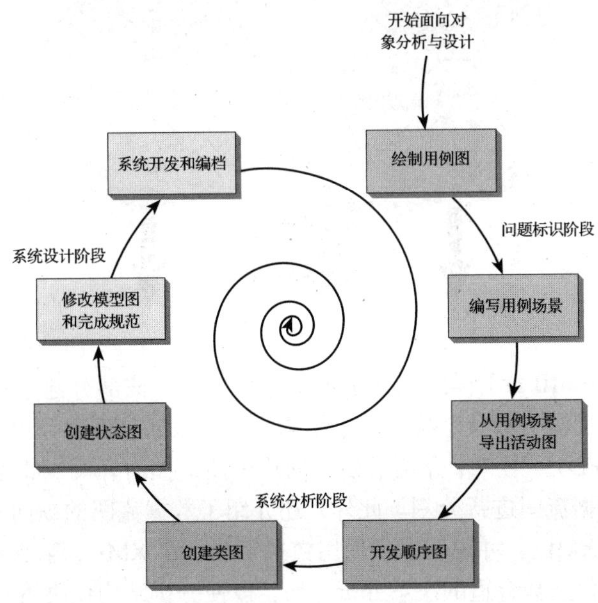

我们将组织看作一个系统，采用企业资源规划系统（ERP）进行描述。此外，还介绍了使用雇主认可的社交媒体建立强大工作场所文化的重要性，并增加了技术对文化的影响方面的内容。第3章重点介绍项目管理，包括有关何时使用云服务与购买软硬件的材料。同时，介绍了项目管理技术，特别是项目管理的新的时间估计技术。本章还包括帮助学生使用工作分解结构处理项目、创建问题定义、编制项目章程和确定项目可行性等内容。第3章引导学生如何专业地编写和提出有效的系统建议，包括与用户交流所需的数据和图表。

第二部分（第4～6章）强调运用系统和结构化的方法来执行信息需求分析。重视分析有助于确保系统分析员在系统设计前解决正确的问题。第4章介绍了一系列的交互式方法，包括面谈、联合应用程序设计和构造问卷调查表，并增加了有关听取用户故事以了解组织行为及其价值的内容。此外，本章还包括六种需求或功能优先级方法，帮助用户对拟建系统中最重要的软件功能进行优先级排序。第5章介绍了一系列用于获取用户信息需求的非干扰性方法，包括采样、调查硬数据和档案数据、观察决策者的行为及其物理环境。本章还介绍了使用文本分析软件来检查博客、维基、采访和社交媒体网站中的非结构化数据，并新增了关于过程挖掘和任务挖掘应用程序的内容，这些软件可以隐式地自动从企业系统中收集有关过程的数据。此外，还增加了关于劳动力管理和工作场所分析的新内容，以隐式观察和识别瓶颈。第6章介绍了敏捷建模和原型化方法，创新性地把原型化方法当作另一种数据收集技术。通过让用户从一开始就介入，使分析员能够解决正确的问题。因为敏捷方法起源于原型化方法，所以本章先介绍原型化方法，为理解敏捷方法提供合适的情景。随后，详细介绍了敏捷方法，包括其价值和原则、活动、资源、实践、过程和工具。新增内容包括敏捷方法Scrum、Scrum计划扑克牌、产品待办事项列表、sprint周期和燃尽图等，同时对关于用户故事和使用工作管理软件创作史诗的材料进行了深化。此外，本章还介绍了应用于软件开发的看板系统，以及DevOps的概念，用于在组织快速系统开发和运营的过程中实现文化的转变。

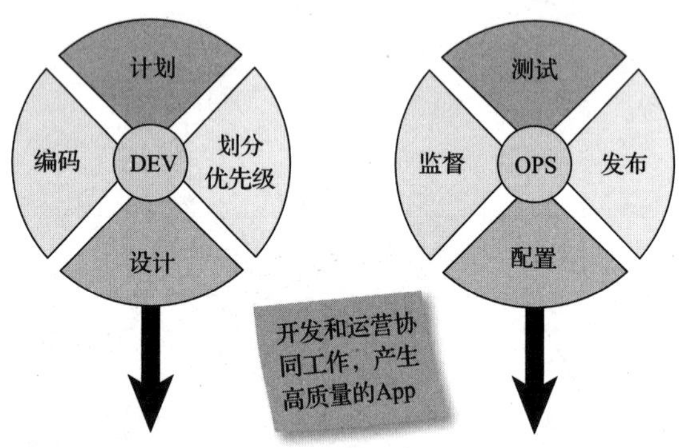

第三部分（第7～10章）详细论述了系统分析过程。该部分建立在前两部分的基础之上，引导学生接触数据流分析及结构化和半结构决策。该部分详细介绍了如何运用结构化技术绘制数据流图（DFD）。第7章介绍了如何创建子图，如何开发逻辑数据流图和物理数据流图，以及如何对数据流图进行分割。此外，还介绍了数据流图的纵向平衡。第8章展开介绍了扩展标记语言（XML），并说明了如何用数据字典创建XML。第9章介绍了如何开发过程规范，还探讨了如何选择合适的决策分析方法，以便分析结构化决策和创建过程规范。

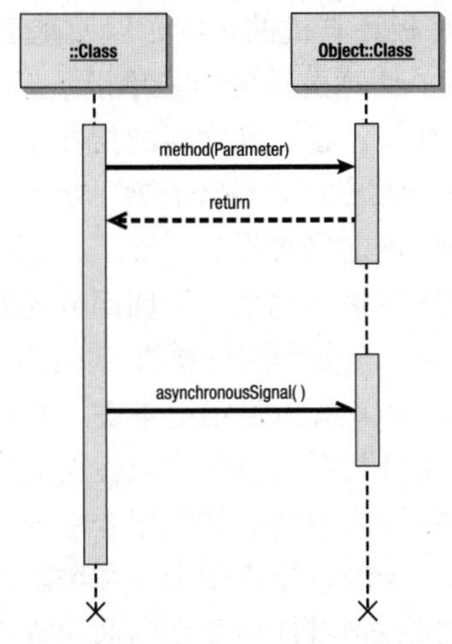

第 10 章介绍了面向对象的系统分析与设计，并用一节内容深度介绍了如何使用统一建模语言（UML）。本章详细介绍了用例模型、用 UML 建立类模型图、顺序图、创建泛型 / 特型图、用例场景和活动图。通过几个范例和“咨询时间”模块，本章说明了如何使用面向对象方法。咨询时间、UML 图和问题使学生能够学会从面向对象的角度用 UML 进行系统建模。本章帮助学生确定是使用 SDLC 方法、敏捷方法还是面向对象系统分析与设计方法来进行系统开发。

第四部分（第 11 ～ 14 章）介绍设计基础。这部分以设计输出为起点，因为许多从业者认为系统是输出驱动的。这一部分详细讨论了基于 Web 的表单设计，特别注意输出方法与内容的关联性、输出对用户的影响，以及如何设计出良好的表单和屏幕显示。第 11 章介绍输出的概念，包括 Web 显示、音频以及 Web 页、邮件和 RSS feed 等电子输出方式。此外，增加了关于数据可视化的创新内容，以便数据易于理解，并举例说明了商业软件。本章强调用于电子商务的 Web 站点的设计，并探讨了将 Web 2.0 技术和社交媒体添加到企业和电子商务网站的重要性。另外，还介绍了使用信息图形设计仪表板，以及超级菜单在电子商务网站设计中的应用，包括响应式网页设计的内容。同时，还介绍了扁平化设计与拟物化设计，作为社交媒体设计的创新指导原则。最后，介绍了智能手机和平板计算机应用程序的设计，以及故事板制作、线框构造和版面设计等。同时，还介绍了输出生产和 XML。

第 12 章介绍了智能手机和平板计算机的设计，以及基于 Web 的输入表单和其他电子表单设计的创新内容，同时还介绍了计算机辅助的表单设计。第 12 章还详细介绍了 Web 站点设计，包括设计者在设计中加入视频、音频和动画的指导原则，详细考虑了如何为企业网站创建有效的图形，以及如何为 Web 站点用户设计有效的屏幕导航。

这部分还讨论了内联网和外联网的网页设计。除了讨论用户如何与计算机交互和如何设计合适的界面外，还考虑了数据库完整性约束。第四部分还阐明了用户反馈的重要性，并强调了如何设计准确的数据输入流程，充分利用计算机和人的能力，保证输入高质量的数据。

第 13 章说明了如何使用实体 – 关系图确定记录键，并提供了文件 / 数据库关系设计的指导原则。向学生展示了数据库设计与系统整体有效性的关系，以及用户实际上应该如何使用数据库。在数据仓库方面，增加对商业智能与数据仓库的关系、大数据和数据分析软件的介绍。还介绍了有关确保数据库安全的数据库安全性和风险权衡方面的内容，新增有关开发和使用区块链技术的内容，以提供一种对任何类型的商业资产都可以进行追踪的可验证的电子记录。与数据仓库相比，本章引入数据湖作为原始数据以及标准化及非标准化数据的存储库。最后，介绍了当前基于区块链构建的 Web 3.0 上的新内容。

第 14 章着重介绍 HCI，特别是其与界面设计以及 UX 设计有关的内容。该章讨论了 HCI 在设计个性化系统以及帮助用户通过信息技术实现个人和组织目标中的重要性。同时，介绍了可用性的概念，使系统分析专业的学生能够在设计中结合 HCI 实践。第 14 章还介绍了如何为智能手机和平板计算机设计基于手势（多点触控）的界面，以及设计警报、通知和查询等的内容。此外，探讨了为 Web 站点访问者设计易于屏幕导航的内容。本章介绍了在 Web 上进行搜索的新方法，重点突出 GUI 设计的内容，并提供对话设计的创新方法。此外，还讨论了元宇宙及其为系统分析员提供的机会。第 14 章清楚地说明了设计电子商务 Web 站点时应考虑的特殊因素，包括开发以客户为中心的电子商务网站的 UX 设计。本章还介绍了名为 Mashup（糅合）的新应用，这是两个或两个以上基于 Web 的应用程序的结合使用。新增有关设计虚拟现实（VR）、增强现实（AR）和智能个人助理的内容。新增有关基于隐私考虑将 Cookie 合规性纳入电子商务网站设计的内容，以及提供将 AI 聊天机器人纳入电子商务设计的新的指导原则。第 14 章还展开介绍了如何在 HCI 框架下构建查询。

第五部分（第 15 ～ 16 章）为本书的最后一部分。第 15 章重点强调了设计准确的数据输入规范，包括通过设计有效的企业对企业（B2B）电子商务来管理供应链的内容。还提供了在数据输入设计中加入二维码（如 QR 码和条码）的建议，并考虑了用 RFID 实现自动数据收集的有用性。第 16 章强调用全面质量管理方法来改进软件设计和维护。此外，还提供了有关系统安全性和防火墙的内容，并在全面质量管理的背景下讨论了系统测试、审计和维护。本章帮助学生理解面向服务的架构（SOA）和云计算与 ERP 相结合如何显著改变信息系统设计的观念，探讨了四种类型的需求可追溯性及其优缺点的创新内容，并介绍了管理需求可追溯性的新软件工具，以及行为驱动开发在敏捷开发中的优缺点。此外，学生将学习如何为新系统的用户设计合适的培训策略，以识别物理转换策略之间的区别，以及如何向客户推荐合适的策略。同时，第 16 章还介绍了关于网络建模技术的内容。

在第 16 章，与电子商务应用程序设计的安全性和隐私有关的内容也有所涉及。安全性方面的内容涵盖防火墙、网关、公钥基础设施（PKI）、安全电子交易（SET）、SSL/TLS 加密、病毒防护软件、URL 过滤产品、电子邮件过滤产品和虚拟专用网（VPN）等。此外，本章新增介绍有关设计改进的云安全性、隐私和稳定性，特别是有关灾难恢复的内容。本章还增加了有关设计注意事项的创新内容，以降低与物联网相关的网络犯罪风险。

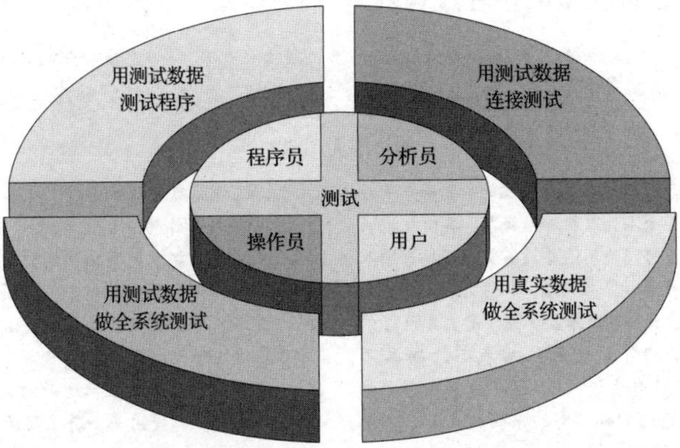

此外，本章还重点讨论了分析员如何推销和监督公司 Web 站点，重点突出 Web 活动监督、Web 站点宣传、Web 流量分析和用户资料，以确保新的电子商务系统的有效性。同时，还系统地讨论了用于评估已完成的信息系统项目的技术。

在本书的最后，提供了书中提及的系统分析与设计领域的术语表和缩略语表。

教学特色

第 11 版各章内容包括：

- 每章开头的**学习目标**：配合每章的主要标题，帮助学生导航，并在构建每个新主题时为他们提供支持。
- 章末**小结**：把每章的要点串起来，同时为考试提供合适的复习资料。
- **复习题**：有助于学习关键定义和术语。
- **问题**：有助于学生将所学的概念和工具应用和拓展到实际情景中。
- **小组项目**：帮助学生在一个系统团队中互相合作，以解决需要团队协作的重要问题。
- **咨询时间**：全书共有超过 50 个案例。
- **Mac 案例专栏**：向学生介绍在 Mac 和 iPhone 上可用的设计软件。
- **多样性、公平性和包容性的提高**：我们在咨询时间和章末问题中添加了更多代表多样性、公平性和包容性的决策者，包括跨性别权力平衡的组织，并重新命名了咨询时间和章末问题中的一些决策者，以包含来自世界各地的不同种族。这些变化真实反映了我们对全球读者群体的考虑。
- **参考文献**：提供相应知识的扩展和补充内容。

咨询时间

本书提供了 50 多个咨询时间，涵盖信息系统领域新出现的相关主题，包括基于 HCI 的系统设计、基于 Web 的电子商务应用程序的设计、云计算决策，以及从面向对象的角度用 UML 进行信息系统建模。这些咨询时间可用于促进课堂讨论，也可以作为家庭作业或者课后考试题目。

鉴于并非所有系统都是为期 2 ～ 3 年的项目，本书提供的许多咨询时间可以通过小组讨论、小组编写及个人编写，在 20 ～ 30 分钟内完成。这些案例书写风格幽默，材料生动，要求学生综合运用所学的知识，并要求他们在职业道德判断方面成熟起来，还希望学生能够清晰准确地表达出产生系统决策的推理过程。

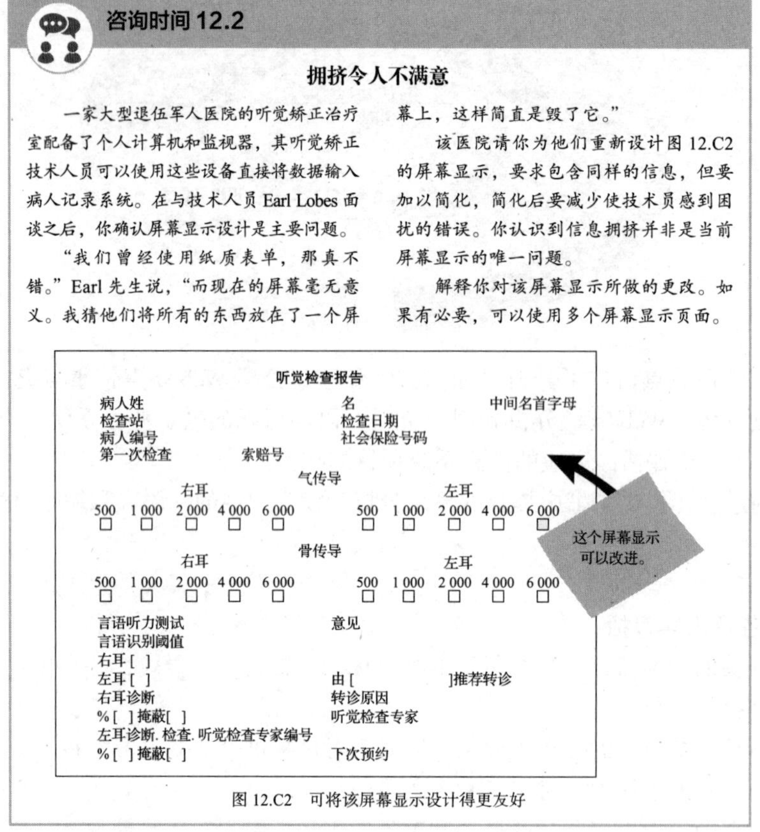

咨询时间 12.2

拥挤令人不满意

一家大型退伍军人医院的听觉矫正治疗室配备了个人计算机和监视器，其听觉矫正技术人员可以使用这些设备直接将数据输入病人记录系统。在与技术人员 Earl Lobes 面谈之后，你确认屏幕显示设计是主要问题。

“我们曾经使用纸质表单，那真不错。”Earl 先生说，“而现在的屏幕毫无意义。我猜他们将所有的东西放在了一个屏幕上，这样简直是毁了它。”

该医院请你为他们重新设计图 12.C2 的屏幕显示，要求包含同样的信息，但要加以简化，简化后要减少使技术员感到困扰的错误。你认识到信息拥挤并非是当前屏幕显示的唯一问题。

解释你对该屏幕显示所做的更改。如果有必要，可以使用多个屏幕显示页面。

图 12.C2　可将该屏幕显示设计得更友好

扩展的教师辅助材料[⊖]

以本书为教材的教师可以在官方网站 www.pearsonhighered.com/kendall/ 以及 Pearson Educator 网站（www.pearson.com）下载扩展的辅助材料。这些材料包括：

- **教师手册**：提供了问题答案、案例解答以及教学建议。
- **幻灯片**：包含本书的讲义，突出显示关键术语和概念。教师可以对幻灯片进行定制，添加或编辑已有的幻灯片。
- **TestGen Testbank 文件**：TestGen Testbank 文件是一组专门为各章配备的扩展的多项选择题、判断题和论述题。题目按难易程度进行分级，以 Microsoft Word 格式存储，并作为计算机化的 TestGen 软件，具有课程管理系统转换功能。
- **TestGen Testbank**：Pearson Education 公司的测试生成软件，可在 TestGen 网站上查询。PC/Mac 和 Blackboard 软件与其兼容，并预装了 TestGen Testbank 文件的所有题目。
- **图库**：包含本书中出现的所有的图表和截屏。

⊖ 关于教辅资源，仅提供给采用本书作为教材的教师用作课堂教学、布置作业、发布考试等。如有需要的教师，请直接联系 Pearson 北京办公室查询并填表申请。联系邮箱：Copub. Hed@pearson. com。——编辑注

致 谢

在编写本书的过程中，我们见证了信息系统领域的快速发展。令人振奋的是，这一版的面世恰逢我们对系统开发的需求日益增加之际。

一个显著的变化是，系统分析员的大部分工作都实现了自动化。分析员使用新的软件应用程序来完成业务过程和任务挖掘，从而可以隐式地自动从企业系统和员工那里收集有关过程的数据。此外，用户故事在获取信息需求方面的显著效果促使分析员系统地扩大其使用范围。分析员可以使用工作管理软件创建用户故事并让客户和最终用户的用户故事汇编自动化，称为“史诗”，并将任务细分为发布版本。系统分析员越来越意识到自己的工作责任的重要性。他们正在使用新的软件工具来规划和管理需求的可追溯性。随着组织和全球互联互通的不断加深，分析员也在学习新的设计方法，以降低与物联网相关的网络犯罪风险。

纵览全书，读者将学习和应用众多的技术、方法和工具，以直观地分析系统。但是在说明组织中正在发生的事情以及通过在分析时应用规则来开发有意义的信息系统时，通过学习与创造力的结合，读者将能够创造一个意想不到的系统：它是结构化、直观、层次丰富和复杂的，它不仅保留了组织的特征，也反映出系统分析员作为人类思考者的独特见解。

艺术家 Pedro Fuller 为本书第 11 版封面创作了有助于启发灵感的油画作品 *Laguna Azul*（蓝色泻湖）。他说：“我完成的每一件作品都试图表达某种独特性。我总是仔细考虑颜色和形式的结合方式，我的艺术主题涵盖了灵性、音乐、政治和幸福。因为我重视音乐的放松性，所以在我的作品中有一种视觉节奏，我试图通过这种节奏来达到与此类似的更平静、更精神化的境界。”Pedro 出生于尼加拉瓜的马那瓜，十几岁时随家人迁居到新泽西州的卡姆登。我们鼓励每位学生在学习设计社交媒体界面、表单、网站和表情时，也努力创造出独特的颜色和形式的结合方式。

事实上，我们的学生都对这一版表示了高度认可，他们针对本书反馈了很多宝贵的意见和建议，并希望及时增加某些主题的内容深度。学生特别提到，书中有关敏捷方法、开源软件协作、过程及任务挖掘、数据可视化和追溯性需求的新内容对他们来说极具价值。

非常感谢本书第 11 版的出版团队成员，特别是产品经理 Jenifer Niles，她在帮助我们完成该项目方面发挥了关键作用。还要感谢 Ellen Thibault，她是我们最初的 IT/MIS 高级编辑 / 内容分析员。Ellen 的幽默感、创造力和对新方法的积极尝试使编写本书第 11 版的工作充满乐趣。感谢 IT/MIS 高级制作人 Gina Eide，Gina 带领整个团队紧密合作，她的冷静、洞察力和亲和力使从事这个项目变得可行又有趣。我们也衷心感谢 Straive 项目经理 Prathiba Rajagopal 和 Praveen Kumar Srinivasan，他们能力出众且始终非常友好。我们也想表扬整个团队，他们支持我们的理念，使本书成为一本以人为本的书籍，是用户体验设计的典范。

我们还要感谢罗格斯大学的鼓励和支持，包括校长 Anthony D. Tillis、院长 Monica Adya，以及肯顿商学院的同事和员工。感谢他们对本书表现出的高度热情，使本书的多个版本得以被翻译成多种语言，包括西班牙语、中文、印度半岛英语和印度尼西亚语。

感谢本书第 11 版的所有评审人员，他们的精心评论和宝贵建议极大提升了本书的质量。

在本书的写作过程中，我们收获了很多同事和朋友的鼓励，感谢他们提出的宝贵意见。他们是：Ayman Abu Hamdieh、Jim Ciupek、Robert Ciupek、Cindy Ciupek、Tim DiVito、John Drozdal、Rich、Margarita Elias、Celonis 学术联盟的 Angela Sophia Gebert、Matt Germonprez、Nancy V. Gulick、Andy Hamingson、Rachel、Stephen Kent、Jim Landmark、Sana Landmark、Colleen Kelly-Lawler、Josh Lawler、Kin Lee、Matt Levy、Lars Mathiassen、Sarah McLellan、Fred Niederman、Joel Porter、Bobbie Porter、Cyril Reade、Allen Schmidt、Caryn Schmidt、Jill Schniederjans、Cheryl Vargo、Ray Vargo、Merrill Warkentin、Brian Warner、Celonis 学术联盟的 Elsa Welshofer、Arlene Wolfling、Paul Wolfling 和 Brett Young, 以及我们在剑桥大学的所有朋友和同事。感谢戏剧联盟、娱乐社区基金、美国剧院之翼、EgoPo 经典剧院、Azuka 剧院、KPMG 基金会、信息系统协会、决策科学协会、国际信息处理联合会工作组 8.2，以及所有参与 ISDSA 和 PhD 项目的人员。

目 录

Systems Analysis and Design, Eleventh Edition

第三部分　分析过程

第四部分 设计基础

第一部分

Systems Analysis and Design, Eleventh Edition

系统分析基础

第 1 章　系统、角色和开发方法

第 2 章　了解组织系统和组织系统建模

第 3 章　项目管理

第 1 章

Systems Analysis and Design, Eleventh Edition

系统、角色和开发方法

学习目标

1. 理解组织中的系统分析与设计需求。
2. 了解系统分析员可以承担的众多角色。
3. 了解系统开发生命周期的基本原理。
4. 了解系统开发的敏捷方法。
5. 认识面向对象的系统设计。
6. 了解云计算和云开发生命周期的重要性。
7. 学习如何选择要使用的系统开发方法。
8. 了解开源软件及其开发方法。

各组织很早就认识到管理劳动力和原材料等关键资源的重要性。信息作为一种关键资源，现在也受到了应有的重视。决策者认识到，信息并非只是执行业务的附属产物，恰恰相反，它为企业注入了活力，而且可能成为决定企业成败的关键因素。

为了充分利用信息，企业必须对其进行正确的管理，正如管理其他资源一样。管理者需要知道，管理的成本与所有信息的生产、分布、安全、存储和获取有关。尽管信息无处不在，但它并不是免费的，我们不可能凭想当然就将其用于企业竞争定位的战略用途。

无处不在的联网计算机以及对 Internet 和 Web 的访问，造成了全社会的信息爆炸，特别是对企业来说。管理计算机产生的信息在很多方面不同于处理人工产生的数据，通常有更大量的计算机信息需要管理。组织和维护信息的成本可能以惊人的速度增长，而且与通过其他途径获得的信息相比，用户往往更信任它。本章分析了不同种类的信息系统的基本原理、系统分析员的各种角色，以及系统开发生命周期（System Development Life Cycle，SDLC）中与人 – 机交互（Human-Computer Interaction，HCI）因素相关的各个阶段。然后，介绍了如何在 SDLC 的替代方案中进行选择，如敏捷方法、面向对象系统分析和设计、云开发生命周期等。接着，对开源软件开发进行了论述。本章最后还介绍了计算机辅助软件工程工具。

1.1 系统分析与设计的必要性

系统分析与设计（system analysis and design）由系统分析员来执行，用于了解在特定的组织或企业环境下人们需要什么才能够系统地分析数据输入或者数据流、处理或转换数据、存储数据和输出信息。通过对客户系统进行彻底的分析，*系统分析员*（system analyst）力求识别和解决正确的问题。此外，系统分析与设计用于对支持用户和企业职能的计算机化信息系统进行分析、设计和实施改进。

安全性（security）不仅对组织信息系统的运行至关重要，而且对于系统开发相关的人员来说也是一种挑战。信息系统存在诸多漏洞，要达到完美安全的想法只是幻想。然而，组织会进行权衡，即对所存储的数据的价值与将遭受的安全破坏进行权衡比较。对系统开发人

员而言，重要的是，在开始设计新系统时就应该认识到必须做些什么工作来设计系统的安全性。从系统设计之初就通过设计来改善隐私控制和安全性，要比为旧的遗留系统增加设计更为可取和有效。当然，你应该始终检查正在更新或改进的系统，以便针对安全问题找到解决漏洞和改进培训的方法。

如果未经正确规划就开发一个系统，会导致用户极大的不满，通常会使系统陷入无用状态。系统分析与设计借鉴了信息系统的分析与设计结构，这种方法代价很高，但如果不采用这种方法，系统分析和设计过程将变得混乱无序。可以这样认为，系统分析与设计是为了通过计算机化的信息系统来改进企业管理方案而系统地采用的一系列过程。系统分析与设计需要与信息系统的当前用户和最终用户进行交流，支持他们在组织环境下使用各种技术。

在整个系统项目开发期间，用户的参与是成功开发计算机化信息系统的关键。系统分析员是开发实用信息系统的另一个基本要素，下一节将讨论系统分析员的角色。

随着软件开发团队的组成越来越国际化，软件用户的作用也越来越突显。这就是说，与软件用户的合作交流更重要了，对他们的业务、问题和目标进行分析更重要了，将计划中的系统的分析与设计告知所有相关用户更重要了。

1.2　系统分析员的角色

系统分析员系统地评估企业的运作方式，检查数据的输入、处理以及信息的输出，旨在改进组织过程。许多改进都涉及通过计算机化信息系统更好地支持用户的工作任务和业务功能。该定义强调以一种系统、严谨的方法分析（并潜在地改进）用户所经历的和在某个业务所创建的特定环境中发生的事情。

我们必须为系统分析员给出更广义的定义。分析员必须能够与形形色色的人合作，而且必须有使用计算机的经验。分析员扮演许多角色，有时还会同时平衡几个角色。系统分析员的三种主要角色是顾问、支持专家和变革者。

1.2.1　系统分析员作为顾问

系统分析员通常担当企业的*系统开发顾问*（system consultant），因此，企业专门聘请他们来解决信息系统问题。这种聘请有一定的优势，因为外聘分析员会带来组织中其他成员不具备的新颖观点。这同时意味着外聘分析员也有不足，因为他永远不会知道真正的组织文化或亚文化外聘顾问主要依赖于本书中讨论的系统方法为在特定企业中工作的用户分析和设计合适的信息系统。此外，还要依赖于信息系统用户，帮助自己通过他人的观点来理解组织文化和亚文化。

咨询时间 1.1

健康的招聘方式：电子商务助手招聘

“我们已经向管理层提出了充分的理由，说明我们应招聘一个专门从事电子商务开发的新系统分析员，想必大家会为此感到高兴。”Marathon 维生素商店国际连锁店的系统分析员 Al Falfa 说。他正与大型系统分析团队商讨新的团队成员应该具备的条件。Al 接着说，“实际上，他们为我们的团队能够帮助 Marathon 开展电子商务战略而感到无比兴奋，他们说我们现在就应着手招聘工作，而不要等到秋季。”

资深分析师Ginger Rute赞同，“只要经济健康发展，Web站点开发人员就会供不应求。我们应当加快步伐。我认为新成员应该掌握系统建模、Java Script、C++和Rational Rose语言，并熟悉Ajax语言。”

Al听到Ginger说出一长串技能，非常惊讶，然后回答说，“不错，那无疑是一种可行的方式。但是我还希望看到一个具有商业头脑的人。大多数从学校出来的人都具有扎实的编程技能，但是他们还应了解统计、库存以及商品推销和服务。”

Vita Minh是系统分析团队的新成员，她打断了讨论。她说，“我之所以选择与大家共事，是因为我们大家在一起相处得非常融洽。因为我还有其他工作机遇，所以我仔细地观察了这里的氛围。据我观察，我们是一个友好的团体。我们一定要招一个具有良好个性且能与我们和睦相处的人。”

Al表示同意，接着说，“Vita说的没错。新成员应当能够与我们大家沟通，而且也能够与商业客户沟通。我们总是以某种方式进行沟通，诸如通过正式表述、绘制图表或者采访用户。如果他们了解决策过程，也会使工作变得更容易。此外，Marathon对于把电子商务整合到整个业务过程感兴趣。新成员至少需要了解Web的战略重要性，页面设计仅仅是其中的一小部分。”

Ginger再次插话，“把它留给管理层吧。我仍然坚持新成员应该是一个优秀的程序员。”然后，她沉思片刻，大声地说，“我想知道UML将会有多重要！”

在耐心聆听每个人的发言以后，从一开始就在Marathon维生素商店工作的分析师之一Kal Siem打趣地说，“我们最好看看能否聘到超人！”

在全体人员大笑之际，Al看到了统一大家思想的机会，他说，“我们不曾料想会听到这么多不同的条件。请大家列出你认为新的电子商务开发人员应该具备的关键条件。我们将分享大家的观点并继续讨论，直到能够详细地描绘出新成员应具备的条件，然后把它呈送给人力资源部进行处理。”

在招聘新的电子商务开发团队成员时，系统分析团队应期望哪些条件？是知道特定语言更重要，还是具备快速学会语言和软件包的能力更重要呢？受聘人员具备基本的商业知识有多重要？所有的团队成员都应具备相同的能力和技术吗？将来从事电子商务开发的系统分析员必须具备什么性格特征？

1.2.2 系统分析员作为支持专家

系统分析员可能需要扮演的另一个角色是担当某个企业的支持专家，企业定期聘用这些支持专家来解决系统能力的问题。如果扮演这种角色，分析员将利用有关计算机硬件和软件及其在企业中的运用的专业知识。这种工作往往不是一个成熟的系统项目，而是只需要影响某个部门的细微修改或者决策。

作为支持专家，分析员不用管理项目，只需作为项目管理者的顾问。如果你是制造公司或者服务公司聘请的系统分析员，那么你的许多日常活动可能以此角色为中心。

1.2.3 系统分析员作为变革者

系统分析员扮演的最重要的角色是变革者（agent of change）：可能是企业内部的变革者，也可能是企业外部的变革者。作为一名系统分析员，每当在SDLC（在下一节讨论）中执行任何一种活动时，就是以变革者的身份出现，并且在很长一段时间内在该企业中存在（短则两个星期，长则一年多）。

在企业中，分析员会起到变革企业的作用。作为一名系统分析员，必须认识到这一事实，并且把它作为分析的起点。因此，从项目一开始，就必须与用户和管理部门（如果它们不是合二为一的话）交互。如果没有他们的帮助，就不可能了解组织中正在发生的事情，也就不可能带来实质性的变化。

1.2.4　系统分析员的品质

从前面描述的系统分析员所扮演的角色不难看出，优秀的系统分析员必须拥有许多品质。首先，分析员是一个解决问题的人。分析员是一个把问题的分析视为一种挑战，并且乐于设计可行的解决方案的人。必要时，通过巧妙地运用工具、技术和经验，分析员必须能够系统地处理面临的情况。

分析员还必须善于交流，能够在很长一段时间内与他人进行有意义的交流。系统分析员必须能够理解人们与技术进行交互的需求，因此他们需要足够的计算机编程经验，能理解计算机的功能，收集用户需求以及传递程序员所需的信息。他们还需具备健康的个人和职业道德准则，帮助维系自己的客户关系。

系统分析员必须是一个自我约束、自我激励的人，能够管理和协调无数的项目资源，包括其他人员。系统分析是一种要求苛刻的职业，但令人欣慰的是，它是不断变化并且始终充满挑战的。

1.3　系统开发生命周期

在本章中，我们一直在讨论系统分析员进行信息系统的分析与设计所采用的系统方法，这主要体现在本书所介绍的三种方法中。第一种方法就是 SDLC。SDLC 是一种阶段化的系统分析与设计方法，基于系统最好按分析员和用户的特定活动周期进行开发的假设。这种方法也称为*瀑布法*（waterfall method），因为系统分析先完成一个阶段，然后进入下一个阶段，依此类推，就像水从一块岩石平稳地向下流到另一块岩石一样。美国项目管理协会（PMI）把它称为计划阶段依次展开的*可预测的生命周期*（predictive life cycle）。

SDLC 究竟有多少个阶段，分析员在这个问题上没有达成共识，但是他们通常对 SDLC 的组织方法意见统一。这里我们把生命期分成 7 个阶段，如图 1.1 所示。尽管每个阶段被单独列出，但绝不可能在单独的一步中完成系统开发。相反，几个活动可以同时发生，并且同一个活动可以重复发生。

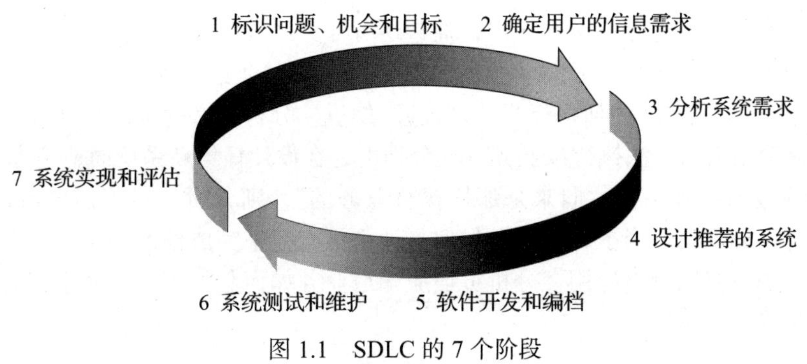

图 1.1　SDLC 的 7 个阶段

1.3.1　标识问题、机会和目标

在 SDLC 的第 1 阶段，分析员标识问题、机会和目标。该阶段是保证项目的其余阶段取得成功的关键，因为任何人都不愿意之后浪费时间来解决错误的问题。

第 1 阶段要求分析员公正地分析企业中发生的事情。然后，分析员与其他组织成员一道指出问题所在。这些问题通常由其他人提出，并且是最初召集分析员的原因。而机会是分析员相信通过使用计算机信息系统可以改进的情况。抓住机会可以使企业赢得竞争优势，或者设立行业标准。

标识目标也是第 1 阶段的重要环节。首先，分析员必须查明企业的目的。然后，分析员通过处理特定的问题或者机会来了解信息系统应用的某些方面是否能够帮助企业达到其目标。

第 1 阶段的参与人员有用户、分析员和协调项目的系统经理。在后续章节中，它们将被视为 SDLC 过程中的*利益相关者*（stakeholder）。该阶段的活动包括采访用户管理层、总结获取的知识、估计项目范围以及对分析结果进行编档。该阶段的输出是可行性报告，其中包含问题定义和目标总结。然后管理层必须决定是否继续进行所建议的项目。如果用户组织预算不足，或者希望处理无关的问题，再或者不需要用计算机系统来解决问题，则可以向其推荐不同的方案，同时不再继续进行该系统项目。

1.3.2　确定用户的信息需求

分析员的下一阶段工作是为涉及的用户确定信息需求，使用各种工具来理解用户在工作环境中是如何与当前信息系统交互的。分析员将使用*交互式方法*（interactive method），诸如面谈、硬数据采样和调查、调查表；使用*非干扰性方法*（unobtrusive method），诸如观察决策者的行为和办公室环境；以及使用*全能的方法*（all-encompassing method），诸如*原型化方法*（prototyping）。

分析员将使用这些方法来提出和回答很多有关 HCI 的问题，如“用户的身体是否健康，有没有生理上的缺陷？”“为了使系统可听、可视和安全，需要做些什么？”“怎样设计新系统界面才能使它易于使用、学习和记忆？”“怎样才能使系统令人满意或者让人觉得使用它是一种享受？”“系统怎样才能支持用户的个人工作任务并用新的工作方式使他们的生产能力更高？”

在 SDLC 的信息需求阶段，分析员尽力了解用户工作时所需的信息。这时分析员研究如何使系统对相关人员有用。系统怎样才能更好地支持个人需要执行的工作？新系统提出了哪些使用户没有它就不能完成的新任务？新系统怎样才能拓展用户的能力，超越旧系统提供的功能？分析员怎样才能创建一个值得用户使用的系统呢？

该阶段的参与人员有分析员和用户，通常还有业务经理和业务工作人员。系统分析员则需要了解当前系统的具体职能：谁（涉及的人）、做什么（业务活动）、何地（工作环境）、何时（时间安排）和怎样做（如何执行当前规范）。然后，分析员必须询问为什么该业务使用当前系统。也许使用当前方法执行该业务有充分理由，在设计任何新系统时应考虑这些理由。

如果当前业务的理由是“向来是那样执行业务的”，则分析员可能需要改进业务过程。该阶段完成时，分析员应当了解用户是如何与计算机交互来完成他们的工作的，以及开始了解如何使新系统更有用且更好用。分析员还应知道业务如何起作用，同时掌握有关人员、目标、数据和规范的完整信息。

1.3.3　分析系统需求

系统分析员的下一阶段工作是分析系统需求。同样，专门的工具和技术有助于分析员确定需求。这些工具以结构化的图形形式说明系统，包括记录业务功能的输入、过程和输出的数据流图（Data Flow Diagram，DFD），展示事件顺序的活动图或顺序图等。根据数据流图、顺序图或者其他工具图，进一步开发数据字典，用于列出系统所用的所有数据项及其规范。

在这个阶段，系统分析员还要分析已制定好的结构化决策。结构化决策是那些可以确定条件、条件选择、动作和动作规则的决策。结构化决策分析主要有三种方法：结构化英语、决策表和决策树。

在 SDLC 的这一阶段，系统分析员要准备一份系统建议，总结已发现的有关当前系统的用户、可用性和有用性的内容；提供各种方案的成本 / 效益分析；建议下一步计划（如果有其他事情）。如果某个建议为管理层接受，则分析员将沿着那个建议继续进行下去。每个系统问题都是唯一的，但绝不会只有一种正确的解决方案。建议或者解决方案的提出方式，取决于每位分析员的个人素质和专业培训，以及分析员在其工作环境中与用户的互动情况。

Mac 案例专栏

无论在家里还是在世界各地的大学校园或企业，我们已注意到学生和机构团体对 Mac 计算机的兴趣越来越浓。因此，我们认为向系统设计人员展示一些有关 Mac 的选学内容，会增加读者对本书的兴趣。如今，在美国购买的个人计算机中，约有 15% 是 Mac 计算机。14 年来，苹果一直使用 Intel CPU（类似于 PC）以及第三方图形处理器和其他部件。2020 年，苹果公司将这一系列零件重新设计为片上系统（SoC），通常被称为苹果硅（Apple silicon）。苹果台式机和笔记本计算机仍然可以在 M 系列处理器上运行 Windows，但只能使用虚拟化软件，第一个这样做的应用程序是 Parallels Desktop for Mac。

Mac 的采用者列举了很多使用 Mac 的原因，其中包括：Mac 操作系统的安全性更好，内置的 Time Machine 具有智能备份功能，包含了大量应用程序，可靠的设置和联网功能，并且能够使 Mac 与其他 Mac 和 iPhone 进行同步。我们认为，Mac 最令人信服的原因是其设计本身。

1.3.4　设计推荐的系统

在 SDLC 的设计阶段，系统分析员使用早期收集的信息，完成信息系统的逻辑设计。分析员为用户设计输入程序，帮助他们准确输入数据，确保输入信息系统中的数据都是正确的。此外，通过使用良好的表单、网页或屏幕设计技术，分析员为信息系统提供有效的输入。

信息系统逻辑设计的一部分是设计 HCI。界面可以将用户与系统联系起来，因此非常重要。用户界面应在用户的帮助下进行设计，确保系统是可听的、可读的和安全的，并且使用起来令人感到愉悦。例如，键盘（输入问题和答案）、屏幕菜单（引出用户命令）和各种使用鼠标或者触摸屏的图形用户界面（Graphical User Interface，GUI）都是物理用户界面的实例。

设计阶段还要设计数据库，它们将存储组织中决策者所需的大多数数据。一个结构良好的数据库使用户受益无穷，这些数据库合乎他们的工作逻辑，并且与他们对工作的看法相匹配。在这个阶段，分析员还要与用户合作设计满足其信息需求的输出（屏幕输出或打印输出）。

1.3.5　软件开发和编档

在 SDLC 的第 5 阶段，分析员同程序员一起开发全部原始软件。在这个阶段，系统分析员还要同用户合作，为软件编制有效的文档，包括程序手册、联机帮助和公布常见问题（FAQ）的 Web 站点，以及新软件所带的 Read Me 文件。因为用户从一开始就参与进来，所以软件文档应处理他们提出的问题，并与分析员一起解决。文档告诉用户如何使用软件，以及在软件出问题时的解决方案。

在此阶段，程序员起到了关键作用，因为他们要设计、编码和删除计算机程序中的语法错误。为了保证质量，程序员可以执行设计走查或者代码走查，向其他程序员团队说明程序的复杂部分。

1.3.6　系统测试和维护

在信息系统投入使用之前，必须对其进行测试。在把软件签发给用户之前发现问题，可以大大降低维护成本。一些测试工作由程序员单独完成，而另一些则由系统分析员和程序员共同完成。执行一系列旨在找出问题的测试，首先在系统中运行示例数据，然后运行当前系统的实际数据。测试计划通常在 SDLC 的早期制订，并随着项目的进展而进行细化。

在这一阶段开始进行系统及其文档的维护，并且在信息系统的生命期内，每天都要执行维护。程序员的大部分日常工作都与维护有关，而且企业要在维护上花费大量成本。一些维护工作，诸如程序更新，可以通过万维网上的软件下载站点自动完成。分析员在整个 SDLC 内采用的许多系统过程，有助于确保维护成本保持最低。

1.3.7　系统实现和评估

这是系统开发的最后一个阶段，由系统分析员帮助实现信息系统。该阶段涉及对用户进行培训，使用户能够应用该系统。一些培训工作由软件商完成，但是培训监督由系统分析员负责。此外，分析员需要为从旧系统到新系统的平稳过渡制订计划。该过程包括把文件从旧格式转换成新格式或者构建一个数据库、安装设备以及将新系统投入生产。

评估作为 SDLC 最后阶段的一部分出现，但实际上，评估在每个阶段都会发生。评估必须满足的一个关键标准是，预期的用户是否真正使用该系统。分析员在完成系统开发的一个阶段后，继续进行下一阶段的工作时，某个问题的发现将迫使分析员返回前面的阶段，并在那里修改已完成的工作。

1.3.8　维护的影响

系统安装以后必须对其进行维护，即必须修改计算机程序，使其保持最新。维护部门所花的时间大约是开发系统所用总时间的 48% ～ 60%，因此，留给新系统开发的时间就相对较少了。随着编写程序数量的增加，所需要的维护量也在增加。

执行维护的原因有两个。一个原因是改正软件错误。不管系统测试多么彻底，计算机程序中还是会有 bug 或者错误。商业 PC 软件中的 bug 通常被称为已知的异常（known anomaly），并在发行该软件的新版本时或者在一个临时版本中对其加以改正。在定制软件中，一检测到 bug 就必须对其进行改正。

执行系统维护的另一个原因是为了适应变化的组织需求而增强软件功能，通常涉及如下三种情况之一：

（1）用户在熟悉计算机系统及其功能后，往往会提出额外的特征要求。

（2）业务随时间发生变化。

（3）软硬件的更新步伐不断加快。

图 1.2 说明了系统开发和维护所花的资源量——通常指时间和金钱。曲线下面的区域表示所花的总金额。从图中可以看出，随着时间的推移，维护的总成本可能会超过系统开发的总成本。在某个点上，执行新的系统研究可能更可行，因为后续维护的成本明显大于创建全新的信息系统的成本。

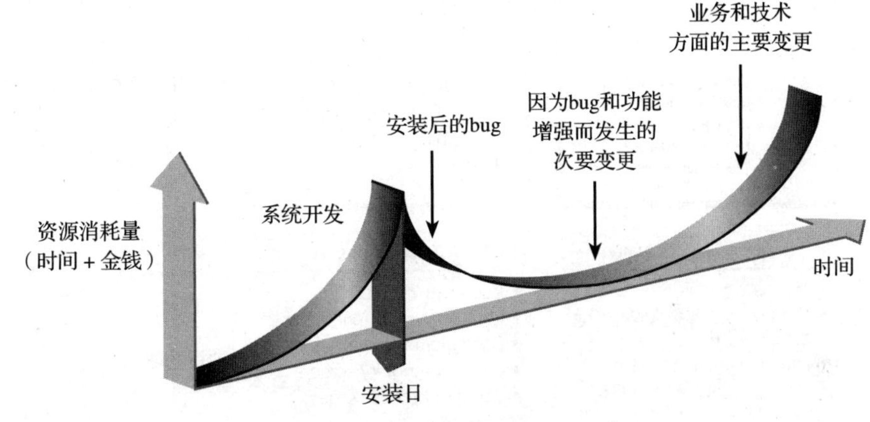

图 1.2　系统生命周期中的资源消耗

总之，在信息系统的生命周期中，系统维护是一个持续不断的过程。安装信息系统以后，维护工作通常表现为改正先前未检测到的程序错误。改正这些错误之后，系统到达一种稳定状态，为用户提供可靠的服务。在这个阶段，维护工作可能涉及消除先前没有检测到的少量 bug，并用少量次要的升级对系统进行更新。然而，随着时间的推移、业务和技术的变化，维护工作量会急剧增加。

1.3.9　使用 CASE 工具

采用 SDLC 方法的分析员通常受益于生产率提高工具，即计算机辅助软件工程（Computer-Aided Software Engineering，CASE）工具。创建 CASE 工具的明确目标是，使用自动化支持来提高分析员的日常工作生产率。分析员利用 CASE 工具来提高生产率，实现与用户更加有效的沟通，以及集成他们在系统生命周期开始到结束期间对系统所做的工作。

与项目有关的所有信息都存储在一个称为 CASE 存储库的“百科全书”中，这是一个由记录、元素、图表、屏幕、报表和其他信息组成的大集合（见图 1.3）。使用存储库信息可以产生分析报表，用以表明设计在哪些地方还不够完整或者还存在错误。

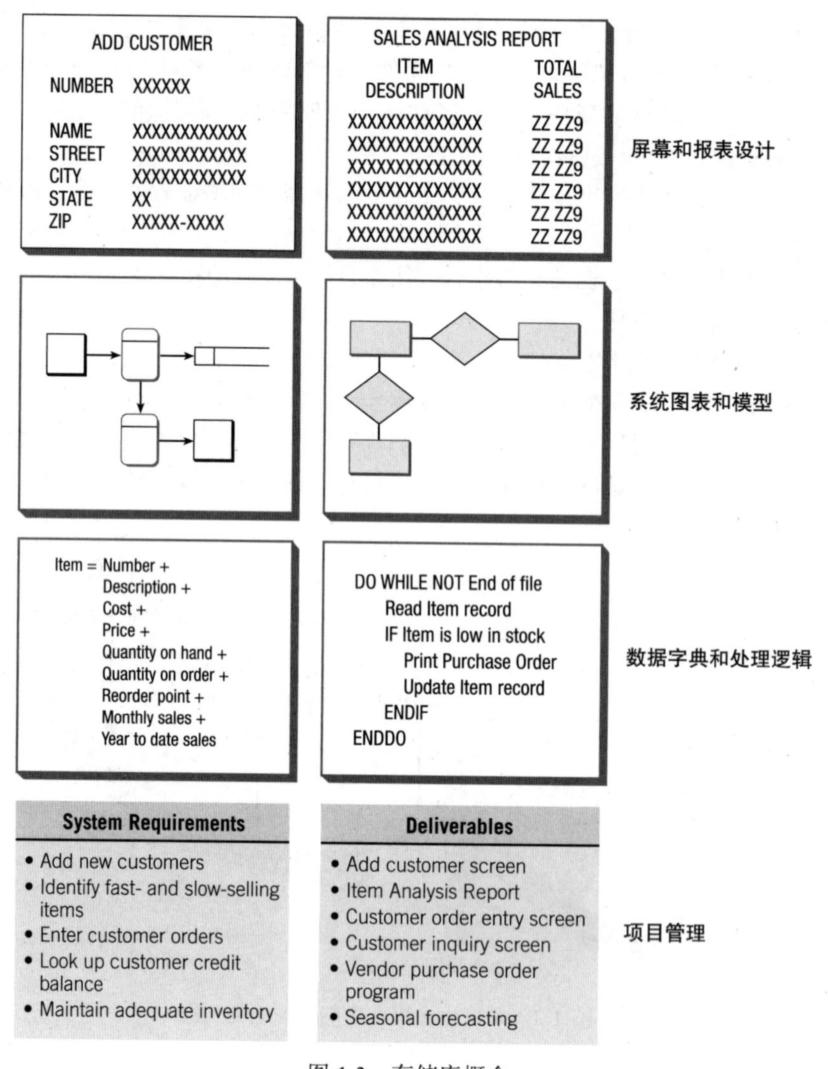

图 1.3　存储库概念

Visible Analyst（VA）是一个 CASE 工具实例，它使系统分析员能够执行图形化的规划、分析和设计，以便构建复杂的客户 / 服务器应用程序和数据库。VA 和 Microsoft Visio 或 OmniGraffle 等软件产品，允许用户轻松地绘制和修改图表。

分析员和用户都声称，CASE 工具在系统概念化过程中为他们提供了一种讨论系统的方式。使用以屏幕输出为主的自动化支持，客户很容易理解数据流和其他系统概念是如何被描绘出来的，然后他们就可以请求改正或者变更，而使用旧工具处理这些可能要花费大量时间。CASE 工具也有助于支持组织的功能需求建模，帮助分析员和用户绘制给定项目的边界，帮助他们对项目与组织中的其他部门的关系进行可视化表示。在后面的章节中，我们将介绍过程和任务挖掘工具，这些工具有助于确定自动化业务过程在哪些方面最有帮助。

1.4　敏捷方法

尽管本书以 SDLC 过程为起点，但有时系统分析员会意识到，组织可能还会受益于其他方法。或许是最近用结构化方法开发一个系统项目失败了，或许是组织的亚文化（由几个不同的用户组构成）更青睐其他某种方法。我们不可能在本书的有限篇幅中对这些方法都做详细讨论。每种方法都值得关注，并且都有相关的专著和研究成果。然而，我们在此提起这些方法的目的是，希望帮助读者认识到在某些环境下，组织可能需要考虑其他可供选择的方法，用以补充结构化分析与设计及 SDLC。

敏捷开发是一种方法论，它是*面向对象方法*（Objected-Oriented Approach，OOA）对系统开发的延伸，包括开发方法（包括生成信息需求）和软件工具。在本书中，它与第 6 章中的原型设计相结合（更多有关 OOA 的内容，请参见第 10 章）。根据项目管理研究所的说法，敏捷开发是一个*自适应生命周期*（adaptive lifecycle）。

敏捷方法（agile approach）是一种以价值、原则和核心实践为基础的软件开发方法论。敏捷方法的 4 个价值是交流、简化、反馈和勇气。我们建议系统分析员在他们承担的所有项目中都采纳这些价值，而不仅仅是在使用敏捷方法时采纳。

为了完成一个项目，分析员通常需要在项目管理方面做出调整。在第 6 章中，我们将会看到，通过调整时间、成本、质量和范围，敏捷方法能够保证项目成功完成。如果在规划时正确地考虑这 4 个控制因素，则能在完成项目所需的资源和活动中取得平衡。

将开发实践发挥到极致，在实施敏捷开发特有的实践时最明显。我们在第 6 章中讨论敏捷开发方法的 4 种核心实践：简短发布（short release）、每周工作 40 小时、现场客户驻留以及运用结对编程（pair programming）。初看起来，这些实践似乎有些极端，但是正如后面将会看到的，把敏捷方法的很多价值观和实践融入系统分析与设计项目中，我们可以吸取一些重要的教训。

我们还探索了一种名为 Scrum 的敏捷方法，该方法以橄榄球运动的起始位置命名。Scrum 的成功与其极快速的发布有很大关系。一个典型的 sprint 周期（或称为冲刺周期）将持续两到四周，在这段时间结束时，团队预计会产生一个潜在可发布的产品。这意味着应用程序或网站不断变化，每次迭代都会在 sprint 周期中产生一组新功能。Scrum 也是独一无二的，因为团队成员可以选择作为一个团队他们想要做的工作。第 6 章将深入讨论 Scrum，让我们回过头来讨论一般的敏捷方法。

活动和行为体现了开发团队成员和客户在敏捷项目开发过程中的行为方式。用敏捷方法完成的项目可以用两个词来表征：交互式（interactive）和增量式（incremental）。图 1.4 说明了敏捷方法的 5 个不同阶段：调研、规划、对第一次发布的迭代、产品化和维护。注意返回“迭代”方框的三个箭头，它表示通过重复测试和反馈而产生的增量变更，最终将形成一个稳定但又不断演进的系统。还要注意有多个返回产品化阶段的循环箭头。这些符号表示迭代速度在产品发布以后增加了。图中所示的循环中，箭头离开维护阶段并返回规划阶段，这是一个涉及客户和开发团队的连续反馈循环，表示他们同意对演进系统进行修改。

1.4.1　调研

在*调研*（exploration）阶段，将对项目环境进行调查，表明问题可以并且应该用敏捷开发方法进行处理的坚定信念，组织团队并对团队成员的技能进行评估。该阶段将需要几周（如果已经了解团队成员和技术）至几个月（如果一切都未知）的时间。在该阶段要积极研究构建新系统所需的潜在技术，还要练习估计各种任务所需的时间。在调研时，客户还将体验编写用户故事。关键目标是使客户充分细化故事，以便能够充分估计制定正在规划的系统的解决方案所需的总时间。该阶段其实就是采取一种好玩和好奇的态度对待工作环境、问题、技术和人。

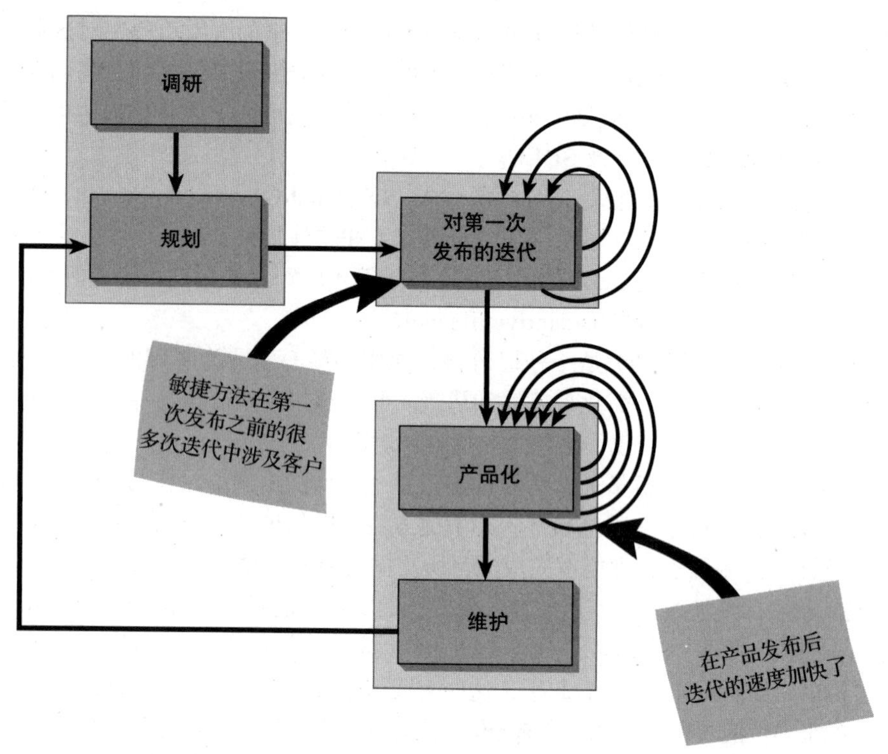

图 1.4 敏捷建模开发过程的五个阶段表明，频繁的迭代对于成功的系统开发至关重要

1.4.2 规划

敏捷开发过程的下一个阶段为*规划*（planning）。与第一阶段相比，规划阶段可能只需几天就能完成。在此阶段，你和客户对提交最迫切的商业问题解决方案的时间达成一致意见，从当前日期算起，为期两个月到半年（你将处理最小的、最有价值的故事集）。如果调查活动做得充分，该阶段应该很快就结束。

整个敏捷规划过程一直用*计划游戏*（planning game）的思想来表征，正如*极限编程*（extreme programming）之父 Kent Beck 所设计的那样。计划游戏阐明了有助于制定敏捷开发团队与商业客户关系的规则。虽然这些规则形成了开发期间各方的行动思想，但并不意味着它们可以替代这种关系，它们是建立和维持这种关系的基础。

所以，我们用一次博弈来做比喻，为此我们用博弈的目标、要执行的策略、要走的棋子和参与的棋手来说明。博弈的目标是最大化敏捷团队所生产的系统的价值。为了凸显价值，必须扣除开发成本以及承担的时间、开销和不确定性，使开发项目可以继续进行。

敏捷开发团队执行的策略始终是一个限制的不确定性（淡化风险）。为此他们设计可能的最简单的解决方案，以便尽早地将系统投入生产，从商业客户那儿获取有关他们正在使用的系统的反馈意见，并基于此来改变设计。故事卡片犹如计划游戏中的棋子，简单描述任务、提供笔记和任务跟踪区。

计划游戏中的两个主要棋手是开发团队和商业客户。确定哪个业务小组将成为商业客户并不总是那么容易，因为敏捷过程要客户扮演一个不同寻常的高难度角色。客户决定开发团队应首先解决什么任务，他们的决定将设定优先级，并且在整个过程中都要检查功能特性。

1.4.3 对第一次发布的迭代

敏捷开发过程的第三个阶段由对第一次发布的迭代（iterations to the first release）组成。通常这些迭代（涉及测试、反馈和变更的工作循环）将持续约三周时间。你将草拟系统的整体架构，尽管这只是大纲或框架形式而已。每次迭代结束时运行客户编写的功能测试是迭代的目标之一。在迭代阶段，还要询问工作计划是否需要更改，是否要处理太多故事。在每次迭代成功后，都要举行一次由客户和开发人员参与的小仪式。永远庆祝每个进步，哪怕是小进步，因为这是激励每个人竭尽全力地为项目工作的文化之一。

1.4.4 产品化

产品化阶段（productionizing phase）会发生若干活动。该阶段的反馈周期加快，不再是每三周接收对一次迭代的反馈意见，而是软件版本在一周内被修订完成。每天可以制作简报，让每个人都知道其他人员的工作内容。产品在该阶段发行，但可以通过添加其他特征加以改进。使一个系统投入生产和应用是一件令人兴奋的事情，应抽出时间与团队成员共同庆祝和纪念这一时刻。我们坚信的敏捷方法的要诀之一是，开发系统应该是开心的事情。

1.4.5 维护

系统一旦发布，就需要保持平稳运行，这被称为维护阶段（maintenance phase）。这期间可以添加一些新功能，也可以考虑一些风险较大的客户建议，团队成员可以轮流值班。在开发过程中该阶段的态度比任何其他时间更保守，因为现在是“火焰守护者”模式，而不是调查阶段经历的游戏模式。

1.5 面向对象系统分析与设计

对于那些随商业环境的动态变化而须做出迅速变化的系统，面向对象（Object-Oriented，O-O）分析与设计是一种不错的方法。第 10 章将介绍什么是面向对象系统分析与设计，它与 SDLC 的结构化方法有何区别，以及在什么情况下适合运用面向对象方法。

一般认为，在复杂的信息系统将经历持续的维护、调整和重新设计的情况下，面向对象技术能够起到很好的作用。面向对象方法使用行业标准，即统一建模语言（Universal Modeling Language，UML），进行面向对象系统的建模，把系统分解成用例模型。

面向对象编程剖析一个系统的组成对象，这一点有别于传统的过程式编程。每个对象都是真实的事物或事件的计算机表示。对象可以是顾客、商品、订单等。对象用类表示，它们被组合成最适合于重用和最有利于维护的类。类定义了该类的每个对象具有的共享的属性和行为集。

1.5.1 面向对象与 SDLC 的相似性

UML 的阶段划分类似于 SDLC，因为这两种方法都有严格的建模方法，它们以比敏捷建模方法更加缓慢、更加审慎的步调推进。系统分析员将经历问题和标识阶段、分析阶段和设计阶段，如图 1.5 所示。

有关内容将在后面的章节中进行讨论，下文给出 UML 建模过程的简单描述。

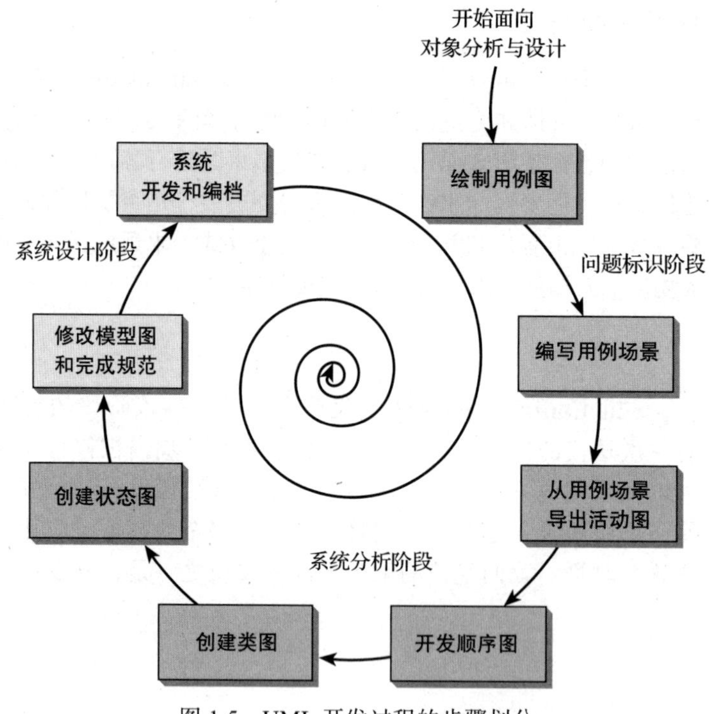

图 1.5　UML 开发过程的步骤划分

1.5.1.1　定义用例模型

在这个阶段，系统分析员标识参与者和由参与者激发的主要事件。通常分析员将从绘制一幅模型图开始，用火柴人表示参与者，而箭头表示参与者的关联方式。这就是用例图（第 2 章），它表示系统中的标准事件流。分析员通常会编写一个用例场景（第 2 章），用语言描述通常要执行的步骤。

1.5.1.2　在系统分析阶段，开始绘制 UML 图

在第 2 阶段（第 10 章），分析员绘制活动图，说明用例中的所有主要活动。此外，分析员还为每个用例创建一个或多个顺序图，表明活动的顺序及时间安排。这是重新检查用例的好时机，可以重新思考用例，如果需要还可以进行修改。

1.5.1.3　仍然在分析阶段，开发类图

用例中的名词是有可能被组合成类的对象。例如，每辆汽车是一个对象，拥有所有汽车的共同特征，这些特征组合在一起就构成了一个类。

1.5.1.4　还是在分析阶段，绘制状态图

类图用来绘制状态图，帮助理解无法用顺序图完全导出的复杂过程。状态图对于修改类图特别有用，使 UML 建模的迭代过程得以继续下去。

1.5.1.5　开始系统设计，修改 UML 图，然后完成规格说明

系统设计意味着修改现有系统，这也隐含着修改前一阶段绘制的模型图。这些模型图可

以用来推导类、属性和方法（即操作）。分析员将为每个类编写规格说明，包括属性、方法及其描述。分析员还要编写方法规格说明，详细描述每个方法的输入和输出需求，以及方法的内部处理细节。

1.5.1.6　系统开发和编档

UML 作为一种建模语言，分析员可以用它创建非常好的模型，但若系统不开发，建立模型就没有多大意义。通过文档和 UML 图提供给开发团队的信息越完备，开发速度就越快，并且最终的生产系统也会更可靠。

面向对象方法通常关注小规模开发和快速迭代，有时被称为*螺旋模型*（spiral model）。它对系统的一小部分执行分析，通常从一个高优先级的项开始，或许是风险最大的项。然后对这个小部分进行设计和实现。进一步对下一个小部分进行分析、设计和实现。这个过程循环往复下去，直到完成项目为止。对模型图及其要素进行修订是正常的。UML 是一种强大的建模工具，可以极大地提高系统分析与设计的质量以及最终产品的质量。

1.6　云开发生命周期

1.6.1　云计算

云计算（cloud computing）是增长最快的计算类型。云计算已经被描述成互联网的隐喻，因为互联网通常被描绘成网络中的云图。利用云计算，组织和个人用户可以使用 Web 服务、数据库服务，以及互联网上的应用程序服务，无须在公司或个人的硬件、软件或软件工具上投资。图 1.6 描述了在云中客户计算机与服务之间的信息交换。企业使用 Grome 或 Mozilla Firefox 浏览器访问应用程序。正如读者所看到的，服务器为企业存储软件和数据。

图 1.6　云计算提供多种服务

许多大型且成熟的硬件、软件和咨询公司，如 Cisco、DELL、IBM、HP、Microsoft、SAP、AWS 和其他公司正在为创造大量云计算而努力，通常使用的是虚拟化资源（virtualized resources）。这些方法的关键在于它们能够“成长”并适应不断变化的业务需求。也就是说，它们可以不断扩展以适应用户不断增长（或不断变化）的需求。软件即服务（Software as a Service，SaaS）模型包含在云计算的概念中。

用户不需要理解、控制或成为技术基础设施方面的专家——这些技术基础设施构成了复杂的云基础设施，使用户能够胜任云计算工作。通常，组织不需要留住 IT 员工来扩大或缩小系统规模，即使合同或公司预算向上或向下变化。这是由于这些变化的影响被减弱了。

通常，使用云计算的组织发现不必弥补 IT 基础设施的前期资本支出，这使得预算较小、可预测性较差的小公司也能够更快地在处理信息方面取得进展，并让大公司将投资资金向战略项目倾斜，而不是 IT 基础设施。通过云计算共享 IT 资源意味着大量企业用户共享 Web 服务的同时只需共同承担较低的成本，从而提高峰值负载能力，确保未充分利用的系统得到更有效和更广泛的使用。

由于云计算提供了许多冗余站点，公司还希望通过云计算来提高执行灾难恢复的能力。云计算虽不可免受停机的影响，但它可以将风险传播到多个服务器。

通过使用安全相关服务，组织试图以此来提高云计算的安全性。然而，有人担心，这种集中管理的方式可能会导致失去对关键任务数据的控制。用户可以受益于从单个计算机安装或单个接口中解放出来而获得的移动性。相反，通过云计算提供的 Web 浏览器和基于 Web 的服务，用户可以随时随地访问应用程序，而不必考虑他们使用的位置或设备。

许多大型软件公司（其中一些公司被称为“纯玩家”，因为它们从未作为实体企业存在过）正在提供使用云计算的应用程序，用户可以使用其 Web 浏览器访问这些应用程序。其中包括 Google 应用程序（用于电子表格和日历）、AWS、Akami 和 Salesforce.com 的客户关系管理（Customer Relationship Management，CRM）软件，该软件现在也可以在 iPhone 上使用。这些软件供应商表示，他们正试图降低用户的成本，并提供更大的灵活性。

一些观察人士认为，向云计算的转变是老牌大公司巩固和保留其核心业务的一种方式，即通过将 SaaS、面向服务的架构（Service-Oriented Architecture，SOA）、虚拟化、开源和过去十年的许多其他趋势纳入其通过互联网提供的软件、软件工具、服务和计算能力中。

1.6.1.1 云计算利弊权衡

研究人员指出，对隐私和安全的担忧是组织采用云技术的主要障碍。他们指出，有许多方法可以解决这些障碍，最常见的方法是通过可以实现的技术（硬件或软件）解决，或者可以通过管理制定的业务响应（改进员工培训，将云计算的安全性作为战略重点，等等）。有时则是本地 IT 部门过度警惕，对流向云计算提供商的公司数据和过程加以控制，不必要地阻碍了云计算的采用，这引发了人们的担忧，但这种担忧并没有得到风险评估的支持，而是得到自我保护本能的支持，或者至少是维持现状的本能。

到目前为止，我们已经习惯了企业在采用技术或组织解决方案时必须进行利弊权衡的想法。不可避免的是，企业将对云提供商进行评估，有时还有系统分析师的参与。如果是这样的话，我们的系统评估和比较云提供商的能力对客户来说是很有价值的。

其中一个要做的主要决定是使用外部云提供商（公共云）还是内部云提供商（私有云），这可以通过私人配置的云服务集中组织的数据中心来实现。有时，使用公共云的决定与公司战略控制数据的重要性有关。混合使用这两种方法可能是一种解决方案，其中与战略目标和企业知识产权相关的更关键的数据保存在私有云中，同一组织的不太关键的数据则使用公共云。

分析师可以做出的最大贡献之一是帮助权衡数据安全风险与要存储和使用的数据价值。一种方法是评估云提供商的灾难恢复计划，云提供商用这些计划处理各种被视为云存储候选的关键任务数据。

1.6.1.2　选择云提供商的因素

在评估信息系统客户的云服务提供商时，需要提出以下几个问题：

（1）如果云服务提供商的客户被黑客入侵，这会如何对云提供商托管的其他业务产生不利影响？

（2）当云系统最终退役时，客户如何确保数据从云系统中完全删除？

（3）云提供商使用的数据架构是标准和透明的吗？如果客户想出于成本或安全考虑更换提供商，这样做是现实的吗？

（4）是否有太多非标准的实际做法和专有编程结构在使用，使得传输数据不可行？

（5）客户如何确定云提供商或其为其他客户工作的员工中没有人可以访问组织的数据？

一旦能够对各个云计算提供商的答案做出比较，客户就可以决定哪家云服务提供商最适合在项目参与过程中出现的计算需求类型。由于不同的国家和司法管辖区（例如，欧盟或美国）在云系统中存储的数据隐私以及政府是否可以访问普通公民的数据等方面有不同的法律，因此在某些情况下，这些因素必须加以考虑，如查明云提供商的位置，以及云提供商是否正确遵守有关用户及其位置的隐私和安全的所有法律法规。

1.6.1.3　ERP 系统和云

研究人员建议，利用云计算的新的低成本企业资源计划（Enterprise Resource Planning，ERP）产品可以减少与实施 ERP 系统相关的许多问题和挑战。组织不必购买昂贵的新 IT 设备，ERP 软件的新版本和升级由 ERP 云供应商维护和安装，并且切换到其他模块可能比以前简单。

一家名为 Workday（www.workday.com，由两位 PeopleSoft 资深人士创建）的供应商为中大型组织提供 SaaS 解决方案。他们宣传这些解决方案成本低且容易升级，降低了数据存储成本，提供了更环保的 IT 足迹，并且与使用可预测订阅定价模型的传统 ERP 相比更容易实现。此外，Workday 声称，其系统解决了遗留的 ERP 实现中长期存在的一些问题，包括内部部署 ERP 系统的不可预测成本、IT 业务问题的零碎解决方案以及服务水平变化无常等问题。

另一家著名的云 ERP 供应商是 NetSuite（www.netsuite.com），它为中小型企业提供会计软件、实时库存管理、CRM 软件、电子商务和实时全球业务管理等。NetSuite 在 2016 年被 Oracle 收购，它通过强调降低 IT 成本和实时可见性，以及随时随地访问决策者认为对运营组织至关重要的业务信息来提供差异化服务。

与云计算中的其他尝试一样，尤其是可以存储敏感企业数据并运行关键任务应用程序的 ERP 系统，各组织正在创建新的工具来评估推进战略目标的潜在价值，评估企业的风险，检查安全问题，判断用户接受的概率，并判断将基于云的 ERP 集成到其 IT 供应链中的可能性。分析师已经开发了一些数据收集和分析工具，这些工具可以促进组织就采用基于云的 ERP 做出合理决策。

1.6.2　实现 CDLC

根据美国商务部国家标准与技术研究所（National Institute of Standards and Technology，NIST）的说法，云模型具有五个基本特征、三种服务模式和四种部署模式（Mell&Grance，2011），其五个基本特征包括：

- 按需自助服务
- 无所不在的网络访问
- 资源池
- 快速弹性伸缩
- 服务可度量

三种服务模式包括：

- 软件即服务（SaaS）
- 平台即服务（PaaS）
- 基础设施即服务（IaaS）

四种部署模式包括：

- 私有云
- 社区云
- 公共云
- 混合云

将 SDLC 与云开发生命周期（Cloud Development Life Cycle，CDLC）进行比较时，我们注意到几个关键的差异。最重要的是要注意，两者在做出硬件决策的时间上有所不同，而生命周期中的这种变化可能会促使决策者在开发过程中更早地使用云计算。CDLC 是一个可预测的生命周期，我们可以看到 SDLC 和 CDLC 阶段之间的相似之处。

CDLC 的六个阶段包括数据收集、开发、发布、持续运营、优化和改进。SDLC 和 CDLC 在开发和发布阶段有所不同。CDLC 可以提供廉价的测试，因为渗透测试（或模拟网络攻击）作为开发工作的一部分，可以相对便宜地在服务器上完成。但 SDLC 不提供这一点，因为测试的实现是在安装硬件和软件之后完成的。

CDLC 与 SDLC 的不同之处还在于，与开发生态系统的合作允许开发人员访问数据，并减少用于其他任务（如各种系统测试）的时间。此外，使用 CDLC 方法比传统的 SDLC 更快。当基础设施由云供应商而非主办单位的开发团队维护和管理时，可以减少实现时间。与云服务（如 AWS）的协作和集成都使业务有可能在整个组织中快速扩展，并快速与外部软件供应商对接。在实施基于云的系统时有五个战略考虑（改编自 Elman，2020；Hill，2019）：

（1）如果系统项目的首要目的是节省用于本地数据中心及其维护和支持人员的成本，则选择云计算。

（2）从小处着手，逐步尝试建立自己的云计算，以便以后可以扩展。

（3）选择多个云提供商，以避免陷入单个供应商的困境。

（4）像监控任何其他 IT 转型项目一样，密切监控云计算带来的变化，包括确保来自多个系统的应用程序和数据的可见性。

（5）制定整合战略。充分利用混合生态系统，利用云实现带来的新协同效应、关系和快速发展机会。

1.7　选择要使用的系统开发方法

前文所述的四种系统开发方法之间的差异，并非如开始时看起来那么大。对于所有四种方法而言，分析员首先需要对组织有所理解（第 2 章）。接着，分析员或项目团队需要预算时间和资源，并制定项目建议书（第 3 章）。然后，他们需要与组织成员进行面谈，利用调查表收集详细数据（第 4 章），即从现有报表中抽取样本数据，并观察当前业务是如何处理的（第 5 章）。这四种方法一般都有这些活动。

甚至方法本身也有相似之处。SDLC 和面向对象方法都要求大量规划和图形化表示。敏捷方法和面向对象方法都允许子系统依次建立，直到整个系统完成为止。敏捷和 SDLC 方法都考虑数据在系统中的逻辑流动方式。

因此，假定需要选择用 SDLC 方法、敏捷方法和面向对象方法来开发系统，该选择哪一种方法呢？图 1.7 提供了一组指导原则，帮助我们在开发下一个系统时选择合适的系统开发方法。

开发方法	使用时机
SDLC 方法	• 系统已经用 SDLC 方法开发和编档 • 对开发过程中每一步的编档工作很重要 • 上级管理部门感到使用 SDLC 更舒服或更安全 • 有充分的资源和时间来完成整个 SDLC • 对新系统如何工作的交流是重要的
敏捷方法	• 组织中有一个敏捷方法的领导者 • 为了适应动态环境变化需要快速开发应用程序 • 发生救助行为（系统故障，并且没时间弄清楚问题原因） • 客户对增量改进感到满意 • 行政主管和分析员都赞同敏捷方法的原则
面向对象方法	• 问题建模本身使用类来完成 • 组织支持 UML 学习 • 系统可以一次一个子系统地逐渐增加 • 重用以前编写的软件是可能的 • 首先处理困难问题是可以接受的

图 1.7　如何决定使用哪种系统开发方法

1.8　开发开源软件

传统软件开发是对用户隐藏专利代码的，而与之相对的一种软件称为开源软件（Open Source Software，OSS）。有了 OSS，很多用户和程序员就可以学习、共享和修改代码或计算机指令。该社区的规则包括所有程序修改必须与项目中的所有人共享。

OSS 开发已经成为一种生活理念，而不仅仅是创建新软件的过程。参与开源软件社区的人往往把它当作一种有助于社会变化的方法。然而，把开源软件看作一种整体运动，就过于简单化了。我们基本上不知道什么类型的用户或分析员在开发开源软件项目，也不知道他们以什么为基础。

开源软件就是这样的代码：向公众开放，以供查看、更改和分发，开发者认为这是合适的。软件是以合作的方式创建的，每个参与者都会做出贡献，所有做出贡献的人都会受益。

这是一个公共的过程和产品。所有开源代码都由开源许可证管理，许可证在被接受之前必须经过审查过程。

如果读者有一部安卓手机，那么你使用的就是开源操作系统。众所周知的开源项目包括用于开发 Web 服务器、Mozilla Firefox 浏览器的 Apache 和 Linux，后者是一种类似 UNIX 的免费开源操作系统。其他目前正在流行的开源技术包括区块链、网络安全、物联网（Internet of Thing，IoT）、云计算、大数据分析等。读者可以在接下来的章节中阅读有关这些技术的内容。

1.8.1 开源运动

研究人员最近按照 6 个不同维度（一般结构、环境、目标、方法、用户社区和许可方式），将开源社区分成 4 种不同类型：专门的（ad hoc）、标准化的（standardized）、有组织的（organized）和商业的（commercial）。一些研究人员认为 OSS 处在十字路口，商业和社区开源团体需要明白他们的汇合点在哪里及可能存在的冲突在哪里。

支持使用开源项目的大型非营利基金会包括 Apache 基金会，该基金会由 Apache HTTP 服务器和 Linux 基金会的一群开发人员组成。Linux 基金会是一个非营利组织，致力于推动：开源 Linux 操作系统的技术改进；教育；围绕 Linux 内核的开源开发合作，包括与之相关的工具和服务。该基金会主持了 500 多个开源项目，它有助于开源项目的形成、管理和协作。

在网上，GitHub（2018 年被微软收购）是一个软件开发平台，供那些希望存储、跟踪工作并在开源项目上进行合作的开发人员使用。如果你正在使用 GitHub，你可以上传自己的代码文件并与他人合作。有趣的是，GitHub 作为一个社交网站也是功能多样的。它培养了一种社区文化，帮助开发人员相互联系，进行合作，甚至销售他们想吸引他人购买的新项目。GitHub 使用 Git 软件，这是开发人员使用最多的开源版本控制软件。它在跟踪各种版本历史记录时很重要，但最重要的是跟踪文件代码版本。

1.8.2 第三设计空间

开源社区成员和企业之间的广泛合作是一个相对较新的现象。过去，公司专注于开发专有软件，其代码对外人严密防范，以使公司在新软件产品和 IT 战略方面相对于竞争对手具有优势。开源社区正在努力改进代码，并建立一个支持开源软件价值观和实践的社区。

我们的研究团队将企业开发者和开发者社区之间的新合作确定并描述为第三设计空间（Third Design Space）。这是一个具有隐喻性、非物理存在的空间（Kendall，Kendall，Germonprez & Mathiassen，2020）。

第三设计空间的参与者共同创造了一个新的设计环境。他们建立了一个新的设计协会，并循环使用共享的设计资源。他们的合作产生了新的、共享的软件和创新的软件开发过程。创建共享软件工件的过程扩展了在这种新兴的企业公共环境中工作的影响。虽然第三设计空间产生于先前的关系、隶属关系和交互，但它一直在变化和发展。以这种创新的方式进行合作为开发人员增添了新的属性，他们可以在这个创新的空间中被视为企业和社区。在严格的商业或独立的开源社区中不可能实现的新软件创新是在第三设计空间中开发的。

1.8.3 企业参与开源软件开发的好处

正如读者所见，参与开源软件的设计对你和你的雇主都有很多好处。研究团队使用博弈论考察了对企业参与者关于开源合作的采访，以了解企业为什么参与开源软件开发（Kendall and Germonprez，2016）。我们确定了营利性公司选择开发开源软件的六个理性因素及六个感性因素，如图1.8所示。

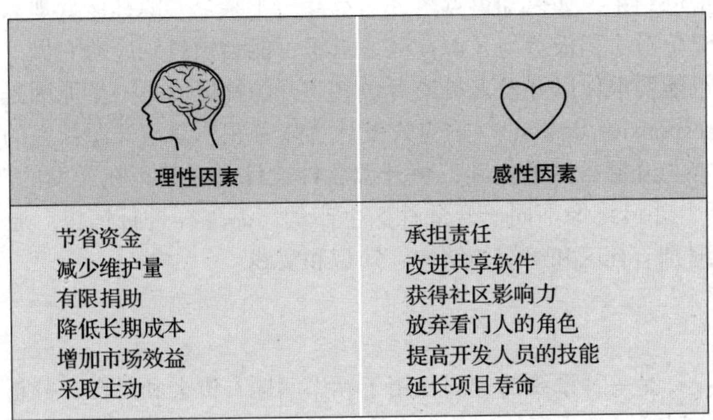

理性因素
感性因素
节省资金
减少维护量
有限捐助
降低长期成本
增加市场效益
采取主动
承担责任
改进共享软件
获得社区影响力
放弃看门人的角色
提高开发人员的技能
延长项目寿命

图1.8 营利性公司选择开发开源软件的六个理性因素和六个感性因素

1.8.4 许可及合规问题

许可证是开发和使用所有开源软件的关键因素，有几种流行的许可证可用，包括Apache License 2.0、GNU General Public License（GPL）、Common Development and Distribution License以及Mozilla Public License 2.0。许可证是社区共识的产物，因此不同的社区使用不同的许可证。选择适合自身项目的许可证是很重要的。在开源许可证的用户端，你需要确定并遵守用于报告目的的许可证。

许多准确、有效的方法可以用来确定想要使用的开放软件中的许可证，还有一些工具，甚至是名为SPDX（Software Package Data Exchange）的工作组（由Linux基金会赞助）。

名为FOSSology的Linux基金会项目是一个开源许可证软件系统和工具包。根据其网站描述，“你可以从命令行运行许可证、版权和导出控制扫描”。此外，FOSSology提供了一个合规的工作流程。可以使用FOSSology生成SPDX文件或生成具有版权的ReadMe文件，所有这些都只需单击一下。FOSSology可以扫描整个开源软件发行版，自动提交新版本，只有更改过的文件才会被重新扫描。使用此软件可以节省大量时间，尤其是在大型项目中。

就个人而言，开发开源软件的经验是你可以添加到简历中的一项技能，很可能会帮助你找到一个职位。最近，据报道，超过90%的招聘经理面临着缺乏开源人才来填补职位空缺的问题。许多招聘经理急于寻找经过认证的开源软件工程师，而大致同样比例（超过85%）的人愿意帮助员工获得开源技能的认证。你可以通过在GitHub注册加入项目，或在Linux Foundation网站上注册特定项目，甚至通过了解你的雇主是否有你可以参与的开源小组来加入项目。

1.8.5 分析员在开源软件中的角色

作为分析员你可能会应主要雇主的请求而参与开源社区。一个众所周知的开源社区是围绕Linux内核进行开发的，这是一个大型的开发人员的虚拟社区。开发人员有不同的参与程度或方式，而且参与原因也不尽相同。其他著名的开源项目包括Mozilla Firefox、Android、

Apache 项目等。甚至 NASA（美国国家航空航天局）也有一个富有活力的开源社区（参见 http://ti.arc.nasa.gov/opensource/）。

公司派你去开源社区的一个可能原因是对开源软件可能给组织带来什么好处感到好奇。这可能是从众效应的结果，如果知道竞争公司都参与了某个开源社区，那么你的组织也可能想要参与。随着竞争对手积极参与开源社区，组织可能会预料到应对它做严格调查，而不是草率拒绝。公司可能要求你以开发人员的身份参与开源社区的另一个原因是，实现研究人员的响应式设计（responsive design）。响应式设计意味着在你参与开源社区的同时受雇于某个组织，并利用你参与开源社区的实践，将开源软件设计融入其正在开发的专利产品、过程、知识和 IT 制品中，并最终像不同于开源社区生产的产品那样进行销售。通过响应式设计的过程，IT 制品同时拥有社区和组织的结构、知识和实践。

1.9　小结

系统分析与设计是一种系统的方法，用于标识问题、机会和目标，分析组织中人和计算机生成的信息流，以及设计计算机化的信息系统以解决某个问题。系统分析员在他们的工作中扮演着许多角色，其中包括企业的外聘专家、企业内部的支持专家以及企业内部和外部的变革者。对系统开发人员而言，重要的是，设计新系统之初就应该认识到需要做些什么来设计系统的安全性。

分析员拥有广泛的技能。分析员是一个问题解决者。他们乐于接受分析问题的挑战，并且喜欢设计可行的解决方案。系统分析员要有良好的沟通技能，以便每天都能与不同的人进行有益的交流。了解用户并与他们建立良好的关系是他们取得成功的关键。此外，分析员还要具备计算机技能。

分析员系统地进行分析。他们的系统方法的框架就是 SDLC。该生命期可以分成 7 个阶段，尽管各阶段实际上是互相关联的，而且往往同时完成。这 7 个阶段分别是：标识问题、机会和目标，确定用户的信息需求，分析系统需求，设计推荐的系统，软件开发和编档，系统测试和维护，系统实现和评估。

敏捷方法是一种以价值、原则和核心实践为基础的软件开发方法，采用敏捷方法可以快速开发系统。敏捷开发过程涉及的阶段包括调研、规划、对第一次发布的迭代、产品化和维护。

系统开发的第三种方法是面向对象系统分析与设计。这些技术基于面向对象编程概念，并且已经在 UML 中实现了编码。UML 是一种标准建模语言，它所创建的对象不仅对数据进行编码，而且对执行数据的操作指令也进行编码。关键模型图有助于分析、设计和交流 UML 开发的系统。这些系统通常是作为组件开发的，这些组件被多次改写在面向对象分析与设计中是经常的事情。

云计算允许使用互联网为商业、应用程序和数据存储提供服务。向云计算的转变是老牌大型公司巩固和保留其核心业务的一种潜在方式，即通过将 SaaS、SOA、虚拟化、开源和过去十年的许多其他趋势纳入其通过互联网提供的软件、软件工具、服务和计算能力。分析师可以使用 CDLC 来实现云计算。在选择云技术方面存在利弊权衡，包括组织隐私和安全。分析师需要帮助公司决定是使用公共云还是私有云，或是采用混合方法。

分析员参与开源软件开发社区的机会将增加，通常通过他们的主要组织参与。OSS 就是这样的代码：向公众开放，以供开发者以合适的方式查看、更改和分发。它是以合作的方式创建的，每个参与者都会做出贡献，所有做出贡献的人都会受益。这是一个公共的过程和产品。

所有开源代码都由开源许可证管理，许可证在被接受之前必须经过审查过程。

开源社区成员和公司之间的广泛合作是一个相对较新的现象。我们的研究团队确定了一个具有隐喻性的第三设计空间，来自企业和开源社区的参与者聚集在一起，创造一个新的设计环境。他们建立新的设计协会，并共享设计资源。他们的合作产生了新的、共享的软件和创新的软件开发过程。

组织参与开源开发的原因有很多，包括降低成本、加快开发以及希望回馈给社区一些有价值的东西。

复习题

1. 列举在解决企业的计算机信息系统方面使用系统分析与设计方法的优点。
2. 为什么信息系统的安全性是系统开发和设计中的重要考虑因素？
3. 列出系统分析员需要扮演的三个角色并提供每个角色的定义。
4. 哪些个人素质对系统分析员有帮助？试着列出它们。
5. 列出并简要定义 SDLC 的 7 个阶段。
6. CASE 工具是用来做什么的？
7. 试解释敏捷方法的含义。
8. 计划游戏这个词的含义是什么？
9. 敏捷开发包括哪些阶段？
10. 什么是 Scrum ？
11. 试给出面向对象分析和面向对象设计的定义。
12. 什么是统一建模语言？
13. 使用云计算开发系统和软件有什么好处？
14. 什么是私有云？
15. 私有云和公共云之间的区别是什么？
16. 解释为什么使用云平台服务的 ERP 系统对中小型企业来说可能比传统的 ERP 安装更适合。
17. CDLC 是什么？
18. 什么是开源软件？
19. 程序员可以通过哪两种方式为开源项目做出贡献？
20. 系统分析员在开源软件开发中的作用是什么？
21. 试列举组织可能想要分析员参与开源社区的两大原因。

参考文献

2022 State of Open Source Report. (2022). https://www.openlogic.com/resources/2022-open-source-report.

Beck, K., & Andres, C. (2004). *Extreme programming explained: Embrace change* (2nd ed.). Addison-Wesley.

Coad, P., & Yourdon, E. (1991). *Object-oriented analysis* (2nd ed.). Prentice Hall.

Davis, G. B., & Olson, M. H. (1985). *Management information systems: Conceptual foundation, structure, and development* (2nd ed.). McGraw-Hill.

Elman, D. (2020). *The unexpected challenge of cloud transformation*. https://techresearchonline.com/wp-content/uploads/white-papers/nucleusresearchtheunexpectedchallengesofcloudtransformation.pdf
Germonprez, M., Kendall, J. E., Kendall, K. E., Mathiassen, L., Young, B., & Warner, B. (2017). A theory of responsive design: A field study of corporate engagement with open source communities. *Information Systems Research, 28*(1), 64–83.
Germonprez, M., & Warner, B. (2012). Commercial participation in open innovation communities. In E. Lundström, J. S. Z. M. Wiberg, S. Hrastinski, M. Edenius, & P. J. Ägerfalk (Eds.), *Managing open innovation technologies*. Springer-Verlag, 35–52.
Hill, R. (2019, May 16). *Use 12 steps to a successful cloud implementation*. https://gcn.com/cloud-infrastructure/2019/05/12-steps-to-a-successful-cloud-implementation/297931/.
Kendall, J. E., Kendall, K. E., & Germonprez, M. (2016). Game theory and open source contribution: Rationale behind corporate participation in open source software development. *Journal of Organizational Computing and Electronic Commerce*, *26*(4), 323–343.
Kendall, K. E., Kendall, J. E., Germonprez, M., & Mathiassen, L. (2020). The third design space: A postcolonial perspective on corporate engagement with open source software communities. *Information Systems Journal, 30*(2), 369–402.
Kendall, J. E., Kendall, K. E., & Kong, S. (2006). Improving quality through the use of agile methods in systems development: People and values in the quest for quality. In E. W. Duggan and H. Reichgelt (Eds.), *Measuring information systems delivery quality* (pp. 201–222). Idea Group Publishing.
Kendall, K. E., Kong, S., & Kendall, J. E. (2010). The impact of agile methodologies on the quality of information systems: Factors shaping strategic adoption of agile practices. *International Journal of Strategic Decision Sciences*, *1*(1), 41–56.
Laudon, K. C., & Laudon, J. P. (2018). *Management information systems* (15th ed.). Pearson.
Lee, G., & Cole, R. (2003). From a firm-based to a community-based model of knowledge creation: The case of the Linux kernel development. *Organization Science*, *14*, 633–649.
Mehta, P. (2021). *Pen testing (penetration testing)*. https://www.techtarget.com/searchsecurity/definition/penetration-testing.
Mell, P., & Grance, T. (2011, September). *SP 800-145: The NIST definition of cloud computing*. https://csrc.nist.gov/publications/detail/sp/800-145/final.
Open Source Technology Trends 2022 – What's there for you? [Blog] (2022, January 13). https://www.hiddenbrains.com/blog/open-source-technology-trends.html.
Project Management Institute. (2021). A guide to the Project Management Body of Knowledge (PMBOK guide) (7th ed.). Project Management Institute.
Saroyan, S. (2017, July 20). *How chatbots are helping ecommerce evolve*. https://venturebeat.com/2017/07/20/how-chatbots-are-helping-ecommerce-evolve/.
Sharma, M. (2021, September 21). *Open source talent is in seriously high demand*. https://www.techradar.com/news/open-source-talent-is-in-seriously-high-demand.
SPDX Software Package Data Exchange. (n.d.). *SPDX IDs*. https://spdx.dev/ids.
SDLC VS. CDLC – Why more organizations are turning to the cloud. (2020, February 12). https://threatmodeler.com/sdlc-vs-cdlc-why-more-organizations-are-turning-to-the-cloud/.
Visible Enterprise Products. (n.d.). www.visible.com/Products/index.htm.
What is GitHub and how do you use it? (n.d.). https://devmountain.com/?s=github.
What is open source? (2019, October 24). https://www.redhat.com/en/topics/open-source/what-is-open-source.
Whitley, E. A., Willcocks, L. P., & Venters, W. (2013). Privacy and security in the cloud: A review of guidance and responses. *Journal of International Technology and Information Management, 22*(3), 75–92.
Yourdon, E. (1989). *Modern structured analysis*. Prentice Hall.
Zhang, P., Carey, J., Te'eni, D., & Tremaine, M. (2005). Integrating human–computer interaction development into the systems development life cycle: A methodology. *Communications of the Association for Information Systems*, *15*, 512–543.

了解组织系统和组织系统建模

学习目标

1. 理解组织是由相互关联的子系统组成的大型系统。
2. 使用上下文级数据流图和实体关系模型以图形化方式描述系统。
3. 对“用例”进行建模，并了解用例建模是如何帮助系统分析的。
4. 认识到组织中不同层次的管理需要不同的系统。
5. 领略组织文化对信息系统设计的影响。

为了分析和设计合理的信息系统，系统分析员必须了解组织。系统的形成是三种主要力量相互作用的结果，这三种主要力量分别为：组织的管理层次、组织设计和组织文化。

组织是由一系列相关的子系统组成的大系统。子系统受到三个主要管理层的决策者影响，即业务层、中级管理层和战略管理层，这三个管理层横贯组织系统。为了正确了解组织，系统分析员在开始与公司合作时就用图形方式对其进行描述。不同的描述方法包括：绘制上下文级数据流图和实体关系（E–R）模型、开发用例和编写用例场景。协作设计可以帮助系统分析员包含组织中许多部门的用户。组织文化和亚文化都会对相关子系统中人的行为方式产生影响。很多技术可用于支持生产文化和亚文化的创建，包括工作认可的社交媒体网站（如 Slack）。本章将讨论这些主题以及它们对信息系统开发的影响。

2.1　组织作为系统

组织及其成员被有效地概念化为系统，旨在通过组织聘用的人和其他资源实现预定的远大目标和目的。组织由一系列更小的、相互关联的行使具体职能的系统（部门、单位和分部等）构成。典型的职能包括会计、营销、生产、IT 支持、运营和管理。专门职能部门（更小的系统）通过各种机制最终重新整合成一个有效的组织整体。

将组织视为复杂系统的意义在于，系统原理使我们能洞察组织的运作方式。为正确地获得信息需求和设计合理的信息系统，将组织作为一个整体来理解是最重要的。所有系统都由子系统（其中包括信息系统）组成，所以，当我们研究一个组织时，就需要分析更小的系统是怎样融入整个系统的，以及它们是怎样起作用的。

2.1.1　系统的相互关联和相互依赖

所有的系统和子系统都是相互关联（interrelated）和相互依赖（interdependent）的。这一事实对组织和系统分析员都有重要的含义，因为他们会尽力帮助组织更好地实现目标。当系统中的任意一个元素发生变化或被取消时，系统中的其他元素或子系统也会受到影响。

例如，假设一个组织的主管决定不再聘用行政助理，而由连接到网络的个人计算机完成相应的职能。这一决策不仅对行政助理和主管有潜在的影响，而且对组织内负责建立通信网络以取代即将离去的助理的所有成员也会有潜在的影响。

所有系统都需要处理从其环境中获得的输入。过程将输入变化 / 转换为输出。每当检查系统时，要检查正在更改或处理的内容。如果没有发生任何变化，就不能把它当成是过程。在系统中，典型的过程包括验证、更新和打印。

按系统形式概念化组织的另一方面是，所有系统都由一组将它们与环境分开的边界所包围。组织的边界存在于一个连续体中，这是一个从极易渗透到几乎不可渗透的连续体。为能持续地适应和生存，组织首先必须能够通过边界导入人、原材料和信息（输入），然后与外界交换成品、服务和信息（输出）。

反馈是某种系统控制形式。作为系统，所有的组织都使用计划和控制来有效地管理资源。图 2.1 显示如何将系统输出作为反馈，用于将业绩与预定目标相比较。这种比较进而帮助管理人员设计更详细的目标作为系统的输入。例如，一家美国工厂生产红、白、蓝三色和青铜色两种负重训练设备。这家工厂发现，夏季奥运会后的第二年，红、白、蓝三色套装的销量很低。负责生产的管理者以此信息作为反馈来决定每种颜色套装的产量。在这个案例中，反馈对计划和控制是很有用的。

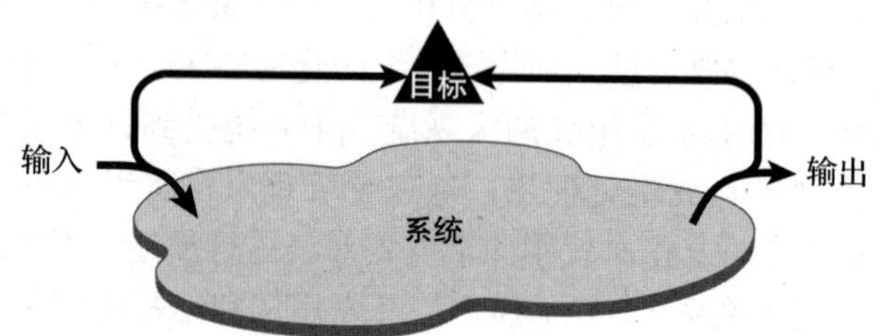

图 2.1　系统输出作为反馈信息与预定目标相比较

然而，理想的系统应该是能够自动修正和自动调节的，这样就不需要对典型事件做出决策。用于生产计划的供应链系统就是这样一个例子，该系统会综合考虑当前和预期的需求，并将提出的解决方案作为输出。一家在美国市场上销售产品的意大利针织品公司正好有这样一套系统。最初，该公司生产的大部分运动衫是白色的，然后运用其计算机库存信息系统找出最畅销的颜色，然后在发货前立即将运动服染成畅销的颜色。

咨询时间 2.1

维生素 E 中的 E 代表的是电子商务

Marathon 维生素商店的所有者之一 Zara Berry 说："咱们的零售店和邮购部门都相当好，但为了更有竞争力，我们必须建立一个电子商务网站。"她的父亲，连锁店的共有者，大声惊呼道："我赞同你的观点，但我们从何处着手呢？" Berry 的父亲知道，这当然不仅仅是建立一个网页，然后要求客户将他们的订单通过电子邮件发到零售店的问题。他确定电子商务有 8 个不同的部件，同时认识到这些部件都是系统的组成部分。换句话说，所有的部件都必须互相协作，以组成一个健壮的软件包。Berry 的父亲列举了电子商务所必需的元素，这些元素如下所示：

（1）将客户吸引到电子商务网站

（2）告知客户有关产品和服务的相关信息

（3）允许客户在线定制产品

（4）完成与客户的交易

（5）以多种方式接收客户的付款

（6）通过网站为客户提供售后服务

（7）安排送货和售后服务

（8）为不同的客户提供个性化的网站外观和感受

Zara Berry 看着列表，沉思了一会说："电子商务显然比我想象的要复杂得多。"你可以从以下几个方面为 Marathon 维生素商店的所有者提供帮助：

（1）制定一个相互关联或相互依赖的元素列表，然后用一段文字说明为什么严密监控这些元素是至关重要的。

（2）确定系统的边界和最终范围。即用一段文字陈述自己的观点，认为哪些元素对 Marathon 维生素商店是至关重要的，哪些元素可以稍后再研究。

（3）建议哪些元素应该由自己内部处理，哪些元素应该交给其他外部公司来处理，这些公司也许能更好地胜任此项工作。用两段文字证明自己提议的正确性，一段用于证明需由内部处理的工作，另一段用于证明需由外部完成的任务。

反馈可以从组织内部获得，也可以从围绕在组织周围的环境中获得。组织边界之外的任何事物都属于环境。无数的具有不同稳定程度的环境构成了组织的生存环境。

这些环境因素包括：①组织的自然地理位置所在地的社区环境，该环境由人口数量和人口统计学方面的因素综合形成，人口统计学方面的因素包括人口受教育程度和平均收入等；②经济环境（受市场因素影响），其中包括竞争因素；③政治环境，通过国家或当地政府进行控制；④法律环境，颁布的联邦、州、地区和地方性的法规和指导原则。虽然环境状况的改变可以在计划中得到体现，但通常不能由组织直接控制。

与外部边界的渗透性概念相关和相似的概念是组织内部的开放性（openness）与封闭性（closedness）。开放性与封闭性也存在于一个连续体中，这是因为没有一个绝对开放或者完全封闭的组织。

2.1.2 虚拟组织和虚拟团队

并非所有的组织或是组织的所有部分都能明确地给出地理位置。整个组织或是组织中的单位都可以拥有虚拟部件，使其能够通过变更配置来适应不断变化着的项目或市场需求。虚拟企业（virtual enterprise）使用计算机网络和通信技术将具有不同专业技能的人以电子方式集合起来，让他们在不同的地理位置从事项目。信息技术使这些相距遥远的团队成员能够协同工作。通常，虚拟团队（virtual team）萌芽于已经存在的组织。不过，在某些情况下，由远程工作者组成的组织在没有传统基础设施投资的情况下也能够取得成功。

虚拟组织有一些潜在的优点，例如，减少物理设备的成本、更快地响应客户需求，帮助员工实现工作与生活的平衡。满足虚拟工作者的社会需求有多重要仍有待研究和讨论。需要有形标识的一个例子是，随着学生就读网上大学的文化的出现，虽然没有有形的校园，但学生仍会要求拥有印有虚拟大学标记的物品，如运动衫、咖啡杯和旗帜等。传统的学校长久以来一直提供这些富有意义的文化制品。

许多系统分析与设计团队现在都能以虚拟方式进行工作，事实上，他们中的许多人为其他雇员标明了以虚拟方式完成工作要遵循的路径。一些应用程序使那些通过 Web 提供技术帮助的分析人员可以"看"到用户请求帮助的软硬件配置，通过这种方式可以创建由分析人员和用户组成的特别虚拟团队。在全球疫情最严重的时期，当许多员工无法亲自会面时，他们仍然能够进行虚拟或“远程”工作。其中一些措施在促进员工平衡工作与生活方面做得非常成功，以至于相比于到实体办公楼，员工将远程工作或混合工作作为日常通勤的首选（Henderson，2021）。

2.1.3　采取系统的观点

采取系统的观点可以使系统分析员大致澄清和理解他们即将接触的各种业务。重要的是子系统的成员认识到他们的工作是相互关联的。如图 2.2 所示，图中“生产”子系统的输出是“营销”子系统的输入，同时“营销”子系统的输出又是“生产”子系统的输入。两个子系统都不可能在没有另一个子系统的情况下正确地实现自己的目标。

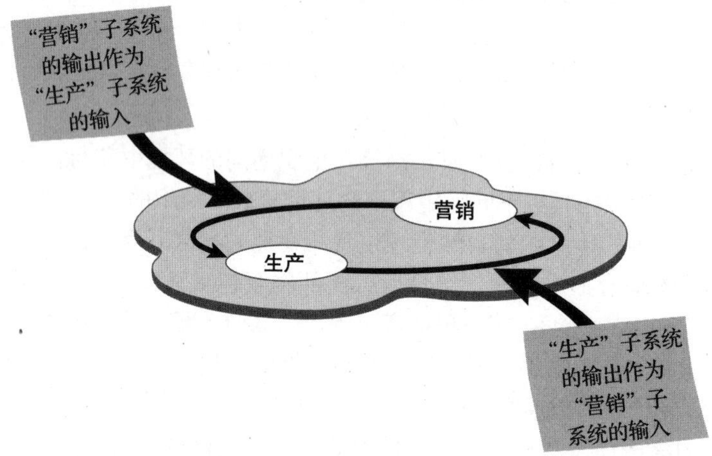

图 2.2　一个部门的输出作为另一个部门的输入，使子系统相互关联在一起

当管理者对自己的职能子系统的重要性持不同看法时，就会引发问题。在图 2.3 中，可以看到营销部门经理的个人观点表明业务由市场驱动，所有其他职能领域与之相关，但都不是最重要的。同样，从生产经理的视角来看，生产环节处于业务的核心，所有其他功能领域都由其驱动。

图 2.3　对不同职能部门经理个人视角的描述表明，他们将自己的职能领域作为组织的核心

生产经理的组织观点

图 2.3　对不同职能部门经理个人视角的描述表明，他们将自己的职能领域作为组织的核心（续）

当管理者晋升到高层，成为战略管理者时，管理者个人视角中揭示的职能领域的相对重要性就变得更加重要。这时如果他们过分强调与组织更广泛的需求相关的先前功能信息需求，就会产生问题。

2.1.4　企业系统：视组织为系统

企业系统，或者说企业资源规划（Enterprise Resource Planning，ERP），用于描述综合的组织（企业）信息系统。具体地讲，ERP 是一个软件，用于帮助管理组织内各职能领域之间的信息流。企业 ERP 系统通常不是由客户自己内部开发的，通常从一些著名的 ERP 软件包厂商处采购，著名的 ERP 软件包如 SAP、Oracle Cloud 等。这些产品随后按用户需求进行定制，以满足特定公司的具体需求。一般情况下，软件供应商要求组织承诺对软件的使用人员或分析员进行培训。在过去十年里，ERP 系统正在转向云计算。

ERP 最初用于很多大型公司，并且已渗入小型和中等规模的企业。系统分析员学到的大多数经验教训都适用于实现企业系统。但是，作为系统分析员，需要看到实现联网信息系统和实现 ERP 之间的相似性和差异性，并对此做出响应。

主要差异之一是，ERP 在重新设计业务过程时，不是根据业务过程的逻辑分析以及它们如何支持商业战略，然后选择 IT 去支持那些过程。大型 ERP 软件可以反转上述过程，实现嵌入所提供技术中的新业务过程。往往，系统分析员将作为内部系统团队的一部分，其主要工作是负责遗留系统和正在安装的 ERP 系统之间的界面。

企业实现是复杂的，需要高强度的工作，最终将导致巨大的组织变化。它们可以影响组织的每个方面，包括员工工作的设计、成为某项工作能手所需的技能，甚至公司的战略定位。实现 ERP 日趋复杂化，如果声明 ERP 安装成功，则会有很多问题出现，这些都是要清除的障碍。这些障碍包括用户接受与遗留系统的集成以及供应链、升级 ERP 模块的功能（和复杂性）、重新组织用户和决策者的工作生活、跨越多个组织的扩展覆盖（作为 IT 供应链的一部分），以及公司采用 ERP 的战略重新定位。

最新研究表明，虽然 ERP 实现在安装后的 2 ～ 3 年内会使员工更有效和高效地工作，但是在 ERP 的规划和早期阶段要深入分析和研究新的企业系统将如何影响新系统相关员工的日常生活和工作，诸如第 14 章讨论的有关 HCI 和可用性问题。当涉及员工（包括系统分析员）的工作设计时，最好把 ERP 系统看作真正的游戏改变者，也可以作为一种改变组织采取的战略变更方法的动力。

2.2　以图形方式描述系统

企业组织内存在的系统或子系统可以通过多种方法以图形化的方式进行描绘。系统的边界和系统使用的信息用不同的图形模型表示。

2.2.1　系统和上下文级数据流图

第一个模型是**上下文级数据流图**（context-level data flow diagram）。数据流图关注的是系统的输入、输出以及数据处理（转换）。它可以对每个计算机程序的这些基本成分进行详细的描述，并用于分析系统的准确性和完备性。

如图 2.4 所示，上下文级数据流图只有三种符号：圆角矩形、有两条阴影边的正方形、箭头。过程将输入数据转换为输出信息，内容层次只有一个过程，代表了整个系统。外部实体表示任何向系统提供信息或从系统获得信息，但又不属于系统组成部分的实体。这个实体可能是个人、群体、公司职位或部门，或者是其他系统。连接外部实体与过程的线条称为数据流，它们表示数据的运动。

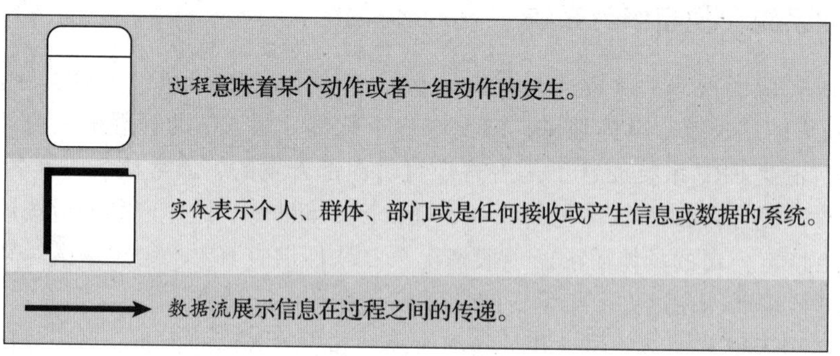

图 2.4　数据流图的基本符号

图 2.5 给出了一个上下文级数据流图的实例，该例子表明航空公司机票预订系统的最基本的元素，并且展示直接在线预订功能可用之前（当旅行社担当中介时）和之后的系统。在前图中，旅客（实体）提交了一个旅行申请（数据流）。上下文级数据流图没有显示足够的信息来准确地表示究竟发生了什么（认为没有必要这么做），但我们可以看到旅客的偏好和可用航班的信息都发送给了旅行社，该旅行社将票务信息返回给处理过程。我们也可以看到旅客的预订信息被发送给航空公司。第二个上下文级数据流图显示旅客直接通过在线系统预订机票时会发生什么。上下文级数据流图是绘制用例图（如本章后面所述）的一个很好的起点。

在第 7 章中，我们将会看到数据流包含很多信息。例如，旅客预订信息中包含了旅客姓名、航空公司、航班号、旅行日期、金额和座位偏好等内容。然而，目前我们主要关注的是上下文级数据流图如何界定系统的边界。在上述例子中，只有机票预订是过程的组成部分。航空公司需要做的其他决定（如购买飞机、更改计划和定价等）都不是系统的组成部分。

上下文级数据流图是一种表明系统范围（即系统要包含什么）的方法。外部实体在系统范围之外，系统对其没有任何控制。

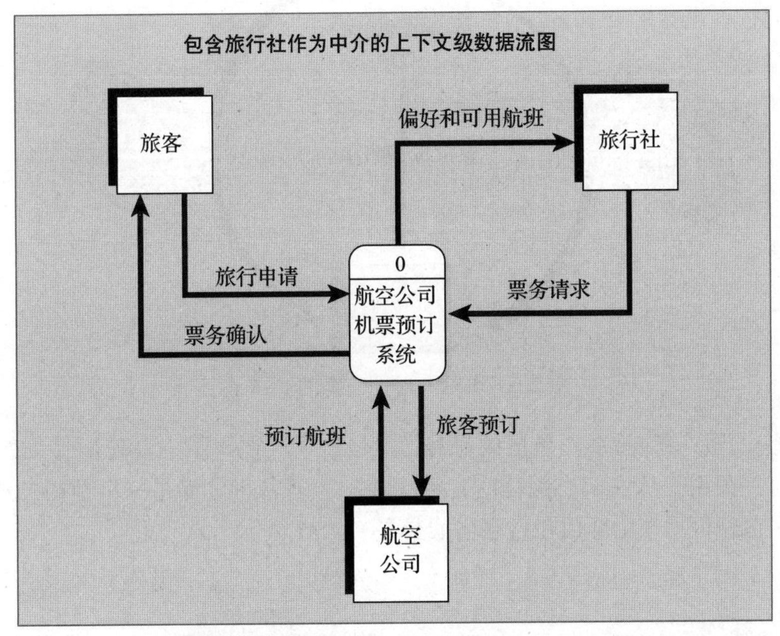

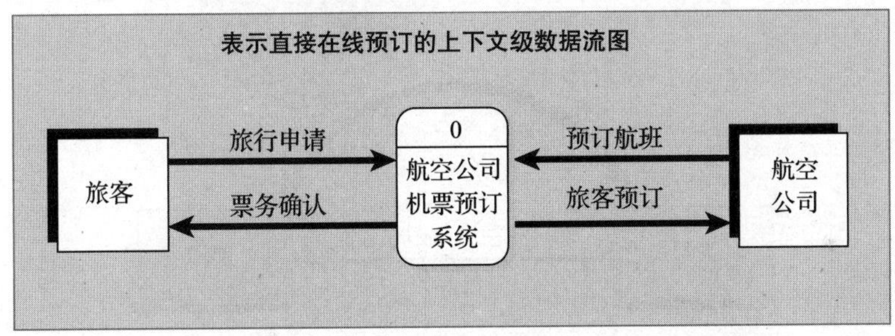

图 2.5　航空公司的机票预订系统的上下文级数据流图

2.2.2　系统和实体 – 关系模型

系统分析员可展示系统范围和正确界定系统边界的另一种方法是使用实体 – 关系（E–R）模型。构成组织系统的元素可以称为实体。实体可能是人、地方或物，如航空公司的乘客、目的地或飞机。另外，实体也可能是事件，如月底、销售期或机械故障。关系是指实体间的联系，描述的是实体间的相互作用。

E–R 图绘制有很多不同的约定（如鱼尾纹表示法、箭头表示法或是 Bachman 表示法等），但本书使用*鱼尾纹表示法*（crow's foot notation），现在约定用平面矩形框表示实体。

图 2.6 说明一个简单的 E–R 图，其中两个实体通过一条线连接起来。在这个例子中，线的末端以两根平行短线符号“||”作为标记，表示这是一对一的关系。因此，每名雇员正好被分配一部电话分机，在这个办公室里没有人共享电话分机。

箭头不是 E–R 图的组成部分，它们的存在仅用于说明如何理解 E–R 图。直线右边的短语要从上往下理解为“一名雇员被分配到一部电话分机”；左边的短语应该从下往上理解为“一部电话分机被记入一名雇员名单内”。

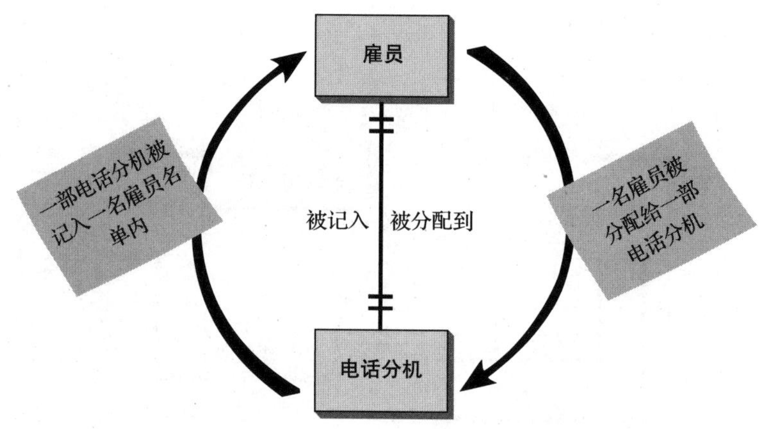

图 2.6 表示一对一关系的 E-R 图

图 2.7 展示了另一种关系。鱼尾纹符号“>——+”在该图中是显而易见的，这个特殊的例子是多对一关系。从左向右阅读时，箭头表示“多名雇员都是一个部门的成员”；从右向左阅读时，它表示“一个部门包含多名雇员”。

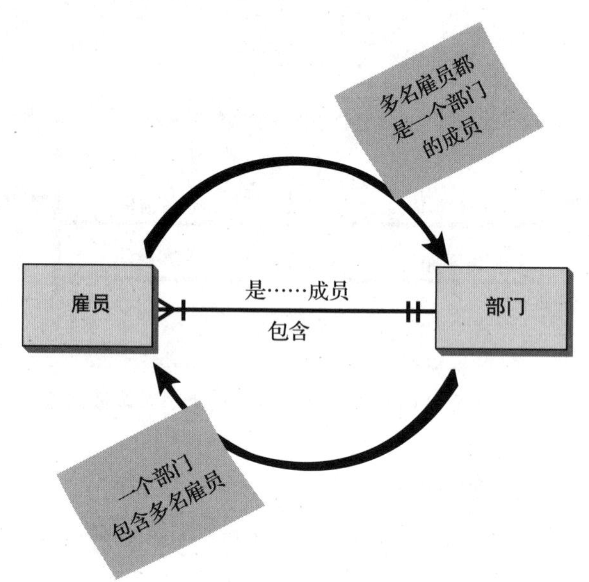

图 2.7 展示“多对一”关系的 E-R 图

鱼尾纹和单一标记并不意味着这段关系的结束必须是强制性的“多”。相反，它们意味着这一结束可以是从一到多的任何形式。

图 2.8 详细描述了这种图解模式，这里列举了一些典型的实体关系。第一种是一对一关系，表示“一名雇员被分配到一个办公室”。第二种是一对多关系，表示“一架货机将服务于一个或多个货物配送中心”。第三种略微有些差别，因为在线的一端有个圆形符号，可以将它理解为“一名系统分析员可被分配给多个项目”，表示系统分析员可不被分配给任何项目（这就是圆形符号“○”所表示的 0），也可被分配给一个或多个项目。同样，在下一种关系中，圆形符号“○”指都不可能。回顾前文可知，短线符号表示 1，因此可以将这种关系理解为“一台机器也许进行过预定的维护，也许没有进行过预定的维护”。注意，关系连

线上写的是“正在进行”，但连线上的末端符号表示没有维护“○”和维护“|”实际上都有可能。

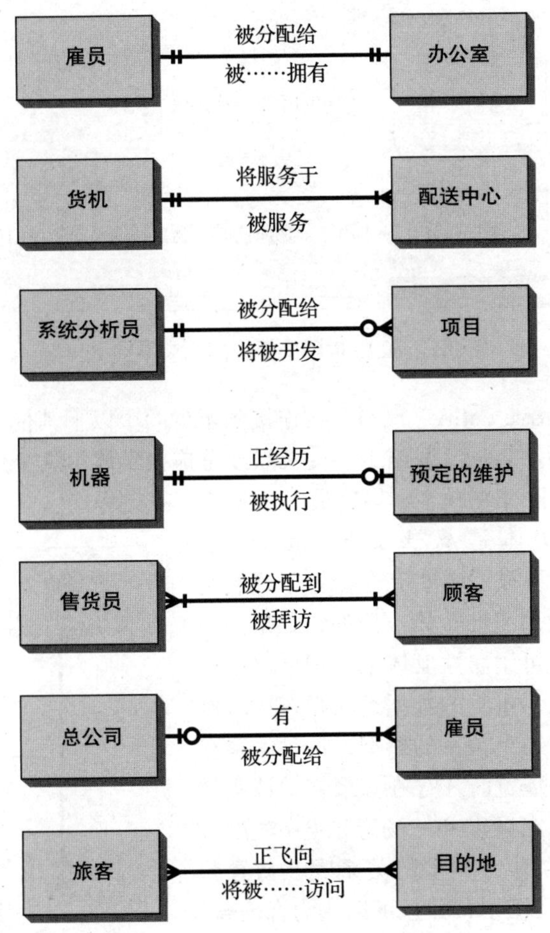

图 2.8　E–R 图中不同的关系类型举例

下一种关系表示“一名或多名售货员被分配给一个或多个顾客”。这是典型的多对多关系。再下一种关系可以理解为“总公司可以有一名或多名雇员”，或是“一名或多名雇员可以被分配给总公司，也可以不被分配到总公司”。符号“|”和符号“○”放在一起再一次表示布尔关系，换句话说，不是 0 就是 1。

图 2.8 中显示的最后一种关系可以理解为“多名旅客正飞向多个目的地”。有些人喜欢用“>——+”表示强制性的“多”条件（是否可能出现仅有一名旅客或仅有一个目的地的情况呢）。即便如此，诸如 Visible Analyst 等 CASE 工具仍不提供这种可能性，因为可选的一或多条件可以表示这种关系，如销货员 – 客户关系所示。

到目前为止，我们只用一个简单的矩形和一条直线就建立了所有的关系模型。当我们用这种方法分析研究真实事物的关系时，可以起到较好的作用，如真人、真事和真实地点间的关系。然而，在开发信息系统的过程中，有时候我们也会创造一些新的东西，如发票、收据、文档和数据库等。例如，如果想要描述一个人与一张收据之间的关系，用其他方法可以方便地表示收据。如图 2.9 所示，有三种不同的实体：基础实体、关联实体和属性实体。

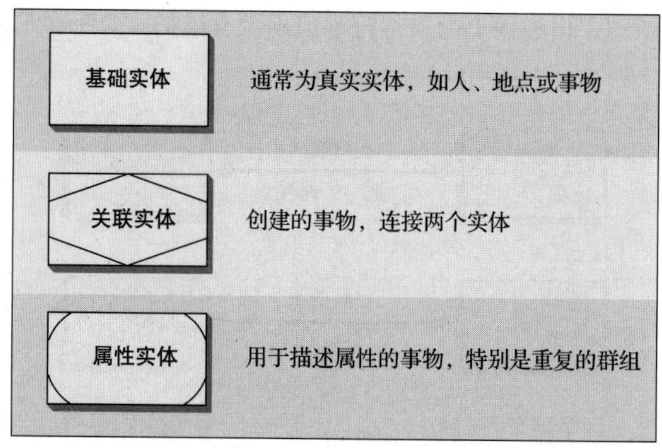

图 2.9　在 E–R 图中使用的三类不同实体

关联实体（associative entity）仅当它被连接到至少两个以上其他实体时才存在。由于这个原因，一些人称之为动名词、联结点、交叉点或是连接实体。这个用语是有意义的，因为收据本身不是必需的，除非在顾客和售货员间达成了一项交易。

另一种类型的实体是属性实体（attributive entity）。如果分析员想要显示一些完全依赖于现有基础实体的数据，则应使用属性实体。例如，如果图书馆有多本同样的书，则可用属性实体来标识借出了哪一本书。属性实体在表示重复的数据组时很有用。例如，设想我们将要建立一个关系的模型，这种关系在客户凭票去听音乐或看展览时才存在。最初，该实体看起来显然应该是“一名顾客和一场音乐会 / 演出”，如图 2.10 所示。这存在什么类型的关系呢？初看起来，顾客预订了音乐会 / 演出，并且可以认为音乐会 / 演出也预订了客户。

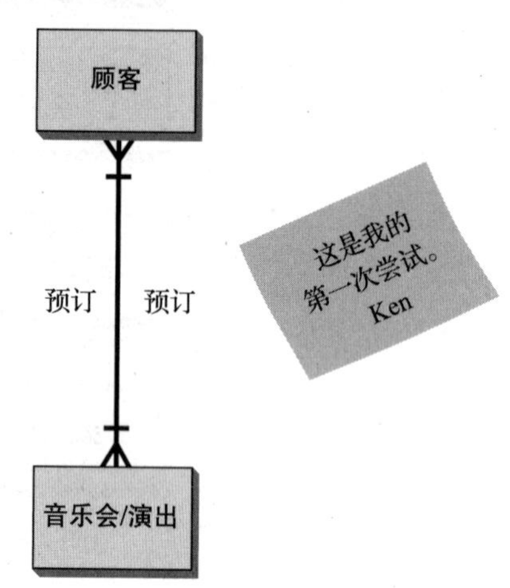

图 2.10　开始画 E–R 图，第一次尝试

乍一看，我们看到顾客预订了一场音乐会 / 演出，而音乐会 / 演出也可以说是预订了一名顾客。

当然，这个过程不会如此简单，E–R 图也不能画得如此简单。顾客确是进行了预订，如图 2.11 所示。预订是针对一场音乐会 / 演出的，音乐会 / 演出也拥有该预订，而预订又是以客户的名义进行的。在此，我们增加一个关联实体，因为创建一个预订时，由于信息系统的需要，要使客户和音乐会 / 演出发生联系。

同样，这个过程非常很简单。因为音乐会和演出有多场，所以在图 2.12 中，再次重画了 E–R 图。在该图中增加一个属性实体，用来处理音乐会 / 演出的多场表演。在这个案例中，预订是为特定的演出而进行的，而演出是属于特定音乐会 / 演出的众多演出之一。反之，音乐会 / 演出有多场表演，其中的一场表演有一个以特定客户名义所做的预订。

该 E–R 图中的右侧是一组构成图中的每一个实体的数据属性。有些实体也许有相同的属性。带有下划线的属性可以被检索到。这些属性称为键，第 13 章将会对这些属性进行讨论。

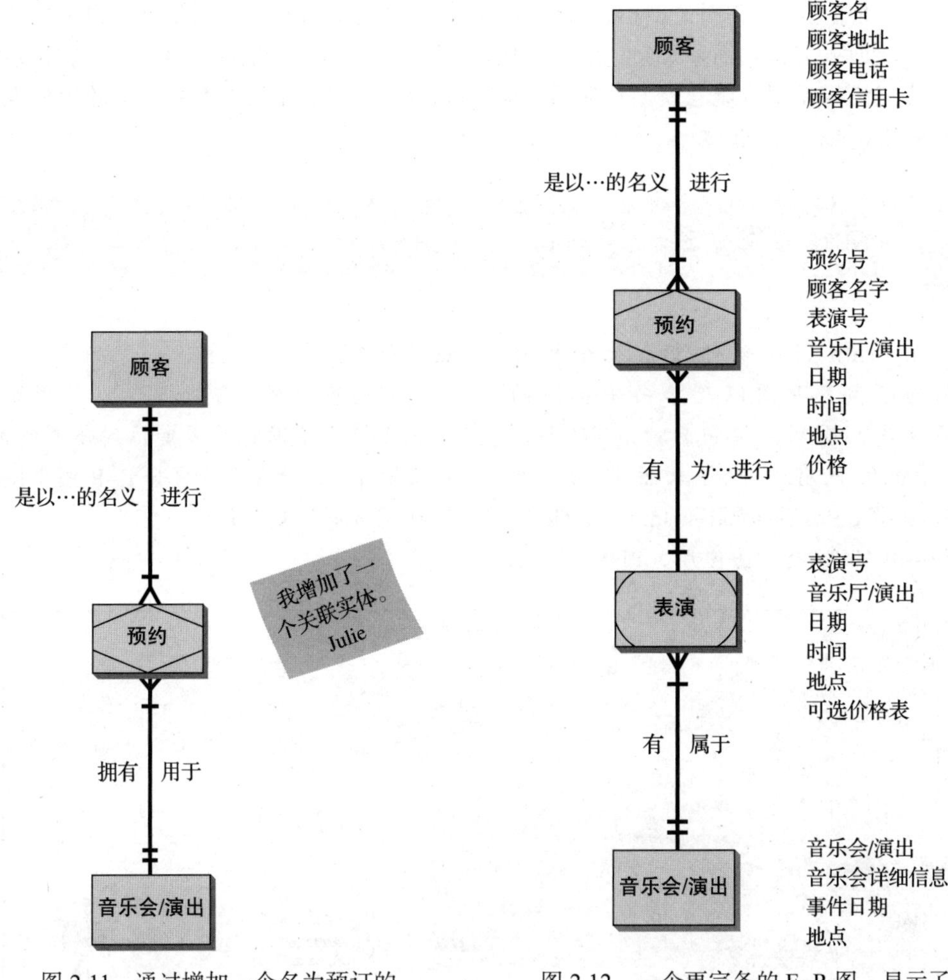

图 2.11　通过增加一个名为预订的关联实体改进 E–R 图

图 2.12　一个更完备的 E–R 图，显示了实体的数据属性

系统设计人员通常使用 E–R 图来帮助建立文档系统或数据库的模型。然而，更加重要的是，系统分析员应尽早了解组织系统中的实体和关系。在对一些基本 E–R 图进行概括后，分析员必须做到以下几点：

（1）列出组织中的实体以更好地了解组织；

（2）选择关键实体以缩小问题的范围，使之更易于管理、更有意义；

（3）确定主要实体应该是什么样的；

（4）通过其他数据收集方法对步骤 1 ～ 3 的结果进行确认（其他方法如调查、面谈、问卷调查、观察和原型化方法），这些方法将在第 4 ～ 6 章中讨论。

问题的关键是系统分析员应该在开始画 E–R 图时就进入组织内部，而不是一直等到需要设计数据库时。因为 E–R 图有助于分析员了解组织究竟有些什么业务、确定问题的范围和辨别是否在处理正确的问题。数据收集过程开始后，需要进一步确认和修正 E–R 图。

2.3　用例建模

用例最初是作为面向对象的 UML 中使用的模型图而引入的，现在无论哪一种系统开发方法都可以使用它。用例图（use case diagram）可以作为SDLC的组成部分，也可以在敏捷建模方法中使用。用例（use case）模型描述一个系统干什么而不描述怎么干，即它是系统的逻辑模型。（逻辑模型或概念模型将在第7章进行介绍。）用例模型从系统外部的用户观点反映系统视图（即系统需求）。

Mac案例专栏

Microsoft Visio软件使系统分析员很容易绘制E–R图以及本书中出现的大多数其他图形，但它只能在PC上使用。Mac用户有另一种软件可用，即OmniGraffle Professional。OmniGraffle比Microsoft Visio更容易使用，因为它的拖放界面更平稳、更直观。

它还有一个“智能指南”，使用弹出式距离标志帮助把符号定位到合适位置。在该软件中，很多符号（如E–R图中使用的符号）都已内置其中。

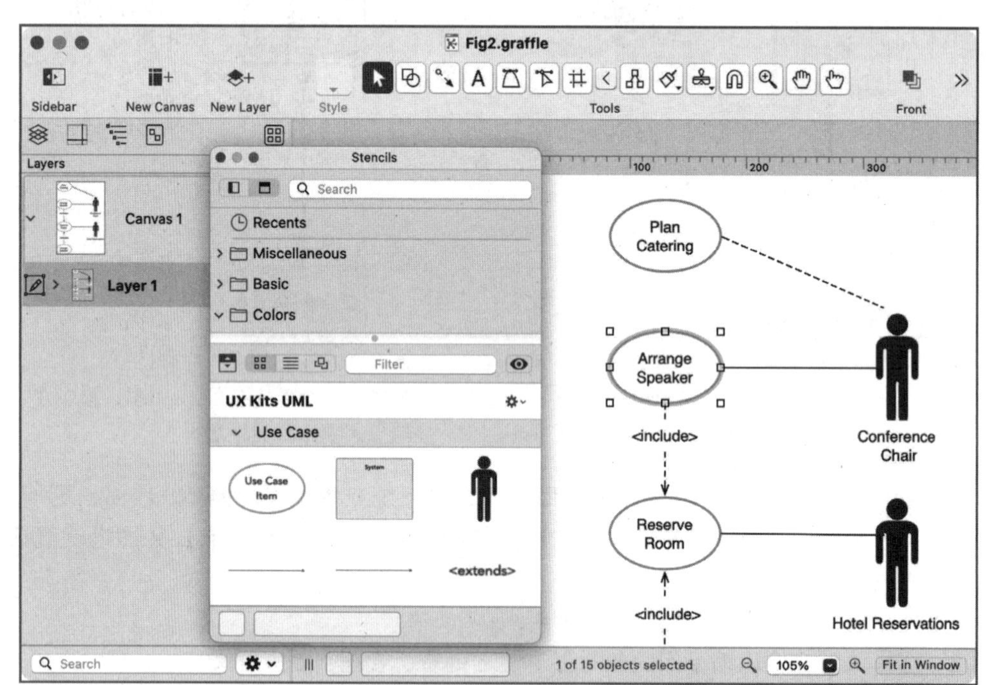

Omni集团的OmniGraffle是一个易于使用而功能强大的软件包（转载经Omni集团的许可）

分析员开发用例时与业务专家共同合作，业务专家帮助定义系统的需求。用例模型为业务团队和开发团队提供了有效的交流方式。用例模型将系统功能划分为对系统用户有意义的行为、服务和响应（用例）。

从参与者（或者用户）的角度来看，用例应当产生某些有价值的东西。因此，分析员必须确定什么东西对用户是重要的，并记得在用例图中包含它。例如，是否要输入对用户有价值的密码？如果用户注重安全问题，或者它是项目成功的关键，则可能要包含它。

2.3.1　用例符号

用例图包含参与者、用例符号，以及连接线。参与者类似于外部实体，它们存在于系统的外部。参与者（actor）这个术语指系统用户的一个特定角色。例如，参与者可以是一名雇员，也可以是公司商店的一名顾客。尽管该参与者在现实世界中是同一个人，但是在用例图上表示为两个不同的符号，因为这个人以不同的角色与系统交互。参与者位于系统外部，并以一种具体方式与系统交互。参与者可以是一个人、另一个系统，或者诸如键盘或 Web 连接等设备。参与者可以激活用例的实例。一个参与者可以与一个或多个用例交互，而一个用例可以涉及一个或多个参与者。

参与者可以分成两组。主要参与者提供数据或者接收系统的信息。一些用户直接与系统交互（系统参与者），主要参与者也可以是商人，他们不直接与系统交互，但拥有它的股份。主要参与者是重要的，因为他们是使用系统并可提供用例应该如何去做的详细信息的人。他们还可以提供一系列目标和优先权。支持参与者（也称为次要参与者）帮助保持系统运行或提供其他服务，可以是分析员、编码员和服务台工作人员等。

有时创建一个参与者简介表是有用的，它用一个简单的表格列出参与者及其背景和技能。这可能有助于理解参与者是如何与系统交互的。如订单处理专家，其简介可能是“软件的常规用户，熟悉次要特征、订单异常和订单定制”。列出参与者及其目标和优先级也是有用的，每一个目标都可能成为一个用例。

用例为开发人员提供了用户需求的视图，它不需要技术或实现细节。我们可以把用例看作系统中的一个事务序列。用例模型基于各个用例的交互和关系。

用例总是描述三件事情：参与者发出一个事件，该事件触发一个用例，该用例执行由该事件触发的行为。在一个用例中，一个使用系统的参与者发出启动该系统中的一系列相关交互的事件。用例用来记载一个单独的事务或事件。事件是系统的输入，它在特定的时间和地点发生，并引发系统的行动。

用例创建得越少越好，通常不包括查询和报表。对于大型系统，20 个用例（不超过 40 或 50 个）就已足够了。如果需要，用例还可以进行嵌套。我们可以在多个图上包含相同的用例，但是真实的用例仅在存储库中定义一次。用例用一个动词和一个名词进行命名。

2.3.2　用例关系

主动关系称为行为关系，主要在用例图中使用。行为关系有四种基本类型：通信（communicate）、包含（include）、扩展（extend）和泛化（generalize）。注意到所有这些术语都是行为动词。图 2.13 给出了图形化表示这些行为关系的箭头和直线。下面描述这 4 种关系。

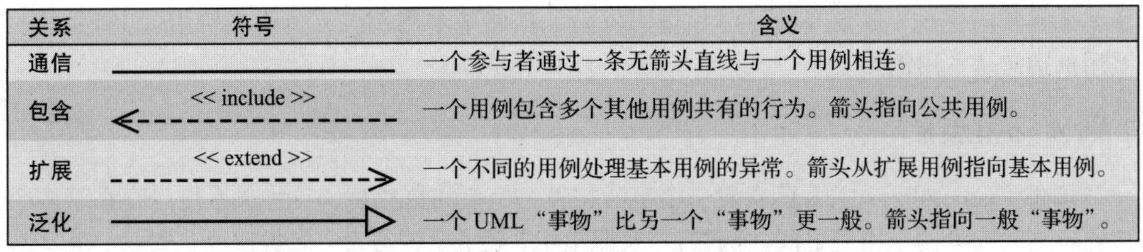

关系	符号	含义
通信	——————	一个参与者通过一条无箭头直线与一个用例相连。
包含	<< include >>	一个用例包含多个其他用例共有的行为。箭头指向公共用例。
扩展	<< extend >>	一个不同的用例处理基本用例的异常。箭头从扩展用例指向基本用例。
泛化	——▷	一个 UML “事物”比另一个“事物”更一般。箭头指向一般“事物”。

图 2.13　4 种行为关系以及用来表示这些关系的箭头和直线

2.3.2.1 通信关系

通信（communicate）行为关系用来将一个参与者连接到一个用例。记住，用例的任务是给出对系统的参与者有益的某种结果。因此，用文档记载参与者和用例之间的这些关系是至关重要的。在我们的第一个实例中，“学生”与“报名参加课程”进行通信。学生注册实例的一些组件如图 2.14 的用例图所示。

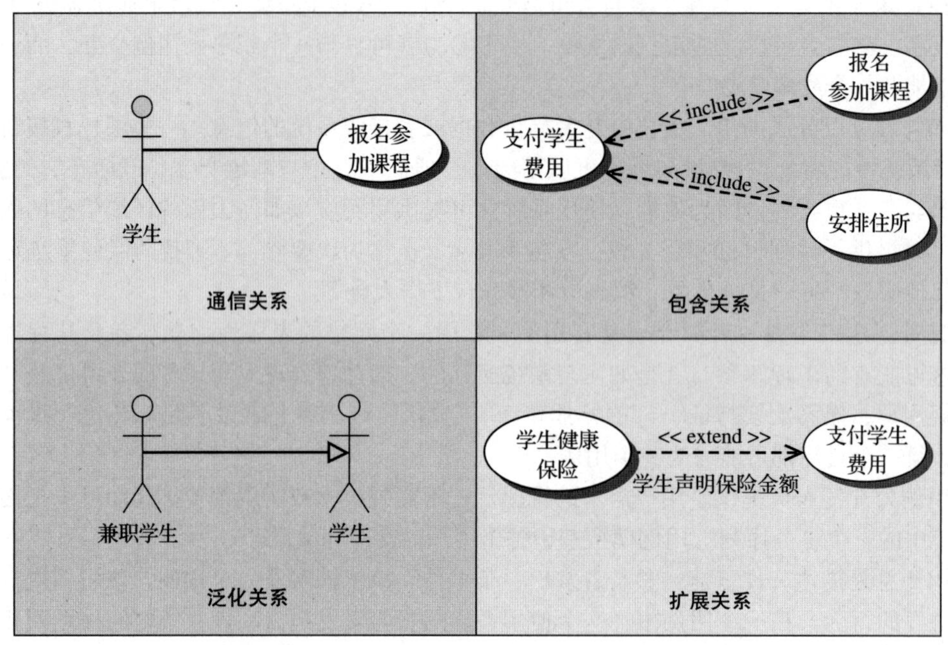

图 2.14 表示学生注册用例及其行为关系的实例

2.3.2.2 包含关系

包含（include）关系（也称为使用关系）描述的情况为一个用例包含多个用例共有的行为。换句话说，公共用例包含在其他用例中。指向公共用例的虚线箭头表明包含关系。例如，用例“支付学生费用”包含在“报名参加课程”和“安排住所”用例中，因为学生在这两种情况下都必须支付费用。“支付学生费用”用例可以被多个用例使用，箭头指向公共用例。

2.3.2.3 扩展关系

扩展（extend）关系描述的情况为一个用例拥有的行为允许新用例处理基本用例的某种变体或异常。例如，扩展用例“学生健康保险”扩展基本用例“支付学生费用”。箭头从扩展用例指向基本用例。

2.3.2.4 泛化关系

泛化（generalize）关系隐含着一个事物比另一个事物更典型。这种关系可以存在于两个参与者之间或者两个用例之间。例如，“兼职学生”泛化了“学生”。类似地，大学的某些教职员工是教授，箭头指向一般事物。

2.3.3　开发系统范围

系统范围定义其边界，即哪些在范围内（或者说在系统内部），哪些不在范围内。项目通常有一个预算，帮助定义范围以及开始和结束时间。参与者总是在系统的范围之外。连接参与者和用例的通信关系线条就是边界，并定义了系统的范围。因为用例图是在系统生命周期的早期创建的，所以随着项目的进展，项目预算、开始时间和结束时间可能会发生变化。随着系统分析员对系统的了解越来越多，用例图、用例和系统范围也会发生变化。

2.3.4　开发用例图

主要用例由系统中描述标准系统行为的标准事件流组成，表示用例的正常实现、期望实现和成功实现。

开发用例图时，首先要求用户列出系统应当为他们做的一切。这可以通过面谈、联合应用设计会议（如第 4 章所述）或通过其他便利的团队会议来完成。系统分析员也可以应用敏捷故事会话（如第 6 章所述）来开发用例。记下每个用例的参与人员，以及该用例必须为参与者或其他系统提供的责任或服务。在初始阶段，这可以是一个部分列表，在以后的分析阶段可以加以扩展。开发用例图时应遵循如下指导原则：

（1）仔细研究业务规范，识别出问题域中的参与者。

（2）识别高级事件，开发出描述这些事件的主要用例，以及参与者如何启动它们。仔细研究参与者扮演的角色，识别出每个参与者启动的所有可能的主要用例。几乎没有或根本没有用户交互的用例不必表示出来。

（3）仔细研究每个主要用例，确定通过用例的事件流的可能变化。据此分析，建立替代路径。因为事件流通常在每种情况下都不同，所以寻求可能成功或失败的活动。还要寻求用例逻辑中可能导致不同结果的任何分支。

如果已经创建了上下文级数据流图，则可以把它作为创建用例的起点。外部实体是潜在的参与者。然后仔细分析数据流，以确定它是将启动一个用例，还是由一个用例产生。

图 2.15 所示的用例图实例表示一个用于规划会议的系统。参与者是会议主持，负责会议规划和管理。此外，还有会议参加者、发言人、主题发言人、酒店预订和备办宴会者。参与者表示用户扮演的角色，而备办宴会者既可以是酒店员工，也可以是外部饮食服务提供者。

会议主持和备办宴会者都参与规划膳食和宴会，会议主持还负责安排发言人。参与者注册会议。注意到预订房间用例与安排发言人和注册会议用例存在包含关系，因为发言人和参加者都将需要住宿。安排语言翻译用例扩展注册会议用例，因为并非所有参加者都需要翻译服务。发言人参与者是主题发言人的泛化。

2.3.5　开发用例场景

每个用例都有一个描述，我们把这种描述称为*用例场景*（use case scenario）。如前所述，主要用例表示系统的标准事件流，而替代路径描述行为的变体。用例场景可以描述要购买的商品没有现货时会发生什么，或者信用卡公司拒绝客户请求的购买时会发生什么。

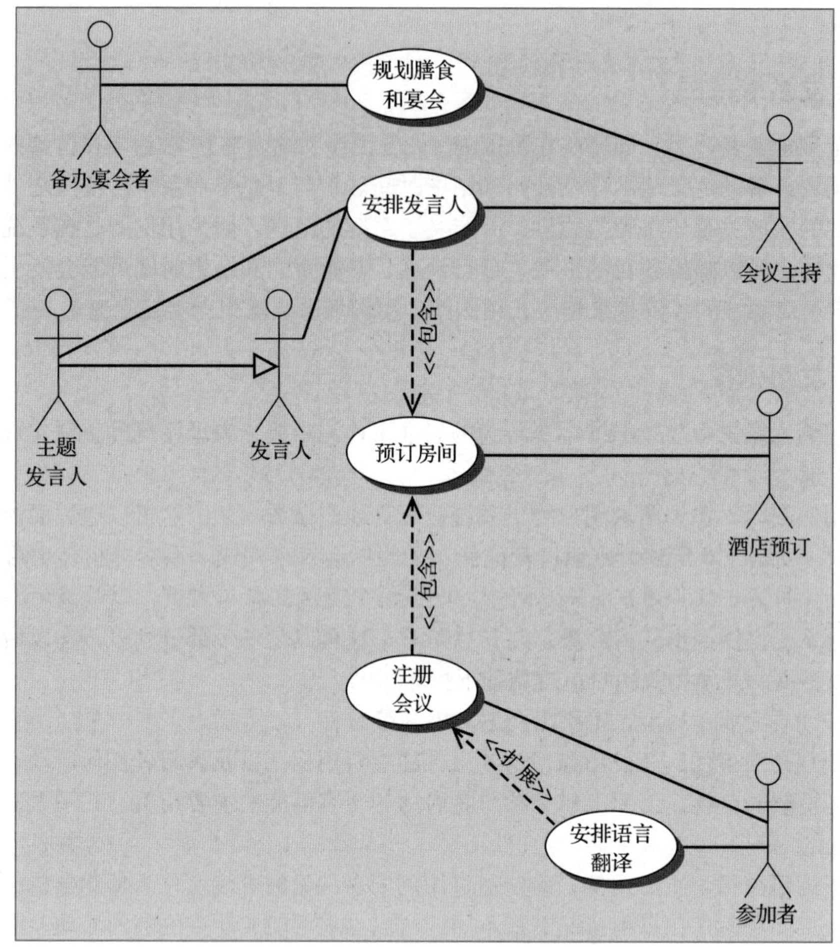

图 2.15　表示一个规划会议的系统的用例图

用例场景没有标准格式，因此规定应采用什么样的标准是每个组织都会面临的问题。通常，用例使用组织预先确定的用例文档模板进行记载，该模板使用例更容易阅读，并且为模型中的每个用例提供了标准信息。

2.3.6　用例级别

有时可能需要创建不同级别的用例。一种由 Alistair Cockburn 定义的方法使用如下的高度隐喻：

（1）白色是最高级别，就像白云一样。这是企业级别，企业组织只有 4 ～ 5 个这个级别的用例。例如，做商品广告、销售商品给客户、管理库存、管理供应链以及优化发货等。

（2）风筝比白色级别低一些，但仍然不失为高级别，它提供了概览。风筝用例可以是业务单元或部门级别，它是目标的总结。注册学生就是该级别的用例。如果在一家旅游公司工作，则预订机票、预订酒店、预约汽车或者预订船票等就是该级别的用例。

（3）蓝色是大海级别，通常用来描述用户目标。用户通常对该级别有最大的兴趣，对企业来说最易于理解。它通常是为某个业务活动编写的，并且每个人应该能够在 2 到 20 分钟内完成一个蓝色级别的活动。例如，注册学生、添加新客户、把物品添加到购物车和订单结算等。

（4）靛蓝或鱼形是展示许多细节的用例，通常为功能或子功能级别。例如，选择班级、支付学费、搜寻给定城市的机场代码以及在输入名称后产生一个客户列表等。

（5）黑色或蛤蜊形，就像海底一样，是最详细的用例，处在子功能级别。例如，验证安全登录、使用动态 HTML 添加新字段或者使用 Ajax 小规模地更新网页等。

图 2.16 给出了用例场景的一个实例，其中一些区域是可选的，而且并非所有的组织都适用。三个主要区域如下：

（1）包含用例标识和启动者的区域标头。

（2）执行的步骤。

（3）包含前提条件、假设、问题和其他信息的脚注区域。

<table>
<tr><td>用例名</td><td>注册会议</td><td>唯一 ID 号：Conf RG 003</td></tr>
<tr><td>领域</td><td colspan="2">会议规划</td></tr>
<tr><td>参与者</td><td colspan="2">会议参与者</td></tr>
<tr><td>利益相关者</td><td colspan="2">会议主办方、会议发言人</td></tr>
<tr><td>等级</td><td colspan="2">蓝色</td></tr>
<tr><td>描述</td><td colspan="2">允许会议参与者通过一个安全网站联机注册会议</td></tr>
<tr><td>触发事件</td><td colspan="2">会议参与者使用会议注册网站，输入用户 ID 和密码，并单击登录按钮</td></tr>
<tr><td>触发器类型</td><td colspan="2">□外部事件　　　　　□时间事件</td></tr>
<tr><td colspan="2">执行的步骤（主要路径）</td><td>各步骤所需的信息</td></tr>
<tr><td colspan="2">1. 会议参与者登录到安全 Web 服务器上</td><td>用户 ID、密码</td></tr>
<tr><td colspan="2">2. 读取会议参与者记录，验证密码</td><td>会议参与者记录、用户 ID、密码</td></tr>
<tr><td colspan="2">3. 在会议注册网页上显示会议参与者和会议信息</td><td>会议参与者记录、会议记录</td></tr>
<tr><td colspan="2">4. 会议参与者在注册表单上输入信息，并单击提交按钮</td><td>注册表单</td></tr>
<tr><td colspan="2">5. 在 Web 服务器上验证注册信息</td><td>注册表单</td></tr>
<tr><td colspan="2">6. 显示注册确认页，以确认注册信息</td><td>确认网页</td></tr>
<tr><td colspan="2">7. 用信用卡支付注册费用</td><td>安全的信用卡网页</td></tr>
<tr><td colspan="2">8. 写入“添加注册日志”记录</td><td>确认网页</td></tr>
<tr><td colspan="2">9. 更新注册主文件上的注册记录</td><td>确认网页、注册记录</td></tr>
<tr><td colspan="2">10. 在会议主文件上更新每个精选小组会的小组会议记录</td><td>确认网页、会议记录</td></tr>
<tr><td colspan="2">11. 在会议参与者主文件上更新会议参与者记录</td><td>确认网页、参与者记录</td></tr>
<tr><td colspan="2">12. 把成功注册确认页发送给会议参与者</td><td>注册记录确认号</td></tr>
<tr><td>前提条件</td><td colspan="2">会议参与者已经注册，并且创建了一个用户账户</td></tr>
<tr><td>后置条件</td><td colspan="2">会议参与者成功地注册了会议</td></tr>
<tr><td>假设</td><td colspan="2">会议参与者有一个浏览器以及有效的用户 ID 和密码</td></tr>
<tr><td>成功保证</td><td colspan="2">会议参与者已经注册会议，并且已经注册所有精选的小组会</td></tr>
<tr><td>最低保证</td><td colspan="2">参与者能够登录会议注册网站</td></tr>
<tr><td>满足的需求</td><td colspan="2">使会议参与者能够通过一个安全网站注册会议</td></tr>
<tr><td>有待解决的问题</td><td colspan="2">如何处理被拒绝的信用卡</td></tr>
<tr><td>优先级</td><td colspan="2">高</td></tr>
<tr><td>风险</td><td colspan="2">中</td></tr>
</table>

图 2.16　用例场景分成三个部分：标识和启动，执行的步骤，条件、假设和问题

第 1 个区域，即用例标识和启动者，面向读者。该区域包含用例名和唯一的 ID、该用例所属的应用领域或系统、该用例涉及的参与者，以及在该用例中具有高度兴趣的利益相关者。一些利益相关者从不直接与系统交互，诸如股东、董事会或者销售经理等。每个主要参与者都是利益相关者，但不在利益相关者区域中列出。因此，第 1 个区域应包含（蓝色、风筝等）用例级别，以及用例所完成功能的简单描述。

头部区域的最后两部分是启动（触发）事件（即什么事件使该用例启动），以及触发器类型（外部或时间事件）。外部事件是那些由参与者启动的事件，其中参与者可能是一个人，也可能是请求信息的另一个系统，诸如从一个航空系统请求航班信息的机票预订系统。时间事件是那些由时间启动或触发的事件。事件在特定的时间发生，诸如每周一次于星期天晚上通过电子邮件发送相关特价信息、在指定日期发送账单，或者每季度在指定日期产生政府统计信息等。

用例的第 2 个区域包括执行步骤以及每个步骤所需的信息。这些陈述表示标准事件流以及成功地完成该用例所需的步骤。期望的做法是详细描写一个用于主路径的用例，然后详细描写每个替代路径的用例，而不是使用“IF...THEN...”语句。执行步骤用整数进行编号，它们可能来自与用户的详细面谈，也可能来自敏捷建模描述（如第 6 章所述）。为了说明真相，这些步骤应与用户一起进行评审。

分析员应检查每一个步骤，确定每个步骤所需的信息。如果分析员不能确定信息，则应另外安排一次与用户的面谈。一些用例描述包含扩展或替代场景，作为例外放在标准事件流后面的附加部分。事件用整数、小数点和另一个整数的样式进行编号，诸如 3.1、3.2、3.3 等。这些步骤不一定全都能用到。分析员和用户可以共同研究主要路径上哪些东西容易出问题，并且可以发现重要细节和条件。分析员需要与用户一起确定，这些条件发生时应做什么。这有助于在生命周期的早期阶段发现错误。

图 2.17 说明如何把扩展和替代场景包含在用例的中间部分。在这个航线实例中，主要步骤 1 是由几个更小的步骤组成的，其中很多都是以“如果”开头的。这些子步骤还是在主要路径上，但只有在条件满足时发生。例如，如果有多个机场为同一个城市提供服务，则所有机场都被显示出来。扩展或替代场景也可以在这儿出现。对于这个机场，其他场景包括航班选择、座位选择和膳食的选择。用例甚至可以包含迭代或循环步骤。

用例的第 3 个区域包括：

- *前提条件*（precondition），即用例可以执行前系统应满足的条件，前提条件可以是另一个用例。例如，前提条件可能是“查看者已经成功地登录系统”，也可能是另一个用例的成功完成。
- *后置条件*（postcondition），即用例执行完以后系统的状态，包括人们接收到的输出、传输给其他系统的数据以及已经创建或更新的数据。这些后置条件与问题定义（如第 3 章所述）中的目标或用户需求有关，也可能与敏捷故事（如第 6 章所述）有关。
- 所做的假设会影响用例的方法，并可能对所需的技术提出明确要求，例如浏览器中的最低技术要求，甚至浏览器的特定或更高版本要求。有的假设可能要求启用 Cookie 或 JavaScript。分析员必须决定假设条件不满足时怎么办。使用 Google Maps 时，JavaScript 必须启用，如果不启用 JavaScript，地图将无法显示。Netflix 需要 Cookie。良好的网页将检测某个假设没有得到满足，并以消息形式通知查看者，包括如何在不同浏览器上打开 Cookie 或 JavaScript 的相关信息。

执行的步骤（主要路径）	每个步骤所需的信息
1. 输入出发和达到机场、旅行日期	机场位置
1.1　如果输入的是机场代码，则显示匹配的名称、城市和国家	
1.2　如果输入的是城市名称，则找出所有匹配的城市	
1.3　客户选择一个城市	
1.4　如果城市有多个机场，则显示这些机场	
1.5　客户选择一个机场	
1.6　输入机场代码（3 个字符）	
1.7　显示匹配的机场的国家、城市和机场名	
2. 找到所有匹配的航班及可选的座位	航班信息
3. 客户选择航班	
4. 客户登录	客户登录
5. 客户选择乘客姓名	乘客姓名
6. 显示座位图，给出可供选择的座位	航班号、座位图、可选座位
7. 客户为每位乘客选择座位	
8. 显示确认页和信用卡支付页	
9. 信用卡验证	
10. 发送 Email 确认信息	
11. 机票预订	
扩展场景或替代场景	
航班选择 1. 显示一个航班列表 2. 客户选择一个航班 3. 将客户请求发送给机场 4. 航班已经满员	
座位选择 1. 显示一个航班列表 2. 客户选择一个航班 3. 将客户请求发送给机场 4. 检索座位预订情况 5. 显示座位选择图 6. 客户没有找到合适的座位	
国际航班的膳食选择	
1. 客户从下拉列表中选择膳食	可用的航班膳食列表
2. 用膳食选择更新记录	客户膳食记录

图 2.17　用例可以包含条件步骤以及扩展或替代场景

- 最低限度保证，这是向用户承诺的最低功能。他们可能对此结果不满意，但不会出现任何问题。
- 成功保证，这是令用户感到满意的承诺，这通常是用例已经得到满足的目标。
- 任何有待解决的问题必须在实现用例前解决。
- 用例优先级的可选陈述，可能来自问题定义或用户需求。
- 创建用例涉及的风险的可选陈述。

需求满足（requirements met）区域将用例与问题定义中的用户需求或目标联系起来。开发用例场景以后，一定要与业务专家一起对它进行评审，以验证这些用例并根据需要对它们进行提炼。

在名为“注册会议”的用例场景中，唯一的参与者是“会议参与者”。总的区域是“会议规划”，并且该用例由登录到“注册”网页的会议参与者所激发。“执行的步骤”区域列出了一个成功的会议注册必须发生的事件序列。注意，执行每个步骤所需的信息列在右侧。这可能包含 Web 页和表单以及数据库的表和记录。

用例场景底部的“前提条件”区域列出了在会议参与者能够注册会议之前必须发生的事情。在该实例中，会议参与者必须已经注册成为社区的成员，并且有一个有效的用户 ID 和密码。“后置条件”区域列出用例已经完成的任务。“假设”区域列出分析员假设的由参与者实现的任何基本前提。“需求满足”区域展示为什么该用例对商业领域取得成功是重要的和必不可少的。“优先级”指示哪些用例应先开发，哪些可以延后开发。“风险”是对开发该用例是否有可能存在问题和困难的粗略评价。在本例中，风险等级为中等，因为注册用例要求一个安全服务器，并且接受信用卡信息。

2.3.7　创建用例描述

创建用例描述应遵循以下 4 个步骤：

（1）使用敏捷故事、问题定义目标、用户需求或特征列表作为起点。

（2）询问完成交易必须完成的任务；询问用例是否读取数据或更新表。

（3）查明有没有迭代或循环操作。

（4）客户目标完成时，用例结束。

2.3.8　为什么用例图是有益的

无论使用什么方法来开发系统（传统的 SDLC 方法、敏捷方法或面向对象方法），都会发现用例是非常有用的。用例图标识问题域中的所有参与者，而系统分析员可以重点关注人们想要的功能和使用系统的需求、扩展他们的能力，以及享受技术交互的乐趣。图 2.18 列出了编写用例的主要原因。

编写用例的原因
• 用例可以有效地传递系统需求，因为用例图都保持简单； • 用例允许人们讲故事； • 用例故事对非技术人员有意义； • 用例不依赖于专用语言； • 用例可以描述大多数功能需求（诸如参与者和应用程序之间的交互）； • 通过使用原型，用例可以描述非功能需求（诸如性能和可维护性）； • 用例帮助分析员定义边界； • 用例是可跟踪的，允许分析员确定用例与其他设计和文档工具之间的联系。

图 2.18　编写用例的主要原因

需要完成的行为也可以在用例图上清楚地显示出来。这不仅易于分析员识别过程，而且也有助于同团队里的其他分析员和企业行政人员进行交流。

用例场景也是值得做的。因为用户给予分析员的很多信息已经采用故事的形式，因而容易以用例场景形式获得。用例场景总是记载触发事件，使分析员总是能够跟踪导致其他用例的步骤。因为所执行的步骤都被记录，所以可以利用用例场景来编写逻辑过程。

用例图由于简单而且不含技术细节而越来越流行。它们用来表示一个系统的范围、系统的主要功能以及使用这些主要功能的参与者。用户看到系统，可以对它做出反应并提供反馈意见。它们也有助于决定是构建软件还是购买软件。

2.4　管理的层次

组织管理存在三个广泛的、横向的层次：运营控制、管理规划和控制（中层管理）以及战略管理，如图 2.19 所示。每个层次承担各自不同的职责，所有的工作都以自己的方式朝着实现组织的目标和目的方向发展。

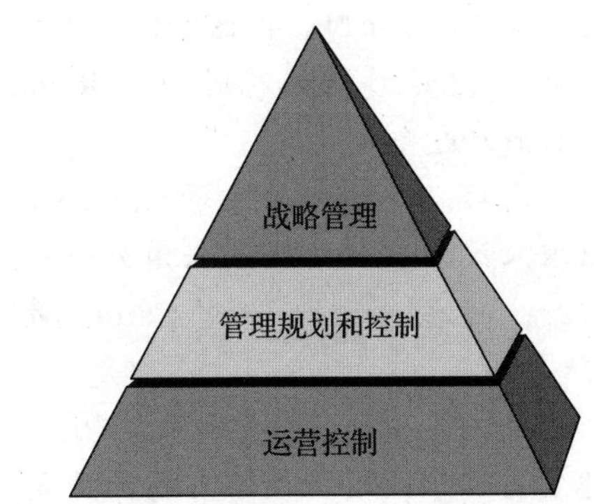

图 2.19　组织管理存在三个横向层次：运营控制、管理规划和控制、战略管理

运营控制形成了三层管理体系的底层。运营经理使用预先确定的规则进行决策，这些规则在正确执行的情况下，其结果可以预知。他们的决策会影响工作计划的执行、库存控制、运输、接收和过程控制（诸如，生产过程）。运营经理监督组织的运营细节。

中层管理形成了三层管理体系中的第二层，或者说是中间层。中层管理人员做出短期规划和控制决策，其内容是怎样最好地配置组织的资源以满足组织的目标。

战略管理是三层管理控制体系中的第三层。战略管理者放眼于组织外部，展望组织的未来，所做的决策将指导中层和运营经理在此后数月和数年的活动。

战略管理者工作在一个高度不确定的决策环境中。决策者在许多方面存在鲜明的差异。例如，战略规划经理有多个决策目标，而运营经理只有唯一的目标。对于高层次的管理者来说，确定问题通常很难，但对运营经理而言却很容易。战略规划经理面临的是半结构化问题，而低层级管理者大多处理的是结构化问题。

对战略规划经理所面对的问题，可供选择的解决方案通常很难清楚地表达出来。而对于运营经理所要处理的问题，可供选择的方案是很容易列举出来的。战略管理者所做的最常见的决策是一次性决策，而运营经理所做的决策趋向于可重复类型的决策。

咨询时间 2.2

还在用复写纸？

“我还不知道我们该怎么处理粉色的，”Richard Russell 承认。“它们是一式四份的表格的一部分，可以分开。我只知道我们只会把它们留给档案管理员，等他有时间再把它们归档。”

Richard 是 Carbon（Carbon&Rippy，一家经纪公司）新聘用的初级客户主管，正在经历将股票购买“正式”化的步骤，因为他的老板要求将股票购买信息存储在计算机系统中并将检索的过程加以简化。

Richard 正在思考粉色表格的处理方式。他对手下 Harry Schultz 说：“我在这里两个月了，还没有看到有人使用这些工具。它们占用了你我的时间，更不用说所有的文件空间了，让我们把它们处理掉。”

Richard 和 Harry 打开前任员工保存的所有旧文件，扔掉已经归档的粉色表格，以及那些积累在一起但尚未归档的表格。这需要几个小时，但他们腾出了很大的空间。“这绝对值得花时间。”Richard 安抚 Harry 说。

三周后，Richard 的主管 Carol Vanes 的助理来了。Richard 很高兴看到一张熟悉的脸，向她打招呼：“嗨，Carol，最近还好吗？”

“老样子，”Carol 叹了口气。“嗯，但我想它对你来说还很新鲜，因为你是新手。我需要那些粉色表格。”

Richard 和 Harry 听后差点休克，他们交换了眼神，然后喃喃自语道：“你肯定是在开玩笑吧。”

Carol 看起来比 Richard 想象的要严肃，回答道：“不开玩笑。我总结了所有经纪人的所有粉色表格，然后将我的总数与计算机化的股票购买信息进行比较。这是我们为期三个月的例行交易准确性审计的一部分。我的工作取决于你们，你刚来的时候，McCue 女士没有向你解释过吗？”

Richard 和 Harry 在处理粉色表格时忽略了什么系统概念？如果忽略了一般的系统概念，可能会产生什么后果？

2.4.1 对信息系统开发的意义

三层管理体系中的每一层对管理信息系统开发都有不同的意义。一些管理者对信息的需求是清晰的，而其他管理者的需求却是模糊和重叠的。

运营经理需要内部信息，这些信息具有可重复性和低级别性。他们高度依赖于所获得的当前执行情况的信息，同时他们又是大量的在线和实时信息资源的使用者。运营经理对过去执行情况的信息和周期性信息的需求是适度的，他们很少使用可用于未来规划的外部信息。

在下一个管理层中，中层管理者同时需要短期和长期的信息。由于他们的工作性质为发现并解决问题，所以中层管理者迫切需要实时信息。为了有效控制，他们还需要当前的业绩信息，这些信息是按照既定的标准来衡量的。中层管理者高度依赖内部信息。与运营经理相比，他们更需要历史信息，以及用于预测未来事件和模拟可能情况的信息。

战略管理者对信息的需求与中层管理者和运营经理都有些不同。他们高度依赖于外部信息，这些信息提供了关于市场走向和竞争对手的战略信息。因为战略管理的任务是预测未来，所以战略管理者极其需要预测性信息，这些信息可以创建许多不同的假想场景。他们还需要准确评估风险，包括那些给信息系统的安全性造成的风险。为适应快速的变化，他们还对周期性报告信息有迫切的需求。

2.4.2 协同设计

协同设计（collaborative design）在不同的领域中具有不同的含义，诸如建筑、工程和信息系统领域等。在系统分析与设计领域，协同设计意味着公司外部的利益相关者（外部客户）以及公司内部的利益相关者遵循相应的过程来共同设计一个满足目标的系统。在公司内部，协作者可以来自组织层级的不同级别，包括战略级、管理级和运营级，或者来自同一组织级别的不同部门。

研究人员发现，许多内部协同设计依赖于权力关系和信息流，这可能部分基于组织中的层级关系（Levina，2005；Phelps，2012）。如果组织中级别较低的人（如图形设计人员）有机会利用他们的专业知识创建初始设计，然后由那些不直接进行图形设计但在 IT 部门或组织中处于较高管理级别的人进行检查，信息系统项目可能会进展的更顺利。研究人员还发现，当使用结构化方法开始一个项目时，赋予那些拥有技术或战略专业知识的人权力，而非图形设计人员，这样也会产生协作问题（Levina，2005；Phelps，2012）。对于外部协作，建议将利益相关者纳入适当的信息流，并强调外部与内部参与者之间形成的关系。

咨询时间 2.3

金字塔的力量

Paul LeGon 说："我们真的很仰慕你！"。作为一名系统分析员，你受邀帮助金字塔公司。这是一家小型、独立的图书出版商，专营主流出版物之外的平装书。

Paul 继续说道："我们主要针对的是人们普遍认为的边缘主题。如关于金字塔的力量、世界末日的预言和通过想象艳丽的色彩得到更健康的生活等。有时，人们看到我们出版的书只是摇摇头，然后评论说这是不平凡的主题。我们不受任何具体哲学的束缚，目前已经取得了很大的成功。因为我才 24 岁就获得成功，以至于人们都说我年少有为。" Paul 停下来观察你的反应。

Paul 继续说道："作为总裁，还有如编辑、会计、制作和营销等职能部门由我来管理。"

Paul 的助手，Ceil Toom，一直都在静静地听着，此时他插话发表自己的意见："最近为我们做了一个项目的系统专家建议，建立一个由会计、生产和营销人员组成的联络委员会，由此就可以在组织内部共享最新的计算机化库存和营销情况信息。他们声称这样做既可以削减不必要的重复输出，同时每个职能领域又能更好地与其他部门配合。"

Paul 回忆起这段经历，说道："这是合理的——哦，暂时——雇员共享信息，但是现在请你来的原因是，雇员们说没有时间参加委员会会议，而且他们对与其他部门的人员共享信息的做法感到不自在，因为这些人在 Pyramid 公司的职位比他们更高。"

根据 Paul 和 Ceil 的描述，在 Pyramid 公司安装一套管理信息系统会有什么样的效果？这套系统要求人们用与 Pyramid 公司的结构不一致的方式共享信息。提出一些解决该问题的通用方法，使 Pyramid 公司的雇员能够得到他们需要的销售和库存情况。

2.5　组织文化

组织文化是一个既定的研究领域，在过去几十年中得到显著发展。正如认为组织包含许多技术是合理的一样，将组织看成是多个亚文化群的宿主也是合理的，通常这些亚文化群是相互竞争的。

关于什么是组织亚文化，目前尚未定论。然而，人们一致认为，相互竞争的亚文化可能会发生冲突，他们各自都会试图拉拢对组织有共同愿景的拥护者。确定在组织成员不共享物理工作空间的情况下，虚拟组织和虚拟团队对创建亚文化群如何影响是正在进行的研究内容。

与其将文化当成一个整体来考虑，不如考虑可研究的具有决定作用的亚文化群，如共享的语言符号和非语言符号。语言符号包括共享的语言，用于构建、传送和维持亚文化群的传说、隐喻、愿景和幽默。非语言符号包括共享的人工制品、习俗和礼仪，决策者和工人的衣着，办公室的使用、布置和摆设，以及庆祝成员生日、升迁和退休的例行仪式。

亚文化群共存于“正式的”组织文化中。正式批准的文化也许规定了着装规范，与上级和同事交流的适当方式，以及处理与外界公众相关事务的适当途径。亚文化群也许是信息的需求、有效性和使用的有力的决定性因素。

组织成员也许属于组织中的一个或多个亚文化群。亚文化群可能会对成员的行为举止产生重要的影响，包括接受或拒绝使用信息系统。

安装新的信息系统后，变革的阻力就会出现。理解和认识组织内占主导地位的亚文化群，能够帮助系统分析员克服这种阻力。例如，分析员可以设计用户培训，以解决组织亚文化的特殊关注。

2.5.1　技术对文化的影响

技术正在改变组织和团队的文化。Slack 是雇主认可的社交媒体平台（工作场所即时通讯 App）。同事之间的对话可以是公开的、私密的或者介于两者之间的任何情况。对话可以以组或一对一对话的形式组合在一起。各个频道可以专注于看似微不足道的问题，如受欢迎的零食或员工自助餐厅的食物，但其主要目的是促进官员和员工之间的合作和交流。它没有电子邮件那么正式，可能更受千禧一代员工的欢迎（“2022 State of the Digital Workplace”，2022）。Slack 可以塑造一种文化，一种充满可编程恶作剧的办公室文化，其特点是比电子邮件的互动方式更不正式，帮助团队成员避免在会议中面对面甚至一对一地表达自己的难处。

Slack 同时提供公共和私人频道。公共频道对所有的 Slack 团队成员开放，发布给他们的消息都被存档（存储和保存），并且可供整个工作团队查询。私人频道被限制在有限的团队成员之间，只有通过邀请才能加入。只有私人频道的成员才能查看和搜索私人频道的内容。Slack 还提供直接消息（Direct Message，DM）或群组消息（群组 DM），用于在工作团队的两个或多个成员之间进行快速的私人消息传递。它们的可搜索性取决于你是否是 DM 的接受者，如果是，就可以查看和搜索内容。Slack 和许多其他基于技术的工具在团队沟通中非常有用。

2.6　小结

分析和设计信息系统时，主要应考虑三条基本的组织原则：将组织概念化为系统；不同的管理层次；完整的组织文化。

组织是由一系列相互关联和相互依赖的子系统组成的复杂系统。此外，系统和子系统可由它们的内部环境进行刻画，它可以是一个从开放到封闭的连续体。开放系统允许资源（人、信息和物资）自由地跨越其边界，封闭系统则不允许输入或输出自由流通。组织或团队也可以通过虚拟方式组织起来，由不在同一个物理工作空间的远程成员通过电子方式连接在一起。ERP 系统是集成的组织（企业）信息系统，通过定制的、专用软件发展而成，帮助信息在组织内各职能领域间流动。

有很多方法可以实现图形化地描述系统。系统分析员应尽早从这些工具中选择合适的方法，以获得对系统的纵览。这些方法包括上下文级数据流图、用 E–R 图获得关系，以及根据用户故事绘制用例图或编写用例场景。在分析之初使用这些图和技术，可以帮助分析员定义系统的边界和范围，并且可以帮助他们清楚地认识到正在开发的系统外部的人员和系统。

E–R 图帮助系统分析员理解构成组织系统的实体和实体间关系。E–R 图可以描述一对一关系、一对多关系、多对一关系和多对多关系。

管理控制的三个层次分别为：运营管理、中层管理和战略管理。每个决策层次的时间范围是不同的。

组织文化和亚文化是决定人们如何使用信息和信息系统的重要因素。通过将信息系统建立在将组织作为更大的系统的环境下，可以认识到许多因素都是重要的，并且在确定信息需求及设计和实现信息系统时必须考虑这些因素。诸如基于工作的平台 Slack 等技术，可用来创建或加强组织文化或亚文化的元素等。

复习题

1. 对信息系统的开发具有意义的三组基础组织原则是什么？
2. 组织的子系统是相互关联和相互依赖的，指的是什么？
3. 给出术语“组织边界”的定义。
4. “反馈”在组织中的两个主要目的是什么？
5. 定义组织环境的开放性。
6. 定义组织环境的封闭性。
7. 传统组织与虚拟组织有什么区别？
8. 虚拟组织的潜在优点和缺点分别是什么？
9. 举例说明系统分析员和用户怎样通过虚拟团队进行合作。
10. 什么是 ERP？
11. ERP 系统与其他类型系统的业务过程分析的主要区别是什么？
12. 当分析员试图实现 ERP 软件包时，他们经常会遇到什么问题？
13. 用例图上的两个符号是什么，它们表示什么含义？
14. 什么是用例场景？
15. 用例场景的三个主要部分是什么？
16. 创建用例描述的 4 个步骤是什么？
17. 在上下文级数据流图上，过程表示什么？
18. 描述不同等级的用例的 5 个高度隐喻是什么？它们分别代表什么？
19. 数据流图上的实体是什么？
20. 术语 E–R 图指什么？
21. 用哪些符号来画 E–R 图？
22. 列举 E–R 图的种类。
23. 实体、关联实体和属性实体有何区别？
24. 列举组织中的 3 个主管理层面。
25. 谁应该参与信息系统的协同设计？
26. 理解组织的亚文化群对信息系统设计有何帮助？
27. 系统分析团队成员如何使用 Slack 来构建或强化组织文化或亚文化？

问题

1. Always Open 杂货店的所有者和管理者 Addana Abara 承认："将注意力集中到我们想要达到的目标上是很困难的。了解到我们真正的竞争对手（便利店）目前的做法，我认为我们应该效仿他们。但那就会有数百名顾客跑来对我说，我们应该保持小店的原样，他们习惯于友好的店员和老式的收银机。接着，当我拿起一份超市新闻报时，会有报道说特大型的杂货店是未来的发展趋势，这些店里没有单独的价格标签，以通用产品代码扫描仪代替了店员。我被卷入众多的说法之中，以至于无法为杂货店确定一个发展战略"。

    运用可渗透性的组织边界概念，用一段文字分析 Addana 在聚焦组织目标方面存在的问题。
2. 用 7 句话解释图 2.8 中自右向左的关系。
3. 绘制一幅表示病人 – 医生关系的 E–R 图
    （1）这是什么类型的 E–R 图？
    （2）用一两句话解释为什么用这种方法表示医患关系。
4. 你要为医疗保健组织设计一个系统，在你进入该组织后，开始绘制 E–R 模型图。在着手设计数据库前，团队成员对使用 E–R 图持怀疑态度。
    （1）用一段文字说服团队成员，说明尽早使用 E–R 图是值得的。
    （2）编写一个简短的教程或创建一个简短的幻灯片演示文稿，向医疗保健组织的项目经理说明如何绘制 E–R 图。给出所有技术术语的定义，以帮助他们理解 E–R 图。
5. Meilin 是 Ushi 素食店的决策者。因为有不同的配料供应商且配料价格会波动，所以她根据特定供应商的特定配料的可用性信息，为公司制作的各种肉类替代品提出了几种不同配方，然后每周两次依此定购配料。尽管她无法预测什么时候配料会达到一个可接受的定价，但是她对所需物资的定购可被视为例行公事。
    （1）Meilin 工作在哪个管理层级上？用一段话进行解释。
    （2）在你将 Meilin 归类到不同的管理层上工作时，她的哪些工作属性必须改变？试将它们列出来。
6. 许多 Ushi 素食店（问题 5）的工作人员把他们的一生都奉献给了该公司。一些人认为公司不合时宜，应使用更复杂的生产系统、信息系统、供应链管理和社交媒体来提高公司的竞争力。还有一些人认为他们所做的工作是不被赏识的。试用文字描述 Ushi 公司的各种亚文化，并根据公司的特征给出描述性名称。
7. Garcia 制造公司的人力资源部门的成员 Gaby 经常被雇员们问及，他们薪水的多少被拿出来支付保险费、税费、医疗费、强制退休费和自愿退休费。"这每天都要占用我几个小时的时间"，Gaby 说。

    她希望公司有一个 Web 系统，允许雇员通过安全登录来查看信息。Gaby 希望该系统与牙齿保险公司连接，用以获得雇员账户中的当年余额。她还想获得已存储的退休金总额及其投资结果。Garcia 高度关注隐私，希望该系统要求雇员进行注册，给予许可权后才能从牙齿保险公司和退休公司获得财务数字。画出表示雇员福利系统活动的用例图。
8. 为 Garcia 制造公司构造的用例图编写一个用例场景。
9. 为 Garcia 制造公司创建的是什么等级的用例？从 5 个高度隐喻中选择一个，并解释为什么选择它。
10. 为问题 7 中的雇员福利系统创建一个上下文级数据流图。做出所有有关流入和流出中心过程的假设。
    （1）你认为这种解释系统的方法与使用用例和用例场景的方法相比，是更好还是更差？
    （2）编写一个简短的教程或创建一个简短的幻灯片演示文稿，向 Gabriela 说明如何绘制上下文级数据流图。一定要给出所有技术术语的定义，并说明在你访问 Garcia 制造公司的早期就绘制上下文级数据流图的原因。

11. 画出一个获取两个或三个 email 账户的用例，编写用例场景。请考虑确保安全所需的步骤。
12. 针对一个试图登录到自己订阅的安全网站但又忘记密码的用户，绘制一个用例，并编写一个用例场景。
13. 研究在你的地区可用的工作许可的社交媒体平台。选择其中一个（如 Slack），然后讨论它的好处和缺点。最后，写出你是否愿意在使用 Slack 或其他工作许可的社交媒体的公司工作，并说明原因。

小组项目

1. 将所有人分成 5 个小组。分配一个人负责设计 Web 站点，一个人负责描述公司的产品，一个人负责跟踪客户的付款情况，一个人负责物品的分配，还有一个人说服对公司产品心存疑虑的客户。然后选择一个简单的产品（一个没有很多版本的产品）。例如，数码相机、沙滩巾、盒装糖果或是特价旅行帽（雨披或防晒霜）。现在，花 20 分钟向 Web 站点设计人员解释在 Web 站点上放些什么内容。包括产品描述的思路，诸如照片或图形以及其他内容。用大约三段文字描述你所在小组的哪些工作需要与其他小组协调。详细描述组织内子系统之间的相互关系（从你所在小组的角度）。
2. 在一个小组中，开发一个用于国内机票、酒店和汽车预订的用例和用例场景。
3. 改变小组项目 2 中的答案包括外国旅游，用例和用例场景怎么变化？
4. 与你的组员一起，画出你们学院或大学注册系统的上下文级数据流图。
   （1）给每一个实体和过程做上标记。
   （2）与小组一起讨论为什么会出现不同的画图法。获得组内关于最佳画图法的一致意见，用一段文字为你的选择做出解释。
   （3）现在与你的小组合作，遵循开发 E-R 图的步骤，为你们学校或大学注册系统创建一个 E-R 图。请标记你所描述的关系是一对一、一对多、多对一还是多对多的关系。
5. 与小组一起研究工作组社交媒体平台 Slack。
   （1）用一段话回答：组织如何订阅它？有什么好处？有什么缺点？
   （2）让小组写两段话来描述关于使用工作许可的社交媒体（诸如 Slack）的优缺点。
   （3）最后写出结论，为你的课堂小组是否采用 Slack 提出建议（假设有必要的硬件和软件资源支持它）。

参考文献

2022 State of the Digital Workplace & Modern Intranet Report. (2020). https://www.akumina.com/resources/2022-state-of-digital-workplace-report.

Bleeker, S. E. (1994). The virtual organization. *Futurist, 28*(2), 9–14.

Chen, P. (1976). The entity-relationship model—towards a unified view of data. *ACM Transactions on Database Systems, 1*, 9–36.

Ching, C., Holsapple, C. W., & Whinston, A. B. (1996). Toward IT support for coordination in network organizations. *Information Management, 30*(4), 179–199.

Cockburn, A. *Use case icons.* (n.d.). http://alistair.cockburn.us/Use+case+icons?version=8339&diff=8339&with=6296.

Davis, G. B., & Olson, M. H. (1985). *Management information systems, conceptual foundations, structure, and development* (2nd ed.). McGraw-Hill.

Gaan, N. (2019). Collaborative tools and virtual team effectiveness: An inductive approach in India's software sector. In P. Seetharaman & J. Cranefield (Eds.), *Information systems: Debates, applications and impacts* (pp. 183–209). Routlege.

Galbraith, J. R. (1977) *Organizational design*. Addison-Wesley.

Grabski, S. V., Leech, S. A., & Schmidt, P. J. (2011). A review of ERP research: A future agenda for accounting information systems. *Journal of Information Systems, 25*(1), 37–78.

Kähkönen, T., Alanne, A., Pekkola, S., & Smolander, K. (2017). Explaining the challenges in ERP development networks with triggers, root causes, and consequences. *Communications of the Association for Information Systems, 40*, Article 11. http://aisel.aisnet.org/cais/vol40/iss1/11.

Kendall, K. E., Buffington, J. R., & Kendall, J. E. (1987). The relationship of organizational subcultures to DSS user satisfaction. *Human Systems Management, 7*(1), 31–39.

Kulak, D., & Guiney, E. (2004). *Use cases: Requirement in context* (2nd ed.). Addison-Wesley Professional.

Levina, N. (2005). Collaborating on multiparty information systems development projects: A collective reflection-in-action view. *Information Systems Research, 16*(2), 109–130.

Morris, M. G., & Venkatesh, V. (2010). Job characteristics and job satisfaction: Understanding the role of enterprise resource planning system implementation. *MIS Quarterly, 34*(1), 143–161.

Henderson, T. (2021, September 9). *In-person workers are slow to return to jobs, data shows*. https://www.pewtrusts.org/en/research-and-analysis/blogs/stateline/2021/09/09/in-person-workers-are-slow-to-return-to-jobs-data-shows.

Phelps, A. F. (2012). *The collective potential: A holistic approach to managing information flow in collaborative design and construction environments* (Kindle ed.). Turning Point Press.

Warkentin, M., Sayeed, L., & Hightower, R. (1999). Virtual teams versus face-to-face teams: An exploratory study of a web-based conference system. In K. E. Kendall (Ed.), *Emerging information technologies: Improving decisions, cooperation, and infrastructure* (pp. 241–262). Sage.

Weilbach, L., Hattingh, M., & Pillay, K. (2021). Using design patterns to teach conceptual entity relationship (ER) data modelling. In Y. M. Huang, C. F. Lai, & T. Rocha (Eds.), *Innovative technologies and learning*. Springer.

Yager, S. E. (1997). Everything's coming up virtual. *XRDS: Crossroads, 4*(1), 20–24.

第3章

Systems Analysis and Design, Eleventh Edition

项目管理

学习目标

1. 了解如何启动和选择项目。
2. 学习如何确定拟建项目的可行性。
3. 确定硬件和软件需求以及备选方案
4. 参与识别、预测并比较成本和收益。
5. 学习如何管理时间和活动。
6. 说明如何执行项目进度安排。
7. 了解控制一个项目的必备条件。
8. 了解如何管理项目团队。
9. 准备一份有效的系统提案，重点关注内容和设计。

启动项目、确定项目的可行性、安排项目进度、估算成本、制订预算和规划，为提高生产率而对活动和团队成员进行规划和管理，这些都是系统分析员必须掌握的重要技能。因而，这些工作被视为项目管理的基础。

之所以启动一个系统项目，是因为出现了问题，或者在组织适应变革后通常需要对业务进行改进。电子商务的日趋流行意味着一些基本的变革正在发生，企业正寻求在互联网上发展业务，或将他们的内部操作和外部关系转移到互联网上。需要系统解决方案的变革，不仅在法律环境下会发生，在工业环境下也会发生。系统分析员与用户合作，以创建反映当前业务系统和关注点的问题定义。

一旦项目提出，系统分析员应与决策者一起尽快确定项目是否可行。如果批准对某个项目进行全面的系统研究，则通过使用工具对项目活动进行日程安排，以便项目能够按时完成。这些工具如甘特图和网络图，又叫程序评审技术（Program Evaluation and Review Technique，PERT）等。确保系统分析团队成员的工作效率的一部分是有效地管理他们预先安排的活动，本章将专门讨论这些项目管理基础。

3.1 项目启动

由于各种原因，系统项目由许多不同的来源发起。提议的项目会经历各种各样的评估阶段，这些评估由你（或者你和你的团队）完成。其他项目不需要也不会经历那么多评估。商业人员之所以提出系统项目主要有两个原因：①他们碰到了必须求助于系统来解决方案的问题，②他们认识到通过升级、变更和安装新系统会带来改进的机会。组织在适应和应对自然进化的变革时，这两种情形都会出现。

3.1.1 组织内的问题

管理者不愿设想自己的组织存在问题，更不用说与外部人员谈论或共享这些问题。然而，卓越的管理者认识到，他们自己能够识别问题的症状，或在以后的某个阶段诊断并解决这些问题，是企业保持健康运作的关键。

问题以许多不同的方式表现出来。在某些情况下，问题因没有满足工作指标而暴露出来。过程问题（或问题的症状）可以从输出中看出来，可以请求系统分析员提供帮助，这些问题包括错误太多，工作进展太慢、不完善、不正确或者根本没有进展。当人们没有达到基线绩效目标时，问题的其他症状就会显露出来。雇员行为的变化，诸如不正常的高缺勤率、对工作不满意的人员很多或者人员调整很频繁，都是在警告管理者存在潜在的问题。所有这些变化，无论是单独出现还是同时出现，都可以成为请求系统分析员提供帮助的充分理由。

虽然存在前文所述的种种困难，但是有关组织在多大程度上满足了计划目标的反馈信息，可能来自组织之外，以客户、软件开发商或供应商投诉或建议的形式，以及损失或更低的销售额的形式表现出来。这些源于外部环境的反馈信息是极其重要的，不应忽视。图 3.1 概括了问题的症状以及检测问题时可用的方法。

要识别的问题	可以查看的特定信号
对照业绩标准检查输出	• 太多错误 • 工作进展很慢 • 工作方式不正确 • 工作未完成 • 根本没有进展
观察雇员的行为	• 高缺勤率 • 对工作不满意的人员很多 • 人员调整频繁
听取外部的反馈，包括： 软件开发商和服务提供商 顾客 软件供应商	• 投诉 • 改进建议 • 滞销 • 销售额下降

图 3.1　检查输出、观察雇员行为和听取反馈信息都是帮助分析员查明系统问题和提出机会的方法

3.1.2　定义问题

无论采用经典的 SDLC 方法还是面向对象方法，分析员都要先定义系统的问题和目标。这为确定系统需要完成什么奠定了基础。

问题定义通常包含用一两段话概括的问题陈述。问题陈述后面跟着一系列问题，或者主要的独立问题。问题后面跟着一系列目标或目的，并且它们与这些问题逐条相配对。问题是当前的情况，而目标是期望的情况。这些目标可以非常具体或者使用常规陈述。

咨询时间 3.1

我曾听过的最甜美的声音[⊖]

Solana Agua 是欧洲软饮料 Sipps 的众多美国经销商之一，她悻悻地注视着智能手机上的天气 App，其中显示了一幅美国地图，其上布满了暗红色符号，表明美

⊖ 本咨询时间摘选自 Perez（1997），pp.31 和 34。

国大多数地区将经历早春的热浪，并且没有任何停止的迹象。她一边举起智能手机的屏幕一边对系统小组说，“这种天气对于我们而言是可能出现的最好情况，或者至少应该是。但是在三个月前下订单时，我们不知道春季的热浪会这么早席卷全国。”她朝着墙上挂着的一幅欧洲工厂图摇摇头，继续说道。“我们需要告诉他们，这里什么时候天气会变热，以便我们能够得到足够的产品。否则，我们会错过每次机会。这种情况在2年前发生过，几乎毁了我们。”

“我们每位经销商都会与地区经理见面，以制订为期三个月的计划。当我们达成一致后，会把订单上传到欧洲总部，让他们自行调整，将饮料装瓶，然后我们大约9到15周后收到修改后的订单。此外，我们需要让他们知道现在的情况。由于这里新开了几个大型超市，我们有更高的需求。”

她的助理Corky点点头，说道：“是的，他们至少应该看看往年这个时候我们的销售量。有几年的春天较热，其余则一般。”

Agua表示同意，说道，“听起来主意不错，如果他们能与我们共同合作，挖掘出趋势和变化，然后快速做出反应就太好了。”

Stern’s总部位于英国布莱克浦，是一家欧洲饮料制造公司和Sipps的开发商和生产商。Sipps是一种甜的、水果味且不含酒精的非碳酸饮料，可以冷冻饮用或者加冰饮用，在气候炎热季节特别盛行。Sipps在欧洲特别畅销，而且自5年前引进美国和墨西哥以来很快就在当地流行起来。由于受季节性温度波动的影响，Sipps在充分管理库存和迎合美国顾客需求方面遇到了困难。全年温度不变并且有大量游客的地区，诸如佛罗里达州和加利福尼亚州，总是有大量订单，但是美国其他地区则可以从一个不那么烦琐、反应更迅速的订单过程中受益。Sipps通过美国和加拿大的本地分销商网络进行分销。

你作为与美国Sipps分销商合作的系统分析员之一，开始进行系统分析。通过研究信息流、订购过程和库存管理，以及与Straw先生及其助理面谈以后，列出你所识别的一些关键症状和问题。用一段话说明哪些问题表明Sipps需要一个系统解决方案。

下面给出了一些与业务目标相关的业务问题实例：

- 组织的目的是什么？
- 该组织是营利性组织，还是非营利性组织？
- 公司打算发展或扩张吗？
- 组织战略和IT战略如何协调一致？
- 企业对技术持怎样的态度（或文化）？
- 企业对IT的预算是什么？
- 企业的职员有专门技能吗？

毋庸置疑，系统分析员需要了解业务是如何运作的。

问题定义的最后一部分包含需求（必须完成的事情），以及可能的解决方案和限制系统开发的约束。需求部分可以包含安全性、可用性、政府要求等；约束通常包含“不”字，指示某种限制，并且可以包含预算限制或时间限制。

问题定义是在完成与用户面谈、观察和文档分析以后产生的。收集此信息的结果是大量需要总结的事实和重要观点。产生问题定义的第一步是找到一个问题中可能包含的许多要点。要点可以在面谈时用很多方法识别出来：

（1）用户可能指出重复多次的问题、话题或主题，有时可能由不同的人在多次面谈中提到。

（2）用户可能传达相同的隐喻，诸如把企业说成是旅游、战争、游戏、有机体、机器或家庭等。

（3）用户可能以讲故事的方式来说明一个问题（包括开始、中间和结尾）、一位英雄、要克服的障碍、成功的（或期望的）解决方案。

（4）用户可能对某个主题长篇大论。

（5）用户可能直接告诉你“这是一个主要问题”。

（6）用户可能通过肢体语言传递重要性，也可能强调某个问题。

（7）问题可能是用户提到的第一件事情。

确定问题之后，就必须阐明目标。有时分析员可能不得不进行补充面谈以获得有关目标的更准确的信息。阐明目标后，必须确定问题或目标的相对重要性。如果没有足够的资金来开发完整的系统，必须先完成最关键的目标。用户是确定关键目标的最好人选（在分析员的支持下），因为用户是业务领域的专家，他们知道在组织中如何最好地使用技术。除了分析数据和与人员面谈外，系统分析员还要设法直接见证问题。

3.1.2.1　问题定义实例

Catherine's Catering 是一家小型企业，为午餐会、婚礼等商业和社交场合提供餐饮、招待会和宴会。其灵感来自 Catherine 对烹饪的热爱和在烹饪美食上的天赋。起初该公司是一家小公司，只有几名员工，经营一些小项目。Catherine 与客户通过见面以确定人数、膳食类型和其他所需的信息。随着公司制作食物的声誉和服务质量逐步上升，他们饮食业务也开始上升。新会议中心的建造以及城市商业社区的日益兴旺，也增加了饮食业务量。

Catherine 能够用电子表格软件和文字处理软件来管理业务，但发现很难跟踪应接不暇的电话，诸如有什么类型的膳食、参加宴会的客人数量的变化以及专用食品（诸如严格素食者食品、素食者食品、低脂肪食品、低碳水化合物、无麸质食品等）的可供应性。Catherine 雇用了许多兼职雇员来烹饪和提供饮食，这意味着人员调度的复杂性给了新任人力资源经理一定压力。Catherine 决定聘请一个 IT 商业咨询公司来帮助她解决她的饮食企业所面临的问题。

在与很多关键职员进行了面谈并对他们进行观察以后，咨询人员发现了如下事情：

（1）厨师从供应商那里为每次活动订购供应品（农产品、肉类等）。如果在给定时间范围内一次性对所有酒席订购的食品量更大，供应商会提供一定的折扣。

（2）客户经常打电话来说酒席的客人数有变化，一些变化是在酒席开始前一两天才发生的。

（3）Catherine 和她的职员处理每次酒席申请太耗时，其中有 60% 的电话都是关于合同的签订问题。

（4）雇员调度冲突时有发生，一些酒席所需的服务人员不够。有关服务及时性的投诉越来越频繁。

（5）Catherine 没有任何关于酒席数量和饮食类型的汇总信息。拥有趋势信息是有益的，它可以帮助指导客户选择饮食。

（6）酒席通常在酒店或其他会议厅里举行。在如何安排足够的服务人员以及如何应对客人数的变化方面仍存在问题。

问题定义如图 3.2 所示。注意右边的权重表示每个雇员分配的平均权重。目标与问题配对出现。每个目标用来创建用户需求。

Catherine's Catering

问题定义

Catherine's Catering 正经历处理客户的大量日常电话问题，以及与外部合作伙伴（诸如供应商和会议设施提供商）的协调问题。兼职员工数量的增加导致调度冲突和酒席服务人员不够等问题。

问题	权重
1. 用过量的时间联系客户来处理日常问题。	10
2. 管理兼职雇员很耗时，并导致调度问题。	9
3. 难以适应最后时刻对酒席做出的改变。	7
4. 食品是为每座酒席订购的，通常一天要接收多次送货。	6
5. 在通知酒席设施有变化时经常出现问题。	5
6. 几乎没有关于客户和酒席的历史信息。	3

目标

1. 提供一个 Web 系统供客户获得价格信息和下单。
2. 创建或购买一个具有调度功能组件的人力资源系统。
3. 在客户签署酒席合同之后，为他们提供 Web 访问账户，并为他们提供更新客人数量的方法。把客人数量变化情况通知给经理。
4. 提供确定在同一时间内发生的酒席的总食品供应量的方法。
5. 提供把变化情况通知给酒席设施提供方的关键人员的机制。
6. 存储所有酒席资料，并制定各种格式的汇总信息。

需求

1. 系统必须是安全的。
2. 反馈信息必须由酒席经理在每个酒席结束时输入。
3. 必须有让酒席设施提供方改变联络人的功能。
4. 系统必须易于供非技术人员使用。

约束

1. 开发成本必须小于 50 000 美元。
2. 初始的客户订单网站必须于 3 月 1 日准备好，以满足毕业晚会和婚宴的申请。

图 3.2 在用户帮助下开发的 Catherine's Catering 的问题定义

然后使用用户需求来创建用例和用例图或者数据流图上的过程。每个目标可以有一个或多个用户需求，或者说几个目标可以创建一个用例，也可能一个用例也没有（通常不为简单报表建立用例）。Catherine's Catering 的用户需求如下：

（1）创建一个动态网站，以允许当前客户和潜在客户查看和获得各种不同产品的价格信息。

（2）允许当前客户和潜在客户提交他们的饮食选择请求，该请求被传递给账户经理。

（3）把客户添加到客户数据库，为他们分配一个用户 ID 和密码以使用该网站。

（4）创建一个可以让客户查看和更新酒席客人数的网站，并在酒席日之前的 5 天内限制客人数的变化。

（5）购买或创建与酒席设施人员直接交流的软件。

（6）创建或购买一个调度兼职员工的人力资源系统，允许管理人员添加雇员和根据约束条件来调度他们。

（7）提供查询或报表以及汇总信息。

每个需求可用来创建一个初步测试计划。因为这时的具体细节还不够多，测试计划将随着项目的进展而发生变化。

Catherine's Catering 的一个简单测试计划如下：

（1）设计测试数据，允许客户查看不同类型的产品。

（2）通过测试保证酒席申请输入有效数据，并考虑可能出现的无效数据的情况。（数据将在后面定义。）确保申请被传递给合适的客户经理。

（3）测试所有的数据字段，要求通过每个字段的所有验证标准。用良好的数据进行测试，以保证客户被添加到客户数据库中，并且正确地分配一个用户 ID 和密码。

（4）创建一个测试计划，用于确认客户能够查看酒席信息。测试在酒席日的前 5 天内数据不能进行更新。设计测试数据以确保正确地更新酒席的客人数量。

（5）测试软件能够正确地工作，可以直接与酒席设施提供人员进行交流沟通。

（6）测试人力资源系统对兼职员工的调度情况，确认该系统可以正确地增加员工，并能检测和报告每个字段的所有无效值。检查员工调度软件的有效更新和每个无效输入。

（7）检查所有的查询和报表是否都能正确产生，并包含正确的汇总信息。

3.1.3　选择项目

项目由不同的人员因不同原因而提出，但并非所有的项目都应做深入的研究。必须清楚推荐对某个项目进行系统研究的理由：该项目可以解决某个问题，或者能够带来改进。考虑提出项目建议的动机，必须确信正在研究的项目并非只是为了提高该项目的个人或群体的政治声誉和权力而提出的，因为这样的项目很可能会被错误地理解，并最终被错误地接受。

如第 2 章所述，需要从系统的角度对预期的项目进行审查，这样就能够考虑建议的更改对整个组织的影响。记得组织的各子系统是相互关联和相互依赖的，所以对一个子系统的更改可能会影响所有其他的子系统。即使决策者最终直接参与系统项目边界的设置，也不可能在不考虑组织其余部分的情况下而孤立地估计和选择一个系统项目。

除了这些基本的考虑因素，项目选择应考虑以下 5 个特定的问题：

（1）项目是否得到管理层的支持？

（2）项目执行时间的安排是否合理？

（3）是否有可能提高战略性组织目标的达成？

（4）系统分析员和组织所用的资源是否切合实际？

（5）与组织能够以其他方式投入资源相比，这是不是一个值得做的项目？

第 1 条标准是得到管理层的支持。得到最终承担开发费用者的认可是先决条件。该声明并非意味着你在指导项目方面缺乏影响力，或者非管理人员不能参与，它只是表明管理人员的支持是必不可少的。

第 2 条重要的项目选择标准是你和组织的时间安排。问问你自己和其他项目参与人，企业当前是否能够为安装新系统或改进现有系统做出时间承诺；你也必须承诺能够在项目期间付出你的全部或部分时间。

第3条标准是提高达成如下战略性组织目标的可能性：①提高公司盈利水平；②支持组织的竞争策略；③改进与供应商和合作伙伴的协作；④改善内部运营支持，以便有效地生产物品和提供服务；⑤改善内部决策支持，以便决策更加有效；⑥改善客户服务；⑦改善员工的精神面貌。项目应该以组织目标为重，而不是妨碍它实现最终的目标。

第4条标准是选择你和企业在资源和能力方面都是可行的项目。一些项目不在你的专业技能领域内，你必须能够辨别它们。

最后，必须与组织达成基本共识，即与任何其他可能正在研究的项目相比，本系统项目是有价值的。改进系统的可能性有很多，包括①加快某个过程；②通过消除不必要的或重复的步骤，改善过程的效率；③对过程进行合并；④通过改变表单和显示屏减少输入错误；⑤将关键系统转移至云端；⑥减少冗余存储；⑦减少冗余输出；⑧改进系统和子系统的集成。记住，当企业承诺某个项目时，它也就承诺资源不能为其他项目所用。将所有可能的项目视为对时间、金钱和人员等商业资源的竞争是很有用的。

3.2　确定可行性

根据前面讨论的标准缩小项目数量以后，仍然需要确定所选项目是否可行。我们对可行性的定义远远超过该术语的常见用法，系统项目的可行性通过三个主要方面进行评估：操作、技术和经济。可行性研究并非一项成熟的系统研究。更确切地说，可行性研究用于为管理人员收集主要的数据，而这又反过来使他们能够对是否继续进行系统研究做出决策。

3.2.1　判断可能性

在确定项目的合理目标以后，系统分析员需要判断组织及其成员是否有可能支持该项目直到项目结束。一般而言，可行性评估过程能够有效地筛除与企业战略目标不一致的项目，即技术上不可行或者没有经济价值。

虽然可行性研究很辛苦，但这么做是值得的，因为它节省了企业和系统分析员的时间和成本。为了让分析员推荐进一步的开发，该项目必须表明在以下三个方面都是可行的：技术可行性、经济可行性和运营可行性（参见图3.3）。

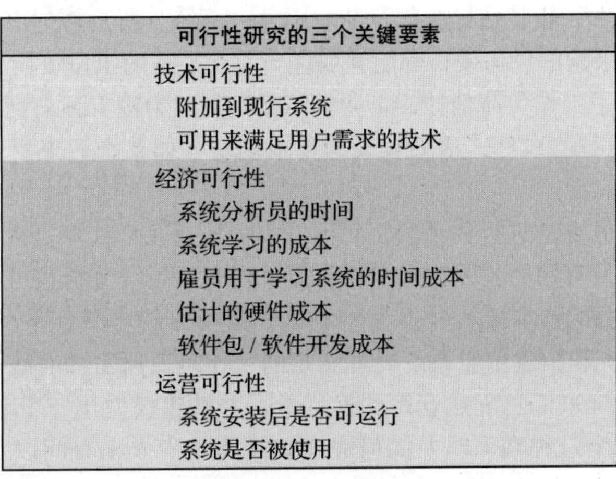

可行性研究的三个关键要素
技术可行性
附加到现行系统
可用来满足用户需求的技术
经济可行性
系统分析员的时间
系统学习的成本
雇员用于学习系统的时间成本
估计的硬件成本
软件包 / 软件开发成本
运营可行性
系统安装后是否可运行
系统是否被使用

图3.3　可行性研究的三个关键要素：技术可行性、经济可行性和运营可行性

3.2.1.1　技术可行性

分析员必须弄清楚，在当前的技术资源情况下，是否可以开发一个新系统。如果不能，能否以升级系统或增加功能的方式实现所考虑的请求？如果现有系统不能增加功能或加以升级，则进一步考虑是否有满足系统规格要求的技术。

与此同时，分析员可以询问组织是否有员工熟悉完成目标所需的技术。如果没有，组织能否额外聘用程序员、测试人员、专家或其他具有不同编程技能的人员，或者将项目完全外包？另外，是否有能够完成系统目标的软件包？将该软件按组织需要进行定制有多大意义？

3.2.1.2　经济可行性

经济可行性是资源确定的第二部分。需要考虑的基本资源包括你的时间和系统分析团队的时间、执行全面系统研究的成本（包括与你合作的雇员的时间）、公司雇员的时间成本、估计的硬件成本，以及估计的软件、软件开发或软件定制的成本。

在全力进行完整的系统研究之前，组织必须能够看到当前投资的价值。如果长期收益不能超过短期成本，或不能立即引起操作成本下降，系统就不具备经济可行性，不应该进行任何更深入的研究。

3.2.1.3　运营可行性

暂时假设技术和经济资源都是可行的。系统分析员仍然必须考虑拟申请项目的运营可行性。运营可行性依赖于项目可用的人力资源，同时还包括是否计划系统在安装后可以立即投入运行和使用。

如果用户习惯使用现有系统，并且没有发现任何问题，通常不会要求建立新系统，因而对实现新系统有抵触情绪，新系统运行的可能性很小。

相反，如果用户自己曾经表示过对新系统的需求，要求该系统在大部分时间里可以更高效、更方便地使用，这样拟申请系统最终投入使用的可能性最大。确定运营可行性的主要因素在于用户界面的选择，如第 14 章所述。

3.2.2　估计工作负荷

确定硬件需求的下一步是估计工作负荷。因此，系统分析员整理出代表系统当前和预期负荷的数据，使将来采购的任何硬件都能够处理当前和未来的工作负荷。

如果正确地完成了工作负荷估计，企业就不必只是因为没有预料到的系统使用增长而更换硬件。（然而，其他一些事件，诸如较大的技术创新，如果企业想要保持竞争优势，就可能要求硬件更换了。）

工作负荷是以采样方法进行估计的，而不需实际接通几个计算机系统。第 5 章给出的采样调查指导原则对此是有用的，因为在工作负荷采样时，系统分析员可获得必要任务及完成它们所需的计算机资源的样本。

图 3.4 比较了现有和拟建信息系统处理给定的工作负荷所需的时间。注意到该公司当前使用传统的计算机系统来汇总配送仓库的发货量，并被建议使用一个基于 Web 的仪表板程序。工作负荷比较每个过程在何时及如何完成、需要多少人工时间以及需要多少计算机时间。注意，拟建系统应有效地减少所需的人工和计算机时间。

	现有系统	拟建系统
任务	通过运行汇总程序，比较配送仓库的业绩	在基于Web的仪表板程序上比较配送仓库的业绩
方法	计算机程序在必要时运行；处理工作是在工作站上完成的	及时更新； 处理工作是联机完成的
职员	分销经理	分销经理
何时及如何完成	每天： 在Excel电子表格中输入发货量；人工验证电子表格的准确性；然后将文件写入备份介质 每月： 运行汇总每日记录的程序，并打印报表；拿到报表并做出评价	每天： 在基于Web的系统上使用下拉列表框输入发货量。数据自动备份到远程计算机上 每月： 使用业绩仪表板程序联机比较仓库业绩；按需打印
人工时间需求	每天：20分钟 每月：30分钟	每天：10分钟 每月：10分钟
计算机时间需求	每天：20分钟 每月：20分钟	每天：10分钟 每月：10分钟

图3.4 现有系统与拟建系统的工作负荷比较

3.3 确定硬件和软件需求

评估技术可行性包括评估计算机硬件和软件胜任处理工作负荷的能力。图3.5展示了系统分析员在确定硬件和软件需求时采取的步骤。首先必须清查组织当前拥有的所有计算机硬件，查明现有的数量和可用的数量。

系统分析员需要与用户一起确定需要什么样的硬件。硬件需求只能与人工信息需求一起做出决定。了解组织的结构以及用户在组织环境中如何使用技术，也有助于硬件决策。只有当系统分析员、用户和管理人员充分领会必须完成哪些类型的任务，才能考虑硬件选择问题。

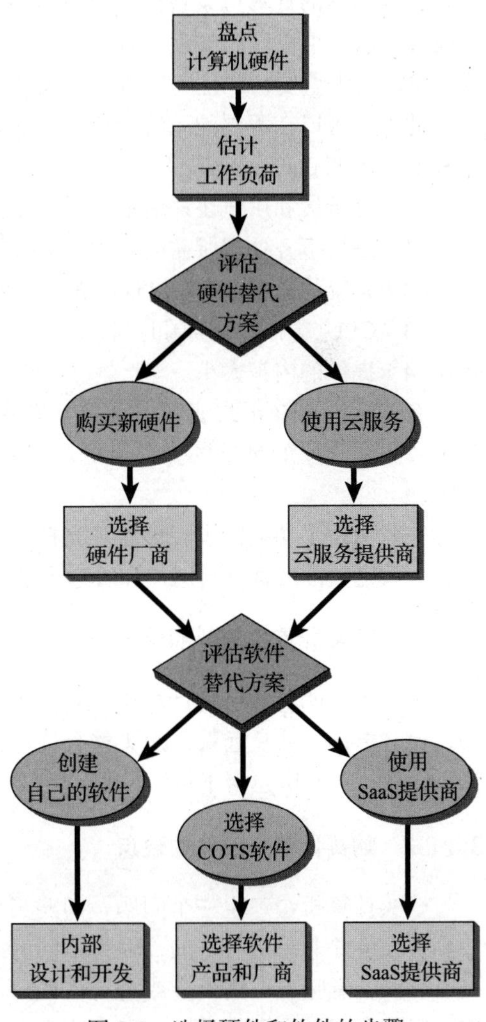

图3.5 选择硬件和软件的步骤

3.3.1 盘点计算机硬件

系统分析员需要盘点组织中已经存在的计算机硬件。显而易见的是，其中一些硬件的选择涉及扩展或重复利用当前硬件，因此知道现有的计算机硬件是重要的。

如果没有最新的计算机硬件清单，系统分析员需要尽快建立一个，并根据它开展工作。重要的是包含如下信息：

（1）设备类型，包括型号和厂商

（2）设备的运行状态，诸如订购、运行、储存或需要维修等

（3）设备的估计寿命

（4）设备的预期寿命

（5）设备的实际位置

（6）负责该设备的部门或人员

（7）设备的财务安排，诸如自有、租用或对外出租等

确定当前哪些硬件可供使用，将使最后做出硬件决策时得到一个合理的决策过程，因为有关组织现有什么硬件的猜测大多被消除了。通过早期的用户面谈、问卷调查表以及档案数据的研究，系统分析员应该已经知道负责数据处理的人数以及他们的技术和能力。使用这些信息可以对新软件如何更好地满足员工的需求进行规划。

3.3.2　评估计算机硬件采购

评估新的计算机硬件是管理人员、用户和系统分析员的共同责任。虽然厂商会提供相关产品的详细说明，但为企业的最大利益着想，分析员需要亲自监督和指导评估过程。此外，系统分析员可能还要让用户和管理人员了解硬件的一般优缺点，以便他们有能力评估它们。

根据当前的计算机设备清单以及对最近和预测的工作负荷的估计，下一步工作是考虑满足设计需求且可以得到的设备种类。从厂商得到的有关备选系统和系统配置方面的信息，在这个阶段尤为重要，并且应当与管理人员和用户一起审阅。

此外，可以在不同的系统上模拟和运行工作负荷，包括公司已使用的系统。这个过程叫作*基准测试*（benchmarking）。

系统分析员和用户在评估不同系统硬件的性能时应使用的标准包括如下：

（1）平均事务处理所需的时间（包括输入数据所需时长，接收输出所需时长）；

（2）系统的总容量（在出现问题前能同时处理多少事务）；

（3）CPU 或网络的空闲时间；

（4）提供的内存大小。

有些标准要在正式演示中展示，有些标准无法模拟，必须从制造商或服务提供商的规范中收集。重要的是要区分必需的功能和期望的功能，以免在示范期间过度专注于厂商的声明。

一旦清楚了功能需求，理解了当前可以获得的产品，并将它们与组织中现有产品进行了比较，系统分析员就应与用户和管理人员一起决定是否需要获得新硬件。

3.3.2.1　购买计算机硬件的优点

如果组织购买自己的计算机，它就可以自主选择硬件和软件的类型。公司将决定何时购买、何时更换。从长远看，购买整套计算机设备的成本会更低些，但前提是购买到合适的计算机设备。在美国，由于折旧规则，购买计算机通常会有税收优惠。

3.3.2.2　购买计算机硬件的缺点

购买计算机会产生一个问题，即购买设备的初始成本往往很高。在一段时间内逐步购入计算机设备并非总是可行的，因为不同的品牌和遗留设备可能存在兼容问题，但是一次性购买所有设备意味着占用资金或需要借钱。设备老化风险值得被关注，而由于某个人的错误决定而坚持购买没有用的设备，则是非常大的风险。最后，组织需要记住的是，设备运营和维

护的全部责任属于购买设备的公司。这有可能是一个重大缺点，因为它要占用人员和资金。

3.3.3 租用云服务时间和空间

公司可以使用云服务，而不用自己购买设备。可用云服务包括 Web 托管、电子邮件托管、应用程序托管、备份、数据库存储和处理、归档和电子商务支持等。图 3.6 归纳了购买计算机硬件和采用云服务的优缺点。

	优点	缺点
购买计算机硬件	• 对软硬件具有完全支配权 • 长远看通常更便宜 • 通过折旧提供税收优惠	• 初始成本高 • 设备老化风险 • 错误决定被坚持执行的风险 • 全面的运营和维护成本
使用云服务	• 由服务提供商负责维护和更新 • 能够快速更换软硬件 • 可扩展性——可以快速增长 • 在多个平台上保持一致 • 不占资金	• 公司不控制自己的数据 • 数据安全存在风险 • Internet 平台的可靠性风险 • 专用的 API 和软件可能使更换服务提供商变得困难

图 3.6 购买计算机硬件与使用云服务的优缺点比较

云服务具有可扩展性，这意味着如果业务增长了，组织可以轻松地增加算力，而不必购买新硬件。虽然大多数组织并没有因购买云服务而节约资金，但他们看重云服务能够按需增加或停止功能所提供的灵活性。

主要的云计算（cloud computing）类型包括软件即服务（Software as a Service，SaaS）、基础结构即服务（Infrastructure as a Service，IaaS）和平台即服务（Platform as a Service，PaaS）。对于 SaaS，云服务提供商销售对应用的访问权。对于 IaaS，也称为硬件即服务（Hardware as a Service，HaaS），组织把硬件操作需求外包给服务提供商。使用 PaaS 方法，公司使用 Internet 租用各种各样的硬件、操作系统、存储甚至网络容量。另一种选择是使用混合方法，其中一些硬件在本地组织中维护，其中一些软件是基于云的，包括公共的和私有的云服务。

关于云计算的决策可以先在战略层次提出。Cearley（2010）认为企业应当①定义一个集中关注云计算对组织的高级效益的高级企业案例；②定义支持把 IT 迁移到云端的核心需求（也许是制作一个快速启动清单），包括系统性能、云关系中期望的安全性、IT 管理和预测的企业增长；③定义企业的核心技术，从一系列有益的云计算技术开始。作为分析员，可能会请你帮助其中的一些或所有步骤，也有可能在把计算服务移到云端的过程中的某些时刻需要你的帮助。

3.3.3.1 云计算服务的优点

云计算的好处包括花费在维护遗留系统或执行维护或升级现有系统等日常任务的时间更少。使用云服务使获取 IT 服务更简单，而且可以更容易、更快地把不需要的服务分离出来，或者停止不需要的服务。使用云服务使应用程序可伸缩，这意味着通过增加更多的云资源可以轻松地增强它们。云计算还有提供先前分离的或难于集成的多平台之间的一致性的潜力。最后，云计算不占用资金，并且不需要筹资。

3.3.3.2　云计算的缺点

与所有其他创新一样，组织采用云计算也有一些缺陷。缺乏对云中存储的数据的控制，也许是依赖于云计算的最大隐患。如果云服务提供商不再存在，该组织的数据会出现什么问题将不被确定。对不是存储在企业内部或组织自己计算机上的数据的潜在安全威胁也很突出。Internet 作为平台的可靠性，构成了组织的第三大隐患。

最近，咨询公司 Gartner 将灾难恢复（Diaster Recovery as a Service，DRaaS）表述为一项服务，定义为“发生灾难时，在另一个位置独立恢复企业应用程序，范围覆盖从自助服务到完全管理服务”（Blair&Hewitt，2021）。他们指出，组织并没有做好与云提供商一起处理灾难恢复的准备，并且对自己在云环境中抵御数据灾难的能力过于自信。此外，他们还指出，云服务的激增导致企业对云服务出现选择困难。

此外，云计算使公司在使用云服务提供商专用的应用程序编程接口（API）有可能陷入困境，就这一点而言，可能会阻碍组织的灵活性。同时，这会使云计算提供商之间的更换变得困难。分析员应注意到云计算的另一个发展是，一些国家现在要求任何在其国内开展业务的公司必须使用该国的云服务提供商。例如，苹果公司现在在中国就遵循这样的立法。

3.3.4　评估厂商对计算机硬件的支持

在衡量厂商向企业承诺的支持服务时，需要对几个关键领域进行评估。尽管大多数硬件厂商在交货时提供硬件测试，并在 90 天内对任何工厂缺陷提供保修服务，但是还必须弄清厂商提供的其他支持。云服务提供商提供 30 ～ 60 天的退款保证。质量相当的厂商往往通过提供不同的支持服务来区别自己与其他厂商。

图 3.7 列出了在评估厂商支持（vendor support）时应当检查的主要标准。支持服务包括：硬件的日常维护和预防性维护、突发设备故障时规定的响应时间（在 6 小时内、下一个工作日等），硬件必须永久更换或需要场外维修时能提供备用设备，以及为用户提供的内部培训或场外小组研讨会等。云服务提供商声明正常运行时间，并承诺有问题时在一定时间内（如 24 小时）修复。企业在购买设备时应细读支持服务文档，并记得在签订设备或服务合同时带上相关的法律人员。

支持服务类型	厂商通常提供的服务种类
硬件支持	硬件齐全 高质量产品 保修证书
软件支持	完备的软件需求 定制编程 保修证书
安装和培训	时间安排承诺 室内培训 技术支持
维护	日常维护程序 突发故障情况下指定响应时间 硬件维修时的借用
云服务	Web 托管 Email 托管 数据存储
软件即服务	自动软件升级 支持服务 安全性和反病毒保护
灾难恢复即服务	确保 24/7 全天候数据恢复 降低勒索软件的风险 迁移数据中心平稳

图 3.7　厂商选择指导原则

不幸的是，评价计算机硬件和云提供商的过程，并非只是比较成本并选择最便宜的产品那么直截了当。在确信购买更便宜的兼容产品可以为系统提供附加功能前，需要充分研究以确信硬件厂商或云服务提供商是一个稳定可靠的企业实体。

3.3.5 理解 BYOD 方案

自带设备（Bring Your Own Device，BYOD）或自带技术（Bring Your Own Technology，BYOT）是在各行各业的不同组织中出现的一种新趋势。这些组织规模各异，拥有技能各异的员工。一般而言，BYOD 或 BYOT 是指员工在办公室外面工作时，不使用公司配发的智能电话或平板计算机，而使用自己的设备远程访问公司网络、数据和服务。BYOD 方法的提出通常是为了使组织的硬件成本下降，提升那些已经平均自带一台或多台移动设备执行个人任务的员工们的士气。

作为系统分析员，必须结合面谈、调查和观察等方式，发现哪些个人技术被所服务的大多数公司采用了。例如，如果观察到决策组的行政人员每天都带 iPad，则可以断定 iPad 设计仪表板是有价值的。因此，它们是分析员在原始设计中就想包含的设备，而不是事后想到的。如果观察结果表明大多数行政人员喜欢面对面会议，但是在会议期间使用手持设备（如移动电话）检查其他公司数据和发 email，则可能需要考虑在他们的个人电话上支持公司 email。

3.3.5.1 BYOD 的优缺点

BYOD 计算的好处包括鼓舞员工士气、有可能降低组织 IT 硬件采购的原始成本、有助于在任何场所和任何时间远程访问公司计算机网络，以及构建熟悉的用户界面来访问公司计算服务、应用程序、数据库和存储器。一些安全威胁是由未经训练的用户引起的，这可能是最大的缺陷。已知的威胁包括设备丢失、设备及其数据被盗、使用个人移动设备对公司网络进行未授权访问等。另一些威胁是由使用个人移动设备时经常发生的行为引起的，如使用免费 Wi-Fi 服务、使用 Dropbox 等小应用等，这些行为对个人来说没有问题，但对公司则不利。

3.3.6 创建定制软件

在评价信息系统项目的软件，尤其是考虑升级现有或遗留系统时，分析员和组织越来越受到开发、购买还是外包决策的选择困扰。分析员有三个选择：创建自己的软件、购买商用成品（COTS）软件或使用 SaaS 提供商的软件。图 3.8 总结了这些选择的优缺点。

	优点	缺点
创建定制软件	• 对专门商业需求的特定响应 • 创新可以提升公司竞争优势 • 内部人员可以维护软件 • 对自主知识产权的自豪感	• 相较于 COTS 软件或 ASP，其成本明显要高 • 需要聘请开发团队或与其合作 • 后续维护工作
购买 COTS 软件包	• 在商业世界中得到提炼 • 可靠性增强 • 功能增强 • 通常降低初始成本 • 其他公司已在使用 • 软件有配套的帮助和培训	• 关注编程，而不是商业 • 必须忍受现有特征 • 自定义功能有限 • 厂商不确定的财政前景 • 更少的自主权和义务感
使用 SaaS	• 不擅长于信息系统的组织可以专注于他们最擅长的领域（他们的战略使命） • 不需要聘请、培训或保留大型 IT 团队 • 不必把员工时间花费在不必要的 IT 任务上	• 难以控制数据、系统、IT 雇员和进度 • 担忧 SaaS 提供商的财务生存能力和长期稳定性 • 安全性、机密性和隐私问题 • 有关应用创新的公司战略优势的损失

图 3.8 创建定制软件、购买 COTS 软件包和使用 SaaS 提供商的优缺点比较

有几种情况需要创建原始软件、定制软件或软件组件，其中最有可能的情况是没有COTS软件，或者不能确定期望的应用程序。另外，其他情况还包括软件可能存在但是价格昂贵，或者不容易买到或得到授权。

如果组织企图通过利用信息系统来获得竞争优势，则应创建原始软件。如创建电子商务或其他从未有过的创新应用，通常属于这种情况。组织还可能是使用特定技术或特定行业的“先驱者”。有专业化需求或以新兴行业存在的组织，通常可以从创建原始软件中受益。

创建定制软件的优点包括：能够响应专门的用户和商业需求，通过创建创新软件获得竞争优势，内部人员可以维护软件，以及对自己创建的软件有自豪感。

创建定制软件的缺点包括：相较于购买COTS软件或使用SaaS提供商的服务，其成本更高，需要聘请开发团队或与其合作，以及负责后续的维护工作（因为软件是自己开发的）。

3.3.7 购买 COTS 软件

COTS软件产品如Microsoft Office套件，它包括文字处理软件Word、电子表格软件Excel、数据库构建软件Access，以及其他一些应用。其他类型的COTS软件适用于组织层次的系统，而不适用于办公或个人使用。诸如softwareadvice.com之类的网站，在它们对COTS软件的评估中，列出了流行（但昂贵）的ERP软件包（如Oracle和SAP等）。这些软件包与Microsoft Office在定制、支持和维护程度上有着根本区别。COTS软件也可以指软件组件或对象（也称为构件块），购买它们以实现系统的特定需要的功能。

如果不难在现有的或计划的系统中集成应用程序或软件包，或者已确定不需要立即或持续不断地改变或定制系统，应考虑使用COTS软件。要对你正在为之设计系统的组织进行预测，表明该组织不可能在购买建议的COTS软件后发生重大变化，诸如客户剧增或大型实体扩张。

咨询时间 3.2

Veni、Vidi、Vendi 或“I Came，I Saw，I Sold”

“可供选择的软件包还真有一些。我的意思是，虽然没有一个软件包完全具备我们所需的一切，但是它们中有些软件包非常接近我们的需求。”Roman说。Roman是《帝国杂志》的广告主管，你将与他一起进行系统项目开发。近来，你们达成这样的共识：软件包可能适合广告部门的需求，并能阻止该部门业务总体萎缩的趋势。

“你知道，我们看了最后一个人的演示。它来自Data Coliseum公司，他的推销手段五花八门。我喜欢他们的小册子，彩色打印，用的是制卡片的纸张，真是第一流的。”Roman赞叹道，“那些来自Vesta System公司的推销员如何？他们热情奔放，并且他们的软件包很容易使用，只需要花一点点时间就可以学会。另外，他们说，他们会对我们所有的12个人进行现场免费培训。但是看看他们的广告，好像刚刚从打印机中取下来似的。”

Roman坐在椅子上，继续对软件和软件厂商进行即兴评论道：“Mars公司想将它们公司所有的软件打成包卖给我。我的意思是，该软件包中还有一个内置的万年历小应用。我也喜欢他们软件的菜单在屏幕上显示的方式，这些菜单能通过罗马数字进行选择，很容易使用，并且他们开出的价格还可商量。我想他们确实在打价格战。”

“你想知道我最喜欢的软件包吗?”Roman狡黠地问道，“我最喜欢Jupiter公司的软件包，Unlimited，我的意思是该公司的产品包含所有的功能，是不是？尽管价钱稍高了一点，但是它能满足我们的需求，并且文档编得极好。他们不需要提供任何的培训教程，因为他们认为文档中包含了培训内容。”

要在3月15日之前回答Roman提出的这一亟待解决的问题，你必须系统地评估软件和厂商，然后得出一个决策。评估每个厂商和软件包的依据是到目前为止Roman所说的话（假设你信任他的观点）。Roman在评估软件和厂商时存在哪些明显偏见？在做出选择之前你还需要有关每个公司及其软件的哪些信息？建立一个表格对每个厂商进行评估，并用单独的段落回答每个问题。

在权衡不同的解决方案时，应记住购买COTS软件的一些优点。优点之一是，这些产品经过商业使用和分配得到了提炼，因而通常会提供附加功能。另一个优点是软件包通常经过了广泛测试，因而特别可靠。

COTS软件常常会提供增强功能，因为商业产品很可能有姐妹产品、附加功能和升级等手段来增加吸引力。另外，分析员通常会发现COTS软件的初始成本低于内部软件开发成本或使用SaaS提供商的成本。

购买COTS软件包的另一个优点是很多其他公司也使用它们，因而分析员不只是在他们客户那里进行软件应用试验。最后，COTS软件具有配套的帮助和培训上的优势。

一个使用COTS软件的实例来自剧院公司的非营利部门，其中的一些组织（特别是在表演艺术部门）在采用信息通信技术方面往往拖营利部门的后腿。可以预见的是，剧院公司会逐渐地转向互联网。当该公司想要创建电子商务应用时，陷入了必须聘请外部设计人员来为他们创建电子商务应用的处境。由于昂贵的费用并且缺乏内部专家，很多非营利组织完全不愿意把它们的业务转移到Web上。相反，他们会等待COTS软件（诸如基于PC的盒装办公软件）或者SaaS（诸如具有自动化功能的联机售票代理），以便使这些服务对顾客可用。内部进行定制软件开发，对大多数这样的组织都不可能实现，它们的IT人员或预算通常很少或没有，而且内部对IT专业知识的了解也最少。

但是使用COTS软件也有缺点。因为它们并非是完全可定制的，所以剧院公司不能对软件进行改变以便在用户依赖的捐赠人数据库中添加关键特征。COTS软件也可能包括错误，使组织面临相关责任问题。

购买COTS软件时还要考虑其他缺点，包括如下事实，即软件包的编程实现并非专注于某个企业中工作的用户。用户必须忍受软件中存在的任何特征，而不管它们是否合适。由此产生的一个缺点是，大多数软件包的可定制性都很有限。购买COTS软件的其他缺点包括必须调查软件厂商的经济稳定性，以及把软件当作产品而不是过程时不可避免被削弱的主人翁感和义务感。

从某种角度看待正在开发的系统，你应该认识到，超过一半以上的系统都是从基础开始构建的。根据goremotely.net的数据，大约71%的公司在一些项目中使用某种类型的敏捷方法，而其他公司在一些项目中仍使用SDLC等传统方法。其中大部分是使用采用云技术的内部系统分析团队开发的。计算机程序员可以是内部的，也可以是外包的。

只有不到一半的项目是基于现有的应用程序或组件开发的。

绝大多数项目进行了改进，有些项目要做大范围修改，只有不到 5% 的软件是不需要任何修改的成品软件。

3.3.8 使用 SaaS 提供商的服务

组织也许已经认识到采用完全不同的方法获取软件的好处：把组织的一些软件需求外包给一个擅长于 IT 应用的 SaaS 提供商。

把应用程序外包给 SaaS 提供商有特定的好处。例如，如果组织想要保持它们的战略核心并从事它们最擅长的领域，则可能需要把信息系统应用的生产外包出去。另外，把软件外包出去也意味着组织能够不需要聘请、培训和保留大量 IT 人员，这样可以节省大量成本。如果组织使用 SaaS 服务，则几乎不用花费宝贵的员工时间在不重要的 IT 任务上，这些任务均由 SaaS 进行专业地处理。

组织不应将使用 SaaS 提供商的服务看作解决软件需求的神奇方案，还必须认真思考使用 SaaS 服务的缺点。缺点之一是一般无法控制公司数据、信息系统、IT 人员或处理项目进度安排。一些公司认为其业务的核心在于信息，因此不甘于放弃对它的控制。另一个缺点是对所选择的 SaaS 的财务状况的担忧，可能还会担忧组织的数据和记录的安全性，以及数据和客户隐私的机密性问题。最后，如果选择 SaaS 提供商，则公司有可能会失去战略企业优势，而公司通过部署由自己员工开发的创新应用程序则可获得这种优势。

3.3.9 评估厂商对软件和 SaaS 的支持

无论是购买 COTS 软件包还是使用 SaaS 提供商的服务，都将面对厂商，他们都有自己的最大利益需求。你必须愿意与用户一起评估软件，而不要过分地受厂商推销宣传的影响。具体而言，评估软件涉及 6 个主要方面（如图 3.9 所示）：执行有效性、执行效率、易用性、灵活性、文档质量和制造商支持。

对软件包进行评估时，应使用来自客户业务的测试数据进行操作示范并检查配套文档，只有厂商的说明是不够的。厂商通常保证软件是可用的，但是不能保证软件在任何情况下都不出错、用户采取错误动作时不会崩溃，也不能保证与组织当前运行的所有其他软件都兼容。显然，他们也不会在有故障的硬件上使用软件包时保证正常运行。

软件需求	具体软件特征
执行有效性	能够执行所有必需的任务 能够执行所有期望的任务 良好设计的显示屏幕 足够大的容量
执行效率	快速响应时间 有效的输入 有效的输出 有效的数据存储 有效的备份
易用性	满意的用户界面 好用的帮助菜单 “Read Me”文件包含最新变更 灵活的界面 充分反馈 良好的错误恢复
灵活性	输入选项 输出选项 可与其他软件一起使用
文档质量	良好的组织 充分的在线指南 FAQ 网站
制造商支持	技术支持热线 通信 / 邮件 可下载的产品更新网站

图 3.9　软件评估指导原则

3.4 成本与效益的识别、预测和比较

拟建计算机系统的成本与效益，始终必须一起加以考虑，因为它们是互相关联的，而

且通常是互相依赖的。虽然系统分析员试图提出一个满足各种各样信息需求的系统，但是否继续执行该建议的系统则基于成本效益分析，而不是信息需求。在很多方面，效益由成本度量，这将在下一节继续探讨。

3.4.1 预测

在将建议书提交给客户前，系统分析员还要对某些关键因素进行预测。系统分析员在某种程度上将依靠假设分析（what-if analysis），诸如“如果劳动力成本在今后3年仅上涨5%而不是10%，将会如何”等。然而，系统分析员应该认识到，要使建议书可信、有意义和有价值，不能一切都依靠假设分析。

系统分析员可以使用很多预测模型，选择预测模型的主要条件是历史数据的可用性。如果历史数据不可用，分析员必须求助于如下判断方法：根据销售能力进行估计、通过调查估计客户需求、Delphi研究（由一群专家反复研究达成预测意见）、情景创设或历史类比。

如果历史数据可用，则选择不同类别的预测技术时还应考虑预测是有条件的还是无条件的。条件意味着预测模型中的各要素有关联，或者存在一种因果关系。常见的方法包括相关法、回归法、先导指标法（leading indicators）、计量经济学法以及输入/输出模型。

无条件预测意味着分析员不需要发现或识别任何因果关系。因此，系统分析员发现这些方法是低成本的且易于实现。这些方法包括图形判断法、滑动平均法和时间序列数据分析法。这些方法简单可靠并且成本效益高，接下来将主要讨论。

3.4.1.1 趋势估计

趋势可以用很多不同的方法加以估计，其中一种方法是使用移动平均法（moving average）。这种方法是有用的，因为它可以消除一些季节性、周期性或者随机模式，从而留下趋势模式。移动平均法的原理是计算一个固定周期数的数据的算术平均值：3个月的活动平均就是过去3个月的平均值。例如，如果用1月、2月和3月的平均销售额来预测4月份的销售额，则用2月、3月和4月的平均销售额来预测5月份的销售额，以此类推。

如果用图形把结果表示出来，则不难看出波动较大的数据变平滑了。滑动平均法的平滑能力很有用，但它也存在一些缺点。与使用图形判断法或其他估计方法（如最小二乘法）相比，滑动平均法受极值的影响更严重些。系统分析员应很好掌握预测技术，因为它通常可以在表明整个项目的必要性时提供宝贵的信息。

咨询时间 3.3

我们动身去考察Wizards公司

Emerald City Beautyscapes是一家商业园林绿化公司，Elphaba I. Menzel和Glinda K. Chenoweth是该公司的所有人。他们正在考虑是否要编写自己的软件（也许使用Microsoft Access作为基础）、采用COTS软件包（诸如QuickBooks Pro）还是雇用Lawn Wizards公司来执行他们的全部簿记功能。

Elphaba转向Glinda并问道：“我们可以自己创建一个系统吗？”

Glinda回答道：“我认为我们能够做到，但是这要花很多时间。我们将需要定义所有的领域、查询和报表。我们需要知道谁还没有付钱给我们，以及他们欠账多久了。”

“不错，”Elphaba说道，“我们还要创建产品描述、服务描述以及我们销售和提供的所有事物的代码。”

“如果那是我们所需的一切，就有可能做到，”Glinda说道，“但是我们还需要包括一个调度系统。我们需要知道何时能为客户提供服务，以及在进度落后的情况下该怎么办。也许这根本不值得开发。”

“然而，”Glinda回复道，“我母亲经常对我说‘金窝银窝不如自己的狗窝’。软件也有可能是自己开发的好。”

“一切事情都要看到正反两方面，”Elphaba评论道，“但是你想采取的办法路径太长、风险太大。我们需要一个现在就可以使用的软件包。我听说有一些称为商业成品软件的产品，我们可以购买这样的产品，使之适应我们的草坪服务业，我将会对此展开调查。”因此，Elphaba开始寻找可能适合的软件。

“我找到了一些，”Elphaba大声地喊道，“我 在www.quickbooks.intuit.com上找到了这个叫作QuickBooks Pro的软件，看起来我们能够买得起。该软件已经存在很多版本——一个版本用于会计，一个版本用于建筑，一个版本用于保健服务。也许我们能够找到一个适合我们的软件包。如果没有，则可以定制QuickBooks Pro的通用版本使它符合我们的需要。”

“我们的系统还要能够增长。QuickBooks Pro具有很好的伸缩性。我们可以容易地增加客户、供应商或产品。我只是想向你建议购买一个现成的软件包。另外也可以订阅Quickbooks Online计划。”

“有趣，”Glinda说道，“但是我一直在做自己的研究。一些竞争对手告诉我，他们让一家公司替他们做所有的工作。这家公司叫作Lawn Wizards。他们做园林绿化的同时他们还维护应收账款和调度软件包。”

于是，他们出发去考察Wizards公司。

Lawn Wizards的所有者和创建者Joel Green以该软件为荣。“我花大量时间与该地区的供应商（即苗圃）合作，并且我们已经开发了一个适合于一切项目的编码系统，”他自夸道，“所有的树、树的大小、灌木、花、林地覆盖物甚至草坪护理工具都有编号。”

“我们开始是一家小公司，我为客户注意每一个微小的细节，因此我的生意迅速生长和发展起来。”他补充说道，“我的供应商喜欢我的系统，因为它减少了混乱。”

“我注意到我的竞争对手也与相同的供应商合作，但是得到的待遇却要略逊一些，因为他们不能非常有效地进行产品交流。因此我决定将软件出租，以此来赚钱，同时可以受到供应商更多的关注。最终用户许可协议表明我拥有该软件、产品代码和系统生成的数据。”

“使用Wizards软件，我可以为客户对该软件包进行定制，本州的所有草坪服务将基本上使用我的数据库、代码和B2B功能。该软件由我自己维护。如果你能看到软件代码，会发现它看上去就像一个修剪整洁的草坪。”

现在Glinda和Elphaba比之前更乱了。他们有三种不同的选择：创建自己的软件包、购买QuickBooks Pro等独立的商业软件产品，或订阅QuickBooks online等在线规划软件，或将其需求外包给Lawn Wizards。通过阐明以上各种选择的利弊，帮助他们了解（软件）让他们满意的真正秘诀。你会推荐他们采用什么方案？出于对他们具体业务情况的考虑，试用两段文字写出一则建议。

3.4.2 识别效益和成本

效益和成本既可以是有形的，也可以是无形的。在考虑目标系统时，必须同时考虑有形和无形的效益和成本。

3.4.2.1 有形效益

有形效益（tangible benefit）是通过使用信息系统而使组织增加的可以用金钱度量的优势。有形效益的实例如：处理速度提高，可以访问原本无法访问的信息，访问信息比以往更加准时，计算机超级计算能力的优势，以及完成特定任务所需雇员时间的降低，等等。虽然有形效益的度量不容易实现，但它实际上可以用节省的金钱、资源和时间来度量。

3.4.2.2 无形效益

通过使用信息系统而使组织受益的一些效益难以度量但却很重要，这些就是*无形效益*（Intangible benefit）。

无形效益包括：改善决策过程，增加准确性，使客户服务更有竞争力，维护良好的商业形象，以及通过取消乏味的任务提高员工的工作满意度。由此可以看出，无形效益是非常重要的，对一个企业具有深远的影响，因为它关系到组织内外的人员。

在决定是否继续进行某个系统时，虽然信息系统的无形效益是必须考虑的重要因素，但仅仅为了获得无形效益而建立系统是不会成功的。在系统建议中，必须同时讨论有形和无形效益，因为这样做将使企业决策者对建议的系统做出明智的决定。

3.4.2.3 有形成本

有形成本（tangible cost）和*无形成本*（intangible cost）的概念与上述有形和无形效益相对应。有形成本是系统分析员和企业的会计人员可以准确预测的成本。

有形成本包括计算机和终端等的设备成本、资源成本、系统分析员的时间成本、程序员的时间成本以及其他雇员的薪水。这些成本通常是既定的或容易查明的，是需要公司支付现金的成本。

3.4.2.4 无形成本

无形成本难以估计，可能是不知道的。它们包括：丧失竞争优势，丢失开创先河时所带来的声誉或丧失行业领导地位、由于顾客不满程度的增长而导致公司形象下降，以及由于不能及时获得信息或得不到信息而使决策效率低下。可想而知，无形成本几乎不可能用金钱精确估计。但是，为了帮助决策者权衡建议的系统及其全部可能的结果，必须包括无形成本，尽管他们不好定量。

3.4.3 成本效益比较

目标系统的成本和效益可以用很多著名的方法进行比较，其中两种方法为收支平衡分析法和投资回报法。

3.4.3.1 收支平衡分析法

若仅比较成本，系统分析员可以使用*收支平衡分析法*（break-even analysis）来确定目标信息系统的收支平衡能力。当前系统和目标系统的总成本的交叉点表示收支平衡点，该点是企业使用新信息系统开始出现盈利的转折点。

总成本包括系统运营期间重复出现的成本加上只需支付一次的开发成本（安装新系统的一次性成本），即上一节讨论的有形成本。图 3.10 显示了 Tamika's Equipment 的收支平衡分析，Tamika's Equipment 是一家使用人工系统维护库存的小商店。随着产量的增加，其人工系统的成本也在以越来越快的速度上升。尽管建立新的计算机系统的初始资金投入很大，但是随着库存量增大其增加的成本逐渐减小。该图表明，如果企业每周销售约 600 件，则计算机系统有较高的成效比。

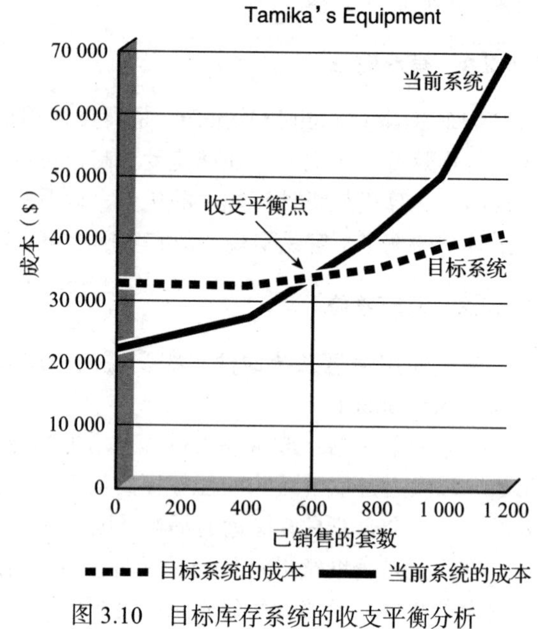

图 3.10　目标库存系统的收支平衡分析

当业务不断增长，回报（payback）是有用的，而数量是成本的一个关键变量。收支平衡分析的一个缺点是，不管使用哪个系统，总是假定效益是固定不变的。从我们对有形成本和无形成本的学习中可知，事实并非如此。

收支平衡分析法还可以确定经过多长时间系统的受益才能够偿付其开发成本。图 3.11 表明该系统的投资回报期为 3 年半时间。

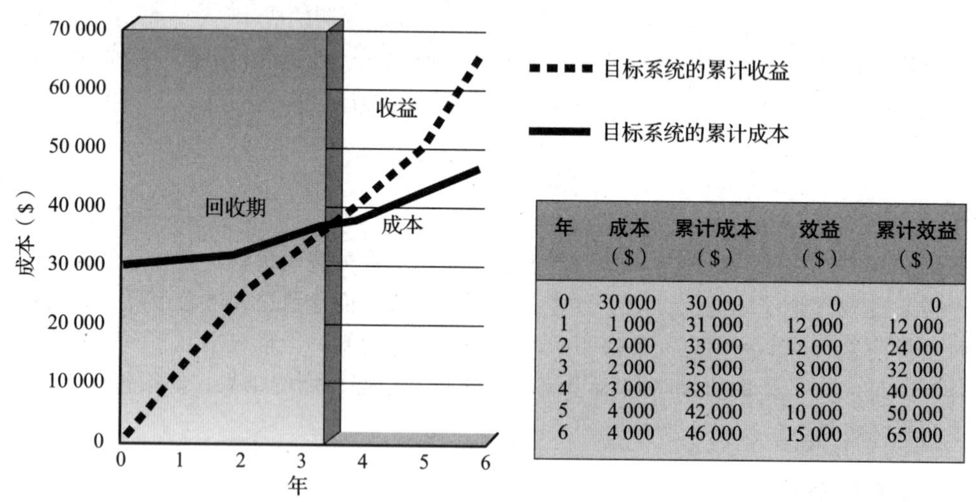

年	成本（$）	累计成本（$）	效益（$）	累计效益（$）
0	30 000	30 000	0	0
1	1 000	31 000	12 000	12 000
2	2 000	33 000	12 000	24 000
3	2 000	35 000	8 000	32 000
4	3 000	38 000	8 000	40 000
5	4 000	42 000	10 000	50 000
6	4 000	46 000	15 000	65 000

图 3.11　回报分析显示回报期为 3 年半

3.5　时间和活动的管理

系统分析与设计过程越来越复杂，特别是在开发大型系统时。为了尽量使开发活动可管理，系统分析员通常使用一些项目管理技术来帮助组织时间和活动。

3.5.1 工作分解结构

系统分析员负责在预算范围内按时完成项目，并负责包括承诺的功能特征。为了完成所有这三个目标，需要把项目分解成更小的任务或活动。这些任务一起构成了工作分解结构（Work Breakdown Structure，WBS）。

在正确定义后，构成 WBS 的任务具有以下特殊性质：

（1）每个任务或活动包含该活动的一个可交付产品或有形成果；

（2）每个任务可分配给一个人或一个小组；

（3）每个任务有一个负责人负责监督和控制性能。

工作分解结构中的活动不需要花费同样多的时间，也不需要包含同样多的团队成员。但是，所定义的活动加起来必须等于 100% 的工作。

开发 WBS 的主要方法是分解（decomposition），先从大的想法开始，然后把它们分解成可管理的活动。这种将想法细分为较小的想法并最终转化为任务的分解过程，在每个任务只有一个可交付产品时停止。

WBS 有不同的类型。它可以是面向产品的，换句话说，构建一个网站可以分解成很多部分，每个网页集合具有特定目的。你可以把一个网站分解成主页、产品描述页、常见问题（Frequently Asked Questions，FAQ）页、联系页和电子商务页。这些网页都可以包含在 WBS 中可以使用的活动。

另一种方法是创建面向过程的 WBS，图 3.12 给出了这种分解的一个实例。这种类型的 WBS 在系统分析与设计中非常典型。在这个实例中，我们说明了一个网站的开发，但是该例子没有说明每个网页的开发，而是强调了 SDLC 中每个阶段的重要性。

WBS
1.0 项目启动
1.1 组成并欢迎项目团队
1.2 执行业务的历史研究
1.3 与客户一起讨论目标
2.0 早期规划阶段
2.1 可行性调查
2.2 考虑生产还是购买的决策
2.3 开发 WBS
2.4 提供时间估计
2.5 制订项目进度计划
2.6 计算估计的成本
2.7 为客户准备项目建议
2.8 向客户提交项目建议
3.0 开发支持计划
3.1 开发质量管理计划
3.2 识别风险并建立风险管理计划
3.3 描述意见交流计划
3.4 制订采购计划
4.0 分析
4.1 执行关键人员的面谈
4.2 管理调查表
4.3 阅读公司报表
4.4 分析数据流
5.0 设计
5.1 建立原型网站
5.2 取得客户反馈
5.3 修改原型网站
5.4 征求客户的最终建议
5.5 完成网站
6.0 发布
6.1 创建培训手册
6.2 网站特征和逻辑编档
6.3 提交最终网站给客户

图 3.12 WBS 样例

3.5.2 时间估计技术

系统分析与设计过程可能会变得难以控制，特别是在开发大型系统时。为了尽量使开发活动可管理，通常使用一些项目管理技术来帮助组织时间和活动。本节将讨论如何使用时间管理技术来保证项目按时完成，以及如何使用成本管理和控制技术来保证项目不超出预算。

估计完成每个任务所需的时间是艰难的任务之一，对此有以下方法可用：

（1）依靠经验
（2）使用类比
（3）使用三点估计法
（4）使用功能点分析
（5）使用时间估计软件

3.5.2.1　依靠经验

就估计一个活动所需时长而言，经验很重要。如果有以往开发软件的经验，不仅会了解某些任务可能要花多少时间，而且还可以知道当任务出错时将花多少时间去解决。经验给予你最可靠的估计，这也是一种悲观估计。

3.5.2.2　使用类比

如果你没有开发特定软件的经验，但是曾经从事过其他类型的项目，或许仍能得出有意义的估计。该方法涉及对在某些方面与即将开始的项目相类似的项目的识别，然后对它们的相似之处进行描述。这意味着你需要建立两个模型，包括两个 PERT 图或网络图，并比较它们的相似之处，然后才能有信心提供新项目的时间估计。

3.5.2.3　使用三点估计法

三点估计法近年来已经被广泛使用，并且仍然是一种有效的时间估计方法。首先对每个任务的完成都建立三种时间估计法，然后运用一个简单的公式计算它们的加权平均值。该公式如下：

$$E = (a + 4*m + b)/6$$

式中，a 为最好的时间估计，b 为悲观的或最坏的时间估计，而 m 是最可能的时间估计。

通常，最好估计将会使时间缩短，而悲观或最坏估计隐含着灾难性事件的发生，诸如天气影响或人员耽搁等。例如，编写一个软件模块在大多数情况下要花 10 天时间，但是如果项目比预期的容易，可能只需要 8 天时间。然而，如果程序员接受了一项其他任务，则可能要花 30 天时间。应用该公式，可得到的时间估计如下：

$$\begin{aligned} E &= (8 + 4*10 + 30)/6 \\ &= 13\ \text{天} \end{aligned}$$

即在这种情况下，估计完成该任务将需要 13 天时间。

3.5.2.4　使用功能点分析

另一种估计完成项目所需的工作量及人员的方法称为*功能点分析*。该方法采用计算机系统的 5 个主要成分：外部输入、外部输出、外部查询、内部逻辑文件和外部接口文件。然后，根据复杂度进行评估。

使用功能点分析可以估计用不同的计算机语言开发系统所需的时间，然后再对它们进行互相比较。有关功能点分析的更多信息，请访问国际功能点用户组网站 www.ifpug.org。

3.5.2.5　使用时间估计软件

时间估计软件，诸如 Constructive Cost Model（COCOMO II）、Constructive Systems

Engineering Cost Model（COSYSMO），或基于他们的软件如SystemStar，其工作原理如下。首先，系统分析员输入系统规模估计，这可以用许多不同的方法输入，包括当前系统的源代码行数。

其他一些因素还需被考虑，诸如团队的经验或能力、平台或操作系统类型、成品软件的可用性水平（例如，哪些语言是必需的），以及其他可能使成本上升的因素。一旦输入数据，就可以执行计算，获得完成日期的粗略估计。随着项目的进展，可能还需要更具体的估计。

咨询时间 3.4

精神食粮

“我们的确能够做出某些变革，令某些人大吃一惊。让他们知道我们支持变革，我指的是技术上的变革。”AllFine Foods公司的副总裁Bryce Bowen说道。AllFine Foods是一家乳制品批发经销商。“旧系统应当进行全面的更新。我想是时候明确地告诉员工该改变它了。”

“是的，但是我们实际上要改进什么呢？”副总裁助理Kim Han问道，“我的意思是，我看不出与系统输入或者输出有关的任何实际问题。”

Bryce呵斥道：“Kim，你是故意不听我的意见。外人把我们看成一个平凡的公司。一个新的计算机系统能够帮助我们改变这种形象，包括改变我们发票的外观，发送更豪华的报表给食品店店主，让一些人因我们作为食品批发与经销计算机化方面的领头人而感到激动。”

“嗯，从我这几年了解的情况看，”Kim平静地回答道，“一个新的系统是极具破坏性的，即使企业真正需要它。人们不喜欢变化，如果系统以它应有的方式正常工作，也许我们可以做其他一些事情来改变我们的形象，而且在变化过程中不会让任何人感到不安。此外，你可能过分夸大了新玩意的功能。”

Bryce说：“我想我们俩在这里这样交换意见不会解决任何问题。下去调查一下，再把意见反馈给我。这样不是更有说服力吗？”

一周以后，Kim手里拿着几页面谈记录进入Bryce的办公室：“我已经同大多数与该系统有过广泛接触的人交谈过了。Bryce，他们为此感到高兴。而且他们并不是在吹牛，他们知道他们在做什么。”

“我相信在Quality Foods经理们比其他人员更加需要新系统，”Bryce回答道，“你与他们交谈过吗？”

Kim说道：“是的，他们感到满意”。

“那么，系统开发人员怎么样呢？他们有没有说不具备更新系统的技术呢？”Bryce继续询问道。

“不，可以做到，但并不意味着应该做。”Kim坚定地说道。

作为AllFine Foods的系统分析员，你将如何评价Bryce建议的系统项目的可行性？根据Kim汇报的有关经理、用户和系统人员的信息，所建议项目的操作可行性如何？经济可行性如何？技术可行性如何？根据Kim和Bryce讨论的内容，你会建议全面展开系统研究吗？回答“会”或“不会”，然后用一段话来讨论你的建议及其背后的理由。

3.6 项目进度安排

计划包括选择系统分析团队、把团队成员分配给合适的项目、估计完成每个任务所需的时间，以及调度项目使任务按时完成等所有必需的活动。控制意味着使用反馈信息监督项目，包括将项目计划与实际进展情况做出比较。另外，控制也意味着在激励团队成员正确地完成工作的同时，采取相应的措施加快或者重新计划活动以正确地完成任务。

本节包含这样一个实例，系统分析员充当项目经理，从分析、设计和实现的基本活动开始，然后使用分解技术将主要活动分解成更小的子任务，如图 3.13 所示。然后，分析阶段进一步细分为数据收集、数据流和决策分析以及提案准备。设计分为数据项设计、输入与输出设计以及数据组织，实现阶段分为实现和评估两个阶段。

阶段	活动
分析	数据收集
	数据流和决策分析
	提案准备
设计	数据项设计
	输入设计
	输出设计
	数据组织
实现	实现
	评估

把主要活动分解成更小的活动。

图 3.13　开始项目规划时，把项目开发过程分解成三个主要活动

在随后的步骤中，系统分析员需要考虑这些任务中的每一个任务，并进一步分解它们，以便进行规划和进度安排活动。图 3.14 展示如何更详细地描述分析阶段。例如，数据收集任务分解成 5 个活动，从执行面谈一直到观察人们对原型的反应。该项目要求进行数据流分析，但不要求决策分析，因此系统分析员已经标明“分析数据流”作为中间阶段的唯一步骤。最后，建议准备阶段分解成 3 个步骤：执行成本 / 效益分析、准备建议和提交建议。

活动	详细的活动	所需时间（周）
数据收集	执行面谈	3
	整理调查表	4
	阅读公司报表	4
	介绍原型	5
	观察对原型的反应	3
数据流和决策分析	分析数据流	8
建议准备	执行成本 / 效益分析	3
	准备建议	2
	提交建议	2

进一步分解这些活动。
然后估计所需的时间。

图 3.14　通过添加详细任务及确定完成任务所需的时间，细化分析活动的计划和日程安排

当然，系统分析员可以选择对这些步骤做出进一步的分解。例如，分析员可以规定要面

谈的每一个人。所需的具体程度取决于项目，但是在计划中必须涉及所有的关键步骤。

有时，项目规划最难的部分是估计完成每个任务或者活动的时间，这是关键的步骤。在调查某个项目落后的原因时，项目团队成员会提及最初错误的进度估计妨碍了项目的成功完成。在估计时间需求方面，经验是无可替代的，有过学徒或实习机会的系统分析员是幸运的。

计划者在确定时间估计时，通过预测最有可能、悲观和乐观的估计，然后通过一个加权平均公式来确定活动所需的期望时间，从而减少估计固有的不确定性。然而，这种方法的可信度较差。对于系统分析员而言，也许最好的策略是遵循一种结构化方法，标识并用充分的信息来描述这些活动。这样，系统分析员至少能够限制一些意外的发生。

3.6.1 使用甘特图进行项目调度

甘特图（Gantt chart）是一种简单的安排任务进度的工具，它用条形来表示每个任务或者活动。每个条形的长度表示任务的相对长度。

图 3.15 是一个二维甘特图的例子，其中横轴表示时间，竖轴表示活动。在该实例中，甘特图描述了项目的分析或信息获取阶段。从甘特图上可以看出，执行面谈需要 3 周时间，整理调查表需要 4 周时间，以此类推。这些活动的部分时间重叠。图中的特殊符号▲表示现在是第 9 周。色条较暗的条形表示已完成项目或者部分完成项目，表示系统分析员在引入系统原型方面落后，但是在数据流分析方面领先。因此，必须马上推出原型，使其他活动甚至项目本身不会因此受到延误。

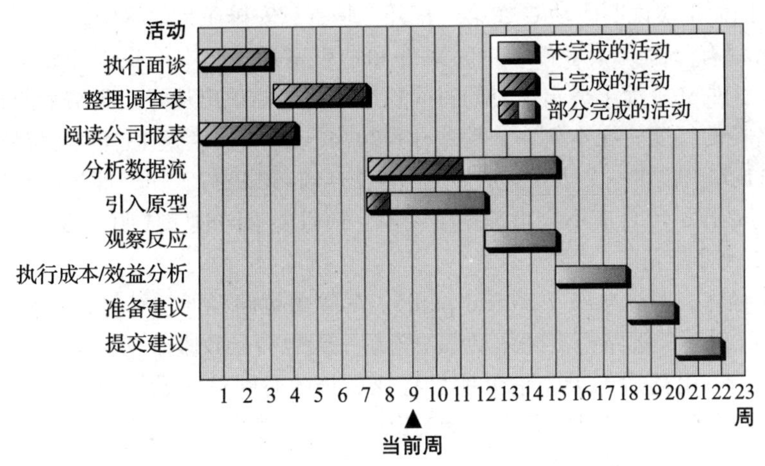

图 3.15 使用二维甘特图规划可以并行完成的活动

甘特图的主要优点是简单。这种技术不仅易于使用，而且便于与最终用户进行有价值的沟通。使用甘特图的另一优点是可以按比例画出表示活动或者任务的条形，即条形的大小表明了完成每个任务所需的相对时间长度。

3.6.2 使用 PERT 图

PERT 是 Program Evaluation and Review Technique（程序评审技术）的缩写。一个工程（或项目）用由节点和箭头组成的网络表示，然后对它们进行评估，以确定关键活动，根据需要改善进度并在承接项目之后立即评审进展情况。PERT 图于 20 世纪 50 年代开发，在美国海军的北极星号核潜艇项目中使用。据报道，它为美国海军节省了两年的开发时间。PERT 图在 Microsoft Project 中被称为网络图。

如果活动不必按顺序执行，而是可以并行执行，则 PERT 图可以起到相当大的作用。通过在更小规模的系统项目上应用 PERT 技术，系统分析员可以从中受益，特别是在某些成员可以在其他同伴成员从事其他任务时从事某些活动的情况下。

图 3.16 将一幅简单的甘特图与 PERT 图进行了比较。甘特图中用条形表示的活动在 PERT 图中用箭头来表示。箭头的长度与活动的持续时间没有直接关系。PERT 图上的圆圈称为事件，并且可以通过数字、字母或者其他任意形式的名称标识出来。圆形节点用来确认活动已经完成和表示在可以承担新活动之前需要完成的活动（所谓的优先权）。

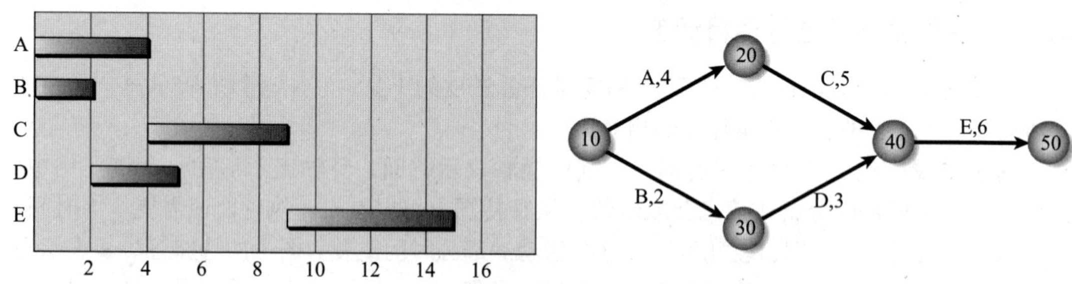

图 3.16　甘特图和 PERT 图在调度活动方面的比较

在上述 PERT 实例中，在活动 A 完成之前不可能开始活动 C。在甘特图上无法体现出这种优先关系，因而不能说明活动 C 在第 4 日开工是有意安排还是偶然的。

每个项目都有一个开始事件、中间事件和结束事件。在本例中，开始事件是事件 10，而结束事件是事件 50。为了得出项目的时间长度，需要标识出从开始到结束的每条路径，然后计算每条路径的长度。在本例中，路径 10–20–40–50 的长度是 15 天，而路径 10–30–40–50 的长度是 11 天。即使一个人可能按路径 10–20–40–50 进行工作，而另一个人按路径 10–30–40–50 进行工作，项目应不会出现竞争现象。项目要求同时完成两个活动集（或者路径），因此，需要 15 天才能完成。

最长的路径称为*关键路径*（critical path）。尽管关键路径通过计算最长路径来确定，但是可以这样定义它：关键路径上的活动哪怕落后一天也会导致整个项目落后。注意，如果在路径 10–20–40–50 上落后一天，整个项目将花更长的时间；但是如果在路径 10–30–40–50 上落后一天，那么整个项目可能并不会受到影响。非关键路径上允许的最大落后时间称为松弛时间。

有时，PERT 图需要*伪活动*（pseudo-activity，也被称为哑活动 dummy activity）来保持图的逻辑或者对图进行说明（这是一个不恰当的描述，但它是行业标准）。图 3.17 展示了两个带有哑活动的 PERT 图。项目 1 和项目 2 存在很大的差别，并且哑活动使这种差别清楚地显示出来。在项目 1 中，活动 C 只有在活动 A 和 B 结束以后才能开始，因为在离开节点之前必须完成所有进入节点的箭头。然而，在项目 2 中，活动 C 只要求活动 B 完成，因而可以在活动 A 还在进行时开始。

完成项目 1 要用 14 天，而完成项目 2 只需 9 天。项目 1 中的哑活动是必需的，因为它表示一种关键的优先级关系。但是，项目 2 中的哑活动不是必需的，因为原来就能够从 10 到 40 画出活动 A，并且可以完全取消事件 20。

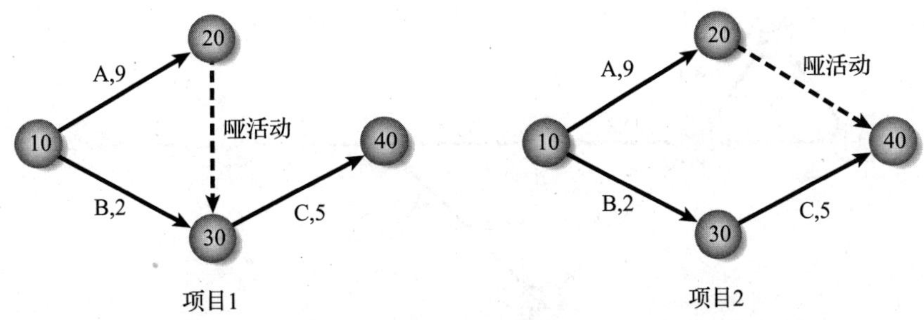

图 3.17 使用 PERT 图时，活动的优先级对于确定项目的长度是重要的

因此，我们偏好使用 PERT 图，而不愿使用甘特图。PERT 图具有如下好处：

（1）容易确定优先顺序；

（2）容易识别关键路径，从而识别关键活动；

（3）容易确定松弛时间。

3.6.2.1 PERT 图示例

假设系统分析员试图为系统分析与设计生命周期的数据获取和建议阶段建立一个现实合理的进度计划。系统分析员查看情况后，列出了在此过程中需要完成的活动。如图 3.18 所示，该列表还说明某些活动必须在另一些活动之前发生。通过本章前一节讨论的方法计算出估计的时间。

活动	先行活动	持续时间（周）
A 执行面谈	无	3
B 整理调查结果	A	4
C 阅读公司报表	无	4
D 分析数据流	B、C	8
E 引入原型	B、C	5
F 观察对原型的反应	E	3
G 执行成本 / 效益分析	D	3
H 准备建议	F、G	2
I 提交建议	H	2

图 3.18 列出画 PERT 图时用到的活动

3.6.2.2 画 PERT 图

在构造 PERT 图时，分析员首先考虑那些不要求任何先行活动的活动，在本例中为活动 A（执行面谈）和活动 C（阅读公司报表）。在图 3.19 中，分析员决定把节点编号为 10、20、30，依此类推，并且从节点 10 画出两根箭头。这些箭头表示活动 A 和 C，并且如图所示那样进行标记。在这两个箭头后面分别画上编号为 20 和 30 的节点。下一步是查找任何只要求 A 作为先行活动的活动，结果只找到任务 B（整理调查表），因此可以用从节点 20 画到节点 30 的箭头来表示。

因为活动 D（分析数据流）和 E（引入原型）要求活动 B 和 C 完成之后才能开始，所以从节点 30 画出标记为 D 和 E 的箭头，节点 30 是确认活动 B 和 C 已经完成的事件。继续这个过程，直到完成整个 PERT 图。注意，整个项目结束于“节点 80”这一事件。

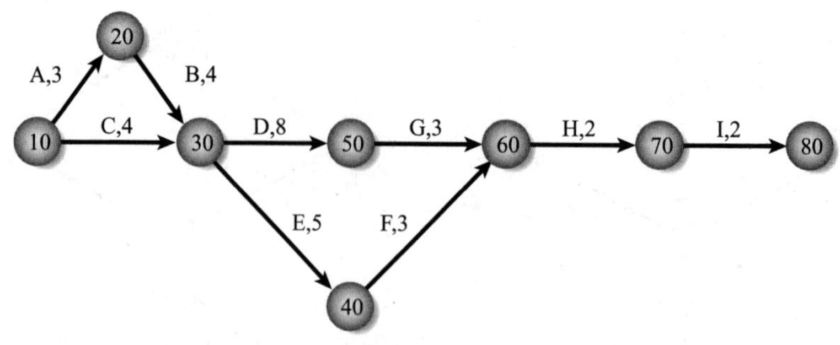

图 3.19 系统分析阶段完成的 PERT 图

3.6.2.3 识别关键路径

一旦画出了 PERT 图，通过计算每条路径上的活动时间总和，并选择最长的路径，就可以识别出关键路径。在本例中有 4 条路径：10–20–30–50–60–70–80、10–20–30–40–60–70–80、10–30–50–60–70–80 和 10–30–40–60–70–80。最长的路径是 10–20–30–50–60–70–80，它要花 22 天时间。系统分析员严格监督关键路径上的活动是很重要的，以便整个项目按时完成，甚至缩短项目进度。

3.7 项目控制

无论系统分析员把项目规划得多细致，有些地方还是会出错。本节将讨论如何估计成本和准备预算、如何预测风险并为之做准备、如何使用加速法弥补时间，以及在预算需要修改、项目团队落后或超支时如何控制成本。

3.7.1 估计成本和编制预算

按时完成项目非常重要，但正确管理项目成本也很重要。一旦建立工作分解结构并且规划好进度安排，分析员需要：

（1）估计工作分解结构中每个活动的成本；

（2）准备项目的预算，并通过组织或客户的批准；

（3）在整个项目过程中管理和控制成本。

前文讨论了设备和成品软件的成本估算，这些是我们完成项目所需的资源。现在我们关心其他类型的资源，即完成 WBS 中每个任务所需的资源。项目这部分工作的主要资源是团队成员的时间以及完成每个活动所需的各种专用设备和工具。

系统分析员可用的成本估算方法有很多，它们类似于用于时间估计的方法。其中一些方法如下：

（1）基于类似项目进行估计，也称为自上而下的成本估算法；

（2）构建自下而上成本估算法；

（3）使用参数建模法。

3.7.1.1 自上而下的成本估算法

以往的成本估算经验意义重大，特别是在企图估计的项目类似于以往从事的项目时。如果开发一个具有相似功能的网站，则可以可靠地估计出开发新网站的成本。

定制功能是可能的。新网站可能有很多不同的产品供销售，但是它可以适时地调整价格。

3.7.1.2 自下而上成本估算法

分析员通常会碰到有一些特别要求的项目，诸如用一种不同的编程语言进行开发。在这种情况下，分析员需要使用自下而上成本估算法。

系统分析员可以采用 WBS，并要求每个负责任的项目团队成员估计完成其所负责的活动涉及的成本。然而，根据每个团队成员的能力不同，该方法提供的估计也有好有坏。充当项目经理的分析员，必须对他们的每个估计进行审查，得出满足团队和客户需要的成本估算。自下而上成本估算法的显著问题是完成每个估计所花的时间过长。

3.7.1.3 参数建模法

该方法涉及对项目所构成的诸多因素（或参数）的每一个因素进行估计。例如，先估计每行代码的成本是 75 美元和程序员成本为每小时 80 美元，然后就可以估计出完成项目所需的代码行和小时数。运用专用的参数建模软件进行项目建模通常很有用，诸如前文所述的 COCOMO II。

Mac 案例专栏

彩色编码有助于项目经理分类整理相似的阶段、任务和资源。Mac 上可用的 OmniPlan 利用彩色编码来建立项目、识别任务、识别关键路径和标记不可能的情况。

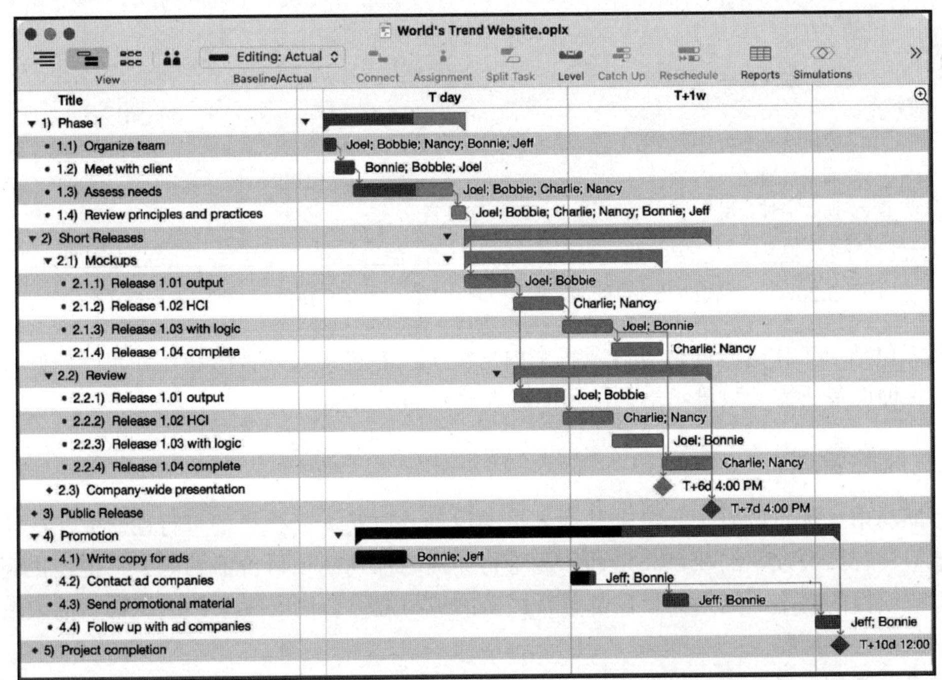

Omni Group 的 OmniPlan 项目管理软件（经 Omni Group 许可使用）

3.7.1.4 成本估算为什么失败

实际上，大多数系统分析员组合使用上述三种成本估算方法，有时也会产生失败的估算结果。成本估算失败有两个主要原因。首先，系统分析员可能过度乐观。分析员相信其团队成员，乐观估计将认为团队很快完成项目，并且任何时候都不会出问题。分析员的乐观导致低估代码行和所需付出的基本努力。

其次，分析员可能希望通过成本估算过程，继续后面的准备和提交预算，并开始项目的实际工作。因而，分析员可能在估计上所花费的时间小于正确准备估计所需的时间。分析员需要做到尽可能准确，尽管随着项目的进展估算将会被修改。

3.7.1.5 编制预算

最后，系统分析员需要编制预算，尽管估算还不够完美。预算是关键的交付品，并且每个客户都想尽早看到详细预算。

在为客户工作时，系统分析员需要遵守客户用于制定预算的标准过程。大多数情况，客户具有用于预算的标准表格，图 3.20 给出了一个预算样例。

项目	小时或单位	每小时（单位）成本	小计（$）
1. 项目团队			
项目经理（系统分析员）	600	$120	72 000
项目团队成员	2 400	80	192 000
外部承包商（测试员）	200	20	4 000
2. 硬件资源			
工作站	5	4 000	20 000
iPad	5	900	4 500
3. 软件			
现成软件	5	400	2 000
内部开发的软件		75 000	75 000
4. 培训			
团队成员培训班	5	3 500	17 500
受训者培训班	5	1 200	6 000
受训者小时费用	1 300	20	26 000
项目总成本估算			$419 000

图 3.20 一个软件开发项目的部分预算样例，展示了硬件、软件和人员成本

预算包括对工作时间的估算以及每个内部员工或外包工人的报酬，还要包括软硬件成本并说明每种设备所需的数量。培训涉及的成本也要加以说明。

3.7.2 风险管理

早期与申请项目的管理人员和其他人员的讨论，以及你所执行的可行性研究，往往可以避开承担具有高失败率的项目。培训和经验将会提高你判断项目价值的能力，也能提高促使他人申请项目的概率。如果你是内部分析团队的成员之一，则必须掌握组织最新的政治气氛以及财务和竞争情况。

但是，注意到系统项目可能确实存在严重的问题，那些用敏捷方法开发的系统也不能免于这样的麻烦。为了说明一个项目中的哪些地方可能会出错，系统分析员可能需要画鱼骨图

(Ishikawa diagram，也被称为因果图或石川图)。由图 3.21 可知，之所以称之为鱼骨图，是因为它像鱼的骨架。

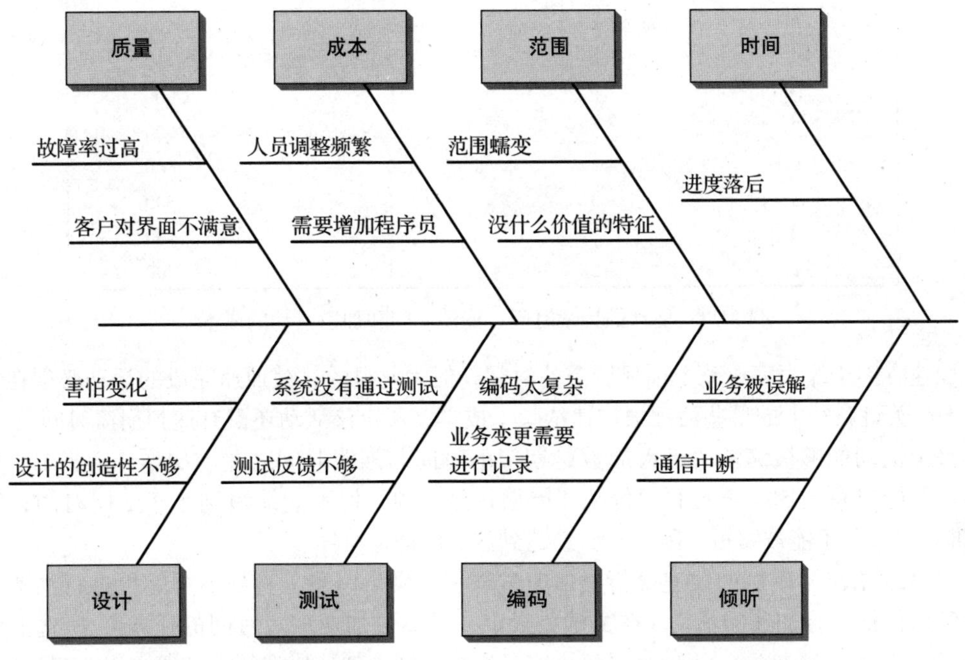

图 3.21 鱼骨图可用来标识开发一个系统中可能出错的所有事情

鱼骨图的价值是系统地列出所有可能发生的问题。对于敏捷方法，通过把所有的资源控制因素列在上面，而把所有的变动列在底部来组织鱼骨图是合适的。在一些问题(如进度落后)中可能比较明显；而在另一些问题(如范围蠕变，即分析员在听到新的要求后，期望增加特征)中或者开发毫无价值的特征等，不是很明显。

另外，还可以向经历过项目失败的专业人员学习经验。专业程序员提到了以下几方面产生失败的原因：管理人员设置不可能的或者不切实际的项目完成日期、相信只要给项目增加人员就会加快项目进度的荒诞说法(尽管最初的项目目标日期不切实际)，以及管理人员不允许团队从外部寻找专家帮助解决特殊问题的不合理要求。

你不是孤立地决策一个项目的开始。尽管你可以向管理层提出项目建议，但是最后将由管理层决定建议的项目是否值得进一步研究(即进一步投资资源)。团队的决策过程必须是开放式的，并且经得住外部环境的审视。团队成员应当了解他们在组织中的信誉和身份与他们所接受的项目是密切相关的。

3.7.3 使用加速法管理时间

加快速度执行一个过程叫作*加速*(expediting)，有些情况可以从更快速地完成一个项目中得益。例如，你会因为项目完成得更快而获得奖金。另一个例子是认识到在到期日之前结束当前项目，可以将宝贵的项目团队资源和团队成员用于其他项目。

图 3.22 以表格形式列出项目中的每个活动，以及最初估算的完成每个活动所需的时间。第 3 列标记为*崩溃时间*(crash time)，指一个活动在加入额外经费的情况下可以完成的绝对最小时间。最后一列给出使活动完成时间缩短一周需要付出的成本。

活动	估计的持续时间	崩溃时间	完成时间每缩短一周需付出的成本（$）
A	3	1	800
B	4	2	500
C	4	2	400
D	8	6	1 000
E	5	5	1 000
F	3	3	800
G	3	3	800
H	2	2	400
I	2	1	600

图 3.22 估计的持续时间、崩溃时间和加速活动的成本

加速有助于缩短完成整个项目所需的时间，但为此目的，被加速完成的活动必须在关键路径上。关键路径上的哪些活动被加速依赖于成本，假定该活动还没有达到崩溃时间。

每个活动能够被缩短的最大周数是期望的时间与崩溃时间之差。例如，活动 B“整理调查表”能以每周 500 美元的代价从 4 周缩短到 2 周，但不能缩短到小于 2 周时间；活动 H“准备建议”不能被缩短，因为它已经达到崩溃时间。

图 3.23 给出了本例的加速分析。加速过程每次发生一步，直到不可能再进行加速。表中的各列包括符合加速的活动（在关键路径上并可通过加速缩短时间的任务）、所选的活动（因为它是最廉价的方案）、当前完成每个路径所需时间、加速所选活动的成本以及累计成本。

符合加速的活动	所选的活动	每条路径的时间 ㉒	19	19	16	成本（$）	累计成本（$）
A、B、D 或 I	B	㉑	18	19	16	500	500
A、B、D 或 I	B	⑳	17	19	15	500	1 000
A、D 或 I	I	⑲	17	18	15	600	1 600
A 或 D	A	⑱	16	⑱	15	800	2 400
A 和 C 或 D	D	⑰	16	⑰	15	1 000	3 400
A 和 C 或 D	D	⑯	⑯	⑯	15	1 000	4 400
A 和 C	A 和 C	⑮	⑮	⑮	14	1 200	5 600

图 3.23 使用加速法最小化项目时间

在第 1 步中，关键路径是 10–20–30–50–60–70–80，因此复合加速条件的活动是 A、B、D 和 I。活动 G 和 H 也在关键路径上，但它们已经达到崩溃时间，因而不能进行加速了。最廉价的方案是使活动 B 加速一天，这将使第 1 条路径从 22 周缩短到 21 周，使第 2 条路径从 19 周缩短到 18 周。第 3 和 4 条路径不受影响，因为活动 B 不在这两条路径上。

因为关键路径从 22 周缩短到 21 周，所以整个项目缩短到 21 周（表格中加圆圈表示）。我们可以重复此缩短过程，使项目时间再缩短 1 周。

当活动 B 达到其崩溃时间时，另一个活动必须被选择。表格中的第 3 行表示活动 A、D 和 I 符合加速条件，而选择活动 I 进行加速是最廉价的方案。缩短活动 I 的时间，不仅缩短了关键路径而且还缩短了所有路径，因为是它们共有的。

在第 4 步中，选择活动 A 进行加速，缩短路径 1 和 2，但是其结果是存在 2 条关键路

径。这意味着只有同时缩短这2条关键路径的时间才能缩短项目时间。

在第5和6步中，通过选择活动A和C的组合（每条关键路径上的一个活动）或者活动D（2条路径共同的活动），可以缩短2条路径的时间。使活动D的时间缩短2天，可以把各路径的时间分别缩短到16、16、16和15天。现在关键路径有3条。

最后，当活动D达到崩溃时间时，唯一可用的选择是活动A和C的组合。因此，通过使活动A的时间缩短2天，活动B的时间缩短2天，活动C的时间缩短1天，活动D的时间缩短2天，以及活动I的时间缩短1天，可以得到项目的最少完成时间为15周，为此付出的总代价是5 600美元。

本例描述了不惜任何代价全力以赴地加速以获得最小项目时间。但是，系统分析员可能会面临预算问题。在我们的实例中，4 000美元的预算（包括第1～5步）将使项目时间从22周缩短到17周，为此付出的代价是3 400美元。

另一种可能的标准是缩短项目时间能够节省的净值。假设在上述实例中，分析员每周节省750美元，很有可能包括项目团队尽早开始新项目的机会。在这种情况下，加速过程可以一直到第3步，因为第4步（扩展活动A的代价是800美元）增加的成本将超过节省的750美元。

加速法可以成就一个项目，也可以搞垮一个项目。系统分析员必须在整个项目开发过程中，通过管理项目充分掌握情况。分析员需要确信项目成本得到了正确管理。

3.7.4 使用挣值管理法控制成本

在预算得到批准后，系统分析员必须及时更新预算，使项目不会随着进展而超出预算。基线需要不断地进行修改，并且需要通知所有利益相关者。

在项目的中期通常会发生改变。客户可能请求新的特征，或将引进新技术，它们都将改变系统开发方式。无论这些改变是什么，都需要对预算进行修改。

系统分析员可以使用的一个工具是*挣值管理法*（Earned Value Management，EVM）。这是一种用于帮助确定项目进展（或阻碍）的技术，涉及项目成本、项目进度和项目团队的绩效。EVM的4个关键指标是：

- *竣工预算*（Budget at Completion，BAC）指项目从开始到结束时的总预算。如果计算一个任务的绩效值，那么BAC就是该任务的总预算。
- *计划成本*（Planned Value，PV）指项目中要被完成的工作（或者是任何任务中完成的工作）的价值。因为已完成工作的价值是投入到它上面的工作量和资金，因此可以把PV看作工作的预算成本。
- *实际成本*（Actual Cost，AC）指到某个特定的时间点项目（或任务）已完成的工作所承受的总成本（直接或间接）。该指标的另一种表示是至今已完成工作的实际成本。
- *挣值*（Earned Value，EV）指迄今已完成的工作的价值估算。因此，挣值仅指迄今已经完成的工作。我们可以用如下公式计算挣值：

$$EV = PV*p$$

式中，p是迄今已完成工作量的百分比。

图3.24给出用5个月时间开发一个网站的成本。在该实例中，网站开发顺利进行。竣工预算是计划的预算18 000美元，这是开发网站5个月后估计的总成本，由“估计成本”列的每个成本数值相加得到。

月末	阶段	估计成本（$）	累计成本（$）	估计工期	各阶段完成的工作量	各阶段迄今的成本（$）	项目迄今的实际成本（$）
第 1 月末	第 1 阶段	6 000	6 000	1 个月	100%	6 000	6 000
第 2 月末	第 2 阶段	3 000	9 000	1 个月	100%	3 000	9 000
第 3 月末	第 3 阶段	3 000	12 000	1 个月	100%	3 000	12 000
第 4 月末	第 4 阶段	3 000	15 000	1 个月	50%	5 000	17 000
第 5 月末	第 5 阶段	3 000	18 000	1 个月	0%	还没开始	还没开始

图 3.24 周期为 5 个月的网站开发项目的预期成本

在第 1、2、3 个月末，项目的实际成本等于累计的估计成本，但是在第 4 个月，实际成本是 17 000 美元，而“累计成本”列的值是 15 000 美元。这显然超过了我们的预算。

更糟糕的是，在第 4 个月末，我们只完成了第 4 阶段工作的 50% 工作量。这意味着在成本增加的同时，我们的进度也落后了。

让我们看看这有什么危害。我们已经知道项目的竣工预算是 18 000 美元，而第 4 个月末的实际成本是 17 000 美元。让我们确定此时的计划成本和挣值。

计划成本只是第 4 个月末的累计成本估算，即 15 000 美元。为了计算计划成本，我们需要将挣值乘以项目已完成工作量的百分比。从表中可以看到，前 3 个阶段都完成了，但第 4 个阶段只完成了一半。迄今完成的工作量百分比是：

$$P = (100 + 100 + 100 + 50)/(100 + 100 + 100 + 100)$$
$$= 0.875$$

因此，挣值为：

$$\text{EV} = \text{PV}*p$$
$$= \$15\,000*0.875$$
$$= \$13\,125$$

运用 EVM 的 4 个关键指标可以计算很多性能指标，包括成本偏差、进度偏差、成本绩效指数和进度绩效指数。

- 成本偏差（Cost Variance，CV）衡量项目或任务的成本是否比计划成本多。如果成本偏差是负的，则实际成本比计划成本要大。如果是正的，则实际成本比计划成本小。成本偏差计算公式如下：

$$\text{CV} = \text{EV} - \text{AC}$$

- 进度偏差（Schedule Variance，SV）衡量项目所花费的实际时间是否比计划的时间要多。如果比计划的要多，则会对成本造成负面影响。同样，如果进度偏差是负的，则完成工作所花时间比计划的时间更长，其值表示超出的成本。如果进度偏差是正的，则所花时间比计划的时间小，其值表示实际成本比预算成本低的差额。进度偏差等于挣值减去计划成本，如下式所示：

$$\text{SV} = \text{EV} - \text{PV}$$

- 成本绩效指数（Cost Performance Index，CPI）是用于表示项目是否超出预算的比值。如果该指数小于 1.0，则项目或任务超出预算。如果该比值大于 1.0，则项目或任务在预算内。成本绩效指数的计算公式如下：

$$\text{CPI} = \text{EV}/\text{AC}$$

- 进度绩效指数（Schedule Performance Index，SPI）是用于表示项目是否落后于进度的比值。如果进度绩效指数小于1.0，则表示项目或任务落后于进度。如果进度绩效指数大于1.0，则项目比进度提前了。进度绩效指数的计算公式如下：

$$SPI = EV / PV$$

继续上文的网站开发实例，现在计算这4个绩效指数。

第4个月末的成本偏差为：

$$\begin{aligned} CV &= EV - AC \\ &= \$13\ 125 - \$17\ 000 \\ &= -\$3\ 875 \end{aligned}$$

表示项目超出预算3 875美元。

进度偏差为：

$$\begin{aligned} SV &= EV - PC \\ &= \$13\ 125 - \$15\ 000 \\ &= -\$1\ 875 \end{aligned}$$

表示落后于进度并且超出预算。

成本绩效指数为：

$$\begin{aligned} CPI &= EV / AC \\ &= \$13\ 125 / \$17\ 000 \\ &= 0.772 \end{aligned}$$

即77.2%，表示团队的执行速率远小于计划成本。该值后面还会用到。

进度绩效指数为：

$$\begin{aligned} SPI &= EV / PC \\ &= \$13\ 125 / \$15\ 000 \\ &= 0.875 \end{aligned}$$

即87.5%。同样，该比值小于1.0表示项目落后于进度。

最后，系统分析员可能还需要计算2个变量。它们用于衡量从现在开始完成项目或任务需要花费的成本。它们是预计完工尚需成本（Estimate to Complete，ETC）和预计完工成本（Estimate at Complete，EAC）。

预计完工尚需成本基于团队的经验，并以当前的绩效值估计完成项目所需增加的资金值。它的计算公式是竣工预算减去挣值，然后除以前面计算的成本绩效指数，具体公式如下所示：

$$ETC = (BAC - EV) / CPI$$

预计完工成本是经过修正的预算，表示整个项目或任务结束时的总费用。它的计算公式等于实际成本加上完成项目尚需的估计的资金额度，如下所示：

$$EAC = AC + ETC$$

在我们的网站开发项目实例中，接下去的工作是计算预计完工尚需成本：

$$ETC = (\$18\ 000 - \$13\ 125)/0.772 = \$6\ 315$$

该值表示，为了完成该网站，今后还要在该项目上花6 315美元。预计完工成本将是：

$$\begin{aligned} EAC &= \$17\ 000 + \$6\ 315 \\ &= \$23\ 315 \end{aligned}$$

该值远远大于我们原先预算的 18 000 美元。图 3.25 展示了这些性能指标是如何与原始进度和预算及修改后的进度和预算相关联的。

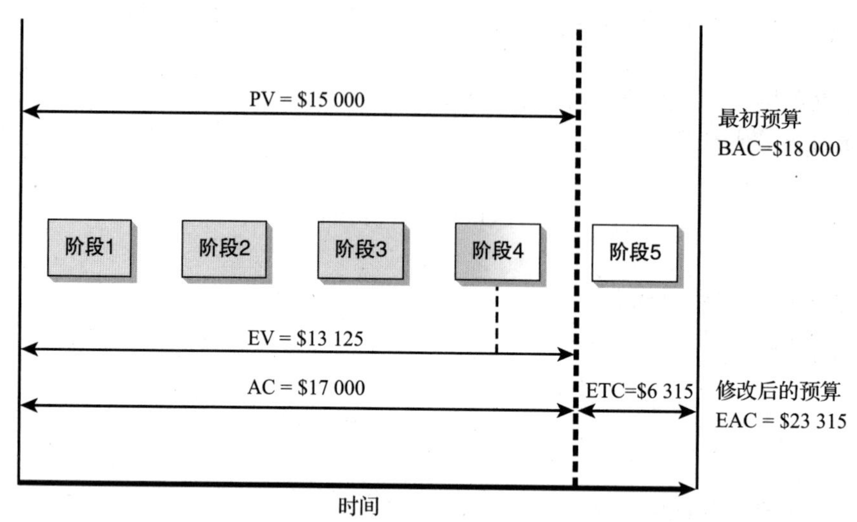

图 3.25　挣值管理的各值是如何与计划和实际的网站开发相关联的

发生意想不到的延迟或经费超支时，系统分析员留意成本变化并解决预算影响是很重要的。分析员在从事任何项目时，必须不断地平衡成本、时间和范围（即将包含哪些系统特征）。

3.8　管理项目团队

除了管理时间和资源，系统分析员还必须对人员进行管理。系统分析员主要通过与团队成员的正确沟通来完成管理，其中团队成员是根据能力和适合性选择的。项目生产率的目标必须预先设定，同时必须激励系统分析团队的成员去实现它们。

3.8.1　组建团队

组建团队是令人期待的事情。如果项目经理有机会组建一个由技术人员组成的理想团队，他们应选择哪些人呢？一般而言，项目经理需要寻求具有共同团队工作价值观的技术人员，使他们能在预算范围内按时交付高质量的系统。其他期望的团队成员特征包括良好的工作道德、诚实、能力、随时准备担当技术领导、动机、参与项目的积极性以及队友间信任。

Alexander（2021）建议，为了建立一个多元化、有包容性的项目团队，团队领导可以采取以下四个步骤：①建立透明、公平的招聘政策，以招聘团队成员；②团队成员之间实现薪酬公平；③提供支持，帮助团队中的每个人取得成功（例如，这可能意味着支持残疾团队成员）；④确保每个团队成员都有发言权，可以分享意见，并为项目和团队过程贡献想法。

建立一支多元化、有包容性的团队有充分的商业原因。《人事管理》（People Management）（2017）引用的一项研究分析了一系列类型各不相同的公司的 200 个团队做出的约 600 个商业决策。研究人员发现，当不同的（由三人或三人以上组成）团队做出商业决策时，他们在至多 87% 的时间内表现优于个人决策者。研究人员还发现，不同的团队会比个人更快地做出决策，并且受益于 60% 的决策改进。Reynolds 和 Lewis（2017）发现，当团队认知多样化时，他们解决问题的速度更快。

项目经理需要知道商业原则，但这并不会影响团队中其他人员也知道商业运营机制。也许这个人员是与正在开发的系统相同的领域中的专家。例如，开发电子商务站点时，团队可以请市场营销方面的专家提供帮助，那些开发库存系统的人可以请求精通生产和操作的人提供专家经验。

在理想情况下，一个团队应该有两名系统分析员。他们可以互相帮助、检查工作以及转移工作量。当然团队中需要有精通编程技能的人员。编码是重要的，但是知道如何执行系统走查、评审、测试和编档也是重要的。一些人员善于洞察大方向，而另一些人员在把任务分解成更小的任务时执行得较好。每个团队应同时拥有这两种类型的人员。

除了刚才所述的基本要求外，项目经理还要寻求既有经验又有积极性的人员。在估计完成项目所需的时间时，经验特别重要。如果有编程方面的经验，这意味着代码开发速度将会比没有经验的团队的开发速度快5倍。可用性专家也是对团队的有益补偿。

团队必须加以激励。一种使团队在整个项目开发过程中都保持积极性的方法是在一开始就选择优秀的人才。寻求热情、富有想象力并且能够与不同类型的人交流的人。这些基本特性奠定了成功的可能性。另外，优秀的作家和能说会道的演说家能够提供建议并直接与客户工作，因此雇用这样的人才也是被提倡的。

信任对团队来说也很重要。项目的所有成员需要负责任，并承诺尽全力完成项目中他们负责的那部分工作。项目成员可以有不同的工作风格，但是他们都必须承诺为共同的目标而一起工作。

3.8.2 团队管理的沟通策略

每个团队都有自身的特色，这是每个团队成员以一种创建全新交互网的方式互相结合在一起的结果。一种组织团队思考的方法是，把他们想象成始终在完成手头工作和维护团队成员关系之间寻求平衡。

实际上，团队一般有两个领导，而不是一个。通常，一个领导带领团队成员完成任务，而另一个考虑团队成员之间的社交关系。这两种领导都是团队所必需的。有些研究人员分别把这两种人称为*任务领袖*（task leader）和*社会情感领袖*（socioemotional leader）。每个团队都有压力，这是寻求完成任务和维护团队成员关系间平衡的结果。

为了持续保持团队有较高的工作效率，必须不断地缓解压力。最小化或者无视压力将会导致效率低下，最终导致团队瓦解。通过巧妙地运用所有团队成员反馈的信息，可以缓解大多数压力。然而，所有成员必须在交流方式（即过程）上取得一致意见。有关过程的生产率目标将在后文论述。

确保在适当的成员交流上取得一致看法的工作涉及创建显式和隐式的*团队规范*（team norm），即共同的期待、价值和行为方式，用于指导团队成员之间的关系。团队规范属于协议，团队与团队之间不一定通用。这些规范随时间的变化而变化，最好把它们看成有交互的*团队过程*（team process），而不是一种产品。

规范既有可能产生积极的作用，也有可能产生消极作用。正如某个特定行为是一个团队的规范，并不意味着它有助于团队实现其目标。例如，期望初级团队成员执行所有的项目进度安排，这可能是一个团队规范。如果坚持该规范，团队就很可能向新成员施加过度的压力，而不能充分发挥团队的优势。如果坚持执行该规范，可能会使团队成员浪费宝贵的资源。

团队成员需要使规范清楚和明确，并定期对它进行评估，得出规范在帮助团队实现目标方面起着积极作用还是消极作用。对于团队最重要的期望是：规范是不断变化的。问问自己，定期评估团队规范是有助于团队进步，还是阻碍了团队进步。

3.8.3 设置项目生产率目标

如果你已经同你的团队成员共同执行过许多不同的项目，则你或者你的团队领导可以精确预测团队在指定的时间内能够实现的目标。运用本章前几节讨论的估计所需时间以及通过将它们与经验相结合的做法，将使团队能够设置合理的生产率目标（productivity goal）。

系统分析员习惯于考虑有形输出的雇员生产率目标，诸如每小时缝制的牛仔裤数量、每分钟键入的数据项数，或者每秒扫描的项数。然而，随着制造生产率的上升，管理生产率也必须跟上步伐。设置系统分析团队的目标时应谨记这一点。

团队必须制定目标，并在团队成员之间取得一致看法。这些目标应当基于团队成员的专业知识、以往表现和具体项目的性质。所承担的每个项目，目标都会有所不同，因为有些项目可能要安装整个系统，而另一些项目可能涉及对现有系统的某个部分做出有限的修改。

3.8.4 激励项目团队成员

虽然激励是一个极其复杂的主题，但是很值得考虑，这里只做简要说明。简单地讲，人们加入组织是为了满足他们的基本需求，诸如食物、衣服和居所。然而，人们还有更高级的需求，包括联系、控制、自主和创造力。我们可以在几个层次上激励人们，实现他们未满足的需求。

如前面所述，通过让团队成员参与目标设置，至少可以部分地激励他们。恰如其分地设置一个具挑战性但又切实可行的目标，然后定期根据目标对业绩进行度量，这种行为可以起到激励团队成员的作用。

目标设置能够激励团队成员的部分原因是，他们在业绩考核之前就能确切地知道被期望做什么。目标设置之所以能够成功地实现激励，还因为它为每个团队成员在实现目标方面提供了相同的自主性。尽管目标是预先确定的，但对实现它的手段却不作任何限制。这样，团队成员就可以自由发挥他们的专业特长和通过经验来实现目标。

通过设置目标，向团队成员和其他人员说明为了得到结果必须完成的任务，也可以激励团队成员。此外，因为目标确定了期望团队成员实现的工作层次，因而也可以激励团队成员。运用目标可以简化工作环境，也充实了工作环境，从而有可能真正完成期望的工作。

咨询时间 3.5

目标管理

系统分析团队的领导Hy Sticking，一边充满信心地铺开一个进度计划，一边说道："这就是我认为我们可以在接下来的5周内完成的原因。"该进度计划上列出了每个团队成员的名字，以及一系列短期目标。正好在一周以前，系统分析团队参加了一次关于加快Kitchener Redwings（一个Ontario曲棍球组织）项目进度的激烈会议，该组织的管理部门迫切要求你设计出一个系统原型。

团队的其他三个成员惊愕地看着该图。最后，其中的一个成员Rip Shinpadd说道：“我感到震惊，我们每个人原本就有那么多事情要做，而现在还要这样。”

Hy辩解道：“我们必须设置高目标，Rip。那时正好是淡季。这是完成它们的唯一时间。如果设置的目标太低，我们就不能完成系统原型，更不用说在经过另一个曲棍球季节之前完成系统本身了。我的指导思想是，让Kitchener Redwings通过使用新系统来提高战斗力。”

另一个团队成员Fiona Wrink进入讨论，说道：“上帝才知道他们的选手不能给予他们那种能力！”她因与会小组的习惯性抱怨而暂停下来，接着继续说道：“严格地讲，这些目标好比杀手。你至少应该先问问我在想什么，Hy。我们甚至有可能比你更了解什么是可能的。”

“这是一个紧迫的问题，不是一个茶话会，Fiona，”Hy回答道，“团队成员礼貌地投票表决是不可能的，有些事情必须快速完成。因此，我提前做出这些决定。我决定根据该图向管理部门提交我们的进度计划。如果迫不得已，我们以后可以推迟最后期限。但是这样，他们就会知道我们会尽量在淡季完成大量工作。”

作为听取上述交流的第4个团队成员，请你提出3个有助于Hy改进目标制定和表示方法的建议。如果团队对Hy所示目标都持Fiona的观点，你认为将会在多大程度上激励团队？向管理部门提供过分乐观的目标会导致哪些可能的后果？用一段话写出设置不切实际的高目标的短期影响，再用另一段话讨论它的长期影响。

3.8.5 管理电子商务项目

本书讨论的许多方法和技术都可用于电子商务项目管理（ecommerce project management）领域。然而，应当小心，尽管它们有许多相似之处，但也有许多差别。差别之一是，电子商务系统所用的数据散布在整个组织中。因此，不仅要管理自主部门中的数据，而且还要管理独立部门中的数据。由于各单位通常觉得要保护它们生成的数据，而不理解需要在组织之间共享它们，因此，可能会出现许多组织政治。

另一种显著的差别是，电子商务项目团队通常需要组织内更多具有各种技能的人员，包括开发人员、顾问、数据库专家和系统集成人员。明确地讲，一个有内聚力的信息系统小组或者系统开发团队中存在的稳定的项目小组将是一种例外，而不是标准。此外，因为项目最初可能需要太多的帮助，所以电子商务项目经理需要在实现之前建立良好的内外部伙伴关系。也许通过在项目之间共享人才，可省去电子商务实现的成本，并召集具有所需专业知识的人数。组织政治可能引起团队成员不和是一个不争的事实。

一种防止组织政治破坏项目的做法是，让电子商务项目经理强调电子商务与组织的内部体制的集成，这么做强调了电子商务项目中嵌入的组织层面。正如一位电子商务项目经理所说，设计前端（客户看到的部分）是所有这一切任务中最容易的部分，真正的挑战是如何在战略上将电子商务与所有的组织系统集成起来。

传统项目管理与电子商务项目管理之间的第四个差别集中在安全问题上。电子商务系统通过网络与外界连在一起，安全性是最重要的问题。在开发新系统之前制订和实现安全计划本身就是一个项目，因此必须按项目的要求进行管理。

3.8.6 制定项目章程

规划过程的部分工作是对将要完成的工作内容以及完成时间取得一致意见。属于外部顾问的分析员以及属于组织成员的分析员，需要规定他们最终交付物以及将交付时间。整个团队及客户都需要在章程上有所体现。本章已经详细说明了估计最终系统的交付日期的方法，还详细说明了如何确定组织目标和评价所建议的系统的可行性。

项目章程（project charter）是一个阐明如下问题的书面叙述：

（1）用户对项目的期望是什么（目标是什么）？系统将做什么来满足需求（实现目标）？

（2）项目的范围是什么（或者说边界是什么）？用户认为什么已经超出项目范围？

（3）在收集数据、开发和测试系统方面，分析员将采用什么分析方法与用户进行交互？

（4）哪些人是关键参与者？用户愿意并能够承诺多少时间参与项目？

（5）项目交付物是什么？用户希望有哪些新的或更新的软件、硬件、程序和文档在项目完成时可用于交流？

（6）谁将对系统进行评估，他们将怎么评估它？评估过程涉及哪些步骤？如何传达评估结果以及向谁传达？

（7）估计的项目时间线是什么？分析员将每隔多长时间报告一次项目里程碑？

（8）谁将培训用户？

（9）谁将维护系统？

项目章程以书面文档的形式描述系统项目的期望结果（交付物）和交付时间框架。它实际上是主要分析员（或项目经理）及其分析团队与申请新系统的组织用户之间的一个合同。

3.9 系统建议

虽然项目章程起到了识别目标、确定范围和分配责任的目的，但是系统分析员仍然需要准备一份系统建议，包括有关系统需求、选择和建议等详细内容。本节介绍组成系统建议的内容和风格。

3.9.1 系统建议包含的内容

书面系统建议由10个主要部分组成，每个部分都有某种特定功能，最终系统建议应按下面的顺序编排：

（1）附信；

（2）项目的标题页；

（3）目录；

（4）执行概要（包括建议）；

（5）系统研究大纲，并附有适当的文档；

（6）系统研究的详细结果；

（7）系统备选方案（3～4个解决方案）；

（8）系统分析员建议；

（9）系统提案总结；

（10）附录（配套文档、各阶段总结、通信联络等等）。

附信应与系统建议一道交给管理人员和IT工作小组，其中应列出研究人员，总结研究目标。要确保附信简练、友好。

标题页包括：项目名称、系统分析团队成员名单和提交系统建议的日期。标题要准确表达系统建议的内容，但编者也可稍作发挥。若系统建议很长，那么目录对于读者来说很有用。但若系统建议不到10页，那么就不必制作目录。

执行概要一般包含250～375个字，提供有关系统提案的人员、内容、时间、地点、原因和方式的信息。它也应包含系统分析员的建议和所需的管理行为，因为有些人只看概要而没有时间看整个系统建议。执行概要要等到系统提案的其余部分完成之后再写。

系统研究大纲提供研究中使用的全部方法，以及研究人员或研究内容的信息。系统研究采用的调查问卷、会谈记录、档案数据采样、观察记录或原型化方法等，都应在这里进行介绍。

系统研究的详细结果部分用于描述系统分析员通过前一个环节中介绍的所有方法而发现的有关人员和系统的需求。通过研究凸显的关于专业人员与技术和系统交互时遇到的问题而得出的结论，应当记录在这一节中。该节应列出问题或建议在下一个环节中提出备选方案。

在系统提案的系统备选方案部分，系统分析员提出2～3个解决上述问题的方案。所提出的备选方案中应包括一个建议保留原系统的方案。每个方案应分别被研究并描述其成本和效益。由于每个方案都不可能完美，所以要确保在该环节中描述每个方案的优点和缺点。

每个备选方案都必须明确指出用户和管理人员必须采取哪些措施来实现。措辞应尽可能清楚，比如“为所有的中级管理人员购买便携式计算机”“购买软件包以支持用户管理库存”和“通过资助内部编程工作来修改现有系统”。

在系统分析员团队对备选方案进行权衡之后，会就哪个解决方案最可行进行明确而又专业的评价。系统分析员的建议部分主要用于描述所推荐的解决方案，并包含支持团队建议的理由，这样就很容易理解系统提案是如何提出的。从逻辑上说，该建议应该从前面对备选方案的分析中产生，并且应该明确地将人机交互结果与所提供的选择联系起来。

系统提案总结是一个简短的陈述，反映了执行概要的内容，其中给出研究的目标和建议的解决方案。总结中应再次强调项目的重要性和可行性，以及该建议对达到用户目标和改善业务的价值。最后，要用肯定的语气结束系统提案。

附录是系统提案的最后部分，它们可以包含特定个人感兴趣的任何信息，但这些信息对于理解系统研究和所建议的内容并不重要。

完成系统提案后，应谨慎选择接受该报告的人员，并亲自交付报告。洞察力对于系统是否被接纳及最后是否成功至关重要。

为了交付系统提案的结果，可以提议召开一个针对系统项目的关键决策者的特别会议。另行制定一份口头陈述（用幻灯片或Keynote等演示软件），强调书面报告的最重要部分。演示文稿要简练，最长持续30～40分钟，并且大部分时间用于介绍问题。不要逐字朗读报告，最好是准备并提交一份动态演示文稿，充分利用与关键决策者面对面交流的机会。

3.9.2 使用插图进行有效沟通

本节一直强调编写系统提案时要充分考虑读者。表格、图形以及文字都是体现和表达目标系统基本内容的重要方式，永远不要低估良好的设计。

在系统提案中使用插图，有助于说明我们对吸收信息的不同方式的考虑。报告中的插图补充书面信息，使用时要用文字加以解释，而不应单独使用。

3.9.2.1 有效地使用表格

尽管从技术上来说表格并不是一种直观的辅助工具，但它为系统分析员提供另外一种分组和展示分析数据的方式，系统分析员用这种方式将数据传递给系统提案的读者。

表格使用加标签的行和列有组织地呈现统计数据或字母。每个表格应按在系统提案中出现的顺序进行编号，并注明有意义的标题。图 3.26 显示了表格的合理布局及相应的标注。

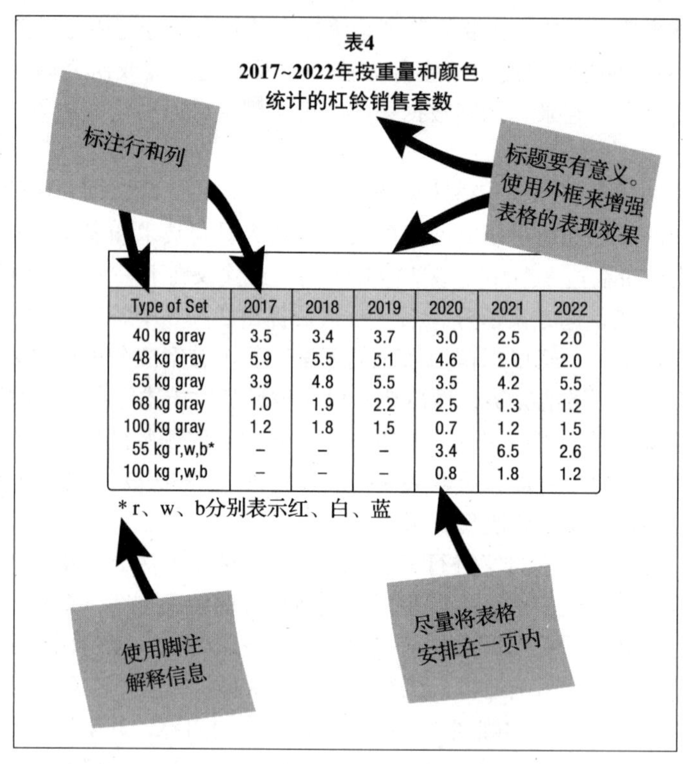

Type of Set	2017	2018	2019	2020	2021	2022
40 kg gray	3.5	3.4	3.7	3.0	2.5	2.0
48 kg gray	5.9	5.5	5.1	4.6	2.0	2.0
55 kg gray	3.9	4.8	5.5	3.5	4.2	5.5
68 kg gray	1.0	1.9	2.2	2.5	1.3	1.2
100 kg gray	1.2	1.8	1.5	0.7	1.2	1.5
55 kg r,w,b*	–	–	–	3.4	6.5	2.6
100 kg r,w,b	–	–	–	0.8	1.8	1.2

图 3.26 创建有效表格的指导原则

使用表格时，应遵循以下指导原则：

（1）不要把表格放在附录中，应将它们嵌入系统提案的主体中。

（2）尽量将整个表格安排在一页之中。

（3）在表格的上方加上标题和编号。标题应是叙述性的并且是有意义的。

（4）每一行与每一列都应有标题。如果有必要，标题可以超过一行。

（5）如果空间允许，可使用带边框的表格。纵向延伸的表格能增加可读性。

（6）如有必要，使用脚注对表中的某一项作详细的解释。

前几节介绍了几种用于比较成本和效益的方法，在系统提案中应将比较的结果用表格列出。如果进行收支平衡分析，分析结果也应该用表格列出。投资回收情况也可以用表格显示，以作为图形的补充。此外，系统提案中也可包含一个比较计算机系统或选项的简短表格。

3.9.2.2 有效地使用图形

不同种类的图形包括线条图、柱形图、条形图、饼图和面积图等。线条图、柱形图和条形图用来比较变量，而饼图和面积图则用来说明实体的组成百分比。

要想在系统提案中有效地使用图形，应遵循以下指导原则（参见图3.27）：

（1）选择一种可以很好地表达意图的图形风格。

（2）将图形嵌入系统提案的主体中。

（3）给予每个图形一个顺序图形编号和一个有意义的标题。

（4）为图中的每个坐标轴和所有线条、柱形、条形或饼图中的每一区块加上标记。

（5）为图中不同颜色的线、带阴影的条形或用交叉阴影线填充的区域加上图解说明。

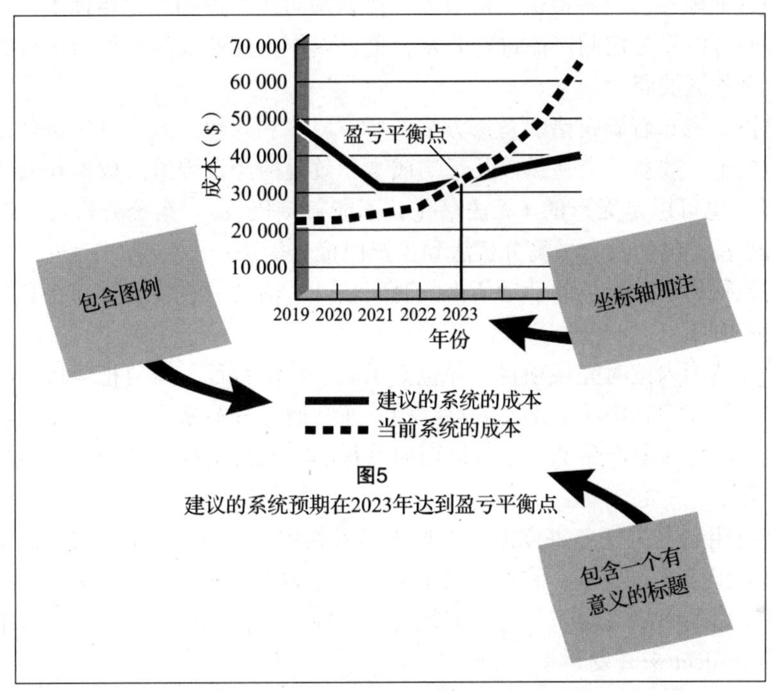

图3.27 绘制有效的线条图指导原则

系统提案中包含的大多数细节是通过面谈、问卷调查、采样、其他硬数据的发现和观察等方式获取的，这些主题将在后两章进行讨论。

3.10 小结

系统分析员必须应对的5个主要的项目管理基础是：项目启动——定义问题、确定项目可行性、活动规划和控制、项目进度安排以及管理系统分析团队成员。面对企业怎样才能达成目标和解决系统问题这一问题，分析员会制定一个问题定义。问题定义是对问题的正式陈述，包括目前的问题、每个问题的目标、在所有建议的系统中必须包含的需求，以及限制系统开发的约束。

选择项目是一个艰难的决策，因为申请的项目往往比实际完成的项目多得多。选择项目的5个重要标准是请求的项目受管理人员支持、能够及时提供相应的资源、促进企业朝着既定目标发展、切实可行，以及有充分的理由认为它比其他可能的项目更重要。

如果申请的项目满足这些标准，就可以执行可行性研究了，即执行操作可行性、技术可行性和经济可行性。通过可行性研究，系统分析员获取有关数据，使管理人员能够决定是否继续整个系统的研究。通过盘点已有的设备和已定购而尚未交货的设备，系统分析员将能够更好地确定是否要推荐新的、修改过的或当前的计算机硬件。

购买计算机硬件既有优点也有缺点。另外，系统分析员可以帮助组织权衡通过使用云服务提供商来租用时间和空间的优缺点。四种主要的云计算类型是软件即服务、基础结构即服务、平台即服务，以及灾难恢复即服务。随着用户复杂度的增加，一些公司采用自带设备方法来提升员工们的士气和降低组织采购移动设备的初始成本。由未经培训的用户引起的安全隐患可能是组织采纳“自带设备”政策的最大威胁。

云服务和其他硬件厂商将提供支持服务，诸如预防性维护和用户培训等，但这通常需要另行协商。软件可以作为定制产品进行开发，也可以作为商业成品软件包进行购买或者把它外包给软件即服务提供商。

准备系统提案意味着确定诸多备选方案的所有成本和效益。系统分析员可以用很多方法来预报未来的成本、效益、交易量以及影响成本和效益的经济因素。成本和效益可以是有形的（可量化的），也可以是无形的（无法量化，不能直接比较）。系统分析员可以用很多方法来分析成本和效益，包括收支平衡分析法和投资回报分析法。

项目规划包括每个分析员的活动所需的时间估计、活动的进度安排和在必要时加快项目以确保按时完成项目。

为了在预算范围内按时完成项目，并包括承诺的功能特征，需要把项目分解成更小的任务或活动。这些任务一起构成了工作分解结构，通常通过分解来完成。工作分解结构有不同的类型，它们可以是面向产品的，也可以面向过程的。面向过程的工作分解结构在系统分析与设计中比较典型。

系统分析员用来安排任务进度的一种技术是甘特图，它在一幅图上以条形图显示活动。另一种技术称为程序评审技术，它在一个节点网络上以箭头形式显示活动。PERT 图有助于分析员确定关键路径和崩溃时间，这是有效的项目控制所需的信息。甘特图和 PERT 图都可以用 Microsoft Project 来开发。

挣值管理法是一种用于帮助系统分析员确定项目进展（或阻碍）的技术，涉及项目成本、项目进度和项目团队的绩效。挣值管理的 4 个关键指标是：竣工预算、计划成本、实际成本和挣值。这 4 个指标是挣值管理法的核心。运用它们可以计算很多性能指标，包括成本偏差、进度偏差、成本绩效指数和进度绩效指数。

建议制定项目章程，包含用户期待和分析员交付物。管理人员制定不切实际的最后期限，为了试图满足不切实际的最终期限而向项目增加不必要的人员，以及不允许开发者团队寻求外部专家帮助，这些都是程序员指出的导致项目失败的原因。通过检查所申请项目的动机以及团队推荐或者拒绝特定项目的动机，往往可以避免项目失败。

系统分析员可以通过强化其所选团队成员的认知、性别和种族、多样性和包容性，来提高团队对成功项目的期望。团队必须有实现目标的动力，其中一种方法是让团队成员参与目标设定。

系统分析员要想整理出一份有效的系统提案，必须遵循以下步骤：有效地组织系统提案内容、用合适的业务风格书写和提交系统提案。为了使书写出的系统提案能给人以深刻的印象，系统提案应书写得清楚明了且易于理解，其内容应分成 10 个功能部分。编写系统建议提案时，加入图形辅助理解是很重要的。与关键决策者面对面的会议，提供了一种以简洁而又吸引人的演示文稿形式口头陈述系统提案的方法。

复习题

1. 5 个主要的项目基础是什么?
2. 列出三种方法查明可能需要系统解决方案的问题或者机会。
3. 列出系统项目选择的 5 个标准。
4. 给出技术可行性的定义。
5. 给出经济可行性的定义。
6. 给出运营可行性的定义。
7. 列出评价系统硬件的 4 大标准。
8. 组织获取和使用计算机硬件的两种主要选择是什么?
9. COTS 代表什么?
10. 列出云计算对组织的 5 个好处?
11. 列出云计算对组织的 3 个坏处?
12. BYOD 代表什么?
13. 对组织来说 BYOD 的好处是什么?
14. 对员工来说 BYOD 的好处是什么?
15. 对组织来说 BYOD 的最大缺点是什么?
16. 4 种主要的云计算类型是什么?
17. 试给出有形成本和有形效益的定义。分别举例说明。
18. 试给出无形成本和无形效益的定义。分别举例说明。
19. 列出 4 个用于比较目标系统的成本和效益的技术。
20. 收支平衡分析法在什么情况下很有效?
21. 使用投资回收分析法的 3 个缺点是什么?
22. 什么是工作分解结构，应当在什么情况下使用?
23. 什么是甘特图?
24. PERT 图何时适用于系统项目?
25. 列出 PERT 图与甘特图相比在系统项目进度安排方面的三大好处。
26. 给出关键路径的定义。
27. 项目经理如何评估项目出错的风险，以及在确定完成项目所需的时间时是怎样考虑它们的?
28. 准备预算时需要估计哪些成本?
29. 为什么准备预算对管理项目的系统分析员非常重要?
30. 哪 3 种情况下需要加速完成一个系统项目?
31. 在加速系统项目时，崩溃时间指什么?
32. 什么是挣值管理法?
33. 挣值管理法的 4 个关键指标是什么?
34. 在什么情况下系统分析员可以使用挣值管理法?
35. 列出两种类型的团队领导。
36. 消极的团队规范指什么?
37. 团队过程是指什么?
38. 为了建立一个多元化的项目团队，需要评估哪些维度?
39. 目标设置可以激励系统分析团队成员的三个原因是什么?

40. 电子商务项目管理在哪 4 个方面不同于传统的项目管理?
41. 项目章程中包含哪些要素?
42. 鱼骨图的用途是什么?
43. 为了整理出一份有效的系统建议，系统分析员必须完成哪 3 个步骤?
44. 列出系统建议的 10 个主要部分。

问题

1. 圣路易斯的 Williwonk 巧克力公司对巧克力糖果和糖果新产品进行了分类。该公司在城内有 6 个商店，在主城区的机场有 5 个商店，还有少量邮购部门。Williwonk 有一个小型的计算机化信息系统，用来跟踪仓库中的库存量、帮助调度生产等。但是该系统没有直接连入它的任何零售商店，通过网站收到的任何电子邮件订单均由文书人员通过电子邮件回复，订单再被转发给相应的部门。

   最近，Williwonk 的若干商店接到了一连串邮购顾客的投诉，反映了糖果送到时变质、没有按时送达，甚至没收到货的问题。公司还收到几封抱怨各个机场商店的糖果不新鲜的反馈信。Williwonk 一直在销售一种由人工甜料制成的营养型低碳水不含糖的新型巧克力。销量一直很好，但存在巧克力类型错送的问题。由于抱怨的增多，Williwonk 免费派送了许多盒巧克力来缓解这种情况。

   管理人员希望在线销售产品，但只有一个基础网站，显示有关公司的信息和订单，该订单可以被客户下载、打印和填写，并通过电子邮件寄回。网络订购功能不存在。其中一个高级主管想要销售个性化巧克力，在每块糖上印上客户的姓名。虽然生产区域向管理层保证可以很容易做到，但仍没有订购个性化巧克力的方法。

   另一个高级主管曾提到 Williwonk 已经与欧洲的几个巧克力制造商合作，将从各个国家进口巧克力。当前，这必须通过电话、电子邮件或邮寄的方式进行。该主管希望有一个连接到 Internet 的内部网，使雇员能够直接从合伙公司订购。所有问题促使很多经理请求进行趋势分析。太多库存导致巧克力不新鲜，而在其他时间又会出现某种巧克力短缺。

   季节性变化趋势和假日变化趋势将帮助 Williwonk 保持库存充足。库存控制经理坚持认为，所有变更必须在下一个圣诞节来临前实现。“完成此变化的时间是一个绝对到期日，”高级经理 Candy 说。“在该网站公布之前，确保一切都能很好地起作用，”她继续说道，“我不希望任何客户收到错误的巧克力。”另外，订单处理经理曾提到系统必须是安全的。

   你已经在 Williwonk 工作了两个星期，对它的库存信息系统做了一些小的改动，无意中听到两个经理讨论起这些事情。试列出这些问题中可能要求系统项目的机会或者问题。
2. 在问题 1 中，有关 Williwonk 的产品问题的大多数反馈信息来自哪里? 这些来源的可靠程度如何? 试用一段话进行说明。
3. 在更好地了解 Williwonk 管理人员以后，向他们提出可能的系统改进，以解决问题 1 中给出的某些问题或者机会。
   (1) 用两段话提出你对系统项目的建议。做出任何必需的实际假设。
   (2) 问题 1 中讨论的问题或者机会是否有不妥之处? 为什么?
4. 为问题 1 所述的 Williwonk 创建一个问题定义。估计各问题重要性的权重。至少包括一个需求和一个约束。
5. 为问题 4 中创建的问题定义创建一个用户需求列表。
6. Delicato 公司是一家精密测量仪器制造公司，制造出来的仪器用于科学用途。他们给你提供了一份清单，其中列出了经理认为对于选择计算机硬件和软件厂商，或者云服务提供商来说较重要的一些属性。以下准则不是按重要程度列出：

（1）低价格。

（2）适合于工程应用的严格编写的软件。

（3）厂商执行硬件的例行维护。

（4）为 Delicato 公司员工提供培训。

a. 用一段文字对这些特性加以评论。

b. 使用它的原始输入，帮助该公司制作一份更适合于选择计算机硬件和软件厂商的准则列表。

c. 使用它的原始输入，帮助该公司制作一份更适合于选择云服务提供商（提供 Haas 和 SaaS）的准则列表。

d. 用一段话说明选择计算机硬件厂商的属性列表与选择 HaaS 云服务提供商的属性列表有何区别。

e. 用一段话说明选择计算机软件厂商的属性列表与选择 SaaS 云服务提供商的属性列表有何区别。

7. SoftWear Silhousette 是一家处于快速发展中的公司，它提供纯棉衣服邮购服务。其管理人员想建立一个电子商务网站，以便在 Web 上开展业务。该公司有 2 名全职的系统分析员和一名计算机程序员，公司总部位于美国一个偏僻的新英格兰小城镇。那些处理传统邮购业务的员工没有接受过计算机培训。

（1）考虑公司的现状，为它制作一份软件特性清单。其中列举 SoftWear Silhousette 公司为创建网站而购买软件时必须强调的特性，以达到将邮递业务与 Web 站点上的业务整合起来的目的。

（2）你将推荐 COTS 软件、定制软件还是外包给 SaaS 提供商？请说明你的选择，并用一段话加以说明。

（3）列出在你回答第（2）小题时所考虑的因素。

8. 下表列出了 Viking Village 在 12 年里的需求，Viking Village 是一款以文明建设为主题的计算机游戏产品，可以用于手持设备和智能电话上。

年份	需求	年份	需求
2011	20 123	2017	49 700
2012	18 999	2018	46 400
2013	20 900	2019	50 200
2014	31 200	2020	52 300
2015	38 000	2021	49 200
2016	41 200	2022	57 600

（1）画出 Viking Village 游戏产品的需求数据图形。

（2）使用 3 年活动平均法确定 Viking Village 需求量的线性趋势。

9. Viking Village 需求量是否是周期性变动的？请加以解释。

10. Interglobal 健康顾问公司请你帮他们对当前的计算机系统与新的系统作对比，公司的董事会想要验收新系统的实施情况。目标系统和当前系统的成本如下。

年份	目标系统的成本（美元）	当前系统的成本（美元）	年份	目标系统的成本（美元）	当前系统的成本（美元）
第 1 年			第 2 年		
设备租用费	20 000	11 500	设备租用费	20 000	10 500
工资	30 000	50 000	工资	33 000	55 000
企业一般管理费	4 000	3 000	企业一般管理费	4 400	3 300
开发费	30 000		开发费	12 000	

（续）

年份	目标系统的成本（美元）	当前系统的成本（美元）	年份	目标系统的成本（美元）	当前系统的成本（美元）
第 3 年			第 4 年		
设备租用费	20 000	10 500	设备租用费	20 000	10 500
工资	36 000	60 000	工资	39 000	66 000
企业一般管理费	4 900	3 600	企业一般管理费	5 500	4 000
开发费			开发费		

用图形表示目标系统和当前系统的成本，并显示收支平衡点。

11. 以下是 Interglobal 健康顾问公司的系统效益（来自第 10 题）。

年	效益（美元）	年	效益（美元）
1	55 000	3	80 000
2	75 000	4	85 000

根据第 10 题中 Interglobal 健康顾问公司目标系统的成本确定投资回收期（使用投资回收分析法）。

12. Brian F. O'Byrne 拥有一家冷冻食品公司，并且想要开发一个信息系统来跟踪仓库送货情况。

（1）使用图 3.EX1 表格中的数据，画甘特图来帮助 Brian 组织他的设计项目。

（2）什么时候适合使用甘特图？有何缺点？试用一段话说明原因。

描述	任务	前导任务	期望的时间（天）
画数据流	A	无	5
画决策树	B	A	4
修改树	C	B	10
详细描述项目	D	C，I	4
组织数据字典	E	A	7
产生输出原型	F	无	2
修改输出设计	H	F	9
编写用例	G	无	10
设计数据库	I	H，E，G	8

图 3.EX1　帮助组织一个信息系统设计项目的数据，该系统跟踪送往仓库的冷冻食品

13. 除了甘特图，你还为 Brian 绘制了 PERT 图，这样就可以说明关注关键路径的必要性。图 3.EX2 是基于图 3.EX1 的数据创建的 PERT 图。试列出所有路径，并计算和标识关键路径。

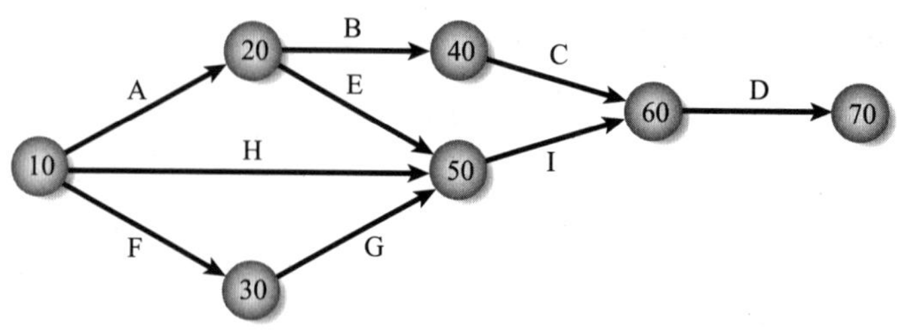

图 3.EX2　Brian 的冷冻食品公司的 PERT 图

14. Latifah Musa 拥有一家顺势疗法医药公司 Faithhealers。她销售维生素和其他相关的不易坏产品给那些想要选择替代医疗的人。Latifah 正在开发一个新系统，这需要重新培训员工。给定图 3.EX3 中的信息，为她制定 PERT 图，并标明关键路径。如果 Latifah 发现一条可以节省“编写用例”阶段的时间路径，这有帮助吗？为什么？

说明	任务	先行任务	时间（周）
与主管面谈	A	无	6
与订单执行部门中的员工面谈	B	无	3
设计输入原型	C	B	2
设计输出原型	D	A，C	3
编写用例	E	A，C	4
记录员工对原型的反映	F	D	2
开发系统	G	E，F	5
编写培训手册	H	B，G	3
培训从事订单执行工作的员工	I	H	2

图 3.EX3　在一个订单执行系统的系统开发过程中要执行的任务

15. 运用图 3.EX2 中的 PERT 图确定以下问题的答案。

（1）为了提前一周完成项目，哪些活动可以进行加速？

（2）假设对活动 E 进行加速的成本最低。如果试图加速项目使其提前多于 1 周的时间完成，会发生什么呢？为什么？

16. 通过加速可以帮助 Latifah 更快地完成其项目。下面是加速成本。

活动	估计的持续时间（天）	崩溃时间（天）	每周成本（美元）
A	6	3	600
B	3	2	100
C	2	2	400
D	3	2	400
E	4	2	200
F	2	2	200
G	5	3	300
H	3	2	400
I	2	2	300

如果 Latifah 可以将每天的加速成本保持在 325 美元以下，那么她就能受益于加速做法，因为她可以比原计划更早地启动新项目。如果超过每天 325 美元的加速成本的上限，就不值得这么做了。

（1）哪 3 个活动由于已经是崩溃时间而不能被加速？

（2）哪 2 个活动由于加速成本超过了每天的上限而不能被加速？

（3）哪 2 个活动由于不在关键路径上不可能是加速候选活动？

（4）建立一个表格，逐步说明为了缩短项目时间哪些活动应被加速？如果 Cherry 在加速成本上限内尽其所能地去加速项目，则项目可以达到的最少时间是什么？

（5）为什么将项目时间缩短 1 天以上，将会超过 Cherry 加速成本的上限？

17. Latanya Williams 正在开发一个适用于平板计算机的社交网络应用程序，至此她已完成了如下阶段：

周或阶段	阶段的估计成本（美元）	阶段的完成量	阶段的实际成本（美元）
第 1 周	500	100%	500
第 2 周	400	100%	500
第 3 周	600	100%	700
第 4 周	500	50%	50
第 5 周	400	0	未开始

（1）创建一个类似于图 3.24 的表格。

（2）对于第 3 周，计算竣工预算成本、计划成本、实际成本和挣值。

（3）对于第 3 周，计算成本偏差、进度偏差、成本绩效指数和进度绩效指数。

（4）使用这些绩效值，说明第 3 周的预算怎样？

（5）使用这些绩效值，说明第 3 周的进度怎样？

（6）对于第 3 周，计算预计完工尚需成本和预计完工成本。

18. 使用前一题所给表格中的数据：

（1）建立一个类似于图 3.24 的表格（如果还没有建立这样的表格）。

（2）对于第 4 周，计算第 3 周的竣工预算成本、计划成本、实际成本和挣值。

（3）对于第 4 周，计算成本偏差、进度偏差、成本绩效指数和进度绩效指数。

（4）使用这些绩效值，请说明第 4 周的预算如何？

（5）使用这些绩效值，请说明第 4 周的进度如何？

（6）对于第 4 周，计算预计完工尚需成本和预计完工成本。

19. Angus McIndoe 想要对他的大众餐馆进行现代化改造，使它更受老客户的欢迎。这将涉及跟踪客户的喜好，诸如他们想要坐在哪里、喜欢吃什么以及通常到达餐馆的时间等信息。这些信息都是 Angus 所感兴趣的，因为他相信这样可以为客户提供更好的服务。Angus 请你帮他开发一个系统，帮助他在增加生意的同时还能让客户感到满意。

你已获悉 Angus 对其客户表达的看法，当然他还可以跟踪更多的客户喜好。请为他开发一个类似于本章中为 Catherine's Catering 开发的问题定义。

20. 两个刚刚毕业的分析员最近加入了新成立的 Mega 电话公司的系统分析小组。谈及与小组有关的事情时，他们提到有些问题让他们感到奇怪。其中一个问题是小组成员似乎遵从两个小组领导，Bill Pei 和 Penny Weiss，而不是一个领导。

他们观察到，Bill 似乎非常空闲，而 Penny 总在忙于活动规划和进度安排工作。他们还观察到，每个人参加会议时，似乎知道要做什么，尽管没有给出任何指示。最后，他们观察到小组在解决引起的问题上的开放性，而不是让事情变得难以管制。

（1）通过向新团队成员解释说明，分别指出 Bill Pei 和 Penny Weiss 是什么类型的领导。

（2）解释“每个人似乎都知道做什么”这句话。请问是什么在指导他们的行为？

（3）什么概念最好地描述了新团队成员所评论的小组开放性？

21. “我认为你应当把你所考虑过的所有方案写出来。”Lou Cite（DayGlow 涂料公司的人事主管）说道，“毕竟，你使用该系统已有一段时间了，我认为老板和员工们都有兴趣看看你的发现。”你一边与 Lou 交谈，一边准备整理将要给上层管理人员汇报的最终系统提案。

（1）用一段文字向 Lou 解释，为什么在你的系统提案中不用（也不应该）包含团队考虑过的所有方案。

（2）用一段文字讨论在最终的系统提案中应包含哪些类型的方案。

小组项目

1. Kim 诊所是一家由 Ari 和 Sung Ho Kim 医生共同经营的牙科诊所，他们需要确保患者和保险数据的安全。他们调查了基于云计算的在线备份：SOS Online Backup、Spare Backup、MozyPro 和 iDrive。与你的团队一起分析这些和其他基于云服务的成本，并帮助 Ari 和 Sung Ho 医生做出决定。以这种方式备份的无形成本和收益是什么？他们应该使用备份服务还是其他方式？写两段话为小组的分析和建议进行解释。
2. 调查 4 个或 5 个网络电话提供商。
   （1）制定一个费用列表，包括安装费、基本计划的月费用、无限计划的月费用、适配器费用或其他必要费用。
   （2）制定一个属性列表，诸如自由网内呼叫、国际呼叫、虚拟电话号码、电话会议、呼叫者 ID 支持，等等。
   （3）与小组一起说明客户将如何使用所有的定量和定性信息来做出选择网络电话提供商的可靠决策。还有其他重要的考虑因素吗？你会推荐某种软件来帮助比较这些服务吗？
3. 根据小组项目 2 中（1）和（2）的分析，与小组一起选择一个你愿意向客户推荐的网络电话提供商。
4. 与小组成员一起，分析诸如 Microsoft Project 等项目管理软件。
   （1）它有什么特征？与小组合作共同列出这些特征。
   （2）让你的小组评估该软件是否适用于管理系统分析与设计团队项目。用一段话说明你所评估的软件是否便于团队成员沟通以及团队活动、时间和资源的管理。还要说明哪些特征支持项目的这些方面。注意考虑该软件是否缺乏相关的标准。
5. 与你的团队就为一家旅游公司构建网站时可能出现的问题进行头脑风暴，该公司希望在下一个大型旅游旺季（12 月或 6 月）在线销售假期。
   （1）列表说明小组发现的问题；
   （2）与小组一起画出鱼骨图，描述小组在（1）中发现的所有问题。

参考文献

Alexander, M. (2021, April 27). *How to build more diverse and inclusive project teams.* https://www.techrepublic.com/article/how-to-build-more-diverse-and-inclusive-project-teams/?ftag=TRE684d531&bhid=29183969873549096909230967882050&mid=13348978&cid=2227018232.

Alhomdy, S., Thabit, F., Hasan Abdulrazzak, F., Haldorai, A., & Jagtap, S. (2021). The role of cloud computing technology: A savior to fight the lockdown in COVID 19 crisis, the benefits, characteristics and application. *International Journal of Intelligent Networks, 2*, 1–177. https://doi.org/10.1016/j.ijin.2021.08.001.

Alter, S. (2002). *Information systems: The foundation of e-business* (4th ed.). Prentice Hall.

Bales, R. F. (1970). *Personality and interpersonal behavior*. Holt, Rinehart & Winston.

Bergstein, B. (2012, May 21). *IBM faces the perils of "bring your own device."* https://www.technologyreview.com/s/427790/ibm-faces-the-perils-of-bring-your-own-device.

Blair, R., & Hewitt, J. (2021, July 29). *Market guide for disaster recovery as a service*. https://www.recoverypoint.com/wp-content/uploads/2021/12/Gartner-Market-Guide-for-DRaaS.pdf.

Brownsword, L., Sledge, C., & Oberndorf, P. (2000, October). *An activity framework for COTS-based systems* (CMU/SEI-2000-TR-010). http://resources.sei.cmu.edu/library/asset-view.cfm?assetID=5225.

Cearley, D. W. (2010). *Cloudcomputing: Key initiative overview.* https://www.gartner.com/it/initiatives/pdf/KeyInitiativeOverview_CloudComputing.pdf.

Djurovic, A. (2020, August 21). *20+ astonishing agile adoption statistics for 2022.* https://goremotely.net/blog/agile-adoption/.

Fisher, M. (2017, May 1). What happens when work becomes a nonstop chat room. *New York Magazine.* http://nymag.com/selectall/2017/05/what-has-slack-done-to-the-office.html.

Fry, J. (2011, March). *Survey: Cloud really is shaking up the IT role—with some new job titles to prove it.* http://datacenterdialog.blogspot.com/2011/03/survey-cloud-really-is-shaking-up-it.html.

Germonprez, M., Kendall, J., Kendall, K., Warner, B., & Mathiassen, L. (2011). *Organizational participation in open communities: Conceptual framing and early findings.* http://aisel.aisnet.org/amcis2011_submissions/242.

Glass, R. (1999). Evolving a new theory of project success. *Communications of the ACM*, 42(11), 17–19.

Kaneshige, T. (2012, March 6). The BYOD sea change has already started. *CIO.* https://www.cio.com/article/284399/consumer-technology-the-byod-sea-change-has-already-started.html.

Levine, D. M., Stephan, D. F., & Szabat, K. A. (2021). *Statistics for managers using Microsoft Excel.* Pearson.

Linberg, K. R. (1999). Software perceptions about software project failure: A case study. *Journal of Systems and Software, 49*(2/3), 177–192.

Linthicum, D. (2012, May 22). 3 easy steps to creating your cloud strategy. *InfoWorld.* www.infoworld.com/d/cloud-computing/3-easy-steps-creating-your-cloud-strategy-193593.

McBreen, P. (2003). *Questioning extreme programming*. Addison-Wesley.

Moyse, I. (2012, March 16). *Why more education is needed on cloud.* www.cloudcomputing-news.net/news/2012/mar/16/employing-cloud/.

Moyse, I. (2012, March 13). *How consumerisation is driving cloud acceptance.* www.cloudcomputing-news.net/news/2012/mar/13/how-consumerisation-driving-cloud-acceptance.

Nash, K. S. (2010, May 15). Cloud computing: What CIOs need to know about integration. *CIO*. http://www.cio.com/article/2418286/software-as-a-service/cloud-computing—what-cios-need-to-know-about-integration.html.

National Aeronautics and Space Administration. (n.d.). NASA open source software. http://ti.arc.nasa.gov/opensource/.

People Management. (2017, October 23). Diversity drives better decisions. https://www.peoplemanagement.co.uk/article/1742040/diversity-drives-better-decisions.

Perez, J. C. (1997, January 13). Heineken's HOPS software keeps a-head on inventory. *PC Week, 14*(2), 31, 34.

Peters, M. (2011, February 26). *How cloud computing and web services are changing the IT job market.* http://mashable.com/2011/02/26/it-job-market/.

Reynolds, A., & Lewis, D. (2017, March 30). Teams solve problems faster when they're more cognitively diverse. *Harvard Business Review*. https://hbr.org/2017/03/teams-solve-problems-faster-when-theyre-more-cognitively-diverse.

Schein, E. H. (1988). *Process consultation: Its role in organization development* (Vol. 1, 2nd ed.). Addison-Wesley, 1988.

Shtub, A., Bard, J. F., & Globerson, S. (2005). *Project management: Processes, methodologies, and economics* (3rd ed.). Pearson.

Stefik, M., Foster, G., Bobrow, D. G., Kahn, K., Lanning, S., & Suchman, L. (1987). Beyond the chalkboard: Computer support for collaboration and problem solving in meetings. *Communications of the ACM, 30*(1), 32–47.

Vigder, M. R., Gentleman, W. M., & Dean, J. C. (1996, January). *COTS software integration: State of the art* (NRC-CNRC Report). National Research Council.

Walsh, B. (1998). Your network's not ready for e-commerce. *Network Computing, 9*(22), 25–26.

Yang, H., & M. Tate. (2012). A descriptive literature review and classification of cloud computing research. *Communications of the Association for Information Systems, 31*(2). http://aisel.aisnet.org/cais/vol31/iss1/2.

第二部分

信息需求分析

信息收集：交互式方法

学习目标

1. 通过构建有意义的问题和进行访谈来学习访谈的艺术。
2. 了解倾听用户故事的目的，及其在系统分析中的作用。
3. 掌握联合应用程序设计的概念以及其使用时机。
4. 设计和管理有效的问卷。
5. 学习确定需求优先级的不同方法。

可以使用四种关键的交互方法来从组织成员那里获取人员信息需求。这四种方法是面谈和诱导故事、使用联合应用程序设计（Joint Application Design，JAD）、对人员开展问卷调查、使用相关方法对需求进行优先级排序。尽管这些方法在实现上有所不同，但也有许多共同之处。这些共同点的基础是与组织中的人员交谈，倾听他们讲述如何运用技术的故事。

这四种交互式信息获取方法都有确定的流程，我们在与用户交互的过程中应遵循这些流程。只有这样，这些系统方法才会有助于确保正确地设计和实现面谈、JAD 研讨会和调查问卷，以及支持对最终数据进行的深入分析。下一章将讨论非干扰性方法，诸如采样、调查及观察决策者的行为和物理环境等，它们不需要分析员与用户进行相同程度的交互。通过结合使用交互式方法与非干扰性方法，能够更全面地描述组织的信息需求。

分析员可以在六种需求优先级排序方法中选择一种最有用的方法，以帮助用户确定哪些功能最重要。采样、调查和观察决策者的行为和物理环境等非干扰性方法不需要分析员和用户之间有同等程度的互动。这些方法将在下一章中介绍，通过非干扰性交互式方法，将实现对组织信息需求的更完整描述。

4.1 面谈

在和别人面谈之前，必须先同自己进行有效的交流。你需要知道自己的偏见，并清楚这将如何影响你的认知。教育、智力、素养、情感和道德标准都会对面谈时听到的内容起到强大的过滤作用。尽管该领域正在被大量研究（Greenwald&Lai，2020；Mason，2020），以深入了解隐性偏见及其对社会互动的影响，但还没有基于研究建立起解决面谈等任务的补救措施（相反，重点已经转移到消除人事决策等方面的自由裁量权上）。

在面谈之前，需要进行深思熟虑。想象一下为什么要进行面谈、要提什么问题，以及如何才能做到成功面谈。同时，必须预先考虑如何使面谈对象感到满意。

以信息收集为目的的面谈是一种面对面的会谈，目的明确，一般采用问与答的形式。面谈时，需要获取面谈对象的观点，他们对系统当前状态、组织和个人的目标以及非常规程序的感受。

首先，调查面谈对象的观点。观点也许比事实更重要且更有启发性。例如，设想问一位最近增加了在线商店的传统商店老板，在每个星期的网上交易中，顾客退多少货。老板回答说："一周大约 20 到 25 次。"监视交易后发现一周退货的平均数仅有 10.5，所以可以断定老板在夸大事实。

设想换一个问题，问老板主要关心的是什么。老板回答道："我觉得是太多顾客退还网上购买的货物。"通过调查观点而不是事实的方法，我们发现了老板想解决的一个关键问题。

除了观点之外，应该尽力获悉面谈对象的感受。记住，面谈对象比我们更了解自己的组织。通过聆听面谈对象的感受，可以更加全面地理解组织的文化。

目标是面谈时可以收集的重要信息。从硬数据中得到的事实可以解释过去的成绩，但是目标反映组织的未来。面谈时应尽可能多地找出组织的目标。通过其他的数据收集方法是不能确定目标的。

面谈也是考察关键的 HCI 问题的宝贵时机，包括人机工程方面、系统可用性、系统的令人满意度以及系统在支持个人任务上有多大用处。

在面谈中，我们将与一些陌生人建立关系。既要快速获取他们的信任和理解，同时也必须保持对面谈的控制权。此外，还需要给面谈对象提供系统的必要信息，从而把系统推销给面谈对象。要做到这样，就要在面谈前做好计划，使主持面谈成为你的第二天性。本章后面将讨论 JAD，在某些情况下，它能取代一对一的面谈。

4.1.1　面谈准备的 5 个步骤

面谈准备的 5 个主要步骤如图 4.1 所示。这些步骤包括从收集基本背景材料到决定面谈的对象等一系列活动。

计划面谈的步骤
1.　阅读背景材料
2.　确定面谈目标
3.　确定面谈对象
4.　准备面谈
5.　决定问题的类型和结构

图 4.1　在计划面谈时，系统分析员应遵循的步骤

4.1.1.1　阅读背景材料

尽可能多地阅读和理解关于面谈对象以及他们的组织的背景信息。这种材料通常可以在公司的网站、当前的年度报告、公司的时事通讯或寄给公众的介绍其组织情况的出版物中找到。通过 Internet 核实任何有关公司的信息，比如在 Standard & Poor 中的公司信息等。

在通读这方面的材料时，要特别留意组织成员用来描述自己及组织的语言。要设法建立一种共同的词汇，从而最终能用一种面谈对象可以理解的方法，通过惯用语表述面谈的问题。对组织进行研究的另一个优点是可以有效使用面谈时间，如果事先没有准备，就有可能把时间浪费在问一般性的背景问题上。

4.1.1.2　确定面谈目标

使用收集的背景信息和自己的经验来确定面谈目标。你所提出的问题应该有 4 到 6 个涉及 HCI、信息处理和决策行为的关键领域。这些领域包括 HCI 方面（系统的有用性和可用性，它是如何适应物理方面的，它是如何适应用户的认知能力的，它是否吸引人或美观，以及使用该系统是否会得到回报并得到期望的结果）、信息源、信息格式、决策频度、信息的性质和决策样式等。

4.1.1.3　确定面谈对象

当决定与谁面谈时，要包括在所有层次上以某种方式受到系统影响的关键人物。力争达到均衡，尽可能多地收集用户的需求。通过与组织的联系也能得到一些应该与谁面谈的意见。

4.1.1.4　准备面谈

提前打电话或发送电子邮件通知准备面谈的人，使面谈对象有时间去思考面谈事宜。如果要进行一次深入的面谈，可以把问题通过电子邮件提前发送给面谈对象，让他们有时间仔细考虑答复。由于在面谈中有很多目标要实现（包括建立信任和观察工作场地等），所以面谈一般应该由人而不是由电子邮件来管理。

现在，一些采访是通过 Zoom、Google Meet、Microsoft Teams 或其他流行的视频软件进行的。研究表明，过度使用视频会议会以意想不到的方式导致疲劳。目前已经开发了一种测量 Zoom 疲劳的量表，称为 Zoom 衰竭和疲劳量表（Fauville et al.，2021）。因此，面谈和在线采访应控制在 45 分钟之内，最多不要超过 1 个小时。无论受访者多么想把面试时间延长到这个极限之外，请记住，当他们和你在一起时，他们用于完成本职工作的时间必然会被迫减少。如果采访持续一个多小时，不管面谈对象是否明确表示，他们都很可能对这种侵扰感到不满。

4.1.1.5　决定问题的类型和结构

写下在确定面谈目标时发现的涵盖 HCI 和决策等关键领域的问题。正确的提问技巧是面谈的核心。问题有一些基本的形式，两种基本的问题类型分别是开放式问题和封闭式问题。每种问题类型所能完成的事情和另外一种都有一些区别，并且每种都有优缺点。因此，需要考虑每种问题产生的效果。

面谈可以按三种不同的方式进行组织：金字塔结构、漏斗结构或者菱形结构。每种结构适合不同的情形，并起着不同的作用，本章后面会对每种结构进行讨论。

4.1.2　问题类型

用于构建面谈的主要问题类型有 3 种：开放式问题、封闭式问题和调查问题。每种问题类型适用于面谈时的不同情况和不同时机。另外，每种问题类型将从你要面谈的人员那里获取不同的信息。

4.1.2.1　开放式问题

开放式问题包括“你对把所有经理都接入内联网有什么看法”“请解释你是如何做出进度安排决定的”，以及“系统以什么方式扩展你的能力以完成不可能完成的任务”。考虑开放式（open-ended）这个词。“开放”实际上描述了受访者对答复的选择，他们是不受限制的。回答可以是两个词或两段话。一些开放式问题的例子如图 4.2 所示。

开放式面谈问题
• 你对公司中 B2B（企业对企业）电子商务的当前状态有何看法？ • 部门的关键目标是什么？ • 数据通过 Web 站点提交后，是如何得到处理的？ • 请介绍现有的在线监视过程。 • 这个部门有哪些共同的数据输入错误？ • 在转变到电子商务的过程中，经历的最大挫折是什么？

图 4.2　开放式面谈问题允许回答者任意选择答复。示例选自不同的面谈，并且随机排列

使用开放式问题的优点有很多，如下所示：

（1）让面谈对象感到自在；

（2）会见者可以收集面谈对象使用的词汇，这能反映他的教育、价值标准、态度和信念；

（3）提供丰富的细节；

（4）对没采用的进一步的提问方法有启迪作用；

（5）让面谈对象更感兴趣；

（6）容许更多的自发性；

（7）为会见者提供更轻松的措辞；

（8）在会见者没有准备的紧要关头采用这种类型。

由此可知，使用开放式问题有不少优点。然而，它们也有很多缺点：

（1）可能产生太多不相干的细节；

（2）面谈可能失控；

（3）可能需要花费大量的时间来获得有用的信息；

（4）可能会使会见者看上去没有准备；

（5）可能使人产生会见者是在“摸底”或面谈没有真正目标的感觉。

因此，必须仔细考虑在面谈中使用开放式问题的影响。

4.1.2.2　封闭式问题

另一种可以替代开放式问题的基本问题类型是*封闭式问题*（closed question）。这类问题都有基本形式，比如“当前系统容易使用吗”“你有多少个下属”等。面谈对象可能的回答是受到限制的，因为他们只能用限定的数字来回答，比如“0”“1”或“15”等。图 4.3 举例说明了一些封闭式问题。

封闭式面谈问题

- 项目存储库每个星期更新多少次？
- 电话中心每个月平均接到多少个电话？
- 下列信息资源对你最有用的是哪个？
  - 填好的客户投诉单
  - 访问 Web 站点的客户电子邮件投诉
  - 与客户面对面的交流
  - 退回的货物
- 列出改善技术基础设施时需要优先考虑的前两个事项。
- 谁收到了这项输入？

图 4.3　封闭式面谈问题限制了回答者对答复的选择。示例选自不同的面谈，并且随机排列

封闭式问题限制了面谈对象可用的回答。通过在大学里经历的多选题考试，你可能对封闭式问题感到熟悉。多选题就是给出 1 个问题和 5 个答案，不准写下你自己的回答，只能从备选答案中选择。

一种特殊的封闭式问题是*两极式封闭问题*（dichotomous closed question）。这种类型的问题进一步限制了面谈对象，仅允许选择一个方面，比如是或不是，真或假，同意或不同意。图 4.4 举例说明了一些两极式问题。

两极式面谈问题

- 你使用 Web 向厂商提供信息吗？
- 你是否认为 Web 电子商务缺乏安全性？
- 你希望每个月都收到账目情况的打印输出吗？
- 你的 Web 站点为职员维护了一个有关工资支付问题的 FAQ 页吗？
- 这张表单完备吗？

图 4.4　两极式面谈问题是一种特殊的封闭式问题。示例选自不同的面谈，并且随机排列

不论使用哪种封闭式问题类型，它们都有如下优点：

（1）节省时间；

（2）容易对面谈进行比较；

（3）切中要点；

（4）保持对面谈的控制；

（5）快速探讨大范围问题；

（6）得到贴切的数据。

然而，使用封闭式问题也存在很多缺点，包括：

（1）使受访者感到厌烦；

（2）得不到丰富的细节（因为会见者为面谈对象提供了观点）；

（3）出于上述原因，无法表达主要思想；

（4）不能建立会见者和面谈对象的友好关系。

因此，会见者必须仔细考虑使用的问题类型。

开放式问题和封闭式问题各有优缺点，如图 4.5 所示。注意，如何选择问题实际上是一种权衡。虽然开放式问题提供了更具宽度和深度的答复，但却难以分析。

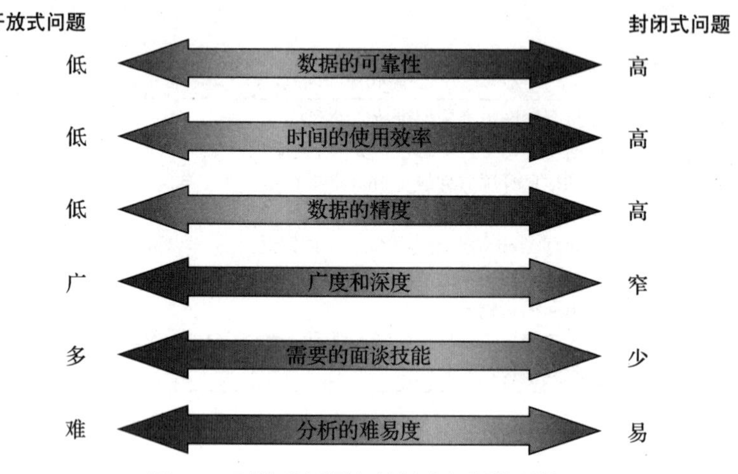

图 4.5　开放式问题和封闭式问题的属性

4.1.2.3　调查问题

第 3 种问题类型是调查问题（probe）或追踪调查（follow-up）。最有效的调查问题是最简单的问题“为什么”，其他调查问题如“你能给我举个例子吗”和“你能为我详细说明吗”。图 4.6 举例说明了一些调查问题。调查的目的是深究最初的答复，从而得到面谈对象

要表达的更多意思，澄清面谈对象的要点，使面谈对象对他的要点说出实情以及详细叙述他的观点。调查问题既可以是开放式问题，也可以是封闭式问题。

调查问题
• 为什么？
• 请举例说明电子商务是如何融入你的业务过程的。
• 请举例说明你经历过的在线账单支付系统的安全问题。
• 你既提及了内部网的解决方法，又提及了外部网的解决方法。请举例说明你对它们之间的差别是如何考虑的。
• 具体谈谈你的想法。
• 请逐步地告诉我，客户点击了 Web 注册表上的“提交”按钮后会发生什么。

图 4.6　调查问题可以让系统分析员得到更详细的答复。示例选自不同的面谈，并且随机排列

调查问题是必不可少的。大部分新手面谈者闭口不谈调查问题，只接受了表面的答复。他们通常会因为感激职员同意进行面谈，而觉得有责任礼貌地接受没用的陈述。

咨询时间 4.1

巩固问题类型

Strongbodies 是一家大型的、本地连锁经营的体育俱乐部，它在过去 5 年里快速发展壮大。管理部门希望通过开发仪表板程序，改进购买新健身器材的决策过程。目前的决策过程是，经理通过听取客户意见、参加交易会、看广告，然后根据直觉提出购买新设备的需求。最后由 Li Gen 定夺。

Gen 是你的第一个面谈对象，一位 37 岁、运营着 5 个地区俱乐部的公司经理。他穿行于整个城市，在俱乐部间奔走。虽然他在东边俱乐部工作的时间少于 1/4，但仍然保留了一间办公室。

Gen 是一位有条不紊且高效的公司经理，每当出现在俱乐部时，他总是要忙于接听与业务相关的电话，解决经理递交的现场问题，或与俱乐部成员相处，工作繁重。虽然他不能给你很多面谈时间，但他的信息却很重要，并且他认为自己是该系统的主要受益人。

在你和 Gen 面谈的时候，哪种类型的面谈问题最合适？为什么？你选择的问题类型将如何影响与 Gen 面谈所花的准备时间？写下 5 ～ 10 个这种类型的问题。你会使用其他技术来补充这种类型的问题不能获得的信息吗？试用一段话加以解释。

4.1.3　按逻辑顺序安排问题

一般有两种公认的推理方法——归纳和演绎，也有两种类似的面谈组织方法。此外，还有第 3 种方法，它结合了归纳和演绎方式。

4.1.3.1　使用金字塔结构

面谈问题的归纳组织可被看作一种金字塔形状。使用这种形式时，会见者以很具体的问题，通常是封闭式问题开始。然后，使用开放式问题，并允许面谈对象用更一般的回答来扩展这个话题，如图 4.7 所示。

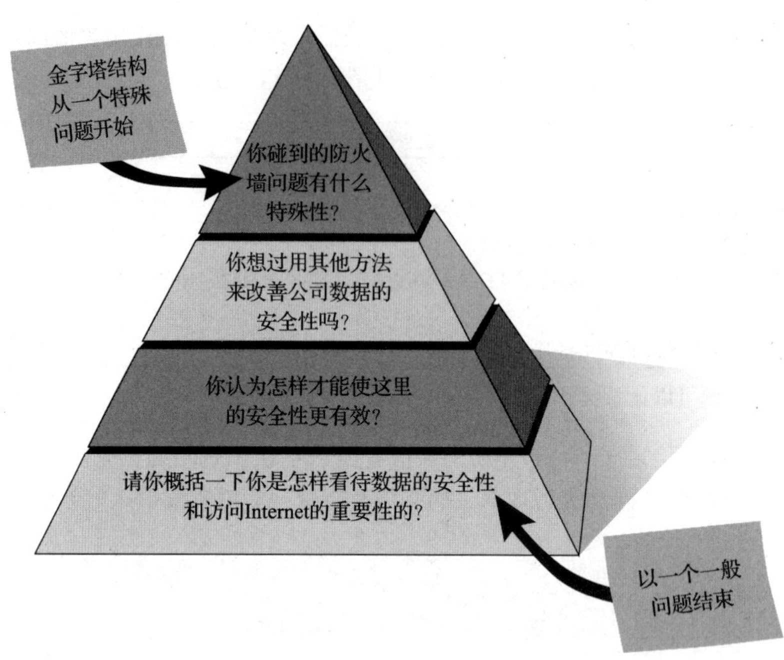

图 4.7 面谈的金字塔结构由特殊问题到一般问题

如果你认为面谈对象需要对这个话题进行预热，就采用金字塔结构（pyramid structure）。想结束讨论这个话题的时候，使用金字塔结构的提问顺序也是有用的。比如图 4.7 中的最后一个问题。

4.1.3.2 使用漏斗结构

在第 2 种结构中，会见者采用演绎的方法，以一般的开放式问题开始，然后用封闭式问题缩小可能的答复。这种面谈的结构可被看作漏斗形，如图 4.8 所示。漏斗结构（funnel structure）为开始一场面谈提供了一种容易而轻松的途径。当面谈对象对这个话题有情绪并且需要自由表达这些情绪的时候，也可采用漏斗形提问顺序。

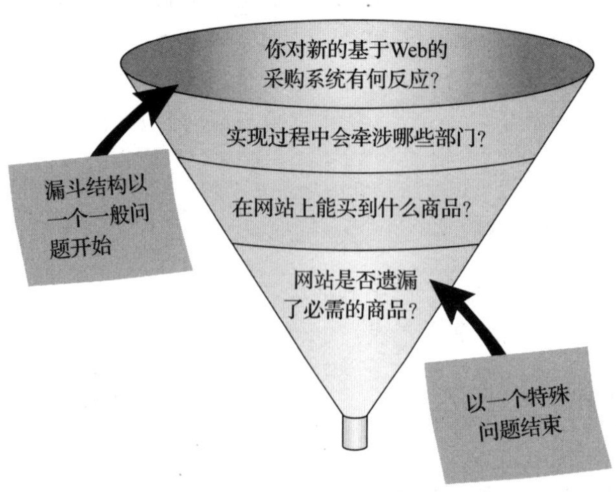

图 4.8 面谈的漏斗结构以一个一般问题开始，并以一个特殊问题结束

4.1.3.3　使用菱形结构

通常将上述两种结构结合起来，其中*菱形结构*（diamond-shaped）就是一种最好的结合结果。这种结构以一种非常明确的方式开始，然后考察一般问题，最后得出一个非常明确的结论，如图 4.9 所示。

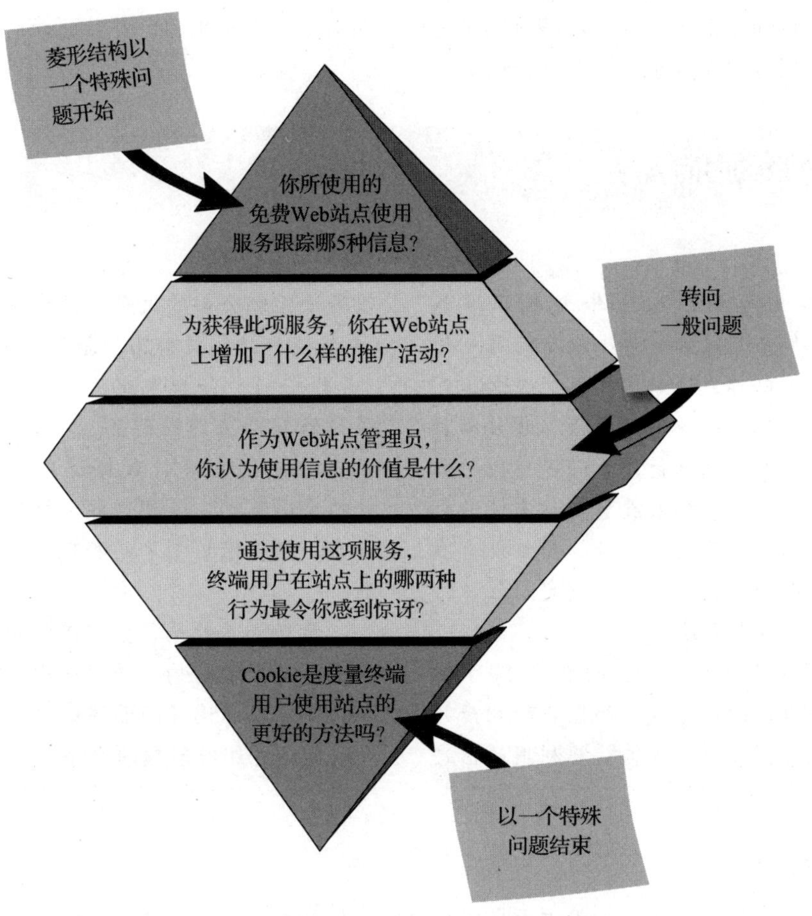

图 4.9　菱形面谈结构把金字塔结构和漏斗结构结合起来

会见者首先提一些简单的封闭式问题，为面谈过程做好铺垫。在面谈的中间阶段，向面谈对象询问对明显没有“正确”答案的一般话题的看法。然后，会见者再次限制问题以获得明确的答复，这样就为会见者和面谈对象提供了结束时机。菱形结构结合了其他两种结构的长处，但也有缺点，即所花的时间比其他任何一种都长。

在面谈结束时，可以自然地问一个关键的问题：“还有没有我们没有谈到的但你认为我应当知道的事情？”面谈对象在大部分时候对这个客套问题的回答是“没有了”。但这个问题可以打开一扇大门，并呈现许多新数据，所以要在其他时间继续关注。

在总结面谈时，总结总体印象，并提供反馈信息。通知面谈对象接下来要做的步骤，以及团队成员下一步将做什么。可能还要问问面谈对象，下一个应该和谁交谈。确定后续面谈的时间，感谢他花时间来面谈，并握手送别。

4.1.4 撰写面谈报告

虽然面谈本身结束了，但是处理面谈数据的工作才刚刚开始。我们需要撰写面谈报告来获取面谈的实质内容。在面谈结束后必须尽可能快地写出面谈报告，这是保证面谈材料质量的重要方法。书写面谈报告的时间拖得越久，材料的质量就变得越差。

在初步总结之后要深究细节，标出面谈的要点和自己的观点。在随后的会议中，与面谈对象一起评审面谈报告。这个步骤有助于理解面谈对象的真实想法，并让面谈对象知道，我们非常愿意花时间了解他们的观点和感受。

咨询时间 4.2

透过表面现象

你参观完 SureCheck 牛奶场正准备离开的时候，系统分析员小组中的另一位成员打电话给你说他病了，不能去和工厂经理面谈。工厂经理特别忙，你想让项目按照安排好的计划进行，从而保持他的积极性。你也意识到如果没有初始面谈的数据，剩下的数据收集会变慢。虽然没有准备好面谈的问题，但你还是决定前往工作场地和工厂经理面谈。

你了解到 SureCheck 的销售经理热衷于处理自己的定量数据和销售的奶产品种类，这样，公司的成员就能利用此信息较好地控制公司的大型生产线生产的产品（包括纯牛奶、脱脂乳、含 2% 的牛奶、含 1% 的牛奶、含 50% 的牛奶、松软干酪、酸奶酪和冷冻的新鲜品）。目前销售经理正在把他们的销售数据送往约 970 千米外的公司总部，处理这些数据好像变得更慢了。你将根据刚才的参观来组织即兴问题。

请从漏斗结构、金字塔结构、菱形结构中选择一种结构，并用一段文字说明你的选择。在你选择的面谈结构中写出一系列的问题并组织问题的顺序。

4.2 听故事

故事来源于工作场所，其中很多故事都是同事们共享的，并由他们复述。组织故事像神话和寓言一样，被用来传递某种信息。此共享信息通常被认为是很重要的，围绕它足以构建一个完整的故事，而当一个故事被人一次又一次地讲述，甚至随着时间推移而流传下来的时候，往往带有神话色彩。在寻求事实时孤立的故事都是受欢迎的，而经久不衰的故事捕捉了组织的各个方面。经久不衰的故事就是系统分析员应当寻求的故事。

虽然结构化面谈有很多优点，诸如能够向很多人问相同的问题，但他们可能没有向你提供设计系统所需的丰富细节。

假设开发者面临的任务是分析并重新设计一个系统。开发者可以从组织的历史设计项目中学习，以往的开发者或用户可能有宝贵的见解，这将有助于开发人员开发新项目。

开发人员很难生成面谈问题列表，因为遇到的问题、清除的障碍以及所进行的学习对开发人员而言都是未知的。然而，通过故事，这些经历可以被引出，也许不是一开始，而是随着故事的讲述逐渐被引出。这时倾听者的耐心至关重要。

开发人员可以通过听故事来了解组织成员的行为和价值观。通过仔细聆听组织成员的故事，开发人员可以更好地了解战略目标、潜在障碍、决策以及经验教训。

显然，听故事的效率可能不高，它可能比问面谈问题需要更多时间。然而，听故事可能带来更多回报。故事比面谈时的答复更容易记住，因而这多少弥补了倾听故事需要花大量时间的不足。

4.2.1　故事由要素构成

讲故事的人经常把自己塑造成故事的主人公。这并不罕见，而且也不是什么缺点。当故事讲述者把自己置于故事的中心时，他们所遇到的斗争就是自己的战斗。对于能够理解故事讲述者的听众来说，他们变得非常真实。

图 4.10 给出了一个故事的示例。所有故事都有下面这些要素：

- 冒险的召唤
- 探索
- 斗争
- 转变
- 解决方案
- 道德
- 结语

故事要素	实例取自 Mark Thomas（2016）的“开源软件向 Web 设计事业敞开大门。”
冒险的召唤	“我既着迷又羡慕——我希望能够创造那些具有破旧质感的令人兴奋的图像、从游戏中提取的角色、戏剧性的灯光和有力的引语。其他人似乎并不觉得完成它们很困难，但我不知道从哪里开始。”
探索	“我得好好学习这门学科。当然，这不是一朝一夕就能完成的，因此我开始了漫长的探索，寻找、实践以及从我所能找到的每个设计资源中学习。”
斗争	“研究这个主题时，我意识到自己使用了错误的工具。我感到愤怒和绝望，我开始寻找一个可以帮我摆脱困境的软件包。时间紧迫，作为团队中的设计师，我必须快速学习。”
转变	“我开始思考，基于我现在开发的开源软件，是否有可能开始商业运作。这成了一种雄心壮志。”
解决方案	“2009 年，我为面包店设计并建立一个网站来供应我们的婚礼蛋糕，这不仅为我们节省了资金而且开拓了新客户。2010 年，我为我们的婚礼文具创作了所有艺术品。同年晚些时候，我在英国注册了自己的公司，并开始向需要网站设计的本地公司提供网页设计服务，然后开始编码。”
道德	“对我来说，开源软件意味着机遇。它意味着教育、自由、承诺、合作和挑战。起初我对设计和编码一无所知，后来开创了自己的网页设计业务，并赢得了本地客户。这些客户对我为他们所做的事情感到满意，而不关心我以前完成它使用了什么工具。”
结语	“尽管我的日常工作繁忙以致我没有时间发表博客文章（对此我向读者朋友表示歉意，但我没有忘记你们），但每月仍然管理着近 3 000 名访问者，并且定期收到来自世界各地的教程请求，我会找时间处理。”

图 4.10　故事要素及其对应实例

一个典型的故事始于发现机会或需要解决问题的原因。这是对冒险的召唤，从来没有一个简单的解决方案。没人会讲这样的故事，如“昨晚有风从窗户缝隙吹进来，所以我起床后关上了窗户”。这是一个陈述而不是一个故事。故事有迂回和转折，前进和挫折，学习和决策。

故事中的探索意味着有值得寻找或实现的东西。在解释任务时，故事讲述者列举组织的目标。如果目标有价值，那就值得经历困难。

接着是斗争。听听故事讲述者把谁命名为“恶棍”，是监管机构、外部竞争还是组织的其他成员？这有助于了解现在可能存在的障碍。

如果存在解决方案，则问题将得以解决，而故事也到此结束，但仅仅将一个隐喻性的巨石推开，通常不能解决问题。通常，组织内的某些东西，甚至是主角，都必须改变。问题通过过程或行为变化而不是产品变化来解决，这在故事的这一部分中得到了揭示。故事讲述者也会揭露他们的弱点。在这种启示性的方法中，故事讲述者描述了如何克服这种弱点，甚至经历了怎样非凡的转变。一旦英雄经历了转变，问题就有可能得以解决了。

在故事讲述者讲到任务是否成功时，解决方案就出现了。故事讲述者可能会告诉你采用某种技术是如何失败的，但你更有可能听到的是一个积极的故事。

通常，道德是故事的重要组成部分。讲道德的原因是告诉别人应如何表现，应该有什么样的价值观。这是对经验教训的陈述。

最后，故事可能以结语结束。问题首次解决时的解决方案可能会随着时间的推移而改变。

自系统成功实现以来发生的竞争、客户偏好、硬件改进，以及社会问题、环境问题或法律问题，可能给组织设立新的障碍。也许这就是开发人员被要求再次更改系统的原因。

4.2.2 讲故事的原因

分析员从听故事中获得的丰富信息本身就是有价值的，但分析员不应就此停止。如果从上下文中看，从故事中收集的信息将更有意义并且更有价值。例如，关于“蚱蜢和蚂蚁”或“兔子和乌龟”的寓言在英语文化中经常被讲述，前者告诉我们良好工作习惯的重要性，而后者强调过于自信的坏处。商业故事有同样的目的吗？

商业故事有点复杂，我们可以将它们分为四个主要类型：

- 体验性故事
- 解释性故事
- 验证性故事
- 规定性故事

体验性故事描述组织中的日常工作；解释性故事更进一步，表明组织内的决策行为的原因；验证性故事用来说服人们组织做出了正确的决策，或者用于表达或维护组织的现有价值；规定性故事就是组织中类似于寓言故事的东西。这些故事表明组织中的每个人应如何表现。对于开发人员来说，了解故事讲述者讲述故事的原因是很有帮助的。

系统分析员可以将讲故事作为其他信息收集方法（如面谈、JAD 和调查等）的补充手段。你需要接触组织参与者，对故事做出回应，通过把一个故事复述给其他参与者使它与其他故事相匹配，甚至与参与者合作以重构和理解组织故事。这是使目标听众深入了解与信息系统使用、开发、采用和设计相关的问题的好办法。

我们观察到，系统分析员过去报告的很多故事仅仅是故事的片段而已，故事的意图或目的未被理解，导致分析员不能完全理解故事的重要性。系统分析员需要听取完整的故事，以便真正理解它的内容和目的。

4.3 联合应用程序设计

无论是多么老练的面谈者，都不可避免地会碰到一对一面谈并没有想象中有用的情况。一对一面谈不仅耗时，而且容易出错，面谈者提供的数据也容易被误解。一种可替代一对一面谈的方法称为联合应用程序设计（JAD），它是由 IBM 发明的。使用 JAD 的动机是：节省个人面谈所需的时间（从而减少成本）；改善信息需求评估结果的质量；通过多方一起参加的过程，获得用户对新信息系统的更多认可。

虽然 JAD 在 SDLC 中任何合适的时机都能代替个人面谈，但它通常作为技术提供给系统分析员，允许他们与一群用户共同完成需求分析和设计用户界面。这种方法具有许多复杂的特征，而这些特征只能通过商业研讨会演示专用方法才能学会。然而，我们在这里介绍了关于 JAD 的足够信息，使你知道它与一对一面谈相比有哪些优缺点。

4.3.1 支持使用 JAD 的条件

下列条件可以帮助我们判断什么时候使用 JAD 是卓有成效的。在下列条件下，可以考虑使用 JAD：

（1）用户组不满足现状，需要一些新的建议，而不是解决典型问题的常规方案。

（2）组织文化支持不同层次的职员联合解决问题。

（3）分析员预测，通过一对一面谈获得的观点没有通过广泛的分组练习获得的观点丰富。

（4）组织工作流允许关键职员离岗 2 到 4 天。

4.3.2 涉及的人员

JAD 会议包括各种参与者——分析员、用户、主管等，他们为会议提供了不同的背景和技能。这里主要关心的是，所有相信 JAD 方法的项目小组成员都要包括进来。选择一位地位较高的人员做高层执行官，由他来开始和结束 JAD 会议。最好是从用户团体中选择一位成员来做高层执行官，要求他在从事该项目的 IS（信息系统）人员中具有某种权威。这个人将是组织对系统项目承诺的重要的、显著的象征。

至少应当有一位 IS 分析员出席，但这里分析员通常是被动角色，而在传统的面谈当中，分析员控制对话。作为项目分析员，应该全程参加 JAD，并倾听用户的谈话和他们的需求。另外，在 JAD 会议期间，如果与成本不相称的解决方法被提出，应该给出内行的观点。没有这种及时的反馈，高成本的不切实际的解决方法可能会混入提议中，事后往往会因成本太高而舍弃。

选择 8 到 12 位不同层次的用户参加 JAD 会议。尽量选择文员以上层次的用户，因为他们能清楚地表达工作需要的信息，以及他们在新的或者拟改进的计算机系统中想要什么。

会议主持人不应该是系统分析与设计方面的专家，而应该是某个具有优秀沟通技能的人员，以便会议顺利推进。注意，不要选一位要向小组中其他人员报告的人作为会议主持人。为了避免这种可能性，组织可能希望聘用一个外部管理顾问作为会议主持人。找到这样的人员是关键，他能够使小组集中关注重要的系统问题，能够使小组顺利地协商和解决冲突，能够帮助小组成员达成一致意见，而不是依靠简单的少数服从多数的原则做决策。

JAD 会议还应该包括一个或两个观察员。他们是来自其他职能单位的分析员或技术专家，在会议中向小组提供技术解释和建议。另外，应有一名来自 IS 部门的记录员参加 JAD 会议，负责会议记录。

4.3.3　召开 JAD 会议的地点

如果一切可能的话，建议选择一个远离单位、舒服的环境召开 2 ～ 4 天的脱产会议。一些小组使用行政中心，甚至使用一流大学才有的群组决策支持设施。这是为了减轻日常工作对参与者的干扰。目前能取代面对面 JAD 会话的视频通话软件还有待研究。因此，时间安排上应该考虑让所有参与者都能面对面会面。此外，会议室应该足够大，可以容纳所有邀请的人员。至少应提供如下支持设备：两台投影仪以连接 2 台笔记本计算机、iPad 或 PC，一块白板，一幅活动挂图和一台容易使用的复印机。群组决策支持会议室也要提供联网 PC、一套投影系统和输入软件，以方便小组交互，与此同时尽量减少无益的小组行为。

安排好 JAD 会议日程。在确保每位被邀请人员能出席后，再召开会议。这一原则对会议的成功很重要。确保所有参与者在会前都收到一份议程，可以考虑在讨论会正式召开前一个星期左右，用半天时间召开预备研究会议，使那些参与者知道会议将如何进行。在召开会议时，这种预备会议可以加快议程并且使会议顺利进行。

4.3.4　完成项目活动的结构化分析

IBM 建议 JAD 会议检查建议的系统项目中的如下要点：计划、接收、收据处理 / 跟踪、监视和指派、处理、记录、发送和评估。对于每一个主题，还要用对谁、什么、怎样、何处和为什么进行提问和回答。显然，临时的交互式系统，诸如决策支持系统和其他依靠决策者风格的系统（包括原型系统），都不如采用结构化 JAD 方法进行分析那么容易。

作为参加 JAD 会议的分析员，应该收到记录员的会议记录，并准备一份基于会议内容的规范文件，系统地提出管理目标及项目的范围和边界。此外，还应该包括系统的特性，如应包括屏幕上的细节和报表布局。

4.3.5　用 JAD 代替传统面谈的潜在优点

在权衡能否使用 JAD 时，用户和系统分析员团队应考虑四个潜在的优点。第一个潜在优点是，它比传统的一对一面谈节省时间。一些组织做过评估，JAD 会议比传统的方法节省约 15% 的时间。

第二个优点是通过 JAD 可以实现快速的发展。因为用户面谈不是在几个星期或几个月内连续完成的，所以开发进展更快。

第三个优点是，改善信息系统所有权的可能性。系统分析员总是努力尝试让用户以有意义的方式参与进来，并鼓励用户尽早拥有正在设计的系统的所有权。由于 JAD 的交互式本质和高可视性，所以它有助于用户提早参与系统项目，并且能谨慎对待用户的反馈。JAD 会议有助于在最终的设计中反映用户思想。

参与 JAD 会议的最后一种好处是创造性的开发设计。JAD 的交互式特征与头脑风暴技术有很多共同点，后者由于动态的和有刺激性的环境而易于产生新的思路和新的思路组合。设计能通过交互（而不是相对孤立）的促进而演进。

咨询时间 4.3

我想这就是系统分析员吧？

“知道我怎么看待最近系统分析员团队所做的工作吗？PDF 报表多得像丛林一般。为了计算原材料的成本，我不得不抄近路越过“繁茂”的数据，用笔辟出一条路来。我删去一切不相关的东西。有时，我不得不扯掉过量的“植被”，直到得到需要的数字为止。”Zenith 玻璃公司的会计主管 Zhenya Sui 说道。当你与她面谈时，她不愉快地指着桌边杂乱堆放的将要被销毁的文件。“那些是 12 年前在这儿工作的系统团队的工作输出。我仍然保留它们的原因是也许需要它们作为指导。这些是众多材料中最有用的了。”

标出 Zhenya 用于描述收到的文件和它们中的信息可访问性的重要比喻。用一段话描述这个步骤如何帮助你理解 Zhenya 对系统分析员团队建议开展的工作的态度。在你和他面谈时，接纳 Zhenya 的比喻，并用一种更积极的态度进行扩展，根据她的比喻写出 6 个面谈问题。

4.3.6 使用 JAD 的潜在缺点

在决定使用传统的一对一面谈还是使用 JAD 时，也要考虑 JAD 的三个潜在缺点。第一个缺点是 JAD 要求所有参与者都能保证抽出大块时间参会。JAD 需要 2 ～ 4 天的时间保证，期间不能同时从事任何其他活动，也不能推迟任何活动，而这在一对一的面谈中却可以做到。

如果 JAD 会议的任何一部分准备得不充分，或者后续报告和规范文件没有完成，就会出现第二个缺点。在这种情况下，最终得到的设计可能不尽人意。JAD 的成功需要许多要素的正确组合。然而，许多事情都可能出错。通过 JAD 会议得到的成功设计，比通过一般面谈得到的设计更加不可预测。

最后一个缺点是可能还没有充分发展必需的组织技能和组织文化，不能在 JAD 会议中使所需的协同努力变得富有成效。最后，你需要判断，组织是否真的全力支持并准备使用该方法。

4.4 使用问卷调查表

问卷调查表（questionnaire）是一种信息收集技术，它允许系统分析员研究组织中若干关键人物的态度、信念、行为和特征，而这些关键人物可能会受到当前系统和建议的系统的影响。态度指组织中人员的需求（比如，新系统的功能），信念指人们认为切实成立的东西，行为指组织成员的做法，而特征指人或事物的特性。

通过使用封闭式问题的问卷调查表（也称为调查）得到的答复，可以进行量化。如果通过电子邮件或者 Web 对人员进行调查，则可以使用电子表格或其他用于分析的统计软件，把电子答复直接转换到数据表中。对于通过使用开放式问题的问卷调查表得到的答复，可以用其他方法进行分析和解释。系统分析员对态度和信念问题的回答要字斟句酌。

分析员可以设法使用问卷调查表量化面谈中得到的数据。另外，问卷调查表可用于判断面谈中表现的某种情绪是否受限。相反，在安排面谈日程之前，可以用问卷调查表研究并分析大量系统用户样本，以理解问题或提出重要论点。

对问卷调查表与面谈进行比较和对照贯穿本章始末。这两种方法有很多相似点，也许理想的做法是将这两种方法相结合，或者用面谈来深究问卷调查表中含糊的答复，或者基于面谈时发现的问题来设计问卷调查表。然而，每种方法都有各自的属性，并非总是需要同时使用。

4.4.1 规划问卷调查表的使用

第一眼看到问卷调查表时，你可能会觉得它是一个快速收集大量数据的方法。这些数据包括用户怎样评估当前的系统、他们工作时碰到什么问题以及人们对新系统或改良系统的期望。虽然不用花时间进行面对面交谈就能通过问卷调查表收集大量的信息，但是制作一张有用的问卷调查表本身就要花费大量的时间。如果决定用电子邮件或者 Web 来调查用户，那么还要额外考虑保密性、身份验证以及多种答复的问题。

首先必须决定想用问卷调查表得到什么。比如，如果想了解喜欢用常见问题页作为一种学习新软件包的方法的用户比例，那就适合用问卷调查表。如果想深入分析管理者的决策过程，那么面谈就是一种更好的选择。

下面有一些指导原则可帮助你判断使用问卷调查表是否合适。如果满足如下条件，则考虑使用问卷调查表：

（1）需要询问的人员分布很广（同一个公司的不同的分部）。

（2）系统项目牵涉很多人员，并且知道指定团体（例如，管理层）中有多大比例的人赞成或反对系统的某个特征是很有意义的。

（3）正在做一项探索性的研究，并且希望在确定系统项目的具体方向之前评估总体意见。

（4）希望在后续面谈中标识并解决当前系统的所有问题。

一旦确定有很好的理由使用问卷调查表，并且已经确认通过使用问卷调查表要实现的目标，就可以开始构思问卷调查表中的问题了。

4.4.2 写下问题

大多数面谈所用的问题与问卷调查表上所用的问题的最大区别是，面谈允许问题与它们的含义交织在一起。面谈时，分析员有机会细化问题、定义不清楚的术语、改变提问过程、对受访者困惑的眼神给出回应，并且几乎控制着面谈氛围。

而问卷调查表几乎不可能有这些机会。因此，对于分析员来说，问题必须非常清楚，问卷调查表的流程必须有说服力，必须预见回答者的问题，以及详细计划问卷调查表的管理。

问卷调查表上使用的基本问题类型有开放式问题和封闭式问题，如前一节所述。由于问卷调查表具有某些约束，还必须对问题类型进行某些补充讨论。

4.4.2.1 开放式问题

回忆一下，开放式问题（或陈述）是指那些不限制回答者回答方式的问题。例如，问卷调查表上的开放式问题可以表述为，“描述一下你目前在输出报表中碰到的问题”，或者“在你看来，在线用户手册对当前系统的会计应用程序有多大帮助”。

在编制问卷调查表的开放式问题时，要预见答复种类。例如，如果问“你觉得系统怎么样”，则答复往往很广泛，以至于不能得到正确的解释或比较。因此，即使写下一个开放式问题，也必须使范围足够小，以指导回答者按特定的方式做出回答。（图 4.11 举例说明了开放式问题。）

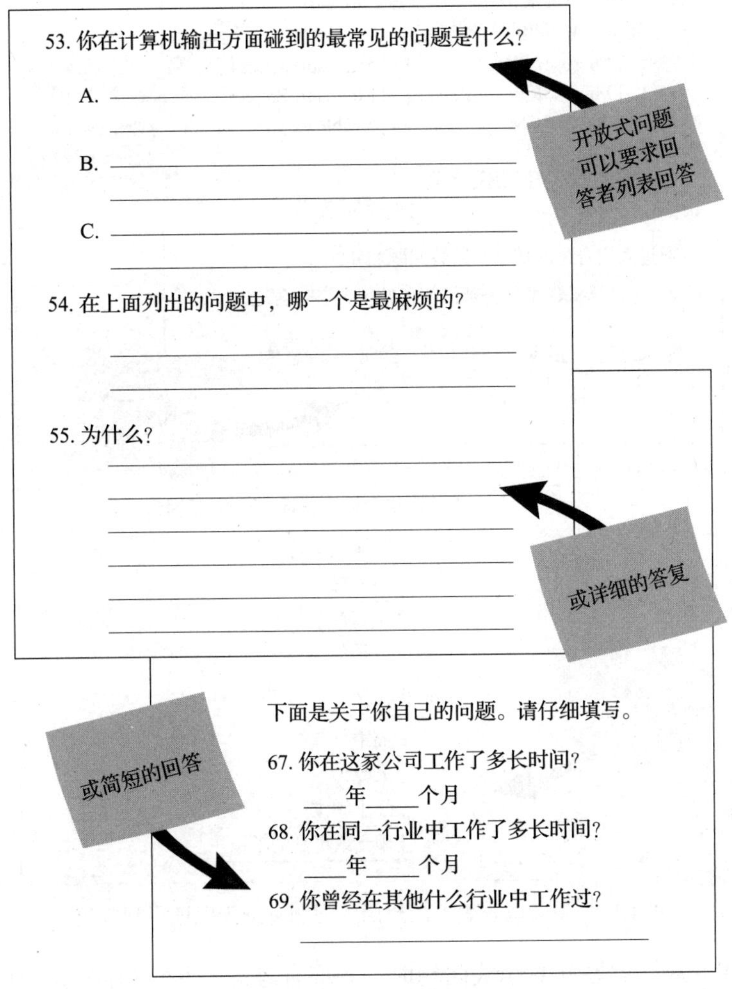

图 4.11　问卷调查表中使用的开放式问题

开放式问题尤其适合想了解公司成员对系统的产品方面或对系统的过程方面的看法的情况。在这种情况下，如果不能有效地列出对此问题的所有可能的答复，可以考虑使用开放式问题。

4.4.2.2　封闭式问题

回忆一下，封闭式问题（或陈述）是那些限定或限制回答者可用的回答方式的问题。例如，在图 4.12 中，问题 23 的陈述就是封闭式的。注意，没有问回答者为什么选这个包，也没有要求他们多选，尽管多选是更有代表性的答复。

如果系统分析员能有效地列出某个问题的所有可能的答复，或者所有列出的答复是相互排斥的，则应该使用封闭式问题。这样只需选择一个答复，不必选择其他答复。

如果需要调查大量人员的样本，则使用封闭式问题。只要想象一下如何分析收集到的数据，原因就变得明显了。如果对几百人仅用开放式问题，那么没有计算机化内容分析程序的帮助，是不可能正确地分析和理解他们的答复的。

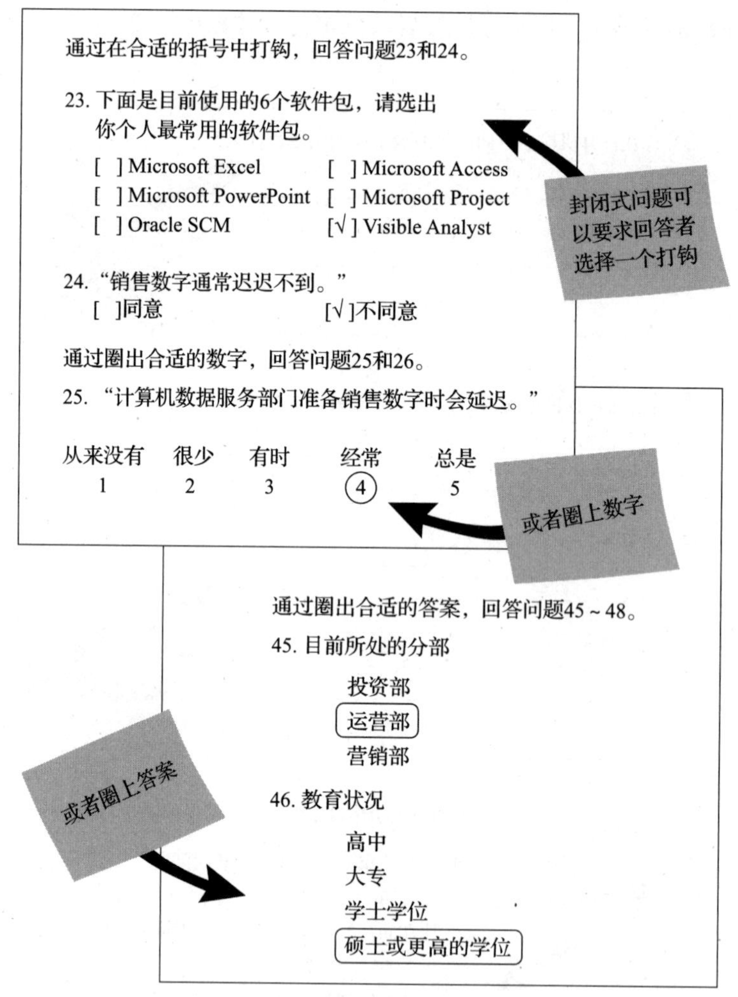

通过在合适的括号中打钩，回答问题23和24。
23. 下面是目前使用的6个软件包，请选出你个人最常用的软件包。
[ ] Microsoft Excel
[ ] Microsoft Access
[ ] Microsoft PowerPoint
[ ] Microsoft Project
[ ] Oracle SCM
[√] Visible Analyst
封闭式问题可以要求回答者选择一个打钩
24. “销售数字通常迟迟不到。”
[ ]同意
[√]不同意
通过圈出合适的数字，回答问题25和26。
25. “计算机数据服务部门准备销售数字时会延迟。”
从来没有 很少 有时 经常 总是
1 2 3 4 5
或者圈上数字
通过圈出合适的答案，回答问题45～48。
45. 目前所处的分部
投资部
运营部
营销部
或者圈上答案
46. 教育状况
高中
大专
学士学位
硕士或更高的学位

图 4.12 问卷调查表上的封闭式问题有助于保证得到答复

在选择使用开放式问题和封闭式问题时，要综合考虑一些权衡问题。图 4.13 对这些权衡进行了总结。注意，对开放式问题的答复既能帮助分析员获得对某个主题丰富的、探索性的认识，又能帮助分析员扩大某个主题的广度和深度。虽然容易写出开放式问题，但是分析起来却不容易，而且比较耗时。

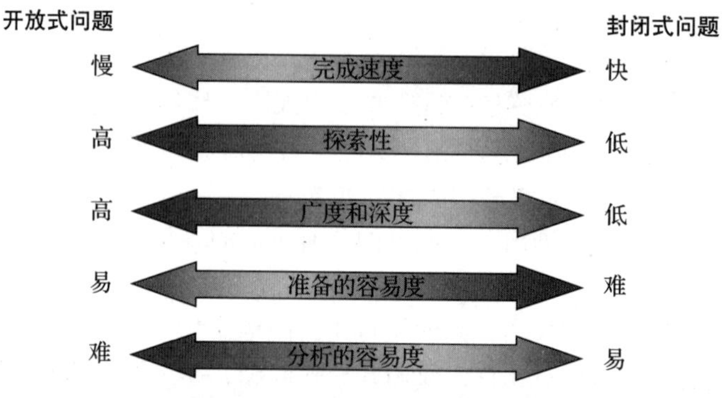

图 4.13 在问卷调查表上使用开放式问题和封闭式问题的权衡

当我们提到用有序或无序的答案编写封闭式问题时，通常将这个过程称为定标(scaling)，调查中标度的用法将在下一节做详细讨论。

4.4.2.3 措辞的选择

正如面谈一样，问卷调查表的语言与效率密切相关。即使系统分析员有一套关于系统开发的标准问题，但是明智的做法是用企业自己的术语写出问题。

回答者会重视那些不辞辛劳用回答者自己的企业术语写问卷调查表的人所做的努力。例如，如果企业用术语"主管"而不用"经理"，或用"单位"而不用"部门"，那么在问卷调查表中使用一致的术语能帮助回答者更好地理解问题的意思。正确地解释答复会更简单，并且回答者总体上也会更热情。

在一个试验（测试）小组中问一些样本问题，可以确定在问卷调查表中使用的语言是不是回答者的语言。要求回答者注意措辞是否合适，并且改变所有听起来不恰当的词。

在选择问卷调查表的语言时，可以考虑如下指导原则：

（1）尽量使用回答者的语言。保持措辞简练。

（2）使用明确的而非含糊的字眼。还要避免过度明确的问题。

（3）保持问题简短。

（4）不要选择低级的语言，避免用高人一等的口气与回答者交谈。

（5）避免措辞上的偏见。偏见包括令人反感的问题。你可以让团队成员检查你的语言，以确保没有偏见。

（6）将问题定位于正确的回答者（即能够回答的人员），不要做太多假设。

（7）在使用问题之前，确保问题在技术上是准确的。

（8）使用软件检验阅读水平是否与回答者相匹配。

4.4.2.4 在问卷调查表中使用标度

定标是将数字或其他符号分配给一个属性或特性的过程，目的是对该属性或特性进行测量。标度通常是随意的，而且也不是唯一的。例如，温度可以用许多方法来测量，两种最常用的方法是华氏温标（水结冰的时候为 32°F，水沸腾的时候为 212°F）和摄氏温标（水结冰的时候为 0℃，水沸腾的时候为 100℃）。

咨询时间 4.4

令人无法忍受的问卷调查表

"如果没有人马上解决这个问题，我将陷入绝望，起码也要消沉了。" Penny Stox 说道。她是 Carbon 的办公室经理，Carbon&Rippy 是一家大型代理公司。Penny 坐在会议桌的一端，你和她的两位最能干的业务经理 By Lowe 和 Sal Hy 坐在会议桌的另一端。你们正在仔细研究所有问卷调查表的答复，这些问卷调查表如图 4.C1 所示，它们已经被发到公司的业务经理手中。

"也许只有借助魔法才能搞懂这些数据。" By 和 Sal 同时大声说道。

在看了更多的答复后，Penny 说道："也许它反映了某种良性循环。是谁设计了此调查表？”

“Rich Kleintz。”By 和 Sal 同时回答。

“哦，正如你看到的，它没有向我们说明任何东西。”Penny 感叹道。

Penny 和她的成员对问卷调查表中收到的答复并不满意，他们觉得这些答复没有真实地反映业务经理想得到的信息。用一段话陈述产生这些问题的原因。在另一张纸上改变问题的定标，以解决这些问题。

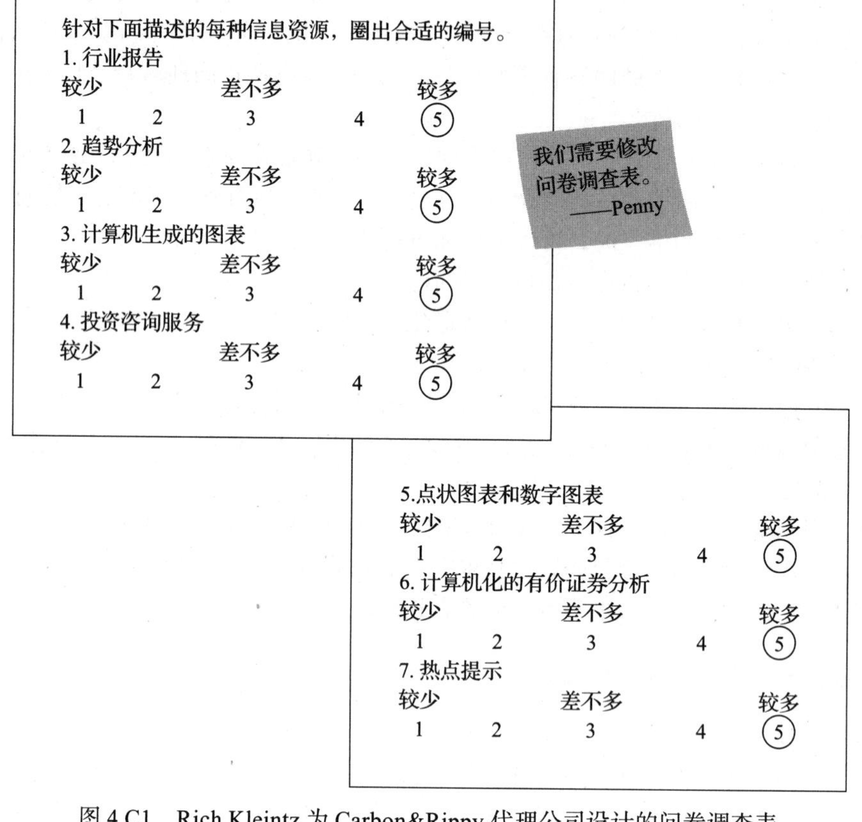
针对下面描述的每种信息资源，圈出合适的编号。

1. 行业报告

较少　　差不多　　较多

1　2　3　4　(5)

2. 趋势分析

较少　　差不多　　较多

1　2　3　4　(5)

3. 计算机生成的图表

较少　　差不多　　较多

1　2　3　4　(5)

4. 投资咨询服务

较少　　差不多　　较多

1　2　3　4　(5)

5.点状图表和数字图表

较少　　差不多　　较多

1　2　3　4　(5)

6. 计算机化的有价证券分析

较少　　差不多　　较多

1　2　3　4　(5)

7. 热点提示

较少　　差不多　　较多

1　2　3　4　(5)

图 4.C1　Rich Kleintz 为 Carbon&Rippy 代理公司设计的问卷调查表

4.4.2.5　度量

系统分析员通常使用两种不同形式的度量标准：类别标度和区间标度。

类别标度（nominal scale）用于分类事物。下列问题使用了类别标度：

你最常用的软件类型是什么？

1 = 字处理器

2 = 电子表格软件

3 = 数据库

4 = 电子邮件程序

显然，类别标度是最弱的度量形式。通常，分析员对它们的处理方式是计算得到每种分类的总数。

区间标度（interval scale）具有每两个编号间的间隔相等的特征。因为有这个特征，所以能用数学运算处理问卷调查表上的数据，从而得到更完整的分析。区间标度的例子有度量温度的华氏温标和摄氏温标。

通过固定标度的两端，系统分析员就可以让回答者在回答问题时认为间隔是相等的：

技术支持小组提供的支持有多大用处？

毫无用处				特别有用
1	2	3	4	5

如果系统分析员做了这种假定，就有可能做出更加定量化的分析。

4.4.2.6 有效性和可靠性

在构造标度时，应考虑两种性能度量：*有效性*（validity）和*可靠性*（reliability）。系统分析员应该知道它们的含义。

有效性用来衡量分析员打算度量的内容的程度。例如，如果问卷调查表的目的是确定组织是否对计算机操作的重大变化做好了准备，那么问卷调查表上的问题是否度量了这种准备程度？

可靠性度量的是一致性问题。如果在相同的条件下进行了两次问卷调查，如果两次调查得到的结果相同，则认为这种方法具有外部一致性。如果问卷调查表包含子部分，而且这些部分有相同的结果，则称这种方法具有内部一致性。外部一致性和内部一致性都很重要。

4.4.2.7 构造标度

实际的标度构造是一项严谨的任务。粗心的标度构造会造成如下问题：不严格、集中趋势、光圈效应。

不严格（leniency）是那些爱随便进行评价的回答者造成的问题。系统分析员通过把“平均”等级移到中心的左边（或右边），就可以避免不严格问题。

当回答者把一切都评价为中间值时，就产生了*集中趋势*（central tendency）问题。分析员可以通过下列方法改善标度：减少两个端点之间的差异，调整描述符的强度，创建一个更多结点的尺度。

当把在一个问题中形成的印象带入下一个问题的时候，就出现了*光圈效应*（halo effect）问题。例如，评价一位给人印象很好的职员，可能会对他的所有方面或特性都给予高度的评价，而不管这是不是他的强项。解决办法是在每一页中同时对几个职员的某个特性进行评价，而不是在同一页对一个职员的几个特性进行评价。

4.4.3 设计问卷调查表

许多与设计数据输入表单（第 12 章介绍）相同的原则，在设计问卷调查表时也很重要。问卷调查表的目的是收集有关态度、信念、行为和特征的信息，尽管这些信息的影响很大，甚至可以大大改变用户的工作，但回答者并非总是乐意答复。记住，组织成员可能会收到大量调查，其中有许多调查通常欠考虑，而且价值不大。

一份精心设计的、恰当的问卷调查表，能帮助解决不愿意回答问题的情况。设计一份良好的问卷调查表应遵循以下规则：

（1）留出充足的空白空间。

（2）留出充足的空间来填写或输入答复。

（3）使回答者能够清楚地标出他们的答复。

（4）保持风格一致。

设计 Web 问卷调查表时，应用的规则与设计书面问卷调查表时相同。大多数软件包允许插入图 4.14 所示的常用数据输入格式。遵循上述 4 个指导原则，有助于设计的问卷调查表实现更好的答复率。

名称	外观	目的
单行文本框		用来得到少量文字和限制回答的字数
滚动文本框		用来得到一段或几段文字
复选框		用来得到“是 / 否”的回答（例如，希望在邮件列表中包括你吗）
单选按钮		用来得到“是 / 否”或“真 / 假”的回答
下拉菜单		用来得到更一致的结果。回答者能够从预先确定好的列表中选择合适的回答（例如，州的缩写词列表）
按钮	Button	常用于一个操作（例如，回答者按下标有“提交”或“清除”的按钮）

图 4.14 在设计 Web 调查时，记住有几种得到答复的不同途径

4.4.3.1 提问顺序

此外，在安排问卷调查表的*提问顺序*（question order）方面，没有最好的办法。需再次强调的是，在安排提问顺序时，必须考虑使用问卷调查表的目的，然后确定每个问题在帮助你实现目的中的作用。重要的是需要从回答者的角度来看待问卷调查表。安排提问顺序有以下指导原则：

（1）把那些对回答者重要的问题放在最前面。

（2）将内容相似的问题放在一起。

（3）首先提出没有争议的问题。

尽量使回答者没有受到威胁的感觉，并且使他们对问及的问题尽量感兴趣，避免让他们过分推敲某个特定的问题。

4.4.4 整理问卷调查表

整理问卷调查表围绕两个主要问题：组织中的哪些人应收到问卷调查表，以及应当如何整理问卷调查表。在发出问卷调查表之前，这两个问题值得慎重思考。这么做将帮助你更好地理解和预期问卷调查表收集的数据，并且也将帮助你提前做出规划，以便在整理问卷调查表时遵循相应的时间安排。

4.4.4.1 回答者

在决定哪些人应收到问卷调查表时，要与制定调查结果的目标结合起来考虑。第 5 章介

绍的采样可以帮助系统分析员确定需要什么类型的代表，然后就可以确定什么类型的回答者应该收到问卷调查表。

按照接收者的级别、在公司的服务年限、工作职责或对当前系统（或建议的系统）的特殊兴趣等来选择代表。一定要选择足够多的回答者，这样即使一些问卷调查表没有交回，或者在必须丢弃一些没有正确填写的答题纸时，也能保持合理的采样。

咨询时间 4.5

井然有序

"我热爱我的工作，" Tennys 说道，手里拿着一只网球，开始了面谈。"在很大程度上，这就像打网球，我一直盯着球并且决不往后看。"他接着说。Tennys Courts 是 Global Health Spas 公司的经理，这家公司有全球流行的健康和娱乐温泉中心。

Tennys 说："现在我修完了 MBA，我感到我和公司都处于世界领先地位。我想，我真的能够利用计算机和健康温泉，让整个公司顺利发展。"

Tennys 试图帮助你的系统小组。系统小组正在开发一个供 80 个商店使用的系统。"我能和你讨论这个问题吗？"他问系统分析团队的领导 Terri Towell。"这是我设计的发给所有温泉管理员的问卷调查表。"

Terri 告诉 Tennys 她乐意看一看该表，但是回到办公室，Terri 就把这个问题交给了你。请系统地评价 Tennys 在图 4.C2 中使用的方法，并向他解释什么是优秀的问卷调查表必须具备的形式。根据你的意见，告诉 Tennys，如果采用电子邮件调查表，应如何重写。

针对 Health Spas 公司所有经理的问卷调查表

*** 紧急 *** 立刻填好，并亲自交给各自的部门经理。下一次薪水将在确认已上交该表单之后发放。

用 10 个以内的单词，说出在过去 6 个月到 1 年的时间内，你曾对当前计算机系统提出过什么抱怨？有没有其他人与你有同样的感觉？是谁？列出他们的名字和职务。

1.　　　　2.
3.　　　　4.
5.
7.

Terri
请帮我改进此表。
Tennys

在你与总部交流信息需求时，碰到的最大问题是什么？试简要地描述一下。

你去年遇到过多少次计算机停机？

1–2–3–4–5–6–7–8–9–10–

有没有从未用过的计算机设备？

描述　　序列号

你希望把它移走吗？同意　无所谓　不同意

在你看来，就计算机和 Global Health Spas 公司而言，下一步应考虑什么？

谢谢！ ....

图 4.C2　Tennys Courts 为 Global Health Spas 公司的经理设计的问卷调查表

4.4.4.2　整理问卷调查表的方法

系统分析员可以选择多种方法来整理问卷调查表，而且通常根据现有的业务情况决定选择哪种管理办法。如下方法可用于整理问卷调查表：

（1）同时召集所有相关的回答者。

（2）亲自分发空白的问卷调查表，并收回填好的问卷调查表。

（3）允许回答者自己处理问卷调查表，然后把它投入指定的箱子里。

（4）把问卷调查表邮寄给分部或附属地的职员，并提供截止日期、填写说明和寄回的邮资。

（5）通过电子邮件或在 Web 上以电子化方式整理问卷调查表。

这 5 种方法各有优缺点。最常用的方法是允许回答者自己整理问卷调查表，但是这种方法的回答率比其他方法略低一些，因为人们可能会忘记、遗失或故意不填写问卷调查表。然而，自己整理使回答者的匿名性得到保证，从而可以减少某些回答者在回答问题时谨言慎语的情况。电子邮件和 Web 调查都属于自己整理问卷调查表的方法。

通过电子邮件或在 Web 上公布，以电子方式整理问卷调查表，是一种快速接触当前系统用户的方法。问卷调查表的复制成本可以降到最低。另外，回答者可以方便地做出回答，然后通过电子化方式自动地收集和存储它们。一些软件允许回答者在回答调查表时及时保存信息，确保回答者在中途被打断后仍可以返回并继续填写。对回答者的提示可以通过电子邮件便捷地发出，并且在回答者打开电子邮件的同时可以通知分析员。现在，一些软件可以把电子邮件数据转换成数据表格，供电子表格软件或统计软件分析使用。一家名为 SurveyMonkey 的私营公司（参见 www.surveymonkey.com）就提供了用于建立和整理在线调查数据的流行服务。这是一家基于云技术的 SaaS 公司，它收购了一家名为 MailChimp 的电子邮件销售服务公司来提供产品。MailChimp 允许组织发送电子邮件时事通讯以及设计、发送和跟踪电子邮件营销活动。

研究表明，回答者愿意通过 Internet 回答敏感问题。因此，以个人名义难以提出的有关系统问题的难题，可通过 Web 调查的方式提出。

4.5　需求优先级

系统分析员还引入了另一个话题，称为*需求优先级*（requirements prioritization）。这是一个令人困惑的名称，因为这里使用的术语“需求”与我们在本章中讨论的信息需求并不一样。在确定信息需求时，我们一直在听取客户的意见，以确定他们的目标和担忧、组织的政策和程序，以及开发或改进当前系统所需的信息。

需求优先级现在也涉及客户。面谈和管理调查问卷并不是询问客户他们希望最终产品具有哪些功能的有效方法。询问客户在开发网站时需要什么功能最不重要，也会很尴尬，而且对于一个没有考虑过特定功能的客户来说，可能无法回答。

在本节中，我们交替使用术语*需求*（requirement）、*功能*（feature）和*可交付成果*（deliverable），我们假设存在 24 个需求。

如图 4.15 所示，用于确定需求优先级的六种方法是：

- 简单排序
- 100 代币法
- MoSCoW 方法
- 紧急 / 重要矩阵
- 层次分析法
- Q- 排序

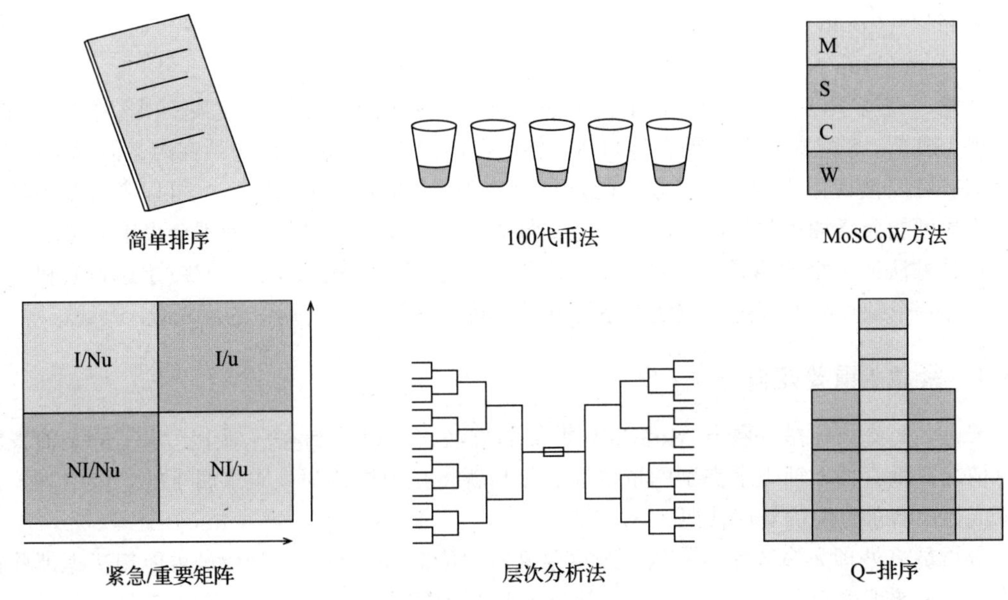

图 4.15 确定需求优先级的六种方法

4.5.1 简单排序

通过使用简单排序，系统分析员可以简单地要求所有相关方对正在考虑的需求列表进行排序，将 1 分配给最理想的需求，将 10 分配给最不理想的需求。虽然可以用 10 个需求来实现这一点，但试图评估 24 个备选方案时，这种方法会失败。

如果要求对你去过的所有餐馆进行排名，会怎么样？给每个餐馆标一个数字，你觉得合适吗？经过几次排序后，这个过程是否显得无聊和徒劳？餐厅是 20 号还是 21 号有区别吗？这个过程并不是那么简单，大多数人都不擅长制作和订购任何类型的长清单。

4.5.2 100 代币法

在 100 代币法中，假设一名分析员在桌子上放了 24 个玻璃杯，每个玻璃杯对应其中一个需求，并给每个参与者 100 个代币，让他们根据需求的重要性在 24 个玻璃杯中分配。如果参与者愿意，他们可以将所有 100 个代币放入一个玻璃杯中，或者在每个玻璃杯中放入相同数量的代币，这些行为意味着他们得让其他参与者优先考虑需求。对于 24 个需求中的每一个，说某个需求值有 x 个代币比为每个需求分配一个排名更容易。

将代币放入玻璃杯可能是匿名的。这样我们就无法获知是哪个部门放置了代币，但我们知道有多部门放置代币是一个有价值的预测指标。为每个部门使用不同颜色的代币可能很有用，但这种方法仍然非常初级。大多数人认为应有更好的方法来确定需求的优先级。

4.5.3 MoSCoW 方法

MoSCoW 方法不要求参与者对所有内容进行排名，而是要求参与者将需求分为以下四个“桶”或类别之一：

- 必须（Must）
- 应该（Should）

- 可以（Could）
- 不行（Won't）

注意，大写字母 M、S、C 和 W 代表四个类别。M 意味着必须完成某一项需求，项目才会被视为成功。S 意味着，如果有时间和金钱可以满足需求，就应该包括在内，但如果没有，项目仍然可以被视为成功。C 意味着在完成所有必须和应该的分类之后，可以考虑某一项需求，这样可能会增加一些价值，但不一定要包括在内。W 需求是指目前不会采用的需求。

这种方法的一个缺点是，一旦某个需求被认为是不会实现的需求，它就永远没有机会被实现。另一个缺点是类别过于宽泛，系统分析员将无法辨别大类别中的优先级。

4.5.4　紧急 / 重要矩阵

*紧急 / 重要矩阵*是一种与 MoSCoW 类似的方法，可以绘制在白板上。水平的 x 轴表示紧急情况，垂直的 y 轴表示类别的重要性。参与者将在他们认为该需求属于的象限中写下该需求或为该需求分配的对应代码。

分析员将处理大多数参与者认为既重要又紧急的需求。然后，分析员可能想考虑那些标记为“不重要但紧急”的需求，以便在发布日期之前实现额外的目标。在未来某个时候，还应考虑那些被认为既不重要又不紧急的类别。

4.5.5　层次分析法

层次分析法（Analytic Hierarchy Processing，AHP）是一种更复杂的方法，它向参与者提供两对备选方案，并让参与者决定两者中哪一个更重要。假设有 24 个需求，我们首先进行 12 次两两比较，然后进行最后的成对比较，反复这样做，直至最终产生一个需求的排序列表。

虽然这种方法很耗时，但对于大型且重要的决策，该方法已经显示出良好的结果。对此，我们可以类比锦标赛的赛程，在锦标赛中，获胜者进入下一场比赛，失败者则退出。

4.5.6　Q– 排序

*Q– 排序*将一副需求卡片分类成堆，类似于 100 代币和 MoSCoW 方法，不同之处在于，参与者必须在每一堆中提出一定数量的需求。参与者在每一堆中提出的需求数量并不相同。相反，它们是按照 24 个需求的正态分布进行排列的。从右边（最重要的）到左边（最不重要的）的堆应分别容纳 2、5、10、5 和 2 个。

在进行 Q– 排序时，参与者将在牌堆之间来回移动卡片。在我们的例子中，如果堆 5 已经有两个需求，但参与者觉得他们手中的那个更适合堆 5，则会查看其他需求，并确定哪个需要从堆 5 移动到堆 4。很明显，这种比较类似于前面提到的使用 AHP 的成对比较。

使用 Q– 排序的好处是：

（1）对于参与者，没有第一次必须做对的压力，需求可以交互地从一个堆移动到另一个堆。

（2）通过要求参与者将陈述分类为强制正态分布，许多与问卷调查相关的问题（例如，集中趋势、不严格）可以避免。

（3）分析员以通过检查参与者是如何对需求进行分类的，来识别具有类似态度的参与者，即使他们来自不同的部门或单位。

（4）最后，参与者通常认为将这些需求从一个堆重新排列到另一个堆很有趣。

Q- 排序的一个缺点是，所有的需求都必须预先打印在卡片上，这样才能很容易地进行排序。

在上一节，我们提供了六种独特的方法来进行需求优先级排序。要谨慎选择阻力最小的方法。最简单的设置和管理方法不一定能产生最高质量的结果。最好先了解组织的文化，然后选择一种与组织成员愿意付出的努力程度相匹配的方法，以产生有用的需求优先级。

4.6　小结

本章介绍了系统分析员可以使用的四种关键交互式信息收集方法：面谈、JAD、构建调查问卷，以及六种需求或功能优先级排序方法。在面谈过程中，系统分析员应倾听与人体工程学、美学、可用性和实用性相关的 HCI 问题，以及与组织决策者面谈时的目标、感受、意见和非正式程序。面谈是两个人之间有计划的问答对话。分析员可以通过面谈与客户建立关系，观察工作场所，并收集数据。面谈应优先并亲自参加，尽管在紧急情况下可能无法进行面对面接触，但也可以使用 Zoom、Microsoft Teams 等强大的视频通话软件来完成。

预先计划面谈时应遵循的 5 个步骤是阅读背景材料、建立面谈目标、确定面谈对象、准备面谈，以及决定问题的类别和结构。

有两种基本的问题类型：开放式问题和封闭式问题。开放式问题让面谈对象随意发挥观点。封闭式问题限制了可能回答的观点。探究法或追踪调查既可以是开放式问题，也可以是封闭式问题，但是可让面谈对象提供更详细的回答。

面谈有三种基本组织结构：金字塔形、漏斗形和菱形。金字塔结构从详细的封闭式问题开始，然后扩展到更一般的问题。漏斗结构从一般的开放式问题开始，然后缩小到更明确的封闭式问题。菱形结构结合了其他两种结构的长处，但是要花更多的时间。当决定使用何种结构组织面谈问题和提问顺序时，会涉及权衡问题。

为了节省个人面谈的时间和成本，分析员可能会考虑用 JAD 来代替面谈。通过使用 JAD，分析员既能分析需求，又能和一群用户共同设计用户界面。通过仔细评估特别的组织环境，将有助于分析员判断是否适合使用 JAD。

通过使用问卷调查表（调查），系统分析员可以得到组织中关键人物有关 HCI 问题、态度、信念、行为和特征的数据。问卷调查表在下列情况是有用的：组织成员分布广泛、系统项目涉及人员很多、在推荐方案之前必须做探索性工作，或者在举行面谈前必须理解问题等。

设置问卷调查表的目标后，分析员就可以开始写开放式问题和封闭式问题。在理想情况下，问题应该保持简单、具体、简短、没有偏差、不傲慢、技术准确，针对能回答的人员以及针对合适的阅读水平来编写。系统分析员既可以用尺度度量回答者的态度或特征，又可以让回答者担当问卷调查表上某个主题的评判员。定标指为属性或特征分配编号或其他符号的过程。

问卷调查表的格式和风格保持一致能获得更好的回答率。Web 调查表应按鼓励一致的回答的方式进行设计。另外，合理的问题排序和聚类，对于帮助回答者理解问卷调查表是重要的。可利用多种不同的方法管理调查表，包括（但不限于）通过电子邮件或者 Web 以电子方式进行管理，或者分析员在一组用户中亲自管理等。使用软件或者 SaaS 可以自动地创建、发布并表格化处理电子邮件或 Web 回答。

系统分析员可以使用故事讲述方法作为对其他信息收集方法的补充。你需要接触用户，对故事做出回应，通过把一个故事复述给其他参与者使它与其他故事相匹配，甚至与参与者合作以重构和理解组织故事。这是了解与技术使用、系统开发、系统采用和系统设计相关的问题的好办法。系统分析员需要听取完整的故事，以便真正理解它的内容和目的。

系统分析员可以使用六种需求优先级排序方法中的某一种，即简单排序、100 代币法、MoSCoW 方法、紧急 / 重要矩阵、层次分析法或 Q– 排序，以帮助用户确定他们认为在拟议系统中最重要的软件功能的优先级。

复习题

1. 面谈时应获取哪些信息？
2. 列出面谈准备的 5 个步骤。
3. 列出两种流行的视频会议平台。
4. 什么是“Zoom 衰竭”？
5. 试给出开放式面谈问题的定义，使用它们的 8 个优点和 5 个缺点是什么？
6. 面谈时何时适合使用开放式问题？
7. 试给出封闭式面谈问题的定义，使用它们的 6 个优点和 4 个缺点是什么？
8. 面谈时何时适合使用封闭式问题？
9. 什么是调查问题？在面谈中使用调查问题的目的是什么？
10. 试给出金字塔结构的定义。面谈时何时适合使用它？
11. 试给出漏斗结构的定义。面谈时何时适合使用它？
12. 试给出菱形结构的定义。面谈时何时适合使用它？
13. 组织中的用户讲述的故事的 7 个构成要素是什么？
14. 用户向分析员讲故事的 4 个理由是什么？
15. 试给出 JAD 的定义。
16. 列出可以用 JAD 代替个人组织面谈的情形。
17. 列出使用 JAD 的潜在优点。
18. 列出使用 JAD 代替个人面谈的 3 个潜在缺点。
19. 系统分析员通过问卷调查表或调查获取什么类型的信息？
20. 列出适合使用问卷调查表的 4 种情形。
21. 问卷调查表使用的两种基本的问题类型是什么？
22. 列举系统分析员在问卷调查表上使用封闭式问题的两个原因。
23. 列举系统分析员在问卷调查表上使用开放式问题的两个原因。
24. 选择问卷调查表的语言的 7 个指导原则是什么？
25. 试给出定标的定义。
26. 系统分析员最常用的两种信息或定标是什么？
27. 类别标度用来做什么？
28. 试举一个区间标度的例子。
29. 分析员什么时候应该使用区间标度？
30. 试在标度构建环境下给出可靠性的定义。
31. 试在标度构建环境下给出有效性的定义。
32. 列出 3 个由于粗心的标度构造而引起的问题。
33. 为了保证问卷调查表的格式有利于良好的回答率，可以采取哪 4 种措施？
34. 在问卷调查表上应该首先安排哪些问题？

35. 为什么相似主题的问题应该放在一起？
36. 有争议的问题最好怎么安排？
37. 列出 5 种整理问卷调查表的方法。
38. 在 Web 上发布问卷调查表时，必须考虑什么？
39. 分析员可以使用哪六种方法来确定需求优先级，以帮助用户确定软件功能的优先级？
40. 确定需求优先级的首选方法是哪种？
41. 列出六种需求优先级排序方法中每种方法的缺点。
42. Q– 排序的四个优点是什么？

问题

1. 系统分析项目需要为生产数码相机的 Xnandu 公司更新自动化会计功能。你将同首席会计师 Nawaf Aljohani 面谈。写出 4 到 6 个涉及他所使用的信息资源、信息格式、决策频度、期望的信息质量和决策样式的面谈目标。
   （1）以一段话说明你将如何联系 Nawaf 以安排一次面谈。
   （2）说明在这次面谈中你会使用哪种面谈结构？为什么？
   （3）Nawaf 有 4 个下属也使用该系统。你会和他们面谈吗？为什么？
   （4）还要与客户（访问网站的人）面谈吗？有没有更好的办法来获得客户的观点？为什么？
   （5）写出 3 个开放式问题，在面谈前通过电子邮件寄给 Nawaf。用一句话解释为什么应当亲自面谈或视频通话而不是由电子邮件来指导面谈。
   （6）说明你将如何要求 Nawaf 讲述一个相关的故事。你应该听取哪 7 个元素？
2. 系统分析员团队的一名成员准备了 5 个问题。她的面谈对象是专门出口链条的 LOWCO 公司的本地经理。她请你开发一个管理信息系统，以提供存货信息。与你的团队成员仔细研究下面这些问题。
   （1）你最后一次认真考虑决策过程是什么时候？
   （2）在你的商店中谁是麻烦制造者，或者说谁最抵制我建议的系统修改？
   （3）有哪些还要更多的信息才能做出的决策？
   （4）你对目前的存货控制系统没有太大问题了，是吗？
   （5）告诉我有关你期望的输出量。
      a. 为了更有效地获取信息，重写每个问题。
      b. 用金字塔结构、漏斗结构或菱形结构来组织问题，并标明所用的结构。
      c. 为改进将来的面谈问题，你能给团队成员提出什么指导原则？试列表说明。
3. 从你进门到现在，面谈对象 Robin Tang 一直在翻阅文件、看手表、用手指敲打桌子。根据你看到的有关面谈对象的情况，可以猜出 Robin 很紧张，因为他还有其他事情要做。为了使 Robin 能全神贯注地进行面谈，你将如何处理这种情况？请用一段话进行描述。（Robin 不能安排出另一天重新进行面谈。）
4. 写出 6 个封闭式问题，涵盖问题 2 所描述的经理的决策样式问题。
5. 写出 6 个开放式问题，涵盖问题 2 所描述的经理的决策样式问题。
6. 试分析按下列顺序安排的问题提出了怎样的面谈结构：
   （1）你在这个职位多久了？
   （2）你的主要职责是什么？
   （3）你接受了什么报告？
   （4）你是如何看待部门目标的？

（5）你是如何描述决策过程的？
（6）怎样才能做到全力支持这个过程？
（7）做这些决策的频度如何？
（8）做决策时会咨询谁？
（9）你做的一个关于部门运作的重要决策是什么？
　　a. 这里采用了什么结构？你是如何确定的？
　　b. 通过改变问题的顺序，重新安排面谈的结构（如果有必要，可以省略一些问题）并标明所用的结构。

7. 下面是系统分析团队的一名成员提出的第一份面谈报告："在我看来，面谈进行得很好。我和他就这个主题聊了一个半小时。他告诉我有关公司的所有历史，很有意思。他也提及在他来到该公司的16年间，公司没有任何变化。我们不久将再次会面，因为我们还没有深入研究我准备的问题。"
（1）试评论这份面谈报告。他漏掉了什么关键信息？
（2）什么信息对面谈报告来说是无关紧要的？
（3）如果真的发生了报告中提及的情况，则必须向队友提出哪3个建议，以帮助他更好地进行下一次面谈。
（4）会见者怎样才能使面谈对象分享一个相关的故事？

8. Shan Xiao 是小组新雇的系统分析员。Shan 一直觉得问卷调查表没有用。现在你要为 GRS 公司做一个系统项目，GRS 是一家在130个城市有分公司和职员的国内运输公司。你想使用问卷调查表引出一些对当前系统和建议系统的看法。
（1）根据你对 Shan 和 GRS 的了解，给出3条有说服力的理由来说明为什么应该在这个研究中使用问卷调查表。
（2）Shan 在你的劝说下同意使用问卷调查表，但是极力主张所有的问题都采用开放式问题，避免约束回答者。用一段话劝服 Shan，封闭式问题也是有用的。一定要指出每种问题类型间的权衡。

9. "每次我们请顾问到这里来，他们总是给我们一些没有意义的、愚蠢的问卷调查表。为什么他们不做得个性化一些呢？哪怕一点也好。"应急系统主管 Raj Sharman 说道。你正在与远在新泽西的 Pohattan 电力公司（PPC）讨论启动某个系统项目的可能性。
（1）你将遵循什么步骤来设计一份个性化的标准问卷调查表？
（2）适合一个特定组织的问卷调查表有什么优点？又有什么缺点？
（3）在撰写问卷调查表之前，如何向用户征集故事使其更具相关性？

10. 下面给出了 AlwaysOn 电力公司问卷调查表草稿中的一个问题示例：

　　我已经在这个公司工作：
　　20 多年
　　10 ～ 15 年以上
　　5 ～ 10 年以上
　　不到 1 年
　　请选择一个最合适的答案。

（1）这个问题的作者使用了哪种标度？
（2）构建该问题时犯了什么错误？可能的回答是什么？
（3）重写该问题，以得到更清楚的结果。
（4）重写的问题应该安排在问卷调查表中的什么位置？

11. 下面这个同样是 PPC 问卷调查表上的问题：

当住宅客户打电话来时，我总是指引他们去我们的 Web 站点寻找答案。

有时	从来没有	总是	经常
1	2	3	4

（1）这个问题使用的是什么类型的标度？

（2）重写这个问题及可能的答复，以实现更好的结果。

12. 图 4.EX1 是专门生产男袜的 Green Toe Textiles 公司的一位职员设计的问卷调查表。Di Wooly 作为田纳西州 Juniper 总部的办公室经理，设计了这份问卷调查表，因为她非常关心新计算机系统的采购和实现建议。

嗨！大家好！

最近好吗？据小道消息说，我们将购买一台新的计算机。为此，请大家思考下面几个问题。

（1）你的旧计算机使用多长时间了？________

（2）多长时间出一次故障？________

（3）谁为你维修的？________

（4）你最后一次建议并被采纳的关于计算机系统的改进措施是在何时？提出的改进措施是什么？________

（5）你最后一次建议但没有被采纳的关于计算机系统的新的改进措施是在何时？提出的改进措施是什么？

____

（6）你使用 VDT 还是打印机，还是两者都用？________

（7）你的打字速度有多快？________

（8）在你的分部一般有多少人需要经常访问数据库？有没有以前没有使用过计算机而现在想用的人？________

图 4.EX1　Di Wooly 设计的问卷调查表

（1）用一句话评估每个问题。

（2）根据使用的空白空间、答题空间、答题的自由度等，用一段话评论上述调查表的布局和样式。

13. 基于你对 Di Wooly 想通过问卷调查表了解何种情况的猜测，重新编写表中的问题，并重新安排它们的顺序（同时使用封闭式问题和开放式问题），使它们更合理，并为系统分析员提供更有用的信息。接着，针对你所写的每个问题，说明它是封闭式问题还是开放式问题，并用一句话表明为什么用这种方式写这个问题。

14. 按照采用电子邮件调查的形式，重新设计问题 13 中的问卷调查表。用一段话说明为向用户提供基于电子邮件的问卷调查表，必须做什么改动。

15. 按照采用 Web 调查的形式，重新设计问题 13 中的问卷调查表。用一段话说明为向用户提供基于 Web 的问卷调查表，必须做什么改动。

小组项目

1. 与你的小组成员一起，演练与 Maverick 运输公司各系统用户的一连串面谈。每个成员选择一种角色：公司总裁、信息技术主管、车辆调度员、顾客服务代理或卡车司机。那些扮演 Maverick 运输公司职员角色的小组成员，应该尽量简短地描述他们的工作责任、目标和信息需求。

剩下的小组成员扮演系统分析员的角色，设计与职员面谈的问题。如果小组中人员足够，可以派每个分析员与不同的职员面谈。扮演系统分析员的成员应该共同研究要问的通用问题，即对每个雇员都适合的问题。在面谈中要包括开放式问题、封闭式问题和调查问题。

Maverick 运输公司想把过时的、不可靠的技术改变为技术水平更高且更可靠的技术。公司正在寻求把需要连接大型机的 PC 转变为平板电脑来提高办公的灵活性。同时，公司对用卫星系统跟踪货运和驾驶员也很感兴趣。另外，公司正设法减少众多的存储需求和每次发货时伴随的难以识别的多联表格。

2. 主持角色扮演练习中的所有 5 场面谈。如果小组成员超过 10 个人，准许 2 个以上的分析员提问。记得将部分面试用于询问和聆听每位面谈对象的故事。
3. 与小组成员一起写一份替代个人面谈的 JAD 会议计划。要包括相关的参与者、建议场景等。
4. 使用你在小组项目 1 中获得的关于 Maverick 运输公司的面谈数据，与你的小组共同讨论，为 Maverick 运输公司的几百位卡车司机设计一份问卷调查表。回顾前文可知，Maverick 对跟踪货物和司机的卫星系统感兴趣。还有其他系统也可以影响司机。你的团队在编写问卷调查表时，要考虑驾驶员对拟议技术的熟悉程度，以及驾驶员填写此类表格所面临的时间限制。
5. 使用你在项目 1 中获得的关于 Maverick 运输公司的面谈数据，与你的小组一起设计一份电子邮件或 Web 调查表，用于调查公司中 20 名编程人员（其中有 15 名是去年雇用的）的技术、对新系统或增强系统的看法，等等。在小组构建编程人员的调查表时，要考虑与其他用户面谈时了解到的信息，同时也要考虑信息技术部门的主管对公司持有的构想。
6. 将小组划分为三个不同的团队，考虑一个大型的运动服装和健康配件制造商和在线销售商 Ganymede Fitness。它制造并销售服装，包括衬衫、短裤、裤子、发带，以及一些健身科技产品。它是一家私人控股的全球性公司，总部设在美国华盛顿州西雅图，公司有一条口号：一次一个人，帮助世界变得美好、幸福和健康。

（1）分配团队成员，使得如下三组中的每一组都有相同数量的团队成员。

团队 1 为系统分析员。该团队应该站在系统分析员的立场，收集其他两组的感受——团队 2“Ganymede Fitness 产品及其网站的用户”和团队 3“Ganymede Fitness 电子商务经理”。他们被问及有关在线购物的推荐系统和评分系统的有用性。最后，分析员将负责设计推荐系统和评分系统。

团队 2 由 Ganymede Fitness 产品狂热的线上用户组成，他们中的很多人自 2010 年品牌问世以来就一直热情地采购 Ganymede Fitness 提供的所有产品，包括最近的健身技术产品。

团队 3 由为 Ganymede Fitness 公司工作的电子商务经理组成，他们负责更新网站的电子商务部分。他们希望更多地了解客户，以便使网站变得更加个性化，并且提供购买建议和产品评分。他们还希望从系统分析员那里了解改善网站的可能性。

（2）每个团队应虚拟见面或者线下面谈，重申他们作为一个团队的目的。在他们的初次会议中，团队 1 应为团队 2 和团队 3 准备一系列面谈问题。团队 1 应分别为用户和电子商务经理准备一份有 6 个开放式问题的列表。团队 2 应当讨论并创建他们已购买或考虑在线购买的运动服装和健康配件的常用清单，以及他们喜欢的每个产品的特征。团队 3 应当为团队 1 编写 6 个面谈问题，关于他们能够为在线购买提供什么种类的支持，包括评分和建议。团队 3 还要为团队 2 准备 6 个关于他们对网站的偏好的问题。

（3）在每个团队分别完成以上任务之后，他们应该面对面地或者在一个监控聊天室中进行交流（使用可用的任何技术），以角色扮演为每个团队概括的任务和观点。团队 1 应带头并开始面谈团队 2 的成员。团队 3 应加入提问团队 2 尚未被问到的任何问题，而且还要用调查问题跟踪初始问题。团队 1 应进入下一阶段，并向团队 3 提出准备好的问题，了解评分和建议对 Ganymede Fitness 网站的用处。每个团队指定一名笔记记录员以记下有关答案，这将有助于推动整个过程。

（4）三个团队中的每一个都应该作为一个团队单独（线上或线下）会面，讨论他们在回答问题时学到的知识。每个团队应撰写一份简短的单页报告，其中包括：日期、时间、面谈时长和面谈参与者。这个单页报告应该包括在面谈中了解到的关键信息的摘要，还要包括一份已经提出但仍需要澄清的要点清单。

7. 为了扩展小组项目 6，研究 Ganymede Fitness 案例的团队可以与其他两个团队共享他们的书面报告（通过在课程网站上发布或电子邮件），以比较他们在理解用产品评分和建议改进 Ganymede Fitness 电子商务网站有用性方面的不同态度。团队可以做口头陈述，介绍他们在面试过程中了解到了什么，包括：对网站新功能的任何建议；他们想问的任何后续问题，以及他们想对哪些团队成员再问附加问题。
8. 参与研究 Ganymede Fitness 案例的三个团队应根据他们执行面谈时的经验分别设计在线调查。该在线调查应针对特定受众群体开发，即团队 2 或者团队 3。该在线调查应提出有关向 Ganymede Fitness 网站添加产品评分和建议的可取性的开放式和封闭式问题。

参考文献

Ackroyd, S., & Hughes, J. A. (1992). *Data collection in context* (2nd ed.). Addison-Wesley.

Alvesson, M. (2010). *Interpreting interviews*. Sage.

Cash, C. J., & Stewart Jr., W. B. (2010). *Interviewing principles and practices* (13th ed.). McGraw-Hill.

Cooper, D. R., & Schindler, P. S. (2013). *Business research methods* (12th ed.). McGraw-Hill/Irwin.

Deetz, S. (1995). *Transforming communication, transforming business: Building responsive and responsible workplaces*. Hampton Press.

Eisenhower's Urgent/Important Principle. (n.d.). https://www.mindtools.com/pages/article/newHTE_91.htm.

Emerick, D., Round, K., & Joyce, S. (2000). *Exploring web marketing and project management*. Prentice Hall, Englewood Cliffs, NJ.

Fauville, G., Luo, M., Queiroz, A. C. M., Bailenson, J. N., & Hancock, J. (2021). Zoom Exhaustion & Fatigue Scale. *Computers in Human Behavior Reports*, *4*, 100119.

Gane, C. (1987). *Rapid system development: using structured techniques and relational technology*. Rapid System Development.

Greenwald, A. G., & Lai, C. K. (2020). Implicit social cognition. *Annual Review of Psychology*, *71*, 419–445.

GVU WWW Survey Through 1998. (1998). www.cc.gatech.edu/gvu/user_surveys/survey-1998-10/.

Hennel, P., & Rosenkranz, C. (2021). Investigating the "socio" in socio-technical development: The case for psychological safety in agile information systems development. *Project Management Journal*, *52*(1) 11–30.

Hessler, R. M. (1992). *Social research methods*. West.

Joint application design (GUIDE Publication GPP-147). (1986). GUIDE International.

Kendall, J. E., & Kendall, K. E. (2012). Storytelling as a qualitative method for IS research: Heralding the heroic and echoing the mythic. *Australasian Journal of Information Systems*, *17*(2), 161–187.

Kendall, J. E., & Kendall, K. E. (2017). Enhancing executive online education using storytelling: An approach to strengthening online social presence. *Decision Sciences Journal of Innovative Education*, *15*(1), 62–81.

Mason, B. (2020, June 4). Q & A – Psychologist Anthony Greenwald curbing implicit bias: What works and what doesn't. *Knowable*. https://knowablemagazine.org/article/mind/2020/how-to-curb-implicit-bias.

Peterson, R. A. (2000). *Constructing effective questionnaires*. Sage.

Strauss, J., & Frost, R. (2013). *E-marketing* (7th ed.). Routledge.

Thomas, M. (2016, April 1). Open source software opens door to web design career. https://opensource.com/life/16/4/my-open-source-story-mark-thomas.

Wansink, B., Sudman, S., & Bradburn, N. M. (2004). *Asking questions: The definitive guide to questionnaire design—for market research, political polls, and social and health questionnaires* (2nd ed.). Wiley, 2004.

Woo, K. (2022, April 14). *Best Zoom alternatives for video calling*. https://www.tomsguide.com/news/best-zoom-alternatives.

第 5 章

Systems Analysis and Design, Eleventh Edition

信息收集：非干扰性方法

学习目标

1. 学习如何构建人员、文档和事件的有用样本。
2. 学习如何分析定量文档，以改进其设计。
3. 分析定性文档，以寻找有用的线索，帮助了解当前情况。
4. 能够使用文本分析来解释经理和客户的信息、面谈和通信。
5. 了解什么是过程挖掘，以及如何使用它来确定瓶颈、变化或异常。
6. 理解劳动力分析如何监控和提高员工与团队的参与度。
7. 观察决策者的行为，并创建分析员的剧本，以观察决策者活动。
8. 通过应用 STROBE 技术来观察和解释物理环境。

系统分析员只有身临其境，才能对组织做出改变。然而，非干扰性方法，诸如采样、调查及观察决策者的行为及其与物理环境的互动等，比其他获取人员的信息需求方法的破坏性更小。文本分析是可以分析任何来源的非结构化定性数据的软件。通过从面谈、书面报告或者维基网站、博客、聊天室和其他社交网站收集的客户交流信息数据，系统分析员和决策者将深入了解组织。过程挖掘和任务挖掘应用程序可以非干扰性地自动从 SAP 等企业系统收集有关过程的数据。劳动力分析可以监控和提高员工与团队的参与度，同时保护隐私和机密性。它们有助于识别问题并提出过程改进建议。非干扰性方法若单独使用，就会被认为是不充分的信息收集方法。相反，它们应当与前一章所学的一种或多种交互式方法一起使用。这就是所谓的混合方法。在处理组织问题时同时使用交互式方法和非干扰性方法是明智的做法，这样会产生更全面的信息需求描述。

5.1 采样

采样是指从某一种群中系统地选出一些有代表性的个体的过程。采样方法假设，通过仔细研究所选个体，可以从整体上揭示种群的有用信息。

系统分析员必须对两个关键问题做出决策。首先，组织成员制作了许多报表、表格、输出文档、备忘录及网站。对于这些材料，系统分析员应注意哪些，应忽略哪些？

其次，很多职员可能会受到建议的信息系统的影响。系统分析员应该与哪些人员面谈，应该向哪些人通过问卷调查表方式征求信息，或者在执行决策的过程中应对哪些人员进行观察？

5.1.1 采样的必要性

许多原因促使系统分析员选择有代表性的数据样本进行分析，或者与一些有代表性的人员进行面谈，加以询问或进行观察。具体原因包括：

- 节约成本
- 加快数据收集过程

- 提高效率
- 减少偏差

如果系统分析员要分析组织中的每一张纸、与每位员工进行面谈以及阅读所有网页，就太不经济了。复制报表、花宝贵时间询问职员、重复没必要的调查都将造成过多且无谓的花费。采样是选择种群的部分数据而不是选择种群的所有数据，这就加快了数据收集的过程。此外，系统分析员能从分析整个种群的数据负担中解脱出来。

数据收集的效率也是需要慎重考虑的因素。如果能得到更精确的信息，那么采样就有助于提高效率。例如，采样可以用更具体的问题问较少的职员来收集信息。另外，系统分析员如果与更少的职员交谈，就能拿出更多的时间来研究遗漏的或不完整的数据，从而提高数据收集的效率。

最后，采样能减少数据收集的偏差。例如，系统分析员与一位参与某项目的公司经理面谈，该经理已经花了一定时间在这个项目上，因此希望这个项目能取得成功。当系统分析员请求主管对安装好的信息系统的永久特征提出看法时，面谈时经理就会提出偏差估计，因为几乎不可能变动它。

5.1.2　采样设计

要设计良好的采样，系统分析员必须遵循以下 4 个步骤：

（1）确定要收集或要描述的数据；

（2）确定采样种群；

（3）选择采样类型；

（4）确定采样规模。

下面详细阐述这些步骤。

5.1.2.1　确定要收集或要描述的数据

系统分析员把数据收集起来后，需要一个实际处理数据的计划。如果收集了不相干的数据，那么就会把时间和金钱浪费在收集、存储和分析无用的数据上。

在这一步，系统分析员的责任和义务是鉴定采样中需要收集的变量、属性和相关的数据项。不仅要考虑数据收集方法（例如，调查、面谈、问卷调查表、观察等），还必须考虑研究目标。在本章和后面的章节中将更详细地讨论使用每种方法时能够查询的信息种类。

5.1.2.2　确定采样种群

接下来，系统分析员必须确定采样种群。就硬数据而言，系统分析员需要判断是只采用过去两个月的硬数据就足够了，还是需要分析全年的报表。

同样，系统分析员在决定面谈对象时，需要判断面谈对象是仅限于组织里的一个层级还是所有的层级。分析员可能还要了解系统外部的情况，包括客户、销售商、供应商或竞争对手等的反应。在后文中将对这些决策进行更深入的探讨。

5.1.2.3　选择采样类型

系统分析员可以使用 4 种主要的采样类型，如图 5.1 所示。它们是便利采样、目的采样、简单随机采样和复杂随机采样。便利采样（convenience sample）是无约束的非概率型采样。例如，系统分析员在公司的内部网上张贴一张通知，要求对新销售业绩报表感兴趣的人在星期二早上来开会，这种采样就称为便利采样。很明显，这种采样是最容易安排但也是最不可靠的。*目的采样*（purposive sample）是以判断为基础的。系统分析员会选择一组看起来对新的信息系统知之甚多，并且对新的信息系统感兴趣的人。在这里系统分析员是基于标准——了解新系统并对新系统感兴趣——进行采样的。但是，这仍然是非概率型采样。因此，目的采样仅有适度的置信度。如果选择*简单随机采样*（simple random sample），就需要得到一张编号的种群表，以确保选中每份文档或种群中个体的机会相同。这种做法通常是不实际的，尤其是涉及文档和报表的采样时更是如此。最适合系统分析员的是*复杂随机采样*（complex random sample），它包括系统采样、分层采样和聚类采样。

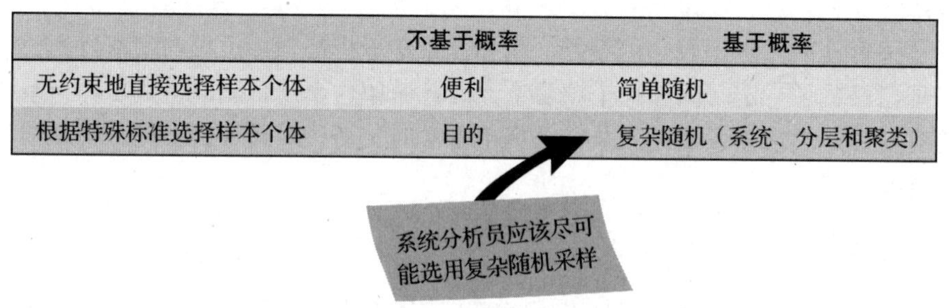

不基于概率
基于概率
无约束地直接选择样本个体
便利
简单随机
根据特殊标准选择样本个体
目的
复杂随机（系统、分层和聚类）
系统分析员应该尽可能选用复杂随机采样

图 5.1 分析员可使用的 4 种主要的采样类型

概率采样中最简单的方法是*系统采样*（systematic sampling）。例如，系统分析员在一张列了公司职员名单的表中，每隔 *K* 个人就选择一个来进行面谈。然而，这种方法有明显的缺点。由于可能存在周期问题，我们不会使用每隔 *K* 天选一天的方法来采样。此外，如果表单进行了排序（比如，一张从小到大排序的银行表单），系统分析员就不会采用这种方法，因为这样做会引入偏差。

分层采样（stratified sample）对系统分析员来说或许是最重要的。分层是识别子群或社会层级的过程，然后在这些子群中选择对象或人员进行采样。如果系统分析员想有效地收集数据，那么分层采样通常是必要的。比如，想在组织中不同层级的职员中征求意见，系统采样将会在操作控制层选出大量不成比例的职员，而分层采样就能弥补这一点。当系统分析员想用不同的方法在不同的子群中收集数据时，也可以使用分层采样。比如，从中层经理那里收集数据，会采用调查的方法，但是从总经理那里收集同样的数据，可能会更倾向于采用面谈的方法。

有时系统分析员必须选择一组人或文档来进行研究，该过程称为*聚类采样*（cluster sampling）。假设一个组织有 20 个服务台散布在全国各地，你可能需要选择其中 1 个或 2 个，并假定它们是其余服务台的典型代表。

5.1.2.4 确定采样规模

显然，如果每个人都用相同的方法看待世界，或者种群中的任何一份文档包含的信息与其他文档都一样，那么一个样品就足够了。正因为不是这样，所以才有必要设计采样的规模。采样的规模比 1 大，但比种群本身的规模要小。

重要的是记住采样的绝对数目比种群的比例更重要。从 200 个人中采样 20 个人或从 200 万人中采样 20 个人都一样能得到满意的结果。

5.1.3 确定采样规模

采样规模通常根据系统分析员提供的资金和需要的时间，甚至是公司职员可利用的时间来决定。本节为系统分析员在理想条件下如何决定采样规模提供了一些指导原则。例如，确定百分之多少的输入表单包含错误，或者要面谈的人员比例是多少。

系统分析员需要遵循 7 个步骤来决定采样的规模，其中有些是主观判断：

（1）确定采样属性（在本例中，这是要查找的错误类型）；

（2）定位能找到属性的数据库或者报表；

（3）分析属性。估计 p，p 指具有该属性的种群比例；

（4）主观设定一个值，把它当作容许的区间估计，设为 i；

（5）选择置信度，在表中查找置信度系数（z 值）；

（6）计算种群比例的标准差 σ_p：

$$\sigma_p = \frac{i}{z}$$

（7）用下列公式确定必需的采样规模 n：

$$n = \frac{p(1-p)}{\sigma_p^2} + 1$$

第 1 步是确定需要采样的属性。一旦确定，就能找出数据的存储位置，数据可能存储在数据库、表格或报表中。

估计 p 值很重要，它是种群中具备这个属性的比例，也就是设定了适当的采样规模。许多有关系统分析的书推荐使用一种启发值，$p(1-p)=0.25$。采用这个值一般都会造成采样规模比需要的大。这是由于当 $p=0.50$ 时，$p(1-p)$ 将达到最大值 0.25。p 常使用 0.10，这时 $p(1-p)$ 等于 0.09，这样采样规模将小很多。

第 4 步和第 5 步是主观设定。容许区间估计值为 ± 0.10，容许的误差与实际的比例 p 在正负两边都不超过 0.10。置信度（confidence level）是期望的确信度，比如 95%。一旦设好置信度，就能在类似于本章后面提供的系数表查找置信度系数（也称为变量 z）。

把第 3 步到第 5 步找到或者设定的参量，代入第 6 步和第 7 步的两个等式中，最终确定需要的采样规模。

咨询时间 5.1

捕获样品

“真品还是赝品？赝品还是真品？5 年前谁会考虑这些呢！”皮货商 Sam Pelt 大声说道。他在纽约、华盛顿特区、贝弗利山、哥本哈根都有自己的皮货商店。Sylva Foxx 是自己的咨询公司的系统分析员。她正在和 Sam 做第一次交谈。目前，Sam 的公司正在使用一台支持软件包的联网计算机，完成选择客户邮件列表、应付款和应收款以及薪水册的工作。

Sam 热衷于做一些战略决策，这些决策将最终影响他的四家皮货商店的商品采购。在过去的二十年里，由于消费者对在时尚方面使用真毛皮的可取性的看法发生了转变，再加上新的国际法规禁止饲养动物作为毛皮，真毛皮的销售额下降了约 40%。尽管计算机可能会有所帮助，但 Sam 认为也应该考虑其他方法。

Sam 接着说："我认为我们应该与所有进入这扇门的客户交谈，得知他们的想法。他们中的一些人有很强的环保意识，穿上濒临绝种的毛皮会令他们感到很不舒服。如果能拯救一只小动物，他们宁愿穿赝品也不穿真品。有些人甚至更喜欢赝品，他们称之为'好玩的皮草'。一件可以以假乱真的假货，我可以按几乎与真货相同的价格售出。此外，一些国家已经禁止皮草养殖，所以我们必须小心，不要冒犯国际客户。"

虽然这是一个非常模糊的建议，但是，如果我与毛皮供应商太疏远的话，在我需要的时候就得不到真品了。他们把穿假皮衣的人看成比蛀虫还糟糕的蠕虫！如果我卖假皮衣给客户，真皮衣供应商就不会与我交流，他们会变得很不友好。另一方面，我对在我的店里展示赝品也会感到很不适应。这些年来，我们一直以出售真实的商品而引以为自豪。"

Sam 滔滔不绝地继续说道："我还想和每个职员交谈呢。"

Sylva 偷偷地看了他一眼，突然插话说道："这有点超出了我们的咨询专业领域，但我知道假毛皮在丢弃后不会真正分解，这可能对环境有害。现在有一家公司正在与一位受欢迎的设计师合作，开发一种基于玉米的人造毛皮材料，这应该是一种更好的环保替代品。从长远来看，销售额是有希望增加的。除此之外，对于你目前的项目，与每个人交谈需要花费几个月的时间，除非他们可以很快知道解决方案，否则采购链会崩溃。"

Pelt 打断她的话说道："如果能得到正确的答案，我不在乎花多少时间。但是答案必须是正确的。如果不知道如何解决赝品毛皮这个难题，我会惴惴不安。"

Sylva 和 Sam 又交谈了一会，Sylva 在结束这次面谈的时候说道："我会与我办公室的其他分析员交流这个问题，并尽快让你知道我们的建议。如果能使用软件来帮助我们采样观点，而不是靠欺骗无辜的客户来得出观点的话，我想我们能够以智取胜。但是我也会让你知道客户们说了什么。可以很肯定的是，如果我们能在做决策之前采样并且不对任何人说，那么你就有希望了。"

Sylva Foxx 公司的一名系统分析员提出了一些方法，Sam Pelt 可以使用软件对他的客户、商店经理、采购员以及其他任何可以录入计算机的观点进行充分的采样，对是否将假皮衣放在真皮商店内卖做出战略决策。为每组观点设计一种采样方法，并证明设计的采样方法是正确的。受限因素包括：需要动作迅速来保持竞争力、在收集事实时为了不让皮草商竞争对手觉察到需要保持低调，以及需要保证合理的数据收集开销。

5.1.4 示例

下面通过一个示例来说明上述步骤。假设一家生产棚架材料的大型制造公司请你确定包含错误的订单的百分比。你承接下这份工作，并执行下列步骤：

（1）确定要查找的订单，这些订单包含的错误有姓名、地址、数量或模型数目；

（2）找到过去 6 个月的订单表副本；

（3）分析一些订单后，得知错误率仅有约 5%（0.05）；

（4）主观设定的容许区间估计为 0.02；

（5）置信度选择 95%，在图 5.2 中查找置信度系数（z 值），z 值等于 1.96；

（6）计算 σ_p：

$$\sigma_p = \frac{i}{z} = \frac{0.02}{1.96} = 0.0102$$

（7）用下列公式确定必需的采样规模：

$$n = \frac{p(1-p)}{\sigma_p^2} + 1 = \frac{0.05(0.95)}{(0.0102)(0.0102)} + 1 = 458$$

得出采样规模的大小为 458。显然，取较大的置信度或者较小的容许区间估计都会增大需要的采样规模。如果保持容许区间估计不变，将置信度增为 99%（$z = 2.58$），则必需的采样规模是 1827，比最初确定的采样规模 458 大很多。

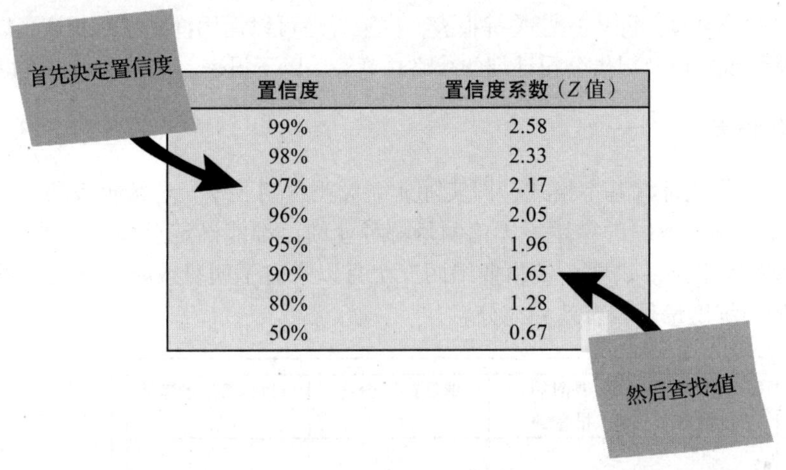

置信度	置信度系数（Z 值）
99%	2.58
98%	2.33
97%	2.17
96%	2.05
95%	1.96
90%	1.65
80%	1.28
50%	0.67

图 5.2　一旦确定置信度，系统分析员就可用正态曲线区域内的表查找置信度系数

5.1.4.1　确定面谈时的采样规模

没有一个万能公式能够帮助系统分析员确定面谈的采样规模。覆盖变量是面谈所需的时间，它确定系统分析员应该和多少人进行深入面谈。一次真正深入的面谈和后续面谈对会谈者和参与者都是很耗时的。

一种较好的经验法则是，至少与组织中每个阶层的 3 个人进行面谈，这 3 个人至少来自组织中的两个职能部门（参见第 2 章），并且直接参与某个新系统或者升级系统。还要记住，没有必要仅仅因为这是一个很大的组织而与更多的人员面谈。如果分层采样得当，少量人员就能充分代表整个组织。

5.1.5　定量文档分析

调查是发现数据并对数据进行分析的行为。在调查一个组织中的证据时，分析员的作用就像夏洛克·福尔摩斯，一名虚构的住在伦敦贝克街 221 号 B 房的侦探。

在系统分析员了解用户、组织及其信息需求时，研究分析不同类型的硬数据就会变得很重要。硬数据提供了所有其他数据收集方法所得不到的信息。硬数据能揭示组织的发展过程及其成员对组织将如何发展的预测。为了描绘出一副精确的蓝图，系统分析员需要同时分析定量和定性硬数据。

许多定量文档（quantitative document）用于解释商业行为，它们包括用于决策的报表、业绩报表、记录表和各种表单。所有这些文档都有特定的目的和读者。

5.1.6　系统分析定量文档

系统分析员需要得到一些商业运营时用的文档。这些文档通常是与库存状态、销售量、生产以及员工和顾客满意度有关的纸质报表。这些报表大部分不复杂，并且它们可以为快速行动提供反馈信息。例如，一份销售报表可以概括销售量和销售类型。另外，销售报表还可以包括对某组时间段内的税收和收入进行比较的图形输出。这种报表使决策者可以很容易地发现发展趋势。

生产报表包括最近价格、当前库存、劳动力和工厂等信息。服务报表包括服务的提供以及员工表现和客户满意度。除了这些关键报表，决策者还可以运用许多总结报表，以提供背景信息、发现异常情况，以及提供公司计划的战略总览等。以下报表、记录和表单值得特别注意。

5.1.6.1　业绩报表

大部分业绩报表都有基本格式，即实际业绩对比预期业绩。业绩报表的一个重要功能是估计实际业绩与预期业绩的差距。无论测量哪种业绩，都能确定总体差距是变大还是变小，这点也是重要的。图 5.3 表明，销售业绩两三个月以来有了明显改善。分析员需要了解组织中关键领域的业绩度量是否有效和充分。

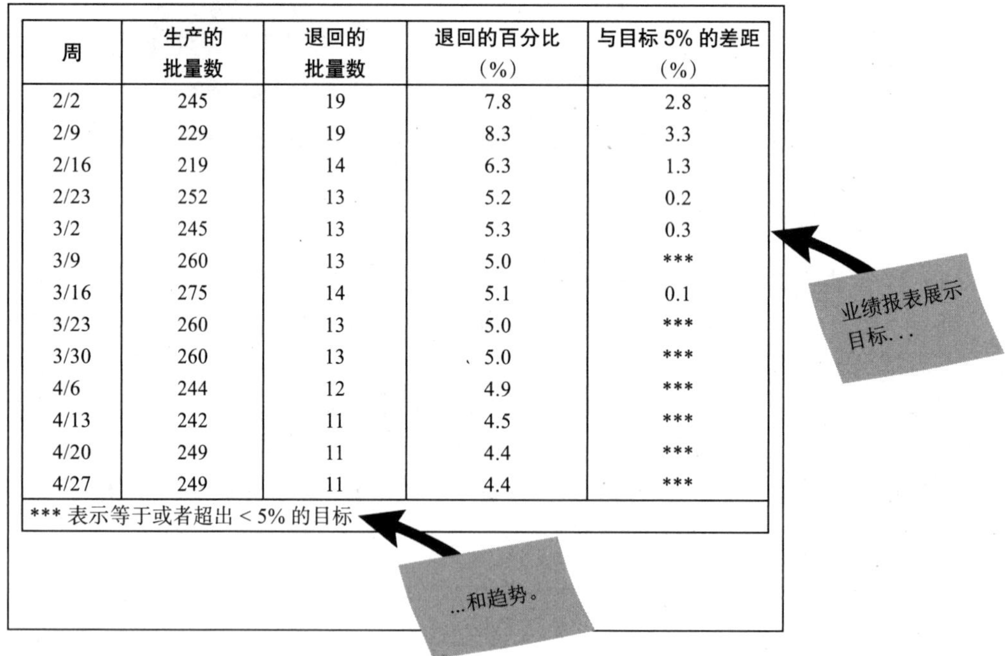

周	生产的批量数	退回的批量数	退回的百分比（%）	与目标 5% 的差距（%）
2/2	245	19	7.8	2.8
2/9	229	19	8.3	3.3
2/16	219	14	6.3	1.3
2/23	252	13	5.2	0.2
3/2	245	13	5.3	0.3
3/9	260	13	5.0	***
3/16	275	14	5.1	0.1
3/23	260	13	5.0	***
3/30	260	13	5.0	***
4/6	244	12	4.9	***
4/13	242	11	4.5	***
4/20	249	11	4.4	***
4/27	249	11	4.4	***

*** 表示等于或者超出 < 5% 的目标

图 5.3　业绩报表表明销售业绩得到改善

5.1.6.2　记录

记录为商业中发生的事件提供了定期更新的手段。如果细心的记录员及时更新记录，它就能为分析员提供更加有用的信息。图 5.4 是一份人工填写的公寓租金付款记录。系统分析员能用以下几种不同的方法检查记录，其中许多方法都表明了它们的可用性：

（1）检查金额和总数的错误；

（2）寻找改进记录表格设计的机会；

（3）观察交易的数目和类型；

（4）寻求能用计算机简化工作（通过计算和其他数据处理）的实例。

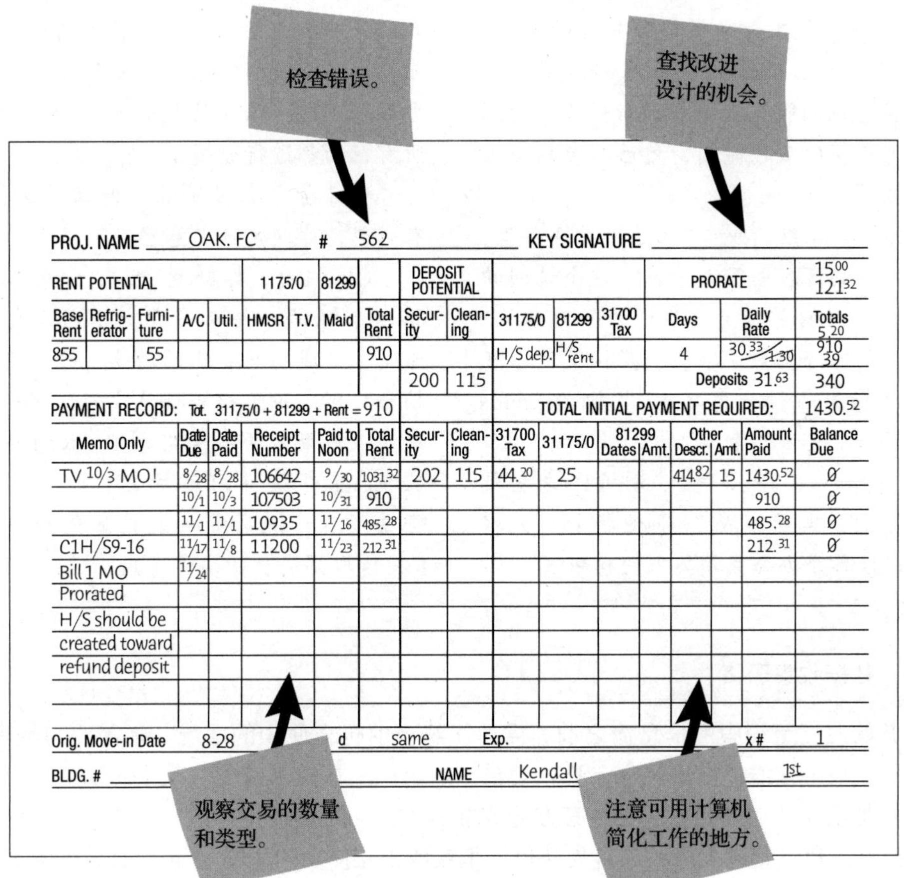

PROJ. NAME OAK. FC # 562 KEY SIGNATURE

RENT POTENTIAL						1175/0	81299		DEPOSIT POTENTIAL					PRORATE		15.00 121.32
Base Rent	Refrigerator	Furniture	A/C	Util.	HMSR	T.V.	Maid	Total Rent	Security	Cleaning	31175/0	81299	31700 Tax	Days	Daily Rate	Totals 5.20
855		55						910			H/S dep.	H/S rent		4	30.33 ~~1.30~~	910 39
									200	115					Deposits 31.63	340

PAYMENT RECORD: Tot. 31175/0 + 81299 + Rent = 910　TOTAL INITIAL PAYMENT REQUIRED: 1430.52

Memo Only	Date Due	Date Paid	Receipt Number	Paid to Noon	Total Rent	Security	Cleaning	31700 Tax	31175/0	81299 Dates	81299 Amt.	Other Descr.	Other Amt.	Amount Paid	Balance Due
TV 10/3 MO!	8/28	8/28	106642	9/30	1031.32	202	115	44.20	25			414.82	15	1430.52	Ø
	10/1	10/3	107503	10/31	910									910	Ø
	11/1	11/1	10935	11/16	485.28									485.28	Ø
C1H/S9-16	11/17	11/8	11200	11/23	212.31									212.31	Ø
Bill 1 MO	11/24														
Prorated															
H/S should be															
created toward															
refund deposit															

Orig. Move-in Date 8-28 d same Exp. x# 1

BLDG. # NAME Kendall 1st

图 5.4　人工填写的租金记录表

咨询时间 5.2

玫瑰以其种类或品质而出名，而绝非数量

“我认为我们已具备所需的一切了。我已经采样了财务报告、每个部门的销售数字、每个商店的损耗——这些都有了。有了这些数据，我们能够解决如何保持 Fields 旺销的问题，至少使它在花市中处于前沿。我们甚至能够向 Seymour Fields 展示新的计算机系统是如何让这一切发生的。” Rod Golden 说道，他是某个中型咨询机构的初级系统分析员。

该公司在首席系统分析员 Clay Potts

的领导下，正在为名为 Fields 的 15 家成功的花店和室内花卉连锁店设计一个系统项目。在中西部的 3 个城市中各有 5 个 Fields 商店。

老板 Seymour Fields 说："我们的企业目前还在发展阶段，我们的最终目标是发展成为一个在六个州都有分部的企业。我希望所有已经付出的努力都能得到回报。我想我们能凭直觉来判断从各个欧洲市场采购花的最佳时间，之后就会削减采购计划。"

Seymour 继续说："在过去的 3 年里，我给我们的经理写了大量关于这个计划的备忘录。他们也写了一些好的反馈意见。我想我们已经做好了准备，很快就可以在这个市场上占领一席之地。"他为 Fields 描绘了一个美好的未来。

"我同意，" Rod 说，"分析完这些数据，我们就大功告成了。"他指着一大堆从 Fields 各个办公室搜集来的材料说。

3 个星期后，Rod 神情沮丧地回来找 Clay 说："我一点头绪都没有。我似乎并不了解公司成长的原因和公司的运营管理。公司的事业一直在壮大，我分析了所有数据，但就是看不出有意义的东西。"

Clay 同情地听着，然后说道："你给我的是一个想法的雏形。我们需要的是相互启发，吸收新鲜空气。我们需要研究的更深入一些。除了他们的底线外，对其他所有东西都进行分析了吗？"

Rod 看上去很震惊，他回答道："没有，嗯，你这是什么意思呢？"

Clay Potts 怎样才能巧妙地向 Rod Golden 解释，要正确估计 Fields 发展成为一家更成功的企业的潜力，分析定性文档与分析定量文档一样重要呢？用一段话说明应当查阅哪些专用文档。Rod 在评价从 Fields 处获得的定量文档时应该遵循哪些步骤？说明定性文档如何帮助提出 Fields 取得成功的总体考虑。

5.1.6.3 数据收集表格

在开始改变组织中的信息流之前，需要了解当前正在使用的系统。你需要与经理核实，确定哪些表格可在线提供给客户，哪些表格只能由员工在内部使用。某个团队成员可能需要下载、收集正在使用的每张表格（官方的或非官方的）的模板，并对它们进行分类。（有时，企业已经有人负责管理表格，那首先从他那里获取正在使用的表格。）记住，将所有要求用户打印的基于 Web 的表格都打印出来。另外，标识能够通过 Web 或电子邮件提交的电子版表格，并把它们存储在数据库中，供以后检查。

将表格模版连同填写和分发说明一起，与填写好的表格进行对比，检查表格中是否有从来未填写过的数据项，表格的接收人是否已收到，他们是否按照正常程序使用、储存和丢弃表格。按下列步骤对表格进行分类，这有助于理解企业当前使用的信息流：

（1）收集所有在用的表格样例，无论企业是否正式批准这些表格（官方和私下使用的表格）。

（2）标出表格类型（诸如内部打印的、手写的、内部计算机生成的、在线表格、Web 填写表格、外部打印的和购买的表格等）。

（3）记录预期采用的分发方式。

（4）将预期采用的分发方式和实际表格接收人做比较。

虽然这个过程非常耗时，但很有用。还有一种可行的方法是采样已经填好的数据收集表格。在采样电子商务交易的输入时，记住检查存储客户数据的数据库。分析员必须记住许多特定的问题，如图 5.5 所示，包括以下有关 HCI 的可用性、美观性和实用性方面的问题：

（1）表格完全填写了吗？如果没有，省略了哪些项，它们一直会被省略吗？为什么？

（2）有从未使用过的表格吗？为什么？（按照每个表格的既定功能，检查它的设计和合理性。）

（3）所有表格都向相应的人做了详细说明吗？或者说都被正确存档了吗？如果没有，为什么？必须访问在线表格的人可以这么做吗？检查所需权限，表格链接是否能正常运行？

（4）如果既有纸质表格，又有基于 Web 的表格，试比较两者的填写速度。

（5）经常使用“非官方”或盗版表格吗？（使用“非官方”表格可以说明常规程序中存在问题，或者在组织内部关于谁负责数据输入类型和谁负责输入数据之间存在政治斗争。）

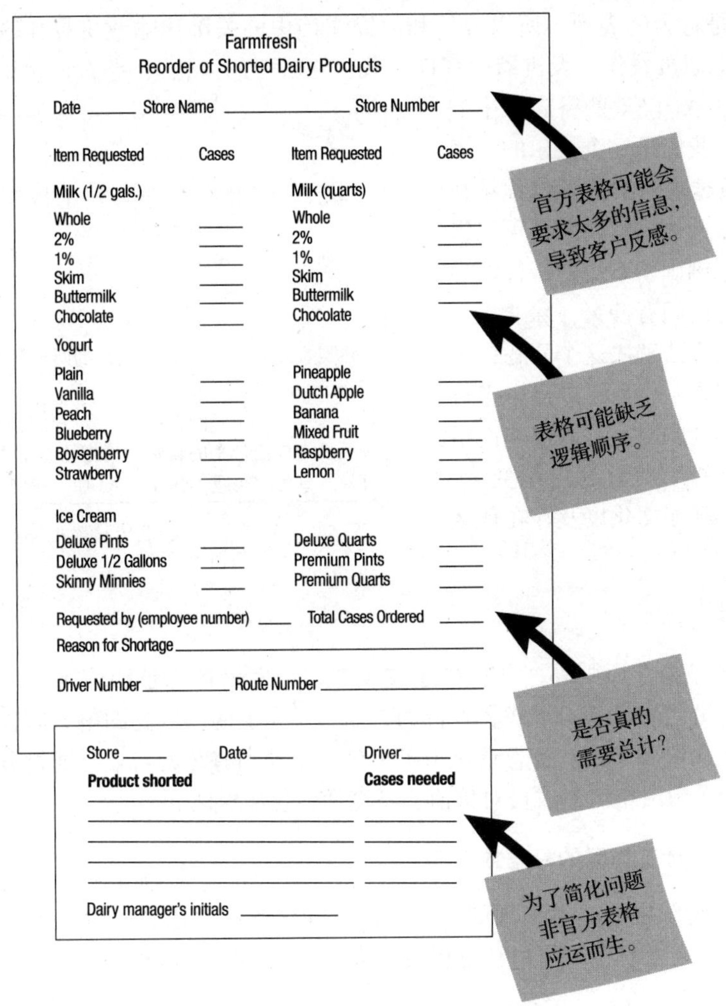

Farmfresh
Reorder of Shorted Dairy Products

Date ____ Store Name ____ Store Number ____

Item Requested	Cases	Item Requested	Cases
Milk (1/2 gals.)		Milk (quarts)	
Whole	____	Whole	____
2%	____	2%	____
1%	____	1%	____
Skim	____	Skim	____
Buttermilk	____	Buttermilk	____
Chocolate	____	Chocolate	____
Yogurt			
Plain	____	Pineapple	____
Vanilla	____	Dutch Apple	____
Peach	____	Banana	____
Blueberry	____	Mixed Fruit	____
Boysenberry	____	Raspberry	____
Strawberry	____	Lemon	____
Ice Cream			
Deluxe Pints	____	Deluxe Quarts	____
Deluxe 1/2 Gallons	____	Premium Pints	____
Skinny Minnies	____	Premium Quarts	____

Requested by (employee number) ____ Total Cases Ordered ____

Reason for Shortage ____

Driver Number ____ Route Number ____

Store ____ Date ____ Driver ____

Product shorted	Cases needed

Dairy manager's initials ____

图 5.5　向已填好的官方表格和非官方表格提出疑问

5.2　定性文档分析

定性文档（qualitative document）有电子邮件信息、备忘录、留言板和工作区签名、Web 页、程序指南和政策手册等。大部分文档的内容都很详细，揭示了它们的编写者对他人行为的期望，以及用户期望与信息技术进行交互的方式。

5.2.1　系统分析定性文档

虽然很多系统分析员对分析定性文档感到担忧，但这是没有必要的。一些指导原则能够帮助分析员采用系统的方法分析这种文档。这些指导原则很多与 HCI 的情感、情绪和动机方面有关，还与组织中的人际关系有关：

（1）检查文档中的关键比喻或主导比喻。

（2）在文档中寻找局内人与局外人或“我们反对他们”的思想情况。

（3）列出褒义或贬义的措辞以及在文档中重复出现的词语。

（4）查找在公共区或 Web 页上公布的有意义的图形、标识语和图标的用法。

（5）识别出幽默感（如果存在）。

因为语言是行为的表现，所以分析和研究文档中的关键比喻或主导比喻是重要的。例如，如果组织把职员看作“大机器的部件”或“轮子上的齿轮”，那么该组织可能持有对组织的机械观。注意图 5.6 的备忘录中的主导比喻——“我们是一个快乐的大家庭”。分析员通过这个信息可以预见在组织中令人信服的比喻，同时还可以得知如何用比喻来刻画新系统的特征。显然，如果两个部门间有冲突，除非用一种双方都满意的方法解决这个问题，否则他们就不可能在一个系统项目中进行合作。评估使用的幽默，可以快速而精准地了解很多 HCI、人际和组织变量，包括人们属于哪种亚文化以及存在什么类型的精神等。

备忘录

写给：　所有值夜班的电话呼叫台员工
写自：　S.Leep，夜班经理
日期：　2/15/2023
关于：　欢迎晚会

热烈欢迎 11–7 号呼叫台新来的两位员工：Twyla Tine 和 Al Knight。我相信他们会喜欢这里的工作。我们在凌晨相聚，像是一个快乐的大家庭。今晚休息时，不要忘了另一些成员为你们带来的食物。请把休息室当作自己家，零食可随意享用。欢迎 Twyla 和 Al 加入我们。

图 5.6　分析备忘录可以了解指导组织思想的比喻

5.2.1.1　备忘录

除了上述 5 条指导原则外，分析员还应该考虑谁发出备忘录和谁接收备忘录。一般而言，组织中大部分信息流是向下或者平行的，而不是向上的。广泛的电子邮件系统意味着信息被发往许多工作组和个人。备忘录显示了组织中生动和持续的对话。通过分析备忘录的内容，可以清楚地了解一个组织成员对价值、态度和信念的看法。

5.2.1.2　公告板或者工作区的标语或海报

虽然标语在组织中是偶然出现的，但它们能强化阅读告示者的价值观。诸如“质量永恒”或“安全第一”等标语，可以让分析员体会到组织的主流文化。

5.2.1.3　公司网站

分析员还应观察用于企业对消费者（Business-to-Cosumer，B2C）电子商务（ecommerce）网站，以及用于企业对企业（Business-to-Business，B2B）交易的网站。分析网站内容中的比喻、幽默、使用的设计特性（诸如颜色、图形、动画和超级链接）以及网站提供的所有消息的含义及其阐述。我们可以从三个方面来考虑 Web 站点：技术方面、美学方面和管理方面。组织规定的目标与呈现给观众的目标存在差别吗？用户可以多大程度地定制网站？网站的个性化程度如何？如果我们不准备为组织设计电子商务站点，那么在其他网站上看到的信息将会怎样影响正在研究的系统呢？记住，要注意网站或者站点间的交互性、消息的可访问性以及安全级别。其中很多指标可从公司的 Internet 提供商处获得，并且他们可以提供对公司的不同看法。如果分析员认为此类数据与所提议的系统相关，则应该要求访问它们。

5.2.1.4　手册

分析员应该分析的其他定性文档是组织手册，它包括计算机操作程序手册和在线手册。手册应该按照前面详细说明的 5 个指导原则来分析。请注意，指南上提出的是在理想情况下，机器和人应该怎样做。现在，许多手册都是为在网上使用而开发的，这增加了查阅这些手册的可能性。值得注意的是，书面手册很少能保持最新，并且有时会被束之高阁。

5.2.1.5　政策手册

需要考虑的最后一种定性文档是政策手册。虽然这些文档通常覆盖了大部分职员和公司行为，但系统分析员可以重点考虑那些规范计算机服务、使用、访问、安全和收费的政策。系统分析员通过检查文档就可以知道指导公司的价值观、态度和信念。

5.3　使用文本分析功能

文本分析（text analytics）软件可以分析任何来源的非结构化定性数据，包括面谈笔录、书面报告或者通过电子邮件、维基网站、博客、聊天室和其他社交网站收集的客户交流信息，这些数据将使系统分析员和决策者深入了解组织。我们可能有机会开发帮助一个组织的用户解释和理解他们公司中的非结构化数据系统。非结构化的定性数据，也就是“软”（soft）数据，是通过博客、聊天室、使用开发式问题的问卷调查表、网上讨论以及在 Facebook、YouTube、WhatsApp、Instagram、WeChat、TikTok 等社交媒体上进行的组织和客户之间的交流而产生的。文本分析软件可以根据非结构化数据，帮助组织的决策者深入了解顾客对该组织的看法、公司的价值观念和行为，以及顾客或供应商开始、维持、改善或中止某种关系的动机。（与之相反，在第 13 章中将会学习结构化数据，这是一种组织良好的并可以运用数据分析软件通过标准查询和算法进行搜索的数据。例如，关系数据库中存储的数据，或者通过机器传感器收集的数据，就是这种结构化数据。组织的信息绝大部分来源于这种类型的分析。）

很多大型和小型的分析软件解决方案已经面世，既有专有的，也有开源的。如果你一直在积极地帮助组织开发和实现在线业务，那么在新系统中加入文本分析功能将会很有意义。在设计支持在线业务的系统时，应包括文本分析功能以帮助公司利用其在线业务。

对于组织中那些希望寻求快速直观的定性方法来分析文本数据的成员，文本分析软件为其提供了新视角。Leximancer 是源自澳大利亚公司的一个功能强大的文本分析软件工具，无须安装可直接使用。组织中使用该软件的用户，其角色是提供输入系统中的相关知识，从而使该软件生成的概念和其他图表是有用的。

一般来说，Leximancer 软件的用户提交文档，删掉他们不想在分析中包含的单词（诸如 a 和 the 等），然后该软件执行关键字计数。文本的主体被分解成多个部分，概念形成的一个单词词库将遍历文本文档。

图 5.7 展示了一幅用开源社区项目的面谈资料生成的概念图，它为面谈文本建立了一种不同的视觉显示。如前所述，把文档提交给软件后将生成一幅概念图。注意观察数据出现的

差异，用户的词库单词，诸如 Linux，projects，trying 和 process 等，在概念上结合在一起，而术语 community 是单独的，但它可以通过 people 与那些概念相关联。

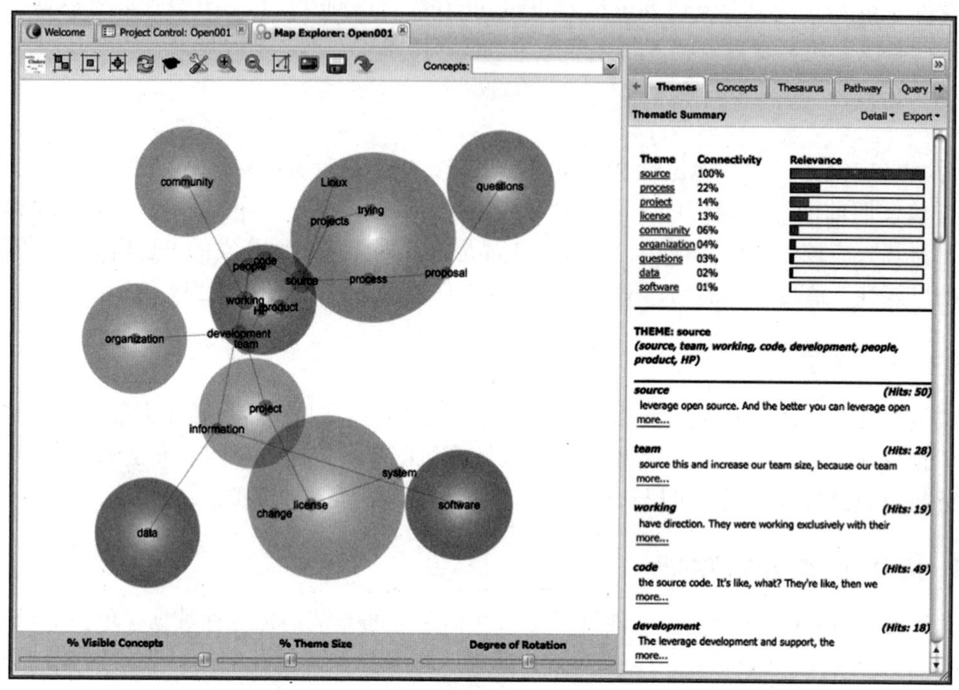

图 5.7　展示开源社区项目的面谈资料的重要性和关系的概念图

（版权所有 ©Leximancer Pty Ltd.，经许可转载）

图 5.8 展示了用 Leximancer 软件实现的开源社区项目的概念的重要性排序，该排好序的条形图展示了指定类别中最重要的概念。注意 community（社区）这一范畴与 development（开发）这个单词的使用之间的关系的重要性，用户可以直观地看到“ license”这一范畴与 project（项目）这个单词的使用之间的重要关系。

Category: community				Category: license			
Concept	Rel Freq (%)	Strength (%)	Prominence	Concept	Rel Freq (%)	Strength (%)	Prominence
development	2	5	4.1	project	11	4	8.6
information	2	5	4.1	system	5	3	7.1
source	4	4	2.9	source	5	2	3.7
system	< 1	< 1	0.0	team	< 1	< 1	0.0
project	< 1	< 1	0.0	organization	< 1	< 1	0.0
team	< 1	< 1	0.0	development	< 1	< 1	0.0
organization	< 1	< 1	0.0	product	< 1	< 1	0.0
product	< 1	< 1	0.0	information	< 1	< 1	0.0

图 5.8　使用 Leximancer 软件的 Insight Dashboard 功能展示的开源社区项目的各范畴的概念重要性排序（版权所有 ©Leximancer Pty Ltd.，经许可转载）

设计界面及系统方面的专业知识在这里尤为重要，你必须做的部分工作是向组织说明对非结构化的定性数据进行分析，以识别和预测客户、厂商和供应商的未来行为趋势的价值。围绕文本分析软件的使用来设计人的活动也是很重要的。仅仅在系统中加入该工具是不够的，记住，你并非只是把定性数据转变为定量数据，而是把文本分析软件包含在你正在开发的系统中作为达到目的的有效手段。对于决策者应当如何查看和解释定性结果，以及利用那些结果作为佐证提出合理的指导原则和建议，进而起到改善组织的作用，都必须给出指南和建议。

5.4　过程挖掘

如你所见，系统分析员有很多方法可以非干扰性地研究某个组织，并确定在哪里可以进行改进。系统分析员观察系统的当前状态，换句话说，在他们提出“应该是什么”之前，先将系统描述为“原样”。

分析现有系统可能非常耗时和昂贵，因此，如果分析可以自动完成，那么在许多方面都是非常有价值的。*过程挖掘*（process mining）方法是一种自动化、非干扰性的过程，它扫描通过 SAP、Salesforce 和 Oracle 等公司软件产品包中的 API（应用程序编程接口）找到的过程，并确定哪里可能存在问题。这些企业应用程序记录所有活动，这些活动是过程挖掘中使用的数据。

Celonis 是过程挖掘领域的佼佼者，它控制着过程挖掘市场 60% 以上的份额，并被 Gartner Group（2019）公认为过程挖掘技术的领导者。此外，UIPath、Fluxicon 和 QPR Software 等公司也在这一领域参与竞争，提供过程挖掘产品。通过这些提供商的应用程序，系统分析员可以分析企业应用程序收集的数据，并确定公司遇到问题的根本原因。

Celonis 将过程挖掘定义为“一种用于发现、监控，并按其实际情况改进业务过程的分析学科”（www.celonis.com）。Gartner Group（www.gartnergroup.com）表示，过程挖掘通过将一组算法应用于事件，提供对实际业务运营和过程的可视化和理解。

按照 UIPath.com 的定义，过程挖掘有如下四个步骤：

（1）发现；

（2）优化 / 自动化；

（3）监控；

（4）行动。

在“发现”步骤中，过程挖掘 App 读取从企业系统收集的数据，并创建事件日志，跟踪事件发生的内容和时间。在此步骤中一条路径将被绘制，显示瓶颈、变化和异常情况。

在“优化 / 自动化”步骤中会对工作进行改进。虽然可以对员工进行再培训，使其以更好的方式执行任务，但这可能是对一些任务自动化的合适时机。自动化可能比再培训员工更便宜、更可持续。

在“监控”这一步，系统分析师需要观察并确定优化 / 自动化阶段对路径有何影响。例如，自动化可能只是将瓶颈进一步下移。

第四步，即“行动”这一步，将激励公司在之前步骤的基础上推进所需的任何变革。公司可以寻求新的技术解决方案，可以呼吁制定新的立法，也可以做出影响其底线的改变。

我们看看客户满意度和发票系统。假设一家公司想了解系统的日常运行情况，可以包括但不限于以下问题：过程是否顺利运行？创建订单是否存在瓶颈？是否按时送货到客户手中？客户的账单是否正确？公司是否按时收到付款？客户是否延迟付款？

过程挖掘可用于监控过程是否每天都能一致地处理交易量，从开始到结束监控订单时间，跟踪延迟交货，监控发票创建和分发时间，并确定未付款项。决策者可以判断是什么原因导致了最多的问题，并采取必要的行动使过程顺利运行。

其中一些补救措施可以自动化，而其他问题可能需要由员工亲自处理。例如，如果一家公司想确保客户在再次发货前已支付了最后一张发票，员工可以每天检查数据并调整交货日期。然而，这很耗费时间。通过过程挖掘，应用程序可以查看来自 SAP 的数据，自动判断客户是否已付款，并相应地自动调整发货日期。

按照 Shah（2022）的说法，过程挖掘是一个连接技术数据分析和业务影响的技术家族。作为一名研究和教授过程挖掘的教授，Shah 指出，Celonis 过程挖掘提供了一种在比传统仪表板更深的操作层面量化碳足迹（carbon footprint）的方法。

Celonis 过程挖掘可以帮助组织的方法包括使分析员能够 1）分析过程中浪费和低效的根本原因，2）向组织建议改进措施，以改善问题，3）提供拟议更新对组织的可量化影响。

图 5.9 展示了 Celonis 的一个示例。从该图可以看出，原过程过于复杂，可能会导致延迟、退货和计费问题。理想的路径是用一条由以下过程组成的垂直线："创建销售订单"（create sale order）、"生成交货单"（generate delivery document）、"发布交货"（release delivery）、"发货"（ship good）和"发送发票"（send invoice）。每次活动从一条直线垂直路径分支出来，都意味着系统"原样"效率低下，需要加以改变。像"批准信用检查"（approve credit check）和"更改价格"（change price）这样的活动就是低效过程的例子。在标题为"影响"（impact）的一栏中，明确标记了延迟交货、退货和未开票订单的成本。

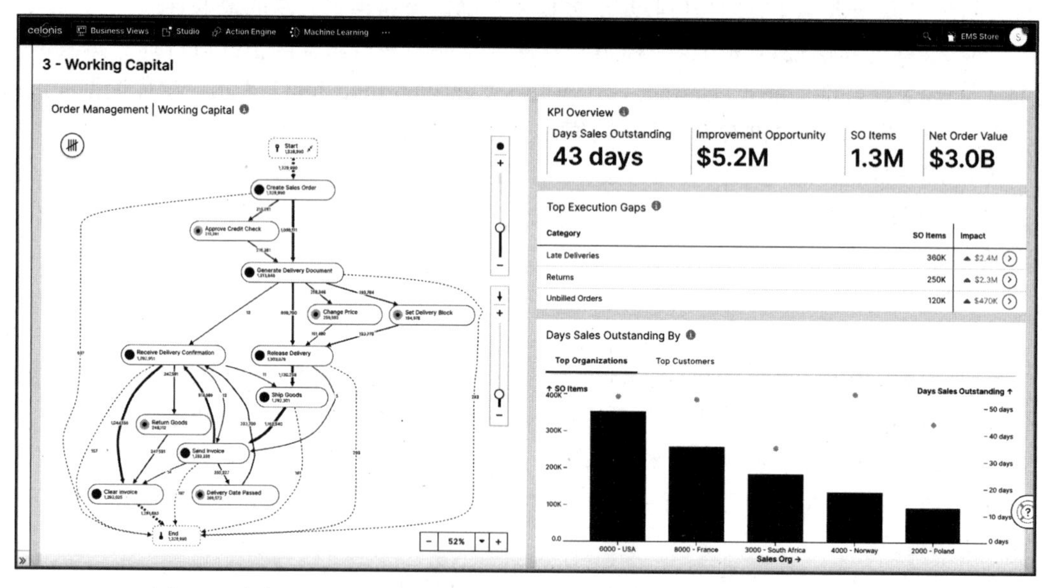

图 5.9　来自 Celonis 软件截屏显示了过程中的瓶颈（图片提供：Celonis）

模拟在这里也很有用。图 5.10 对模拟结果（右边的路径）与通过过程挖掘识别的系统（左边的路径）进行了比较。模拟显示了工艺时间周期和工艺成本分布的潜在改进。

除了过程挖掘之外，还有任务挖掘（task mining）。任务挖掘是对组织员工执行的任务进行非干扰性的桌面捕获。任务挖掘使得查看个人正在做什么成为可能，就像过程挖掘一样，可以找出可以改进的地方。总之，过程挖掘和任务挖掘是保持所有系统平稳运行的重要方法。流行的任务挖掘软件示例包括 Microsoft Viva、Allactivity 和 ActivTrak。任务挖掘是工作场所分析的更广泛活动的一部分。

图 5.10　Celonis 软件的这一模拟显示了消除瓶颈的结果（图片提供：Celonis）

Celonis 对待用户的方法的关键之一是成立其过程和任务挖掘全球学术联盟。参与该联盟的 700 多家学术机构正在对本科生和研究生进行过程挖掘基本知识的培训，包括过程发现、分析构建、一致性检查和过程自动化，因此在未来几年内，用户应该可以获得过程挖掘所需的专业培训。

5.5　劳动力分析

经理们希望确保他们有合适的员工来完成手头的任务，并通过分担工作量对员工平等对待。他们还希望能够监控员工绩效或确定组织订阅的应用程序的价值。一般来说，这将是提高整体生产力的理想方式。公司意识到平衡、效用和生产力，对员工管理的重视将成为组织未来的重要组成部分。

过去，管理人员可以在办公桌边观察员工，也可以在会议中观察团队。远程工作鼓励采用不同的方式来评估生产力，即使每个人都回到办公室办公，依然需要更复杂且更具启发性的*劳动力分析*（workforce analytics）。

一个解决方案是自动收集有关工作量和工作绩效的信息。劳动力分析可用于以下方面：

- 确保人员与岗位相匹配。
- 平衡员工之间的工作量。
- 比较员工或团队的表现。
- 分析工作流程中出现的瓶颈。
- 确定哪些应用程序比其他应用程序使用得更频繁。
- 分析哪些应用程序可以提高生产力。

劳动力管理的其中一个案例是 ActivTrak，这是一个作为服务平台的劳动力和生产力软件。除了收集员工数据并处理这些信息以实现前面提到的目标外，他们还坚持致力于保护公司员工和客户的数据隐私和安全。

ActivTrak 声称可以在没有以下条件的情况下实现这一目标：

- 电子邮件监控。
- 按键记录。
- 个人设备监控。
- 访问员工的摄像头。
- 视频录制。

劳动力管理不应该是监视或间谍活动。劳动力分析通过处理其收集的数据，以深入了解工作是如何完成的，使用什么工具和应用程序来完成工作，以及团队如何互动，并确定哪方面可以被改进。在进一步分析之后，管理者可以确定是否需要任何更改。

5.5.1　了解应用程序使用和网站访问

ActivTrak 可以自动将 App 和网站分类为生产性或非生产性，甚至可以按类型对 App 进行分类（如电子邮件、会议应用程序、客户关系应用程序等），以了解时间是如何被消耗的。系统分析员可能想问一些问题，比如“员工最常使用哪些通信工具：电子邮件、消息或协作？”或“App 的使用情况如何因个人而异？”等。图 5.11 是 ActivTrak 的报告，显示了哪些网站访问量最大，并按每人每小时进行细分，以了解当前的网站访问情况。

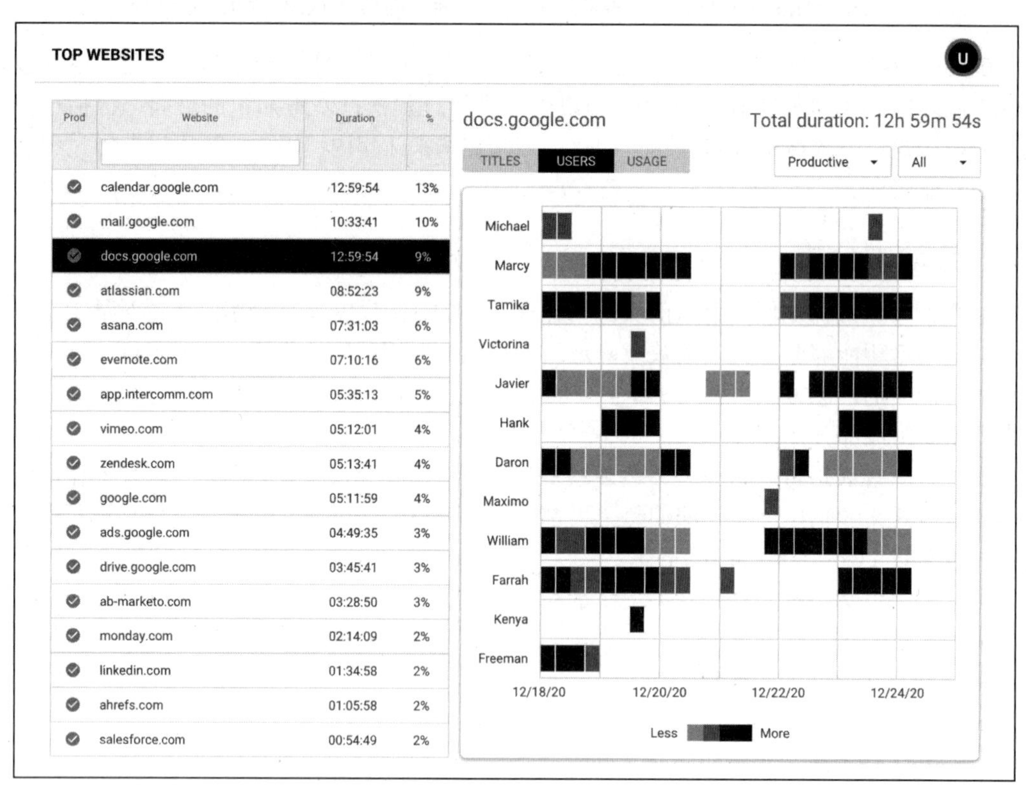

图 5.11　此 ActivTrak 报告显示了员工访问过哪些网站（图片由 ActivTrak 提供，2022）

通过这样的报告，可以确定在哪些活动上消耗的时间最多。管理者可以识别出员工发生分心的情况（例如，依靠社交媒体应用程序或电子邮件）。此外，分析可以帮助管理者确定是否存在具有冗余功能的应用程序，如果两个订阅应用程序完成的任务相同，也许可以取消其中一个。

5.5.2　确定员工失去注意力的时间和原因

任何一个工作日，都很容易失去对解决组织问题的任务的关注。例如，员工可以通过搜索信息或通过 Zoom 或 Slack 加入对话来发现自己在多任务处理中。劳动力分析软件可以帮助识别这些干扰因素。图 5.12 显示了 ActivTrak 创建的一个仪表板，该仪表板将工作日的每一个小时的活动分为专注活动、协作活动和多任务活动。系统分析员可以问“员工一天中在什么时间段工作效率最高，而在什么时间段工作效率最低？”或“员工是否在关键的工作时间段上网并投入工作，我们是否需要调整人员配置模式？”。系统分析员或管理者可以发现这对提高未来的生产力很有用。他们的目标是提高绩效，同时创造一个健康的工作环境。

User	Total Hrs/Day	Productivity Efficiency %	Focus Efficiency %	Productive Hrs/Day	Productive Hrs/Day vs. Goal	Focused Hrs/Day	Focused Hrs/Day vs. Goal
Michael	4.6	94.4%	62.4%	4.1	−1.9	2.7	−1.9
Marcy	4.3	91%	71.2%	3.6	4.5	2.5	4.5
Tamika	4.3	89.5%	60%	4.1	−0.7	2.7	−0.7
Victorina	4.6	92.5%	41.9%	2.8	2.6	2.2	2.6
Javier	4.1	86.2%	45.5%	2.8	2.5	2.2	2.5
William	4.1	86.8%	68%	4.0	−1.5	2.3	−1.5
Cleo	4.3	91%	63.2%	4.1	3.2	2.7	3.2
Totals	31.1	87.9%	61.8%	24.6	3.6	17.3	3.8

图 5.12　此 ActivTrak 仪表板显示员工每天专注、协作和多任务处理的小时数（图片由 ActivTrak 提供，2022）

5.5.3　比较团队绩效

劳动力分析可以清楚地显示两个团队之间的绩效差异。系统分析员可能会问这样的问题：“一个团队的数据与另一个团队数据相比如何？”或“我们最高效的成员是如何工作的，我们能否为其他成员的利益而对他们的行为建模？”

通过逐个查看各团队数据（如图 5.13），可以了解团队如何改进。像这样的仪表板可以保存大量数据用于比较。此仪表板可以查看团队绩效、所选团队成员的个人绩效、应用程序类别排序、活动和应用程序排序，以及平均花费的时间。管理者可以使用这些信息来指导选定的团队。

总之，对于那些希望了解正常工作日发生的事情并希望确保员工在合适的地方执行合适任务的管理者和系统分析员来说，劳动力分析是很有价值的。他们可能想要改善工作平衡情况，或评估团队绩效，也可能想要确定瓶颈并提出改进建议。分析员可能还想确定哪些应用程序正在使用，哪些是多余的，以及收购哪些应用程序可以提高性能。

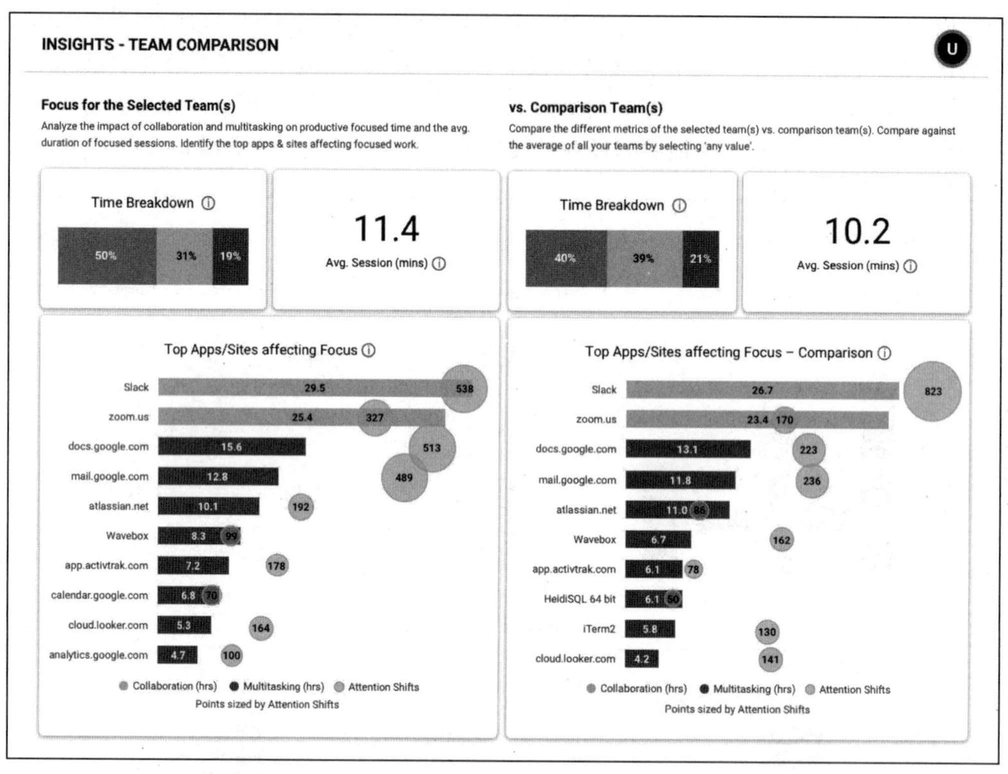

图 5.13　劳动力分析可用于对组织中的团队进行比较（图片由 ActivTrak 提供，2022）

5.6　观察决策者的行为

观察决策者，决策者所处的物理环境以及他们与符合人体工程学的物理环境的交互，是系统分析员重要的非干扰性方法。通过观察决策者的活动，分析员力图洞察决策者实际上做了什么，而不仅仅是决策者记载了什么和解释了什么。另外，分析员通过对决策者的观察，试图直接获得决策者与其他组织成员的关系。观察决策者与技术的交互还能解释有关 HCI 方面的重要线索，诸如系统在多大程度上满足用户需要。

5.6.1　观察典型的管理者的决策活动

管理者的工作日通常被描述为一系列不时地被突发工作打断的中断期。换句话说，即使在最好的情况下，也很难记录管理者在做什么。系统分析员为了充分掌握管理者对他们的工作特点的描述，可以采用交互式面谈和问卷调查表。然而，分析员可以通过观察直接掌握管理者是如何采集、处理、共享以及使用信息和技术来完成工作的。

尽管可以描述和记录经理是如何用方框和箭头来制定决策的，但这里我们主要描述人及其活动。因此，建议系统分析员使用一种人性化的方法来描述管理者的活动，这种方法称为分析员剧本（analyst's playscript）。在这个方法中，决策者就是“演员”，观察的内容是他的决策或者说“表演”。建立剧本时，演员列在左列中，演员的活动则列在右列中，如图 5.14 所示。所有的活动用动词记录下来，因此可以用“交谈”、“采样”、“反应”以及“决定”等词语来描述决策者。

剧本分析	公司：实钢棚架材料公司 分析员：L. Bracket	情节：质量保证分析 日期：1/3/2023
决策者（演员）	**信息相关的活动（脚本）**	
质量保证管理者	询问车间主任当日的生产报表	
车间主任	打印出计算机处理的每日生产报表 与质量保证（QA）经理讨论生产过程中的复发问题	
质量保证经理	阅读生产报表 把当前的报表与本周的其他报表进行比较 输入每日生产的数据，在计算机上运行质量保证（QA）模型 观察质量保证（QA）模型在屏幕上的显示结果 与钢材供应商讨论质量标准的偏差	
车间主任	与质量保证经理和生产副总裁一同参加新质量规范会	
质量保证经理	将会议上制订的新质量规范起草信件发给钢材供应商 通过电子邮件将质量规范草案发给副总裁	
生产副总裁	阅读起草的信件 通过电子邮件反馈修改内容和评语	
质量保证经理	阅读通过电子邮件发来的修改过的信件 重写信件以体现改变	

图 5.14　分析员剧本中描述决策的示例页面

使用分析员剧本是一种有组织的系统化方法，它要求分析员能够理解和说明每个被观察的决策者所采取的行动。这种方法最终可以帮助系统分析员确定应该主要获取的信息，即应该获取被观察者制定的重大或频繁的决策。例如，从剧本中质量保证管理者的例子中可以清楚地看出，尽管这个决策者处于中间管理层，但他仍然需要相当大的外部信息来完成这项特定工作所需的活动。

5.7　观察物理环境

观察决策者的活动是评估决策者信息需求的方法之一。观察决策者工作的物理环境也可以揭示决策者的许多信息需求。在大多数情况下，这种观察意味着需要系统地分析决策者的办公室，由于办公室构成了决策者的主要工作场所。决策者影响物理环境，反过来物理环境又影响决策者。很多 HCI 问题可以通过结构化观察来识别，并可用其他方法（诸如面谈或问卷调查表）进行证实。

5.7.1　结构化环境观察

电影评论家有时使用一种称为布景分析的结构化评判表格来系统地评估单个电影镜头中的内容。他们从编辑、镜头角度、布景、演员及其服装等细节着手，找出演员是如何按照导演的意图来表现电影本意的。有时，电影的布景可能与对话中所描述的有所冲突。对于信息需求分析来说，分析员要扮演的角色与电影评论家有些类似。对环境细节进行观察常有助于肯定或否定通过面谈或问卷调查表得来的有关组织的叙述（也称为故事或对话）。

人们可以在家中通过 Zoom 参与冗长的会议和了解新闻报道。一个名为 Room Rater 的 Twitter 搞笑类账户，它对人们的视频会议背景及其含义进行了从 1 到 10 的分级排名。观察技巧成为获得乐趣的途径。观察者甚至提出了“改进”的建议，比如在自己的背景中加入艺术品或植物来提高分数。

Mac 案例专栏

在意识到必须对收集到的所有数据进行组织、存储和检索以进行分析之前，非干扰性收集数据似乎很容易。对 Mac 计算机来说，一个非常有用的应用程序是 DEVONthink Pro，系统分析员可以在这里从 Microsoft Office 文件、照片、音乐、RSS 源和其他信息片段中收集所有类型的数据。分析员可以将这些资料累积到全局邮箱中，然后对这些信息进行组织、分组和标记。DEVONthink Pro 还可以跟踪网页、图像、电子邮件和 PDF。内置的 OCR 阅读器有助于直接输入页面。它还有一个内置的网络浏览器，允许使用多个搜索引擎进行搜索。一个文档可以属于多个组。这是通过创建副本来实现的，复制副本是指向原始文件的简单指针，因此分析员不需要存储文档的多个副本。

当需要访问信息时，DEVONthink Pro 可以帮助系统分析员搜索、分类和显示项目之间的关系，将项目移动到最适合的项目组。DEVONthink Pro 不能帮助分析员确定样本量或跟踪错误，但它可以帮助分析员收集、存储、检索、使用和共享以新的和意想不到的方式收集的信息。

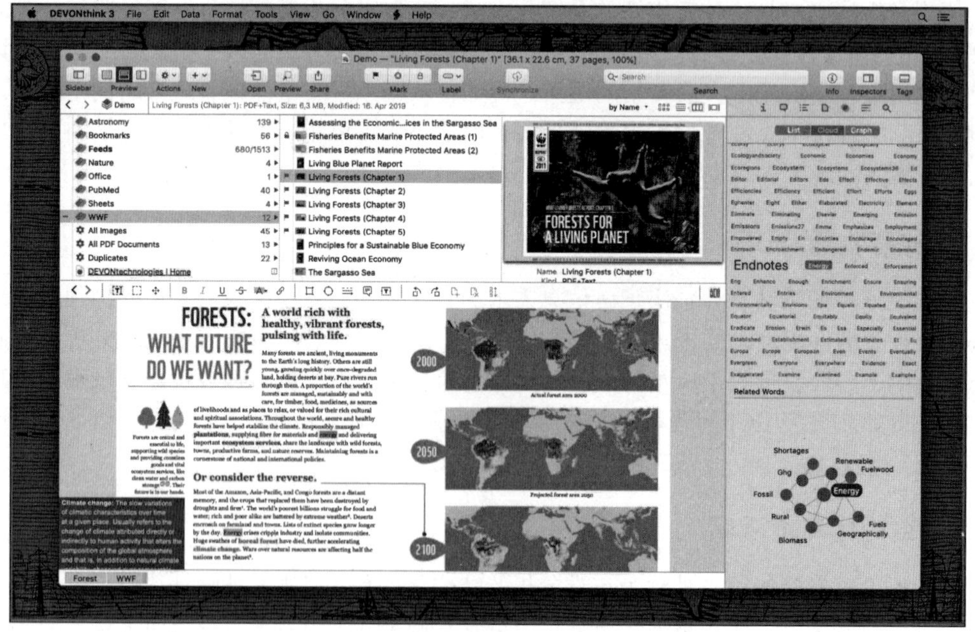

DEVONthink Pro 是一款收集和检索 Mac 计算机信息的有用应用程序

（版权所有 ©DEVONtechnologies，经许可转载）

“结构化环境观察”方法通常称为 STROBE（STRuctred OBservation of the Environment）。若要成功地应用 STROBE，要求分析员明确地观察办公室中常见的 7 个具体要素。图 5.15 列出这 7 个可观察的要素以及一些可能提出的关键问题。这些要素可以揭示很多有关决策者收集、处理、存储和共享信息的方法，以及有关决策者在工作场所的信誉度。

可观察的要素	分析员可能调查的问题
办公室位置	谁拥有角落办公室？关键决策者分布在不同的楼层吗？
办公桌布置	办公桌布置有利于沟通吗？这种布置是否在展示权力？
固定物品	决策者喜欢亲自收集和存储信息吗？存储区大还是小？
道具	有没有证据表明决策者在办公室中使用 PC、智能电话或平板计算机呢？
外部信息源	决策者有没有从外部信息源（诸如行业杂志或 Web）获取很多信息呢？
办公室照明和色调	照明的设置适合于做具体工作还是更适合于进行随意交流？色调是暖色且引人注目的吗？
决策者的衣着	决策者是否穿着款式保守的西服套装以示权力呢？员工必须穿制服吗？

图 5.15　STROBE 的 7 个具体可观察的要素以及分析员可能想问的问题示例

通过使用 STROBE 的方法，系统分析员可以对经理如何收集、处理、储存和使用信息有一个更好的理解。图 5.16 总结了决策者展现出的特征与对应的观察要素。

决策者的特征	物理环境中的对应要素
非正式的信息收集	温暖、柔和的光线和色调
获取组织外部的信息	办公室里的商业期刊
亲自处理数据	办公室里的 PC 或平板计算机
亲自储存信息	办公室里的设备和文件
在决策中行使权力	办公桌摆放显示权力
在决策中展现信誉度	着权威的服装
与其他人共享信息	易于接近的办公室

图 5.16　总结决策者的特征与在物理环境中观察到的对应要素

5.7.2　应用 STROBE 方法

一种实现 STROBE 的方法是，使用含有有意义的速记符号的轶事检验表。这种 STROBE 方法在确定免税服装店 4 个关键决策者的信息需求上很有用。

从图 5.17 中可以看出，系统分析员使用了 5 种速记符号来评估如何将观察到的 STROBE 要素与通过面谈收集到的组织叙述进行比较。5 种符号如下：

（1）对号表示叙述是正确的；

（2）叉号“×”表示叙述是不成立的；

（3）椭圆形或眼形符号作为系统分析员要进一步考证的提示；

（4）方框表示对 STROBE 观察到的要素进行修改；

（5）圆圈表示对观察到的内容进行补充。

当用这种方式实现 STROBE 时，分析员首先记下从面谈中引出的关键性组织主题。接下来，观察和记录 STROBE 要素，然后，在比较叙述与观察时，就可以使用 5 种符号中的某一种来表示叙述与观察到的要素之间的关系。于是，分析员就建立起一张表格，这张表格不仅可以提供证明，还可以帮助分析员观察。

通过带有符号的轶事列表来应用 STROBE			
组织成员陈述的内容	办公室位置与设备	办公室光线、色调与图形	决策者的衣着
信息易于传到各个阶层	●✗	●	●
Adams 说：“我自己算出了百分率。”	●✗	●	●
Vinnie 说，“我喜欢阅读这些东西。”	●✓	●	●
Ed 说：“右手并非总是知道左手在干什么。”	◉	●	●
Adams 说：“我们公司没什么改变”。	●	●✓	●
有时操作部门的所有人员整晚工作。	●	◉	●
Vinnie 说：“我们用 Adams 先生所希望的方式工作。”	●	●	■
Julie：“Stanley 有时似乎不在意。”	●	●	●✓
	●	●	●
	●	●	●
	●	●	●
	●	●	●

提示

- ●✓ 肯定叙述
- ●✗ 否定或推翻叙述
- ◉ 进一步考证的提示
- ■ 修改叙述
- ● 补充叙述

图 5.17　通过带有符号的轶事列表来应用 STROBE

5.8　小结

本章介绍了非干扰性信息收集方法，这些方法包括：采样、当前和存档的定量和定性数据分析、过程与任务挖掘、劳动力分析、通过使用分析员剧本观察决策者的活动，以及通过使用 STROBE 观察决策者的物理环境。

从某一种群中系统地选出一些有代表性的个体的过程称之为采样。采样的目的是选择性研究文档，如电子邮件、发货单、销售报表、备忘录，或者选择要面谈的组织成员，以及发放问卷调查表给组织的成员、观察组织的成员等。采样能减少成本、加快数据收集、改善研究的效率，并有可能减少研究的偏差。

系统分析员要设计良好的采样必须遵循 4 个步骤：确定种群、确定采样类型、计算采样规模和安排好需要收集或描述的数据。

系统分析员能够使用的采样类型是便利采样、目的采样、简单随机采样和复杂随机采样。最后一种类型又包括系统采样和分层采样。确定采样规模时要遵循几个指导原则。

系统分析员需要调查当前数据和表格以及档案数据和表格，它们揭示了组织的发展过程以及成员对组织将怎样发展的预测。文本分析使用软件分析来自博客、维基网站、社交媒体网站和其他在线客户互动的非结构化的定性数据，以支持决策者解释定性材料。

定量和定性的文档都需要分析。因为文档更具有说服力，所以必须意识到改变文档很可能意味着改变组织。

分析员可以使用过程挖掘来自动、非干扰性地扫描通过 SAP、Salesforce、Oracle 等企业软件产品中的 API 找到的过程，并确定哪里可能存在问题。这些企业应用程序记录所有活动，这些活动是过程挖掘中使用的数据。过程挖掘的四个步骤（uipath.com）包括发现、优化 / 自动化、监控和行动。任务挖掘是使用桌面捕获来自动查看个人的行为，并找出可以改进的过程。

分析员可以使用劳动力分析来非干扰性地自动收集有关工作量和性能的数据，以回答诸如员工与岗位是否相匹配，员工之间的工作量是否平衡，员工和团队的表现如何比较，工作流中出现了哪些瓶颈，哪些应用程序使用频率更高，哪些应用程序为团队提供了更高的生产力，等等。

分析员把观察作为信息获取的一项技术。通过观察，可以更深入地了解用户使用信息技术时实际做了什么。一种描述决策者的行为表现的方法是使用分析员剧本，该剧本记载了每个主要演员的活动。

除了要观察决策者的行为以外，系统分析员还要观察决策者周围的环境，以获得系统与用户的匹配程度这一重要线索。一种方法叫作结构化环境观察（STROBE）。系统分析员使用 STROBE 就像电影评论家使用布景分析方法来分析影片中的镜头一样。

系统分析员可以观察和了解决策者环境中的若干个具体要素。这些要素包括：①办公室位置；②决策者的办公桌布置；③固定的办公设备；④道具，如手持设备和 PC 等；⑤外部信息源，如商业期刊和报纸；⑥办公室的照明和色调；⑦决策者的衣着。系统分析员可以使用 STROBE 更好地理解决策者实际上是怎样收集、处理、存储和共享信息的。

复习题

1. 试给出采样的定义。
2. 系统分析员需要采样数据或选择有代表性的人进行面谈，有哪 4 个原因？
3. 设计一个好的采样要遵循哪 4 个步骤？
4. 列出三种复杂随机采样的方法。
5. 试给出分层采样的定义。
6. 采样属性数据时，使用更大的置信度对采样规模有什么影响？
7. 确定系统分析员应与多少人进行深入面谈的覆盖变量是什么？
8. 什么是文本分析？
9. 分析员可用来进行文本分析的大数据来源是什么？试列出它们。
10. 什么是过程挖掘？
11. 在过程挖掘中使用了哪些数据源？
12. 列出过程挖掘的 4 个步骤。
13. 什么是任务挖掘？

14. 在任务挖掘中使用了哪些数据源?
15. 什么是劳动力分析?
16. 使用劳动力分析可以回答关于个人或团队的 5 个问题是什么?
17. 分析员设法通过观察获取有关决策者的什么信息?
18. 列出 5 个有助于分析员观察决策者典型活动的步骤。
19. 在分析员剧本中，谁是演员?
20. 在分析员剧本中，有关管理者的什么信息记录在右边一列?
21. 注意，STROBE 的思想源自电影世界，系统分析员的角色类似于什么?
22. 列出系统分析员使用 STROBE 能够观察到的决策者物理环境的 7 种具体要素。

问题

1. Leigh Mutchler 正为许多没有正确填写的表而担忧。她感觉大约 8% 的表存在错误。
   (1) 如果 Leigh 女士选择置信度为 99%，容许区间估计为 0.02，那么采样规模是多大?
   (2) 如果 Leigh 女士选择置信度为 90%，容许区间估计为 0.02，那么采样规模又是多大?
   (3) 试解释前两问的区别。
   (4) 假设 Leigh 女士将接受置信度 95%，容许区间估计为 0.02，那么现在的表单采样规模是多大?
2. “我知道你有很多材料。那些材料里到底有什么?” Ali Vedadi 问道，她是管理信息系统工作组负责人，该工作组是你的系统团队和 Sawder 家具公司之间的联络小组。你正拖着一大捆文件准备离开大楼。

   “哦，是过去 6 个月的一些财物决算、生产报表，还有 Merrill 给我的一些业绩报表，业绩报表包括了过去 6 个月的目标和工作业绩。” 在你回答时，有些纸掉落到地上，“你为什么问这个问题呢?”

   Ali 为你拾起纸并把它放到最近的桌子上，回答道：“因为你根本不需要这些垃圾。你来这里要做的事情就是和我们这些用户谈话，而不是来这里看材料的，这是不一样的。”
   (1) 只有告诉 Ali 你从每份文档中找到的东西，才能使她相信每份文档都是重要的。用一段文字解释文档为系统分析员理解公司提供了什么帮助?
   (2) 在和 Ali 谈话的时候，你意识到实际上还需要其他的定量文档。列出你缺的东西。
3. 你已经采样了 Sawder 家具公司几个中级经理收到的电子邮件。这家公司运输小型木板组合家具到全国各地。下面是一条在其他几个备忘录中重复出现的消息。

   收件人：Sid, Ernie, Carl

   发件人：Imogene

   答复：计算机 / 打印机供应

   日期：2022 年 11 月 10 号

   我开始意识到，我正在发动一场反对计算机和打印机供给（墨盒、墨粉、纸张等）需求的战争。这些供给都超出了当前商讨过的预算比例。因为我们这里都是优秀的战士，所以我希望你们能拿供应军士所说的任何问题都当成标准。请不要“午夜征用”来补偿短缺物资。在这方面要感谢 GI，这使我们大家更轻松。
   (1) 这里使用了什么比喻? 列出主要的比喻和其他起到相同作用的短语。(请注意，“午夜征用”是军事俚语，指在夜间未经授权从船员那里拿走物资供自己的部队使用，这是一种小偷小摸)
   (2) 如果在其他电子邮件中又发现了这个想法的证据，你对此会做何解释? 用一段文字加以说明。
   (3) 用一段文字描述，系统分析小组人员如何使用电子邮件中的信息为 Sawder 公司制作系统项目。
   (4) 在与 Sid，Ernie 和 Carl 的面谈中，没有提及需要足够的计算机和打印机供给问题。用一段文字讨论为什么在面谈中没有提出这样的问题，同时讨论一下，除了面谈以外，检查电子邮件和其他备忘录的意义。

4. “这是我们几年来为系统用户整理的主要政策手册。” Botong Xue 边吹走手册上的灰尘边把它递给你。Botong 是 Prechter and Gumbel 系统部门的一位文档保管员。Prechter and Gumbel 是一家大型健美工具制造商。“任何用户对系统中需要知道的任何部分都在这本书里面，我称之为蓝皮书，是因为它充满了策略。它太大了，我是唯一拥有全套书的人。再出版这种书成本太高。” 你对 Botong 表示感谢，并带走了手册。当你读完后，对它所包含的内容感到惊讶。大部分页面开头都有诸如此类的消息：“本页替换手册第二卷的 23.1 页，不使用以前插入的页。”

（1）列出你观察到的蓝皮书使用率。

（2）如何更新手册才能做到对用户友好？用一句话解释你的回答。

（3）用一段话评论这个方法，即用一本书规范所有系统用户的所有重要策略的方法。

（4）结合使用在线政策手册，为某些用户提出一个解决方法。

（5）用一段话说明文本分析技术如何帮助组织审查在线发布的员工政策的内容，用另一段话说明你是否会推荐这种方法，为什么？

5. Feng Xu 说：“我想我能记得他所做过的大部分事情。” 他准备与 Steak Your Claim 公司战略规划副总裁 Anwuli Emem 进行面谈。Steak Your Claim 是一家素食连锁餐厅，拥有 130 家分店，专门在家庭环境中提供肉类替代品。“我的意思是说，我有个好记性。我认为听他说什么比看他做什么更重要。” 作为系统分析员团队的一员，Feng 向你诉说了她要写下在面谈中对 Anwuli 的办公室和 Anwuli 的活动进行观察的想法。

（1）用一段话来说服 Feng，在面谈时仅仅倾听是不够的，观察和记录所观察的内容同样是很重要的。

（2）Feng 似乎接受了你认为观察是很重要的观点，但是不知道该观察什么。列出需要观察的项目和行为，在每一项行为的旁边用一句话表明 Feng 通过观察应该得到的信息。

6. “我们是一家积极向上的公司，处处想走在发展趋势的前沿。凡是能使我们处于竞争前列的事情我们都要尝试一下，我们中的每一个人都是这样。” 密歇根州制造公司（Michigan Manufacturing，2M）的总经理 I.B.Daring 说道。作为一个系统项目的预备环节，你先和 I.B.Daring 进行了面谈。I.B.Daring 的下属对这个系统项目表现出了兴趣。在倾听 I.B.Daring 的时候，你环顾他的办公室，发现他书架上存储的信息大部分都属于内部程序手册之类。此外，你还在 I.B.Daring 办公室后部的桌子上发现了一台 PC。显示器屏幕上落满了灰尘，堆在 PC 旁的手册仍然用薄膜包装着。据你所知，2M 是有内部网的，但没看到 I.B.Daring 的 PC 有网线接进或接出。你从 I.B.Daring 巨大的红褐色办公桌向后往上看去，看到墙上有 2M 公司创建者的 5 副油画。所有油画都用金边串在一起，上面镶嵌着相同的口号：“确定你是对的，然后向前。”

（1）根据 I.B.Daring 的描述，公司的陈述或者故事情节是什么？试用你的语言转述它。

（2）列出与 I.B. 面谈时观察到的 STROBE 要素。

（3）每当你观察下一个 STROBE 要素之前，用一句话写出你的理解。

（4）沿着页面的左手边建立一个关于公司故事情节的矩阵，在顶端写出 STROBE 要素。使用 STROBE 中轶事列表的符号表明在 I.B. 所描述的公司故事情节与你所观察到的要素之间的关系。（即表明是否每个 STROBE 要素肯定、否定或有待进一步考证、修改或者补充叙述。）

（5）基于你的 STROBE 观察和面谈，用一段话预测使 I.B. 和其他人赞成一个新系统会遇到什么问题。用一两句话讨论，如果你只是通过电话与 I.B. 交谈或只是阅读他关于系统建议的书面评论，你的分析会有什么不同。

小组项目

1. Maverick 公司是一家有 15 年历史的美国国有货车运输公司，假设你的小组担当 Maverick 公司的系统分析与设计团队，为 Maverick 公司的所有业务设计一个计算机化或者增强计算机化的项目。Maverick 是一种卡车零担的运输工具。管理人员按照及时原则工作，在这个原则的指导下，为准时运输和交付生产线上需要的材料他们建立了包括发货人、收货人和运输工具（Maverick 运输公司）的伙伴关系。Maverick 有 626 台拖拉机拖运货物，约 4 181m^2 的仓库和约 1 951m^2 的办公场地。

（1）与小组成员一起，制定在分析 Maverick 公司的信息需求时应当检查的档案数据资源列表。

（2）完成列表以后，设计一种采样机制。使小组在不必查看这家公司 15 年来产生的任何文档的情况下，清楚地认识该公司。

2. 指派每个小组成员（或小组成员团队）研究一家过程挖掘公司：Celonis、UIPath、Fluxicon 或 QPR Software。每个团队成员都应该向小组写一页汇报：

（1）总结他们研究的过程挖掘公司的特点；

（2）说明公司的目标受众（例如，公司和行业的规模）；

（3）他们目前的一些客户是谁；

（4）他们是否会建议采用这种特定的过程挖掘软件来补充对系统问题的非干扰性识别。

3. 安排对本地某个正在扩大或者加强信息系统的公司进行一次访问。让你的小组练习本章所叙述的众多观察方式，给每一组成员指定下列技术中的一项：开发分析员剧本、使用 STROBE。大部分策略都可以通过一对一的面谈来实现，然而有一些需要正式的组织会议才能实现。通过合理地安排时间，尽量使你们对组织进行访问时可以完成几个目标，让每个人都能尝试分派给他们的观察方法。使用多种方式，如面谈和观察（经常同时使用），可以得到正确、及时的组织信息需求情况。或者，如果你在学校或大学环境中以面对面小组的形式解决此问题，请安排在工作时间访问你的学校或大学的某个部门，并按照上述说明进行操作。

4. 完成小组项目 2 以后，小组成员应开会讨论。有惊人的发现吗？观察得到的信息有没有肯定、推翻或否定从面谈中得来的信息？各种观察方法得到的信息之间是否有直接冲突？和你的小组一起建立一张表，写出解决所有疑惑信息的方法。（例如，通过跟进面谈。）记下列表并与整个小组共享。

5. 与小组一起，研究可以帮助分析员跟踪各种数据（诸如观察数据、调查数据等）的软件解决方案。（提示：本章 Mac 案例专栏中特别强调的 Devonthink Professional Office 就是一款这样的应用软件。）让每个小组成员自己去寻找一个合适的软件包，并了解其优缺点。该步骤大概用 20 分钟时间。完成研究后，共同协作创建一个包含团队成员发现的所有软件的表格。列出所有软件，并给出每款软件的优缺点。

参考文献

AllActivity. (2022, January 7). *The 7 best task mining tools for small businesses in 2021* [Blog post]. https://allactivity.com/blog/the-7-best-task-mining-tools-for-small-businesses/

Ball, A., Lewis, N., and Miller, M. A. (2022). The rise and fall of the real fur industry in the US Insider. https://www.businessinsider.com/rise-and-fall-fur-industry-faux-mink-2022-2

Chan, G. (2021, April 8). A room with a view: The Twitter account that spent a year staring into people's homes. *The Guardian*. https://www.theguardian.com/fashion/2021/apr/08/a-room-with-a-view-the-twitter-account-that-spent-a-year-staring-into-peoples-homes

Cooper, D. R., & Schindler, P. S. (2013). *Business Research Methods* (12th ed.). McGraw-Hill/Irwin.

Davenport, T. H., & Spanyi, A. (2019). What process mining is, and why companies should do it. *Harvard*

Business Review. https://hbr.org/2019/04/what-process-mining-is-and-why-companies-should-do-it

Edgington, T. M. (2011). Introducing text analytics as a graduate business school course. *Journal of Information Technology Education*, *10*, 207–234.

Edwards, A., & Talbot, R. (1994). *The hard-pressed researcher*. Longman.

The Gartner Group. The Gartner Market Guide for Process Mining (2019). www.gartnergroup.com

Halper, B. F. (2008, October 14). Leximancer—concept maps for text analytics and the customer insight portal. fbhalper.wordpress.com/2008/10/14/leximancer-concept-maps-and-the-customer-insight-portal/

Kendall, J. E. (1997). Examining the relationship between computer cartoons and factors in information systems use, success, and failure: Visual evidence of met and unmet expectations. *The DATA BASE for Advances in Information Systems*, *28*(2), 113–126.

Kendall, J. E., & Kendall, K. E. (1993). Metaphors and methodologies: Living beyond the systems machine. *MIS Quarterly*, *17*(2), 149–171.

Kendall J. E., & Kendall, K. E. (1994). Metaphors and their meaning for information systems development. *European Journal of Information Systems*, *3*(1), 37–47.

Kendall, K. E., & Kendall, J. E. (1981). Observing organizational environments: A systematic approach for information analysts. *MIS Quarterly*, *5*(1), 43–55.

Kendall, K. E., & Kendall, J. E. (1984). STROBE: A structured approach to the observation of the decision-making environment. *Information & Management*, *7*(1), 1–11.

Kendall, K. E., & Kendall, J. E. (1984). Structured observation of the decision-making environment: A validity and reliability assessment. *Decision Sciences*, *15*(1), 107–118.

Markus, M. L., & Lee, A. S. (2000). Special issue on intensive research in information systems: Using qualitative, interpretive, and case methods to study information technology—Second installment. *MIS Quarterly*, *24*(1), 1.

Schultze, U. (2000). A confessional account of an ethnography about knowledge work. *MIS Quarterly*, *24*(1), 3–41.

Shah, V. (2022). Connecting Local Communities and University Students Through Application of Process Mining: A Success Story of CMU and Celonis. Unpublished manuscript.

Shultis, R. L. (1964). "Playscript"—A new tool accountants need. *NAA Bulletin*, *45*(12), 3–10.

Webb, E. J., Campbell, D. T., Schwartz, R. D., & Sechrest, L. (1999). *Unobtrusive measures* (rev. ed.). Sage.

敏捷建模、原型化方法和 Scrum

学习目标

1. 理解原型设计的概念并能够识别四种主要的原型化方法。
2. 理解敏捷建模及其区别于其他开发方法的核心价值、原则和实践。
3. 掌握用户故事的概念及其价值。
4. 理解 Scrum 作为一种改进复杂项目开发的敏捷方法。
5. 了解 DevOps 作为组织快速系统开发和运营方式的文化转变。
6. 了解什么是无代码软件开发，以及它对系统设计的意义。
7. 了解工作管理系统如何在敏捷软件开发中发挥作用。
8. 能够比较敏捷建模和结构化方法，并从采用的敏捷建模中获取经验。

本章将探讨敏捷建模，它是一系列创新的、以用户为中心的系统开发方法，如今已成为系统开发的主要方法，尤其是在与选定的 SDLC 过程混合使用时。读者将学到与敏捷方法相关的价值和原则、活动、资源、实践、过程和工具。敏捷方法源于原型化方法，因此，本章首先介绍原型化方法作为理解敏捷方法的背景知识，然后在本章的后半部分介绍敏捷方法。

用户故事是以用户的语言表达的对所请求的软件功能的非正式解释。它们是用户和开发人员之间进行一系列交互的起点。每个用户故事都应该独立于其他用户故事，在项目利益相关方之间可以协商，并且应该关注用户的需求以及它们与业务价值的关系。

敏捷建模作为一种系统开发方法，不同于结构化方法，它有助于快速开发系统。Scrum 是一种适合于更复杂的系统项目的敏捷方法。使用 Scrum 时，通常在持续 2 ～ 4 周的 sprint 中，选择完成有限数量的功能或任务。sprint 的结果是一个潜在的可交付产品。一旦 sprint 结束，该过程将再次开始，新的优先功能将在下一个 sprint 中完成。在 Scrum 中有特定的角色要扮演，也有特定的行动要采取。

DevOps 派生于“Development”（开发）和“Operation”（运营）这两个单词，是组织中的一种文化转移。它可以在组织中创建两个在并行轨道上运行的方法：一条轨道支持快速开发创新应用，另一条轨道支持那些已经准备就绪的进程的维护和运营工作。

无代码平台如雨后春笋般涌现，非编程人员可以在无须编码的情况下将内容拖放到网页或应用程序上。无代码开发具有性价比高、更容易、更快速的优点，有时一个人使用它就可以完成整个团队的工作。无代码的缺点包括，任何人都可以使用无代码且通常没有文档，导致应用程序和网站的开发缺乏战略性。无代码软件开发在原型设计和敏捷方法中应用广泛，将越来越受欢迎。

工作管理系统可以辅助敏捷开发。一个例子是 JIRA（https://www.atlassian.com），它允许用户创建史诗。史诗是客户和最终用户的用户故事简编，可以用来组织所有的用户故事，并将任务分解为发布版本。

6.1　原型化方法

系统分析员提交信息系统的原型（prototype）时，最感兴趣的是用户和管理层对原型的反应。系统分析员需要明确地知道他们使用原型时的反应，以及他们的需求与系统的原型化特征的吻合程度。反应可以通过观察、面谈，以及为引出每个人在使用原型过程中对原型的意见而设计的反馈表（也可能是问卷调查表）来进行收集。

原型化阶段收集的信息允许分析员在最小干扰的情况下以低成本设置优先权和重定计划。这一特征使原型化和计划密切关联。

6.1.1　原型的种类

"原型"这个词有很多不同的用法。与其将所有用法合为一个定义，或把关于原型化方法稍有争议的话题强行看作一种正确的方法，不如阐明每一种原型化方法的定义是在何种特定的情况下成功应用的，如图 6.1 所示。

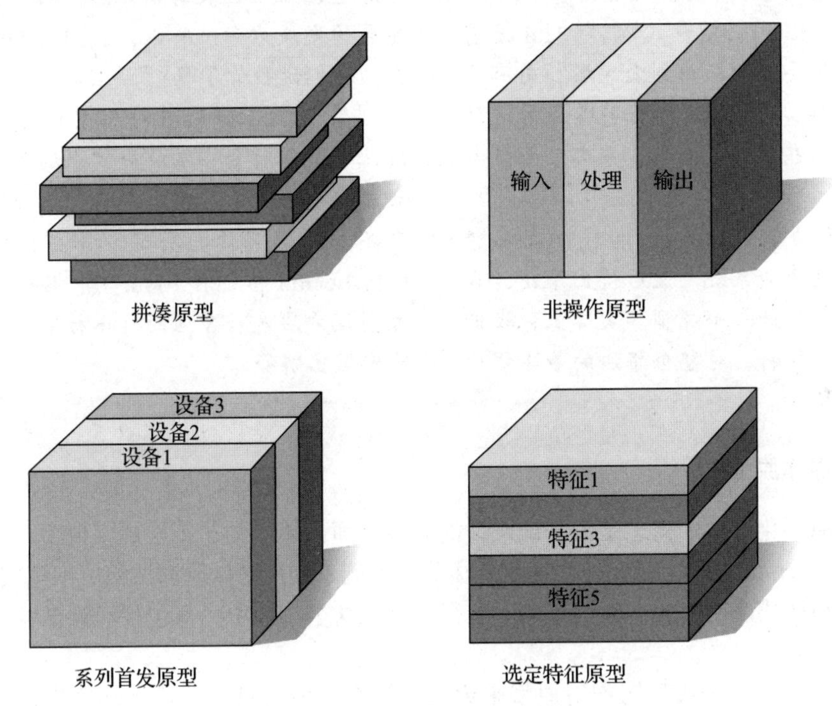

图 6.1　4 种原型示意图

6.1.1.1　拼凑原型

第一种原型构建了一个可以工作但属于修补或拼凑在一起的系统，称为拼凑原型（patched-up prototype）。在工程中，这种方法被称为面包板，通过它可以构建一个拼凑在一起的（微观的）集成电路工作模型。

在信息系统中，拼凑原型的一个例子是具有所有必要特征但又低效的工作模型。在这种原型实例中，用户可以与系统交互，熟悉所提供的输出界面和类型。然而，由于程序是在能够工作而不是高效的目标下快速写出来的，所以信息的检索和存储可能是低效的。

咨询时间 6.1

原型化方法是最佳选择吗？

“正如你所知道的，我们是一个充满热情的团队。我们还不是一个王朝，但我们正在努力。”Paul LeGon 告诉你说。Paul（在咨询时间 2.3 中介绍过），24 岁，是金字塔公司年轻有为的老板。金字塔公司是一家成功的小型独立图书出版商，专营主流出版物之外的纸质图书。作为一位系统分析员，金字塔公司聘请你来帮助开发一个计算机化的仓库库存和发行信息系统。

“我们雇用了大量工人，”Paul 接着说，好像是要让你认识到金字塔公司有巨量业务一样，“我们认为金字塔公司定位很好，我们在北部、南部、东部、西部都有市场。”

“我的助手 Ceil Toom 和我一直在努力地考虑这个新系统。最后得出结论，我们真正需要的是一个原型。实际上，我们研究了大量材料，对整个想法的着迷程度真的是节节增加。”

就在准备回答 Paul 时，你回想起在过去几周内与金字塔公司一起工作的情况。你认为，这个信息系统必须解决的商业问题是非常简单的。你也知道这家公司预算有限。实际上，整个项目很小。

在 Paul 所说的基础上，Ceil 告诉你：“我们并不是说非常沉迷于原型，而是感觉原型化方法代表着新大陆。而那是我们想要的发展方向。所以，我们需要一个原型。我们说服你了吗？”

基于 Ceil 和 Paul 对原型化方法的热情，以及你对金字塔公司需求的了解，你会支持建立一个原型吗？为什么会？为什么不会？阐明你的决定，并在信中答复 Paul LeGon 和 Ceil Toom。根据判断采用原型化方法是否合理的总体标准，对你的决定做出解释。

6.1.1.2　非操作原型

第二种原型化方法的概念是为测试设计的某些方面而建立的非工作规模模型，称为非操作原型（nonoperational prototype）。这种方法的一个例子是用来做风洞试验的汽车实物模型。汽车的尺寸和形状是精确的，但汽车却不能行驶。在这个实验中，只包括风洞试验所必需的汽车特性。

当应用程序所需的编码工作对原型来说过于昂贵，但是只要对输入和输出进行原型化设计就可以获得对系统有用的意见时，就可以制作信息系统的一个非操作原型。在这种情况下，为了减少不必要的成本和时间，不会对处理过程进行原型化设计。然而，基于输入和输出的原型化，仍然可以做出一些关于系统效用的决策。

6.1.1.3　系列首发原型

第三种原型化方法的概念涉及创建系统的第一个全尺寸模型，通常称为系列首发原型（first-of-a-series prototype）。例如，对一系列飞机的首架飞机进行原型化设计，然后在建造第 2 架之前看它是否能正常行驶。这个原型是完全可操作的，并且是设计者对拥有相同特征的一系列飞机的期望实现。

如果计划多次安装同一个信息系统，这种原型化方法就很适用。实物工作模型允许用户体验与新系统的真实交互，并且能将克服新系统存在的任何问题所需的成本降至最低。例如，当一家食品零售连锁店打算用区块链技术（参见第 13 章）在一定数量的零售店中对供应商的出货量进行核对时，在所有商店启用区块链技术之前，可能会在其中一个商店里先实现一个实物模型，用来解决可能出现的任何问题。

6.1.1.4 选定特征原型

第四种原型化方法的概念涉及建立一个操作模型，该模型包括最终系统将具有的一些但不是全部功能，称为*选定特征原型*（selected-features prototype）。例如，一个新的实体零售购物中心，在所有商店建设完成之前开业。

如果用这种方法进行信息系统的原型化设计，原型将包括某些（而不是全部）基本特征。例如，屏幕上的系统菜单可能会列出 6 项特征：增加记录、更新记录、删除记录、按关键词查找记录、显示记录或扫描记录。然而，在原型系统中，只有 3 项特征是可用的，以便用户可以增加记录（特征 1）、删除记录（特征 3）和显示记录（特征 5）。用户反馈信息可以帮助分析员理解什么是可用的，什么是不可用的。它还可以帮助提供下一步增加什么特征的建议。

这种原型化设计完成以后，系统的模块化设计就完成了。因此，如果原型的特征经评估是成功的，就可以将它们合并到最终的大型系统中，而不需要承担大量的界面设计工作。用这种方法完成的原型是实际系统的一个组成部分。这种原型并非如前面所讲的非操作原型那样仅仅是模型。除非另有说明，本章后面对原型化方法的引用都指这种选定特征原型。

6.1.2 用户在原型化方法中的角色

用户在原型化方法中的角色可以概括为：忠实的参与者。如果没有用户参与原型设计，就没有什么理由进行原型设计。与原型交互所需的确切行为可能会有所不同，但是用户是原型化过程的关键。认识到用户对于过程成功的重要性后，系统分析团队的成员必须鼓励和欢迎建议，避免他们自己本能地抵制对原型的改变。

为了推动原型化过程，分析员必须向用户清楚地传达原型化的目的，同时还要传达这样一种观点：只有在用户积极参与的前提下原型化方法才有价值。分析员应该观察的因素包括：用户对原型的反应、用户对改变或扩展原型的建议、任何创新（诸如用户采用全新的方法使用系统的建议），以及在与用户合作过程中可能产生的任何原型修订计划等。用户可能会被要求详细说明他们对原型的建议和创新，由分析员去衡量这种反馈，并根据需要把它转换成可行的变化。

6.2 敏捷建模

敏捷建模是一组具有创新性的、以用户为中心的系统开发方法的集合。在后面几节中我们将学习与敏捷方法相关的价值和原则、活动、资源、实践、过程和工具。很多成功的系统开发项目都要归功于敏捷方法，甚至在很多情况下，敏捷方法将很多公司从用结构化方法设计的快要失败的系统中挽救回来。

6.2.1 敏捷建模的价值和原则

敏捷建模并非只是以结果为基础，它还基于价值、原则和实践。创造程序员和客户间协作环境的价值和原则，对敏捷编程是很重要的。敏捷分析员必须坚持 Beck（2000）在他的敏捷建模著作《极限编程》中提出的以下价值和原则。

6.2.1.1 敏捷建模的 4 个价值

敏捷建模（agile modeling）的 4 个价值创造了使开发人员和企业都可以充分得到服务的环境。因为开发人员的短期工作与商业的长期期望之间通常存在矛盾，重要的是分析员要明确支持那些将形成在软件项目中的协同合作的基础的价值。图 6.2 给出了交流、简化、反馈和勇气这 4 个价值。

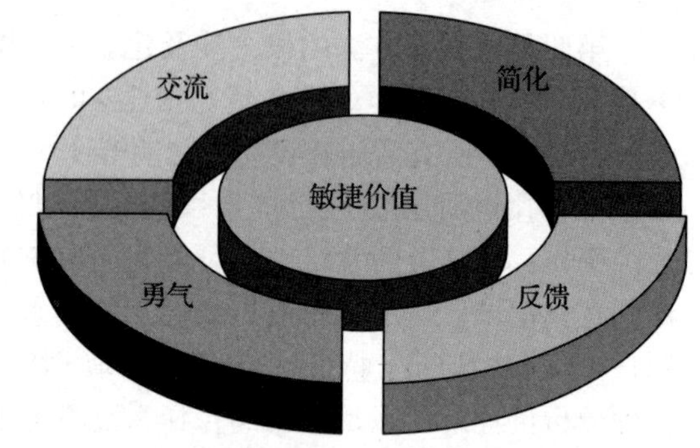

图 6.2 敏捷方法的重要价值

我们首先介绍交流价值。人类的每项活动都存在沟通不畅的可能性。不断地要求进行更新和技术设计的系统项目，特别容易发生这样的错误。再加上紧迫的项目截止日期、专业术语以及缺乏与团队以外的员工互动的机会，这就有可能出现一些严重的沟通问题。项目可能会延迟，错误的问题可以解决，程序员可能会给不理解技术存在的细微差别的管理者带来问题，人们可能会在没有适当更新的情况下中途离开或加入项目，等等。

典型的敏捷实践，诸如结对编程指两名程序员合作开发系统（有关内容参见本章后面的描述）、估计任务和单元测试等，严重依赖于良好的交流。通过与团队中的其他人员进行交流，可以快速修复问题、堵住漏洞以及弥补思维弱点。

敏捷方法的第 2 个价值是简化。着手软件开发项目之初，我们可能陷入庞大而复杂的任务中。然而，先学走，再学跑。软件开发的简化是指首先着手解决我们能做的最简单的事情。

敏捷方法的简化价值要求我们先做最简单的事情，并且知道也许它在以后会发生少许变化。这就要求把重点明确地放在项目的目标上，这是一个基本价值。

反馈是对采用敏捷方法很重要的第 3 个基本价值。在考虑反馈时，较好的做法是认为反馈是与时间概念联系在一起的。对程序员、分析员和客户有用且良好的具体反馈，根据需要什么、与谁交流以及对反馈做怎样处理，可能会在几秒钟、几分钟、几天、几周或几个月内发生。程序员同事可能交给你一个测试用例，破解了几个小时前刚刚编写的代码。这种反馈是无价的，因为它能够在被接受之前改变不能工作的成分，然后再嵌入系统中。

当客户建立程序员随后要实现的所有故事的功能测试时，会发生反馈。（有关用户故事的更多讨论，参见本章后半部分。）客户会将计划的目标与已经取得的进展进行比较从而给出对进度的关键反馈。反馈有助于程序员做出调整，这可以让企业在新系统完全可用以后尽早体验到新系统的功能。

勇气是敏捷方法的第 4 个价值。勇气这一价值与开发团队中必须存在的信任度和舒服度有关。它的意思是说，如果工作并非全部都是对的，不要害怕扔掉一个下午或一天的编程，然后重新开始。它与工作人员关于什么能行、什么不行的本能判断（和测试结果）密切相关。

勇气还意味着对具体的反馈做出响应，以及当团队成员认为他们有一个更简单、更好的方法完成你的目标时按他们的直觉行动。勇气是高风险、高回报的价值，它鼓励试验，使团队能够以创新的方法更快速地达成目标。勇气意味着团队成员互相信任并且充分信任客户，哪怕要求扔掉代码、重新考虑解决方案或进一步简化方法，以不断地改进项目已完成工作的方式采取行动。勇气还意味着作为系统分析员的你，极想应用敏捷方法的实践。

分析员可以通过一种谦逊的态度最好地反映所有这 4 个价值。过去，计算机软件是由计算机专家开发的，他们通常认为他们比当地客户更加知道如何开展业务，而这些当地客户是真正的领域专家。计算机专家通常被称为“古鲁”（guru）。一些古鲁显得很自负，坚持认为自己的观点绝无错误，哪怕客户不相信他。很多古鲁缺乏谦逊的态度。

在系统开发过程中保持谦逊的态度是重要的。你必须坚信：如果用户表示了某种困难，它就必须得以解决，而不能被忽略。敏捷建模人员是提出建议、表达观点的系统分析员，但绝不能在任何时候都坚持他们是正确的。敏捷建模人员应该自信地允许客户对正在开发的系统提出疑问、批评，甚至投诉。分析员要向那些已经从业很长时间的客户学习。

咨询时间 6.2

为客户链接清除障碍

World’s Trend（有关该公司的详细描述，请参见第 7 章）正在建设一个销售减价商品的 Web 站点，这些商品通常是利用公司的主站点或者商品目录操作进行销售的。作为一名刚被聘用的 Web 顾问，Jim Lee 去往一个非常冰冷、严寒的城市，正奋力穿过厚厚的雪，去同 World’s Trend 公司总部的系统团队成员 Elaine Hulitt 会面。

Elaine 对 Jim 表示欢迎，说道：“至少天气并没有影响到我们的 Web 销售。无论如何，销售很旺。” Jim 对她为幽默而做出的微弱努力表示感激，微笑着说道：“从你上周发给我的电子邮件中得知，你在努力确定减价商品 Web 站点需要显示的信息类型。”

Elaine 回答道：“是的。我尽可能用最好的方法组织它。我们的顾客都很忙，我知道，如果顾客用移动电话访问我们的 Web，将要花很长时间才能把所有商品的照片在页面上显示出来。” Elaine 接着说：“Jim，我现在甚至不确定该怎样设计我们的清货站点，我也不知道我们需要在一个页面里包含多少信息。例如，在商品清仓大处理时，并非所有的颜色和尺码都齐全。设计系统的一种方法是包含部分基本信息，顾客需要通过点击按钮请求更多信息；另一种方法是在一页里包含尽可能全面的信息。你认为哪一种方法更好一些呢？如果使用链接方式，我就能够把更多的商品放在屏幕上……但它可能太整齐了。顾客喜欢看到和感受商品堆集在一起削价销售的样子。”

Jim 接着她的思路，说道：“是的，我也对顾客希望怎样组织信息感到疑惑。你使用 Web 实际观察过顾客吗？我指的是，顾客买 T 恤时会顺便去找一双跑鞋吗？如果会的话，鞋子是否应该出现在 T 恤的页面上，或者通过某种方式给出链接呢？”

Elaine 评论道：“这些也是我的想法。不知道能否先用这种方法测试一下青少年服装，然后再应用到成人服装上。如果网上购物方式因年龄而异，该怎么办？”

作为 World’s Trend 公司 Web 站点开发组的第 3 个成员，用一份简要的书面报告回答 Jim 和 Elaine 是否应该使用原型从潜在的客户那里获取 Web 站点设计建议。什么类型的原型是合适的？考虑每一种原型，并解释说明为什么该原型适合（或不适合）解决这个问题。

6.2.1.2　敏捷建模的基本原则

在理想状态下，客户和软件开发团队的看法一致，不必进行交流，任何时候，他们的意见总是一致。我们知道这样的情况是不存在的。怎样才能使我们的软件开发项目更接近于理想状态呢？不能做到更接近于理想情况的部分原因是，至今我们一直试图在一个具有模糊的共同价值的系统上运作。它们是良好的开端，但是它们真的不足以以任何有意义的方法度量我们的成功。因此，一些基本原则被提出来帮助核实我们在软件项目中做的工作确实符合我们共享的价值。

敏捷原则是敏捷价值（agile value）的反映和规范。它们是开发系统时开发人员要遵循的指导原则。它们也是使敏捷方法不同于更传统的计划驱动的方法（诸如 SDLC）以及面向对象方法的根本所在。

敏捷原则首先由 Beck（2000）提出和加以描述，并一直在进行改进。这些原则可以表述如下：

（1）通过开发工作软件满足客户。

（2）即使是在开发后期，改变也允许被引入。

（3）不断地以增量式交付可工作的软件。

（4）鼓励客户和分析员每天在一起工作。

（5）信任被激励的个人去完成任务。

（6）推动面对面地交谈。

（7）致力于使软件可工作。

（8）鼓励连续不断的、定期的和持续的开发工作。

（9）采用敏捷方法并关注创意设计。

（10）支持自组织团队。

（11）提供快速反馈。

（12）鼓励质量至上。

（13）不定期地评估和调整行为。

（14）采用简单方法。

敏捷开发人员经常通过类似的表述方式甚至更简单的短语交流他们的观点，诸如“有目的地建模”“软件是主要目标”以及“轻装上阵”（表示文档越少越好）。仔细思考这些表述方式，会发现这些短语易于理解、易于记忆且易于重复，它们是非常有效的。

6.2.2　敏捷建模的活动、资源和实践

敏捷建模涉及很多需要在敏捷开发过程中完成的活动。本节讨论这些敏捷方法特有的活动、资源和实践。

6.2.2.1　敏捷开发的 4 个基本活动

敏捷方法涉及 4 个基本的开发活动：编码、测试、倾听和设计。敏捷分析员需要确定每个活动所需的工作量，并将它与完成该项目所需的资源进行平衡。

编码被认为是一个不可或缺的活动。Beck（2000）指出，我们从代码中得到的最有价值的东西是“学习”。这个过程是这样的：产生想法，对它进行编码，对代码进行测试，最

后判断这种想法是否合理。代码还可以用来传达原本模糊或未成形的思想。阅读他人的代码时，我可以获得一种新思维（Beck，2000）。

测试是敏捷方法的第 2 个基本开发活动。敏捷方法认为自动测试是很重要的。敏捷方法提倡编写测试程序来检查编码、功能、性能和一致性。敏捷建模依赖于自动测试，因而大多数编程语言都存在大型测试库。在项目的开发过程中，这些测试程序会根据需要进行更新。

对于测试，既有长期目的，又有短期目的。从短期看，测试使你极度信任自己构建的程序。如果测试成功通过，你就能够恢复信心继续下面的编码工作。从长期目的看，测试使一个系统保持生命力，并且使你比在没有编写或运行测试程序的情况下更长期地做出改变。

第 3 个基本开发活动是倾听。在第 4 章中，我们了解到面谈时倾听的重要性。在敏捷方法中，倾听被发挥到极致。开发人员积极听取编程伙伴的意见。在敏捷建模中，几乎不依靠正式的书面交流，因而倾听成为一种极为重要的技能。

开发人员还应积极听取客户的意见。开发人员假定他们对正在帮忙的企业一无所知，因而他们必须认真听取商业人员的意见，以便获得相关问题的答案。开发人员需要弄清什么是有效地倾听。如果不听，就不知道应当对什么进行编码，以及对什么进行测试。

第 4 个基本开发活动是设计，这是创建一个结构用以组织系统的全部逻辑的方法。设计具有演进性，因而运用敏捷方法设计的系统被认为是逐渐演进的，它总是处于设计之中。

良好的设计通常是简单的。设计还要考虑灵活性。良好的系统设计允许我们只需改变一个地方就可以实现系统的扩展。有效的设计把逻辑放在使用它的数据附近。总之，设计应当适合于所有在开发工作进行中需要它的人，包括开发人员和客户。

6.2.2.2　敏捷建模的 4 个资源控制因素

在所有的约束条件下按时完成一个项目的所有活动是值得赞美的，为了实现这一目标，项目管理是关键。项目管理并非只是把所有的任务和资源集中在一起，它还意味着分析员面临很多权衡问题。有时可能需要预先确定成本，而在其他情况上，时间可能是最重要的因素。下面讨论这些资源控制因素（时间、成本、质量和范围）。

时间

我们需要留出充分的时间来完成项目。时间被分成不同的片段，我们需要倾听客户讲述的时间、设计时间、编码时间和测试时间。

我们的一位朋友是一家中餐馆的老板。最近他缺少人手，因为一位忠实的员工回香港结婚了。由于接受过厨师培训，这位老板就自己下厨，食物保证了按时供应，但他不能像平时那样在门口欢迎客户了。他牺牲了听取客户意见的机会来确保按时给他们供应食物，但是他发现这样做影响了他的生意。客户们希望餐馆老板像他们所期望的那样，对他们持续保持关注。

系统开发也是一样的道理。当你花费时间创建高品质的软件时，可能就没有时间听取客户意见。在你设计一个完美的系统时，可能没有留出足够多的时间来测试它。时间很难管理。如果发现自己缺少时间，这时该怎么办呢？

投入更多的时间就可以得到所需的结果，但敏捷方法对这种思想提出了质疑。也许客户更喜欢你按时完工，而不是通过延期来增加另一个功能。我们通常会发现，如果某些功能按时完成并投入运行，客户会感到高兴。经验表明，客户通常会对最初完成的 20% 的功能感到 80% 的满意。这就是说，当你完成项目最后 80% 的功能时，客户可能只是比你在完成最初的 20% 的功能时略高兴一点。这里的要点是千万不要拖延最后期限。敏捷方法坚决主张按时完工。

成本

成本是我们可以考虑调整的第 2 个因素。假设编码、设计、测试和倾听活动正在拖累项目，尽管我们在成本上投入了正常的资源量，但为保持项目平衡而投入到时间、范围和质量上的资源仍然是不够的。实质上我们必须投入更多的资源，即要求更多的资金使该项目保持平衡。

增加开销（从而增加成本）最简单的方法是雇用更多的人，这看起来似乎是一个完美的解决方案。如果雇用更多的程序员，我们可以更快地完工。真是这样吗？未必。设想雇用两名维修工人来修理一个屋顶，然后把人数增加到 4 个。由于人数增多，这些工人在进行维修时很容易互相碰撞。此外，他们还需要花费时间沟通需要完成的任务。而且，如果出现雷雨天气，没有人可以工作。把人数从 2 人增加到 4 人，并非意味着可以用一半的时间完成工作。在考虑雇佣更多的工人时，请考虑沟通成本以及其他无形成本的增加。此外，新成员加入一个团队时并不了解该项目或该团队原有成员必须花时间使新成员跟上进度，这会导致原有成员的工作减慢。

加班也并没有多大益处。加班增加了成本，但是生产率并不一定随之提高。相较于精神饱满的程序员，疲惫的程序员效率更低。疲惫的程序员要很长时间才能完成一个任务，并且他们还可能犯一些错误，修复这些错误甚至要花更多的时间。

我们还可以把钱花在其他什么方面来加快完成项目吗？也许可以。在阅读后面的章节时，你会阅悉各种各样可以支持分析员和程序员的工具。对这些工具的投资通常是明智的。例如，分析员使用图形软件包（诸如 Microsoft Visio）将项目计划传达给其他人，而 CASE 工具（诸如 Visible Analyst）也有助于加快项目开发速度。

甚至新的硬件也值得投资。笔记本计算机和智能手机提高了远程办公的生产率。更大的显示屏、具有蓝牙功能的键盘和鼠标，以及更强的图形显卡也能提高生产率。

质量

第 3 个资源控制因素是质量。如果理想的系统是完美的，为什么还要在系统维护上投入那么多的精力呢？我们是不是通过牺牲软件开发的质量来实践敏捷开发？第 16 章将会介绍质量和方法（诸如 TQM 和六西格玛）的重要性，它们帮助保证较高的软件质量。

然而，敏捷原则允许分析员调整资源，可能发生在维护质量上投入的精力少于预期的情况。质量既可以在内部调整，也可以在外部调整。内部质量涉及软件测试，诸如测试功能（一个程序是否实现它的预期功能）和适应性（软件是否满足某种性能标准和是否可维护）等因素。胡乱地调整内部质量通常是不合算的。

外部质量是指客户对系统的感知。客户对性能很感兴趣，可能会问的一些问题是：程序运行可靠吗（或者软件故障仍然存在吗）？系统生成的报表有效吗？系统生成的报表能否按时到达？软件很容易运行吗？用户界面易于理解和使用吗？

敏捷开发的极限原则允许牺牲某些外部质量问题。为了按时释放系统，客户可能不得不应付一些软件 bug。如果需要赶进度，则用户界面可能不够完善，可以在后续版本中逐渐改进。

商业成品软件制造商确实会牺牲一些质量，这种做法是否正确是有争议的。开发人员可以使用敏捷编程作为他们的敏捷实践之一，因此，不要对 PC 软件应用（更不用说操作系统和 Web 浏览器）的经常更新感到吃惊。

范围

最后一个可调整的因素是范围。在敏捷方法中，通过倾听客户意见并让他们写下他们的故事，可以确定范围。然后对这些故事进行分析，明确在给定的时间内能够做多少工作来满足该客户。这些故事应当简单明了，易于领会。本章后面将进一步描述这些故事，这里给出一个简单的例子，展示一个在线航空旅行系统中的 4 个简短故事。每个故事用黑体字显示。

显示其他可供选择的航班。

列出 5 个最廉价的航班。

提供更廉价的旅行方案。

建议顾客改天外出旅行、周末在家里、参加特别促销活动或者使用备用航空港。

购买机票。

允许旅客直接用信用卡购买机票（核实信用卡的有效性）。

允许旅客选择自己的座位。

在显示屏上显示出飞机的座位，并让旅客选择一个座位。

在理想情况下，分析员能够确定完成上述每个故事需要的时间和成本，而且也能设置它们的质量水准。显然该系统不能牺牲质量，否则信用卡购票可能无效，或者客户没有预订机票就到机场去乘机。

再次强调，敏捷实践允许采用极端的措施，因此，为了保持质量、管理成本及按时完成项目，敏捷分析员可能需要调整项目的范围。为此，分析员需要与客户协商，将一个或多个故事推迟到软件的下一个版本去实现。例如，允许旅客选择座位的功能，可以推迟到以后再实现。

总之，敏捷分析员可以控制时间、成本、质量和范围这 4 个资源因素中的任何一个。敏捷提倡极端的措施，并且着重强调按时完成项目。为此，必须做出一些牺牲，并且敏捷分析员将会发现，一些可行的折中方案并不容易决定。

6.2.2.3　四大核心敏捷实践

以下 4 个核心实践使敏捷方法明显有别于其他开发方法：简短发布、每周 40 小时工作制；长期驻有一个现场客户；结对编程。

（1）**简短发布**意味着开发团队压缩产品发布的间隔时间。简短发布实践不是在 1 年内发布一个完全成熟的版本，而是指通过首先完成最重要的特征，接着发布该系统或产品，然后以后改进它，以此来缩短发布时间。

（2）**每周 40 小时工作制**意味着敏捷开发团队有目的地支持一种文化核心实践，即保持团队每周 40 小时在一起高效地工作。作为这个实践的必然结果，这种文化强调这样一种观念，即连续加班一周以上时间，对项目和开发人员都没有好处。该核心实践企图激发团队成员高效地工作，然后抽出一部分时间进行休息调养，使他们在恢复工作时精力充沛。这有助于团队成员看出问题所在，减少由于无效努力或疲劳战而产生的代价高的错误和疏忽。

（3）**现场客户**是指在系统开发工作业务方面担当专家的用户在开发过程中在场。这个人员是敏捷开发过程必不可少的因素，他要编写用户需求故事，与团队成员交流，帮助设置任务的优先级别和平衡长期业务需求，以及做出优先应处理哪个特征的决策。

（4）**结对编程**是一个重要的核心实践，是指一名程序员与自己选择的另一名程序员一起工作。他们两个都进行编码和运行测试。最初通常在高级程序员的领导下编码，随着初级程序员不断地投入工作，后续由对目标有清晰构想的人员暂时负责编码。当一名程序员要求与另一名程序员一起工作时，结对编程的协议假定他们有义务同意。与另一名程序员一起工作，有助于理清自己的思路。程序员结对经常发生变化，特别是在开发过程的探索阶段。结对编程节约了时间，减少了草率的思维，并且能够激起创造的火花，因而是一种有趣的编程方法。

图 6.3 说明了敏捷方法的核心实践是如何与敏捷开发的活动、资源和价值相互联系的，以及如何支持敏捷开发的活动、资源和价值。

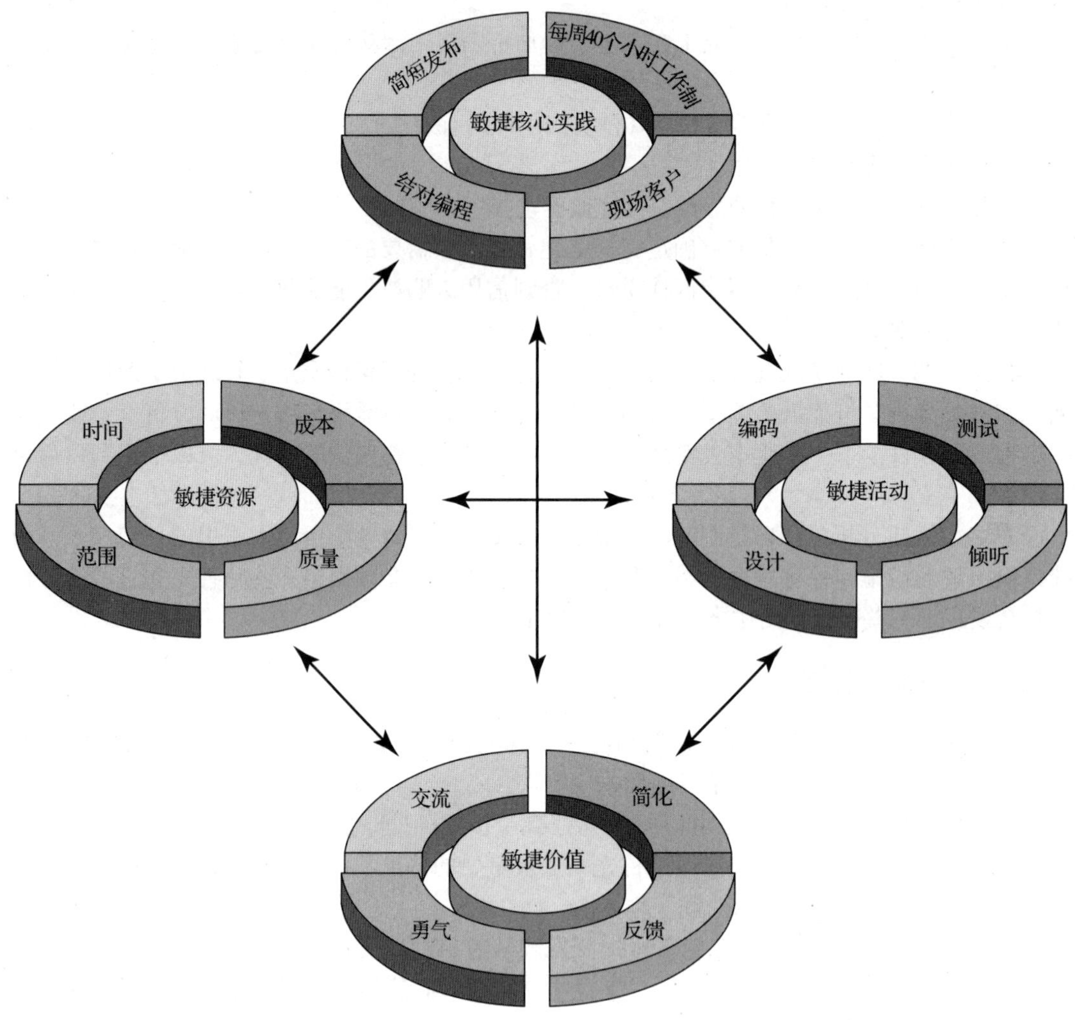

图 6.3　敏捷核心实践与敏捷建模的资源、活动和价值相互联系

6.2.3　敏捷开发过程

建模（modeling）是敏捷方法中的一个关键词，敏捷建模抓住创建模型的机会。这些模型可以是逻辑模型，诸如系统的制图，也可以是实体模型，如本章前面描述的原型。典型的敏捷建模过程涉及以下步骤：

（1）听取客户描述的用户故事。

（2）画出逻辑工作流模型，评价用户故事中表示的业务决策。

（3）根据该逻辑模型建立新的用户故事。

（4）开发一些显示原型，以便向用户说明他们将拥有的界面。

（5）运用来自原型的反馈和逻辑工作流图，开发该系统，直到你创建一个物理数据模型。

敏捷是敏捷建模中的另一个关键词。敏捷意味着可操作性和灵活性。今天的系统，尤其是那些基于网络的系统，提出了双重要求：尽快发布软件、不断改进软件以添加新功能。系统分析员需要具备创建动态的、环境敏感的、可扩展和不断演进的应用程序的能力和方法。因此敏捷建模是一种适应改变的方法。

6.3　用户故事

用户故事（user story）是从客户或最终用户的角度对软件功能的非正式的解释，用户故事应该强调业务价值。

获取用户故事是分析员与用户相互沟通的一种主要方式。将它们视为开发人员和用户之间的对话起点是很有用的。这意味着你正在以适合的谦逊态度处理用户故事。你认识到，它们是你与用户交互的开始，而不是你唯一的交互。你想从用户那里了解哪些业务需求对他们来说是最重要的。本质上，用户故事可以采取简单的形式：“作为一个 < 用户类型 >，我可以得到 < 一些目标 >，这样 < 一些原因 >。”

有许多商业或免费的工具试图使捕获和理解用户故事的部分工作以及敏捷开发的许多其他任务自动化。这些年来，他们的财富忽高忽低。一些公司被收购或并入其他公司并重新命名，成为强大的数字化转型软件公司，也有一些已经倒闭。截至本书撰写之时，JIRA 软件为敏捷开发提供了广泛的支持，包括捕捉和分析用户故事，其他软件还有 Planbox、ScrumDesk、Agilio for trac 和 digital.ai 等。

每一个敏捷软件工具都以不同的方式对用户故事进行收集、分析和分类。然而，对 JIRA 中创建用户故事的过程进行检查是有指导意义的，以下指导原则可用于检验你是否在有或没有敏捷软件支持的情况下开发用户故事：

（1）每个用户故事都应该独立，没有其他用户故事。

（2）每个用户故事都可以在项目利益相关方之间进行协商。

（3）每个用户故事都关注用户的需求以及它们与业务价值的关系。

为了进一步解释，请记住，每个用户故事都是唯一独立于所有其他故事的。在项目利益相关方之间协商用户故事，可以找出需要做哪些工作才能获得最佳的系统性能。用户故事非常关注用户，尤其是他们的需求。

当被问到敏捷团队在从索引卡、看板和大型可见图表等手动工具转向软件工具，应该寻找用户故事管理的哪些功能时，团队成员引用了诸如用户故事和史诗管理、在故事点中估计用户故事、预定义类型的用户故事、将史诗 / 较大的用户故事分解为较小的用户故事等功能。

研究人员发现，敏捷开发人员投入了大量时间寻找合适的工具来支持敏捷项目。此外，研究发现，从业者可能趋向选择以下敏捷软件工具：

（1）易于初始设置。

（2）易学（没有陡峭的学习曲线）。

（3）安装后易于使用。

（4）可定制以适应特定项目。

实践者表示强烈偏好易于理解的有用工具，更复杂的工具需要投入更多的时间来建立和学习，之后还要教授团队中的其他人。

研究人员（Soares et al.，2015）对用户故事与开发周期后期忽视文档之间的关系进行了研究。他们发现，用户故事中的细节水平低是“困难的主要原因”。研究团队警告说：“特别是，用户故事的使用减少了对需求规范任务的关注，因此产生了开发团队需要克服的困难。”因此，这强化了我们的观点，即用户故事是需求确定的开始，而不是结束。

许多研究人员正试图提高用户故事的实用性。总的来说，他们发现敏捷软件工具能很好地支持基本功能。

6.3.1　编写用户故事：示例

虽然本节的标题是“编写用户故事”，但创建用户故事的重点是开发人员和用户之间的日常口头互动，而不是书面交流。因此，用户故事是需求的非正式定义。

下面是为一个在网上销售书籍、CD、电影和其他媒体产品的在线商家的电子商务应用编写的一系列故事的实例。这些故事非常完整地描述了购买过程的每个阶段需要什么，但是都非常简短且易于理解。这里的要点是使网络商店的全部需求和所需关心的事情一目了然。虽然一个故事不足以使我们开始编程，但是敏捷开发人员通过它足以看清总体构想，并且能够估计完成该项目需要做什么。这些故事叙述如下：

欢迎客户。

如果客户曾使用相同的计算机登录过该网站，则欢迎客户回到该网站。

在主页上显示特别商品。

显示最近推出的任何最新书籍或其他产品。如果客户被确认，则为该特定客户定制推荐商品。

搜索期望的产品。

包括一个高效的搜索引擎，用以找到特定产品和类似产品。

显示匹配的标题和可供应性。

在一个新的 Web 页上显示搜索结果。

允许客户询问更详细的情况。

为客户提供更多的产品细节，诸如一本书中的样章、一件产品的更多照片或者播放一盘 CD 上的部分曲目。

显示产品的评论。

共享其他客户对该产品的评价。

把一件产品放入购物车中。

使客户单击一个按钮就可以把产品放入预订采购的购物车中。

把历史购买信息存入文件中。

将有关客户及其产品的信息存入到客户计算机上的一个 Cookie 中。为了实现快速结算，还要保存信用卡信息。

建议其他类似的书籍。

包括具有类似主题或由相同作者编写的其他书籍的照片。

进行结算。

确认客户的身份。

评论购买情况。

允许客户对购买情况进行评论。

继续购物。

同时为客户提供继续购买商品的机会。

应用简便方法实现更快的结算。

如果客户的身份已确认，并且发货地址正确，则通过接受文件上的信用卡和该客户偏爱的提示（诸如送货方式），可以加快交易过程。

添加姓名和配送地址。

如果购买的商品是一份礼物，则允许客户输入接收方的姓名和地址以及选择附上礼品卡。

提供送货选项。

允许客户根据发货成本选择发货方式。

完成交易。

结束交易。如果购物地址不同于客户保存在文件上的地址，则要求信用卡信息。

咨询时间 6.3

孵鱼

“再耐心一些。我认为我们在交付原型之前需要再增加一些特征。否则，整个原型将会沉没，而不会浮起来。”Sam Monroe 说，他是系统分析团队的一名成员。团队的 4 位成员正坐在一起进行一个紧急会议，讨论他们正在开发的信息系统的原型，这个原型将帮助一个大型商业鱼苗孵化场的管理者监视和控制水温、孵化出的鱼的数量以及其他因素。

“他们已经做了很多工作。为什么呢？因为系统开始只有 4 个特征，我们已经加到了 9 个特征。我感觉我们好像正在这里逆流游泳。他们不需要所有的特征，他们甚至不想要这些，”系统分析团队的另一名成员 Belle Uga 争论道，“我不是吹毛求疵，而是只要给他们提供基本功能就可以了。我们已经处理了足够多的事情。”

“我认为 Sam 更准确一些，”Wally Ide 插话道，他是团队的第 3 位成员，有些反对 Belle 的看法，“我们必须向他们表明我们尽全力了，尽管这意味着我们要比承诺的日期晚几周才能策划出原型。”

“好吧，”Belle 慎重地说，“但是我希望你们两位告诉孵化场的管理者，为什么我们现在没有交付原型。我可不想去做这事。我也不知道他们是否会同意。”

Sam 回答说：“好吧，我想我们能办到，但是我们可能不应该推迟得太多。我不想妨碍计划的进行。”

Wally 插话道：“是的。为什么要把我们的错误告诉每个人呢？此外，当他们见到原型时，会忘掉原本持有的意见。他们会喜欢上它的。”

Belle 在她的笔记本上找到了上一次与孵化场管理者见面时的一条备忘录，大声地朗读道：“9 月 22 日的会议备忘录。‘原型化方法——快速开发的重要性，用户和分析团队共同商量，迅速获得修改所需的反馈意见……’”Belle 的声音逐渐小了下去，省略了备忘录的最后几个条目。

听了她的话后，Sam 和 Ide 不高兴地看着对方。

Sam 首先说："我想我们确实努力地使每个人都准备好快速收到原型，从第一天起就是这样的。"注意到你从开始一直沉默到现在，Sam 接着说："所谓水静流急。你认为我们下一步该怎么做呢？"他问你。

作为系统分析团队的第 4 位成员，你认为应该采取什么行动？在电子邮件中用一两段话告诉你的队友，并回答下列问题：在把原型交给孵化场的管理者试用之前，是否需要增加新的特征？原型的快速开发有多重要？在承诺向原型增加更多的特征与交给客户一个更基本的原型时，应综合考虑什么？试给出你的建议。关于是否应该延迟原型以添加更多功能，还是应该按时完成更少功能的原型，试给出你的建议。

不难看出，这里从不缺少故事。敏捷分析员需要选择几个故事，完成编程工作，并发布一个产品。这一步完成以后，选择更多的故事，然后发布一个新的版本，直到系统包含所有的故事（或者系统分析员和客户都认为某个特定故事没有价值或不紧迫，因而不需要考虑）。

在敏捷开发人员看来，用户故事的一个实例如图 6.4 所示。在纸质卡片上（或在电子卡片上），分析员可以先标识需求和机会，然后给出一个简短的故事描述。分析员可以乘机开始广泛地考虑需要完成的活动，以及完成该项目所需的资源。在在线商家这个实例中，分析员表明设计活动需要平均工作量以上，并且时间和质量资源也要上升到平均水平以上。注意到分析员并没有试图使该估计比当前可以做到的更精确，但是它仍然是一个有用的练习。

需求或机会：	应用简便方法实现更快的结算					
故事：	如果客户的身份已确认，并且发货地址正确，则通过接受文件上的信用卡和该客户偏爱的提示（诸如送货方式），可以加快交易过程					
		非常低	低于平均水平	平均水平	高于平均水平	非常高
活动：	编码			√		
	测试			√		
	倾听			√		
	设计				√	
资源：	时间				√	
	成本		√			
	质量				√	
	范围			√		

图 6.4 用户故事可以记录在卡片上。用户故事应非常简洁，使分析员足以确定需要哪些系统特征

6.4 Scrum

另一种敏捷方法是 Scrum。Scrum 这个词取自橄榄球比赛中的一种开始位置，橄榄球队形成赛前球员列队，并为抢到橄榄球而战。Scrum 的确是团队工作，与橄榄球比赛类似。

正如橄榄球队在比赛时会采用一个总体策略，开发团队也以一个概要计划开始项目，并随着"比赛"的进展而改变。系统开发团队的成员认识到项目的成功是最重要的，个人成功是次要的。项目所有者对细节有一些不是太大的影响。更确切地说，战术性竞赛的胜负取决于团队成员，正如他们在赛场上一样。系统开发团队在一个严格的时间框架内工作（2 到 4

周开发时间)，正如橄榄球队的比赛时间是有严格的限制一样。

Scrum 在软件开发中非常流行。它是一种敏捷方法，适用于需要持续行动的较复杂的项目。在 Scrum 开发方法中，在一次冲刺（sprint）中选择有限数量的功能或任务来完成，通常持续两到四周。冲刺完成的结果是一个潜在的可交付软件产品。一旦冲刺结束，过程将重新开始，并在下一次冲刺中完成新的优先级和功能。

咨询时间 6.4

这个原型完全搞错了

"它是可以被改变的。记住，它还不是成品。" Sandy Beach 肯定地说，她是 RainFall 公司的系统分析员。RainFall 公司是一家生产浴室用的玻璃纤维浴缸和淋浴附件的大型公司。Sandy 正在焦急地安慰 Willa Lather，她是 RainFall 公司的生产调度员，正在钻研新的信息系统原型为他提供的第一份报表。

"哦，好的，" Willa 平静地说，"我不想打扰你。让我们看看，就在这里，" 她最后指着原材料购买、原材料使用和原材料库存的月总结报表说道。

Willa 继续浏览新的计算机生成报表。"这会好起来的。" 她停在某个报表上说道，"我只需要让 Jiang 把这部分复印一下，以便会计处理。既然是他的部门，他不会介意的。" 她又翻了几页，说："质量保证部门的人真的应该看到这一列数字，尽管他们对其余的数字不太感兴趣。我会把它圈起来，给他们复印一份。或许我还应该通过电话把这部分内容通知给仓库人员。"

当 Sandy 准备走的时候，Willa 捆起这些报表，评价说："新系统能帮上大忙。我确信每个人都知道这一点。不管怎么说，任何东西都比'老怪物'要好。我很高兴我们已有了一些新东西。"

Sandy 离开 Willa 办公室的时候感到有些迷惘和失落。在认真考虑之后，她想知道为什么会计部门、质量保证部门以及仓库没有得到 Willa 认为他们应该得到的材料呢。Sandy 与几个人通了电话，她确信 Willa 对她所说的话是真的。他们需要报表，但是他们却没有得到。

这个星期晚些时候，Sandy 为了变更输出和改变系统一些特征的事情又和 Willa 会了面。通过这些修改，Willa 在供应商提供的价格发生变化时，或者供应商采用的原材料质量评价方法发生变化时，或者这两种情况同时发生时，能从屏幕上得到相应的回答。此外，这些修改还允许她看到在发货推迟情况下会出现的问题等。

Willa 显然对 Sandy 修改原型及其输出的建议感到不满意。"哦，不要为我这么做。它已经很不错了。我不介意承担为人们发送信息的责任。我也经常给他们发送大量的信息。真的，它工作得很好。我不愿你现在就把它从我们这里拿走。就让它保持原样吧。"

Sandy 感到很高兴，Willa 似乎对原型化输出很满意，但是她想知道 Willa 不愿改变原型的原因。因为她鼓励用户把原型看作一个不断演进的产品，而不是一个已完成的产品。

为 Sandy 写一份简要的报表，列出由 Willa 的反应而引起的原型修改。用一段话讨论 Sandy 如何才能使 Willa 消除对拿走原型而产生的恐惧。用一段话讨论如何让用户在试用原型前就让他们为原型的进化特征做好准备。

6.4.1　Scrum 中的角色

Scrum 有三个角色：

（1）产品负责人；

（2）Scrum 主管；

（3）团队成员。

产品负责人可以被看成是项目创建人，因为他表达了对产品的愿景。产品负责人还要负责项目的初始计划、产品发布和最终评估。

Scrum 主管扮演很多角色，包括充当团队的教练、知识渊博的顾问、经验丰富的开发者和协调者。Scrum 主管的确是一名教练，但他也可能担当其他角色，诸如一艘船的船长、为团队开辟道路的丛林向导，甚或是护卫者。Scrum 主管既要熟悉敏捷实践，还要有帮助团队的经验。Scrum 主管是团队的协调者，但有时也会担当为他们扫除障碍的角色（就像丛林向导）。群体文化依赖于 Scrum 主管，由其负责选择团队成员、组织和主持 Scrum 会议以及协调内部和外部冲突。

团队成员在 Scrum 中扮演更重要的角色，包括：

（1）创建和改进用户故事；

（2）产生估算；

（3）自我组织地完成工作；

（4）表现出愿意参与任何活动来帮助项目的意愿。

团队成员的选择取决于他们的管理和技术技能。回想一下，管理技能包括沟通和建立关系。成员可以包括设计者、编码人员、用户界面专家、测试员以及了解业务和客户的领域专家等。

6.4.2　产品待办事项列表

产品待办事项列表（Product backlog）是由设计师根据用户故事为产品设计的特征和其他交付物组成的。产品待办事项列表除了列出添加到应用中的特征外，还要列出需要修复的 bug，以及需要记录的应用。

图 6.5 是一个产品待办事项列表注册表。用户故事简要地描述在第二列中，其他列描述包括谁将受益于完成的每个用户故事、将需要什么资源以及我们将如何知道用户故事何时完成和被接受。

编号	基于用户故事的任务	谁将受益	所需资源	何时将被接受
W212	使物品放入购物车后更容易继续购物	网站访问者	少量的编码、测试工作	用户对原型做出积极反应，编码完成并经过测试
W210	在线订购过程中的早期提供发货方式选择	网站访问者	根据邮政编码和优选的投递速度动态计算费用，编码，测试	检查了有效性，测试了代码，并且经用户确认信息是可理解的
W211	添加同行产品评论	那些看到这些评论会觉得更有信心的用户	协同过滤，产品页面重新设计，编码，测试	用户认可原型，并且对协作系统进行了全面测试

图 6.5　一个产品待办事项列表注册表

用户故事列表被重新组织，使得最重要的用户故事出现在最上面。有很多方法可以对用户故事按优先级别进行排列，可以快速处理好的小项目非常适合排在列表的顶部。虽然该列表不是严格按照最短处理时间的顺序进行排列的，但依然鼓舞人心。完成很多小任务可能比解决一个大任务更激励人心。用户故事需要被团队中的每个人所理解，以便放置在列表的正确位置上。不清楚的用户故事可以放置在产品待办事项列表的下面。

6.4.3　sprint 周期

在产品待办事项列表中仅仅只是保留一个需求列表，该注册表不会完成任何任务，除非团队着手编写需求列表中的用户故事。sprint 代办事项（sprint backlog）的创建可以用来选择需要很快完成的用户故事（用户故事是团队完成的可交付品）。此外，任务是用户故事的组成部分，或者是每个团队成员所做的工作单元。

sprint 周期可长可短，但大多数公司把 sprint 周期设为 2 周。因此，在这 2 周时间内，团队需要快速处理用户故事，然后决定是否准备发布产品。乍一看来，这似乎是不可能的完成的任务，但团队一旦养成了 2 周为一个周期的工作习惯，它就会变得常规化且令人满意。

在为期两周的周期结束时，团队需要确定是否发布产品。第一个问题是："这个潜在的产品发布有价值吗？"该产品（即团队当时一直在开发的 App 或网站）应该比前一版本更有价值。第二个问题是："产品准备好发布了吗？"团队必须已经完成新特征的编码，并且根据用户故事完成对它们的测试。它必须产生预期的效果，并且没有错误。

以两周为一个周期的发布有很多优点。因为很容易评估成效，所以团队精神很高。完成产品对团队来说也变得更现实，如果团队能够在短时间内解决问题，那么只要若干个两周为周期的发布就能完成整个项目。

其他优点包括团队可以从客户那里连续不断地得到反馈，简短发布是原型，顾客的反馈很重要。

图 6.6 展示了在一个 sprint 周期中涉及的过程和人员。注意，项目主管、开发者团队和新开发的软件产品，都将扮演重要的角色。sprint 是团队开发活动的短周期，仅持续 2 ～ 4 周，团队在 sprint 期间每天都要开会，以创建一个准备发布的新版本。

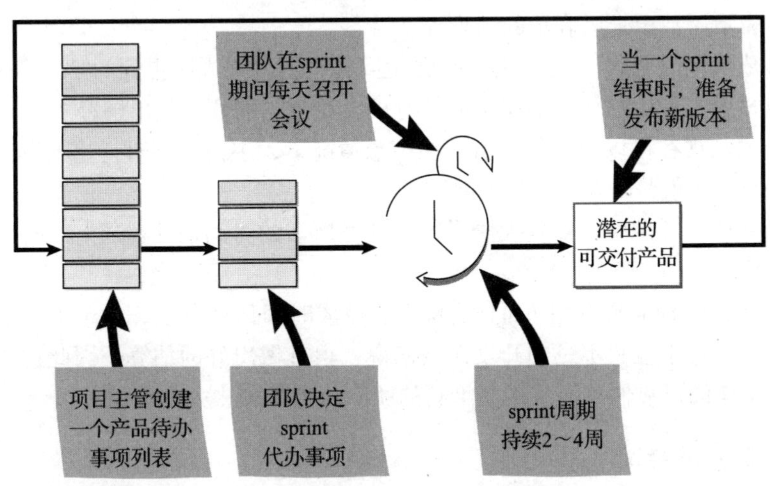

图 6.6　团队如何共同完成一个新发布的 sprint 周期

6.4.4　其他独特的 Scrum 特性

还有其他几个独特的 Scrum 特性，包括规划会议、每日 Scrum 会议、燃尽图以及 sprint 评审等。

6.4.4.1　Scrum 规划会议

Scrum 规划会议（planning meeting）由两部分组成。首先，产品负责人展示出用户故事愿望列表中列出的特征列表，这时团队则向他询问有关问题。

第二部分需要估计完成所有特征所需的资源。一种常见的方法是计划扑克，将在下一小节中进行介绍。采用扑克牌游戏法来估计所需的资源，会使规划会议的气氛变得更加有趣。团队成员需要相互交流，而 Scrum 规划会议为他们提供了一个很好的机会，让团队成员作为 Scrum 规划会议这一部分内容的主导。团队选择需要完成的可交付的产品（用户故事），还要把工作分解成多个任务。团队成员此时开始工作，他们要对所选定的用户故事进行优先级排序，并承诺在当前 sprint 周期结束时完成一定量的任务。

6.4.4.2　Scrum 计划扑克

计划扑克是一种帮助团队确定完成从用户故事中产生的特征所需资源的方法。计划扑克使用如图 6.7 所示的扑克牌进行决策。数字序列开始较小，然后快速增大，这么设置数字的理由是在估计更大的用户故事时有更多不确定性。一种常用的扑克牌基于斐波那契数列：0、1、2、3、5、8、13、21、34、55、89。（斐波那契数列通过将前两个数相加得到后一个数，从而确保随着数字变大它们之间的间隔也变大。）另外，扑克牌有时包含一个无穷大符号（表示这个数太大而无法超越）、问号和咖啡杯（当团队成员需要停止估计工作，稍作休息时使用）。计划扑克的使用方法如下：

（1）一名主持人，使评估会议保持高效运行。

（2）产品负责人提出一个需要进行资源估计的用户故事。

（3）每个队员选择一张上面有数字的卡片，并将其面朝下放置。编号较低的卡片意味着项目可以比编号较高的卡片上的估计更快地完成。数字可以表示完成一个功能的天数、故事点，甚至可以表示用抽象术语表示的困难等。

（4）团队成员同时亮牌。（这就避免了锚定问题，或者重视所提到的第一个估计值。）

（5）具有最大和最小估计值的团队成员有机会对自己的评估做出解释。

（6）整个团队现在可以讨论估计值。在理想情况下，主持人要对讨论加以时间限制。智能手机上的定时器，就是一种限定讨论时间的好方法。

（7）重新开始下一副牌，直到大家对特征开发所需的时间估计达成一致时，就可以进入下一个用户故事。

计划扑克法是一种非常有用（而且有趣）的完成时间估计方法，由于工作设计员们正忙于完成用户故事。对于经验不足的开发人员来说，很难做出好的估算，因此这样的方法可以提高团队估计工作的可靠性，而且不会给新的团队成员带来太大的负担。

6.4.4.3　每日 Scrum 会议

从日常 Scrum 开始的会议叫作站立会议，因为该会议只持续几分钟（这意味着团队成

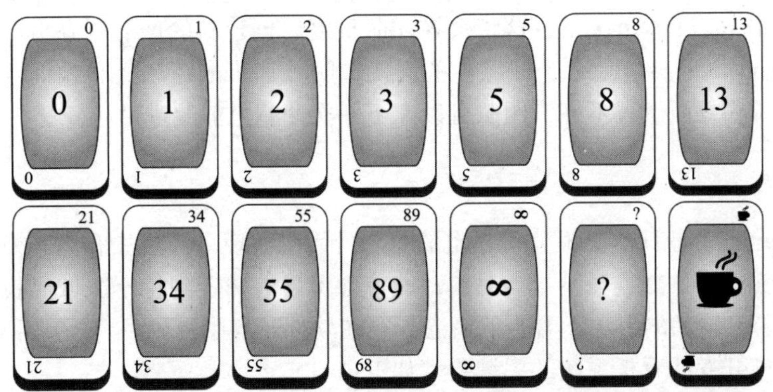

图 6.7　一幅基于斐波那契数列的扑克牌，在一个 Scrum 周期中用于实施计划扑克。如果需要休息一下，则打出咖啡杯牌

员只需要站着开会，并且开会时间很短）。在这个会议上，团队成员互相汇报自上一次每日 Scrum 会议后进行的工作，在当前每日 Scrum 会议期间希望完成什么任务，以及他们会遇到什么困难。大多时候，这些困难不可能在 15 分钟的会议上解决，但把它们找出来是很重要的。

6.4.4.4　使用燃尽图

一种跟踪工作进展情况的方法是使用 sprint 燃尽图（burndown chart），图 6.8 给出了一个燃尽图的例子，它可以每日进行更新。水平轴跟踪已经使用的时间，垂直轴跟踪剩余任务数或者完成剩余任务的小时数。线条表示剩余工作小时数，方条表示剩余任务数，它们都是根据时间（图例中是 sprint 周期）画出的。燃尽图是图形化显示敏捷软件开发项目的工作进展情况的有效方法。

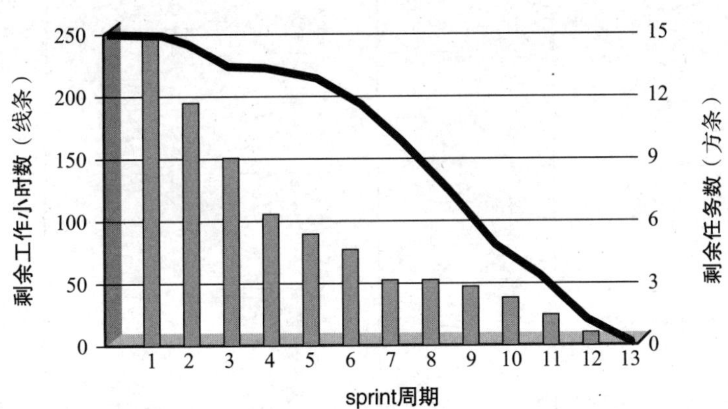

图 6.8　燃尽图展示了系统项目的工作进展情况，描述了剩余工作与时间（图中用 sprint 周期度量）的关系

6.4.4.5　sprint 评审

在一个 sprint 结束时，团队聚在一起开会，总结已经完成的工作，并记录未完成的任务。已完成的用户故事要重点记录下来，团队承担的没有完成的用户故事也要记录下来。团

队不会为下一个 sprint 做出决策，这将会在团队重复以创建新的产品待办事项列表开始的步骤时发生。sprint 评审会议是一个回顾性的会议，团队阐明成绩和经验教训。通过说明哪些方面做得好，哪些方面做得不好，团队可以在下一次冲刺之前改进过程。

6.4.5 看板

看板（Kanban）是日本丰田公司提出的概念，用以实现一种更加有力高效的交付产品的方式。Kanban 这个词的意思是“布告板”，即一种引导消费者到特定区域寻找产品或引导员工到某个位置补充物品的方法。看板的概念如今在软件开发中得到了广泛应用。

应用于软件开发的看板系统的关键要素如下：

（1）可视化工作流；

（2）使进展中的任务（Work-In-Process，WIP）尽量小；

（3）重新评估工作流，如果需要的话重新分配优先级；

（4）争取持续改进，消除瓶颈，评估 WIP 限制。

建立一个类似于图 6.9 所示的工作流概要是可取的，图 6.9 是专为 Scrum 设计的任务看板。它由荷兰的一家公司创建，拥有一个名为 patboard 的专有工具，这些工具帮助开发人员直观地展示敏捷项目的进展。卡片是有磁性和可擦洗的，可重复使用。它们易于根据项目的进展进行布置，而且它们足够小，可以描绘项目的很多部分，但也足够大，可以从展示看板的房间中看到。所有这些都可以用软件来完成，但是磁卡的触感和从一列移到另一列的轻松移动，使这个过程更具交互性和愉悦感。

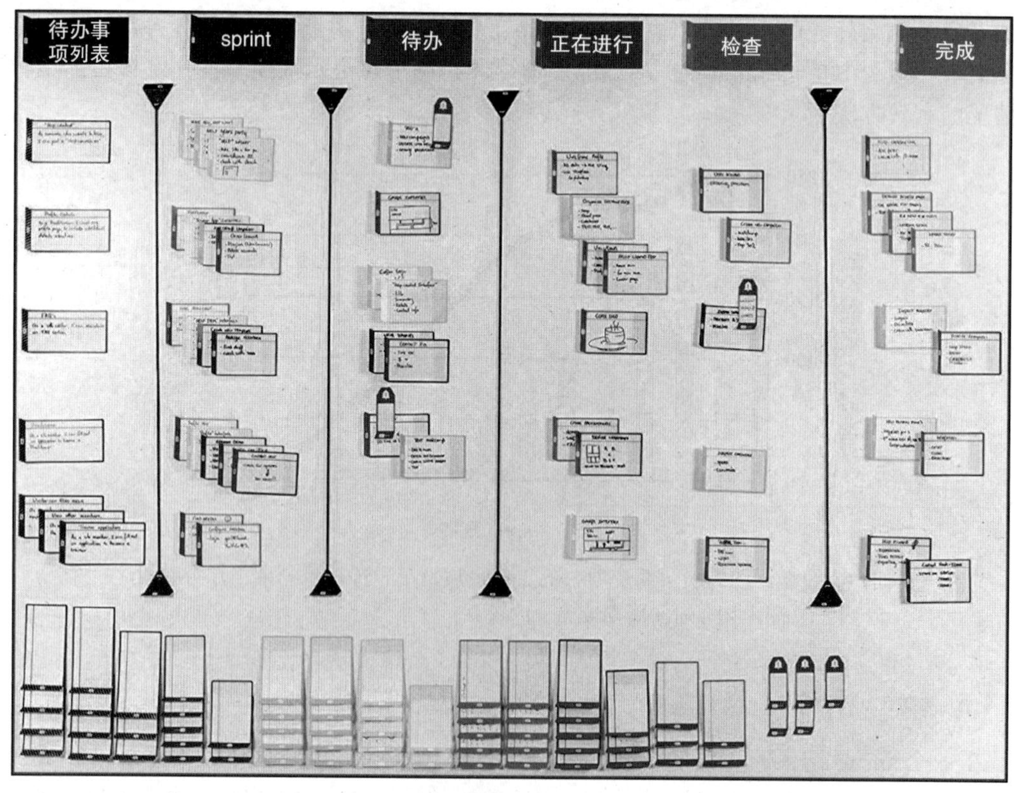

图 6.9 任务看板可以用 www.patboard.com 网站中看到的工具创建

任务看板基于拉式系统。具体例子如下：引入一个新的用户故事，说明公司网站必须更新。这个通知意味着应该创建看板“卡片”。该工作是当务之急，于是把它从“待办事项列表”列拉出来并放到“sprint”列，很快又把它拉到“待办”列。当 Web 设计人员开始工作时，他们又把该任务拉到“正在进行”列。一旦创建新网页，该任务被拉到“检查”列，使链接可以进行测试和验证。测试完成后，该任务又被拉到“完成”列。

请注意，该任务从未被推到另一列中。当项目需要团队人员时，拉式系统的思想有助于确定责任和义务。

周期时间是指一个任务作为一个“待办事项列表”项进入系统直到它到达“已完成”列所需的时间，越短越好。*吞吐量*（throughput）是指在某一段时间或周期内从“待办事项列表”列移到“已完成”列的平均任务数。可使用以下公式计算吞吐量：

$$TP = WIP/CT$$

在上式中，WIP 表示进展中的任务，CT 表示周期时间。

因此，如果在一个为期 4 周的周期内有 12 个用户故事在工作进展中，则吞吐量等于 12 除以 4，即吞吐量为每个周期 3 个用户故事。当然，这只是指导性的，实际完成的用户数可能随着很多因素的变化而变化。

看板思想适用于所有形式的敏捷方法。在应用于 Scrum 时，有人使用术语 Scrumban。他们指出 Scrumban 不同于看板，因为采用了固定的 Scrum sprint。

6.4.6 Scrum 的优点和缺点

Scrum 有很多优点，具体如下：

- 快速产品开发。
- 使用面向用户的方法。
- 鼓励团队工作。
- 比正式方法更加少的混淆。
- 灵活。
- 让团队成员满意。
- 奖励较小但有意义的成就。
- 提供反馈。
- 适应性好。

可以看出，Scrum 有很多优点。但它也有如下一些缺点：

- 不适当地记录特征。
- 发布有错误的产品。
- 向用户过早发布产品。
- 在压力下完成 sprint 待办事项列表。
- 按地理上分散的团队形式进行工作可能有困难。
- 按团队形式工作在需要特殊技能时可能面临挑战。
- 替换离开团队的团队成员有困难。

开发人员需要注意的是，尽量最小化任何缺点的影响。

Scrum 是一种高强度的方法，在开发复杂创新的软件包方面具有很多优势。这是一种采用敏捷建模理念的方法，然而，如果工作强度过大，组织可能会决定采用另一种敏捷方法。

6.5　DevOps：应用程序开发的文化转变

DevOps是从“Development”（开发）和“Operation”（运营）这两个词中派生出来的，是通过快速抓住市场机会并及时获得客户反馈来减少新开发应用程序的部署时间和最大化利润的一种方式。DevOps尽力把这些过程（如开发、部署、运营等）融合在一起。

DevOps如图6.10所示。在DevOps文化中，开发和运营是并行进行的。值得注意的是，开发工作的重点是快速开发新的应用、规划、优先级排序、设计和编码，而运营工作的着重点是测试、发布、配置、监测，以及维护新发布的和已建立的应用软件。

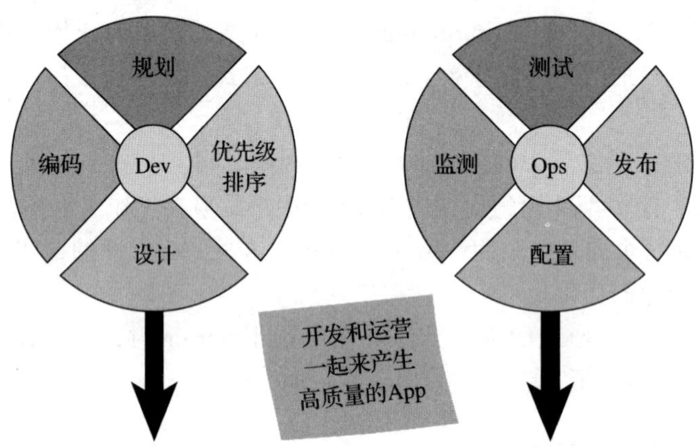

图6.10　DevOps存在于它自己的文化中，其中有两条轨道并行工作以产生新的软件版本

DevOps被描述为一种文化，而不是一种如SDLC或敏捷开发那样的方法论方法，因为它需要不同的思维方式来分析系统问题。DevOps不是等待开发团队解决出现的系统问题，也不是去争论错误发生的地方或者由谁负责（这会浪费解决问题的时间），而是在组织中创建两个在并行轨道上同时运行的方法：一条轨道支持快速开发创新应用，另一条轨道支持那些已经准备就绪的进程的维护和运营工作。

DevOps使用一个以价值流为中心的进程组织。围绕每个价值流可以分析12到15个进程，5到10人的小团队就完全可以负责一个价值流。如果你想知道一个DevOps团队的规模，那么你可以使用亚马逊双比萨规则作为指南。如果两个大比萨饼还不能满足团队，那么团队规模就太大了。团队限制他们的多任务处理能力，最多只能处理一到三个项目。他们以小批量和小步骤工作，减少了对组织外部的客户（外部）或其他部门的客户（内部客户）交接任务的数量。他们通过避免部分完成的工作、额外的进程、任务切换和跟踪缺陷来减少或消除浪费。为了尽早发现错误，团队成员“聚集”一个问题，以便立即修复并且不会以更高的成本传递下去，这样他们就可以学会避免这些错误，从而把质量推到正在完成工作的团队手里。

DevOps致力于使系统开发工作有很强的适应力，因而他们要进行“消防演习”（fire drills）。Netflix将这些演习称为“混沌猴”：关闭所有的服务器和进程，以确保公司能够应付最坏的情况。安全漏洞被推送给DevOps团队，并被集成到共享代码存储库中。在演习结束时，每个人都会听取有关评估汇报，包括项目是成功还是失败以及是否符合业务目标等。如果存在安全问题，则会对所有安全漏洞进行事后评估，以便团队可以从这些问题中吸取教训，从而不会再犯这样的问题。

6.6 无代码软件开发

如今，软件的开发已经从专业程序员转向非程序员，基本思想是任何人都应该能够使用图形用户界面而不是编写计算机代码来创建软件。

无代码平台（no-code platform）如雨后春笋般涌现，除了平台外，人们还可以找到一系列教程，帮助非编程人员设计、构建网站或移动 App，例如，用户只需要将菜单中的项目拖放到工作区，其拖动的项目可能包含 HTML5、CSS 或 JavaScript，但用户不需要知道如何用编程语言编写。他们只需要知道如何将其中一个块拖到工作区域。

如今有许多用于设计无代码应用程序和网站的平台。Wix、Bubble 和 WordPress 都是无代码网站建设平台的例子。开发网站的人员可以使用拖放元素，如文本框、按钮、图标、图像、地图等，将其添加到工作区，并查看网页的外观。

无代码开发有下面一些优点：

- 无代码软件开发经济高效。
- 无代码开发更简单。
- 无须代码即可更快地进行开发。
- 一个人不使用代码编程有时也可以完成团队的工作。

首先，组织成员使用无代码技术构建自己的网页和应用程序经济高效，不必雇用或外包给专业的编码人员。如果员工了解公司的某个产品，他们可以使用公司模板，直接写下产品的详细信息，而无须要求其他人写 HTML 代码，从而降低成本。

其次，无代码开发比传统编码更简单。将项目拖放到工作区以开发网站比用 HTML 编码花费更少的精力。再次，无代码开发更快。如果开发人员一年才使用一次 HTML 代码，他可能需要查找符号，这很浪费时间。最后，一个人也可以更快地启动项目。一个人可以快速制作网站原型，而不需协调提供设计、构建网站和提供内容的人员。

因为无代码开发使用拖放操作机制，因此开发时间更快。此外，产品现在对它们来说已经很熟悉了。例如，应用程序 Monday.com 和 Jotform 表格的模板看起来类似于 Microsoft Excel 电子表格，但更容易更改。使用这些应用程序的开发人员花在开发应用程序上的时间更少，因为他们已经理解了用作界面的背后含义。

最后，一个人也可以自己实施开发。由于不涉及代码，因此不需要与其他人进行协商。个人也可以使用 Monday.com 或 Airtable 创建可以自动更新的复杂仪表板。

无代码软件开发并非没有缺点，其缺点是：

- 当任何人都使用无代码开发时，应用程序和网站的开发不是战略性的。
- 通常没有文档资料。

无代码开发平台无所不在。Microsoft Azure 提供了一组低代码工具，称为 Power App。它允许开发人员使用可视化拖放操作来构建应用程序，并声称能够在不需要机器学习知识的情况下实现人工智能能力。

无代码软件的流行源于任何人都可以重新设计界面，通过将元素拖拽到类似电子表格的表格中，使数据变得可理解和可用。

在组织中采用 Monday.com、Jotform 或 Airtable 等无代码应用程序，可以鼓励每个人都充当设计员，以解决迫切需要解决的问题，无须等待数据中心为各个部门开发应用程序。这是不是一个好方式取决于员工的能力、培训质量、待解决问题的透明度以及组织的文化。

无论组织采用什么策略来解决内部问题，无代码软件开发在原型设计和敏捷方法中都是有用的。我们期待看到更多的应用程序和网站以这种方式设计。

6.7 敏捷软件开发的工作管理系统

敏捷开发可能利用新的项目管理的敏捷形式。在敏捷项目中，Microsoft 项目管理软件可能过于组织化和棘手。虽然使用 Scrum 和看板进行开发似乎是自我管理，但可能需要更多的帮助。

一个用于解决这一问题的新工作管理系统是 JIRA。它将工作描绘成一个协作过程，利用模板来解决三种类型的工作管理情况。在 JIRA 中，有看板和 Scrum 的模板。此外，JIRA 还有漏洞跟踪模板。第 16 章介绍对其测试情况。

图 6.11 是来自 JIRA 的 Scrum 板，其中四列分别表示待办事项列表、正在进行的任务、正在审查的任务和已完成的任务，负责任务的团队成员由团队成员的照片表示。

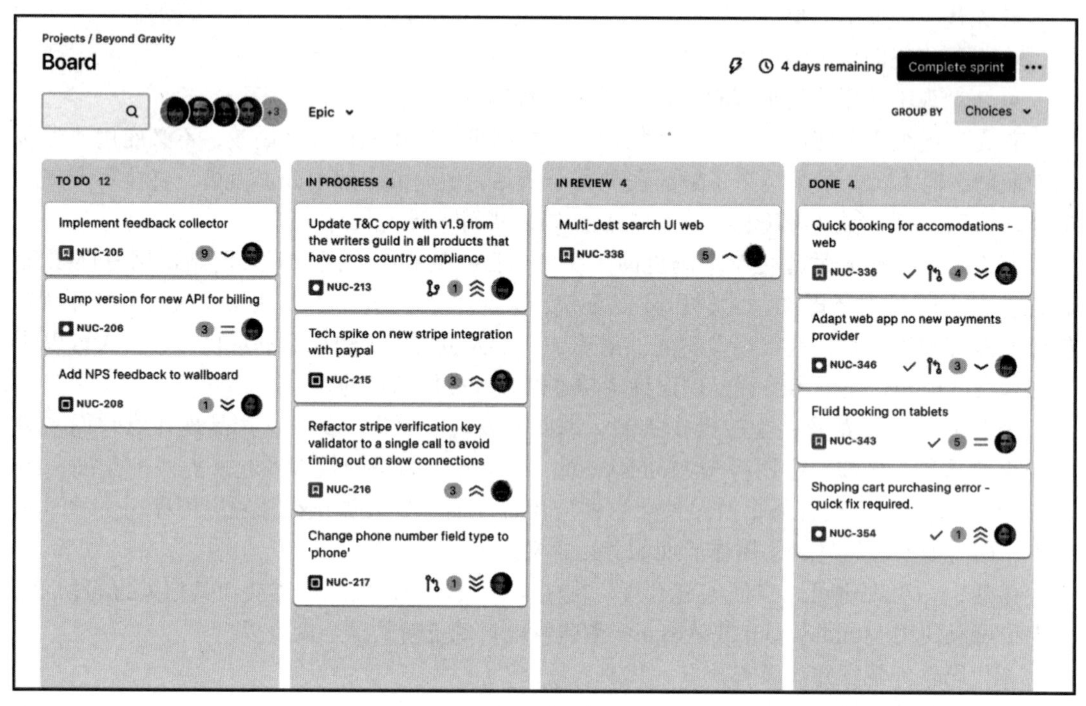

图 6.11 使用 JIRA 可以很容易地制作 Scrum 板（由 Atlassian 提供）

史诗（epic）是来自客户和最终用户的用户故事简编。史诗可以用来组织所有的用户故事，并将任务分解为发布版本。在 JIRA 中，用户故事称为“问题”，通过一系列的 sprint 来完成。JIRA 实际上将定义扩展如下：问题是 JIRA 项目的构建单元，可能代表项目中的故事、错误、任务或其他问题类型。

史诗可以描述敏捷开发的大图景。史诗可以提供一个路线图，或随着时间推移而发生的未来行动计划。也可以基于史诗来确定一个主题或一组目标。如图 6.12 所示，路线图可以分解在短时间内完成的小任务或计划。

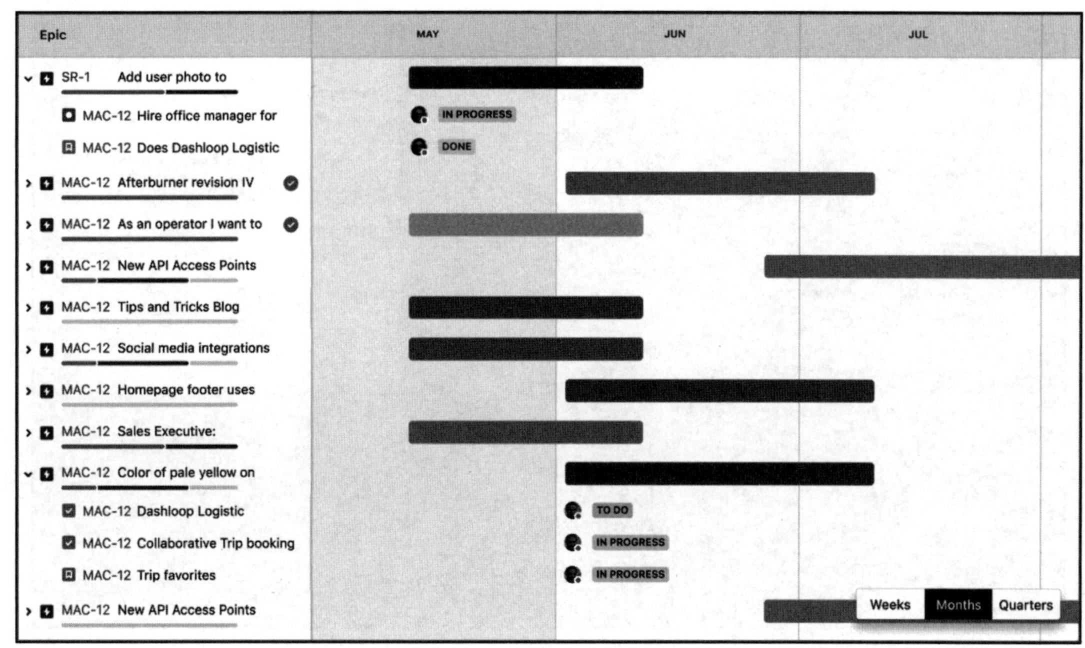

图 6.12　在 JIRA 制作的路线图（由 Atlassian 提供）

在史诗中记录事情是记录敏捷软件开发的一种方式，记录文档包括以下要素：

（1）报告职责。史诗可以用来与他人沟通，因为它们处于更高的级别，所以向管理层报告特别有用。

（2）揭示用户故事。当揭示用户故事时，史诗可以显示从开始到结束的进展，即团队是如何达到当前状态的，以及过程中的修改是如何改变结果的。

（3）量化史诗的大小。换句话说，史诗的边界是什么？在某些方面，所描述的问题被认为不是史诗的一部分。此外，还需要决定史诗的详细程度。了解一个组织过去的实践和文化，才能最好地回答这些问题。

（4）确定时间段。除了前面提到的关于范围和细节的问题外，开发团队还需要定义史诗应该花费的时间。例如，团队何时停止向操作系统 OS 14 添加功能并开始开发操作系统 OS 15？

使用 JIRA 自动化敏捷工作管理软件有如下一些好处：

（1）结构化的方法有助于保持工作的正常进行。敏捷并不意味着随意或随机。敏捷开发应该是有意义的、合乎逻辑的和有序的。

（2）可以设置工作管理软件来实现过程自动化。例如，可以自动将三个用户故事添加到史诗中，并在史诗标记为完成时自动关闭用户故事。

（3）可以对进度进行总结和报告，JIRA 通过一个名为“见解”（insight）的功能完成此任务，如图 6.13 所示。

（4）自动化的工作管理系统可以很好地进行通信。开发人员可以在白板上拍摄他们的涂鸦照片，但实际上，屏幕上显示的有吸引力的报告或彩色打印的报告更令人印象深刻。它们往往更具可读性，从而有助于更好地沟通。

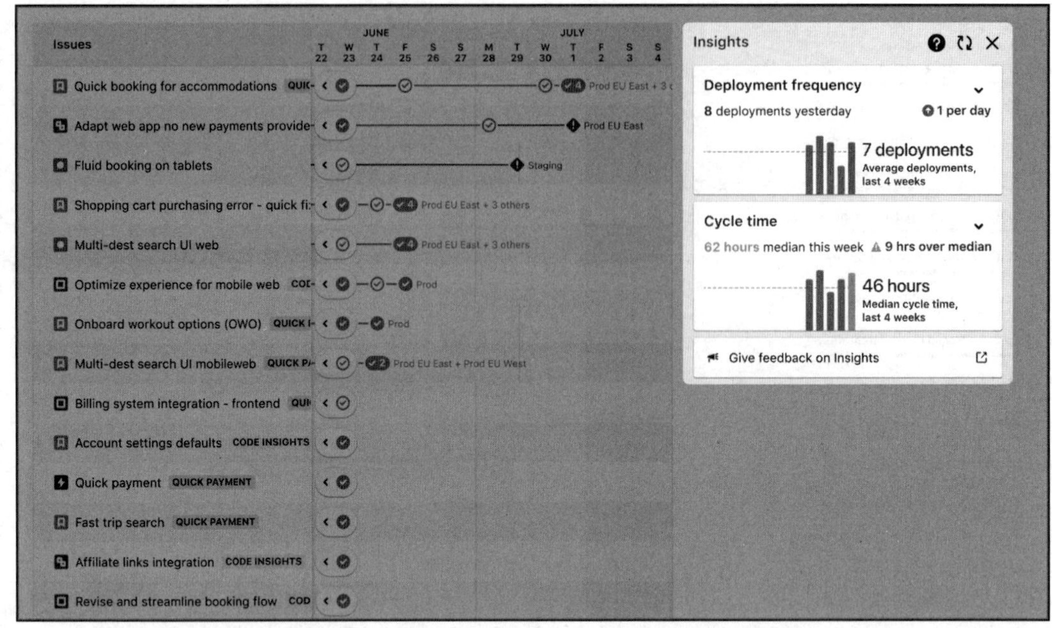

图 6.13　使用 JIRA 软件产生的见解可以让管理层了解项目的进展情况（由 Atlassian 提供）

6.8　敏捷建模与结构化方法的比较

正如前面所述，敏捷方法得到了迅速发展，据报道它们切实有效，并且用户就是直接参与项目的客户。虽然敏捷方法开发的项目通常需要稍作调整，但是敏捷开发人员表明调整是敏捷开发过程一部分。敏捷方法隐含很多简短发布且每次发布都会增加功能。

6.8.1　从敏捷建模中吸取的经验教训

敏捷方法通常是作为系统开发的另一种方法提出的，通过快速、迭代、灵活和参与的方式响应变化的信息需求、商业条件和环境，寻求解决传统的 SDLC 方法出现的常见问题（如，太耗时间、专注于数据而不是人、太昂贵等）。

在一些著作、文章和网站中叙述了一些敏捷开发项目。其中很多项目取得了成功，但也有一些失败了，我们可以对它们进行研究，从中吸取大量经验，了解敏捷价值、原则和核心实践。下面介绍我们从敏捷建模研究中吸取的 6 个主要经验。图 6.14 对这 6 个经验进行了描述。

第 1 个经验是简短发布推动系统进行演进。产品更新经常进行，并且改变被快速融入系统中。这样就允许系统以一种让客户觉得有用的方式进行增长和扩展。通过运用简短发布，开发团队缩短了产品发布的时间间隔，然后随需求情况的变化而改进产品。

第 2 个经验是结对编程可以提高总体质量。虽然结对编程仍存在争议，但显然它支持系统开发所需的其他积极活动，诸如良好的交流、视客户为一体、首先集中在项目的最有价值的方面、对所有的代码边开发边测试，以及在新代码通过测试后对它进行集成。

第 3 个经验是现场客户对敏捷开发团队和客户都有益。客户充当现成的参考资料和现实标准，由于他们在场，总是可以保持系统设计的核心。客户可以以开发人员的角度来思考，而开发人员也更加理解客户。

第 4 个经验是每周工作 40 小时可以提高工作效率。即使是最严谨的开发人员，如果长时间超强度地工作，也会犯错误和感到精疲力尽。当开发团队在一起时，每一刻都计算在内。我们都知道“龟兔赛跑”的寓言，对于项目的生命、系统的生命和开发人员的生命来说，以一种可持续的速率工作更令人期望。

第 5 个经验是平衡的资源和活动支持项目目标。项目管理并非只是把所有的资源和任务聚集在一起，它还意味着分析员需要面对大量权衡问题。有时需要预先确定成本，而在另一些关键时刻，时间可能是最重要的因素。时间、成本、质量和范围这 4 个资源控制变量需要与编码、设计、测试和倾听活动进行正确的平衡。

我们从敏捷建模方法中吸取的最后一个经验是敏捷价值是项目成功的关键。分析员在全部工作中始终坚信交流、简化、反馈和勇气，对项目的全面成功是必不可少的。这种个人和团队的承诺有助于分析员的成功，同样拥有相似的技术能力但是缺乏信念价值的其他分析员很可能会失败。真正地支持这些价值是使用敏捷方法实现成功开发的基础。

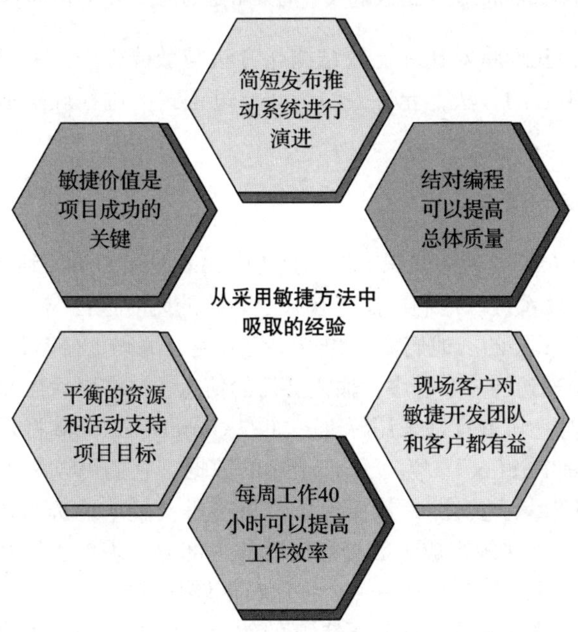

图 6.14 从采用敏捷方法中吸取的经验

6.8.2 改进知识工作效率：SDLC 与敏捷

研究人员 Davis 和 Naumann（1999）列出了 7 个可以提高知识工作效率的策略：减少接口时间和错误；减少过程学习时间和双向处理损失；减少任务结构化和输出格式化的时间和工作；减少工作的非生产性扩展；减少数据和知识搜索及存储的时间和成本；减少交流和协调的时间和成本；减少人员信息过载导致的损失。根据对一组程序员的研究，Davis 和 Naumann 声称最好的程序员的生产率比最差的高出 5 到 10 倍。他们进一步指出，对于从事文书或体力任务的工作人员而言，这一比率只有 2 比 1。他们的建议是使用软件，这可以帮助改善很多情况。

虽然采用更多的软件确实可以提高性能，但是改变开发方法也可以改善性能。因此，我们将通过结构化方法和敏捷方法的透镜来分析知识工作生产率的每个方面。图 6.15 列出改进生产率的 7 个原始的策略，然后解释哪些方法用来改进结构化方法和敏捷方法的系统开发效率。

改进知识工作效率的策略	使用结构化方法实现	使用敏捷方法实现
减少接口时间和错误	对编码和命名等采用组织标准；使用表单	采用结对编程
减少过程学习时间和双向处理损失	管理何时发布更新，使用户不必同时学习和使用软件	即席原型化和快速开发
减少任务结构化和输出格式化的时间和工作	使用 CASE 工具和图表；使用其他程序员编写的代码	鼓励简短发布
减少工作的非生产性扩展	项目管理；确定最终期限	限制每次发布的范围
减少数据和知识搜索及存储的时间和成本	使用结构化数据收集技术，诸如面谈、观察、采样等	容许一个现场客户
减少交流和协调的时间和成本	把项目分成更小的任务；设立障碍	时间定标
减少人员信息过载导致的损失	应用筛选技术来屏蔽分析员和程序员	坚持每周工作 40 个小时

图 6.15 Davis 和 Naumann 提出的改进效率的策略是如何使用两种不同的开发方法实现的

在下面的小节中，我们将对比和比较结构化方法与敏捷方法。关于敏捷方法的总体观察是，它是一个以人为中心的方法，允许人们创建通过正式的过程规范不可能创建的细致的解决方案。

6.8.2.1 减少接口时间和错误

系统分析员和程序员需要使用知识工作工具（从 Microsoft Office 到复杂而昂贵的 CASE 工具）来分析、设计和开发系统。他们还需要在开发系统的同时进行编档。分析员和程序员能够理解他们使用的接口是重要的。他们需要知道如何分类、编码、存储和编写他们收集的数据。系统开发人员还需要快速访问一个程序，输入必需的信息，并在以后需要时重新获得它们。

结构化方法鼓励对一切事宜都采用标准，如“ Google Chrome 将是办公室台式计算机上的默认浏览器，而不是 Firefox”。为了保证干净的数据，它们可以是更具体的说明，如“总是用 M 表示男性，用 F 表示女性”，从而保证分析员不会轻率地选用自己的代码（诸如 0 表示男性，1 表示女性）。这些规则成为数据存储库的一部分。表单也是有用的，它要求所有人员都记录他们的规范，以便在需要时另一个程序员能够接管它。

在敏捷方法中，表单和规范也起到了良好的作用，此外还增加了另一个元素——结对编程实践。它保证程序员互相检查工作，从而减少错误数。结对编程意味着设计或软件本身的所有权在伙伴间共享。两个伙伴（通常包括一个程序员，而且是高级程序员）将会说明，他们选择了一个期望拥有无错误的高质量产品的编程伙伴。因为两位人员从事相同的设计和代码，所以避免了接口时间。结对编程是整个过程不可分割的一部分。Davis 和 Naumann（1999）发现，当结对编程的主题被提出时，程序员们是非常支持的。

6.8.2.2 减少过程学习时间和双向处理损失

分析员和程序员需要学习完成当前项目所需的特定技术和软件语言。当部分分析员和程序员已经了解使用的产品，而其余人员仍然需要学习它们时，往往会导致效率低下。我们通常要求开发人员在学习新应用程序的同时使用它们构建系统。这种在职培训大大减缓了整个系统开发项目。

传统的结构化项目需要分析员更多的学习。如果使用 CASE 工具，分析员可能需要学习组织中使用的专门的 CASE 工具。这同样适用于使用特定计算机语言的人。文档也是一个需要关注的问题。

使用敏捷原则可以允许分析员和程序员在不用 CASE 工具以及详细的文档的情况下就能开始项目，使他们可以把大部分时间花在系统开发上，而不是花在学习特定工具上。

Mac 案例专栏

正如敏捷方法是 SDLC 的替代方法一样，OmniFocus 是 Microsoft Project 和其他甘特图或 PERT 图方法的替代方法。

粗心的观察者可能会认为敏捷方法是非结构化的，因为系统是在没有详细的规范和文档的情况下创建的。一位敏捷方法的学生意识到，敏捷方法中实际上有相当多的结构。敏捷开发原则包括坚持 40 小时的工作周期和通过结对编程进行协调等。采用敏捷技术的分析员需要方法来设置目标、保持在预算内、设置特征的优先等级，而且还要找到一种把事情做好的方法。

OmniFocus 基于 David Allen（2015）提出一种替代的任务管理系统，命名为 Getting Things Done。它的重要原则是使你从记忆东西中解放出来，从而集中精力完成任务。使用该系统的分析员需要经历 5 个动作：收集、处理、组织、评估和执行。

使用 OmniFocus 的系统分析员从 Web 浏览器、地址簿或日历以及 Mac 上的很多其他应用中收集数据项。分析员可以对数据进行分类，或把它分配给一个更大的项目。OmniFocus 包含一个规划模式，使分析员可以看到哪个任务是一个更大任务的组成部分。它还有一个情境模式，对任务进行组织，通过电话、浏览 Web 或者使用电子邮件，使分析员知道所有必须完成的任务。OmniFocus 也可以作为 iPhone 应用程序使用。

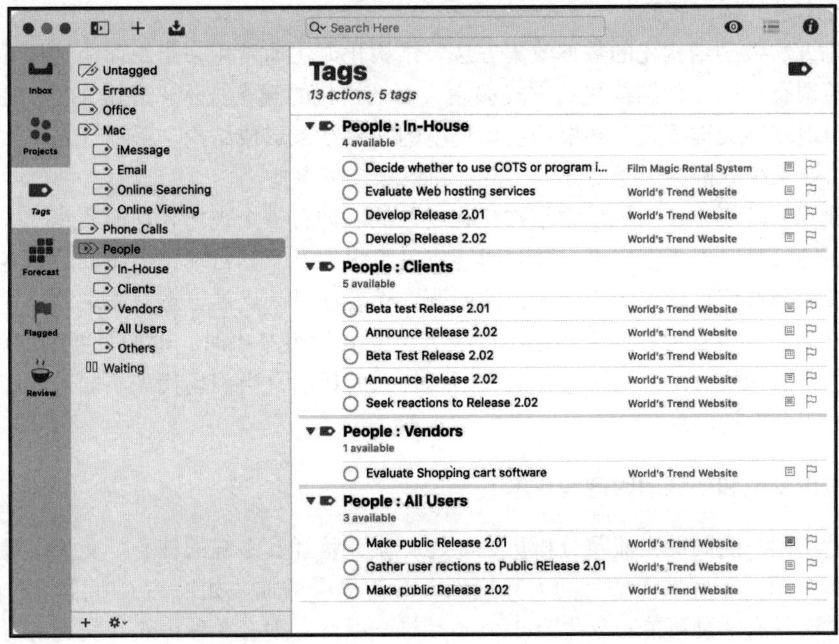

Omni Group 的 OmniFocus（经 Omni 集团许可使用）

6.8.2.3　减少任务结构化和输出格式化的时间和工作

每当启动一个项目时，开发人员需要确定项目边界。换句话说，开发人员需要知道交付物是什么，以及他们将如何组织项目来完成所有必需的任务。

传统的方法包括使用 CASE 工具、绘制图表（诸如 E-R 图和数据流图）、使用项目管理软件（诸如 Microsoft Project）、编写详细的作业描述、使用和重用表单和模板，以及重用其他程序员编写的代码。

使用敏捷方法的系统开发通过安排简短发布，解决了对任务进行结构化的问题。敏捷原则建议系统开发人员为系统的多次发布建立一系列最终期限。第一次发布将拥有较少功能，但是每一次发布都会增加其他功能。

6.8.2.4　减少工作的非生产性扩展

帕金森定律说“为填满工作中可利用的时间而增加工作量”。如果没有指定的最终期限，知识工作就有可能不断地增加。

对于传统的结构化方法，最终期限起初似乎在遥远的将来。分析员可以使用项目管理技术来安排活动的进度，但存在一种固有的趋势。在早期扩展任务，然后在开发的后期试图缩短任务。除了迫在眉睫的最终期限，分析员和程序员不怎么关心其他最终期限。

值得再次强调的是，敏捷方法注重简短发布。在承诺的时间提交版本时，可能缺少原先承诺的一些功能。每一个最终期限的来临都会推动项目完成（至少部分完成）的实际期望。

6.8.2.5　减少数据和知识搜索及存储的时间和成本

在系统开发人员能够继续开发一个新系统之前，他们需要收集有关当前信息系统的组织、目标、优先权和细节等信息。数据收集方法包括面谈、管理问卷调查表、观察以及对分析报表和备忘录的调查研究。

结构化方法鼓励结构化的数据收集方法。结构化方法通常用来组织面谈结构和设计面谈过程。问卷调查表以一种结构化的方式编制，而结构化的观察技术（诸如 STROBE）将鼓励分析员明确地观察关键要素，并根据物理环境的观察结果形成结论。采样计划将按定量方法来确定，以便系统分析员选择要分析的报表和备忘录来检查。

在敏捷建模环境中，知识搜索结构化程度较低。拥有一个现场客户的实践，大大增加了对信息访问的机会。现场客户可以随时回答有关组织本身及其目标、组织成员和客户的优先等级以及有关现有信息系统的任何知识的问题。随着项目的进展，客户需求的描述越来越清晰。这种方法似乎很省力，因为当系统开发人员需要知道某事时，他们只要询问就可以了。然而，这种方法的缺点是，如果存在某种不可告人的目的，当现场代表不知道或回避告知实情时，他可能会虚构信息。

6.8.2.6　减少交流和协调的时间和成本

分析员与用户之间的交流及分析员之间的交流，是开发系统的核心。交流不顺利是很多开发问题的根源。随着加入项目的人数增加，交流也会增加。如果一个项目由 2 个人承担，则一对一交流只有一种可能；如果有 3 个人参与该项目，则有 3 种一对一交流的可能性；如果是 4 个人，则有 6 种可能性，以此类推。缺乏经验的团队成员需要一定的时间才能跟上节奏，因而尽管他们意在加快项目速度，实际上他们可能会使项目速度减慢。

传统的结构化开发鼓励把大任务分解成小任务，这就使得各个小组更加紧密团结，减少了浪费在交流上的时间。另一种方法涉及设置障碍。例如，客户可能不被允许访问程序员，这在很多行业是常见的做法。但是，效率的提高往往意味着信息的有效性下降，人们已经注意到分小组和设置障碍往往会引入错误。

相反，敏捷方法限制时间，而不是限制任务。敏捷方法使用时间盒来鼓励以更短的周期完成活动。时间盒是指设置一个 1 ～ 2 周的完成某个特征或模块的时间极限。Scrum 敏捷方法高度重视时间，而开发人员作为一个团队进行有效交流。因为交流是敏捷原则的 4 个价值之一，所以交流成本会增加而不是减小。

6.8.2.7　减少人员信息过载导致的损失

众所周知，人们在信息过载的情况下不能很好地做出反应。当电话刚刚出现时，接线员通过手工的方式连接双方的电话。据证，在信息过载之前该系统正常运行，但在过载时整个系统会中断。太多的电话打进来时，不知所措的接线员只能停止工作而非连接打电话者。类似的信息过载情况可能在任何时候在任何人身上发生，包括系统分析员和程序员。

传统的方法将设法对信息进行筛选，使分析员和程序员看不到客户抱怨。这种方法允许开发人员继续解决问题，而不会遭受通常会发生的干扰。

使用敏捷原则时，分析员和程序员应该坚持每周工作 40 小时。这可能会被某些人看作一个有待商榷的实践。如何使所有的工作都做完呢？然而，敏捷原则表明，高质量的工作通常是在常规进度安排下实现的，只有在增加加班时间时才会出现质量低下的设计和编程问题。通过坚持每周工作 40 个小时，敏捷方法声称最终将会提前完成项目。

6.8.3　组织革新的固有风险

在与用户磋商时，分析员必须考虑组织采用新方法时会面临的风险。显然，这是何时适合提升人员技能、采用新的组织过程和开始内部变更的更大问题的一部分。

从更广泛的意义上讲，这些是组织领导的战略方面的问题。特别地，我们在考虑系统分析团队是否采用敏捷方法时，需要考虑基于组织的风险和系统开发团队及其客户的最终成功的成果。图 6.16 给出了在评价采纳组织革新的风险时需要考虑的诸多因素。

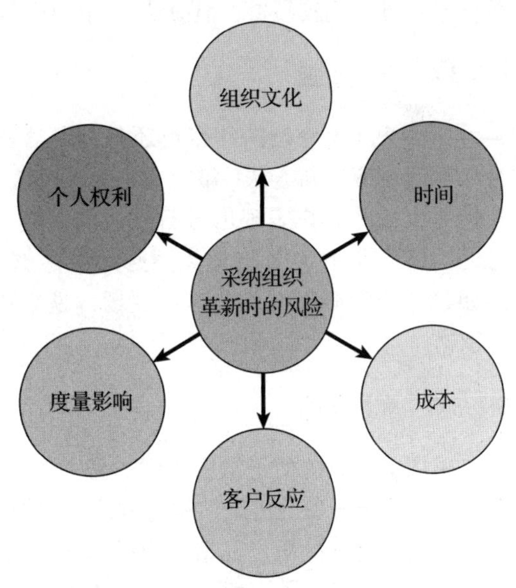

图 6.16　采用新的信息系统时要平衡的几个风险

6.8.3.1　组织文化

组织革新考虑的重点之一是组织的整体文化，以及开发团队的文化如何适应它。保守的组织文化有很多难以改革的稳定特征，可能不适合系统开发团队采用敏捷方法。在这种文化背景下，分析员和其他开发人员必须谨慎地引入新技术，因为他们的成功远未得到保证，此外，资深的团队成员或其他组织成员可能会受到新的工作方法的威胁，由于这些工作方法偏离了他们惯于依赖的经证明可靠的习惯方法。

相反，对于一个依靠创新来保持其在行业中最前沿地位的组织，敏捷创新的系统开发方法可能是最受欢迎的。在这种情况下，组织的文化已经渗透了对敏捷开发方法中很多核心原则的关键性质的理解。从战略层面往下看，公司的成员已经将对快速反馈、变化环境的实时响应以及在解决问题方面依靠客户的指导和参与等需求藏在心底。

介于这两个极端之间的组织是那些不依赖于创新作为重要的战略优势（换句话说，他们不依赖于新产品或新服务的研发来保持顺利发展），但仍然希望在小单位或小组中采用创新实践的组织。实际上，这种小型的创新中心或核心最终可能驱动组织的增长或竞争优势。将敏捷方法与 SDLC 过程相结合的混合方法（hybrid approach）适用于以上情况。

6.8.3.2　时间

组织必须提出和回答如下问题：什么时候是采用新的系统开发方法进行创新的最佳时机，什么时候应考虑所有其他项目和因素（内部和外部）。组织必须考虑它们投资的整个项目，包括预测项目的最终期限、安排物理设备的升级时间以及掌握关键的工业和经济预测。

6.8.3.3　成本

组织采用敏捷方法的另一个风险是对系统分析员和程序员进行新方法教育和培训涉及的成本。这可能涉及昂贵的离线研讨会和课程，或者聘请顾问在线培训当前职员。此外，当系统开发人员必须从正在从事的项目转向（尽管临时的）学习新技能时，也会涉及机会成本。教育本身可能比较昂贵，但应认识到分析员在培训期间不能挣薪水也会带来额外负担。

6.8.3.4　客户反应

当客户（无论是内部客户还是外部客户）作为用户或信息系统开发工作的发起人参与时，他们对使用新方法（敏捷方法）的反应也是重点考虑的因素之一。在描述了及时性和参与性后，一些客户表现出对新方法的兴趣，而其他客户则不想被用作结果不确定的系统的“试验品”。客户 – 分析员关系必须有足够的复原能力，以便吸收和适应期望行为的变化。例如，在开发期间有一个客户在场，是采用敏捷方法的人员应当完全理解和同意的一个主要承诺。

6.8.3.5　度量影响

采用敏捷方法的组织应考虑的另一个因素是如何证明和度量新方法将促进成功的系统开发。信息系统开发的传统结构化方法的优缺点已经众所周知。

虽然有足够的历史证据证明敏捷方法在某些条件下是优越的开发方法，但与 SDLC 方法相比，它们的历史是短暂的，并且这些方法并不都有经验支持。因此，敏捷方法的采用具有一定的风险：用它们开发的系统可能不成功或不能与遗留系统充分接合。度量使用敏捷方法的影响已经开始，但是组织在采用新方法的同时需要谨慎地提出影响的度量。

6.8.3.6　程序员 / 分析员的个人权利

成功的系统开发人员（分析员和程序员）在工作方法上发挥创造力，并且他们应有以最有成效的结构进行工作的权利。新的敏捷方法的工作需求（例如，结对编程）可能会侵犯创新人员根据设计工作的规定来选择独立工作或小组工作的基本权利。系统、模块、接口、表单或 Web 页的设计没有“一种最好的方法”。对于系统开发人员来说，创造性、主观性和通过很多个人路径实现设计目标的权利，应根据组织采用的创新方法（诸如敏捷方法）来平衡。

显而易见，采用组织创新给组织和个人带来了很多风险。我们已经分析和研究了使用敏捷方法对组织的风险，以及对组织中那些期望创新的系统分析员个人的风险。

6.9　小结

原型化方法是一种信息获取技术，有效地补充了传统的 SDLC 方法，敏捷方法和人 - 机交互都以原型化为基础。当系统分析员使用原型化方法时，需要获取用户反应、建议、创新和修正计划来改善原型，从而以最低的成本和最少的干扰来修改系统计划。开发原型的主要指导原则是：引进便于管理的模块、快速建立原型。

敏捷建模是一种软件开发方法，它对总体计划做出快速定义，快速开发和发布软件，然后不断修改软件以添加额外的功能。它已成为系统开发的主要方法，尤其是在与选定的 SDLC 过程混合使用的情况下。客户和开发团队共享的敏捷方法的价值观是交流、简化、反馈和勇气。敏捷活动包括编码、测试、倾听和设计。可用资源包括时间、成本、质量和范围。

敏捷核心实践使敏捷方法，包括极限编程的敏捷方法在内，有别于其他系统开发过程。敏捷方法的 4 大核心实践是简短发布、每周 40 小时工作制、现场客户和结对编程。敏捷开发过程包括根据用户故事选择一个与客户期望的特征直接相关的任务；选择一个编程伙伴；选择并编写合适的测试用例；编写代码；运行测试用例；调试测试用例直到所有测试用例都能运行；按现有的设计实现它；然后把它集成到当前已经存在的系统中。

用户故事是用用户的语言表达的对所请求的软件功能的非正式的解释。它们是用户和系统分析员之间交互的起点。每个用户故事都应该独立，不能包括其他用户故事，在项目利益相关方之间可以协商，并且应该关注用户的需求以及它们与业务价值的关系。

Scrum 是一种适合于较复杂的项目的敏捷方法。在 Scrum 开发方法中，系统开发团队选择有限数量的功能或任务在一个 sprint（通常持续 2 ～ 4 周）中完成。sprint 的结果是一个潜在的可交付产品。一旦 sprint 结束，该过程将再次开始，新的优先功能将在下一个 sprint 中完成。在 Scrum 中有特定的角色要扮演，也有特定的行动要采取。成员包括设计者、编码人员、用户界面专家、测试员以及了解业务和客户的领域专家等。产品待办事项列表是由设计员根据用户故事为产品设计的特征和其他交付物组成的。除了列出添加到应用中的特征外，产品待办事项列表还要列出需要修复的错误，以及需要编写文档的应用。sprint 待办事项列表可以用来选择需要很快完成的用户故事（用户故事是团队完成的可交付品）。此外，任务是用户故事的组成部分，或者是每个团队成员所做的工作单元。sprint 周期长短可变，但大多数公司通常把 sprint 周期设为 2 周，即给予团队 2 周时间完成用户故事的处理，然后决定是否准备发布产品。随后，新一轮的周期再次开始。

DevOps 派生于 Development 和 Operation 这两个单词，是组织中的一种文化转移。它可以在组织中创建两个在并行轨道上运行的方法：一条轨道支持快速开发创新应用，另一条轨道支持那些已经准备就绪的进程的维护和运营工作。

如今无代码平台如雨后春笋般涌现，非编程人员可以在无须编码的情况下将内容拖放到网页或应用程序上。无代码平台有优点也有缺点，但至少它们可以帮助原型设计和作为敏捷方法的工具，其受欢迎程度不断上升。

工作管理系统可以辅助敏捷开发。JIRA 软件就是其中一个例子，它允许用户创建并自动化来自客户和最终用户的用户故事汇编，称为史诗。史诗可以用来组织所有的用户故事，并将任务分解为发布版本。

SDLC 方法和敏捷方法以不同的方式改进知识工作效率。组织采用创新方法存在 6 个固有风险，包括组织文化不相容、低下的项目时间安排、系统分析员培训成本、客户对新的行为期望的不良反应、度量影响方面的困难，以及可能损害程序员和分析员的个人创造力。

复习题

1. 分析员通过原型化方法要获取的 4 种信息是什么？
2. 试给出术语“拼凑原型”的定义。
3. 试给出非操作原型的定义。
4. 举出一个系列首发原型的例子。
5. 试给出原型是一个具有某些基本功能但不是全部功能的模型的含义。
6. 决定一个系统是否应当被原型化的标准是什么？
7. 原型化时确定的两个主要问题是什么？
8. 混合方法在创建系统时结合了哪两种系统开发方法？
9. 开发团队和商业客户在采用敏捷方法时必须共享的 4 个价值是什么？
10. 敏捷原则是什么？试给出 5 个例子。
11. 敏捷方法的 4 个核心实践是什么？
12. 指出敏捷方法使用的 4 个资源控制因素。
13. 试述敏捷开发事件涉及的典型步骤。
14. 什么是用户故事？它主要是书面形式还是口头形式？请说明你的选择，然后用一个实例证明自己的答案。
15. 为什么用户故事对分析员有价值？
16. 列出可以帮助开发人员执行各种代码测试的软件工具。
17. 什么是 Scrum 方法？
18. 在 Scrum 中被扮演的三个角色是什么？
19. 团队成员在 Scrum 中采取的 4 个行动是什么？
20. 在产品待办事项列表注册表中应列出什么？
21. 谁需要理解产品待办事项列表注册表中列出的用户故事？
22. 在一个为期 2 周的 sprint 周期结束后，团队应该问自己的两个问题是什么？
23. Scrum 的 9 个优点是什么？
24. Scrum 的两个独特特征是什么？
25. Scrum 的 7 个缺点是什么？
26. 应用于软件开发的看板系统的四个关键要素是什么？
27. DevOps 代表什么含义？
28. 用于确定团队规模的亚马逊双比萨原则是什么？

29. 用于运营DevOps的两条平行轨道是什么?
30. 为什么推进系统安全性对DevOps团队是重要的?
31. 什么是无代码软件开发?
32. 列出采用无代码方法开发网页的四个优点。
33. 列出在软件开发中采用无代码方法的两个缺点。
34. 提出一个工作管理系统的例子。
35. 史诗这个词在用户故事的情形中是什么意思?
36. 试述改进知识工作效率的7个策略。
37. 试述采用组织创新的6个风险。

问题

1. 作为一个大型系统项目的一部分，科罗拉多州Clone镇的Clone银行希望我们帮助他们建立一个用于管理定期存款账户和储蓄账户的月度汇报表格。总裁和副总裁非常了解社区里客户们的需求。他们认为，客户需要一张与镇上其他3家银行提供的汇总表类似的定期存款账户汇总表。然而，如果没有正式的客户反馈信息汇总支持他们的决策，他们不愿意使用这种表格。不管怎样，反馈信息不会被用来改变原型表格。他们希望你给一个小组提供一种原型表格，而给另一个小组提供旧表。
   （1）用一段话解释为什么在这种情况下很可能不值得对新的表格进行原型化设计?
   （2）再用一段话说明在什么样的情况下需要对一个新表格进行原型化设计?
2. Kal多年来一直担任传统公司的系统分析员。你加入该系统分析团队以后，建议在目前项目中把原型化方法作为SDLC的一部分，Kal说:“当然可以，但是你不能太在意用户的看法。他们也不知道自己需要什么。我会做原型化工作，但是我不会‘观察’任何用户。”
   （1）在不明确否决Kal的前提下，尽可能巧妙地说明原型化过程中观察用户反应、用户建议和用户创新的重要性。
   （2）用一段话描述，如果系统的某部分已经被原型化，并且在后续系统中没有考虑用户的反馈信息，可能会发生什么?
3. “每当在我认为已经获取了用户的信息需求时，它们却又发生了变化。这就像试图射中一个正在运动的目标。在半数时间里，我认为甚至用户自己也不知道需要什么。”Flo Chart说。他是2 Good 2 Be True公司的系统分析员，该公司负责为几家制造公司的营销部门调查产品的用途。
   （1）用一段话向Flo Chart解释，原型化方法怎样才能帮助她更好地定义用户的信息需求。
   （2）用一段话评论Flo Chart的观察:“在半数时间里，我认为甚至用户自己也不知道需要什么。”务必要解释原型化方法怎样才能真正地帮助用户更好地理解和阐明他们自己的信息需求。
   （3）用一段话向Flo Chart建议:一个具备原型特征的交互式Web站点如何才能解决Flo关于捕获用户信息需求的问题。
4. Dustin Ormand是Sprock’s Gift连锁公司的地区经理，他认为建立原型只能意味着一件事情:一个非操作模型。他还认为用这种方法对信息系统进行原型化设计过于烦琐，因此不愿意这么做。
   （1）用两三段话简要地比较和对比其他3种可供选择的原型化方法，以便Dustin理解原型设计的含义。
   （2）Dustin准备实现一个系统并对它进行试验，如果试验成功，再把它安装到Sprock公司的其余5家分店。提出一种适合此方法的原型化类型，并用一段话解释你的选择。

5. “我有一个绝妙的注意！” Farahnaz Sadoughi 宣布，他是系统团队新来的一位系统分析员。“让我们跳过所有 SDLC 环节，直接为一切系统设计原型。我们的项目会进展得更快，还可以节省时间和成本，并且所有的用户会感受到我们对他们的重视，而不是连续几个月不与他们交谈。”
   （1）作为与 Farahnaz 同一个团队的成员，列出你用来劝阻 Farahnaz 不要试图放弃 SDLC 而直接为所有项目设计原型的原因。
   （2）Farahnaz 对你所说的话很失望。为了鼓励她，用一段话向她说明，你认为适用于原型化方法的情形。
6. 下面这段话是在 Fence-Me-In 围墙公司的经理与系统分析团队的会议上听到的，“你们告诉我们原型在 3 个星期前就可以完成。但是我们还在等！”
   （1）用一段话评论快速提交部分原型化信息系统的重要性。
   （2）列出在原型化过程中为确保即时提交原型而必须控制的 3 大因素。
   （3）原型化过程中难于管理的因素有哪些？试列举它们。
7. 一家在线旅行社正在为客户建立一个网站，请为其系统开发团队准备一个活动列表。现在假设你的时间很紧张。试述你的一些选择，为了按时发布该网站你会做出什么折中考虑。
8. 给定前面问题中 Williwonk 巧克力公司（第 3 章问题 1）的情形，则 4 种敏捷建模资源要素中的哪些可以进行调整？
9. 分析和研究本章在线商家实例中的用户故事集。在线媒体商店现在希望你给它的 Web 站点增加一些特征。按照本章图 6.4 所示格式，为下面所列的特征编写用户故事：
   （1）包括弹出式广告。
   （2）允许客户与他们的朋友共享购买情况。
   （3）扩展到购买其他商品。
10. 进入 Android 网站 www.palmgear.com，浏览该 Web 站点，然后写出一些简短的用户故事以便改进该网站。
11. 进入 iTunes 网站，然后写出一些简短的用户故事以便改进该网站。
12. 使用你为问题 9 写的故事，遍历敏捷开发方法的五个阶段，并描述每个阶段发生的事情。

小组项目

1. 把你的组员分成两个小组。第 1 组按照本章中规定的过程建立原型，使用 CASE 工具或字处理程序，并利用在第 4 章的小组项目中与 Maverick 运输公司雇员面谈时所收集的信息，设计两个非操作原型屏幕界面。做出为卡车调度员建立两个屏幕界面所需的任何假设。第 2 组（扮演调度员的角色）对原型的屏幕界面做出反应，并提出希望增加或删减的反馈信息。
2. 第 1 组成员应当根据收到的用户意见修改屏幕界面原型，第 2 组成员应当评论修改后的原型在多大程度上满足了他们的最初需求。
3. 作为整个组，写一段话讨论你们在使用原型化方法来确定信息需求时的经验。
4. 在你们的整个组内，指派一些人承担敏捷开发中的角色。确保一个人担当现场客户，至少两个人担当程序员。指派你觉得合适的其他任何角色。模仿问题 7 种讨论的系统开发情形，或者让充当现场客户的人选择其熟悉的一个电子商务业务。假设该客户想要给其网站添加一些功能。如果通过敏捷方法处理上述问题，请用角色扮演的方式说明每个人将如何做的场景。用一段话讨论每个人在扮演其角色时受到的约束。

参考文献

Alaidros, H., Omar, M., & Romli, R. (2021). The state of the art of agile kanban method: Challenges and opportunities. *Independent Journal of Management & Production, 12*(8), 2535–2550.

Alavi, M. (1984). An assessment of the prototyping approach to information systems development. *Communications of the ACM, 27*(6), 556–563.

Allen, D. (2015). *Getting things done*. Penguin.

Altassian.com and https://support.atlassian.com/jira-software-cloud/docs/what-is-the-jira-family-of-products/

Avison, D., & Wilson, D. N. (1991). Controls for effective prototyping. *Journal of Management Systems*, 3(1), 52–62.

Beck, K. (2000). *Extreme programming explained: Embrace change*. Addison-Wesley.

Beck, K., & Fowler, M. (2001). *Planning extreme programming*. Addison-Wesley, 2001.

Cockburn, A. (2002). *Agile software development*. Addison-Wesley.

Cohn, M. (n.d.). *User stories*. https:/www.mountaingoatsoftware.com/agile/user-stories.

Davis, G. B., & Naumann, J. D. (1999). Knowledge work productivity. In K. E. Kendall (Ed.), *Emerging information technologies: Improving decisions, cooperation, and infrastructure* (pp. 343–357). Sage.

Davis, G. B., & Olson, M. H. (1985). *Management information systems: Conceptual foundations, structure, and development* (2nd ed.). McGraw-Hill.

Dimitrijević, D., Jovanović, J., & Devedžić, V. (2015). A comparative study of software tools for user story management. *Information and Software Technology, 57*, 352–368.

Dorosz-Zurkowska, K. (2019, September 10). How to write user stories that work in Jira? [Blog post]. https://deviniti.com/blog/enterprise-software/how-to-create-user-stories-in-jira/

Fitzgerald, B., & Hartnett, G. (2005). A study of the use of agile methods within Intel. In L. Matthiassen, J. Pries-Heje, & J. DeGross (Eds.), *Business agility and IT diffusion* (pp. 187–202). Springer.

Grehan, R. (2010, May 12). InfoWorld Review: Tools for web development. *InfoWorld*. https://www.networkworld.com/article/2209260/software/infoworld-review--tools-for-rapid-web-development.html

Gremillion, L. L., & Pyburn, P. (1983, March–April). Breaking the systems development bottleneck. *Harvard Business Review*, pp. 130–137.

Harrison, T. S. (1985). Techniques and issues in rapid prototyping. *Journal of Systems Management, 36*(6), 8–13.

Kendall, J. E., & Kendall, K. E. (2004–2005). Agile methodologies and the lone systems analyst: When individual creativity and organizational goals collide in the global IT environment. *Journal of Individual Employment Rights, 11*(4), 333–347.

Kendall, J. E., Kendall, K. E., & Kong, S. (2006). Improving quality through the use of agile methods in systems development: People and values in the quest for quality. In E. W. Duggan and H. Reichgelt (Eds.), *Measuring information systems delivery quality* (pp. 201–222). Idea Group.

Loukides, M. (2012). *What is DevOps?* (Kindle ed.). O'Reilly Media.

McBreen, P. (2003). *Questioning extreme programming*. Addison-Wesley.

Naumann, J. D., & Jenkins, A. M. (1982). Prototyping: The new paradigm for systems development. *MIS Quarterly, 6*(3), 29–44.

Sandler, R. (2018). Here's how to use Airtable, the user-friendly spreadsheet app that's taking Silicon Valley by storm. *Business Insider India*. https://www.businessinsider.in/heres-how-to-use-airtable-the-user-friendly-spreadsheet-app-thats-taking-silicon-valley-by-storm/articleshow/63523870.cms

Soares, H. F., Alves, N. S. R., Mendes, T. S. Mendonca, M. G., & Oliveira, R. (2015, April). *Investigating the link between user stories and documentation debt on software projects*. Paper presented at the 12th International Conference on Information Technology – New Generations, Las Vegas. https://www.computer.org/csdl/proceedings/itng/2015/12OmNvmowTr

Tech World. (2017). *DevOps handbook: A guide to implementing DevOps in your workplace* (Kindle ed.). WorldTech.

Vii, P. (2016). *Agile product management: Kanban: The kanban guide* (2nd ed.). Pashun Consulting.

第三部分

Systems Analysis and Design, Eleventh Edition

分析过程

使用数据流图

学习目标

1. 理解使用数据流图（DFD）以更好地了解系统用户需求的重要性。
2. 学习如何通过识别外部实体、数据流、过程和数据存储来开发 DFD。
3. 能够创建逻辑 DFD 和物理 DFD。
4. 通过从头到尾研究一个示例，实现开发 DFD 所需的所有步骤。
5. 理解并应用分割 Web 站点的概念。
6. 学习如何通过开发和共享 DFD 与用户和他人进行沟通。

系统分析员需要利用数据流图（Data Flow Diagrams，DFD）提供的概念自由，因为数据流图以图形方式刻画业务系统中的数据处理过程和数据流。最初的数据流图对只是对系统输入、过程和输出进行宽泛地概述，这对应于第 2 章中讨论的基本系统模型。对更大的系统，则需要用一系列分层数据流图来表示和分析其详细过程。同叙述性解释数据在系统中的移动方式相比，数据流方法有四个主要优点：一是不需要太早讨论系统的技术实现问题；二是可以深入理解系统与子系统的相互关系；三是可以通过 DFD 将当前系统知识传达给用户；四是通过分析所提出的系统，可以判断是否已经定义了必要的数据和过程。

7.1 需求确定的数据流方法

系统分析员要想了解用户的信息需求，首先必须对数据在整个组织中的流动、处理和传输有个大致的概念。尽管面谈和对确切数据的调查有助于口头叙述系统，但是可视化描述可以以一种更有用的方式帮助用户和系统分析员明确这些信息。

利用 DFD 的结构化分析技术，系统分析员能够对整个组织中的数据处理过程进行图形化表示。数据流图在敏捷和 SDLC 方法中很有用。只需要通过 4 种符号的组合，系统分析员就能够对数据处理过程进行图形化描述，最终提供可靠的系统文档。

7.1.1 数据流图的使用规范

数据流图用 4 个基本符号来表示数据移动：双重正方形、箭头、圆角矩形和末端开口的矩形（左端封闭，右端开口），如图 7.1 所示。通过组合这 4 个符号，可以对整个系统和无数子系统进行图形化描述。

双重正方形用来描述外部实体（另一个部门、一个企业、一个人或者一台机器），它可以向系统发送数据，也可以从系统接收数据。外部实体（external entity，简称为实体）也称为数据源或者数据的目标，并且认为它位于所描述系统的外部。每个实体都标有一个合适的名称。尽管它与系统交互，但它位于系统边界外部。实体以名词命名。在给定的数据流图中，为了避免数据流线交叉，相同的实体可以使用多次。

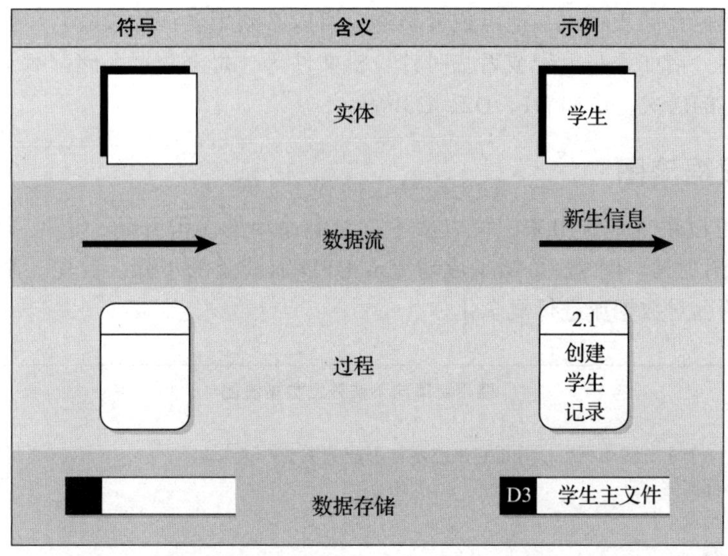

符号
含义
示例
实体
学生
数据流
新生信息
过程
2.1
创建
学生
记录
数据存储
D3
学生主文件

图 7.1　数据流图中使用的 4 个基本符号及其含义和示例

箭头线表示数据从一个地方移到另一个地方，箭头指向数据移动的目的地。同时发生的数据流可以用两条平行的箭头线表示。因为箭头表示有关人、场所或者事情的数据，因此它也用名词命名。数据流表示运动中的数据。

圆角矩形用于表示发生某个变换过程（process）。过程总是意味着数据的改变或者变换，因此，从一个过程出来的数据流总是用不同于输入数据流的符号来表示。过程表示系统内部工作的执行，应当用如下格式之一进行命名。一个清楚的名称使我们更容易理解过程所完成的工作。

（1）在命名高级过程时，以整个系统的名称命名该过程。例如“库存控制系统”。

（2）命名主要的子系统时，使用诸如“库存报告子系统”或者“ Internet 客户履行系统”的名称。

（3）命名具体的过程时，使用动词 – 形容词 – 名词格式。动词描述活动的类型，诸如计算、验证、准备或打印等。名词指出过程的主要产物，诸如报表或者记录。形容词说明产生哪种输出，诸如备订的或者库存的。完整的过程名如计算销售税、验证客户账号状态、准备发货单、打印备订报表、发送客户电子邮件确认、通过社交媒体联系客户、验证信用卡余额和添加库存记录等。

此外，我们必须为流程提供一个唯一的标识号，以指示其在图中的级别。本章后面将讨论这种组织和识别过程的方法。每个过程可以进出几种数据流。通过一个单独的输入和输出流检查过程，可以查出遗漏的数据流。

数据流图中使用的最后一个基本符号是末端开口的矩形，它表示*数据存储*（data store）。数据存储用于表示处于静止状态的数据。画这种矩形时，先画两条平行线，然后在左端封上一条短线，而让右端开口。这些符号应画得足够宽，以允许在平行线之间放置标识文字。在逻辑数据流图中，不必指定物理存储类型。在这种情况下，数据存储符号仅仅表示允许数据的检查、添加和检索存储数据库。这让分析员可以自由地思考系统，而不用担心数据将如何存储，这些内容后面再叙。

数据存储可以表示一个手工存储器，诸如档案柜，也可以表示一个计算机化的文件或者数据库。因为数据存储表示人、地点或者事物，所以必须用名词加以命名。数据流图中不包括临时数据存储，诸如手写笔记或者临时计算机文件等。每个数据存储都赋予一个唯一的引用号用以表示它的层次，诸如 D1、D2、D3 等。

7.2　开发数据流图

数据流图可以系统地画出来，可以从手工绘制简单的图形开始，也可以使用 Microsoft Visio 之类的绘图工具。图 7.2 总结了成功完成 DFD 需涉及的步骤。首先，系统分析员需要以自顶向下的角度对数据流进行概念化。

使用自顶向下法开发数据流图

1. 制定一个业务活动列表，并用它来确定如下业务活动：
   - 外部实体
   - 数据流
   - 过程
   - 数据存储
2. 创建上下文图，展示出外部实体及输入和输出系统的数据流。不要显示任何具体的过程或者数据存储。
3. 画 0 层图（上下文图的下一层级的图）。显示出过程，但使它们保持一般化。在这一层显示数据存储。
4. 为 0 层图中的每个过程创建一个子图。
5. 检查图中是否有错误，确保分配给每个过程和数据流的标签都有意义。
6. 根据逻辑数据流图开发物理数据流图。区别对待人工过程和自动过程，通过名字描述真实的文件和报表，以及增加控制以指出何时过程完成或者发生错误。
7. 通过分割或者分组数据流图的各部分来划分物理数据流图，以便于编程和实现。

图 7.2　开发数据流图的步骤

要开始创建 DFD，需要将组织的系统描述（或故事）分解为具有外部实体、数据流、过程和数据存储这四类符号的列表。该列表也有助于确定要描述的系统的边界。它可以帮助用户了解哪些是系统的一部分，哪些不是。一旦编辑好数据元素的基本列表，就可以开始绘制上下文级数据流图了。

下面给出了绘制数据流图时要遵循的若干基本规则：

（1）数据流图至少有一个过程，并且不能有任何独立的对象，也不能有连接到自己的对象。

（2）每个过程必须至少接收一个进入该过程的数据流，并且至少创建一个离开该过程的数据流。

（3）一个数据存储至少应连接到一个过程。

（4）外部实体不应互相连接。虽然它们是独立通信的，但这种通信不是我们使用 DFD 设计的系统的组成部分

7.2.1　创建上下文级数据流图

通过自顶向下法（top-down approach）绘制数据移动图，数据流图从一般向特殊发展。第一幅图帮助系统分析员掌握基本数据移动，但是它的一般性性质限制了它的用途。最初的

上下文级数据流图只是一个概述，包括基本输入、一般系统和输出。上下文级数据流图是最一般的图，仅仅是鸟瞰系统中的数据移动过程，构思系统最基本的样子。

上下文级数据流图是数据流图中的最高层级，只包含一个表示整个系统的过程。该过程被赋予编号 0。所有外部实体在上下文级数据流图显示，输入和输出系统的主要数据流也在上下文级数据流图显示。上下文级数据流图不含任何数据存储，创建也非常简单，只要分析员知道外部实体和输入输出数据流即可。

7.2.2　画 0 层图（上下文级数据流图的下一层）

通过“分解上下文级数据流图”，可以得更多的细节（相较于上下文级数据流图），这一操作称为分解（decomposition）。第一幅图中指定的输入和输出在所有后续图中保持不变。

然而，原始图的其余部分被分解为包含三到九个过程的特写，并显示数据存储和新的较低级别数据流。这相当于用放大镜观察原始 DFD 所得的结果。如果你一开始是手工绘制的，那么每个分解图应该只使用一张纸。通过将 DFD 分解成子过程，系统分析员开始填充有关数据移动的细节。对于前两个或三个层次的数据流图表，异常处理将被忽略。

0 层图是上下文级数据流图的扩充，它最多可以包含 9 个过程。在一层上包含太多的过程，将会导致图形混乱而难以理解。每个过程都用一个整数编号，一般从图的左上角开始编号，一直到右下角。系统的主要数据存储（表示主文件）和所有外部实体包含在 0 层图中。上下文级数据流图和 0 层图的示意图如图 7.3 所示。

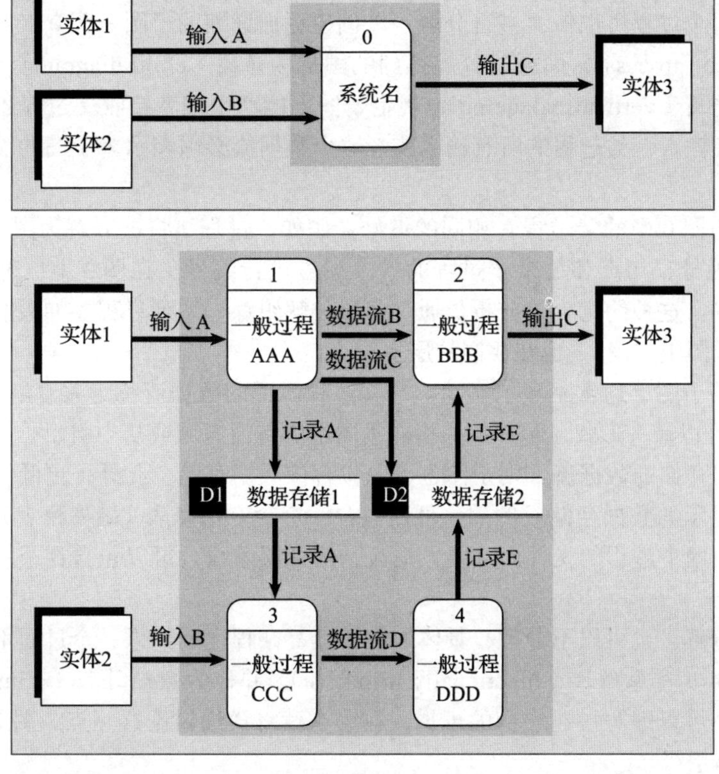

图 7.3　上下文级数据流图（上图）可以“被分解成”图 0（下图）。注意图 0 中包含更多细节

因为数据流图是二维的（而不是线性的），所以可以从图的任何地方着手，然后朝任何一个方向发展。在任何一个地方，如果不能确定要包含什么，则选择一个不同的外部实体、过程或者数据存储，然后从它开始绘制数据流。具体做法如下：

（1）从输入端的一个实体开始绘制数据流。提出如下问题："进入系统的数据会发生什么变化？""存储它吗？""它是多个过程的输入吗？"

（2）从输出数据流向后处理。检查文档或者界面上的输出字段（如果已经创建了原型，则这种方法更容易）。对于输出的每个字段，提出如下问题："它是从哪儿输入的？"或者"它是用于计算还是存储在文件上？"例如，如果输出是工资单，则员工姓名和地址将位于一个雇员文件上，工作时间将位于一个时间记录文件上，而工资总额和扣除额将通过计算得出。每个文件和记录都将与产生工资单的过程连接在一起。

（3）检查输入或者输出数据存储的数据流，并提出问题："哪些过程要把数据存放到存储器中？"或者"哪些过程要使用该数据？"注意，当前正在操作的系统中使用的数据存储可能由其他系统产生。因此，在有利的情况下，可以没有任何输入数据存储器的数据流。

（4）分析一个明确定义的过程。考虑该过程需要什么输入数据，以及产生什么输出。然后，把输入和输出连接到合适的数据存储和实体。

（5）注意模糊领域，模糊领域指不确定应包含什么或者不清楚需要什么输入或者输出。对问题领域的关注有助于问题列表的制定，供以后与关键用户面谈时使用。

7.2.3 创建子图（更详细的图层）

图 0 上的每个过程可以依次进行分解，以创建更加详细的子图。图 0 上被分解的过程称为*父过程*（parent process），而通过分解得到的图称为*子图*（child diagram）。创建子图的主要规则为*纵向平衡*（vertical balancing），规定子图不能产生或者接收父过程还没有产生或者接收的输出或者输入，父过程的所有输入或者输出数据流必须表示为子图的输入或者输出数据流。

子图必须与图 0 中的父过程有相同的编号。例如，过程 3 将被分解为图 3。该子图上的过程用父过程编号、句点和每个子过程的唯一编号进行编号。在图 3 上，过程可以编号为 3.1、3.2、3.3 等。这种约定允许分析员通过多层分解跟踪一系列过程。如果图 0 描述了过程 1、2 和 3，则子图 1、2 和 3 也在相同的层上。

低于 0 层的子图上通常不显示实体。与父过程匹配的数据流称为*接口数据流*（interface data flow），并且以箭头形式显示，箭头指向子图中的空白区域或从中引出。如果父过程具有连接到某个数据存储的数据流，则子图也可以包含该数据存储。此外，更低级的图可以包含父过程上没有显示的数据存储。例如，可以包含一个含有信息表（诸如税表）的文件，或者一个连接子图上两个过程的文件。次要数据流，诸如误差线，可以包含在子图上，但是不能包含在父图上。

过程可以分解，也可以不分解，具体取决于其复杂程度。如果一个过程不用分解了，则认为它在*功能上具有原始性*（functionally primitive），并称为*原始过程*（primitive process）。对于这些过程，可以编写描述它们的逻辑，在第 9 章将详细讨论这一点。图 7.4 显示了子数据流图中的具体层级。

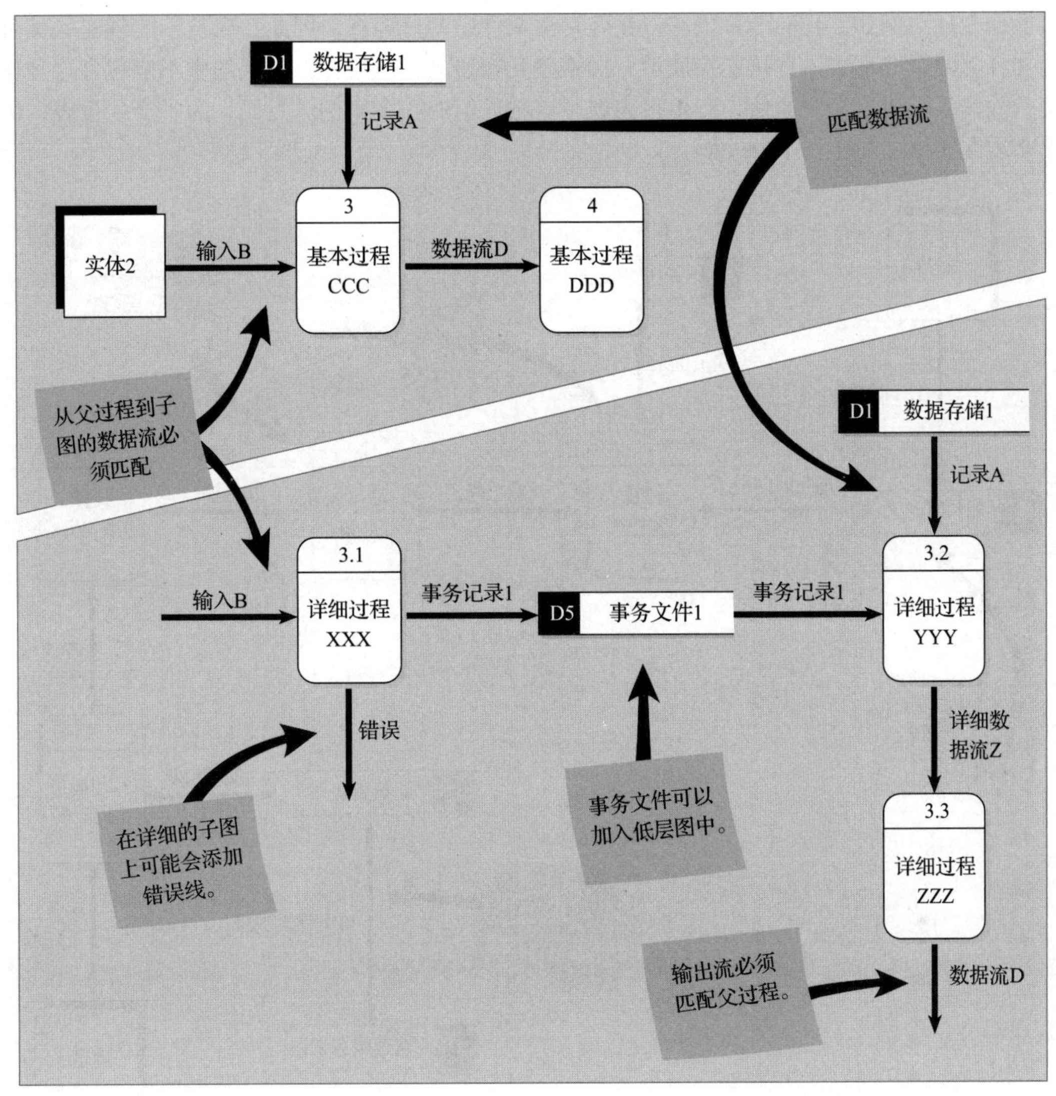

图 7.4 父图（上图）和子图（下图）之间的差别

7.2.4 检查数据流图中的错误

画数据流图时常见的若干错误如下：

（1）忘记包含一个数据流，或者将箭头指向错误的方向。例如，在绘制某个过程时，其所有数据流都作为输入或者输出。每个过程都变换数据，并且必须接收输入和产生输出。如果分析员忘记包含数据流，或者把数据流箭头指向错误的方向，通常就会发生这样的错误。如图 7.5 中的过程 1 只包含输入，因为工资总额箭头的方向指错了。该错误还影响了过程 2“计算工资扣除额”，另外该过程还漏掉了一个数据流（表示扣除率的输入）和依赖数。

（2）数据存储和外部实体直接互相连接在一起。数据存储和实体不可以互相连接，数据存储和外部实体只能与过程连接。如果不借助于某个程序或者某个人来移动数据，文件之间不能互相交互。因此，“雇员主文件”不能直接产生“检查核实”文件。外部实体不能直接操作文件。例如，我们不希望客户在客户主文件中四处翻查。因此，雇员不能创建雇员时间文件。两个外部实体直接连接表示它们希望互相通信。但是在数据流图中不能包含这种连接，除非系统为了简化通信。产生报表就是这种通信的一个实例。然而，为了产生报表，仍然必须在实体之间插入一个过程。

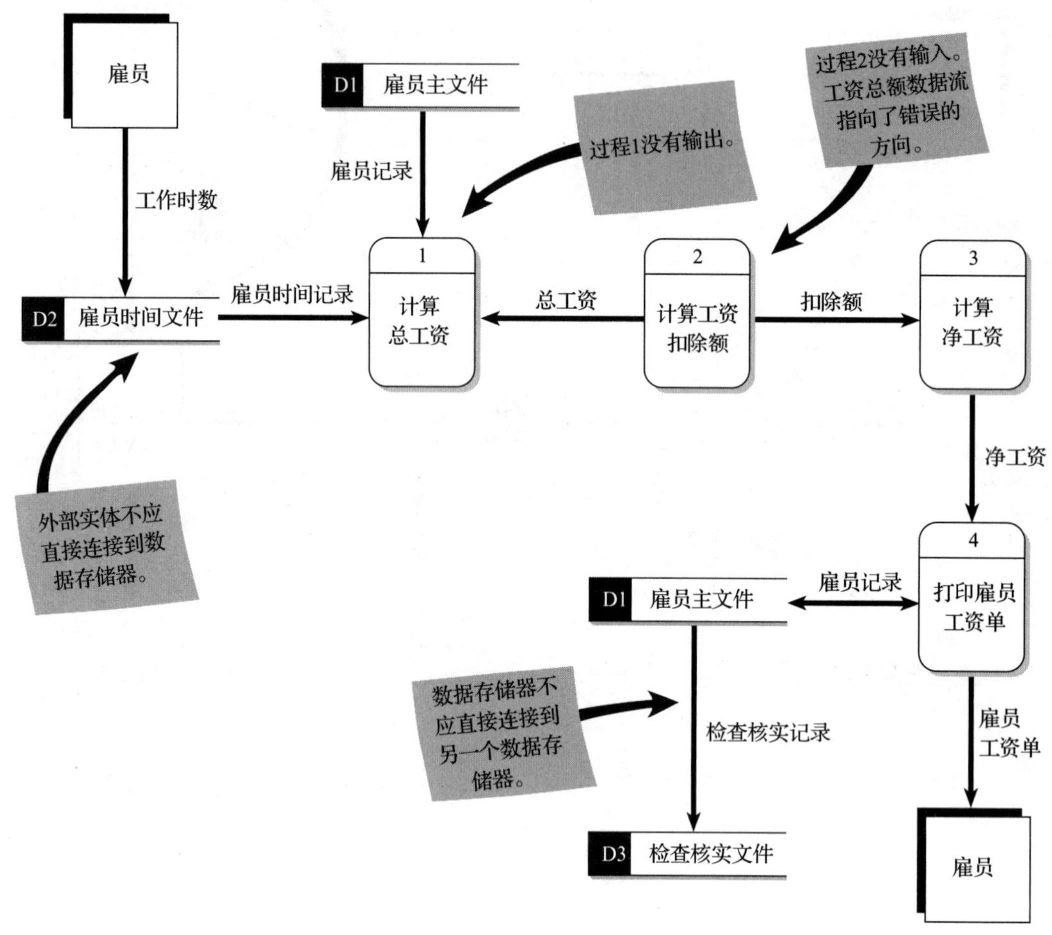

图 7.5　在一个数据流图中可能发生的典型错误（工资单示例）

（3）不正确地标记过程或者数据流。仔细检查数据流图，确保每个对象或者数据流都被正确标记。一个过程应标有系统名，或者使用动词 – 形容词 – 名词的格式进行标记。每个数据流应该用一个名词来描述。

（4）在一个数据流图中包含 9 个以上过程。显示太多的过程会导致数据流图混乱，不仅不能增强交流，而且会混淆或者妨碍阅读。如果一个系统包含 9 个以上过程，可以把一些互相合作的过程组合成一个子系统，然后放置在一幅子图中。

（5）忽略数据流。检查图中的线性流，每个过程只有一个输入和一个输出的数据流。线性数据流几乎很少出现，除非在非常详细的数据流子图中。线性流的存在通常暗示该图遗漏了数据流。例如，过程“计算工资扣除额”需要雇员的依赖数和“扣除率”作为输入。另外，不能单独从扣除额计算出工资净额，也不能只从工资净额创建雇员工资单。它还包括雇员名、当前和本年度截至现在为止的工资和工资扣除额。

（6）创建不平衡的子图分解。每个子图应该与父过程具有相同的输入和输出数据流。该规则的一种例外情况是次要输入，诸如误差线，它们只包含在子图中。图 7.6 正确地画出了工资单示例的数据流图。注意，尽管数据流不是线性的，但是可以清楚地遵照一条路径直接从源实体到达目标实体。

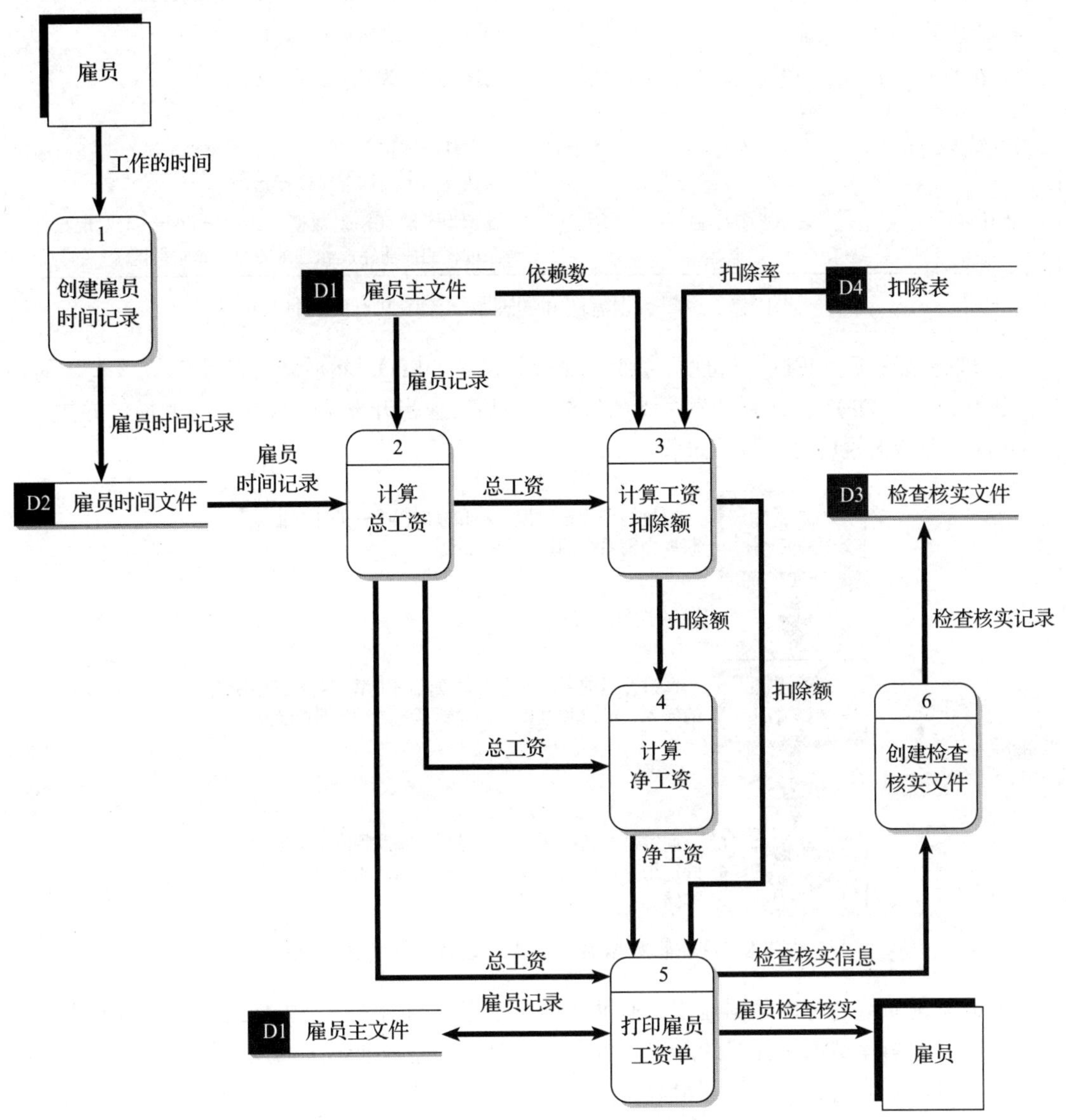

图 7.6　工资单示例的正确数据流图

7.3　逻辑数据流图和物理数据流图

数据流图（Data Flow Diagram，DFD）分为逻辑数据流图（logical data flow diagram）和物理数据流图（physical data flow diagram）两类。逻辑数据流图重点考虑业务及其运营方式，而不考虑如何构造系统。这种概念图描述发生的业务事件，以及每个事件要求的数据和产生的数据。相反，物理数据流图是系统实现的表现，内容包括系统硬件、软件、文件和参与人员。图 7.7 比较了逻辑数据流图和物理数据流图的特征。注意，逻辑模型反映业务，而物理模型描述系统。

设计特征	逻辑数据流图	物理数据流图
模型描述什么	业务如何运营	系统如何实现（或者现行系统如何运行）
过程表示什么	业务活动	程序、程序模块和人工过程
数据存储表示什么	数据集合，但是不管数据如何存储	物理文件和数据库，手工文件
数据存储类型	表示持久性数据集的数据存储	主文件、变换文件。在两个不同时刻操作的任何过程必须通过一个数据存储连接起来
系统控制	显示业务控制	展示用于验证输入数据、获取记录（记录发现状态）、确保过程的成功完成和系统安全（如旅行记录）的控制

图 7.7　逻辑数据流图和物理数据流图共有的特征

在理想情况下，通过分析现行系统（现行的逻辑 DFD），然后增加新系统应该包含的特征（建议的逻辑 DFD），达到开发系统的目的。最后，应当开发出实现新系统的最佳方法（物理 DFD）。图 7.8 说明这一进展过程。

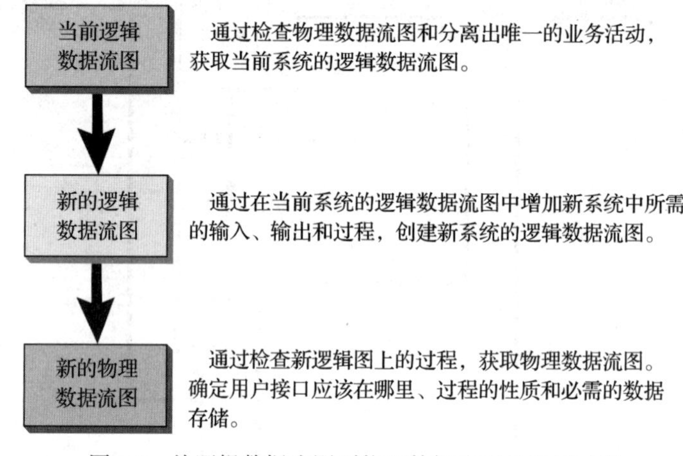

当前逻辑数据流图
通过检查物理数据流图和分离出唯一的业务活动，获取当前系统的逻辑数据流图。
新的逻辑数据流图
通过在当前系统的逻辑数据流图中增加新系统中所需的输入、输出和过程，创建新系统的逻辑数据流图。
新的物理数据流图
通过检查新逻辑图上的过程，获取物理数据流图。确定用户接口应该在哪里、过程的性质和必需的数据存储。

图 7.8　从逻辑数据流图到物理数据流图的进展过程

开发当前系统的逻辑数据流图，有助于清楚地了解当前系统是如何运行的，从而为开发当前系统的逻辑模型创造良好的起点。赞同花费时间构造当前系统的逻辑数据流图的观点认为，它可以用来创建新系统的逻辑数据流图，取消新系统中不需要的过程，同时可以加入新的特征、活动、输出、输入和存储的数据。该方法可以保证旧系统的基本特征保留在新系统中。此外，使用当前系统的逻辑模型作为拟建系统的基础，为新系统的设计提供了一个逐步过渡。开发新系统的逻辑模型以后，就可以用它来创建新系统的物理数据流图。

图 7.9 显示了某杂货店收银员的逻辑数据流图和物理数据流图。客户拿物品到收银机，收银机查找所有物品的价格并计算出总价，然后客户向收银员支付现金，最后收银员把收据给客户。逻辑数据流图说明了系统涉及的过程，但是不考虑活动的物理实现。物理数据流图表明了使用条码，这种条码就是大多数杂货店物品上都粘贴的通用产品代码。另外，物理数据流图提到了人工过程，如扫描，解释说明临时文件是用于保存物品的价格小计，指出可以

通过现金、支票或者借记卡付款。最后，按客户名打印收据，即收银机收据。

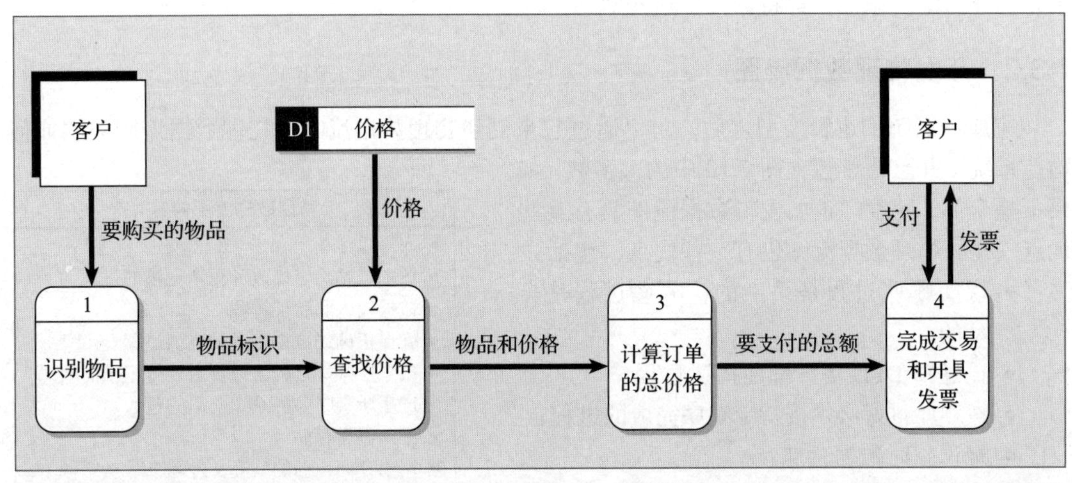

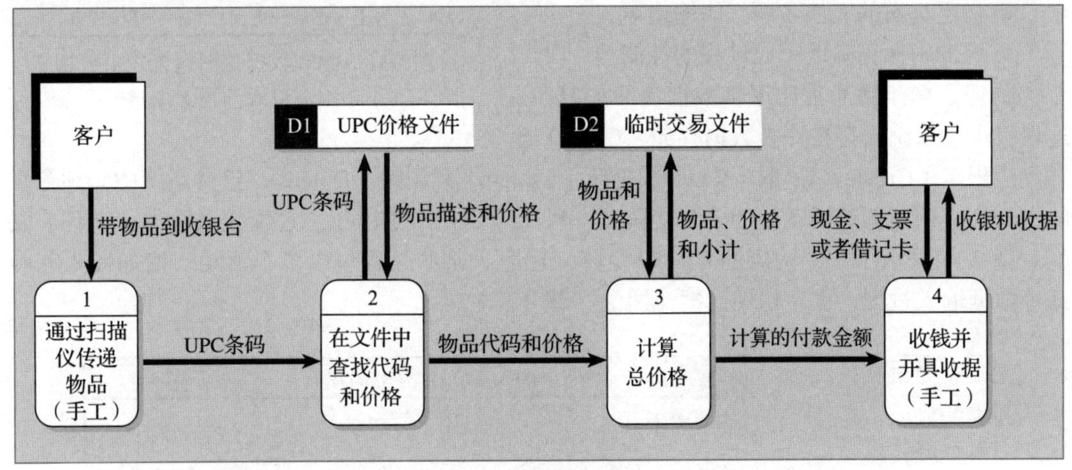

图 7.9　物理数据流图（下图）展示逻辑数据流图（上图）没有包括的细节

7.3.1　开发逻辑数据流图

为了构造物理数据流图，首先构造当前系统的逻辑数据流图。使用逻辑模型有许多好处，包括：

- 更好地与用户交流；
- 系统更稳定；
- 有助于分析员更好地了解业务；
- 灵活，更易于维护；
- 消除冗余，并且更容易创建物理模型。

与系统用户交流时，逻辑模型更容易使用，因为它是以业务活动为中心的，用户将会熟悉基本活动和每个活动的许多信息需求。

使用数据流图形成的系统更加稳定，因为它们基于业务事件，而不是基于某种特定的实现技术或者方法。逻辑数据流图表示的系统特征，不管采用什么物理手段来执行业务都将存在。例如，申请录像店会员卡、借 DVD 和还 DVD 等活动，不管录像店采用自动系统、手工系统还是混合系统，都将会发生这些活动。

7.3.2 开发物理数据流图

完成新系统的逻辑模型以后，可以通过它来创建物理数据流图。物理数据流图说明如何构造系统，并且通常包含图 7.10 中的大多数（如果不是全部）元素。正如逻辑数据流图具有某些优点一样，物理数据流图也有一些优点，包括：

- 说明哪些过程是手工的，哪些过程是自动的；
- 比逻辑 DFD 更详细地描述过程；
- 按顺序排好必须按特定顺序完成的过程；
- 标识临时数据存储；
- 指定真实的文件名和打印输出名；
- 增加确保正确地完成过程的控制。

物理数据流图内容
• 人工过程 • 增加、删除、修改和更新记录的过程 • 数据输入和验证过程 • 确保正确的数据输入的确认过程 • 按顺序排好过程，以重新安排记录的顺序 • 产生所有唯一的系统输出的过程 • 中间数据存储 • 用来存储数据的实际文件名 • 表示任务完成或者错误条件的控制

图 7.10　物理数据流图包含逻辑数据流图上没有的很多项目

物理数据流图通常比逻辑数据流图更复杂，这仅仅由于系统中存在许多数据存储。CRUD 通常代表创建（Create）、读取（Read）、更新（Update）和删除（Delete），这是系统中必须存在的主文件必须包括的活动。CRUD 矩阵是一种工具，用于表示每个过程在系统的什么环节发生。图 7.11 显示了一个网店的 CRUD 矩阵。注意，某些过程包含多个活动。诸如键入和验证等数据输入过程，也是物理数据流图的一部分。

活动	客户	物品	订单	订单细节
客户登录	R			
物品查询		R		
物品选择		R	C	C
订单支付	U	U	U	R
增加账户	C			
增加物品		C		
结清客户账号	D			
移走过时的物品		D		
修改客户统计信息	RU			
修改客户订单	RU	RU	RU	CRUD
订单查询	R	R	R	R

图 7.11　网店的 CRUD 矩阵，该工具可用来表示“创建、读取、更新和删除”4 个过程在系统的什么地方发生

物理数据流图也有中间数据存储，这通常是一个事务文件或者一个临时数据库表。中间数据存储通常由事务文件组成，用来存储过程间数据。由于大多数需要访问给定数据集的过程不可能在同一时刻执行，因此，必须用事务文件保存从一个过程传递给下一个过程的数

据。在日常购物经历中，可以找到此概念的一个容易理解的例子。购物活动如下：

- 从商品陈列架上选择商品
- 结账和付款
- 把食品提回家
- 准备饭菜
- 吃饭

上述每个活动在物理数据流图中都可以用一个不同的过程来表示，并且每个过程都在不同时刻发生。例如，通常不可能在回家的路上把食品全部吃掉。因此，需要用*事务数据存储*（transaction data store）来连接每个任务。在选择食品时，事务数据存储是购物车。在下一个过程（结账）以后，购物车不再需要。连接食品结账和把食品提回家的事务数据存储是购物袋（这比让你把购物车提回家更廉价）。一旦把食品提回家，购物袋就算不上存储食品的有效方法了，因此把厨师和冰箱用作把食物提回家和准备饭菜这两个活动间的事务数据存储。最后，盘、碗和酒杯构成了准备饭菜和吃饭之间的连接。

物理数据流图还可以包含时间信息。例如，物理 DFD 可以指明在更新程序之前，必须先运行编辑程序；在产生汇总报表之前，必须先执行更新；在通过金融机构验证信用卡应付金额之前，必须在 Web 站点上输入一个订单。注意，出于这种考虑，物理数据流图看上去可能比逻辑数据流图更加线性化。

通过分析系统的输入和输出，可以创建系统的物理数据流图。创建物理数据流图时，来自外部实体的输入数据流有时称为触发器，因为它启动一个过程的活动。而输出到外部实体的输出数据流称为响应，因为它是作为某个活动的结果发送的。确定需要键入哪些数据字段或者元素。这些字段称为*基本元素*（base element），并且必须存储在一个文件中。非输入的通过计算或者逻辑操作得到的元素称为*导出元素*（derived element）。

应在图中放置多少个过程？何时创建子图？这些事情有时并不明确。一种建议是检查每个过程，并计算它的输入或者输出数据流数量。如果总数大于 4，则该过程是创建子图的良好代表。本章后面将举例说明物理数据流图。

7.3.2.1　事件建模和数据流图

创建物理数据流图的另一种实用方法是，为每个唯一的系统事件创建一个简单的*数据流图片段*（data flow diagram fragment）。事件会导致系统执行某些操作并充当系统的触发器。触发器启动活动和进程，然后使用数据或生成输出。例如，客户在 Web 上预订飞机票就是一个事件。在提交每个 Web 表单时，激活处理过程，诸如确认并存储数据，以及格式化并显示下一个 Web 页。

事件通常用一个事件响应表来总结。例如，图 7.12 展示了一个用于网店业务的事件响应表。表中每行表示一个数据流图片段。每个 DFD 片段是数据流图中一个单独的过程。所有片段组合在一起构成图 0。触发器和响应列变成输入和输出数据流，而活动变成过程。分析员必须通过检查输入和输出数据流来确定过程所需的数据存储。图 7.13 显示了事件响应表前 3 行的数据流图。

根据事件构建数据流图的好处是使用户熟悉业务领域中发生的事件，了解事件如何驱动其他活动。

事件	源	触发器	活动	响应	目标
客户登录	客户	客户编号和密码	找到客户记录和验证密码。 发送欢迎光临 Web 页。	欢迎光临 Web 页	客户
客户在网店中浏览商品	客户	商品信息	查找商品价格和数量。 发送商品响应 Web 页。	商品响应 Web 页	客户
客户在网店中把商品放入购物车中	客户	商品购买（商品号和数量）	把数据存储在订单详细信息记录上。 通过运费表计算运输成本。 更新客户总额。 更新现有的商品数量。	已购买商品 Web 页	客户
客户结账	客户	单击 Web 页上的结账按钮	显示客户订单 Web 页。	验证 Web 页	
获取客户支付	客户	信用卡信息	通过信用卡公司验证信用卡金额。 发送。	信用卡数据和客户反馈信息	信用卡公司 客户
发送客户电子邮件		临时事件，每小时发送一次	向客户发送确认发货的电子邮件。		客户

图 7.12 网店的事件响应表

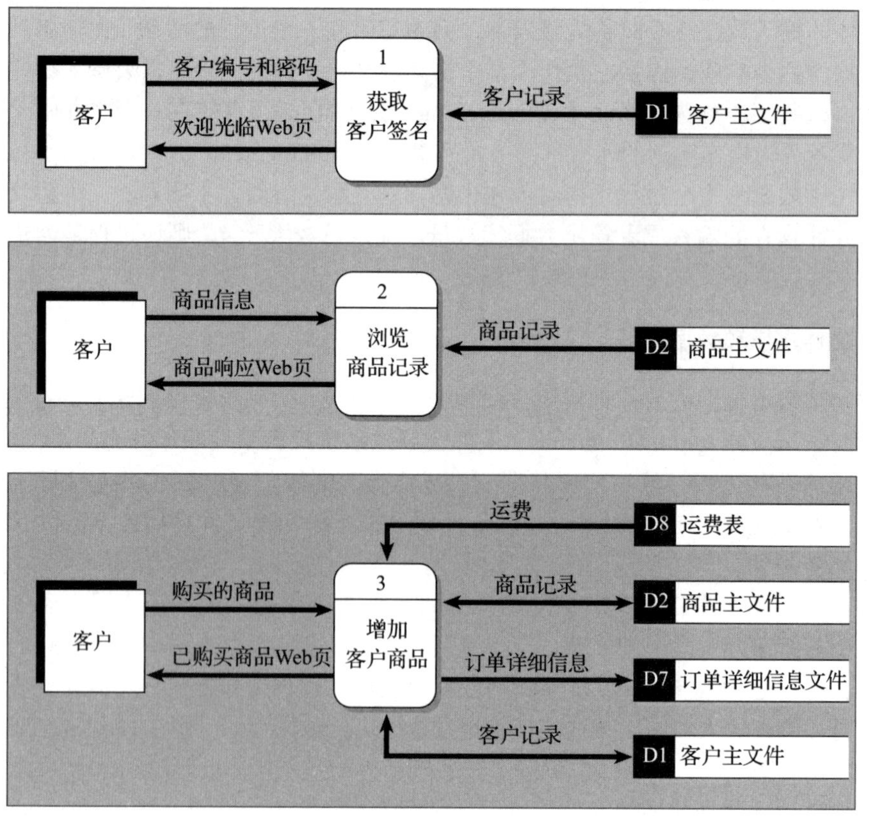

图 7.13 网店事件响应表的前 3 行表示的数据流图

7.3.2.2 用例和数据流图

在前面章中，我们使用用例这个概念来创建 DFD。一个用例概括一个事件，并且与过程规范（参见第 9 章）有类似的格式。每个用例定义一个活动及其触发器、输入和输出。图 7.14 说明了过程 3“添加客户商品”的用例。

用例名称：添加客户商品			过程 ID：3
描述：为客户的网上订单增加一个商品			
触发器：客户把一个商品放入购物车中			
触发器类型：外部■　　　　临时□			
输入名	信息源	输出名	目标
购买的商品（商品号和数量）	客户	购买的商品确认 Web 页	客户
执行的步骤 1. 使用商品号找到商品记录。如果没有找到该商品，则在已购买商品 Web 页上放置一则消息 2. 把商品数据存储在订单信息记录上 3. 使用客户编号找到客户记录 4. 使用运费表计算运输费用。使用商品记录中的商品重量和客户记录中的邮政编码，查询运费表中的运费 5. 使用购买数量和商品价格，修改客户总费用，更新客户记录 6. 修改现有的商品数量，并更新商品记录			每步涉及的信息 商品号，商品记录 订单信息记录 客户号，客户记录 邮政编码、商品重量，运费表 商品记录，购买的数量，运费，客户记录 定购的数量，商品记录

图 7.14　网店用于描述增加客户商品活动及其触发器、输入和输出的用例表格

该方法允许分析员同用户共同合作，以理解过程和活动的性质，然后创建一个单独的数据流图片段。创建用例时，首先定义不涉及任何细节的用例。这一步只是提供系统的概述，并创建图 0。然后决定应该使用什么名称，并提供活动的简要描述。进一步列出每个用例的活动、输入和输出。

每个用例中使用的步骤用文档记录。这些步骤应当以业务规则的形式出现，列出或者说明为每个用例完成的客户和计算机的活动。如果有可能，按通常执行它们的顺序列出。接着，确定每个步骤使用的数据。如果完成了数据字典，这一步更容易实现。最后，让用户评审用例，并提出用例的修改意见。重要的是清楚地写出用例。（有关 UML、用例和用例图的详细讨论，参见第 10 章。）

7.3.3 分割数据流图

分割（partitioning）数据流图是检查数据流图并确定应如何把它划分成人工过程集合和计算机应用程序集合的过程。需要对每个过程分析，以确定它应当是一个人工处理过程还是自动处理过程。自动处理过程被组合成一系列计算机程序。对于应当放入某个计算机程序中的一个过程或者一组过程，通常用虚线把它们包围起来。

之所以要分割数据流图，有如下 6 个原因：

（1）**不同的用户组。**考虑是否是由几个通常位于公司不同物理位置的不同用户组执行这些过程。如果是，应该把过程分割成不同的计算机程序。例如，在一个百货公司中处理客户

退货和客户支付的需要，就是这样的例子。这两个过程都涉及获取用来调整客户账户的财务信息（从总金额中减去客户的欠款），但是它们由不同的用户组在不同的地方执行。每组用户都需要一个不同的屏幕界面来记录交易的细节，这既可以是信用界面，也可以是付款界面。

（2）**时间**。检查过程的时间非常重要。如果两个过程在不同时间执行，则不能将它们分组到一个程序中。时间问题还可能涉及一次在 Web 页上呈现多少数据。如果一个电子商务站点有相当冗长的 Web 页用于订购数据或者预订飞机票，则可以将该 Web 页区分成用来格式化和显示数据的单独程序。

（3）**类似任务**。如果两个过程执行类似任务，则可以把它们组合成一个计算机程序。

（4）**效率**。为了实现有效的处理，可以把几个过程合并成一个程序。例如，如果一系列报表需要使用同一个大型输入文件，则一起产生它们可以节省大量计算机运行时间。

（5）**数据一致性**。为了数据一致性，可以把若干过程合并成一个程序。例如，信用卡公司可以同时拍摄“快照”并生成各种报告，这样能保证数据一致性。

（6）**安全性**。为了安全考虑，可以把过程分割成不同的程序。可以在安全服务器上的 Web 页周围画上虚线，以将它们与未受保护的服务器上的那些 Web 页分开。用于获取客户用户的标识和密码的 Web 页，通常从订单登记页或者其他业务页分离出来。

7.4 数据流图实例

下面这个例子通过有选择地考虑本章前面探讨的每个要素，说明如何开发数据流图。本例名为“World’s Trend 商品目录划分系统”，用于说明第 8 章和第 9 章所涵盖的一些概念。

7.4.1 开发业务活动列表

图 7.15 列出了 World’s Trend 公司涉及的一系列业务活动。通过面谈、调查和观察获取的信息可以制定该业务活动列表。通过该表可以确定外部实体（诸如客户、会计和仓库），以及数据流（诸如应收账户报表和客户记账状态）。然后在开发图 0 和子图时，通过该列表可以定义过程、数据流和数据存储。

World’s Trend公司

1000 International Lane Cornwall，CT 06050

World’s Trend 公司是一家优质时装邮购提供商。客户通过电话、邮寄一个包含每种商品目录的订货单，或者通过 Web 站点下订单。

业务活动列表

1. 客户订单产生时，同时更新商品主文件和客户主文件。如果某个商品无现货，则通知库存控制部门。
2. 如果订单来自新客户，则在客户主文件中创建一个新记录。
3. 为该客户订单产生选择卡片，并发送给仓库。
4. 准备发货单。
5. 发送客户订单的过程涉及从仓库取到货物和匹配客户发货单，获得正确的客户地址，并把货全部发送给客户。
6. 产生客户结算单，每月一次把账单寄给客户。
7. 给会计部门发送一个“应收账户”报表。

图 7.15 World’s Trend 公司商品目录划分的业务活动总结表

7.4.2　创建上下文级数据流图

一旦制定了该活动列表，就可以创建上下文级数据流图（context-level DFD），如图 7.16 所示。该图的中间显示了订单处理系统（在上下文级数据流图中不对过程进行详细描述），同时还显示了 5 个外部实体（两个称为“客户”的实体实际上是同一个实体）。该图还展示了输入和输出外部实体的数据流（例如，“客户订单”和“订单挑选列表”）。

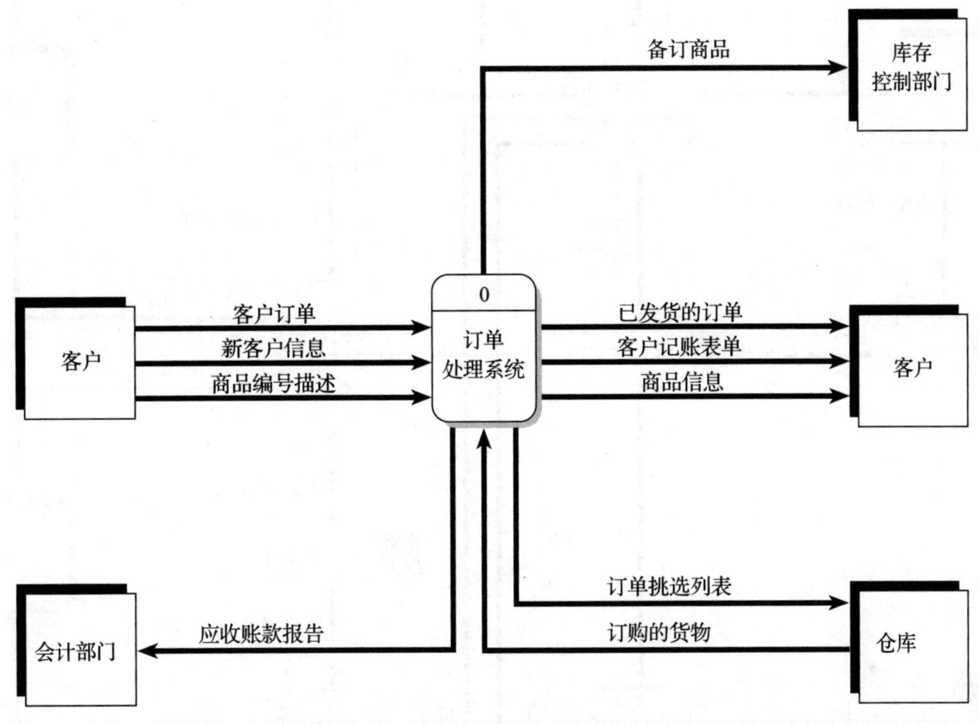

图 7.16　World's Trend 公司的订单处理系统的上下文级数据流图

7.4.3　绘制 0 层图

接下来需要回到活动列表，制定一份包含尽量多的过程和数据存储的新列表。以后还可以在列表中加入更多的过程和数据。如果你认为已有足够的信息，则可以绘制 0 层图（level 0 diagram），如图 7.17 所示。调用该 0 层图，并使过程保持一般化，这样就不会使图过分复杂。以后，还可以增加更多细节。画完 7 个过程以后，画出它们之间的数据流，以及与外部实体之间的数据流（外部实体与上下文级数据流图中的一样）。如果认为需要一个数据存储，诸如商品主文件或者客户主文件，则在图上将它们画出，并用数据流把它们连到过程。然后，对过程和数据存储进行编号。特别要注意标号需要有意义。检查错误，并在继续下一步工作之前改正它们。如果使用 Microsoft Visio 等软件包绘制数据流图，则可以自动进行错误检查。

7.4.4　创建子图

这时，绘制一个如图 7.18 所示的子图（或被称为 1 层图）。子图的过程更详细，说明产生输出所需的逻辑。按 0 层图中分配给每个过程的编号对子图进行编号，诸如图 1、图 2 等。

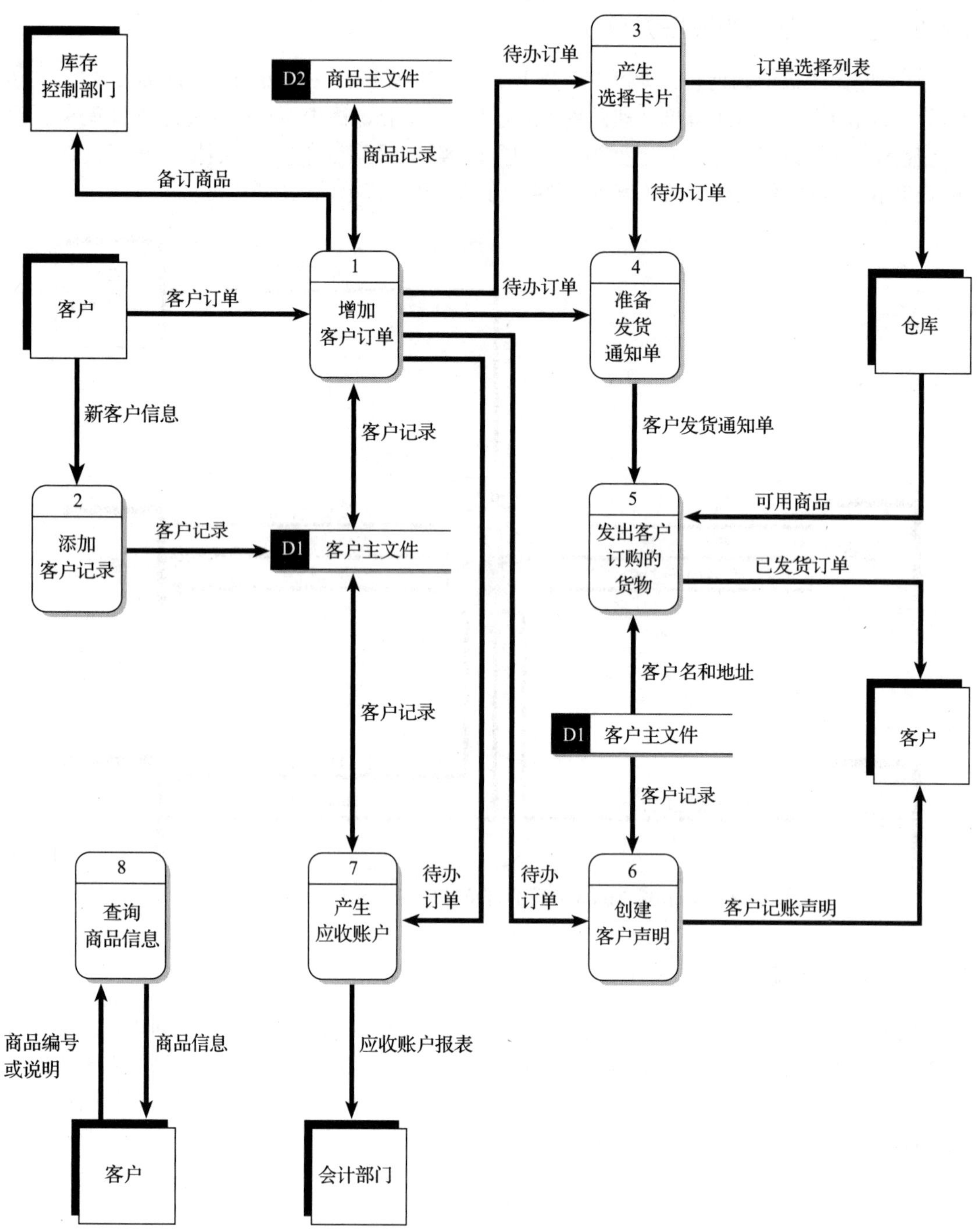

图 7.17　World's Trend 公司商品目录划分的订单处理系统的图 0

绘制子图时，首先制定一个子过程列表。诸如“增加客户订单”等过程可以有子过程（在本例中，有 7 个子过程）。连接这些子过程，同时还要将它们与合适的数据存储连接。子过程不必连到外部实体，因为我们总是能够参考父（或者 0 层）数据流图来识别这些实体。子过程标号为 1.1，1.2，1.3 等。然后检查错误，并确保标号有意义。

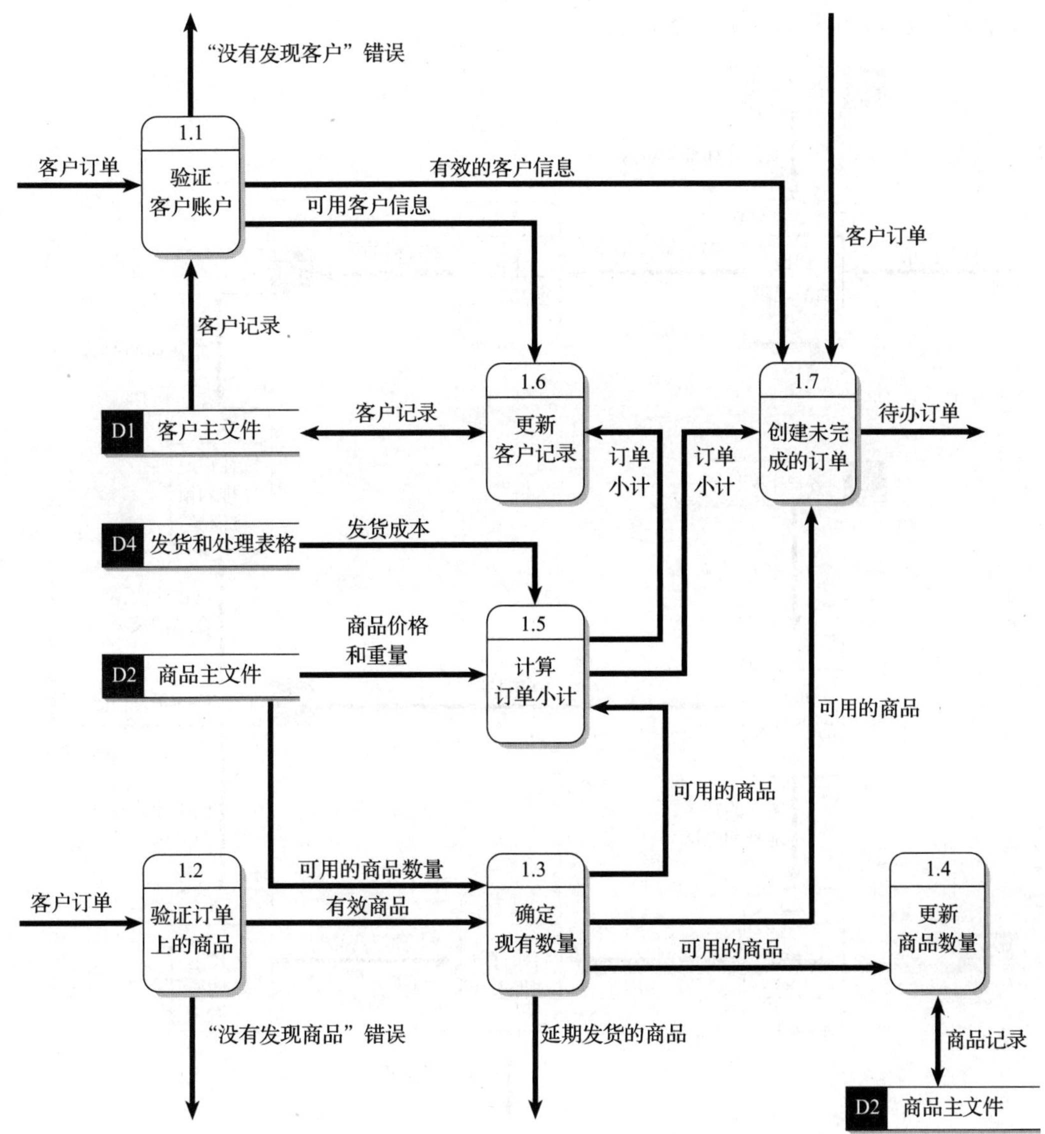

图 7.18　World's Trend 公司商品目录划分的订单处理系统的图 1

7.4.5　根据逻辑数据流图创建物理数据流图

如果想跳过逻辑模型而直接绘制物理模型，请参见图 7.19，这是过程 3"产生选择卡片"的物理数据流图子图的例子。物理 DFD 使用户有机会识别扫描条码，显示屏幕，查找记录以及创建和更新文件的过程。在物理 DFD 中，活动的顺序是很重要的，因为它强调系统如何工作以及事件的发生顺序。

给物理模型加标签时，务必详细描述该过程。例如，逻辑模型中的子过程 3.3 可能简单地标记为"排列预订商品"，但是在物理模型上，也许用标号"按客户地址排列预订商品"更好。如果编写数据存储的标签，则参照真实文件或者数据库，诸如客户主文件或者已排序的订单商品文件。如果描述数据流，则描述真实的表单、报表或者界面。例如，打印订单选择卡片时，数据流可称为订单选择卡片。

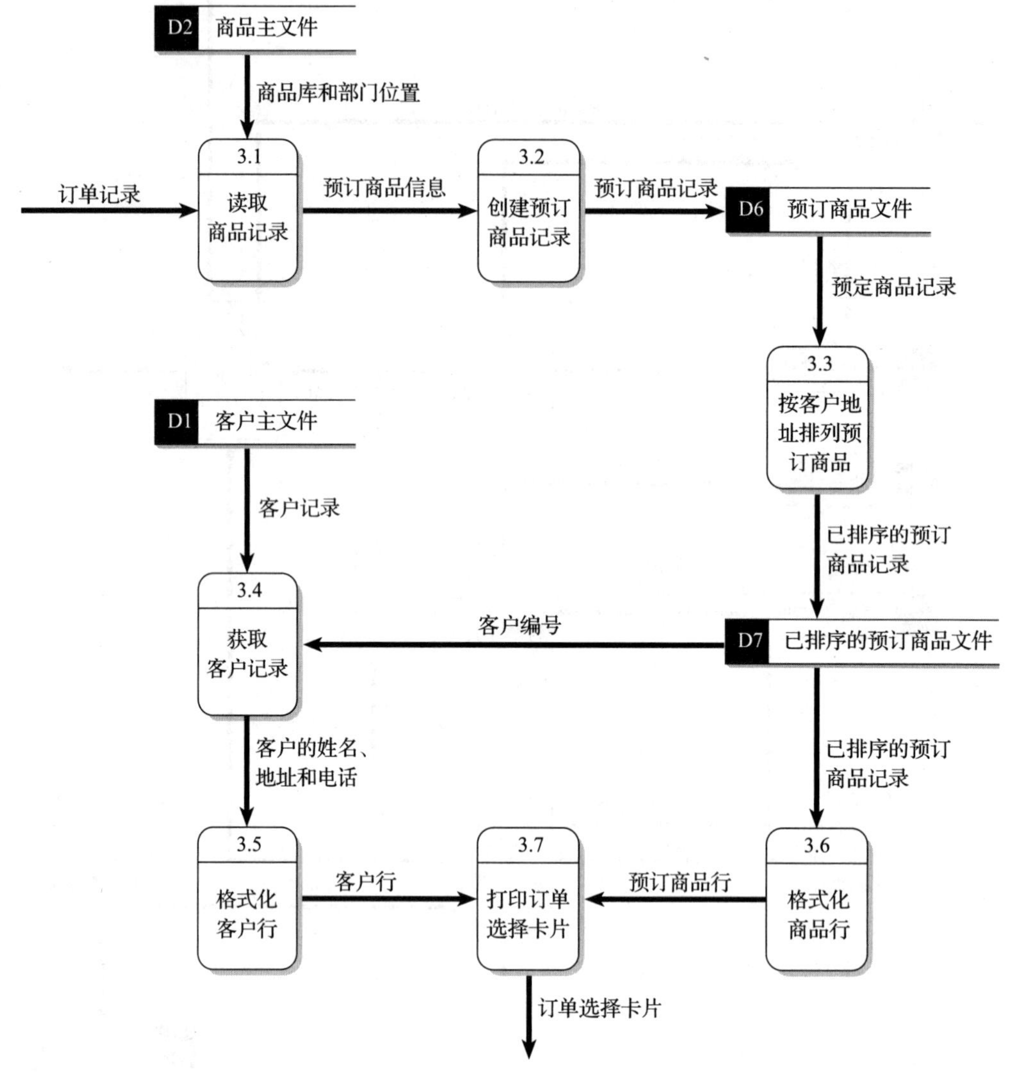

图 7.19 World’s Trend 公司商品目录划分的物理数据流图子图

7.4.6 分割物理数据流图

最后，可以通过对过程的组合或者划分提出分割建议。如前所述，进行分割的原因很多：标识不同用户组的不同过程，分离出需要在不同时间执行的过程，分组相似的任务，为了效率而对过程进行分组，为了一致性而对过程进行组合，或者为了安全而分离它们。图 7.20 说明了在 World’s Trend 公司商品目录划分案例中分割的用途。首先组合过程 1 和过程 2，因为在客户第一次下订单的同时增加新客户会很有意义。然后，把过程 3 和过程 4 放在两个不同的划分中，因为它们必须在不同时间执行，因此不能组合成一个程序。

现在，开发数据流图的过程是按自顶向下完成的，首先画出与逻辑数据流图配套的物理数据流图，然后通过过程的组合或者分离对数据流图进行划分。在第 8 章和第 9 章还要用到这个 World’s Trend 公司例子。

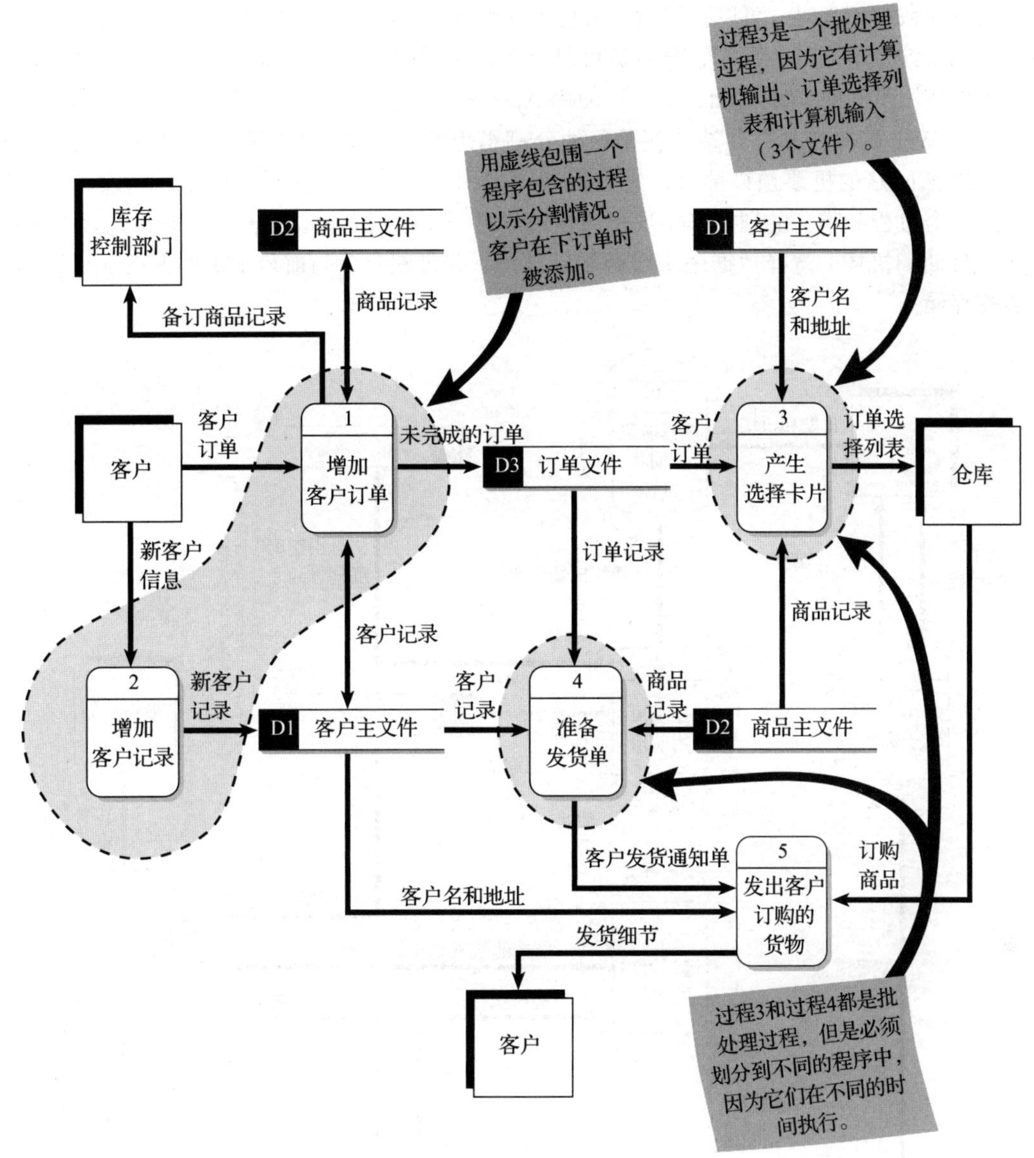

图 7.20　数据流图分割（展示图 0 部分）

7.5　分割 Web 站点

在设计网站时，分割是一个非常有用的原则。Web 站点设计人员使用表单来收集数据时，认为更恰当的做法是把一个 Web 站点分割成一系列 Web 页，以提高 Web 站点的处理速度和便于维护。每次必须从一个数据存储或外部伙伴那里获得数据时，Web 站点设计人员可以考虑创建一个专门的 Web 表单和 DFD 过程来确认和处理这些数据。

Web 开发人员也可以使用 Ajax，发送请求到服务器，然后获得返回到相同页面的少量数据或可扩展标记语言文档。Ajax 可用来避免创建太多只包含少量额外或改变的 Web 表单元素的小页面。然而，分析员在需要时应创建几个页面。一种考虑是当需要从服务器获取大量数据时，诸如一个匹配特定出行日期的起飞机场和目的机场的所有航班列表。访问相同数据库上的不同数据库表时，可以获得包含来自不同数据库表的字段的数据，并传递给一个过程。然而，如果涉及不同的数据库，分析员可以决定使用不同的 Web 页面。需要用户输入时，分析员可以使用不同的 Web 页面，也可以使用 Ajax 来促进下拉列表中的变化或改变少量数据。

基于 Web 的旅游预订网站，就是这种分割思想的一个良好的实例。为了简化起见，我们仅说明该网站的机票预订部分，其数据流图如图 7.21 所示。注意，Web 站点设计人员决定创建几个过程和唯一的划分来实现机票预订。过程 1 接受并确认客户（或旅行代理人客户）输入的日期和机场。选择数据用来获得航班详情，并创建一个与航班请求匹配的航班详情事务数据存储。

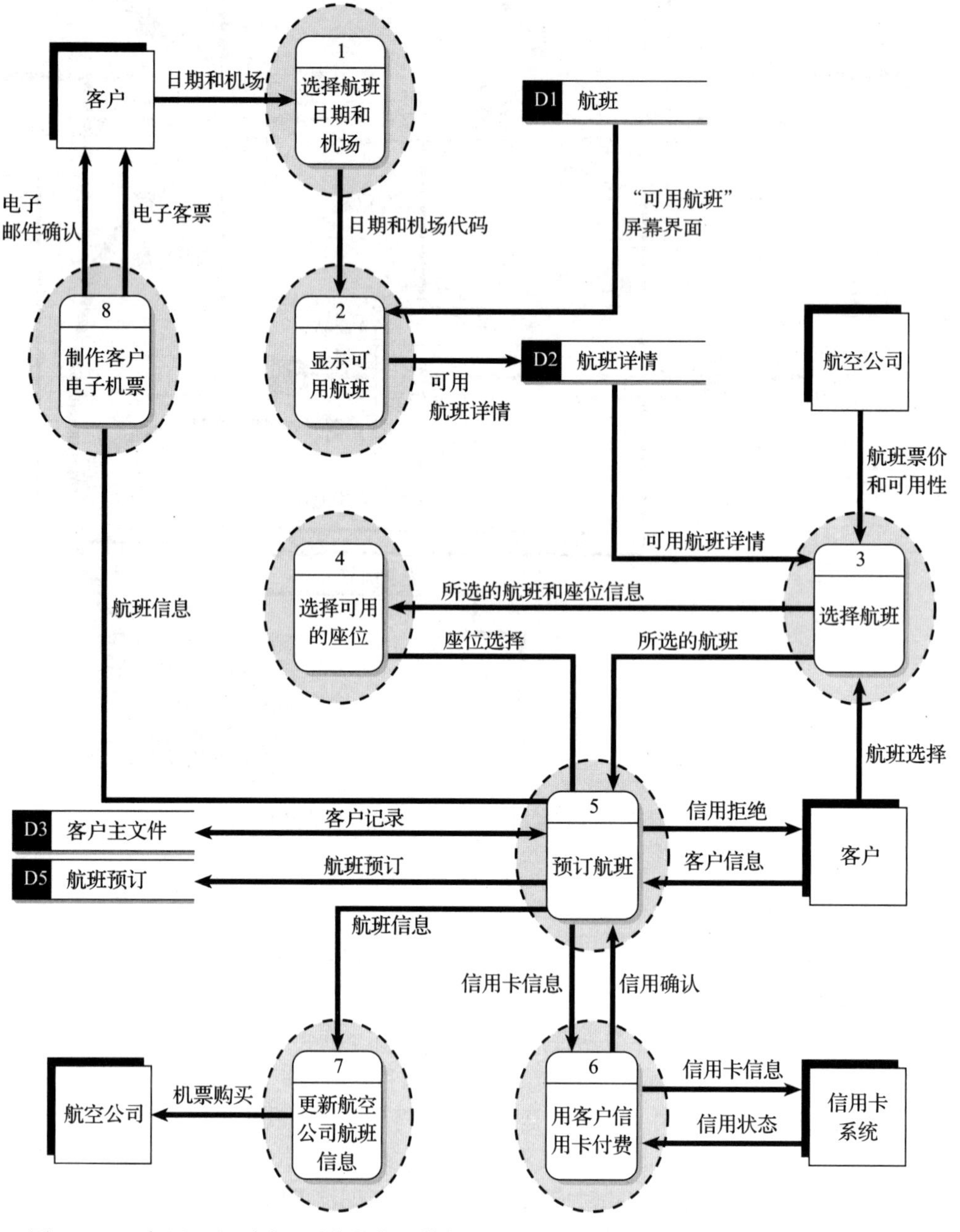

图 7.21 正如网上机票购买系统的物理数据流图所示，分割对基于 Web 的系统是重要的

把查明航班信息的过程分解出来作为独立的过程，这种做法是可取的，因为这个过程必须搜索数据存储，并运用航班详情来显示一系列连续的有关匹配航班的 Web 页。一旦客户选择了航班，信息必须被发送给所选的航空公司。重要的是，使航班详情事务文件可用来显示新航班的每个 Web 页，因为重新进行航班搜索可能要花很长时间，这对于试图完成一次交易的用户是难以接受的。

可用航班的选择（过程 2）使用一个内部数据库，但是该数据库没有关于座位的可用性信息，因为这些航空公司接受很多旅游机构的预订。这就意味着必须分割出一个独立的过程和小程序，用于确定有没有空位以及预订特定的座位。

因为有大量用户输入，所以表单被设计成可以处理所有的用户请求。拥有不同的表单意味着表单将更简单，从而使用户觉得它们更有吸引力且更易于填写。这种设计同时满足有用性和可用性标准，这在设计人机交互网站时很重要。此外，它还意味着更快地完成处理，因为一旦选择了航班，则下一步涉及选择座位时不应要求客户再次输入，更不应该在此时再次看到航班详情。大多数航空公司网站使用弹出式窗口，用户可以在这些窗口中指定他们的座位选择。

采取分割方法的另一个理由是保持事务安全。一旦选择了座位，客户就必须确认预订并提供信用卡信息。这是使用安全连接完成的，信用卡公司参与确认购买金额。安全连接意味着必须使用一个独立的过程。一旦确认了信用卡，还必须包括另外两个过程：一个过程用来格式化电子邮件确认信息并把一张电子客票发送给客户，另一个过程把机票购买信息通知给航空公司。

整个机票预订过程必须分割成一系列相互作用的过程，每个过程都有一个相应的 Web 页，或者与一个外部系统交互。每次用一个新的数据存储来获得额外的数据时，必须有一个过程对该数据进行格式化并获得该数据。每次涉及一个外部公司或系统时，需要把一个过程分割成一个不同的程序。这些程序的规模小，使它们易于修改。这样得到的 Web 站点安全、效率高并且更易于维护。

咨询时间 7.1

没有像流业务那样的业务

Merman 礼服租赁公司的电话铃响了，服装库存部的主任 Annie Oaklea 接起电话，回答对方提出的咨询："让我看看存货卡。对不起，只有两套咆哮表情的男式熊人偶服。熊人偶服一直很畅销。你什么时候需要它们？也许有一套将会返还回来"。"不，不能这样，对不起。你希望把这两套都发给你吗？公司名称？曼哈顿剧团？伦敦支团？""好的。合作愉快！从我们的账户卡上可以看出，你们以前从我们这里租用过服装。这些服装你们将租用多长时间？"

图 7.C1 是一个设置 Merman 服装租赁公司处理阶段的数据流图。它展示了 Annie 为曼哈顿剧团租用服装此类业务的租赁过程。

在双方又相互交流了几分钟商店的有关政策以后，Annie 最后总结道："你能在如此短的时间内得到这些熊皮服装，真的很幸运。已有另一个公司预定在 7 月份的第一周租用它们。我将为你登记这些熊皮服装，并且服装将由我们的特快专递员直接交给你。请记得及时归还，这样可以为彼此省去很多麻烦。"

Merman 服装租赁公司位于全球著名的伦敦西区的剧院区。当某个剧院或者电视制片公司缺乏自身添购服装的资源（时间或者专门技术）时，就可以打电话给 Merman 公司，并且可以毫不费劲地租到所需的服装。Merman 公司的口号是“打电话给 Merman”。

该公司（看上去更像仓库）有三层楼摆满了服装架，保存了上千件服装。服装按历史时期挂在一起，然后按各个季节的男女服装进行分组，最后按服装大小进行排列[⊖]。大多数剧团能够在 Annie 的精心帮助下，准确地找到他们所需的服装。

现在，对前面给出的数据流图的“租赁返还”部分进行删减。记住，及时返还是保持从 Merman 租用服装的客户信用度的关键。

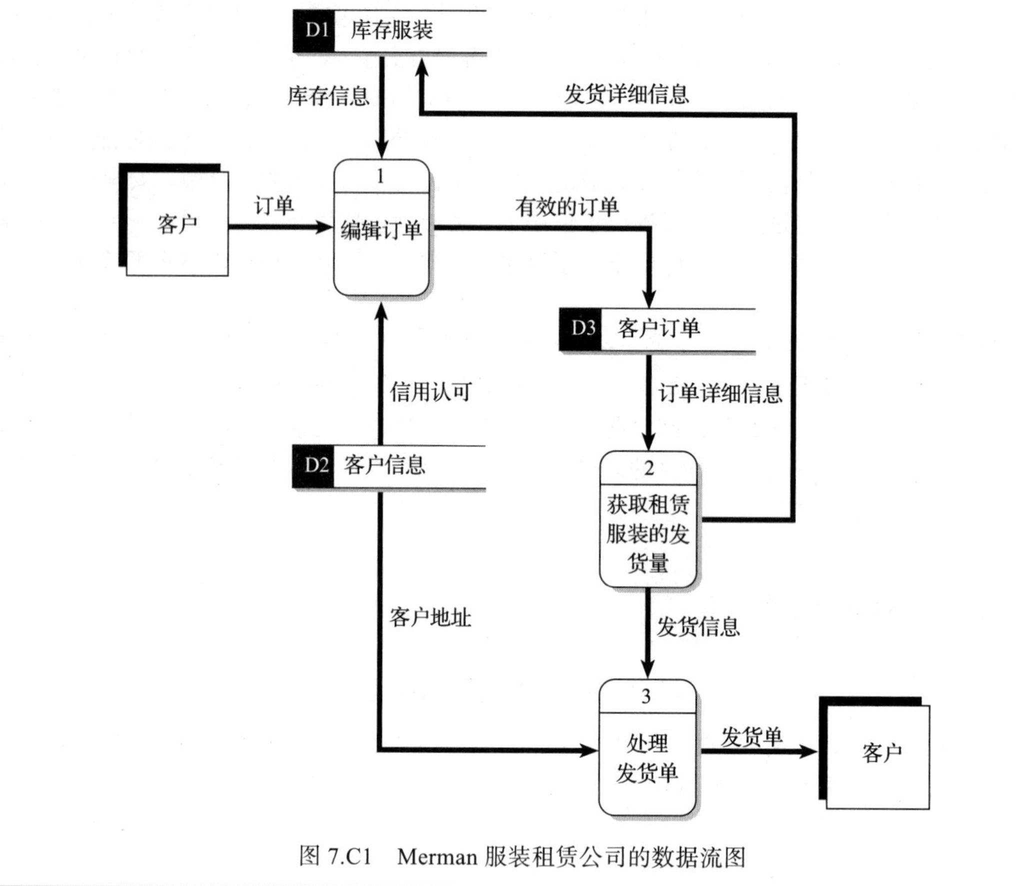

图 7.C1 Merman 服装租赁公司的数据流图

7.6 使用数据流图进行沟通

数据流图在整个系统分析与设计过程中都很有用。在确定信息需求的早期，可以使用原始的、未分解的数据流图。在这一阶段，数据流图有助于对整个系统中的数据移动情况进行大致的了解，能够提供叙述材料中得不到的视觉效果。

系统分析员可能非常善于通过数据流的逻辑画出数据流图，但是为了使图真正变得易于

⊖ 西部服装公司位于加利福尼亚州的好莱坞地区，据说有 100 多万套服装，价值约 4 000 万美元。

沟通，还需要为所有的数据组件分配有意义的标签。标签不应当一般化，因为一般化标签不能充分表达出当前的情况。所有的通用系统模型都配有输入、过程和输出，因此数据流图的标签应更具体。

最后请记住，数据流图用来对系统进行编档。假定数据流图将比绘制它们的员工在组织中存在的时间更长。无疑，如果聘请外部顾问来绘制，就会存在这种情况。数据流图可用于高层次或者低层次分析编档，并且有助于具体表现组织的数据流的逻辑。

Mac 案例专栏

曾经有一段时间，计算机辅助软件开发（CASE）工具很流行。公司鼓励使用这些工具，希望记录过程和软件产品，同时减少开发时间和成本。随着开发软件的方向从 SDLC 方法转向敏捷方法，CASE 工具对许多开发人员来说似乎过于结构化和不容错误。

像 Microsoft Visio 这样的图表绘制工具软件已经比 CASE 工具对用户更加友好。Microsoft Visio 未包含在 Microsoft Office 中，因此学生无法像使用 Microsoft Word、Microsoft Excel 和 Microsoft PowerPoint 那样方便地使用它。Mac 计算机上也不提供 Microsoft Visio（除非用户订阅了允许通过 Safari 或 Chrome 编辑图表的 Visio Plan 1），但也有一些有价值的替代方案。其中一个叫作 OmniGraffle 的应用程序功能强大，可以生成从简单图表到快速原型设计中使用的线框的所有内容，并且它可以使用免费模板和图案绘制各种图表和流程图（如下图中所示的数据流程图模板）。它易于使用，因此非常符合开发人员使用敏捷方法开发软件的愿景。

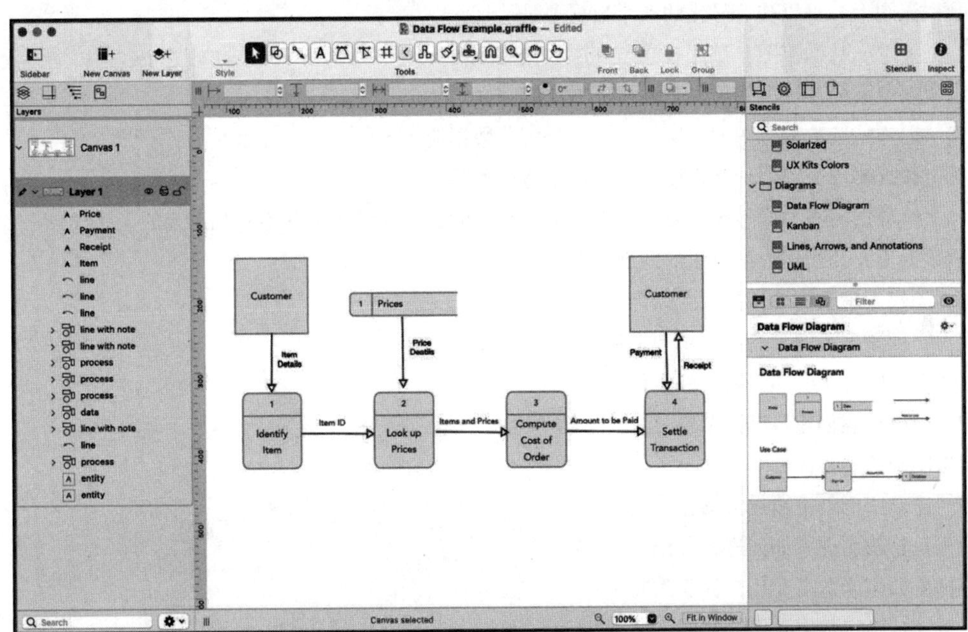

Omni 集团的 OmniGraffle 项目管理软件（经 Omni 集团许可使用）

7.7 小结

为了更好地理解数据在整个企业内部的逻辑流动，系统分析员可以画出数据流图。数据流图是结构化分析与设计工具，允许分析员以一组相互关联的数据流形式，可视化地理解系统和子系统。与其他图表方法相比，数据流图有四个主要优势：不需要过早考虑系统的技术实现；进一步了解系统和子系统的相互关系；通过数据流图，可以更加深入地与用户交流当前系统知识；分析所提出的系统，确定是否已定义必要的数据和过程。

数据流图以 4 种符号来绘制：圆角矩形（描述数据过程或者变换）、双重正方形表示外部数据实体（数据源或者数据接受方）、描述数据流的箭头和一端开口的矩形（表示数据存储）。

系统分析员从早期组织叙述、用户讲述或数据揭示的故事中提取数据过程、数据源、数据存储和数据流，并使用自顶向下的方法画出数据流图。首先，在更大的范围内绘制系统的上下文级数据流图；其次，画出 0 层逻辑数据流图，显示过程，并增加数据存储。接下来，分析员创建 0 层图中每个过程的子图，输入和输出保持不变，但是数据存储和源发生变化。分解原始数据流图，允许系统分析员能够专注于对系统中数据移动的更详细描述。然后，分析员从逻辑数据流图开发出物理数据流图，并对它进行分割，从而使编程更容易。最后，对每个过程进行分析，确定它是人工过程还是自动过程。

数据流图分割应考虑的 6 种因素包括：过程是否由不同的用户组执行；过程是否在相同的时间执行；过程是否执行类似任务；为了有效地处理是否可以合并过程；为了数据的一致性是否可以把过程整合成一个程序；为了安全考虑是否可以把过程划分到不同的程序中。

复习题

1. 分析面向数据的系统时，分析员可以使用的一种主要方法是什么？
2. 与数据移动的叙述性说明相比，使用数据流图有哪 4 种好处？
3. 在数据流图上，可以被符号化的 4 个数据项是什么？
4. 什么是上下文数据流图？试比较它与 0 层数据流图的不同。
5. 在画数据流图的环境下，给出自顶向下方法的定义。
6. 描述“爆炸式”数据流图的含义。它与“分解”数据流图不同吗？为什么？
7. 在确定数据流应分解到什么程度时，应折中考虑哪些因素？
8. 为什么给数据流图加标签很重要？数据流图上有效的标签能够为那些不熟悉系统的人完成什么？
9. 逻辑数据流图和物理数据流图的差别是什么？
10. 列出创建逻辑数据流图的三大原因？
11. 列出物理数据流图具有而逻辑数据流图没有的 5 个特征。
12. 系统设计的哪个时期需要事务文件？
13. 如何用事件表创建数据流图？
14. 列出用例的主要部分。
15. 如何通过用例创建数据流图？
16. 什么是分割原理？如何进行分割？
17. 分析员如何确定需要用户界面的时机？
18. 列举 3 种确定数据流图分割的方法。
19. 列举 3 种使用已完成的数据流图的方法。

问题

1. 你已经与乐器制造公司的老板 Kevin Cahoon 建立了良好的关系。当你把一组数据流图给他看时，他却不能想象你是怎么用该图来描述你所建议的系统的。
   （1）用一段话写出如何向用户解释数据流图的含义。要包含一个符号列表，并说明各符号的含义。
   （2）对用户进行数据流图培训需要花费一些精力。是否值得与用户分享数据流图？为什么？用一段话加以阐述。
   （3）将数据流图与用例和用例图进行比较。数据流图解决了用例图难以解决的哪些方面？
2. 你最近的项目是组合 Valentine Producers Financial（VPF）公司使用的两个系统。Vanessa James 的贷款申请系统非常新，但没有文件。而 Don Sander 的贷款管理系统比较老，需要大量修改，并且记录被编码并独立于其他系统保存。贷款申请系统负责接受贷款申请，处理申请，并推荐供批准的贷款。贷款管理系统接受获得批准的贷款，并跟踪它们直到最后处理（已付、已售或违约）。
   （1）绘制一幅上下文级数据流图，显示由 VPF 使用的 Vanessa 和 Don 新老系统组合而成的理想化系统应该是什么样子的。
   （2）绘制一幅 0 层数据流图，显示由 VPF 使用的 Vanessa 和 Don 新老系统组合而成的理想化系统应该是什么样子的。
3. 所有大专院校中的学生都要经历的一个过程是注册学院课程。
   （1）画出学院课程注册数据移动的第 1 层数据流图。使用 Microsoft Visio 或者手动绘制数据流图，使用一张表，并清楚标记每个数据项。
   （2）把原始数据流图中的一个过程分解成子图，加上数据流和数据存储。
   （3）列出注册过程中外部观察者看不到的部分，以及完成第 2 层图时必须做出的假设。
4. 图 7.EX1 是一个称为 Marilyn’s Tours 的尼加拉瓜瀑布旅游机构中数据移动的第 1 层数据流图。请仔细阅读该图，找出不正确的地方。

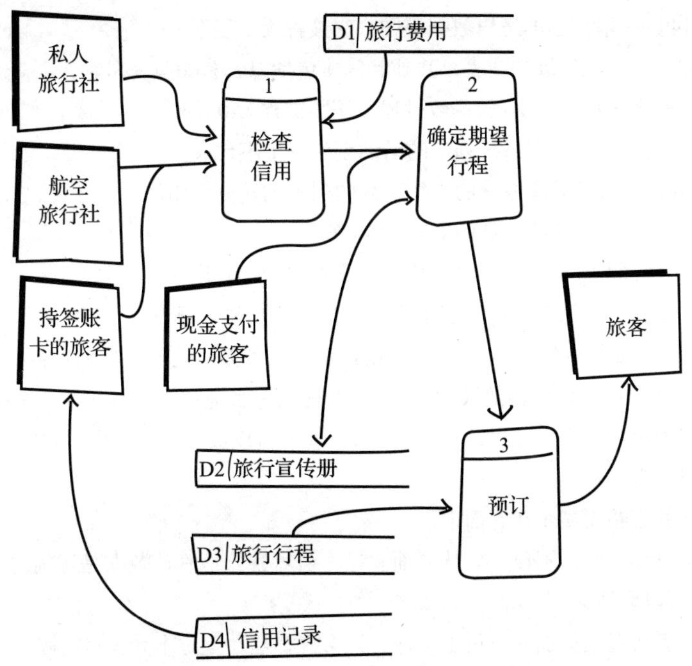

图 7.EX1　Marilyn’s Tours 的手绘数据流图草图

（1）列出图中发现的错误，并对它们进行编号。

（2）重新画出和标记正确的 Marilyn’s Tour 数据流图。确保新图正确利用符号，尽量减少不必要的循环和重复。

5. KinLee Pizza，一家颇受欢迎的外卖餐厅，想要安装一个记录比萨和鸡翅订单的系统。当老客户打电话给 KinLee Pizza 时，询问他们的电话号码并输入计算机，客户的名字、地址和最近一次订购日期将自动显示在界面上。下单后，系统立即计算出总费用，包括消费税和运费。然后前台把订单交给厨师，打印出收据。有时，还要打印特殊报价（优惠券），以便客户可以获得一定折扣。运货司机把收据和优惠券（如果有）交给客户。每周的总收入被保留，用来同上一年的业绩进行比较。写出在 KinLee Pizza 下订单业务活动的总结表。
6. 画出 KinLee Pizza（问题 5）的上下文级数据流图。
7. 分解问题 6 中的上下文级数据流图，展示出所有主要的过程。把该图称为 0 层图，它应当是逻辑数据流图。
8. 画出问题 7 中 0 层图中“增加新客户”过程的逻辑子图，当前数据库中没有该客户（即以前从来没有向 KinLee Pizza 订购过商品）。
9. 画出问题 7 的物理数据流图。
10. 画出问题 8 的物理数据流图。
11. 对问题 7 中的物理数据流图进行分割，适当地组合和分离过程，并解释为什么以这种方式分割数据流图（记住，不必分割整幅图，而只需分割有意义的部分）。
12. （1）画出图 7.17 中过程 6 的逻辑子图。

    （2）画出图 7.17 中过程 6 的物理子图。
13. 画出图 7.18 中过程 1.1 的物理数据流图。
14. 为房地产经纪人创建一个上下文级数据流图，该房地产经纪人试图创建一个系统，以匹配买家和潜在的待售房屋。
15. 画出说明问题 14 的一般过程的逻辑数据流图，它被称为 0 层图。
16. 为牙科诊所创建一个上下文级的图表，其外部实体包括患者和保险公司。
17. 画出逻辑数据流图来表示问题 16 的一般过程，该图被称为 0 层图。
18. 为 World’s Trend 公司订单处理系统列出的活动创建一个事件表。
19. 为 World’s Trend 公司订单处理系统的 7 个过程的列表创建一个用例。
20. 创建用于 World’s Trend 公司的文件的 CRUD 矩阵。
21. 使用分割原理确定问题 18 中的哪些过程应该包含在单独的程序中。
22. 针对如下情况，创建一个物理数据流图子图。当地的跑步俱乐部每月举行一次会议，会上有见多识广的演讲者、奖品（如预付的比赛报名费）、设计跑步装备等。此外还特别兴趣小组会议（人员包括想当教练、想跑马拉松、想变得健康的人）。会上提供一台笔记本计算机，用来把新成员的名字加入小组中。该图表示一个联机过程，它是过程 1“增加新成员”的子过程。它包含如下任务：

    （1）输入新成员信息。

    （2）验证信息，并把错误显示在界面上。

    （3）如果全部信息都有效，则显示确认界面。操作员可视化地确认数据是正确的，而且既可以接受该事务，也可以取消它。

    （4）已接受的事务将新成员加入成员主文件，该文件存储在笔记本计算机的固态硬盘上。

    （5）已接受的事务写入一个成员日志文件上，该文件存储在第二个固态硬盘上。

小组项目

1. 与你的小组一起为 Maverick 运输公司（最初的介绍参见第 4 章）开发一个上下文级数据流图。使用随后与你的小组一起生成的有关 Maverick 运输公司的任何数据。（提示：集中关注该公司的职能领域，不要试图对整个组织建模。）
2. 使用问题 1 中开发的上下文级数据流图，与小组一道为 Maverick 运输公司开发一个 0 层逻辑数据流图。做出绘制它所需的任何假设并列出。
3. 与你的小组一起，选择一个关键过程，并把它分解成一个逻辑子图。做出绘制它所需的任何假设。列出后续问题，并建议使用其他方法以得到更多仍不清楚的过程的信息。
4. 运用小组到目前为止已经完成的工作，创建一部分的为 Maverick 运输公司建议的新系统的物理数据流图。

参考文献

Ambler, S. W., & Constantine, L. L. (Eds.). (2017). *The unified process inception phase: Best practices for implementing the UP.* CRC Press.

Functional modeling with data flow diagram tutorial. (2012). Visual Paradigm. https://www.visual-paradigm.com/tutorials/data-flow-diagram-dfd.jsp

Gane, C., & Sarson, T. (1979). *Structured systems analysis and design tools and techniques.* Prentice Hall.

Hoffer, J. A., Venkataraman, R., & Topi, H. (2019). *Modern database management* (13th ed.). Pearson.

Kharmoum, N., Rhalem, W., Retal, S., Bouchti, K. E., & Ziti, S. (2022). Getting the UML's behavior and interaction diagrams by extracting business rules through the data flow diagram. In J. Kacprzyk, V. E. Balas, & M. Ezziyyani (Eds.), *Advanced intelligent systems for sustainable development* (pp. 540–547). Springer.

Kotonya, G., & Sommerville, I. (1999). *Requirements engineering: Processes and techniques.* Wiley.

Lucas, H. (1994). *Information systems concepts for management* (5th ed.). McGraw-Hill.

Martin, J. (1982). *Strategic data-planning methodologies.* Prentice Hall.

Thayer, R. H., Dorfman, M., & Garr, D. (2002). *Software engineering: Vol. 1, The development process* (2nd ed.). Wiley-IEEE Computer Society Press.

使用数据字典分析系统

学习目标

1. 了解分析员如何用数据字典来分析面向数据的系统。
2. 了解项目信息的存储库概念以及 CASE 工具在创建项目信息中的作用。
3. 能够基于 DFD 创建数据字典条目。
4. 认识数据字典在帮助用户使用、更新和维护信息系统方面的功能。

在完成连续几级数据流图后，系统分析员可以用它们帮助整理数据处理过程、数据流、数据存储、结构以及数据字典中的元素，尤其是用来表征数据项的名称。命名面向数据系统的组件时，系统分析员需要尽量使名字富有意义，同时还要使其区别于其他现有的数据组件名称。本章介绍数据字典，这是另一种帮助分析面向数据的系统的工具。

数据字典是日常生活中用于参考的各种字典的一种特殊应用。数据字典是关于数据的数据（即元数据）的参考资源，系统分析员编写数据字典，并指导分析和设计工作。数据字典是一个收集和协调特定数据项的文档，同时确认每个数据项对组织中不同人员的含义。

自动化数据字典（CASE 工具的一部分）因能够交叉引用数据项而显得特别有用，因而允许对所有共享某个公共元素的程序进行必要的程序变更。这种特征代替了程序的随机变更，防止由于没有在所有共享被更新项的程序间实现某个变化，而导致程序不能运行。显然，对于会产生几千个元素并要求编目和交叉引用的大型系统，自动化数据字典显得很重要。

8.1 数据字典

现在许多数据库管理系统都配备了自动数据字典（data dictionary）。这些数据字典或复杂或简单。一些计算机化的数据字典在编码完成后自动编目数据项，而另一些只是提供一个模板来提示用户以一致的方式把每个词条填入字典中。

维护数据字典的一个重要原因是需要保持干净的数据。这意味着数据必须保持一致。如果将外部客户的数据存储在一条记录中，记录为“Ext”，在第二条记录中存储为“E”，在第三条记录中又另外记录为数字“1”，则数据是不干净的，缺乏一致性。维护数据字典在这方面会有所帮助。

8.1.1 了解数据字典的必要性

尽管自动化数据字典已经存在，但是了解什么数据构成数据字典、数据字典中使用的约定，以及如何开发数据字典，都是系统分析员在系统分析过程中要考虑的相关问题。了解编写数据字典的过程能够帮助系统分析员概念化系统及其工作机制。第 7 章中的数据流图是收集数据字典条目的最优起点。

以下小节描述了自动数据字典内容背后的基本原理，除了提供文档和消除冗余外，数据字典可以用来：

（1）验证数据流图的完备性和准确性。

（2）为开发界面和报表提供切入点。

（3）确定文件中存储的数据的内容。

（4）找出数据流图中的过程的逻辑。

（5）创建 XML（eXtensible Markup Language，可扩展标记语言）。

8.2 数据存储库

数据字典包含有关数据和过程的信息，项目信息的更大集合称为*存储库*（repository）。使用 CASE 工具开发数据字典的好处之一是能够开发一个存储库，即项目信息和团队贡献的共享集合。存储库可以包含如下内容：

（1）有关系统所维护的数据的信息，包括数据流、数据存储、记录结构、元素、实体和消息。

（2）程序逻辑和用例。

（3）界面和报表设计。

（4）数据关系，如一个数据结构如何链接到另一个数据结构。

（5）项目需求和最终系统的可交付制品。

（6）项目管理信息，诸如交付进度计划、业绩、需要解决的问题和项目用户。

通过检查和描述数据流、数据存储和过程的内容，可创建数据字典，如图 8.1 所示。应定义每个数据存储和数据流，然后扩展它所包含元素的详细信息。每个过程的逻辑应当用输入或者输出过程的数据进行描述。应注意发现遗漏和其他设计错误并解决它们。

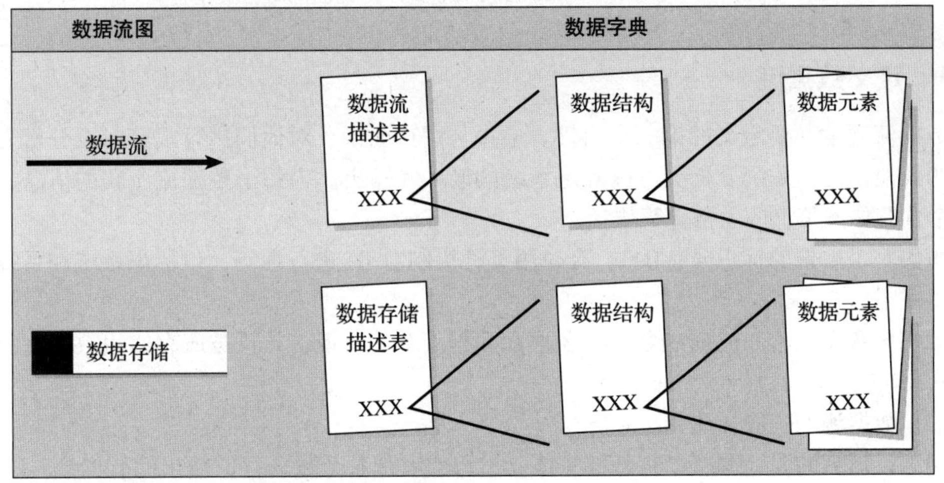

图 8.1　数据字典与数据流图的关系

为了促进对系统数据的了解，应研究数据字典的 4 个领域：数据流、数据结构、数据元素和数据存储。

为了说明如何创建数据字典词条，我们再次以 World's Trend 公司商品目录划分为例。该公司以邮购方式销售衣服和其他商品，客户可以通过传真邮购表、免费电话订购系统和定制的 Web 表单下单。不管以哪种形式下单，系统由这三种方法获取的基本数据是相同的。

World’s Trend 公司的订货单如图 8.2 所示，它提供了有关输入数据字典的内容的线索。首先，需要获取和存储下订单的人的名字、地址和电话号码。然后，需要处理订单的具体细节：商品简介、大小、颜色、价格、数量等。此外，还必须确定客户的付款方式。完成这些操作后，数据就可以存储起来以备将来使用。本章将使用该示例说明数据字典的每个组成部分。

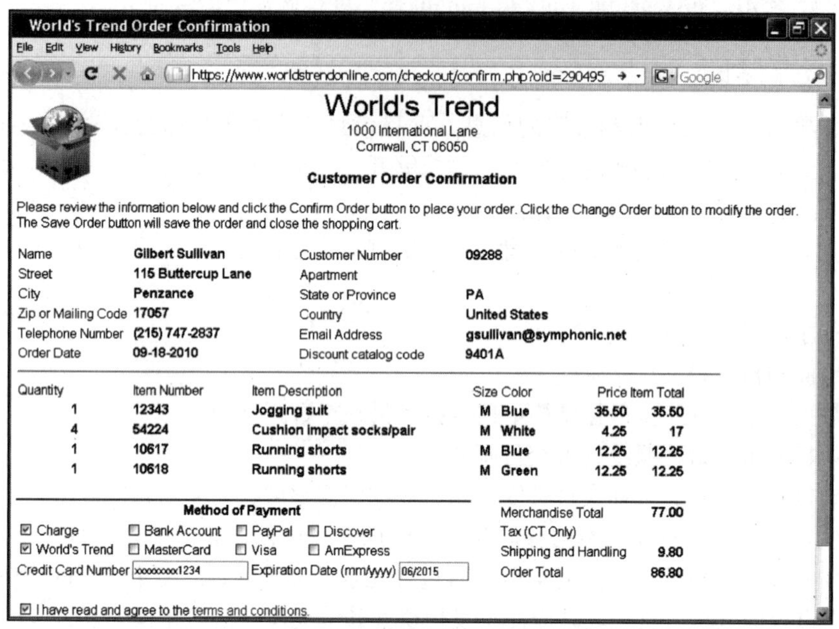

World's Trend Order Confirmation

File Edit View History Bookmarks Tools Help

https://www.worldstrendonline.com/checkout/confirm.php?oid=290495

World's Trend

1000 International Lane
Cornwall, CT 06050

Customer Order Confirmation

Please review the information below and click the Confirm Order button to place your order. Click the Change Order button to modify the order. The Save Order button will save the order and close the shopping cart.

Name	**Gilbert Sullivan**	Customer Number	**09288**
Street	**115 Buttercup Lane**	Apartment	
City	**Penzance**	State or Province	**PA**
Zip or Mailing Code	**17057**	Country	**United States**
Telephone Number	**(215) 747-2837**	Email Address	**gsullivan@symphonic.net**
Order Date	**09-18-2010**	Discount catalog code	**9401A**

Quantity	Item Number	Item Description	Size	Color	Price	Item Total
1	12343	Jogging suit	M	Blue	35.50	35.50
4	54224	Cushion impact socks/pair	M	White	4.25	17
1	10617	Running shorts	M	Blue	12.25	12.25
1	10618	Running shorts	M	Green	12.25	12.25

Method of Payment

☑ Charge　☐ Bank Account　☐ PayPal　☐ Discover
☑ World's Trend　☐ MasterCard　☐ Visa　☐ AmExpress
Credit Card Number xxxxxxxxx1234　Expiration Date (mm/yyyy) 06/2015

Merchandise Total	77.00
Tax (CT Only)	
Shipping and Handling	9.80
Order Total	86.80

☑ I have read and agree to the terms and conditions.

图 8.2　World’s Trend 公司商品目录划分的网络订货单

8.2.1　定义数据流

数据流通常是要定义的第一个组件。通过与用户面谈、对他们进行观察以及分析文档和现有的其他系统，系统分析员可以确定系统的输入和输出。为每个数据流所获的信息，可以用一个含有如下信息的表格进行概括：

（1）一个可选的标识号（ID）。有时用某种机制对 ID 进行编码，以标识系统和系统内部的应用程序。

（2）该数据流唯一的描述名。该名称在数据流图上出现，并且被所有使用数据流的描述引用。

（3）数据流的一般描述。

（4）数据流的源。源可以是外部实体、过程或者从某个数据存储输出的数据流。

（5）数据流的目标（与“源”中列的项目相同）。

（6）表明数据流是一个进入或者离开文件的记录，还是一个包含报表、表格或者界面记录的指示。如果数据流包含在过程间使用的数据，则把它指定为内部数据流。

（7）数据结构名，用于描述该数据流中包含的元素。对于简单的数据流，它可能是一个或者多个元素。

（8）单位时间的数据量。数据量可以是每天的记录数，或者任何其他时间单位的数据量。

（9）用于进一步说明和注释数据流的区域。

我们再次使用第 7 章的 World's Trend 公司商品目录划分示例来说明已填好的表格。图 8.3 是一个数据流描述的例子，表示用来增加新的客户订单以及更新客户和商品文件的界面。注意，外部实体“客户”是源，而“过程 1”是目标，它们提供了与数据流图的联系。被复选的“界面”表明数据流表示输入界面。它可以是任何一个界面，诸如 Web 页、图形用户界面（Graphic User Interface，GUI）、移动电话或主机界面。该表格上可以包含数据流的详细描述，也可以用一个数据结构来表示它。

数据流描述

ID

名称 客户订单

描述 包含客户订货单信息，并用来更新客户主文件和商品文件以及产生一个订货单记录。

来源	目标
客户	过程 1

数据流类型

☐文件　☑界面　☐报表　☐表格　☐内部数据

数据流所包含的数据结构	单位时间流量
订单信息	10/ 小时

备注 客户订单的订单记录信息。订单可以通过 Web 输入、电子邮件和传真收到，也可以由客户直接打电话给订单处理部门。

图 8.3 取自 World's Trend 公司商品目录划分的一个数据流描述示例

应首先描述所有输入和输出的数据流，因为它们通常表示人机界面。然后描述中间数据流及输入和输出数据存储的数据流。每个数据流的具体信息用元素（有时也称为字段）或者数据结构（一组元素）描述。

简单的数据流可以用一个元素描述，诸如查询程序用来查找匹配的客户记录的客户编号。

8.2.2 描述数据结构

数据结构（data structure）通常用代数表示法描述。该方法允许分析员生成组成数据结构元素及其相关信息的视图。例如，分析员应表明数据结构内是否含有许多相同的元素（一个重复组），或者两个元素是否可以互斥地存在。代数表示法使用如下符号：

（1）等于号 =，表示“由……组成”。

（2）加号 +，表示“和”。

（3）大括号 { }，表示重复元素，也被称为重复组或者重复表。在重复组中可以有一个或者多个重复元素。重复组可以包含条件，诸如固定的重复次数或者重复次数的上限和下限。

（4）中括号 [ ]，表示一种非此即彼的情况。要么一种元素存在，要么另一种元素存在，但不能两者同时存在。中括号内所列的元素通常是互斥的。

（5）小括号 ( )，表示一个可选的元素。输入界面上的可选元素可以为空，而对于文件结构上的数值字段，可选元素可以包含空格或者 0。

图 8.4 是 World’s Trend 公司添加客户订单的数据结构示例。每个“新客户界面”包括等号右边的数据项。一些数据项是元素，而另一些数据项，诸如客户名、地址和电话号码等，是元素组或者结构化记录（structural record）。例如，客户名由名、中间名首字母和姓组成。每个结构化记录必须进一步加以定义，直到把整个记录分解成组成元素为止。注意，遵循客户订单界面的定义是结构化记录的定义。即使一个如电话号码般简单的字段也用结构进行定义，以便可以单独处理区号。

许多不同的系统内使用的结构化记录和元素都被赋予一个非系统专用的名称，诸如街道、城市和邮政编码等，这根本反映不出使用它们的职能领域。这种方法允许分析员对这些记录只定义一次，就可以在许多不同的应用程序中使用它们。例如，城市可以是客户所在的城市、供应商所在的城市或者雇员所在的城市。注意括号的用法，它用来表示中间名、寓所和邮政编码扩展是可选的订单信息（但是只有一个）。通过用方括号把选项括起来，并用“|”分离它们，用来表示条件“或”。

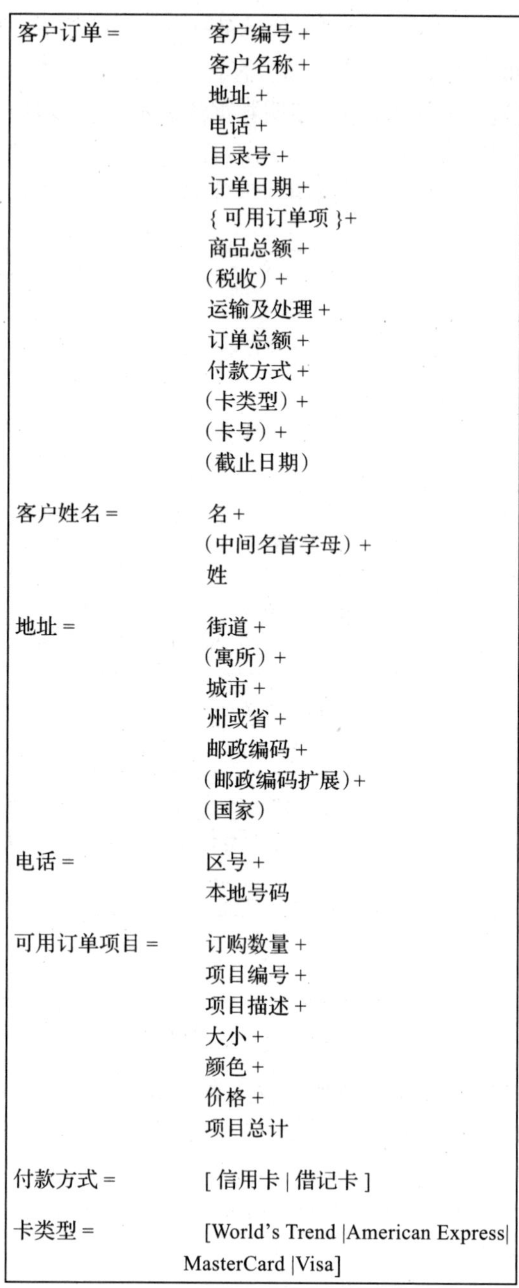

客户订单 =	客户编号 + 客户名称 + 地址 + 电话 + 目录号 + 订单日期 + { 可用订单项 }+ 商品总额 + （税收）+ 运输及处理 + 订单总额 + 付款方式 + （卡类型）+ （卡号）+ （截止日期）
客户姓名 =	名 + （中间名首字母）+ 姓
地址 =	街道 + （寓所）+ 城市 + 州或省 + 邮政编码 + （邮政编码扩展）+ （国家）
电话 =	区号 + 本地号码
可用订单项目 =	订购数量 + 项目编号 + 项目描述 + 大小 + 颜色 + 价格 + 项目总计
付款方式 =	[信用卡 | 借记卡]
卡类型 =	[World’s Trend |American Express| MasterCard |Visa]

图 8.4　在 World’s Trend 公司商品目录划分中添加客户订单的数据结构示例

8.2.3　逻辑数据结构和物理数据结构

第一次定义数据结构时，只包含用户会看到的数据元素，诸如名称、地址和到期款项。

该阶段进行的是逻辑设计，表明企业日常操作所需的数据。正如我们从 HCI 中获悉的，逻辑设计精确地反映用户看待系统的思想模型。然后，以逻辑设计为基础，分析员就可以设计物理数据结构了，物理数据结构包含实现系统所需的附加元素。以下就是一些物理设计元素的例子：

（1）键字段用来定位数据库表中的记录。例如，商品号就是一个键，它不是企业运作所需的，但它是标识和定位计算机记录所必需的。

（2）标识主记录状态的代码，诸如一个雇员是有效的（当前被雇用）还是无效的。这样的代码可以在产生税收信息的文件上进行维护。

（3）如果一个文件包含不同的记录类型，则可以用交易码标识记录的类型。例如，包含退款记录和支付记录的信用文件就是这样一个文件。

（4）重复组数据项，包含对该组中数据项的计数。

（5）对重复组中数据项数量的限制。

（6）客户访问一个安全 Web 站点时使用的密码。

图 8.5 是一个客户账单的数据结构示例，它表明订单行既是一个重复项，又是一个结构化记录。订单行取值限定为 1 ～ 5，表明客户可以在界面上订购 1 ～ 5 件商品。其余商品将出现在随后的订单上。

重复组表示法还有几种其他格式。如果该组重复固定次数，则该数字将放在大括号左边，如 12｛月销售额｝表示该组重复 12 次，一年中每个月重复一次。如果没有指示数字，则该组将无限期重复。一个例子是包含无限数量记录的表，例如“客户主文件 ={ 客户记录 }”。

客户账单 =	当前日期 +
	客户编号 +
	客户姓名 +
	地址 +
	$_1^5${ 订单行 }+
	（上期付款金额）+
	欠款总额 +
	（评论）
订单行 =	订单号 +
	订单日期 +
	订单总计

图 8.5　在一个数据结构上添加的物理元素

重复组中的数据项数也可以依赖于某个条件，诸如客户主记录上有关订购的每件商品的数据项。该条件以“{ 购买的商品 }5”的形式存储在数据字典中，其中 5 是商品数。

8.2.4　数据元素

每个数据元素都应在数据字典中定义一次，也可以在元素描述表中输入，如图 8.6 所示。元素描述表具有如下常见特征。

（1）元素 ID。这是可选的数据项，允许分析员构建自动化的数据字典词条。

（2）元素名。该名称应当是描述性的、唯一的，并且遵循大多数程序或者该元素的主要用户对它的通常叫法。

（3）别名，它们是元素的同义语或者其他名称。别名是不同的用户在不同的系统内使用的名称。例如，客户编号也可以被称为可接受的账号或者客户号。

（4）该元素的简短描述。

（5）该元素是*基本元素*（base element）还是*派生元素*（derived element）。基本元素是最初键入系统中的元素，诸如客户姓名、地址或者城市。基本元素必须存储在文件上。派生元素是由过程作为计算结果创建的。

元素描述表

ID ____
名称 客户编号
别名 客户号
别名 可接受的账号
描述 唯一地标识一位在近 5 年内有过任何商业交易的客户。

元素特征

长度 6 Dec. Pt.____ ☐字母
输入格式 9（6） ☐字母数字
输出格式 9（6） ☐日期
默认值 ____ ☑数值
☑连续 ☐离散 ☐基本类型 ☑派生类型

验证标准

连续值	离散值	含义
上限 <999999		
下限 >0		

备注 客户编号必须传递一个模 11 校验位测试。它是一个派生元素，因为它是计算机生成的，并且在其中加入一个校验位。

图 8.6 在 World's Trend 公司商品目录划分中的一个元素描述表实例

（6）元素的长度。一些元素有标准长度。例如，在美国，州名缩写、邮政编码和电话号码都采用标准长度。对于其他元素，长度可能会发生变化，并且分析员和用户群体必须综合如下因素决定最终的长度：

a. 对于数值金额的长度，应通过推算该金额可能包含的最大数额，然后预留合理的扩展空间，以此确定数值金额的长度。为合计指定的长度应足够大，能够容下各个数值的总和。

b. 名称和地址字段可以根据下表给出长度。例如，在美国，"姓"的长度设置为 11 个字符可以满足 98% 的要求。

字段	长度	满足的数据长度百分比（美国）
姓	11	98
名	18	95
公司名	20	95
街道	18	90
城市	17	99

c. 对于其他字段，通常较好的做法是检查或者采样组织内部的历史数据，以确定合适的字段长度。如果元素太小，则需要输入的数据会被截断。系统分析员必须决定由此将对系统输出产生的影响。例如，如果一个客户的姓被截去，通常仍然可以发送邮件；如果电子邮件

地址被截去了，则将以“找不到地址”的错误返回邮件。字段的一般长度如图 8.7 所示。

数据类型	含义
bit	取值为 1 或 0，表示真 / 假值
char，varchar，text	任何字母数字字符
datetime，smalldatetime	字母数字数据，有几种格式
decimal，numeric	精确到最低有效位的数值数据，可以包含整数部分和小数部分
float，real	浮点值，包含一个近似的十进制值
int，smallint，tinyint	整型（全数字）数据
currency，money，smallmoney	精确到 4 位小数的货币数值
binary，varbinary，image	二进制字符串（声音、图像、视频）
cursor，timestamp，uniqueidentifier	在数据库内总是唯一的值
autonumber	在数据库表中加入一个记录时总是被加 1 的数

图 8.7 PC 系统中使用的一些数据格式示例

（7）数据类型：数值、日期、字母或者字符类型，有时也称为字母数字或者文本数据。可变字符（varchar）数据可以包含任意多个字符，上限由数据库软件设定。使用 varchar 时，规定长度是可选的。图 8.7 给出了这些格式中的几个格式。字符字段可以包含字母、数字和特殊字符。如果元素为日期类型，则必须确定它的格式，例如，MMDDYYYY。如果元素为数值类型，则应确定它的存储类型。

个人计算机所用的格式，诸如货币型（currency)、数值型（number）或者科学型（scientific)，取决于数据的使用方式。数值格式进一步定义为整型、长整型、单精度、双精度等。PC 系统还使用了许多其他类型的数据格式。Unicode 是一种用于定义图形符号（诸如汉语或日语字符）的标准化编码体制。第 15 章将会更详细地介绍 Unicode。对于大型机有三种标准格式：区位十进制（zoned decimal)、压缩十进制（packed decimal）和二进制（binary)。区位十进制格式用来打印和显示数据；压缩十进制格式通常用来保存有关文件布局的空间，以及用于那些要求执行大量算术运算的元素。二进制格式与压缩十进制格式的用途相同，但不常用。

（8）输入和输出格式。这些应该包括在内，并且使用特殊的编码符号来指示数据如何呈现是有帮助的。图 8.8 说明了这些符号及其含义。每个符号表示一个字符或者一个数字。如果相同的字符重复出现多次，则字符后面加括号的数指出组中被取代的字符的重复次数。例如，XXXXXXXX 被表示为 X（8）。

格式字符	含义
X	可以输入或者显示 / 打印任何字符
9	只能输入或显示数值
Z	前面的 0 用空格显示
,	在一个数值显示中插入逗号
.	在一个数值显示中插入句点
/	在一个数值显示中插入斜线
-	在一个数值显示中插入连字号
V	表示一个小数位（当没有包含小数点时）

图 8.8 格式字符及其含义

（9）验证标准。验证数据可确保系统捕获准确的数据。元素既可以是离散的（表明它们具有某些固定值），也可以是连续的（具有某个范围的值）。下面是常见的编辑标准：

a. 某个值范围适合包含连续数据的元素。例如，在美国，学生的总评成绩可以是 0.00 ～ 4.00。如果数据只有一个上限或者下限，则可以用一个极限取代范围。

b. 如果数据是离散的，则指出一组值。例如，在 World's Trend 公司的商品目录中，表示商品颜色的代码就是离散值。

c. 如果值的列表是泛指的（例如，州名缩写、电话号码的国家代码或者美国的电话区号），则可以采用代码表。

d. 对于键或者索引元素，通常包含一个校验位。

（10）元素的默认值。默认值显示在输入界面上，并且用来减少操作员必须完成的键入工作量。通常，每个系统中有一些字段有默认值。如果使用 GUI 列表或者下拉列表，默认值就是当前选中并且突出显示的值。如果使用单选按钮，则默认值选项被选中；如果使用复选框，则默认值（“是”或者“非”）确定复选框最初是否选中。

（11）附加注释或备注区域。可以用来指明日期的格式、所需的特殊验证、使用的校验位方法（在第 15 章中说明）等。

诸如“顾客编号”之类的数据元素描述可以在系统的其他地方称为“客户编号”（也许需要更新用此别名编写的老代码）。

另一种数据元素是字母元素。在 World's Trend 公司商品目录划分实例中，颜色用代码来描述：BL 表示蓝色，WH 表示白色，GR 表示绿色。在实现该元素时，需要为用户提供一个表，供他们查询这些代码的含义（编码方法将在第 15 章进行深入讨论）。

8.2.5 数据存储

所有基本元素都必须存储在系统中。派生元素，例如员工今年迄今为止的总薪酬，也可以存储在系统中。对于要存储的每个不同的数据实体，都要创建数据存储。即当数据流的基本元素组合在一起形成一个结构化记录时，要为每个唯一的结构化记录创建一个数据存储。

因为给定的数据流可能只显示一个结构化记录包含的集合数据的一部分，所以可能必须检查许多不同的数据流结构，才能实现一个完整的数据存储描述。

图 8.9 是一个用来描述数据存储的典型表格。

该表格上包含的信息如下。

（1）数据存储 ID。该 ID 通常是一个必需的数据项，以防分析员存储冗余信息。例如，用 D1 表示客户主文件。

（2）数据存储名，这是一个描述性名称，必须是唯一的。

（3）表的别名，诸如客户主文件的别名为顾客主文件。

（4）数据存储的简短描述。

（5）文件类型，既可以是人工文件，也可以是计算机化文件。

（6）如果文件被计算机化，则文件格式指明文件是数据库表，还是简单的平面文件格式（第 13 章将详细论述文件格式）。

（7）文件上的最大记录数和平均记录数，以及每年的增长率。此信息有助于分析员预测应用程序所需的磁盘空间量，这也是硬件采购规划所需的。

（8）文件或数据集名。在初始设计阶段，此项目可以留空。

数据存储描述表

ID D1

名称 客户主文件

别名 顾客主文件

描述 包含每个顾客的记录。

数据存储特征

文件类型 ☑计算机 □人工

文件格式 ☑数据库 □索引 □顺序 □直接

记录大小（字符）：200 块大小：4 000

记录数：最大 45 000 平均值：42 000

年增长率：6 %

数据集名称 Customer.MST

复制成员 客户

数据结构 客户记录

主键 客户编号

辅键 客户姓名

邮政编码

年初至今购买金额

说明 客户主文件被复制到历史文件中，如果客户在过去五年内没有购买过商品，则清除该记录。即使客户没有通过索取目录而进行购买，也可能被保留下来。

图 8.9 World's Trend 公司商品目录划分中的数据存储表示例

（9）数据结构名。该名称应能在数据字典中找到。应提供指向此数据存储的元素的链接。

（10）主键和辅键。主键和辅键必须是构成数据结构的元素（或者元素组合）。例如，客户编号应该是主键，并且是唯一的。客户姓名、邮政编码和年初至今购买金额可作为辅键，用来控制报表上的记录顺序和直接定位记录（第 13 章讨论键）。

（11）注释是不属于上述任何范畴的信息。它可以包含更新或者备份计时、安全性或者其他因素。

8.3 创建数据字典

数据字典词条可以在完成数据流图以后创建，也可以边开发数据流图边构建。利用代数表示法和结构化记录，分析员使用自顶向下的方法开发数据字典和数据流图。例如，经过前面几次面谈以后，分析员可以创建数据流图 0，并且可以填写初步的数据字典词条。通常，这些词条包括数据流图中存在的数据流名称及其对应的数据结构。

再经过与用户的若干次面谈，获悉系统的详细信息以后，分析员就可以扩展数据流图和创建子图。然后对数据字典进行修改，加入随后进行面谈、观察和文档分析所得到的新的结构化记录和元素。

数据流图的每个级别都应使用适合该级别的数据。0 层图应只包含表单、界面、报表和记录。随着子图的创建，过程的输入和输出数据流变得越来越详细，包括结构化记录和元素。

图 8.10 表示产生员工工资的两个层级的数据流图中的一部分，以及对应的数据字典词条。0 层图上的过程 5 是对雇员工资产生过程的概述。与雇员记录对应的数据字典词条显示了雇员编号和 4 个结构化记录，这是在分析的早期阶段获得的数据视图。同样，时间文件记录和员工工资也被定义为一系列结构。

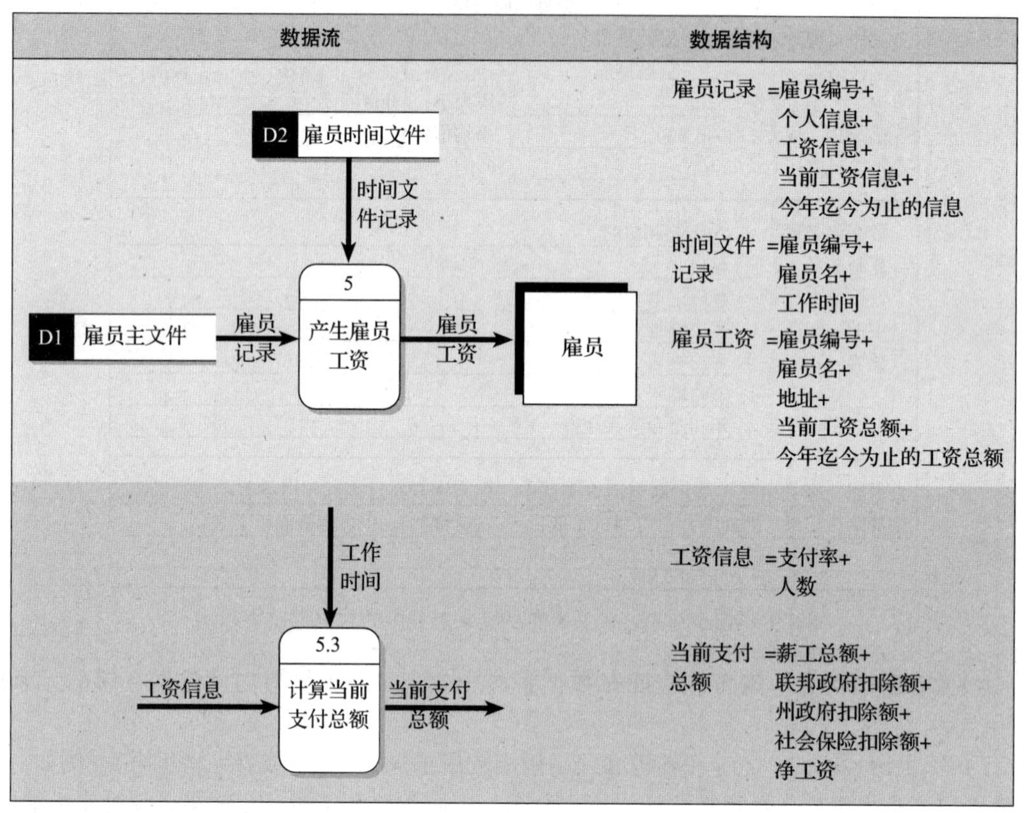

图 8.10 产生员工工资的两个数据流图和相应的数据字典词条

子数据流图上的数据流名称本身必须作为元素或者结构化记录包含在父过程的数据流中，这一点很重要。返回前面的例子，“工资信息”（过程 5.3）是一个结构化记录，包含在“雇员记录”（过程 5 的输入）中。类似地，“薪工总额”（过程 5.3.4 的输出，这是一个更低级的过程，图中没有画出）包含在结构化记录“当前支付总额”（父过程 5.3 的输出）中。

8.3.1 分析输入和输出

在创建数据字典的过程中，一个重要的步骤是确定和分类系统的输入和输出数据流。输入和输出分析表格通常包含如下字段。

（1）输入或者输出的描述名。如果数据流在逻辑图上，则描述名应标明数据是什么，例如“客户信息”。然而，如果分析员正在进行结构设计，或者用户明确地陈述了输入或者输出的本质，那么描述名应包含有关格式的信息。“客户账单”和“客户详细信息查询”就是这样的例子。

（2）用户联系人负责进一步澄清细节、设计反馈和最终核准。

（3）输入数据还是输出数据。

（4）数据流的格式。在逻辑设计阶段，格式可以处于未确定状态。

（5）表明报表上或者界面上数据顺序的元素（也许按列排序）。

（6）元素列表，包括元素的名称、长度、是基本元素还是派生元素以及编辑标准。

填好表格以后，应当对每个元素进行分析，以确定该元素是否重复、是否可选或者是否与其他元素互斥。归入一个组中的元素，或者在许多结构中有规律地与其他一些元素结合在一起的元素，应该放在一起组成一个结构化记录。

这些考虑可以从 World's Trend 公司商品目录划分案例的已完成的输入和输出分析表中看出来，参见图 8.11。在本例的“客户账单”中，“客户姓”，“客户名”和“客户中间名首字母”应组合在一起形成结构化记录。

输入和输出分析表

输入 / 输出名称　客户账单

用户联系人　Susan Han

文件类型　☑输出　☐输入

文件格式　☑报告　☐屏幕　☐未确定

排序元素　邮政编码（页面顺序）

订单编号

元素名称	长度	B/D	编辑标准
当前日期	6	B	（系统提供）
客户编号	6	D	（包括校验数字）
客户名	20	B	非空格
客户姓	15	B	非空格
客户中间名首字母	1	B	A 到 Z 或空格
街道	20	B	不是空格
公寓	20	B	不是空格
城市	20	B	不是空格
州或省	2	B	有效州或省缩写
邮政编码	9	B	数字，最后 4 位可选
订单编号	6	D	>0
订单日期	8	B	MM/DD/YYYY
订单总数	9	D	格式：9（7）V99
先前付款金额	5	D	格式：9（7）V99
欠款总额	9	D	格式：9（7）V99
评论	60	B	

说明　为每个客户打印一页。如果需要填写的项目超出一页，请在第二页继续。

图 8.11　World's Trend 公司商品目录划分中的输入和输出分析表示例

咨询时间 8.1

想要成功，请改进你的数据字典

当你进入Merman公司的大门时，Annie Oaklea热情地欢迎你，说："我对你在数据流图上所做的工作感到高兴。我希望你继续担当Merman的系统分析员，为我们的戏装库存开发一个新的信息系统。遗憾的是，你所用的某些术语对于莎士比亚戏剧语言并不合适。我想也许是翻译上的一点小问题。"

在你得到Annie最初的赞扬后，果断地进行下面的工作。你坚信基于租赁和返还数据流图的数据字典将会取得很大的成功。

尽量从编写某个手工系统的条目开始。通过使用本章中的格式，准备2个数据过程条目、2个数据流条目、2个数据存储条目、1个数据结构条目和4个数据元素条目。精确地描述相关的数据项会受到人们的好评（参考咨询时间7.1）。

8.3.2 开发数据存储

创建数据字典的另一个活动是开发数据存储。到目前为止，我们已经确定了什么数据需要从一个过程移到另一个过程。此信息用数据结构描述。然而，信息可以存储在许多地方，并且在每个地方的数据存储可能不同。虽然数据流表示动态数据，但是数据存储表示静态数据。

例如，当一个订单到达World's Trend公司时（见图8.12），它主要包含临时性信息，即填写特定的订单所需的信息。但是，订单上的一些信息可以永久存储下来。后一种情况的例子包括有关客户的信息（以便可以把目录发给他们）和有关商品的信息（因为这些商品将出现在许多其他客户的订单上）。

数据存储包含永久信息或半永久（临时）性质的信息。例如，商品编号、描述和商品价格是相对持久的信息，税率也是。然而，将商品价格乘以税率，可以计算出需要缴纳的税款，这是派生值。派生值不必存储在数据存储中。

如果数据存储只为一个报表或者界面创建，则把它们称为用户视图，因为这代表用户想要查看信息的方式。

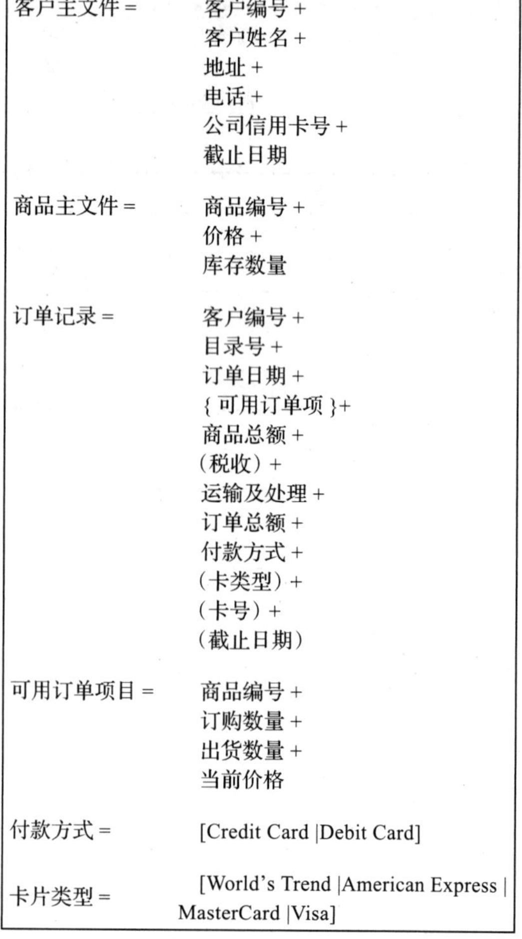

客户主文件 = 客户编号 +
客户姓名 +
地址 +
电话 +
公司信用卡号 +
截止日期

商品主文件 = 商品编号 +
价格 +
库存数量

订单记录 = 客户编号 +
目录号 +
订单日期 +
{可用订单项}+
商品总额 +
（税收）+
运输及处理 +
订单总额 +
付款方式 +
（卡类型）+
（卡号）+
（截止日期）

可用订单项目 = 商品编号 +
订购数量 +
出货数量 +
当前价格

付款方式 = [Credit Card |Debit Card]

卡片类型 = [World's Trend |American Express |MasterCard |Visa]

图8.12 从World's Trend公司商品目录划分案例的未完成订单中提取的数据存储

8.4　使用数据字典

理想的数据字典是自动化的、交互式的、联机的和演进的。随着系统分析员对某组织系统了解的深入，数据项会不断地添加到数据字典中。但是，构建数据字典本身并不是目的，而且绝不能变成目的。为了避免因为构建完整的数据字典而陷入困境，系统分析员应将其视为与系统分析和设计并行的活动。

为了使数据字典的功能最大化，数据字典应与许多系统程序绑定在一起，这样当从数据字典中更新或删除某个项目时，它就会自动从数据库中更新或从数据库中删除。如果数据字典不保持最新状态，那么它只能算是个古董。

数据字典也可以用来创建界面、报表和表单。例如，检查图 8.13 所示的 World's Trend 公司的订单选择卡的数据结构。

因为必要的数据及其长度已经被定义，所以在创建物理文档的过程中，只需遵循相关设计指导原则和常识来安排相关元素即可。

订单选择卡 =	订单号 + 订单日期 + 客户编号 + 客户姓名 + 客户地址 + 客户电话 + { 订单商品选择 }+ 项目数量
订单商品选择 =	商品编号 + 商品描述 + 尺寸说明 + 颜色说明 + 仓务组 + 货架号 + 订购数量 + 数量选择
客户名称 =	名 + （中间名缩写）+ 姓
地址 =	街道 + （公寓）+ 城市 + 州或省 + 邮政编码 + （邮政编码扩展）+ （国家）
电话 =	区号 + 本地号码

图 8.13　World's Trend 公司的订单选择卡的数据结构

重复组变成列，而结构化记录在界面、报表或者表单上组合在一起。World's Trend 公司的订单选择卡的报表布局如图 8.14 所示。注意，"名"和"姓"组合在一起形成"姓名"，而已选择的和已订购的数量、组、货架号、商品编号、商品描述、尺寸大小和颜色形成许多列，因为它们是重复元素。

数据存储的数据结构和元素通常用来生成对应的计算机源语言代码，然后将其结合到计算机程序中。在分析系统设计时，可以结合使用数据字典与数据流图，检测出需要澄清的缺陷和区域。需要考虑的因素如下：

（1）输出数据流中的所有基本元素都必须出现在产生该输出数据流过程的输入数据流中。基本元素通过键盘输入，不应该由某个过程创建。

（2）派生元素必须由一个过程创建，并且至少应当由一个不是以该元素自身为输入的过程输出。

（3）输入或者输出某个数据存储的数据流中的元素，必须包含在该数据存储中。

提早开始编制数据字典，在分析与设计阶段可以节省许多时间。数据字典是组织中的一种公共资源，可以解答有关数据定义的所有方面的问题和争议。最新的数据字典可以作为陌生系统维护工作的最佳参考。自动化数据字典可以同时作为工作人员和程序的参考资料。

订单选择卡

订单编号: 999999

客户编号: 999999 订单日期 Z9/99/9999

姓名: XXXXXXXXXXXXXXXXXXXXXXXXXXXXX

街道: XXXXXXXXXXXXXXXXXXXXXXXXXXXXX

公寓: XXXXXXXX

城市、州或省、邮政编码 XXXXXXXXXXXXXXXXXXXXXXXXXXXXX,XX99999-ZZZZ

国家: XXXXXXXXXXXXXXXXXXXXXXXXXXXXX

电话: (999)999-9999

---- 数量 ----		组	货架号	商品编号	商品描述	尺寸大小	颜色
已选择	已订购						
	ZZZZ9	XXXXX	99999	999999	XXXXXXXXXXXXXXXXXX	XXXXXXXXX	XXXXXX
	ZZZZ9	XXXXX	99999	999999	XXXXXXXXXXXXXXXXXX	XXXXXXXXX	XXXXXX
	ZZZZ9	XXXXX	99999	999999	XXXXXXXXXXXXXXXXXX	XXXXXXXXX	XXXXXX
	ZZZZ9	XXXXX	99999	999999	XXXXXXXXXXXXXXXXXX	XXXXXXXXX	XXXXXX
	ZZZZ9	XXXXX	99999	999999	XXXXXXXXXXXXXXXXXX	XXXXXXXXX	XXXXXX
	ZZZZ9	XXXXX	99999	999999	XXXXXXXXXXXXXXXXXX	XXXXXXXXX	XXXXXX
	ZZZZ9	XXXXX	99999	999999	XXXXXXXXXXXXXXXXXX	XXXXXXXXX	XXXXXX
	ZZZZ9	XXXXX	99999	999999	XXXXXXXXXXXXXXXXXX	XXXXXXXXX	XXXXXX

商品数量: Z9

图 8.14 根据数据字典创建的订单选择卡

8.4.1 使用数据字典创建 XML

可扩展标记语言(eXtensible Markup Language, XML)是一种可用来在企业间或者企业内的系统间交换数据的语言。XML 类似于 HTML,即用来创建网页的标记语言,但是 XML 的功能更强大。HTML 主要与文档格式化有关,XML 解决了用户使用不同的计算机系统和软件时的数据共享问题(例如,一家公司使用 Oracle RDBMS 而另一家公司使用 IBM DB2)。如果所有人都使用相同的软件,则 XML 毫无用处。

一旦创建了 XML 文档,数据就可以转换成许多不同的输出格式,并且可以用很多不同的方式进行显示,包括打印输出、Web 页、手持设备的输出以及 PDF 文件。因此,XML 文档的数据内容与输出格式是分开的。XML 内容一旦作为数据定义下来,就可以根据需要进行多次转换。

使用 XML 文档的优点是,分析员可以只选择一个内部部门或外部合作伙伴为了行使职能而必须有的数据。这有助于保证数据的机密性。例如,运输公司可能只接收客户姓名、地址、商品编号和运输量,但是不接收信用卡号或其他财务数据。这种经济而有效的方法减少了信息过载的问题。

因此,XML 是一种对数据进行定义、排序、过滤,并把它转换成一种每个人都可以使用的统一数据语言的方法。XML 可以根据数据库、表单、软件程序创建,也可以直接输入文档、文本编辑器或 XML 输入程序中。

数据字典是开发 XML 内容的理想起点。使用 XML 的关键是创建数据的标准定义。这是通过使用一组放在每个数据元素或结构前面和后面的标签或数据名称来实现的。这些标签就是元数据，即关于数据的数据。数据可以进一步细分为更小的元素和结构，直到所有的元素都被定义了。XML 元素还可以包含属性，这是包含在标签内的描述该 XML 元素的附加数据。

图 8.15 对某个数据字典做出了说明，该数据字典包含客户、订单和付款信息。客户的全部集合包含在根元素“客户”中。一个 XML 文档只能包含一个根元素，因此 XML 文档中包含的数据通常是多元的。每个客户可以下很多订单。左边两栏定义了数据结构，右边一栏给出了 XML 代码。如图所示，“客户”由一个“姓名”、一个“地址”、一个“当前余额”、多个“订单信息”和一个“支付款项”组成。其中一些结构进一步进行了细分。

数据字典

客户=	姓名+ 地址+ 当前余额+ {订单信息}+ 支付款项
姓名 =	姓+ 名+ （中间名首字母）
地址=	街道+ （公寓）+ 城市+ 州或省+ 邮政编码 + 国家
订单信息=	订单号+ 订单日期+ 发货日期+ 总计
付款=	[信用卡|借记卡]+ 付款日期+ 付款总额
卡=	卡号+ 截止日期+ 验证码

XML

```
<?xml version="1.0">
<customers>
<customer number="C15008">
  <name type="I">
    <lastname>Stadler</lastname>
    <firstname>Karen</firstname>
    <middle_initial>L</middle_initial>
  </name>
  <address>
    <street>123 Oak Street</street>
    <apartment>Suite 16</apartment>
    <city>Madison</city>
    <state>WI</state>
    <zip>43704</zip>
    <country>United States</country>
  </address>
  <current_balance>123.45</current_balance>
  <order customer_number="C15008">
    <order_number>00123</order_number>
    <order_date format="yyyymmdd">2008-06-23</order_date>
    <ship_date format="yyyymmdd">2008-06-25</ship_date>
    <total>1345.89</total>
  </order>
  <order customer_number="C15008">
    <order_number>00127</order_number>
    <order_date format="yyyymmdd">2008-09-18</order_date>
    <ship_date format="yyyymmdd">2008-09-26</ship_date>
    <total>240.00</total>
  </order>
  <payment>
    <payment_amt>1585.89</payment_amt>
  </payment>
</customer>
</customers>
</customers>
```

图 8.15　使用数据字典词条开发 XML 内容，XML 文档反映数据字典结构

XML 文档相当于数据字典结构的镜像。第 1 项（不是标识该文档的 XML 行）是 <customers>，它定义了客户信息的整个集合。小于（<）和大于（>）符号用来标识标签名称（类似于 HTML）。XML 文档的最后一行是一个结束标签 </customers>，表示客户信息的结束。

customers 首先被定义，并包含一个 customer number 属性。数据应当被存储为元素还是属性，通常是有争论的。在本例中，把它们存储为属性。

接着定义了 name 标签 <name>，因为它是数据字典中的第 1 项。name 是一个由 lastname、firstname 和可选的 middle-initial 组成的结构。在 XML 文档中，该结构以 <name> 开始，后面跟着 <lastname>、<firstname> 和 <middle_initial>。因为 XML 标签名不允许有空格，所以通常用下划线来分隔单词。结束标签 </name> 表示该组元素的结束。如果转换显示完整的名字，则使用 name 这样的结构可以节省时间和编码。每个子元素都在一行上，用一个空格隔开。name 还包含一个属性，即表示个人的 I 和表示公司的 C。

缩进用来表示哪些结构包含元素。注意到 <address> 类似于 <customers>，但是与 <order_information> 却存在重大区别。

<order_information> 有多个数据项，包含 <order_number>、<order_date>、<shipping_date> 和 <total>。因为不是用信用卡付款就是用借记卡付款，所以只使用其中一种付款形式。这里的例子用信用卡付款。日期有一个 format 属性，用来指示日期的显示形式：月，日，年；年，月，日；日，月，年。如果用信用卡来付款，则 type 属性取值为 M、V、A、D 或 O，表示信用卡类型（MasterCard、Visa 等）以及验证码。

8.4.2 XML 文档类型定义

XML 内容的元素结构通常用文档类型定义（Document Type Definition，DTD）进行定义。DTD 用来确定 XML 文档内容是否有效，即是否符合文档中必须存在的数据的顺序和类型。DTD 很容易创建，并且受到标准软件的良好支持。一旦写好了 DTD，就可以使用标准 XML 工具来确认 XML 文档。如果已经完成了数据字典，创建 DTD 就更容易，这是因为分析员一直与用户合作，并做出了有关数据结构的决策。

图 8.16 说明了 Customer XML 文档的文档类型定义。表示 DTD 开始的关键字，如“!DOCTYPE”，必须全部用大写字母。“!ELEMENT”表示元素，而“!ATTLIST”描述属性，属性名跟在列出的元素名后面。具有关键字“#PCDATA”的元素，表示解析的字符数据，是原始元素，不用进一步定义。一个具有一系列用括号括起来的其他元素的元素，表示它们是子元素，必须按顺序列出。<!ELEMENT name(lastname, firstname, middle_initial?)> 语句表示名字必须按顺序由 lastname、firstname 和 middle_initial 组成。

middle_initial 后面的问号表示该元素是可选的，对特定的客户可以在文档中省略。加号表示有一个或多个可重复的元素。customers 必须至少包含一个 customer 标签，可以包含很多 customer 标签。星号表示有 0 个或多个元素。每个客户可以有 0 个或多个订单。竖线分隔两个或多个互斥的子元素。付款方式既可以用支票也可以用信用卡。

customer number 属性列表定义包含一个关键字 ID（大写字母）。这表示作为一个具有 ID 的元素的属性，number 属性必须在 XML 文档中只出现一次，类似于主键。它们之间的区别是，如果文档有几个不同的元素，每个元素都有一个 ID 属性，则给定的 ID（本例中的 C15008）只能出现一次。ID 必须以字母或下划线开头，不能完全是数字。把 customer number 作为 ID 的原因是，保证它在更长的文档中不会重复。关键字“#REQUIRED”表示该属性必须存在。关键字“#IMPLIED”表示该属性是可选的。一个文档还可以有一个 IDREF 属性，它将一个元素与另一个属于 ID 的元素关联。order 标签有一个 customer_number 属性定义为 IDREF，因此其值 C15008 必须在文档中某个地方的 ID 中出现。包含用括号括起来的值的属性列表表示该属性必须包含其中一个值。DTD 定义 <!ATTLIST card type(M|V|A|D|O)#REQUIRED> 表示，信用卡类型必须是 M、V、A、D 或 O。

```
< !DOCTYPE   customers  [
< !ELEMENT   customers                   (customer) + >
< !ELEMENT   customer                    (name, address, current_balance, order*) >
< !ATTLIST   customer number             ID #REQUIRED>
< !ELEMENT   name                        (lastname, firstname, middle_initial?) >
< !ATTLIST   name type                   (I|C) #REQUIRED>
< !ELEMENT   lastname                    (#PCDATA) >
< !ELEMENT   firstname                   (#PCDATA) >
< !ELEMENT   middle_initial              (#PCDATA) >
< !ELEMENT   address                     (street, apartment?, city, state, zip, country) >
< !ELEMENT   street                      (#PCDATA) >
< !ELEMENT   apartment                   (#PCDATA) >
< !ELEMENT   city                        (#PCDATA) >
< !ELEMENT   state                       (#PCDATA) >
< !ELEMENT   zip                         (#PCDATA) >
< !ELEMENT   country                     (#PCDATA) >
< !ELEMENT   current_balance             (#PCDATA) >
< !ELEMENT   order                       (order_number, order_date, ship_date, total) >
< !ATTLIST   order customer_number       IDREF #REQUIRED>
< !ELEMENT   order_number                (#PCDATA) >
< !ELEMENT   order_date                  (#PCDATA) >
< !ATTLIST   order_date format           (mmddyyyy|yyyymmdd|ddmmyyyy) #REQUIRED>
< !ELEMENT   payment                     (credit_card|debit_card) >
< !ELEMENT   card                        (card_number, expiration_date) >
< !ATTLIST   card type                   (M|V|A|D|O) #REQUIRED>
< !ELEMENT   card_number                 (#PCDATA) >
< !ELEMENT   expiration_date             (#PCDATA) >
< !ELEMENT   payment_date                (#PCDATA) >
< !ATTLIST   payment_date format         (mmddyyyy|yyyymmdd|ddmmyyyy) #REQUIRED>
< !ELEMENT   payment_amt                 (#PCDATA) >
    ]>
```

图 8.16 Customer XML 文档的文档类型定义

8.4.3 XML 模式

模式（schema）是另一种更加精确的定义 XML 文档内容的方法。模式可以包含元素可能出现的确切次数，以及元素中的数据类型，例如字符或数值，包括元素的长度、对数据的限制以及十进制数左边或右边的位数。

数据字典是开发 XML 文档和文档类型定义或模式的良好开端。使用 XML 定义数据的优点是，XML 格式的数据以纯文本格式进行存储，不依赖于任何特定的软件。XML 文档很容易验证，并可转换为很多不同的输出格式。

行业群体或组织可能参与定义特定行业的 XML 结构，以便所有相关方都能理解数据的含义。这在元素名可能有多个含义时是非常重要的。例如“state”，它可能意味着邮政州的缩写，或者订单或账号所在的州或状态。有关特定于行业的 XML 文档类型定义和模式的示例，请访问 www.xml.org。

8.5 小结

系统分析员采用自顶向下方法，从数据流图着手，为正在研究的系统的所有数据过程、数据存储、数据流、数据结构以及逻辑和物理元素编制数据字典。一种开始编撰数据字典的方法是包含来自 DFD 的所有数据项。数据字典是日常生活中用作参考的各种字典的专门应用。数据字典是关于数据的数据（即元数据）的参考资源。系统分析员编写数据字典，以指导分析和设计工作。数据字典是一种收集和协调特定数据术语的文档，它确认每个术语对组织中不同的人员的含义。数据字典可用于：验证 DFD 的完整性和准确性、为开发界面和报告提供起点、确定存储在文件中的数据的内容、开发 DFD 过程的逻辑，以及创建 XML。

自动化数据字典（CASE 工具的一部分）具有交叉引用数据项的能力，从而允许对共享公共元素的所有程序进行必要的程序更改，因此非常有价值。该功能取代了随意更改程序的功能，防止由于共享被更新的项目的程序间实现某个变化，而导致程序无法运行。显然，自动化的数据字典对于产生数千个需要编目和交叉引用的数据元素的大型系统来说很重要。

更大的项目信息集称为存储库。CASE 工具允许分析员创建这样的存储库，它可以包含有关数据流、数据存储、记录结构和元素的信息，有关程序逻辑界面和报表设计，以及数据关系。存储库还可以包含有关项目需求和最终的系统交付品的信息，以及有关项目管理的信息。

数据字典中的每个数据项包含项目名、描述、别名、相关的数据元素、范围、长度、编码以及必要的编辑信息。数据字典在系统分析、设计和最终编档的所有阶段都是有用的，因为它是关于如何在系统中使用和定义数据元素的权威资源。许多大型系统的数据字典具有这样一个特征，即使用特殊的数据元素交叉引用数据库中的所有程序。数据字典还可以用来创建 XML，使企业能够与不同的系统、软件或数据库管理系统交换数据。

复习题

1. 给出数据字典的定义，给出元数据的定义。
2. 编写一个完备的数据字典的 4 个理由是什么？
3. 数据存储库包含什么信息？
4. 什么是结构化记录？
5. 列出数据字典中的每个词条应该属于的 8 个特殊分类，简要地给出每个分类的定义。
6. 数据字典为数据存储、数据结构和数据元素准备的词条之间有什么基本差别？
7. 为什么使用结构化记录？
8. 逻辑数据结构和物理数据结构之间的差别是什么？
9. 描述基本元素与派生元素之间的差别。
10. 数据字典词条如何与一组数据流图中的图层关联在一起？
11. 列出编写数据字典时涉及的 4 个步骤。
12. 为什么不应把编写数据字典本身看成一个终结目标？
13. 使用数据字典的主要好处是什么？
14. XML 可以描述什么？
15. 什么是 DTD？
16. DTD 是怎样帮助确保一个 XML 文档包含所有必需的元素的？
17. 在什么情况下应在 XML 文档中使用属性？
18. ID 属性可以保证什么？
19. IDREF 属性可以验证什么？

问题

1. 根据图 7.EX1，系统分析团队成员之一 Joe，为 Marilyn’s Tours 使用的数据字典创建如下词条：

数据元素 = 旅客 * * * * 支付款项

别名 = 旅客支付

属性 = 12 – 24

范围 = $5.00 – $1 000

变量 = $5.00，$10.00，$15.00，…，$1 000，以及介于美元和美分之间的任何值。

计算 = 所有行程总费用，所有纽约州相关税款，减去所有预订押金。

（1）这真的是一个数据元素吗？为什么是？为什么不是？

（2）重写“旅客支付款项”数据字典条目，根据需要重新对它进行分类。对你所选的分类使用正确的形式。

2. 系统分析员 Homyar Karanjia 在了解孟买 Megabank 的数据移动方面取得了重大进展。为了同团队的其他成员以及区域运营负责人共享成果，他正在创建一个数据字典。

（1）在 Homyar 的数据字典中，为区域银行中的三个数据流编写一个词条。应尽可能完备。

（2）在 Homyar 的数据字典中，为区域银行中的三个数据存储编写一个词条。应尽可能完备。

3. Tripti Singh 是与你的系统分析团队合作建立计算机化库存系统的书店经理，他认为你的一名团队成员对系统中使用的数据项提出的极其详细的问题是在制造麻烦。例如，团队成员问：“Tripti，一个 ISBN 列表需要多少空间（以字符为单位）？”

（1）直接问经理有关数据字典词条的问题会造成什么问题？用一段话列举你可以从团队成员所用的方法中看到的问题。

（2）用一段话向你的团队成员解释，如何才能更好地收集数据字典的信息。

4. Karen Lichtman 拥有一家专营旅行装备和服装的商店。制造商有自己的编码，但是涉及很多制造商。建立来自 3 个不同供应商的 6 种不同的旅行帽的数据元素。

5. Karen（上一问）还组装野营装备包。每个装备包是一组打包销售的不同产品。每包（称为产品）使用很多零件组装而成，并且这些零件因产品的不同而不同。通过与主要零件办事员面谈，生成了一个产品零件的 Web 页元素列表，用于说明制造每种产品时使用的零件。图 8.EX1 展示了一个产品零件的 Web 页原型。为产品零件创建一个数据结构字典词条。

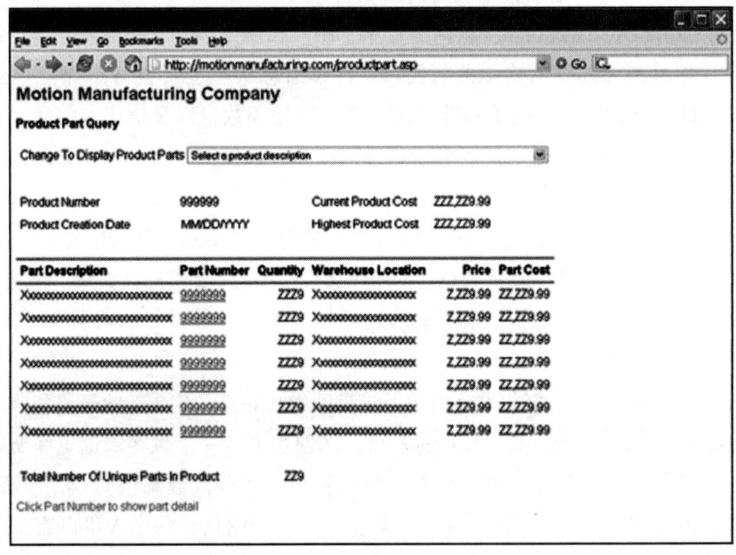

图 8.EX1 产品零件的 Web 页原型

6. 分析产品零件的 Web 页中发现的元素，并创建产品主文件和零件主文件数据存储的数据结构。
7. Pacific Holiday 公司可以安排在若干目的地不同时长的游轮度假项目。当客户询问某条游轮是否有空时，用图 8.EX2 所示的游轮可用性查询表向他们提供信息。试创建“游轮可用性查询”的数据字典结构。

	游轮可用性		
MM/DD/YYYY			HH:MM
ENTER STARTING DATE Z9-ZZZ-9999			
CRUISE INFORMATION:			
CRUISE SHIP	XXXXXXXXXXXXXXXXXX		
LOCATION	XXXXXXXXXXXXXXXXXXX		
STARTING DATE	Z9-ZZZ-9999		ENDING DATE Z9-ZZZ-9999
NUMBER OF DAYS	ZZ9		
COST	ZZ, ZZZ.99		
DISCOUNTS ACCEPTED	XXXXXXXXXXXX	XXXXXXXXXXXX	XXXXXXXXXXXXX
OPENINGS REMAINING ZZZZ9			

图 8.EX2　显示游轮可用性的屏幕界面

8. 列出实现“游轮可用性查询”所需的主文件。
9. Pacific Holiday 公司具有如下沿途停靠港：

Apia	Nuku Hiva	Auckland
Pago Pago	Papeete	Wellington
Bora Bora	Raiatea	Christchurch
Moorea	Napier	Dunedin

创建沿途停靠港元素。分析上述数据以确定该元素的长度和格式。

10. Raúl Esparza 是 Barba Bowls 公司（一家销售定制木制沙拉碗的公司）的电商经理，他想要发送信息给另一家负责仓库维护并提供运输服务的公司。订单信息从一个安全 Web 站点中获得，包括客户编号、姓名和地址、电话号码、电子邮件地址、产品编号和数量以及信用卡信息。一个订单上可能有几个不同的产品。运输公司还为其他小企业运输商品。试定义一个 XML 文档，只包含运输公司为把货物送到客户手里所需的信息。
11. 上一问中订购的货物一旦运送出去，运输公司就把信息发回 Barba Bowls 公司，该信息包括客户姓名和地址、发货人跟踪编号、装货数据、订购数量、发货数量和备订数量。试定义一个 XML 文档，它将包含发送给 Barba Bowls 公司的信息。
12. 试为上一问创建一个文档类型定义。
13. Nine Lives Animal Rescue 是一家非盈利组织，支持宠物（如猫、狗等）的寄养和收养。人们可以到这里注册以收养宠物，或者增添供人收养的宠物。试创建表示一个顾客来这里注册以收养宠物的数据字典结构。包括姓名、地址（街道、城市、州或省、邮政分区或邮编）、电话号码、电子邮件地址、出生日期、当前宠物（宠物类型、品种、年龄）以及介绍信。每个人可以有多个宠物，并且必须至少有三封介绍信。介绍信必须包含姓名、地址、电话号码、电子邮件地址以及介绍人认识来此注册以收养宠物的人员的方式。要包含重复元素和可选元素的表示符号。

14. 试定义上一问中每个元素的长度、数据类型和验证标准。
15. 试列出收养宠物过程中人员注册所需的数据存储。
16. 试创建一个为收养宠物而注册的人员的 XML 文档及其样例数据。

小组项目

1. 与你的小组一起用 CASE 工具或者手工程序，根据你在第 7 章的小组项目中为 Maverick 运输公司完成的数据流图，开发一个过程、数据流、数据存储和数据结构的数据字典词条。作为一个小组，应在创建每个数据元素的完备词条所需的任何假设上取得一致意见。
2. 小组应制定一系列方法，以帮助为本次练习或者将来的项目创建完备的数据字典词条。例如，研究现有的报表，根据新的或者现有的数据流图创建它们，等等。

参考文献

Agrawahl, A. (2016, November 29). *Building & maintaining a master data dictionary: Part one* [Blog post]. https://magento.com/blog/best-practices/building-maintaining-master-data-dictionary

Agrawahl, A. (2017, January 19). *Building & maintaining a master data dictionary: Part two* [Blog post]. https://blog.rjmetrics.com/2017/01/19/building-maintaining-a-master-data-dictionary-part-two/

Baskerville, R., & Pries-Heje, J. (2004). Short cycle time systems development. *Information Systems Journal, 14*, 237–264.

Buchanan, E. M., Crain, S. E., Cunningham, A. L., Johnson, H. R., Stash, H., Papadatou-Pastou, Isegar, P. M., Carlsson, R., & Aczel, B. (2021). Getting started creating data dictionaries: How to create a shareable data set. *Advances in Methods and Practices in Psychological Science*, *4*(1). https://doi.org/10.1177/2515245920928007

Conboy, K., & Fitzgerald, B. (2004, November 5). Toward a conceptual framework of agile methods: A study of agility in different disciplines. *Proceedings of the 2004 ACM Workshop on Interdisciplinary Software Engineering Research,* pp. 37–44.

Davis, G. B., & Olson, M. H. (1985). *Management information systems, conceptual foundations, structure, and development* (2nd ed.). McGraw-Hill.

Gane, C., & Sarson, T. (1979) *Structured systems analysis and design tools and techniques*. Prentice Hall.

Hoffer, J. A., Venkataraman, R., & Topi, H. (2019). *Modern database management* (13th ed.). Pearson.

Kelly, B., Sheppard, N., Delasalle, J., Dewey, M., Stephens, O., Johnson, G., & Taylor, O. S. (2012, July). *Open metrics for open repositories.* Paper presented at OR2012: The 7th International Conference on Open Repositories, Edinburgh, UK.

Kruse, R. L., & Mehr, D. R. (2008). Data management for prospective research studies using SAS® software. *BMC Medical Research Methodology*, *8*, 61. https://doi.org/101186/147-2288-8-61

Lucas, H. (1999). *Information technology for management* (7th ed.). McGraw-Hill/Irwin.

Martin, J. (1982). *Strategic data-planning methodologies*. Prentice Hall.

Sagheb-Tehrani, M. (2005). Expert systems development and some ideas of design process. *ACM SIGSOFT Software Engineering Notes*, *30*(2), 1–5.

Subramaniam, V., & Hunt, A. (2006). *Practices of an agile developer*. Pragmatic Bookshelf.

过程规范和结构化决策

学习目标

1. 理解过程规范的目的。
2. 学习如何用结构化英语表达逻辑。
3. 能够构建和简化决策表。
4. 学习决策树的基本原理。
5. 能够选择适当的决策分析方法来分析结构化决策并创建过程规范。

系统分析员处理过程规范和结构化决策时，可以选择许多方法对它们进行编档和分析。这些方法包括结构化英语，决策表和决策树。重要的是能够识别业务中发生的逻辑和结构化决策，以及它们与涉及人为判断的半结构化决策的区别。结构化决策特别适合采用系统方法进行分析，从而促进完整性、准确性和沟通。在第 7 章和第 8 章中，出现了诸如验证和计算费用等过程，但没有解释执行这些任务所需的逻辑。

9.1 过程规范概述

为了确定某个决策分析策略的信息需求，系统分析员必须首先用自顶向下分析方法或面向对象分析法确定用户以及组织的目标。系统分析员必须了解组织原则，而且具备数据收集技术方面的实践知识。自顶向下分析方法很重要，因为组织中的所有决策应当与整个组织的主要目标相关，或者至少间接相关。

过程规范（process specification）有时也称为迷你规范（minispec），因为它们是整个项目规范的一小部分。过程规范是为数据流图上的基本过程以及某些扩展为子图的高级过程而制定的。它们也可以为面向对象设计中的类方法创建，更一般地讲，可以为用例中的步骤建立（有关用例的讨论参见第 2 章和第 10 章）。这些规范阐述了将过程输入数据转变为输出的决策逻辑和公式。每个派生元素都必须有一个过程逻辑，用以说明它是如何根据基本元素或输入到原始过程的其他已创建的派生元素产生的。

制定过程规范的三个目标如下：

（1）减少过程的歧义性。该目标促使分析员了解有关过程如何工作的详细信息。所有的模糊领域都应被记录下来，并根据所有的过程规范来进行整改。这些观察奠定了分析的基础，并为日后与用户团体面谈提供了问题。

（2）获取已完成工作的精确描述，这通常包含在一个提供给程序员的规范包中。

（3）验证系统设计方案。该目标包括确保过程具有产生输出所需的所有输入数据流。此外，所有的输入和输出必须在数据流图上表示出来。

我们可以发现存在许多没有制定过程规范的情况。有时因为过程非常简单，或者计算机代码已经存在。这些偶然因素应该在过程描述中注明，并且不再需要任何设计。以下几类过程通常不要求过程规范：

（1）表示物理输入或输出的过程，诸如读和写。这些过程通常只要求简单的逻辑。

（2）表示简单数据验证的过程，因为这通常很容易完成。编辑标准包含在数据字典中，并且融入计算机源代码中。复杂的编辑工作也许要制定过程规范。

（3）使用预编码的过程。这些过程通常作为子程序、方法和函数包含在系统中或类库中（类库既可以购买得到，也可以在网上免费得到）。

这些构造块是存储在计算机系统上的计算机程序代码。它们通常执行某种通用的系统功能，诸如确认日期或者校验数位。这些通用的子程序只需编写和记录一次，但却形成了一系列可以在整个组织内的许多系统中使用的构造块。因此，这些子程序在许多数据流图上作为过程出现（或者作为类的方法，如第 10 章所述）。

咨询时间 9.1

Kit Chen Kaboodle 公司

"我不希望打搅任何人，但是我们需要筛选未完成的订单政策，"Kit Chen 说道，"我不希望我们的客户感到紧张。正如你已经知道的，如我们最新的产品目录所示，Kit Chen Kaboodle 是一家专门从事网络和邮购炊具业务的公司，专售'厨房精品'。我是说，我们有进行美食烹调和宴请所需的一切用具：绞肉机、马铃薯搅拌器、鸡蛋分离器、火鸡涂油器、画有猫科动物图案的餐具垫、三叶草形状的小方块冰托盘，等等。"

"我们处理未完成订单的政策如下。我们每周从网络和邮购销售活动中搜索一次未完成的订单文件。如果订单在本周已完成，则删除该记录，而其余的就是未完成的订单。如果我们在四个星期以后还没有写信给客户，我们将给他们寄一张画有厨师斜看烤箱的可爱卡片，表示'商品还没有准备好'。这是表明他们的商品还在备订中的通知。"

"如果备订日期从现在算超过 45 天，则我们发出一个通知。如果商品是季节性的（如万圣节糖果袋、节日曲奇切割机，或者情人节的蛋糕模具），并且备订日期为 30 天或更长，我们将寄出一张画有厨师怒视蛋糕计时器的通知单。"

"如果备订日期发生了根本性变化，并且我们没有在两周内寄出卡片，我们将寄出一张厨师检查菜谱的卡片。如果商品永远订不到，我们将发出一份通知（画有厨师在角落哭泣），然后删除该记录。我们还没有用电子邮件替换邮政卡片，但是我希望能这样做。"

"感谢大家一直在听。我想我们已经具备了制定一项好政策的要素了，我们只需要把它们结合起来，构造出某种特殊的东西。"

假定你是 Kit 聘请的系统分析员，请仔细研究 Kit Chen Kaboodle 公司对如何处理未执行订单的政策叙述，将 Kit 提到的每个行动用方框圈起来，而将提到的条件用圆圈圈起来。记下在以后的面谈中希望澄清的所有歧义，写出 5 个问题来解决它们。

9.1.1 过程规范格式

过程规范将过程与数据流图联系起来，从而也与数据字典联系起来，如图 9.1 所示。每个过程规范都必须输入到一个单独的表格上，或者输入到某个 CASE 工具的屏幕上，诸如本章后面 CPU 案例中所示的 Visible Analyst 屏幕。在过程规范表上应输入如下信息：

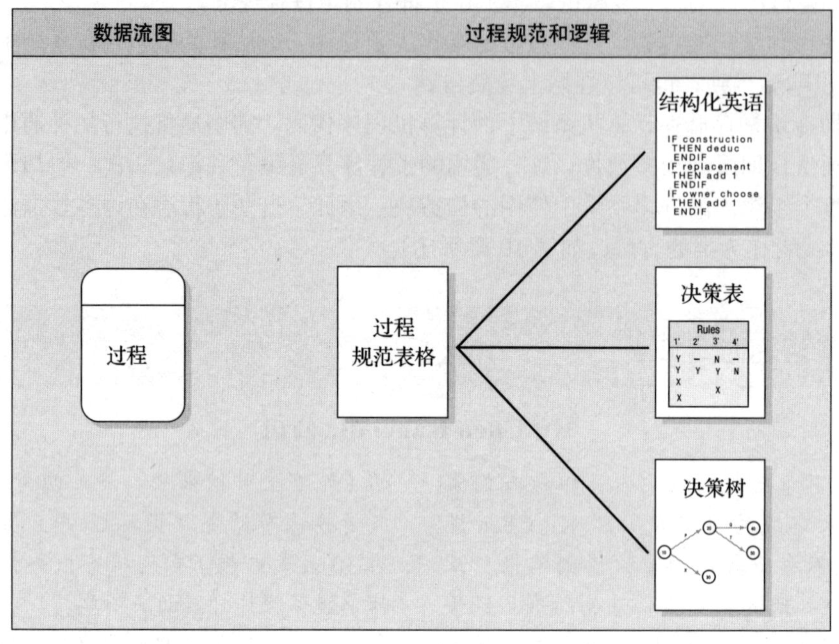

图 9.1　过程规范与数据流图的联系

（1）过程编号，必须匹配数据流图上的过程 ID。该规范允许分析员处理或评审任何一个过程，并可容易地找到包含该过程的数据流图。

（2）过程名称，必须与数据流图上过程符号内显示的名称相同。

（3）对该过程所完成的工作的简单描述。

（4）一个输入数据流列表，使用数据流图上的名称。公式或逻辑中使用的数据名称应与数据字典中的数据名称相同，以确保命名一致和良好的交流。

（5）输出数据流，也使用数据流图和数据字典中的名称。

（6）表明过程类型：批处理过程、联机过程或手工过程。所有的联机过程都要求进行屏幕设计，而所有的手工过程应当为员工执行过程任务定义良好的规范。

（7）如果过程使用以前编写的代码，则提供包含该代码的子程序或函数名。

（8）过程逻辑的描述，用日常语言陈述政策和业务逻辑，而不是用计算机语言伪代码。业务规则是支持公司业务运作的规范，也许是一组条件或公式。最初完成的早期问题定义（参见第 3 章）可以提供此描述的起点。常见的业务规则格式如下：

- 业务术语定义。
- 业务条件和行动。
- 数据完整性约束。
- 数学和函数推导。
- 逻辑推理。
- 处理序列。
- 业务事实之间的关系。

（9）如果规范表格上不能放下完整的结构化英语描述，或者有一个描述逻辑的决策表或决策树，则需包含相应的决策表或决策树名称。

（10）列出所有未解决的问题、不完整的逻辑部分或者其他相关事宜。这些问题的构成为日后与加入项目团队的用户或业务专家面谈时提出合适的问题奠定了基础。

为了得到一个完整的过程规范表，应当输入所有上述信息。如图 9.2 所示，这些信息包括过程编号、过程名称，或者两者均取自数据流图，以及 World's Trend 公司案例中所示的其他 8 项。注意，彻底地完成该表格使过程与数据流图和数据字典之间的联系更容易。

过程规范表

编号　1.3

名称　计算可用的商品数量

描述　确定某种商品是否可供销售，如果不能，则创建一个备订商品记录。确定可用的商品数量

输入数据流
有效的商品，从过程 1.2 输入
现有商品数量，从商品记录输入

输出数据流
可用的商品（商品编号 + 已销售的数量），输出到过程 1.4 或 1.5
备订商品，输出到库存控制

过程类型 ☑联机过程　　☐批处理过程　　☐手工过程	子程序 / 函数名

过程逻辑
```
IF 订购的商品数量大于现有的商品数量
  THEN 把订购的商品数量赋给可用的商品数量
    把订购的商品编号赋给可用的商品编号
ELSE
  订购的商品数量减去现有的商品数量
    得出备订数量
  把备订的数量赋给备订的商品记录
  把商品编号赋给备订的商品记录
  写入备订的商品记录
  把现有商品数量赋给可用的商品数量
  把订购的商品编号赋给可用的商品编号
ENDIF
```

引用：名称：
☐结构化英语　　☐决策表　　☐决策树

未解决的问题：应考虑该商品的已订购而未交货的数量吗？在考虑已订购商品的预期到达日期的情况下，会改变如何计算可用商品数量的方式吗？

图 9.2　一张已完成的过程规范表实例：判断目前是否有某种商品

9.2　结构化英语

当过程逻辑涉及公式或迭代，或者结构化决策（structured decision）不复杂时，决策过

程的正确分析方法是使用结构化英语（structured English）。顾名思义，结构化英语基于结构化逻辑，或按嵌套或分组过程组织的指令；简单的英语语句，诸如 ADD、MULTIPLY 和 MOVE 等。文字问题可以转变为结构化英语，具体做法是：将决策规则按正确的顺序排列，并通篇使用 IF-THEN-ELSE 结构的声明规范。

9.2.1　编写结构化英语

编写结构化英语时，建议遵循如下规范：

（1）根据以下四种结构来表达所有逻辑：顺序结构、判定结构、选择结构或者迭代结构（参见图 9.3 中的示例）。

结构化英语类型	示例
顺序结构 一个没有分支的指令块	行动 #1 行动 #2 行动 #3
判定结构 当且仅当条件为真时，执行后面的语句；否则，跳转到 ELSE	IF 条件 A 为 True THEN 实现行动 A ELSE 实现行动 B ENDIF
选择结构 一种特殊的判定结构类型，其中各种情况是互斥的（如果某种情况发生，则其他情况不会发生）	IF Case #1 实现行动 #1 ELSE IF Case #2 实现行动 #2 ELSE IF Case #3 实现行动 #3 ELSE IF Case #4 实现行动 #4 ELSE 打印错误 ENDIF
迭代结构 语句块在完成前一直重复执行	DO WHILE 有客户 行动 #1 ENDDO

图 9.3　分别用顺序结构、判定结构、选择结构和迭代结构的逻辑示例

（2）使用公认的大写关键字，诸如 IF、THEN、ELSE、DO、DO WHILE、DO UNTIL 和 PERFORM。

（3）缩进语句块，以清楚地表明它们的层次结构（嵌套）。

（4）如果单词或短语已经在数据字典中定义过（如第 8 章所述），则在这些单词或短语下加下划线，以表明它们有一种专用的保留含义。

（5）使用“and”（和）和“or”（或）时应当心，而在使用“大于”和“大于或等于”等关系时应避免产生混淆。“A and B”表示 A 和 B 同时满足条件；“A or B”表示 A 或 B 满足条件，但不是两者同时满足条件。现在就要澄清逻辑语句，而不要等到程序编码阶段。

9.2.1.1　结构化英语示例

下面这个实例说明了如何将一个口头陈述的处理医疗索赔的规范转变为结构化英语。

我们是这样处理索赔的。首先，确定索赔人以前是否曾提出过索赔，如果没有，则建立一个新记录。然后更新本年度的索赔总额。接着，确定索赔人投的是 A 类保险还是 B 类保险，这两种保险类别在扣除额和共同支付额（索赔人自己支付索赔额的百分比）上存在差别。对于这两种保险类别，我们查看是否满足扣除额（对于 A 类保险，扣除额为 100 美元；而对于 B 类保险，扣除额为 50 美元）。如果没有满足扣除额，则应用索赔额减去扣除额。下一步是调整共同支付额；我们从索赔额中减去索赔人支付的比例（对于 A 类保险，比例为 40%；对于 B 类保险，比例为 60%）。然后，若有钱要赔给索赔人，则签一张支票，打印交易摘要，并更新账户。我们重复地这么做，直到处理完那天的所有索赔。

咨询时间 9.2

混合结构

面谈时 Kit Chen 畅所欲言，回答了你提出的有关 Kit Chen Kaboodle 公司处理未执行订单的政策问题。根据这些回答以及需要做出的任何假设，通过用结构化英语重写处理未供应订单的政策，将 Kit 的叙述（根据咨询时间 9.1）转换成一个新的模型。在一段话中阐述用电子邮件通知替换普通邮件时，这个过程可能会发生怎样变化。

在分析上述陈述时，可以注意到一些简单的顺序结构，特别是在开头和结尾部分。还有许多判定结构最适合进行嵌套，首先确定使用哪种保险类别（A 类或 B 类），然后减去扣除额和共同支付额。最后一句表明一种迭代结构：要么在处理完所有索赔之前用 DO ONTIL，要么在还有索赔没有处理时用 DO WHILE。

根据保险类别嵌套决策结构，我们能够写出上述案例的结构化英语（参见图 9.4）。开始写结构化英语时，我们会发现某些最初看起来似乎清楚的逻辑实际上是存在歧义的。例如，我们是在更新扣除额之前还是之后把索赔额加到年初至今的索赔额上呢？如果 A 类保险和 B 类保险以外的内容存入索赔人的记录中，会发生错误吗？我们从索赔额中减去什么值的 40%？这时需要澄清这些存在歧义的地方。

除了澄清人类语言中存在的逻辑和关系外，结构化英语还有另一个重要的优点：它是一种交流工具。结构化英语可以被教给组织中的其他人员，从而使他们也能理解。因此，如果交流很重要，则结构化英语是一种可行的决策分析方案。

9.2.2　数据字典和过程规范

所有的计算机程序都可以用 3 种基本结构进行编码：顺序结构、选择结构（IF...THEN...ELSE 和 CASE 结构）和迭代（或循环）结构。数据字典指出哪些结构必须包含在过程规范中。

如果输入和输出数据流的数据字典包含一系列没有任何迭代“{ }”或选择“[ ]”结构的字段，则过程规范将会包含一系列简单语句，诸如 MOVE（赋给），ADD（加）和 SUBTRACT（减）等。参考发货通知单的数据字典示例，如图 9.5 所示。从图中可以看出，发货通知有三个简单的顺序字段：订单编号、订单日期和客户编号。相应的逻辑也由简单的 MOVE 语句组成，如图 9.6 中对应的结构化英语中的第 3 行到第 5 行所示。

```
DO WHILE  还有索赔没有处理
  IF 索赔人没有提出过索赔
    建立一个新的索赔人记录
  ELSE  继续下面的处理
把索赔额加到年初至今的索赔额上
  IF 索赔人持 A 类保险计划
    THEN IF 不满足 100 美元的扣除额
          THEN 从索赔额中减去未满足的扣除额
          更新扣除额
          ELSE 继续下面的处理
          ENDIF
          从索赔额中减去共同支付的 40% 索赔额
  ELSE IF 索赔人持 B 类保险计划
    THEN IF 不满足 50 美元的扣除额
          THEN 从索赔额中减去未满足的扣除额
          更新扣除额
          ENLE 继续下面的处理
          ENDIF
        从索赔额中减去共同支付的 60% 索赔额
    ELSE 继续下面的处理
  ELSE 编写保险计划错误消息
  ENDIF
ENDIF
IF 索赔额大于 0
  打印支票
ENDIF
  打印索赔人的摘要
  更新账户
ENDDO
```

图 9.4　医疗索赔处理系统的结构化英语。下划线表示该术语已经在数据字典中定义过

发货通知单 =	订单编号 + 订单日期 + 客户编号 + 客户名 + 客户地址 + $_{1}^{5}${订单商品行}+ 商品数量 + 商品小计 + (消费税) + 发货和处理 + 订单小计
客户名 =	名 + (中间名首字母) + 姓
地址 =	街道 + (公寓住宅) + 城市 + 州或省 + 邮政编码 + (邮政编码扩展) + (国家)
订单商品行 =	商品编号 + 订购的数量 + 备订数量 + 商品说明 + 尺寸说明 + 颜色说明 + 单价 + 小计

图 9.5　World's Trend 公司发货通知单的数据结构

如果数据结构含有用圆括号括起来的可选元素，或有用大括号括起来的二选一元素，则过程规范将会有一个对应的 IF...THEN...ELSE... 结构。此外，如果某个数量，诸如备订数量，大于 0，则基本逻辑将是 IF...THEN...ELSE...。迭代由数据结构中的圆括号指出，在过程规范中必须有一个对应的 DO WHILE，DO UNTIL 或 PERFORM UNTIL 结构来控制循环。订单商品行的数据结构在循环中最多允许 5 种商品。第 8 ～ 17 行表示 DO WHILE 和 END DO 之间包含的语句，是产生多个订单商品行所需的。

结构化英语

格式化发货通知单。在安排好通知单的每一行以后，编写发货行。

1. GET 订单记录
2. GET 客户记录
3. 把订单编号赋给发货通知单

图 9.6　制定 World's Trend 公司发货单的结构化英语

```
把订单日期赋给发货通知单
把客户编号赋给发货通知单
DO 格式化客户名（名 / 中间名首字母 / 姓之间只空一个空格）
DO 格式化客户地址行
DO WHILE 订单还有商品没有处理
    GET 商品记录
    DO 安排商品行
    将订购的数量乘以单价得出小计
    将小计赋给定单商品行
    将小计加到商品总计上
    IF 备订数量大于 0
        将备订数量赋给订单商品行
    ENDIF
ENDDO
将商品小计赋给发货通知单
将 0 赋给消费税
IF 州或省等于 CT
    将商品小计乘以税率得出消费税
ENDIF
将消费税赋给发货通知单
DO 计算发货和卸货费用
将发货和卸货费用赋给发货通知单
将商品小计、消费税和发货和卸货费用相加，得出订单小计
将订单小计赋给发货通知单
```

图 9.6　制定 World's Trend 公司发货单的结构化英语（续）

9.3　决策表

决策表（decision table）是一个由行和列组成的表格，分成 4 个象限，如图 9.7 所示。在上半部分，左边象限包含条件，右边象限包含条件选项。在下半部分，左边象限包含要采取的行动，右边象限包含行动执行规则。当用决策表来判断需要采取哪个行动时，决策逻辑从左上角开始沿顺时针方向移动。

条件和行动	规则
条件	条件选项
行动	行动执行规则

图 9.7　表示决策表的标准格式

假设一个商店想要阐明它对非现金支付客户的付款政策，对此，它可以用一个如图 9.8 所示的简单决策表来说明。它包含 3 个条件：销售额小于 50 美元、支票付款和信用卡付款，每个条件只有两个选项：Y（真）或 N（假）。可以采取的行动有 4 种：

（1）验证签名后完成销售。

（2）完成销售，不需要签名。

（3）请示主管批准。

（4）打电话给银行，确认信用卡授权。

条件和行动	规则			
	1	2	3	4
销售额小于 50 美元	Y	Y	N	N
支票付款，并且有两种 ID	Y	N	Y	N
信用卡付款	N	Y	N	Y
验证签名后完成销售	X			
完成销售，不需要签名		X		
请示主管批准			X	
打电话请银行授权信用卡				X

图 9.8 使用决策表，用 4 组规则和 4 个可能的行动来说明商店的付款政策

决策的最后一部分是每个行动的规则集。规则是促成某个行动的各种条件的组合。例如，规则 3 规定：

IF N （销售额不小于 50 美元）

AND

IF Y （客户按支票付款并且有两张 ID）

AND

IF N （客户不使用信用卡）

THEN

DO X （请示主管批准）

上述例子展示了一个有 4 个规则集和 4 种可能行动的问题，但这仅仅是一种巧合。下一个例子说明决策表通常大而复杂。

9.3.1 开发决策表

为了构建决策表，分析员需要确定表的最大规模，排除所有不可能的情况、不一致性或者冗余，并尽可能简化表。下述步骤为分析员提供了一种系统开发决策表的方法：

（1）确定可能影响决策的条件数。合并重叠的行，诸如互斥的条件。条件数构成了决策表上半部分的行数。

（2）确定能够采取的可能行动数。行动数构成了决策表下半部分的行数。

（3）确定每个条件的条件选项数。在最简单的决策表中，每个条件只有两个选项（Y 或 N）；而在一个复杂的表中，每个条件可以有许多选项。一定要包含条件的所有可能值。例如，如果一个计算客户折扣的问题陈述提到一个订单总价值范围为 100 美元到 1 000 美元，另一个范围为大于 1 000 美元，则分析员应认识到 0 到 100 美元也应作为一个条件加入。如果还有其他条件适合于 0 到 100 美元总价时，尤其要这样。

（4）通过将每个条件的选项数相乘，算出决策表的最多列数。如果有 4 个条件，并且每个条件有 2 个选项（Y 或 N），则将有 16 种可能的情况，具体计算如下：

条件 1：　×2 个选项

条件 2：　×2 个选项

条件 3：　×2 个选项

条件 4：　×2 个选项

16 种可能的情况

（5）填写条件选项。从第一个条件开始，将列数除以该条件选项数。在上述例子中，有 16 列和 2 个条件选项（Y 或 N），因此 16 除以 2 等于 8。然后，选择其中一个选项，假设 Y，并把它填入前 8 列。而在其余 8 列填入 N，如下所示：

条件 1：YYYYYYYYNNNNNNNN

对每个条件重复这一步，使用该表的一个子集：

条件 1：YYYYYYYYNNNNNNNN
条件 2：YYYYNNNN
条件 3：YYNN
条件 4：YN

继续每个条件的模式：

条件 1：YYYYYYYYNNNNNNNN
条件 2：YYYYNNNNYYYYNNNN
条件 3：YYNNYYNNYYNNYYNN
条件 4：YNYNYNYNYNYNYNYN

（6）通过在规则建议某些操作的地方插入一个 X，完成该表。

（7）合并那些不会对行动结果产生影响的条件选项，例如，

条件 1：	YY
条件 2：	YN
行动 1：	XX

可以表示为：

条件 1：	Y
条件 2：	—
行动 1：	X

横线“—”表示条件 2 可以为 Y 或 N，而该行动仍然成立。

（8）复核该表，以找出所有不可能的情况、矛盾和冗余。稍后将更详细地讨论它们。

（9）重新安排条件和行动（甚至规则），使决策表更容易理解。

咨询时间 9.3

神龙汽车租赁为您节省每一分钱

“我们为有这么多人来租车而感到幸运。我想，客户因为我们有这么多选择而愿意到我们这儿来租一辆汽车，”Ricardo Limon 说道，他负责管理神龙汽车出租公司的几个渠道。“我们的口号是，‘神龙永远不会让您感到经济拮据’。我们有 5 种规格的汽车供出租，分别用 A～E 来表示。”

A　超小型汽车
B　小型汽车
C　中型汽车
D　标准型汽车
E　豪华型汽车

“只有 A、B 和 C 规格有手波车，而所有规格都有自动波车。”

“如果客户预订了一辆超小型汽车（A），但是来领车时，发现我们没有这种车型，则免费升级为下一种规格的汽车，

这里即升级为小型汽车（B）。如果客户的公司在我们这儿设有账户，则客户也可以免费升级他们预订的汽车规格。合作航空公司开办的任何飞行常客俱乐部的成员，也有折扣享受。当客户走到柜台边，告诉我们他们预订的汽车规格时，我们会查看停车场中是否有这种规格的车可供出租。他们通常会提出一些折扣，我们会询问他们是否需要保险以及将使用多久。然后计算费用，并开出一张单据，让他们直接去那里提车。”

Ricardo 请你对神龙汽车出租公司的结算过程进行计算机化处理，以便客户可以在不出任何差错的情况下，快速领到他们的汽车。画一个用于指导自动化结算过程的决策表，根据 Ricardo 的叙述表示出决策表的条件、条件选项、行动和行动执行规则。

Ricardo 希望拓展电子商务业务，正在考虑通过 Web 预订汽车。更新上述决策表，表明通过 Web 预订汽车有 10% 的折扣。

9.3.1.1　决策表示例

图 9.9 举例说明了使用上述步骤开发的决策表。在该例子中，一个公司试图维护一个有意义的客户邮件列表。目标是只向将会从他们那里购买商品的客户发出商品目录。

条件和行动	规则							
	1	2	3	4	5	6	7	8
客户从秋季目录中订购商品	Y	Y	Y	Y	N	N	N	N
客户从假期目录中订购商品	Y	Y	N	N	Y	Y	N	N
客户从特殊目录中订购商品	Y	N	Y	N	Y	N	Y	N
寄出今年的假期目录		X		X		X		X
寄出特殊目录			X				X	
同时寄出两种目录	X				X			

图 9.9　构建一个决策表，确定把哪些目录寄给那些只从所选商品目录中订购商品的客户

公司经理意识到，在邮件列表上，某些忠实的客户会从所有的目录中订购商品，而有些从来都不订购。这些订购模式容易观察到，但是要确定把哪些目录寄给那些只从所选的目录中订购商品的人，就比较难了。一旦做好这些决策，就可以构建决策表了。该表有 3 个条件（C1：客户从秋季目录中订购商品；C2：客户从假期目录中订购商品；C3：客户从特殊目录中订购商品），并且每个条件有 2 个选项（Y 或 N）。能够采取的行动有 3 个（A1：寄出今年的假期目录，A2：寄出特殊目录，A3：同时寄出两种目录）。最终决策表有 6 行（3 个条件和 3 个行动）和 8 列（2 个条件选项 ×2 个条件选项 ×2 个条件选项）。

现在对决策表进行分析，看看能否对它进行简化。因为没有互斥的条件，所以不能少于 3 个条件行。此外，也没有允许合并行动的规则。然而，可以合并某些规则，如图 9.10 所示。例如，规则 2、4、6 和 8 可以被合并，因为它们有 2 个共同的地方：

（1）它们指示我们寄出今年的假期目录。

（2）条件 3 的选项始终为 N。

因为前 2 个条件的选项是什么无关紧要，所以可以插入横线“—”以替换 Y 或 N。

其余规则（1、3、5 和 7）不能被简化成一个单独的规则，因为存在两个不同的行动。

但是，规则 1 和 5 可以合并。同样，规则 3 和 7 也可以合并。

条件和行动	规则							
	1	2	3	4	5	6	7	8
客户从秋季目录中订购商品	Y	Y	Y	Y	N	N	N	N
客户从假期目录中订购商品	Y	Y	N	N	Y	Y	N	N
客户从特殊目录中订购商品	Y	N	Y	N	Y	N	Y	N
寄出今年的假期目录		X		X		X		X
寄出特殊目录			X				X	
同时寄出两种目录	X				X			

条件和行动	规则		
	1'	2'	3'
客户从秋季目录中订购商品	—	—	—
客户从假期目录中订购商品	Y	—	N
客户从特殊目录中订购商品	Y	N	Y
寄出今年的假期目录		X	
寄出特殊目录			X
同时寄出两种目录	X		

图 9.10　合并规则以简化客户 – 目录决策表

9.3.2　核验完备性和正确性

核验决策表的完备性和正确性是必不可少的。开发决策表时可能会出现 4 个主要问题：不完备、不可能的情况、矛盾和冗余。

确保所有的条件、条件备选项、行动和行动执行规则完备是最重要的。假设前面讨论的商品目录问题漏掉了一个重要的条件“如果客户的消费额小于 50 美元”，则整个决策表将会发生变化，因为必须加入新的条件、新的条件备选项、新的行动以及一个或多个新的行动规则。假设规则是：IF 客户的消费额小于 100 美元，THEN 不寄出任何商品目录。则要加入一条新的“规则 4”到决策表，如图 9.11 所示。

条件和行动	规则			
	1	2	3	4
客户从秋季目录中订购商品	—	—	—	—
客户从假期目录中订购商品	Y	—	N	—
客户从特殊目录中订购商品	Y	N	Y	—
客户订购 50 美元以上	Y	Y	Y	N
寄出今年的假期目录		X		
寄出特殊目录			X	
同时寄出两种目录	X			
不寄出任何商品目录				X

图 9.11　向客户 – 目录决策表增加一条规则改变了整个决策表

在构建上述步骤中的决策表时，有时可能会设置不可能的情况，示例如图 9.12 所示。规则 1 是不可行的，因为一个人的年收入不能超过 50 000 美元，同时每月收入不能低于 2 000 美元。其他三条规则是有效的。之所以没有发现这个问题，是因为第一个条件以年为单位，而第 2 个条件以月为单位。

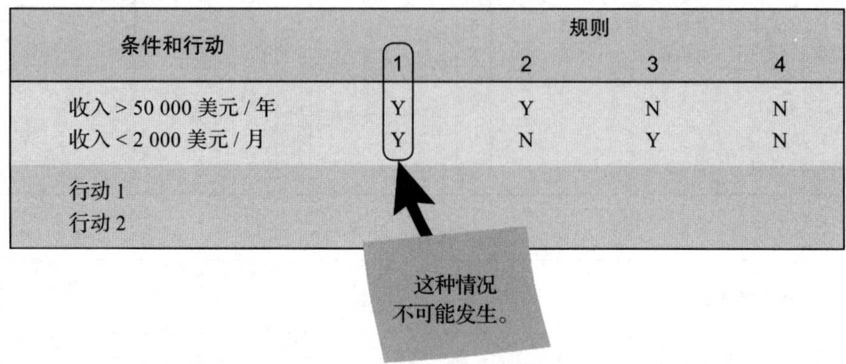

条件和行动
规则
1
2
3
4
收入 > 50 000 美元 / 年
Y Y N N
收入 < 2 000 美元 / 月
Y N Y N
行动 1
行动 2
这种情况
不可能发生。

图 9.12　核验决策表中是否存在不可能的情况很重要

当满足相同条件的规则提出不同的行动时，矛盾就产生了。问题可能出在分析员构建表的方法，或者分析员所接收的信息。如果在表中错误地插入横线“—”，就会出现矛盾情况。当相同的选项集要求完全相同的行动时，冗余情况就会发生。图 9.13 举例说明了矛盾和冗余情况。分析员必须确定什么是正确的，然后解决矛盾和冗余问题。

条件和行动	规则 1	2	3	4	5	6	7
条件 1	Y	Y	Y	Y	Y	N	N
条件 2	Y	Y	Y	N	N	Y	N
条件 3	—	N	—	—	—	N	Y
行动 1	X			X	X		
行动 2			X			X	
行动 3		X					X

矛盾（规则 1、2、3）　冗余（规则 4、5）

图 9.13　核验决策表是否存在矛盾和冗余是重要的

决策表是结构化决策分析的一种重要工具。与其他方法相比，使用决策表的主要优点是它能够帮助分析员保证分析的完备性。在使用决策表时，也容易核验可能的错误，例如不可能的情况、矛盾和冗余。现在还可以使用决策表处理器，它以决策表为输入，并以计算机程序代码为输出。

9.4　决策树

如果结构化决策过程中出现复杂的分支，则使用决策树（decision tree）。如果必须按特定的顺序进行一连串决策，也可以使用决策树。虽然决策树的名字源自自然界的树，但是决策树通常是一棵放倒的树，树根在左边，树枝从左向右展开。这种摆放允许分析员在树枝上写有关条件和行动的描述。

与管理科学中使用的决策树不同，系统分析员使用的树不包含概率和结果，因为在系统分析中，决策树主要在一个完全结构化的决策过程中用于标识条件和组织行动。

咨询时间 9.4

自由之树

“我知道你要赶飞机，不过我还是要向你做些解释，先生。”Premium 航空公司的销售经理 Glen Curtiss 恳求道。Glen 尽力（但没有成功）向 Premium“奖励飞行”俱乐部的一名成员推销该航空公司关于积累里程以得到奖励（如头等舱升级和免费航班）的新政策。

Glen 又向另一名经过的旅客从头解释政策，他说：“请听我说，先生，旅客（就是您，Ariadne Icarus）将根据实际飞行的里程数得到奖励。如果一段航程的实际里程不到 805km，旅客将获得 805km 的积分。如果出行时间是星期六，则实际里程数将翻一番。如果是星期二，则实际里程数增至 1.5 倍。如果这是一个月中的第 9 次飞行，则不管是哪一天出行，实际里程数都翻一番。如果这是第 17 次飞行，则实际里程数增至 3 倍。如果旅客通过 Priceline、Momondo、Agoda 或 KAYAK 等在线预订服务预订航班，里程数则会增加 161 千米。”

“我希望我向您解释明白了，Ariadne。祝您飞行愉快，感谢您乘坐 Premium 航空公司的飞机。”

Ariadne 先生急着要登上 Premium 的飞机，还没等 Glen 的漫长解释讲完就走掉了，消失在通往安检的人流之中，一句答复也没有。

试开发一个决策树，说明 Premium 航空公司累积里程获得奖励的新政策，使它变得更清楚和更容易从视觉上把握，从而更容易解释。

9.4.1　画决策树

画决策树时，区别条件和行动很有用。如果条件和行动发生在一段时间内，并且它们的顺序是重要的，那么这种区别特别恰当。为此，我们用方形节点表示行动，而用圆形节点表示条件。使用这种表示法会使决策树更易于阅读，因为它按顺序对圆形结点和方形结点进行编号。我们可以认为圆形表示 IF，而方形表示 THEN。

在前一节讨论决策表时，我们用一个销售点案例来确定百货公司的采购批准行动。条件包括销售额（50 美元以下），以及客户用支票还是信用卡付款。4 种可能的行动是把销售额记入收银机上、在账目上查找信用卡号、请示主管批准，或者打电话向银行确认信用卡。图 9.14 说明了如何用决策树画出该案例。画决策树时：

（1）识别所有的条件和行动，以及它们的顺序和时间（如果它们是关键的）。

（2）开始从左到右建树，同时确保向右移动之前，完全列出所有可能的条件选项。

这棵简单的树是对称的，并且末端的 4 个行动是唯一的。决策树不一定是对称的，大多数决策树具有的条件有很多不同的分支。此外，相同的行动也可以出现多次。

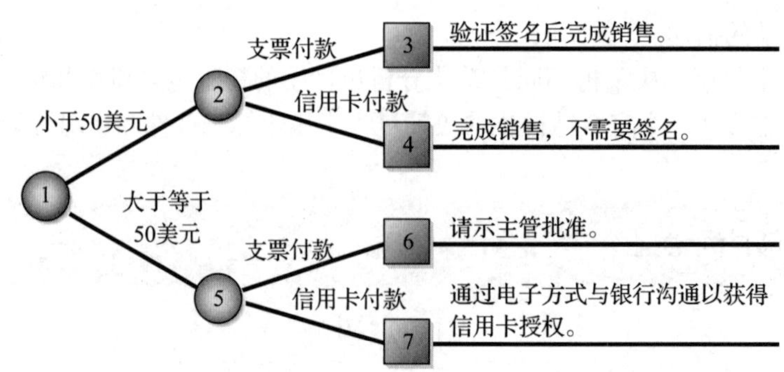

图 9.14　画决策树来表示百货公司的非现金采购批准行动

与决策表相比，决策树主要有 3 个优点。首先，它按顺序结构排列决策树分支，可以直接看出检查条件和执行行动的顺序。其次，决策树的条件和行动可以在某些分支上，而其他分支上则没有。这一点与决策表不同，在决策表中，它们都是同一个表的组成部分。决策树中关键的条件和行动直接与其他条件和行动相连接，而那些无关紧要的条件则不画出。换句话说，决策树不一定是对称的。最后，与决策表相比，决策树更容易被组织中的其他人理解。因此，它们更适合作为一种交流工具。

9.5　选择一种结构化决策分析技术

我们已经讨论了三种结构化决策分析技术：结构化英语、决策表和决策树。虽然不需要专门使用它们，但是习惯的做法是选择某种分析技术进行决策，而不是同时采用三种方法。如下指导原则提供了在某种情况下选择分析技术的方法：

（1）使用结构化英语，如果

a. 有许多重复的行动

或者

b. 与最终用户的交流是重要的。

（2）使用决策表，如果

a. 存在条件、行动和规则的复杂组合

或者

b. 要求某种方法有效地避开不可能的情况、冗余和矛盾。

（3）使用决策树，如果

a. 强调条件和行动的顺序

或者

b. 并非每个条件与每个行动相关时（分支是不同的）。

9.6　小结

一旦分析员与用户合作确定了数据流，并开始构建数据字典，就可以着手处理过程规范和决策分析了。本章讨论了 3 种用于决策分析和过程逻辑描述的方法：结构化英语、决策表和决策树。这 3 种方法均可帮助分析员开发组织做出的结构化决策的逻辑，使得做结构化决策时不涉及人的判断。

我们不仅可以为数据流图上的基本过程创建过程规范（或迷你规范），也可以为某些扩展为子图的高级过程创建。这些规范说明了将输入数据转变为输出过程的决策逻辑和公式。过程规范的三个目标是减少过程的歧义性、获取已完成工作的精确描述和验证系统设计。

一种描述结构化决策的方法是使用结构化英语。结构化英语的逻辑用顺序结构、判断结构、CASE 结构或循环迭代结构表示。结构化英语使用公认的关键字，诸如 IF、THEN、ELSE、DO、DO WHILE 和 DO UNTIL 等，来描述所用的逻辑，并通过缩进格式来表示决策过程的层次结构。

决策表提供了另一种分析、描述和记录决策的方式。决策表有 4 个象限，从左上角象限开始沿着顺时针方向看，分别用来描述条件、标识可能的决策选项（诸如 Y 或 N）、表示应该执行哪些行动，以及描述行动。决策表的优点是决策表的开发规则和消除冗余、矛盾及不可能情况的规则都是直接且可管理的。决策表的使用提高了结构化决策分析的完备性和精确性。

决策分析的第 3 种方法是决策树，决策树由节点（方框表示行动，圆圈表示条件）和分支组成。决策树适合于行动必须按某种顺序完成的情况。决策树不一定是对称的，因此在某个分支上只存在那些对决策重要的条件和行动。

每种决策分析方法各有其优点，应当针对性地使用。如果有许多重复的行动并且与他人的交流是重要的，则使用结构化英语。决策表提供了一种对复杂情况进行完备分析的方法，同时避免了由于不可能的情况、冗余或矛盾而引起的必要修改。当条件和行动的正确顺序至关重要，并且并非每个条件与每个行动不相关时，则适合采用决策树方法。

复习题

1. 列举编制过程规范的 3 个原因。
2. 试述结构化决策的含义。
3. 系统分析员设计结构化决策系统必须知道哪 4 个要素？
4. 结构化英语的两个组成部分是什么？
5. 列出运用结构化英语时应当遵循的 5 种规范。
6. 在组织内部使用结构化英语进行沟通的好处是什么？
7. 决策表的哪个象限表示条件？哪个象限表示条件选项？
8. 制定决策表时采取的第 1 步措施是什么？
9. 列出制定决策表时可能发生的 4 个主要问题？
10. 与其他决策分析方法相比，决策表的主要优势之一是什么？
11. 进行系统分析时决策树的主要用处是什么？
12. 列出构建决策树的 4 个主要步骤。
13. 与决策表相比，决策树有哪 3 个优点？
14. 在哪两种情况下应当使用结构化英语？
15. 在哪两种情况下使用决策表的效果最好？
16. 在哪两种情况下最好使用决策树？

问题

1. Greg Bott 正与新来的销售人员 Phil Menard 审查公司的费用报销政策。“报销政策依具体情况而定。我们首先看它是否为本地旅行。如果是，我们只支付每千米 28 美分的旅行补贴。如果是一日游，我们先付旅行补贴，并审查出发时间和返回时间。要报销早餐费用，则必须早上 7:00 前出发，中午 11:00 前吃午餐，下午 5:00 前吃晚餐。要得到早餐的补贴，必须上午 10:00 以后回来，下午 2:00 以后吃午餐，晚上 7:00 前吃晚餐。对于一天以上的旅行，我们提供住宿费、出租车费、飞机票和餐费津贴。对于餐费补贴的时间要求也这样。"试用结构化英语写出 Greg 叙述的报销政策。

2. 画出描述问题 1 给出的报销政策的决策树。
3. 画出描述问题 1 给出的报销政策的决策表。
4. 一家称为 True Disk 的计算机供应公司在 Dosville 建立了无数企业账户。True Disk 每月寄出发货清单，如果对方在收到清单后 10 天内付款，则可以得到一定的折扣。折扣政策如下：如果计算机订货单的总金额超过 1 000 美元，则减去订单总额的 4%；如果总金额在 500 美元和 1 000 美元之间，则减去总金额 2% 的折扣；如果总金额少于 500 美元，则不提供任何折扣。所有通过 Web 下的订单自动获得额外 5% 的折扣。任何特殊订单（例如，计算机桌椅）都不在打折之列。

    请为 True Disk 公司的折扣政策制定一个决策表，其中条件选项限定为 Y 和 N。
5. 为问题 4 中描述的 True Disk 公司的折扣政策开发一个扩展项决策表。
6. 为问题 4 中描述的 True Disk 公司的折扣政策开发一个决策树。
7. 编写问题 4 中描述的 True Disk 公司的折扣政策的结构化英语。
8. Premium 航空公司最近提出支付一起集体诉讼案的索赔，这起诉讼案因机票限价问题而引发。航空公司建议的解决方案说明如下：

    最初，Premium 航空公司以代金券的形式向索赔中心提供 2 500 万美元基金。如果提交的合法索赔数小于等于 125 万，则每份索赔可得的赔款是 2 500 万美元除以总的合法索赔数得到的结果。例如，如果有 50 万份合法索赔，则每个提交了合法索赔的人将得到价值 50 美元的代金券。

    每张代金券的单位将不超过 50 美元。因此，如果合法索赔不足 50 万份，则每份索赔的金额将分成两张或多张代金券。例如，如果有 25 万份合法索赔，则每个提交合法索赔的人将收到 2 张代金券，每张面值为 50 美元，总价值为 100 美元。

    如果提交的合法索赔数在 125 万和 150 万之间，则 Premium 航空公司将以代金券形式提供价值 500 万美元的辅助基金。辅助基金最终将使每份合法索赔得到 20 美元的代金券。

    如果有 150 万余份合法索赔，则主基金和辅助基金的总金额（3 000 万美元）将被平均分配，以确定出每份合法索赔的代金券。每张代金券的价值等于 3 000 万美元除以总的合法索赔数。

    试画出 Premium 航空公司建议的解决方案的决策树。
9. 试写出问题 8 中 Premium 航空公司建议的解决方案的结构化英语。
10. "哦，这还真不好描述，"Less Is More 营养与健康中心的顾问 Sharon 说，"我真的从来没有向任何人谈过我们要求客户付款的方式或者任何其他事情，现说明如下。"

    "当客户来到 Less Is More 时，我们将查看他们以前是否买过我们的东西。如果回头客在他们的计划结束的 1 年内再次来购买，他们将在第一次获得 100 美元的减免费。"

    "每个新客户都须缴纳一定的预付金（200 美元），用于体格评估。如果客户此时提供一张优惠券，我们就将预付金减少 50 美元。我们有半数的客户都使用优惠券，而且他们也是通过优惠券找到我们的。然而，我们只给常客减免 100 美元，他们也不能使用优惠券。从我们在另一个城市的营养中心转过来的客户，可以在他们第一次消费时减免 75 美元，但是不能使用优惠券。现金付款的客户可以从 200 美元中减免 10%，但是他们不能使用优惠券。"

    为 Less Is More 营养与健康中心的客户付款系统创建一个条件选项为 Y 和 N 的决策表。
11. 简化图 9.EX1 中的决策表，使其包含的规则最少。

条件和行动	规则															
	1	2	3	4	5	6	7	8	9	10	11	12	13	14	15	16
现有足够数量	Y	Y	Y	Y	Y	Y	Y	Y	N	N	N	N	N	N	N	N
足够打折的数量	Y	Y	Y	Y	N	N	N	N	Y	Y	Y	Y	N	N	N	N
批发客户	Y	Y	N	N	Y	Y	N	N	Y	Y	N	N	Y	Y	N	N
已申请免销售税	Y	N	Y	N	Y	N	Y	N	Y	N	Y	N	Y	N	Y	N
装运货物和准备发票	X	X	X	X	X	X	X	X								
建立备订订单									X	X	X	X	X	X	X	X
减去折扣	X	X														
增加销售税		X	X	X		X	X	X								

图 9.EX1　某个仓库的决策表

12. Azure Isle 度假村针对三种类型的寓所为度假者提供了一个价格表：旅馆、别墅和海滨平房。住旅馆的费用为底价，海滨平房则需要加收 10% 的附加费，别墅需要加收 15% 的附加费。回头客会享受 4% 的折扣。其他条件则视度假村的客满程度，以及要求的日期是否在当前日期之后的一个月内。如果度假胜地的客满程度为 50%，并且时间在一个月内，则可以享受 12% 的折扣。如果度假村的入住率已达 70%，并且时间在 1 个月内，则可享受 6% 的折扣。如果度假村的入住率为 85%，并且要求时间在 1 个月内，则有 4% 的折扣。

    请为 Azure Isle 度假村的价格结构开发一个优化的决策表。

13. 请为上一问题的价格结构创建一个决策树。

14. Cloudliner 航空公司的基本票价由飞行距离和乘客在一周中的哪一天乘机所决定。此外，航空公司还会根据很多不同的情况调整机票价格。如果剩余的票数大于载客量的 50%，并且班机起飞前的天数小于 7 天，则用一个专门网站为该航班提供进一步的折扣价格。如果剩余的票数大于载客量的 50%，并且离班机起飞前的天数为 7 到 21 天，则有一个中等的折扣价格。如果剩余的票数大于载客量的 50%，并且离班机起飞前的天数大于 21 天，则只有一个小折扣。

    如果剩余的票数在总票数的 20% ～ 50% 之间，并且离班机起飞前的天数小于 7 天，则有一个中等折扣。如果剩余的票数在总票数的 20% ～ 50% 之间，并且离班机起飞前的天数为 7 到 21 天，则有一个小折扣。如果剩余的票数在总票数的 20% ～ 50% 之间，并且离班机起飞前的天数大于 21 天，则没有折扣。

    如果剩余的票数小于总票数的 20%，并且离班机起飞前的天数小于 7 天，则机票价格有一个最高增幅。如果剩余的票数小于总票数的 20%，并且离班机起飞前的天数为 7 到 21 天，则机票价格有一个大增幅。如果剩余的票数小于总票数的 20%，并且离班机起飞前的天数为大于 21 天，则机票价格有一个小增幅。

    请为 Cloudliner 航空公司的票价调整政策开发一个优化的决策表。

15. 请为上一问题中的情况开发一个决策树。

小组项目

1. 每个小组成员（或每个分组）应选择一名“专家”，并准备说明如何和何时使用以下结构化决策技术：结构化英语、决策表或决策树。然后，每个小组成员（或每个分组）应说明为它分配的决策分析技术在研究 Maverick 运输公司（公司背景见第 5 章）制定的将特定卡车派遣到特定目的地的结构化决策类型的有用性。每个小组应陈述其优选的决策分析技术。

2. 在听取每个成员或分组陈述后，整个小组应该就哪种技术最适合分析 Maverick 运输公司的调度决策达成共识，并解释为什么该技术在这种情况下是最好的。用一段话描述小组对选择决策技巧的建议。

参考文献

Alsolami, F., Azad, M., Chikalov, I., & Moshkov, M. (2020). *Decision and inhibitory trees and decision tables with many-valued decisions*. Springer Nature.

Anderson, D. R., Sweeney, D. J., Williams, T. A., Camm, J. D., & Cochran, J. J. (2013). *An introduction to management science* (13th ed.). Cengage Learning.

Chountalas, P. T., & Lagodimos, A. G. (2019). Paradigms in business process management specifications: a critical overview. *Business Process Management Journal, 25*(5), 1040–1069. https://doi.org/10.1108/BPMJ-01-2018-0023

Custode, L. L., & Iacca, I. (2020). *Evolutionary learning of interpretable decision trees*. https://arxiv.org/pdf/2012.07723.pdf

Good, P. (2022). *What is structured English?* www.wisegeek.com/what-is-structured-english.htm

Kress-Gazit, H., Fainekos, G. E., & Pappas, G. J. (2008). Translating structured English to robot controllers. *Advance Robotics, 22*, 1343–1359.

Wood, H. (2012, May 30). *An intro to logic trees and structured programming*. http://www.techopedia.com/2/28552/it-business/enterprise-applications/an-intro-to-logic-trees-and-structured-programming

基于 UML 的面向对象系统分析与设计

学习目标

1. 理解什么是面向对象的系统分析和设计，并充分认识其作用。
2. 学习 CRC 卡的基础知识和对象思维。
3. 理解统一建模语言的概念，这是面向对象领域用于系统建模的标准方法。
4. 探索用例建模。
5. 学习如何绘制和解释活动图。
6. 绘制并解释顺序图和通信图。
7. 能够开发类图。
8. 在刚刚开发的类图的基础上增强顺序图。
9. 以多种方式增强调用图。
10. 学习如何开发状态图。
11. 理解包和其他 UML 工件。
12. 认识如何使 UML 发挥作用。
13. 认识 UML 对建模的重要性。

面向对象分析与设计提供了一种逻辑、快速和全面地创建新系统的方法，能够对瞬息万变的业务环境做出迅速响应。在对复杂信息系统持续维护、调整和重新设计的情况下，面向对象技术可以起到很好的作用。

本章将介绍统一建模语言（Unified Modeling Language，UML），这是面向对象系统建模的行业标准。UML 工具集包括各种各样的图表，以可视化面向对象系统的构建。每一个设计迭代都需要对系统的设计进行更详细的研究。通过每次设计迭代，使得对系统的设计越来越详细，直到系统中的事物和关系在 UML 文档中都得到清晰和准确地定义。UML 是一种功能强大的工具，可以大大地改善系统分析与设计的质量，从而帮助创建更高质量的信息系统。

首次引入面向对象的方法时，支持者认为对象的可重用性是该方法的主要优点。显然，程序部件的重复利用会降低基于计算机的系统的开发成本。在 GUI 和数据库的开发中已经证明了这是一种非常有效的方法。虽然可重用性是主要目标，但是系统维护也很重要。通过创建同时包含数据和程序代码的对象，能使一个对象的修改对其他对象的影响达到最小。

10.1 面向对象的概念

面向对象编程有别于传统的过程式编程，它把对象作为系统的一部分来考虑。每个对象都是某一真实事物或事件的计算机表示。本节将简单介绍重要的面向对象概念：对象、类和继承。本章后面还会深入介绍其他 UML 概念。

10.1.1　对象

对象（object）是指与我们正在分析的系统相关的人物、地点和事物。面向对象系统用对象描述实体，典型的对象如客户、商品、订单等。对象还可以是 GUI 显示屏或者显示屏上的文本区域。

10.1.2　类

对象通常是一组称为类（class）的类似项的一部分，对项目进行分类的想法并不新奇。例如这个世界可描述为由动物、植物和无机物组成，就是分类的一个实例。科学的分类方法包括动物的类（诸如哺乳动物），然后再把这些类分成更小的子类（诸如卵生动物和有袋目哺乳动物）。

类背后的想法是提供一个参考点，在描述特定对象时，主要根据该对象与自己类的成员的相似性或差异性来加以描述。为此，我们说“考拉是一种有着圆圆的大脑袋和毛茸茸的耳朵的有袋动物（或有袋目哺乳动物）”，这比通过描述哺乳动物的全部特征来描述考拉更有效。以这种方式来描述特征、外观、甚至行为的做法更有效。当在面向对象领域听到“可重用”这个词时，是指这样做更加有效，因为在软件开发过程中，每次需要描述某个对象时，不必从头开始。

对象用类表示并按类进行分组，类最适合于重用性和可维护性。类定义了该类中每个对象中共同存在的属性和方法集。例如，课程部分的学生记录为每个学生存储类似的信息，而我们就说这些学生构成了一个类。每位学生的值可能不同，但是信息类型是相同的。程序员必须在他们编写的程序中定义各种各样的类。在程序运行时，根据已建立的类创建对象。当根据类创建对象时，就用“实例化”这个术语。例如，程序可以根据学生类实例化一个名为 Mala Kaul 的学生对象。

使面向对象编程，以及面向对象的分析和设计与经典编程不同的是，它是将所有对象的属性和方法放在一个独立结构（即类）中的技术。这在物理世界中很常见。例如，一盒蛋糕混合料类似于一个类，因为它不仅有配料，而且还有关于如何混合和烤蛋糕的说明书。羊毛衫也类似于一个类，因为它上面缝制了一个洗涤说明标签，提醒你要手洗，然后平放晾干。

每个类应当有一个区别于所有其他类的名称。类名通常是名词或短语，以一个大写字母为开头。在图 10.1 中，该类名为**租赁汽车**。在 UML 中，类用矩形表示。该矩形包含另外两个重要特征：一个属性列表和一个方法列表。这些项目描述了一个分析单位——类，这是面向对象分析与设计的很大组成部分。

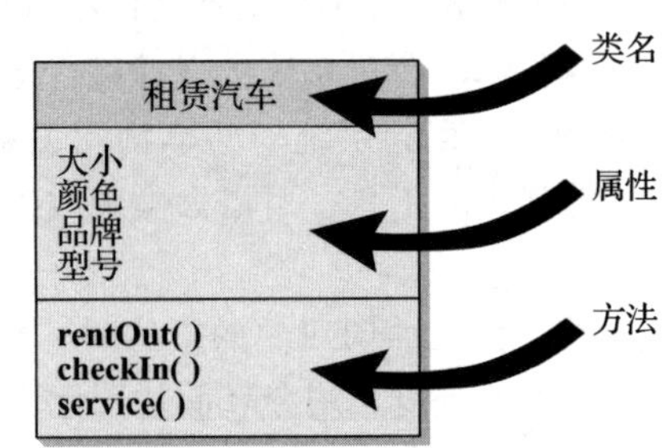

图 10.1　UML 类实例。类用矩形描述，其中包括类名、属性和方法

属性描述该类的所有对象共同具有的一些特性。注意，租赁汽车类具有大小、颜色、品牌和型号属性。所有汽车都有这些属性，但是每辆车对这些属性有不同的取值。例如，汽车可能是蓝色、白色或其他某种颜色。稍后我们将会举例说明，对这些值可以规定更具体的值域。属性名的首字母通常小写。

方法是可以从该类的任何对象请求到的行为，也是类知道要实现的过程。方法也叫作操作。对于租赁汽车类，rentOut()、checkIn() 和 service() 都是方法的实例。方法名的首字母通常小写。

10.1.3　继承

面向对象系统的一个关键概念是继承（inheritance）。类可以有“孩子”，即一个类可以根据另一个类来创建。在 UML 中，原始类（即父类）称为基类，子类称为派生类。派生类可通过继承基类的所有属性和行为来创建，但派生类也可以增加其他属性和行为。例如，汽车租赁公司可能有一个交通工具类，它包含大小、颜色和品牌等属性。

通过简化常见对象的使用，继承减少了编程工作量。程序员只需声明继承交通工具类的**轿车**类，然后添加新的属性或行为来提供一辆汽车特有的任何附加信息。交通工具类的所有旧属性和行为自动并且隐式地成为轿车类的一部分，而且根本不需要任何新的编程工作。因而，分析员能够定义一次而使用很多次，并且类似于满足第三范式的数据，只在一个数据库表中定义一次（如第 13 章所述）。

交通工具的派生类为轿车或卡车，如图 10.2 所示。在该图中，属性前面有一个减号，而方法前面有一个加号。本章后面将对此进行更详细的讨论，而目前我们只需知道减号表示这些属性是私有的（不与其他类共享），而这些方法是公有的（可以被其他类调用）。

多年来，程序代码重用一直是结构化系统开发和编程语言（诸如 COBOL）不可分割的组成部分，并且一直用子程序来封装数据。然而，继承是面向对象系统才有的一个特征。

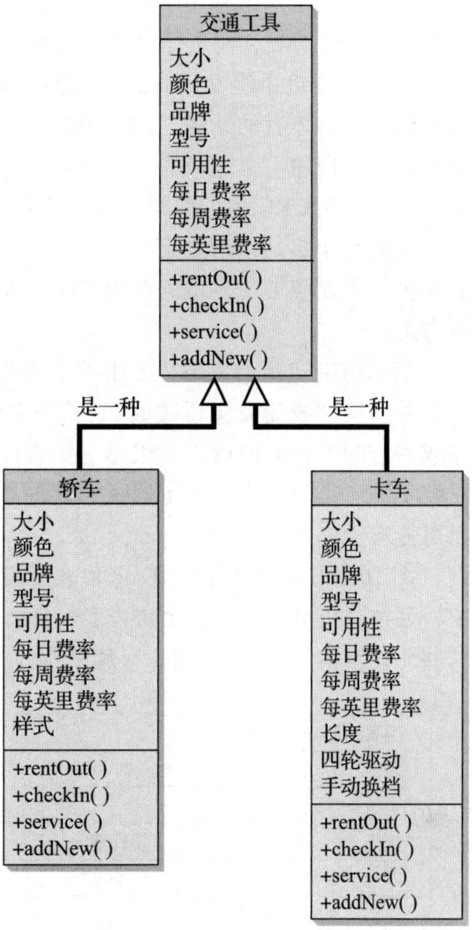

图 10.2　表示继承的类图。轿车和卡车都是交通工具的特定实例，并继承更一般的类交通工具的特征

10.2　CRC 卡片和对象思考

在介绍了面向对象系统分析与设计的基本概念之后，我们需要研究从我们面对的商业问题和系统中创建类和对象的方法。一种着手实施面向对象方法的途径是以这种新方法进行思考和讨论，而开发 CRC 卡片是一种较为方便的方法。

CRC 代表类（Class）、责任（Responsibility）和协作者（Collaborator）。当分析员开始从面向对象的观点对系统进行建模或者讨论时，可以使用这些概念。CRC 卡片用来表示类的责任以及类与类之间的交互。分析员根据概述系统需求的场景建立该卡片。这些场景模拟正在研究的系统的行为。为了便于在小组中使用，可以手工将 CRC 卡片放在小型卡片纸上，当然也可以用计算机创建它们。

我们在原 CRC 卡片模板上增加了两列：对象思考列和特征列。对象思考语句用简明的语言书写，而特征（或属性）名写在合适的地方。这两个附加列的目的是澄清思想，帮助创建 UML 图。

10.2.1 CRC 会话期间的交互

通过让少数分析员共同合作，识别出问题领域中的类，能够交互式地创建 CRC 卡片。一种建议是找出问题陈述中的所有名词和动词，问题陈述是为了获取问题而创建的。名词通常表示系统中的类，而责任可以通过识别动词而发现。

与你的分析小组共同合作，尽量识别出所有的类。根据标准的头脑风暴方式，即不批驳任何一个参与者的立场，而是引出尽可能多的反应。识别出所有的类以后，分析员就可以编撰它们，剔除不合逻辑的类，并把每个类写在各自的卡片上。把一个类分给小组中的每个人，让他们在 CRC 会议期间一直拥有它。

接着，小组从以前制定的需求文档中抽取必需的功能，建立场景，这实际上是系统功能的预排。首先应考虑典型的系统方法，而诸如错误恢复等异常操作，应在完成正常操作以后再考虑。

当小组决定某个特定功能由哪个类负责时，会议期间一直“拥有”该类的分析员拿起卡片，并声明“我需要履行我的职责”。当一张卡片举到空中时，就认为它是一个对象，能够完成一定的工作。然后，小组尽量把责任细化为越来越小的任务。这些任务可以通过合适的对象实现，小组也可以决定通过与其他事物交互而实现它。如果没有其他合适的类存在，小组可能需要创建一个新类。

图 10.3 所示的 4 张 CRC 卡片表示课程设置的 4 个类。注意，在一个称为 Course 的类中，系统分析员提到了 4 个协作者：Department、Textbook、Assignment 和 Exam。然后，这些协作者本身在其他 CRC 卡片中作为类进行描述。

类名：Department			
超类：			
子类：			
责任	**协作者**	**对象思考**	**特征**
添加一个新的系	Course	我知道我的名字	系名
提供有关系的信息		我知道我的系主任	系主任名

类名：Course			
超类：			
子类：			
责任	**协作者**	**对象思考**	**特征**
添加一个新的课程	Department	我知道我的课程号	课程号
修改课程信息	Textbook	我知道我的描述	系主任名
显示课程信息	Assignment	我知道我的学分数	学分
	Exam		

图 10.3 课程设置的 4 张 CRC 卡片，具体说明了分析员如何填写类、责任和协作者以及对象思考语句和属性名

类名：Textbook			
超类：			
子类：			
责任	协作者	对象思考	特征
添加一本新教材	Course	我知道我的 ISBN	ISBN
修改教材信息		我知道我的作者	作者
查找教材信息		我知道我的教材名	教材名
删除旧教材		我知道我的版本	版本
		我知道我的出版社	出版社
		我知道是否需要我	是否需要

类名：Assignment			
超类：			
子类：			
责任	协作者	对象思考	属性
添加一次新作业	Course	我知道我的作业号	任务号
修改一次作业		我知道我的描述	任务描述
查看一次作业		我知道我得多少分	分数
		我知道什么时候考试	考试日期

图 10.3　课程设置的 4 张 CRC 卡片，具体说明了分析员如何填写类、责任和协作者以及对象思考语句和属性名（续）

在 UML 中，CRC 卡片中列出的责任最终将演变成方法。对象思考语句看起来好像是单句式的，但它们实际上是会话式的，以便在 CRC 会议期间鼓励一组分析员尽可能多地描述出这样的语句。如上例所示，CRC 会话期间的所有对话都以第一人称实现，甚至 Textbook 也说，“我知道我的 ISBN”，“我知道我的作者”。于是，在 UML 中就可以用这些语句来描述属性。这些属性可以用它们的变量名来称呼，诸如“版本”和“出版社”。

咨询时间 10.1

80 个对象环游世界

因为你说明了使用面向对象（O-O）方法的优点，World's Trend 公司（高档时装的邮购供应商，其客户通过电话、邮件或网站下订单）的两位高级主管，Jules 和 Vern，希望你使用这种方法来分析他们的业务。以下是 World's Trend 公司的主要商业活动：

1. 客户订单进来时，同时更新商品主文件和客户主文件。如果某个商品无现货，则通知库存控制部门。

2. 如果订单来自新客户，则在客户主文件中创建一个新记录。

3. 为该客户订单产生提货单，并发送给仓库。

4. 准备发货单。

5. 发送客户订单的过程涉及从仓库取到货物和匹配客户发货单，获得正确的客户地址，并把货全部发送给客户。

6. 产生客户结算单，每月一次把账单寄给客户。

7. 给会计部门发送一个应收账目报表。

参考第 7 章中的一系列数据流图，以帮助你概念化问题描述并开始过渡到对象思考。

因为你与 Jules 和 Vern 非常要好，而且也愿意获得一些使用 O-O 思想的实际经验，你同意应用你所知道的思想，为他们提出一份报告。请在重新审阅 World's Trend 公司的业务活动以后，通过完成如下任务提供一个及时评论：

- 使用 CRC 卡片技术列出类、责任和协作者。
- 使用对象思考技术列出“知识”和前一阶段标识的那些类的对象的相应属性。

详细描述这两个步骤，然后拿着你的报告迈进 World's Trend 公司总部。显然，Jules 和 Vern 希望开始面向对象方法这个新领域的美好旅行。

10.3　统一建模语言概念和图表

由于 UML 方法得到了广泛的采纳和应用，因而非常值得研究和了解。UML 提供了一个标准的工具集，用于记录软件系统的分析与设计。UML 工具集包括许多图表，它们允许人们可视化面向对象系统的结构，类似于一系列蓝图允许人们可视化一栋大楼的构造。无论是独立工作还是同一个大型开发团队合作，用 UML 创建的文档都可以为项目开发团队和业务人员提供一种有效的沟通手段。

如图 10.4 所示，UML 由事物、关系和图表组成。UML 的第 1 个成分，即主要元素，称为事物。大家也许更喜欢使用另一个单词，诸如对象，但在 UML 中我们把它们称为事物。结构事物最常见，它是指类、接口、用例以及许多其他元素，它们提供了一种创建模型的途径。结构事物允许用户描述关系，行为事物描述事物的工作机制。例如，交互和状态机就是行为事物。群组事物用来定义边界，例如，包（package）就是一个群组事物。最后，还有注释事物（annotational thing），它使我们能够在图上加注释。

关系是把事物结合在一起的黏合剂，以 2 种方式考虑关系是有用的。结构关系用于在结构图中把事物联系在一起，它包括依赖（dependency）、聚集、关联和泛化。例如，结构关系表明继承。行为关系在行为图中使用。4 种基本的行为关系是通信、包含、扩展和泛化。

在 UML 中，主要有 2 种类型的图：结构图和行为图。结构图用来描述类与类之间的关系，它们包括类图、对象图、组件图和部署图。然而，行为图用来描述人（参与者）和事物（我们把它称为用例）之间的交互，或者描述参与者如何使用系统。行为图包括用例图、顺序图、通信图、状态图和活动图。

在本章的余下内容中，我们首先讨论用例建模，这是所有 UML 技术的基础，接着讨论如何通过用例导出活动图、顺序图和类图——最常用的 UML 图。因为很多书都提供了 UML 的语法和使用说明（UML 规范文档实际有 800 多页），所以我们只简单概述 UML 中最有价值的常用内容。

UML 范畴	UML 元素	特殊的 UML 细节
事物	结构事物	类 接口 协作 用例 活动类 组件 节点
	行为事物	交互 状态机
	群组事物	包
	注释事物	注释
关系	结构关系	依赖关系 聚集关系 关联关系 泛化关系
	行为关系	通信关系 包含关系 扩展关系 泛化关系
图	结构图	类图 组件图 部署图
	行为图	用例图 顺序图 通信图 状态图 活动图

图 10.4　UML 及其组成概述：事物、关系和图表

UML 最常用的 6 种模型图如下：

（1）用例图（use case diagram)，描述如何使用系统。分析员从用例图着手。

（2）用例场景（use case scenario)（虽然从技术上讲它不是图）是对主要用例（primary use case）描述的主要行为的口头陈述。

（3）活动图（activity diagram)，说明总的活动流。每个用例可以创建一个活动图。

（4）顺序图（sequence diagram)，表示活动的顺序和类的关系。每个用例可以创建一个或多个顺序图。顺序图的另一种表示形式是通信图（communication diagram)，它们包含相同的信息，但是更强调通信而不是定时。

（5）类图（class diagram)，表示类和关系。顺序图（与 CRC 卡片一起使用）用来确定类。类图的衍生物是泛化 / 特化（gen/spec）图（generalization/specialization)。

（6）状态图（statechart diagram)，表示状态转移。每个类可以创建一个状态图，适用于确定类的方法。

图 10.5 说明了这些图的相互关系，下面几节将讨论这些图。

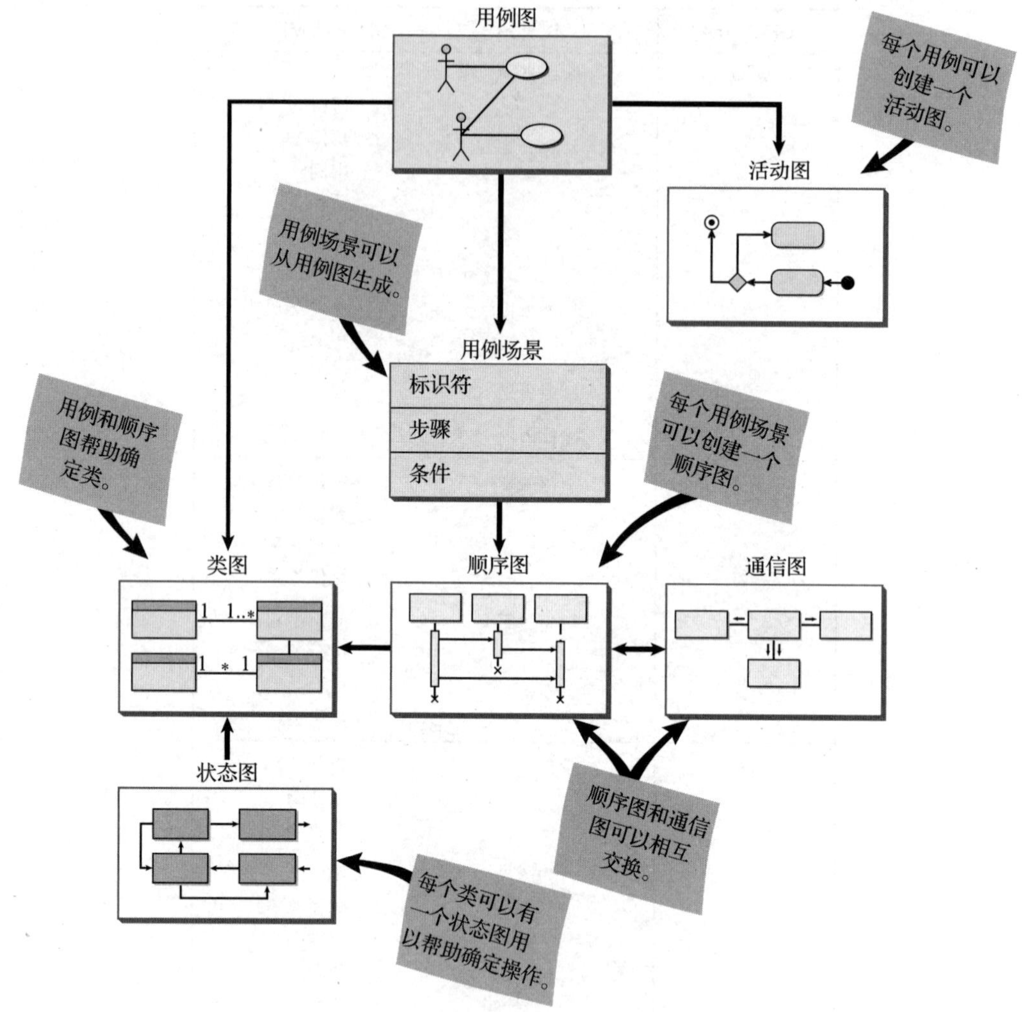

图 10.5　UML 图全景，说明每个图是如何引出其他 UML 图的开发的

10.4　用例建模

从根本上看，UML 基于一种称为用例建模的面向对象分析技术（第 2 章中介绍过）。用例模型从用户的角度来说明一个系统干什么，而不是怎么干。UML 可用来分析用例模型，提取系统的对象、这些对象之间的相互作用，以及它们与系统用户的交互。使用 UML 技术，可以进一步分析对象及其交互，以提取对象的行为、属性和关系。

用例为开发人员提供了用户需要什么样的视图，它不需要技术或实现细节。我们可以把用例看作一个系统中的一个事务序列。用例模型基于各用例的交互和关系。

用例总是描述 3 件事情：参与者发出一个事件，该事件触发一个用例，该用例执行由该事件触发的行为。在一个用例中，一个使用系统的参与者发出一个启动该系统中的一系列相关交互的事件。用例用来记载一个单独的事务或事件。事件是系统的输入，它在特定的时间和地点发生，并使系统做某事。有关用例符号和如何画用例图的介绍详见第 2 章。

图 10.6 是一所大学的学生注册用例实例。注意，该图只是表示了最重要的功能。“添加

学生”用例并没有标明要如何添加学生及其实现方法。学生可以由人工、Web 或使用按键式电话进行添加，也可以通过这些方法的组合进行添加。“添加学生”用例包含“验证身份”用例，用以验证学生身份。“购买教材”用例扩展了“注册班级”用例，并且可能是系统的一部分，用以注册学生的联机课程。

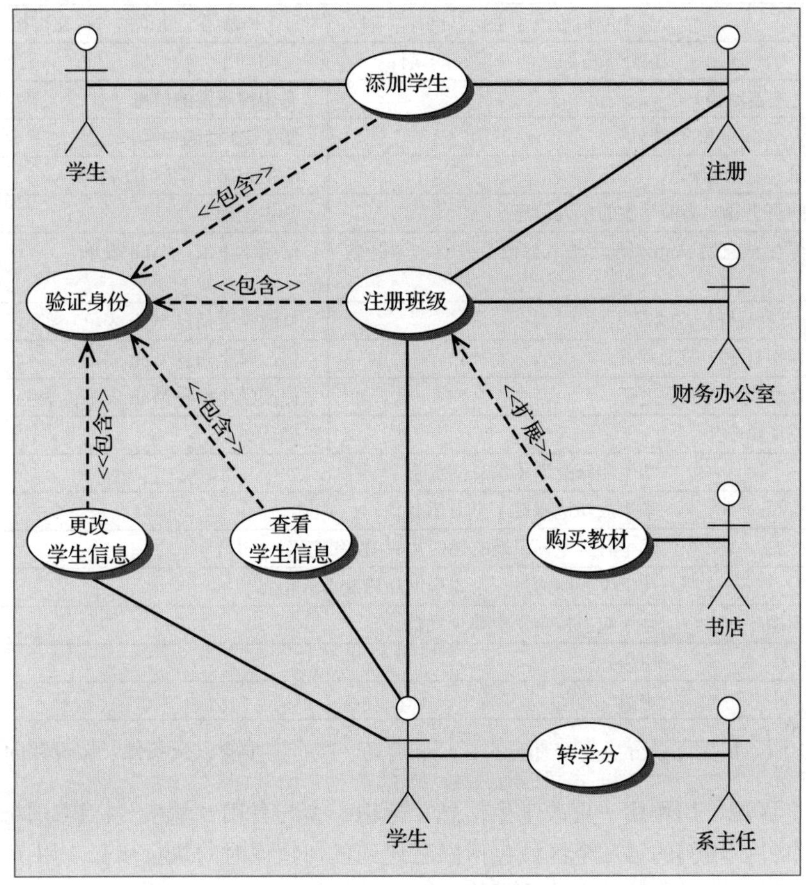

图 10.6　学生注册用例实例

“更改学生信息”用例看似是一个次要的系统特征，不应当包括在该用例图中，但是由于此信息修改非常频繁，因此行政部门强烈希望允许学生修改自己的个人信息。行政部门证明了这是重要的事实，而且还要求记下该用例。

学生不能修改年级平均成绩、有待偿还的费用以及其他信息。该用例还包括验证身份用例，这里表示用户在访问系统之前要输入用户 ID 和密码。查看学生信息允许学生查看他们的个人信息以及课程和成绩。

用例场景实例如图 10.7 所示。其中一些地方是可选的，并非所有的组织都用得到。3 个主要区域如下：

（1）包含用例标识和启动者的标题区域。

（2）执行的步骤。

（3）包含条件、假设、问题和其他信息的脚注区。

<table>
<tr><td>**用例名**</td><td colspan="2">更改学生信息</td><td>ID 号：Student UC 005</td></tr>
<tr><td>**领域**</td><td colspan="3">学生系统</td></tr>
<tr><td>**参与者**</td><td colspan="3">学生</td></tr>
<tr><td>**描述**</td><td colspan="3">允许学生通过一个安全的网站修改自己的信息，诸如名称、家庭住址、家庭电话、宿舍地址、宿舍电话、手机以及其他信息</td></tr>
<tr><td>**触发事件**</td><td colspan="3">学生使用更改学生信息网站，输入学生 ID 和密码，并单击“提交”按钮</td></tr>
<tr><td>**触发器类型**</td><td colspan="3">☒外部事件　　☐时间事件</td></tr>
<tr><td colspan="2">**执行的步骤（主要路径）**</td><td colspan="2">**各步骤所需的信息**</td></tr>
<tr><td colspan="2">学生登录到安全 Web 服务器上</td><td colspan="2">学生 ID 密码</td></tr>
<tr><td colspan="2">读取学生记录，验证密码</td><td colspan="2">学生记录，学生 ID 密码</td></tr>
<tr><td colspan="2">在修改学生网页上显示当前学生的个人信息</td><td colspan="2">学生记录</td></tr>
<tr><td colspan="2">学生在修改学生信息网 Web 表单上输入修改，并单击“提交”按钮</td><td colspan="2">修改学生信息 Web 表单</td></tr>
<tr><td colspan="2">在 Web 服务器上验证修改情况</td><td colspan="2">修改学生信息 Web 表单</td></tr>
<tr><td colspan="2">写入“修改学生日志”记录</td><td colspan="2">修改学生信息 Web 表单</td></tr>
<tr><td colspan="2">学生记录已在学生主界面上更新</td><td colspan="2">修改学生信息 Web 表单，学生记录</td></tr>
<tr><td colspan="2">确认页面已发送给学生</td><td colspan="2">确认页面</td></tr>
<tr><td>**前件**</td><td colspan="3">学生在修改学生信息网页上</td></tr>
<tr><td>**后件**</td><td colspan="3">学生成功地修改了个人信息</td></tr>
<tr><td>**假设**</td><td colspan="3">学生有浏览器以及有效的用户 ID 和密码</td></tr>
<tr><td>**满足的需求**</td><td colspan="3">使学生能够通过一个安全网站修改个人信息</td></tr>
<tr><td>**有待解决的问题**</td><td colspan="3">是否应当控制学生登录次数</td></tr>
<tr><td>**优先级**</td><td colspan="3">中级</td></tr>
<tr><td>**风险**</td><td colspan="3">中级</td></tr>
</table>

图 10.7　用例场景分成三个部分：标识和启动、执行的步骤以及条件、假设和问题

在第一个区域，用例用“更改学生信息”标识，参与者用“学生”标识，同时还描述了用例和触发事件。用例的第 2 个区域包括没有遇到任何错误时的执行步骤。用例的第 3 个区域包括前件、后件和假设。有些是显而易见的，例如学生在正确网页上的前件，学生有效 ID 和密码的假设。另一些则不明显，诸如允许学生登录的次数等未决问题。

用例图为创建其他类型的图表奠定了基础，如类表和活动表。用例场景有助于绘制顺序。用例图和用例场景都是帮助我们理解系统如何工作的强有力的工具。

10.5　活动图

活动图表示在一个过程中发生的活动的顺序，包括顺序活动和并行活动，以及做出的决策。活动图通常为某个用例创建，并且可以表示不同的可能场景。

活动图上的符号如图 10.8 所示。圆角矩形表示活动，它既可以是人工的（诸如签署法律文档），也可以是自动的（诸如方法或程序）。

箭头表示事件。事件表示在特定的时间和地点发生的事情。

菱形表示判断，也被称为分支（branch）或合并（merge）。判断有一个箭头进入菱形，有几个箭头出来。其中，还可以包含监护条件来表示条件值。合并表示几个事件联合形成一个事件。

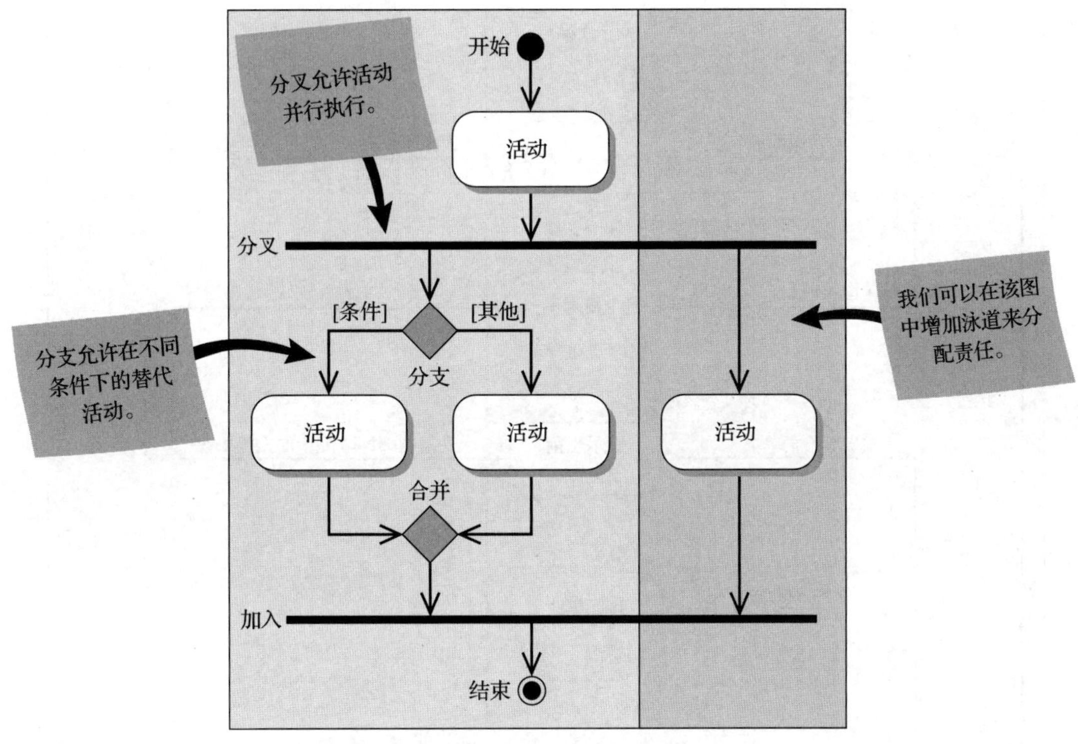

图 10.8 绘制活动图时使用的专门符号

一个长而扁的矩形表示同步条（synchronization bar)。这些同步条用来表示并行活动，并且可以有一个事件进入同步条而有多个事件出来，这就是分叉（fork)。把几个事件合并成一个事件的同步称为结合（join)。

我们用两个符号来表示活动图的开始和结束。初始状态表示为一个实心圆，终止状态表示为由一个白圆包围的黑圆。

包围其他符号的矩形称为泳道（swinlane)，它表示分割，用来表明哪些活动在哪些平台（诸如浏览器、服务器或大型机）上执行，或者表明由不同的用户组完成的活动。泳道是不仅可以描述类的责任，而且还可以描述其逻辑的区域。

图 10.9 出了一个泳道实例，它说明了更改学生信息用例的活动图。它从学生登录系统，填写 Web 表单并单击提交按钮开始。该表单被传送给 Web 服务器，然后由它把数据传递给大型机。大型机访问学生数据库，然后把“不存在”消息或所选的学生数据传递给 Web 服务器。

“获取学生记录”状态下的菱形表示这是一个判断条件。如果没有找到学生记录，则 Web 服务器在 Web 页上显示一则错误消息。如果找到了学生记录，则 Web 服务器格式化一个新的 Web 页，在一个 Web 表单中包含当前学生数据。学生可以在“登录系统”或“输入更改”状态下取消修改，从而使活动终止。

如果学生在 Web 表单上输入修改数据，并单击提交按钮，则修改数据传输到服务器，并且一个确认修改数据的程序开始运行。如果修改数据有错误，则发送一则错误消息给该 Web 页。如果数据有效，则更新学生记录，并写入“更新学生日志记录”。一次有效更新以后，一个确认 Web 页被发送给浏览器，从而活动终止。

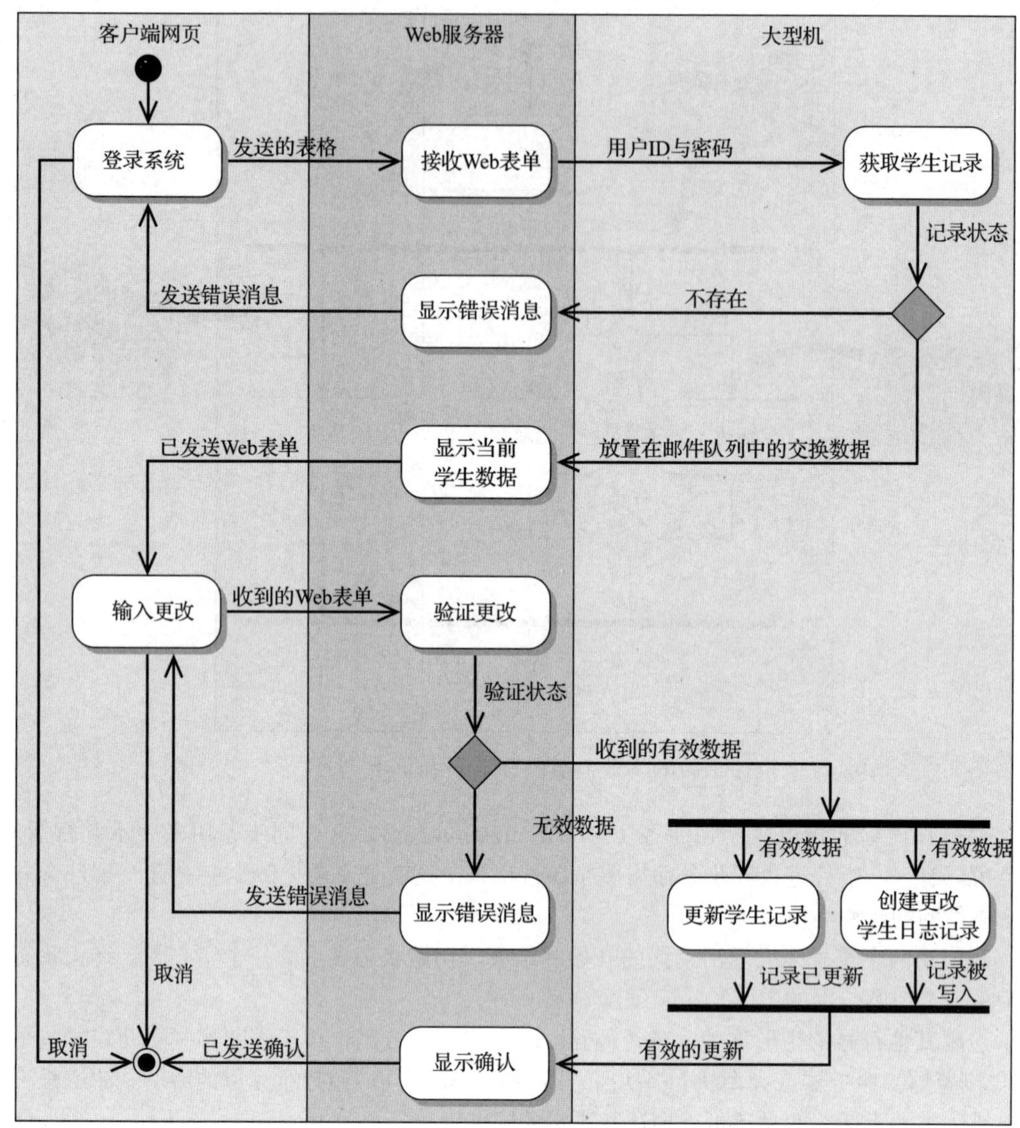

图 10.9　该活动图展示了 3 个泳道：客户端网页、Web 服务器和大型机

10.5.1　创建活动图

通过询问什么事件首先发生，什么事件其次发生，以此类推，就可以创建活动图。我们必须确定这些活动是顺序执行的还是并行执行的。如果已经创建了物理数据流图（如第 7 章所述），则可以对它们进行分析以确定活动的顺序。寻找做出判断的地方，并询问每种判断结果会发生什么。通过仔细分析一个用例的全部场景，可以创建活动图。

登录系统，接收 Web 表单，获取学生记录，显示当前学生数据，输入更改，验证更改，更新学生记录，创建更改学生日志记录和显示确认。

登录系统，接收 Web 表单，获取学生记录和显示错误信息。

登录系统，接收 Web 表单，获取学生记录，显示当前学生数据，输入更改，验证更改和显示错误消息。

泳道（swimlane）用于表明以什么样的方式传输或转换数据，诸如从 Web 到服务器或者从服务器到大型机。例如，“更改学生记录”活动图有 3 个泳道。

左边的泳道表示在客户浏览器中发生的活动，对这些活动必须创建 Web 页。中间的泳道表示在服务器上发生的活动。诸如“发送的表格”等事件表示把数据从浏览器传输到服务器，因此在服务器上必须有一些接收和处理客户数据的程序。

右边的泳道表示大型机。在大型组织中，很多 Web 应用共同使用一台大型机是常见的情况。大型组织中的大多数数据存储在大型机数据库上，并且存在大量的大型机程序。

当一个事件跨越泳道从服务器传输到大型机时，必须有一种机制在这两个平台之间传输事件数据。服务器用来表示数据的格式（ASCII）不同于大型机的格式（EBCDIC）。为此，必须用一个中间件完成转换。IBM 计算机通常使用 mqueue（表示 message queue，即消息队列）。该消息队列从服务器程序接收数据，把它放入保存区，并调用一个通常用 CICS 语言编写的大型机程序。该程序检索或更新数据，并把结果发回到消息队列。

在图 10.9 所示的活动图实例中，“获取学生记录”状态下的判断是在大型机上做出的。这就是说，消息队列要么接收“不存在”消息，要么接收该学生的数据库记录。如果大型机只是把“记录状态接收”放入消息队列，然后在服务器上对判断进行评价，则服务器不得不再次调用大型机以获得有效数据。这样会减慢对在浏览器旁等待的人的响应。

泳道还有助于分割团队任务。客户浏览器上显示的 Web 页面需要 Web 设计人员进行设计。其他成员将采用服务器上的编程语言，诸如 Java、PHP、Ruby on Rails、Perl 或 .NET。大型机 CICS 程序员将编写使用消息队列的程序。分析员必须确保各团队成员所需的数据随时可用，并且正确地定义它们。有时消息队列中的数据包含在 XML 文档中。如果牵涉到外部某个组织，数据也可能是 XML 文档。

活动图提供了一个用例的地图，并允许分析员在不同平台试验设计的可动部分，并对各种决策提出“如果 ... 怎么办”的问题。唯一的符号和泳道的使用，使活动图成为人们喜欢用来与他人沟通的工具。

活动图可用于构造测试计划。每个事件都必须经过测试，以查看活动图是否进入下一个状态。每个判断都必须经过测试，以查看发生判断条件时是否采取了正确的路径。

活动图并非适用于所有用例。在如下情况下选择使用活动图：

（1）有助于理解用例的活动；

（2）控制流比较复杂；

（3）有必要对工作流进行建模；

（4）所有场景都需要显示出来。

如果用例比较简单，或者不需要对状态变化进行建模时，分析员不需要使用活动图。活动图也可以用来对低级方法进行建模，展示详细逻辑。

咨询时间 10.2

重复利用编程环境

“我感觉自己好像是在不断重复地编写相同的代码，”Benito Perez 说道，他是一名程序员，正在从事一项全新的自动化仓库设计。“我最近编写了很多程序，它们都用于处理自我控制的自动化装置：自动化邮件库手推车、建筑监控机器人、自动化游泳池清洁器、自动化割草机、单轨列车和现在的仓库手推车。它们都是同一个主题的不同设备。”

项目经理 Lisa Bernoulli 多年来总是听到这样的抱怨。她回答道：“哦，别着急，Ben。这些事物并不是真的那么相似。你怎么能将自动化邮件库手推车、自动化仓库手推车和单轨列车混为一谈呢？我敢打赌相同的代码不会超过 10%。”

“请看，”Benito 说道，“所有这三种机器都必须找到一个起点，遵循迂回径路，并且最终到达某个停车点装卸物品。所有这三种机器都必须在分叉路线上做出判断且必须避免碰撞事物。我真的厌倦重新设计那些熟得不能再熟的代码了。”

“嗯，”Lisa 边看仓库系统的基本需求边思忖，她记起了去年和 Benito 共同合作完成的单轨系统。该需求涉及一家小批量电子产品制造公司对仓库和产品传送系统进行自动化改造。仓库包含引进的部件、半成品和成品。自动化仓库使用一辆平板机器人推车。该装置是一辆 4 轮电动车，类似于高尔夫卡车，但是它没有座位。平板电动车有一个平坦的 2.23m^2 的装货表面，离地面有 0.91m 高。这些手推车都有无线电通信设备，提供与中央仓库计算机的实时数据联系。平板电动车有两个传感器，一个为路径传感器（检测一种特殊类型的油漆），另一个为运动传感器（检测运动）。这些手推车沿着工厂地面上涂了油漆的路径运行。特殊的油漆编码标志着路径上的交叉路径、电动车的起点或终点以及基本位置点。

该设施包括 3 个装卸码头站和 10 个工作站。每个站都有一台与中心计算机连接的台式计算机。如果需要某种产品，或者准备从某个工作站接收产品，则工作站的工人会通知中心计算机。然后中心计算机派出合适的电动车。每个站都有一个卸货点和一个装货点。平板电动车沿着工厂运行，从装货点装货，从卸货点卸货。控制电动车的程序必须密切配合现有的工作调度程序，帮助调度工作站任务。

Lisa 应当怎样在他们目前创建手推车的项目中重用 Benito Perez 在单轨列车上的工作？请用两段话加以说明。

10.5.2 活动图的存储库条目

每个状态和事件都可以用存储库中的文本描述做进一步的定义，存储库是项目的文本描述的集合。我们在描述状态时使用有关状态的信息，诸如网页名称、网页上的要素等。而对事件的描述将使用与下一个状态交流所需的信息，诸如来自 Web 表单的数据、输入消息队列的数据，或者对引起该事务的事件的描述（如点击按钮）。

10.6 顺序图和通信图

交互图要么是顺序图，要么是通信图，它们实质上表示相同的信息。这些图以及类图都是在用例实现中使用的，这是一种实施或完成用例的方法。

10.6.1 顺序图

顺序图可以说明一段时间内类与类之间或者对象实例之间的一连串交互。顺序图通常用来说明用例场景中描述的处理功能。实际上，顺序图是通过用例分析得出的，并在系统设计时用来得出系统中的交互、关系和方法。顺序图用来展示一个用例中的活动或交互的总模式。每个用例场景都可以创建一个顺序图，但是次要场景并非总是要创建顺序图。

顺序图中使用的符号如图 10.10 所示。参与者和类或对象实例在该图的顶部用方框显示。最左边的对象是启动对象，启动对象可能是人（对此使用一个用例参与者符号）、窗口、对话框或其他用户界面。其中一些交互只是物理的，诸如签合同。顶部矩形在名称中使用指示器来表明该矩形表示一个对象、一个类还是一个类和对象。

objectName:	后面有一个冒号的名称表示对象。
:class	前面有一个冒号的名称表示类。
objectName:class	后面跟着一个冒号和另一个名称的名称表示一个类中的一个对象。

垂直线表示类或对象的生命线，对应于从它的创建到撤销的时间。生命线底部的 × 表示何时撤销该对象。生命线上的侧条或垂直矩形表示该对象忙于做事时的控制焦点。

水平箭头表示在类与类之间发送的消息或信号。消息属于*接收类*（receiving class）。消息箭头有一些变体。实心箭头表示同步调用，这是最常见的情况。这些实心箭头在发送类等待接收类的响应时使用，并且在接收消息的类完成执行时，控制返回到发送类。半个（或开放）箭头表示异步调用，或者是那些不打算返回到发送类的调用。使用菜单运行程序就是这样一个实例。返回用箭头表示，有时使用虚线。消息用如下格式之一进行标记：

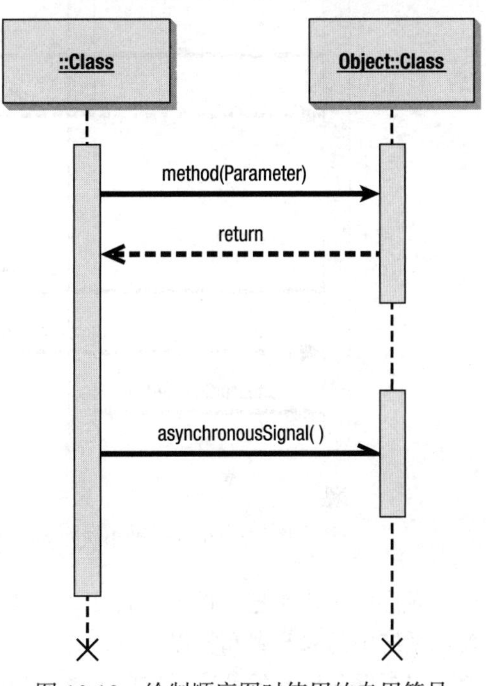

图 10.10 绘制顺序图时使用的专用符号

（1）后面跟着一个空括号的消息名 messageName()。

（2）后面跟着用括号括起来的参数的消息名 messageName(parameter1, parameter2...)。

（3）后面的括号内给出参数类型、参数名和参数的默认值的消息名

messageName(parameterType:parameterName(defaultValue))。

（4）消息可能是一个构造型，诸如〈〈 Create 〉〉，表示作为消息的结果创建一个新对象。

顺序图中的时间从上往下显示，第一次交互画在图的顶部，而最后发生的交互画在图的底部。交互箭头从激活交互的参与者或对象的竖线开始，最后指向接收该交互请求的参与者或对象的竖线。启动参与者、类或对象显示在左边。这可能是激活该活动的参与者，也可能是一个表示用户界面的类。

图 10.11 是一个获准学生进入大学用例的顺序图简化实例。左边是 newStudentUserInterface 类，用来获取学生信息。initialize() 消息发送给“学生类”，该类创建一个新学生记录，并返回学生编号。为了简化该图，省略发送给“学生类”的参数，但是将包含学生名、地

址等。下一个活动是把 selectDorm 消息发送给“宿舍类”。该消息将包含宿舍选择信息，诸如健康宿舍或其他学生需求。“宿舍类”返回宿舍名和房间号。第 3 个活动是把 selectProgram 消息发送给“课程类”，包括课程名和其他学习课程信息。课程导师姓名返回给 newStudentUserInterface 类。studentComplete 消息发送给 Student 类，包括宿舍、导师姓名和其他信息。

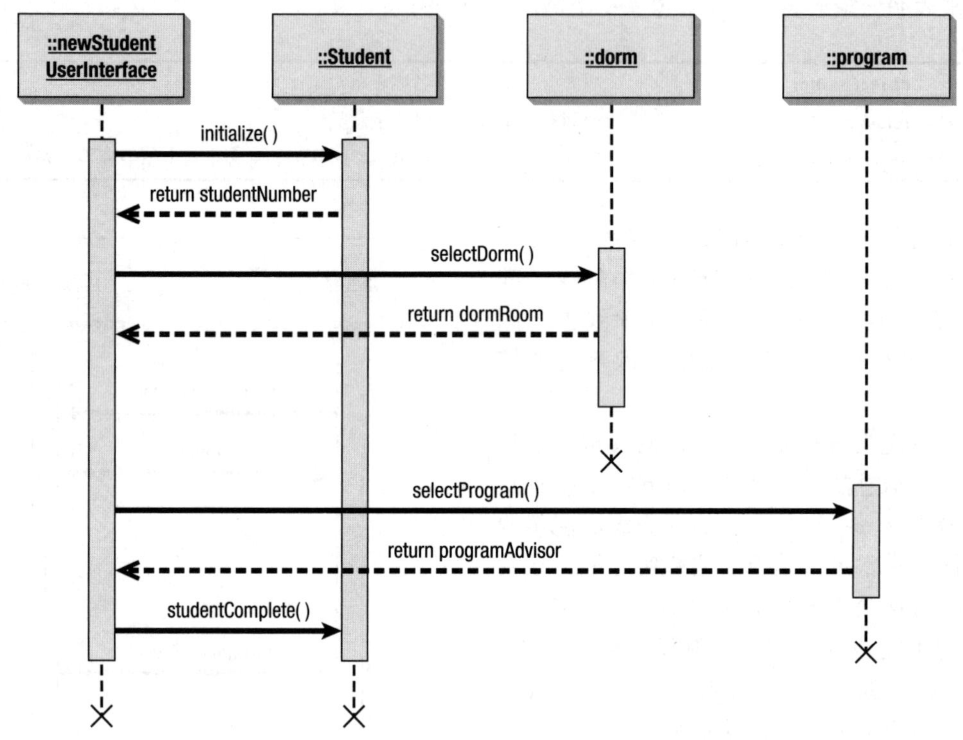

图 10.11 学生入学的顺序图。顺序图强调消息的时间顺序

顺序图可用来把用例场景转变为系统分析的可视化工具。系统分析时使用的初始顺序图表示系统中的参与者和类以及它们在特定过程中的相互作用。我们可以使用这个版本的顺序图，与帮助我们开发系统需求的业务领域专家一起对过程进行验证。顺序图强调消息的时间顺序。

在系统设计阶段，对顺序图进行提炼，以导出类与类之间的交互和方法。一个类的消息用来标识类关系。前面的顺序图中的参与者被转换成接口，而类交互被转换成类的方法。用来创建其他类的实例并执行其他的内部系统功能的类方法，在使用顺序图进行系统设计时就变得很明显。

10.6.2 通信图

UML2.0 引入了通信图，在撰写本书时，我们使用的是 UML 2.5。通信图在 UML1.x 中的原始名称叫协作图。通信图描述系统中两个或多个事物间的相互作用，这是其中任何一个事物都不能单独完成的行为。例如，一辆汽车可以分解成几千个零部件。这些部件装配成汽车的主要子系统：引擎、传动装置、刹车系统等。汽车的各个部件可以看作类，因为它们有不同的属性和功能。引擎的各个部件形成一种协作，因为它们互相“通信”，在驾驶员踩油门时就会使引擎保持运转。

通信图由三部分组成：对象（参与者）、通信链路以及可以沿这些链接传输的信息。通信图表示与顺序图相同的信息，但可能更难阅读。为了表示时间顺序，必须指明一个顺序号并对消息进行描述。

通信图强调对象的组织，而顺序图强调消息的时间顺序。通信图将显示一条路径，表明一个对象如何链接到另一个对象。

一些 UML 建模软件，诸如 IBM 的 Rational Rose，只要单击一个按钮，就可以自动地将顺序图转换为通信图，或者将通信图转换为顺序图。学生入学实例的通信图如图 10.12 所示。每个矩形表示一个对象或一个类。连接线表示这些类需要互相协作或合作。从一个类发送到另一个类的消息会沿着连接线给出。所有消息都要加以编号，以表示时间顺序。通信图也可以包含返回值并加以编号，表示它们在时间序列内返回的时间。

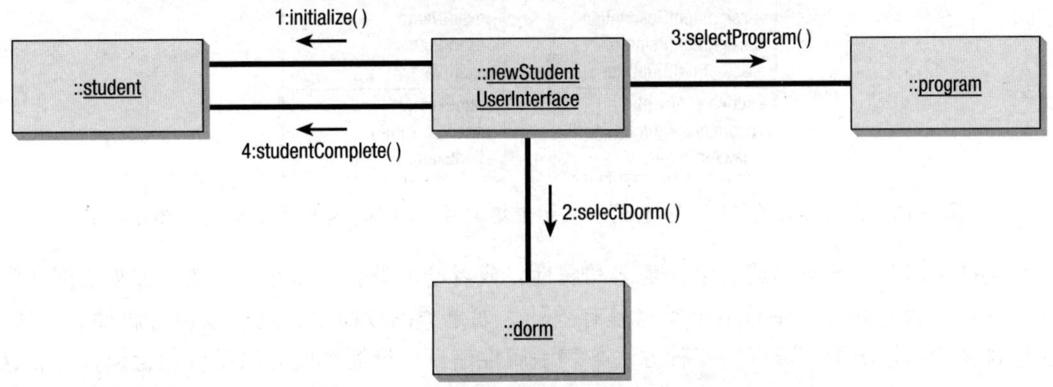

图 10.12　学生入学实例的通信图。通信图展示与顺序图中描述的相同的信息，但强调的是对象的组织而不是消息的时间顺序

10.7　类图

面向对象方法力求发现类、属性、方法以及类与类之间的关系。因为编程工作发生在类的级别，所以定义类是面向对象分析中最重要的任务之一。类图展示系统的静态特征，而不表示任何特殊的处理。类图还表示类与类之间的关系的性质。

在类图上，类用矩形表示。在最简单的格式下，矩形可以只包含类名，但它还可以包含属性和方法。属性是类知道的有关对象的特征，而方法（也称为操作）是类知道的有关如何做事情的功能。方法是与属性合作的代码小片段。

图 10.13 举例说明了课程设置的类图。注意，类名位于顶部正中央，通常用黑体字。类名正下方的区域展示属性，而底部列出方法。类图展示了数据存储需求以及处理需求。在本章后面，我们将讨论本图中所示的菱形符号的含义。

属性（或特征）通常被指定为私有的，仅仅用于对象。在类图上，这通过属性名前面的减号来表示。属性也可以是受保护的，用符号“#”表示。除了直接子类，这些属性对所有其他的类都是隐藏的。属性很少是公有的，公有意味着该属性对该类外面的其他对象是可见的。使属性成为私有，意味着外部对象只有通过该类的方法才能使用这些属性，这就是封装或信息隐藏技术。

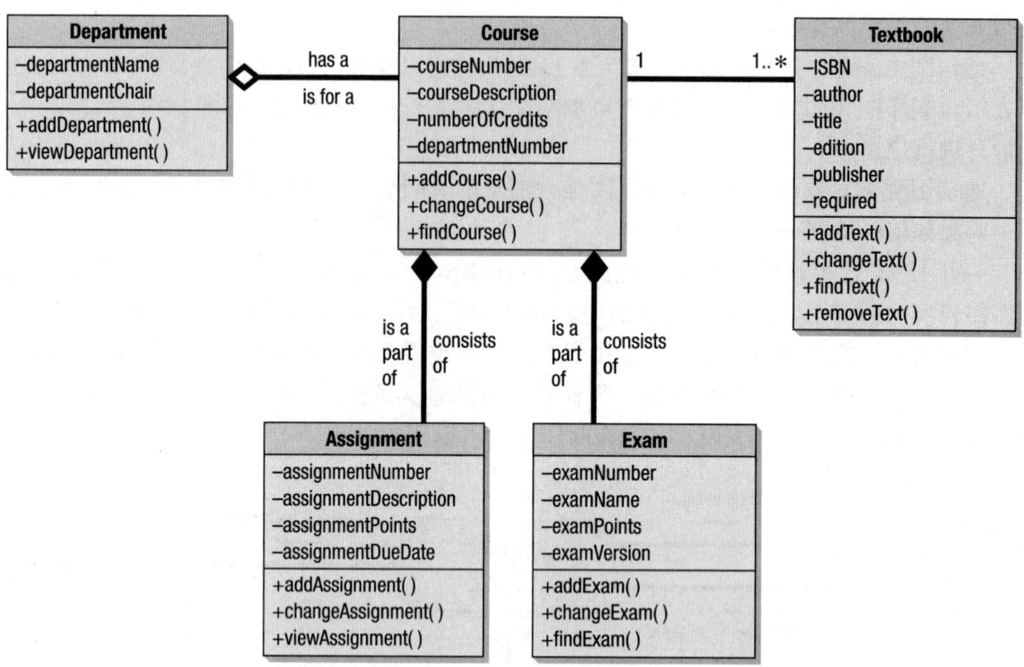

图 10.13　课程设置的类图。实心菱形表示聚集关系，而空心菱形表示整体 / 部分关系

类图可以只给出类名或者给出类名和属性，或者给出类名、属性和方法。如果类图非常复杂并且包含很多类，则只给出类名是有效的。如果类图较简单，则可以包含属性和方法。在包含属性的情况下，可以用三种方法来表示属性信息。最简单的方法是仅包含属性名，这种方法占用的空间最小。

类图上可以包含数据类型（诸如 string、double、integer 或 date）。最完整的描述将在数据类型之后包含一个等号“=”，等号后面是该属性的初始值。图 10.14 举例说明了类的属性。

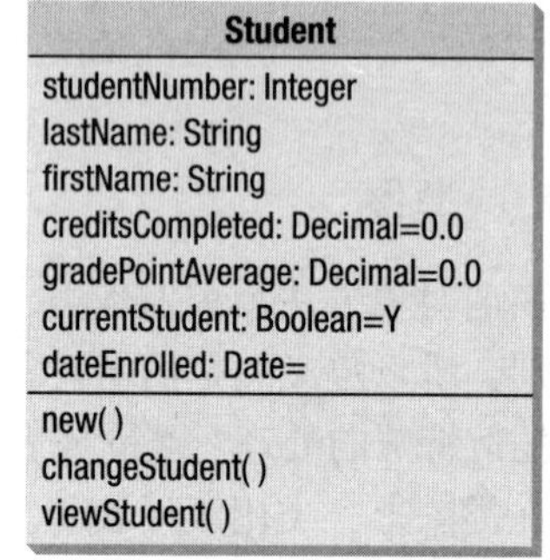

图 10.14　扩展的学生类，它展示了数据的类型，并且还给出了某些数据的初始值或默认值

如果属性必须在有限个值当中取一个值，诸如学生类型值包括 F（全日制学生）、P（半读生）和 N（未经入学考试的学生），则这些值可以包含在花括号中，并用逗号分开：studentType:char{F,P,N}。

信息隐藏意味着对象的方法必须对其他类可用，因此方法通常是公有的，这意味着其他类可以激活它们。在类图上，公有消息（以及任何公有属性）前面有一个加号“+”。方法后面还有括号，表示可以与该消息一起传递的数据。类图上不仅可以包含数据的类型，而且还可以包含消息参数。

方法有两种类型：标准方法和定制方法。标准方法是所有的对象类都知道如何做的基本事物，诸如创建一个新的对象实例。定制方法是为特定的类专门设计的。

10.7.1　方法重载

方法重载（method overloading）是指在一个类中多次包含相同的方法（或操作）。方法

签名包括方法名和该方法带有的参数。在一个给定的类中，只要作为消息的一部分传递的参数不同，就可以多次定义相同的方法，即消息签名必须不同。要么参数个数不同，要么参数的类型不同，诸如在一个方法中采用数值型，而在另一个方法中采用字符串型。在很多编程语言中，加号的用法就是方法重载的一个实例。如果加号两端的属性是数值，则两个数相加。如果这些属性是字符串，则这两个字符串连成一个长字符串。

在银行存款的示例中，存款单可以只含存款额，这时银行将存下全部金额；它也可能包含存款额和返回的现金额。这两种情况都将使用存款核对方法，但是这种方法的参数是不同的（其中一种情况还要请求返回的现金额）。

10.7.2　类的类型

类有 4 种类型：实体类、接口类、抽象类和控制类。这些类型的解释如下。

10.7.2.1　实体类

实体类（entity class）表示真实项目，诸如人、事物等。实体类是 E-R 图上表示的实体。诸如 Visible Analyst 等 CASE 工具，允许你从 E-R 图上的实体创建 UML 实体类。

分析员需要确定类包含哪些属性。每个对象都有很多属性，但是类只能包含组织使用的那些属性。例如，创建大学生的实体类时，你将需要知道标识学生的属性，诸如家庭地址和校园地址，以及平均成绩和总学分等。如果你要替一个网上服装店跟踪记录该学生，则必须知道基本的识别信息，以及其他描述性属性，诸如三围或喜欢的颜色等。

10.7.2.2　边界（或接口）类

边界（或接口）类（boundary class）为用户提供一种与系统合作的方式。接口类有两大类：人和系统。

人的接口可以是显示屏、窗口、Web 表单、对话框、菜单、列表框或其他显示控制。它还可以是按键式电话、条码或者用户与系统交互的其他方法。人的接口应当采用原型化方法（如第 6 章所述），并且通常用故事板对交互顺序进行建模。

系统接口涉及把数据发送到其他系统，或者从其他系统接收数据。这可以包含组织中的数据库。如果把数据发送到一个外部组织，则它们通常采用 XML 文件的格式，或者其他具有明确定义的消息和协议的公认接口。外部接口是最不稳定的，因为我们几乎不能或完全不能控制外部合作伙伴，他们可能修改消息或数据的格式。

XML 有助于实现规范化，因为外部伙伴可能添加新元素到 XML 文档，但是公司可以把数据转变成可用来添加到内部数据库中的格式，它们完全可以选择忽略这些新增的元素，而不会产生任何问题。

这些类的属性是显示屏或报表上存在的那些属性，而方法则是操作显示屏或产生报表所需的那些方法。

10.7.2.3　抽象类

抽象类（abstract class）是不能直接实例化的类。抽象类是在泛化 / 特化关系中链接到具体类的那些类。抽象类的名称通常用斜体来表示。

10.7.2.4 控制类

控制类（control class）或活动类，用来控制活动流，它们在实施类时充当协调者。为了实现可重用的类，类图可以包含很多小型控制类。控制类通常是在系统设计期间派生得到的。

新控制类的创建通常只是为了使另一个类可重用。登录过程就是控制类的一个示例。它可以让一个控制类来处理登录用户界面，该控制类包含检查用户 ID 和密码的逻辑。由此产生的问题是，登录控制类是为特定的登录显示屏而设计的。通过创建一个仅处理唯一的登录显示屏的登录控制类，数据可以传递给一个更一般的验证控制类，由它来检查从很多其他控制类（从特定的用户界面接收消息）接收的用户 ID 和密码。这种方法改进了类的可重用性，并将登录验证方法与处理这些方法的用户界面相分离。

创建顺序图的规则是，必须将所有的接口类连接到一个控制类。类似地，所有的实体类也要连接到一个控制类。接口类与其他两个类的差异在于，它从来不直接连接到实体类。

10.7.3 定义消息和方法

每一种消息都可以使用类似于描述数据字典的符号进行定义（详见第 8 章）。该定义包括一系列随信息一起传递的参数，以及返回消息中包含的元素。这些方法可用第 9 章介绍的结构化英语、决策表和决策树来定义逻辑。

所有从实体类返回的数据，都必须从存储在实体类的属性中获得，或者从发送到类的消息的参数上获得，或者是类方法执行计算得到的结果。方法逻辑和参数必须经过检查，以确保方法逻辑包含完成任务所需要的全部信息。

10.8 增强顺序图

绘制类图后，可能需要返回处理顺序图，包含上一节介绍的每种不同类的特殊符号。特别是顺序图，如果分析员在绘制时没有采用系统的方法，它就会太臃肿。如下步骤是增强顺序图的有用方法：

（1）在增强顺序图中包含用例图中的参与者，这将是用例图中的一个简图。顺序图的右端可能还有一个参与者，诸如信用卡公司或银行。

（2）为每个参与者定义一个或多个接口类。每个参与者应当有自己的接口类。

（3）为所有人机界面创建原型网页。

（4）确保每个用例有一个控制类，尽管在详细设计阶段可能会创建多个。寻找这个控制类，并把它包含在顺序图中。

（5）检查用例以确定有什么实体类，并把它们包含在顺序图中。

（6）在进行详细设计时，要意识到可以再次修改顺序图，如创建其他网页或控制类（每个被提交的 Web 表单对应一个）。

（7）为了获得更大的可重用度，请考虑将方法从一个控制类移动到一个实体类。

10.8.1 Web 类实例

类也可以用特殊符号来表示，表示实体类、边界（或接口）类和控制类。这些特殊符号被称为构造型，是 UML 的扩展，可以在分析期间使用，但在执行面向对象设计时经常使用。

它们让分析员可以自由地利用设计来优化可重用性。

在系统设计阶段通常使用不同类型的类。图 10.15 举例说明了一个顺序图，该图表示一名学生查看自己的个人信息或课程信息。在该图中，:View Student User Interface 就是接口类的一个实例；:Student、:Section 和 :Course 就是实体类的实例；而 :View Student Interface Controller 和 :Calculate Grade Point Average 是控制类的实例。

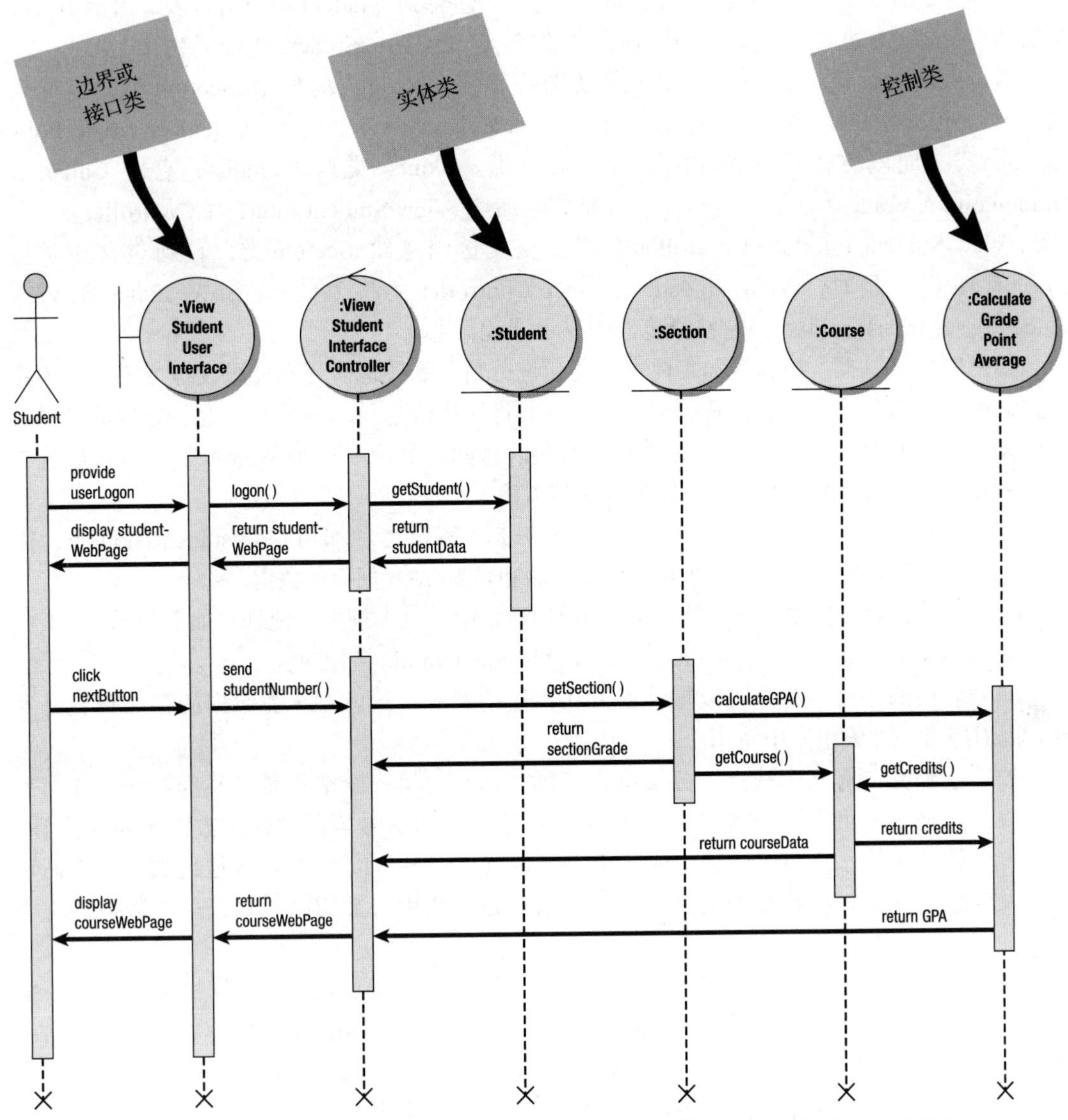

图 10.15　使用两个 Web 页的顺序图：一个用于学生信息，另一个用于课程信息

学生作为参与者显示在左边，他（或她）提供一个 userLogon 给 :View Student User Interface 类。该类是获得学生的用户 ID 和密码的 Web 表单。学生单击“提交”按钮时，该 Web 表单传递给 :View Student Interface Controller。该类负责协调把消息发送给其他类以及接收从所有其他类返回的信息。

:View Student Interface Controller 发送一个 getStudent() 消息给 :Student 类，getStudent() 读取一个数据库表，然后返回 studentData。

studentWebPage 返回给 :View Student User Interface，该类在 Web 浏览器中显示学生信息。该页的底部是一个 nextButton 按钮，学生单击该按钮可以查看课程。当用户单击该按钮时，它发送一个 Web 表单给 :View Student Interface Controller。该表单包含 studentNumber()，与 studentWebPage 一起发送，并用来把一则消息发送给 :Section 类以获得班级。如果 studentNumber() 没有自动发送，则意味着学生必须再次输入其 studentNumber()，这就不是一个令人满意的用户接口，因为它涉及多余的键入。注意到 :Student 类没有涉及，并且在第 2 个活动集（指向右边的水平箭头）开始前，控制焦点（连接到 :Student 类的竖线）结束。

:View Student Interface Controller 类发送一个 getSection() 消息给 :Section 类，该类返回一个 sectionGrade。:Section 类还发送一个 calculateGPA() 消息给 :Calculate Grade Point Average 类，而该类又把一个消息发回 :Course 类。:Course 类返回 credits，它使 :Calculate Grade Point Average 类能够确定 GPA，并把它返回给 :View Student Interface Controller 类。

:View Student Interface Controller 类将重复发送消息给 :Section 类，直到包含该学生的所有课程。此时，:View Student Interface Controller 类将发送 courseWebPage 给 :View Student User Interface 类，由它在浏览器中显示课程信息。

使用用户接口类、控制类和实体类，还允许分析员系统地研究和操纵设计方案。上述设计方案将学生的全部个人信息显示在一页上，而将课程信息显示在另一页上。分析员可以对这种设计进行修改，使学生的个人信息和课程信息同时显示在一个 Web 页上。分析员将与用户一起评审这两种可能的场景，以确定最佳方案。

分析员的困难之一是，确定在单击“下一步”按钮之后如何包含 studentNumber，因为 :Student 类不再有效。如下三种方法可以存储和转发 Web 页中的数据：

（1）把信息包含在浏览器地址栏中显示的 URL 中。在本例中，地址栏如下所示：

http://www.cpu.edu/student/studentinq.html?studentNumber=12345。

问号后面的一切，都是可以被该类方法使用的数据。这就意味着数据的存储很容易实现，因而经常在搜索引擎中使用。

使用这种方法有几个缺点，分析员必须加以注意。第一个缺点是隐私问题——任何人都可以阅读该 Web 地址。如果应用涉及医疗信息、信用卡号等，则这种方法不是很合适。对于大多数浏览器，只要用户输入前几个字符，就可以显示以前的 Web 地址数据，因而可能危及信息的安全，导致身份失窃。另一个缺点是，当用户关闭浏览器以后，数据通常会丢失。

（2）把信息存储在 Cookie 中，Cookie 是存储在客户（浏览器）端计算机上的一个小文件。Cookie 是永久存储数据的唯一方法，在当前浏览器会话结束之后还能存在。这就使 Web 页能够显示这样的消息，诸如“欢迎回来，Robin。如果你不是，请点击此处。”Cookie 通常存储主要账号，而不存储信用卡号或其他私密信息。Cookie 限于每个域（诸如 www.cpu.edu）20 个，并且每个 Cookie 必须小于或等于 4 000 个字符。

分析员必须同一些业务部门合作，以确定谁需要使用 Cookie，并且必须对 Cookie 中使用的名称进行集中控制。如果组织需要多于 20 个 Cookie，常见的解决方法就是创建不同的域名，诸如 solution.cpu.edu 或 instruction.cpu.edu。

（3）使用隐藏的 Web 表单字段。这些字段通常包含服务器发送的不可见的数据，并且不占用 Web 页上的任何空间。在查看学生信息实例中，:View Student Interface Controller 类把一个包含 studentNumber 的隐藏字段和 nextButton 一起添加到 studentWebPage 表单。当学生单击 nextButton 时，就把 studentNumber 发送给服务器，而 :View Student Interface Controller 知道为哪个学生获取课程和成绩信息。隐藏表单中的数据不会从一次浏览器会话保存到另一次浏览器会话，因而隐私得到了维护。

10.8.2 顺序图中的表示层、业务层和持久层

在前一个实例中，我们在同一个图中展示了所有的类。在对系统编写代码时，把顺序图看成有 3 个不同的层是有用的：

（1）表示层，它表示用户看到了什么。该层包含接口或边界类。

（2）业务层，它包含该应用程序的唯一规则。该层包含控制类。

（3）持久（或数据访问）层，它描述获取或存储数据。该层包含实体类。

理想情况下，应分别为这 3 层编写不同的程序代码。

随着 Ajax 的推出，上述界限变得模糊了。Ajax 是 Asynchronous JavaScript and XML 的首字母缩写词，它是一组技术集合，允许 Web 应用程序从服务器检索信息而不改变当前页面的显示。这是一个优势，因为当从服务器获取额外数据时，不需要重新加载整个网页。

在推出 Ajax 以前，访问网站的用户要通过在基于 Web 的表单上输入数据来回答某些问题，然后等待加载新页面。这是必不可少的步骤，因为需要确认和获得数据，然后再回答用户保存在服务器上的代码。随着 Ajax 的推出，Web 页面被快速更新，因为大部分数据确认和其他控制逻辑现在都包含在浏览器 JavaScript 代码中，即在客户端上。这就意味着业务规则同时包含在边界类和控制类中，因此这不可能有 3 个不同的层。

10.9 增强类图

类的符号也可以在类图和通信图上使用。图 10.16 举例说明了学生查看 Web 页上的个人信息和课程信息的类图。每个类都有自己的属性和方法（使用这种表示法的类图不会显示它们）。

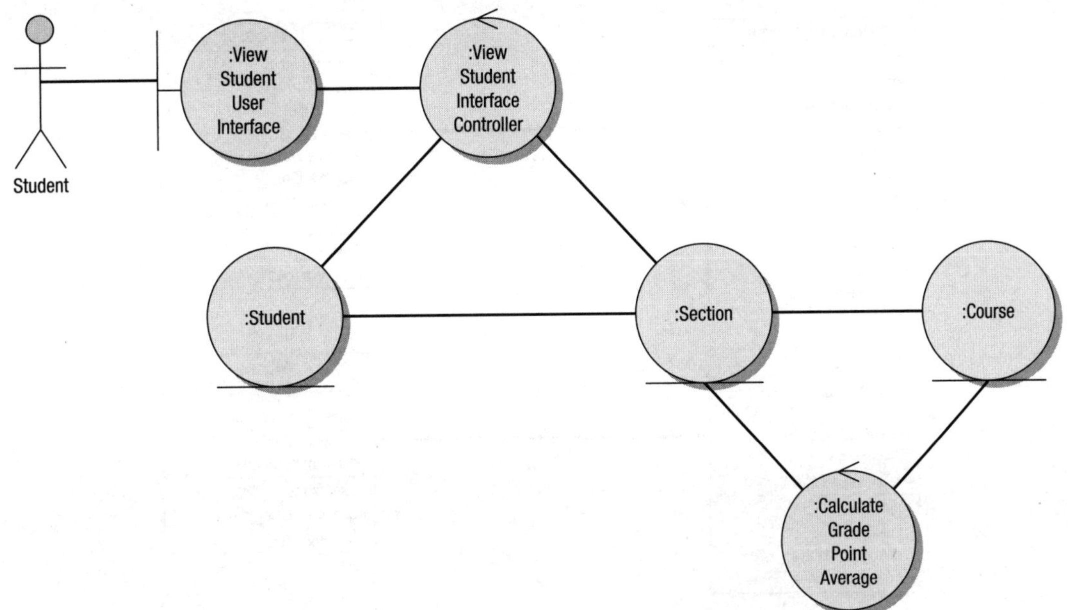

图 10.16 使用专门类符号表示的 studentWebPage 类图

如果类是用户界面类型的类，则属性是屏幕或表单上的控件（或字段），方法则是操作屏幕的方法，诸如“提交”或“复位”等。它们也可以是 Web 页的 JavaScript，因为代码直接与 Web 页交互。

如果类是控制类，则属性将是实现该类所需的那些属性，诸如仅在控制类中使用的变量，方法将是用来执行计算、做决策以及把消息发送给其他类的方法。

如果类是实体类，则属性表示那些为实体存储的属性，方法则直接操作实体，诸如创建一个新实例、修改、删除、获取或打印等。

Web 站点可以结合使用很多不同的类来实现用户目标。例如，Web 站点可以使用 JavaScript 来预先验证数据，然后把数据传递给服务器控制类，由该类执行全面的数据验证，包括获取数据。而服务器控制类又可以把 JavaScript 发回 Web 页以进行某种格式化。为了实现可重用性的目标，一个 Web 应用包含很多类的现象并不少见，其中一些类只包含一个方法并且该方法中只有一行代码。

10.9.1　关系

增强类图的另一种方法是展示关系。关系（relationship）是类与类之间的联系，类似于 E-R 图上看到的那些关系。在类图上，这些关系表示为连接类的直线。关系有两种类型：关联关系和整体 / 部分关系。

10.9.1.1　关联关系

关联（association），即类或对象之间的联系，是最简单的关系类型。在类图上，关联关系表示为一条单实线。该实线的末端标有一个表示多重性的符号，与 E-R 图上的基数完全相同。0 表示无，1 表示只有 1 个，而星号表示很多。0..1 表示从 0 到 1，而 1..* 表示从 1 到很多。关联关系如图 10.17 所示。

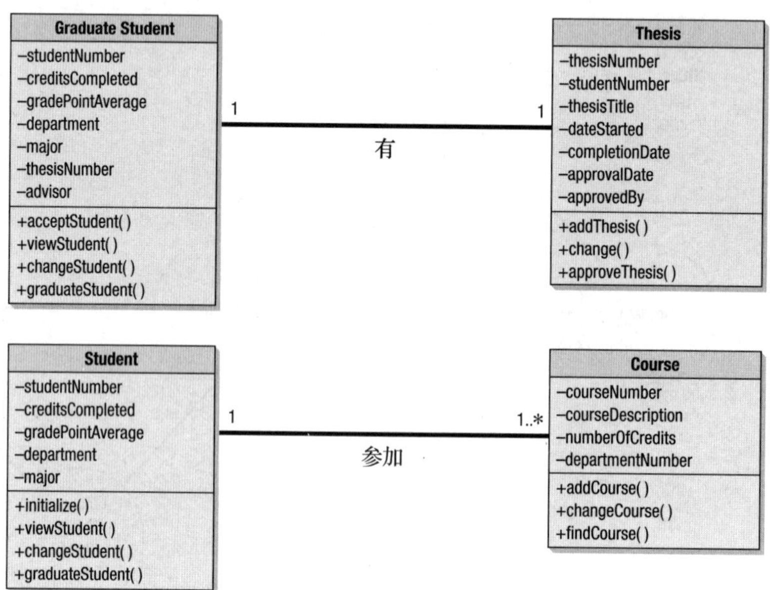

图 10.17　类图中可能出现的关联关系

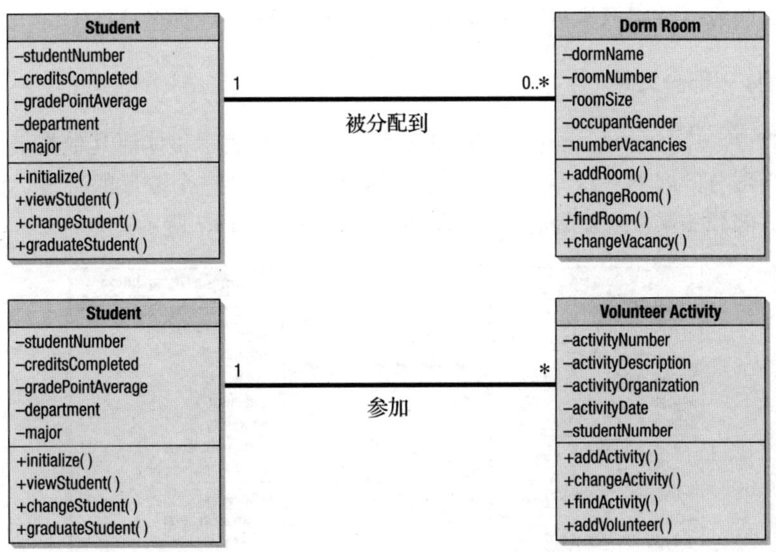

图 10.17　类图中可能出现的关联关系（续）

类图并不限制关联的下限。例如，一个关联可能是 5..*，它表示至少必须存在 5 个对象。对于关联的上限也一样。例如，一名学生当前注册的课程数可能是 1..10，它表示 1 到 10 门课程。它还可以包括一个用逗号隔开的值范围，诸如 2,3,4。在 UML 模型中，关联通常标有一个描述名。

关联类是用来分解类与类之间的多对多关联的那些类。关联类类似于 E–R 图上的关联实体。Student 和 Course 具有多对多关系，通过在 Student 类和 Course 类之间增加一个称为 Section 的关联类，就可以分解这种多对多关系。图 10.18 举例说明了一个称为 Section 的关联类，图中用虚线连接到多对多关系线。

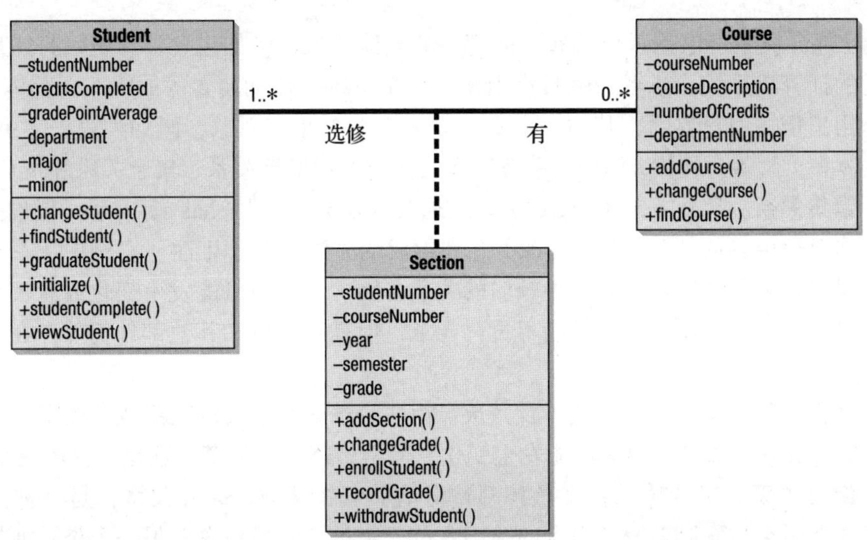

图 10.18　关联类实例，其中一个特别的 Section 类定义了 Student 与 Course 之间的关系

类中的对象可能与同一类中的其他对象有关系，这种关系称为自反关系。例如，一个具有先决任务的任务或者一个监督其他员工的员工，就是自反关系的实例。这种关系表示为连

到类本身的关联线，并用标签指明参与者名，诸如任务和先决任务。

10.9.1.2 整体/部分关系

整体/部分关系（whole/part relationship）是在一个类表示整体而其他类表示部分时的关系。整体充当部分的容器。这些关系在类图上表示为一端有一个菱形的直线。菱形连到整体对象。整体/部分关系（以及后面讨论的聚集关系）如图 10.19 所示。

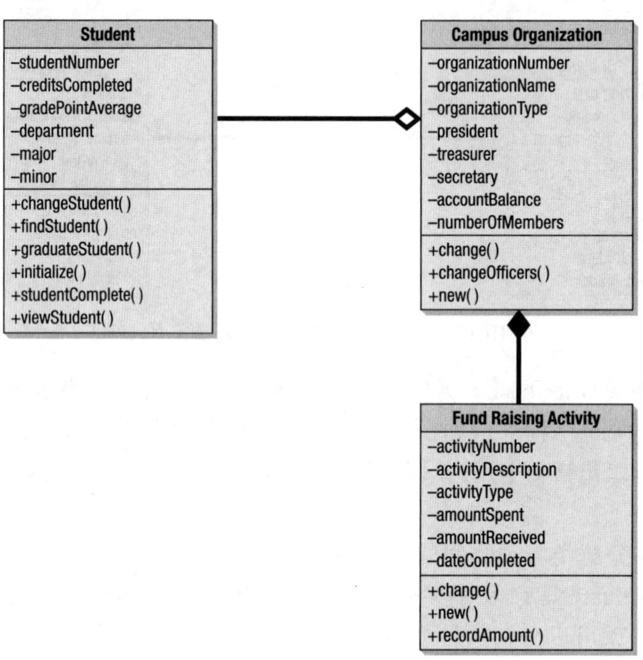

图 10.19 整体/部分关系和聚集关系的实例

整体/部分关系可以是一个具有不同部件的实体对象，诸如包含计算机、打印机、显示屏等设备的计算机系统，或者一辆具有引擎、刹车系统、传动装置等的汽车。整体/部分关系还可以用来描述用户界面，其中一个 GUI 屏幕包含一系列对象，诸如列表框、单选按钮、标题、主体和页脚等。整体/部分关系有以下几种类型：聚集关系、集合关系和组合关系。

（1）**聚集关系**。聚集关系（aggregation）通常描述为“有”（has a）关系。聚集提供了一种表示整体对象由它的部分（其他对象）之和组成的方法。在学生注册实例中，系有一门课程，而该课程是某个系的。这是一种较弱的关系，因为一个系可能发生变化或者被删除，而该门课程仍然存在。计算机包装可能不再存在了，但是打印机和其他部件仍然存在。关系线末端的菱形不是实心的。

（2）**集合关系**。集合由一个整体及其成员组成。选区与选民的关系或者图书馆与图书的关系就是集合关系。选民和图书可能发生变化，但是整体保持不变。这是一种弱关系。

（3）**组合关系**。组合关系，即整体对部分有责任的整体/部分关系，是一种更强的关系，并且通常用实心菱形表示。组合的关键字是一个类“总是包含”另一个类。如果整体被删除了，则所有的部分都会被删除。保险单及其附加条款的关系就是组合关系的一个实例。如果保险单撤销了，则保险单附加条款也会被撤销。在数据库中，为了删除级联子记录，就要设置参照完整性。在大学中，课程与作业之间存在组合关系，而课程和考试之间也存在组合关系。如果课程被撤销了，则作业和考试也会被撤销。

10.9.2　泛型 / 特型图

泛型 / 特型图可以被认为是增强的类图。有时必须将具体实例与概括区分开。如本章开头所述，考拉是有袋动物类的一部分，而有袋动物类是动物类的一部分。有时我们需要区分考拉是一种动物，还是一类动物。此外，考拉可能是填充玩具动物。因此，我们通常需要澄清这些细微的区别。

10.9.2.1　泛型

泛型描述一种一般的事物与一种比较具体的事物之间的关系。这种关系通常被描述为“是一”（is a）关系。例如，小汽车是一种机动车，卡车是一种机动车。在这种情况下，机动车是一般性事物，而小汽车和卡车是比较具体的事物。泛化关系适用于对类的继承和特化进行建模。一般的类有时也称为超类、基类或父类，而特殊的类称为派生类或子类。

10.9.2.2　继承

几个类可以有相同的属性或方法。在这种情况下，创建一个包含公共属性和方法的一般的类。特殊类继承或接收一般类的属性和方法。此外，特殊类具有独特的并且仅在该特殊类中定义的属性和方法。创建一般类并允许特殊类继承它的属性和方法，有助于促进重用，因为该代码被使用很多次。它还有助于维护现有的程序代码。这样一来，分析员只要对属性和方法定义一次，就可以在每个继承类中使用很多次。

面向对象方法的特征之一是适用于多种语言的大型类库的创建和维护。因此，一个使用 Java、.Net 或 C# 的程序员，可以访问大量已经开发的类。

10.9.2.3　多态性

多态性（polymorphism，表示“多种形式”）或方法覆盖（method overriding，不同于方法重载），是面向对象程序的一种能力，赋予超类 / 子类关系下具备相同名称的同一方法的多种形态。子类继承一个父类的方法，但是可以增加或修改它。子类可以改变数据类型，或者改变方法的功能。例如，客户可能受到额外的总额折扣，而用于计算订单总额的方法则要进行修改。子类方法也被称为覆盖超类方法。

当属性或方法被定义多次时，则最具体的定义（处于类层次结构中的最低层）被采用。已编译的程序沿着类链寻找方法。

10.9.2.4　抽象类

抽象类是一般类，并在设计中包含 gen/spec 关系时使用。一般类变成抽象类。抽象类没有直接对象或类实例，并且只能与特殊的类一起使用。抽象类通常有属性，还可能有几个方法。

图 10.20 是 gen/spec 类图的一个实例。箭头指向一般类（或超类）。把两个或多个子类连接到一个超类的直线，通常使用一个指向超类的箭头线进行连接，但是也可以用不同的箭头线表示。注意，顶层是 Person，表示任何一个人，它的属性描述了大学里的所有人都具有的特性，它的方法允许该类改变名称和地址（包括电话和电子邮件地址）。这是一个抽象类，没有实例。

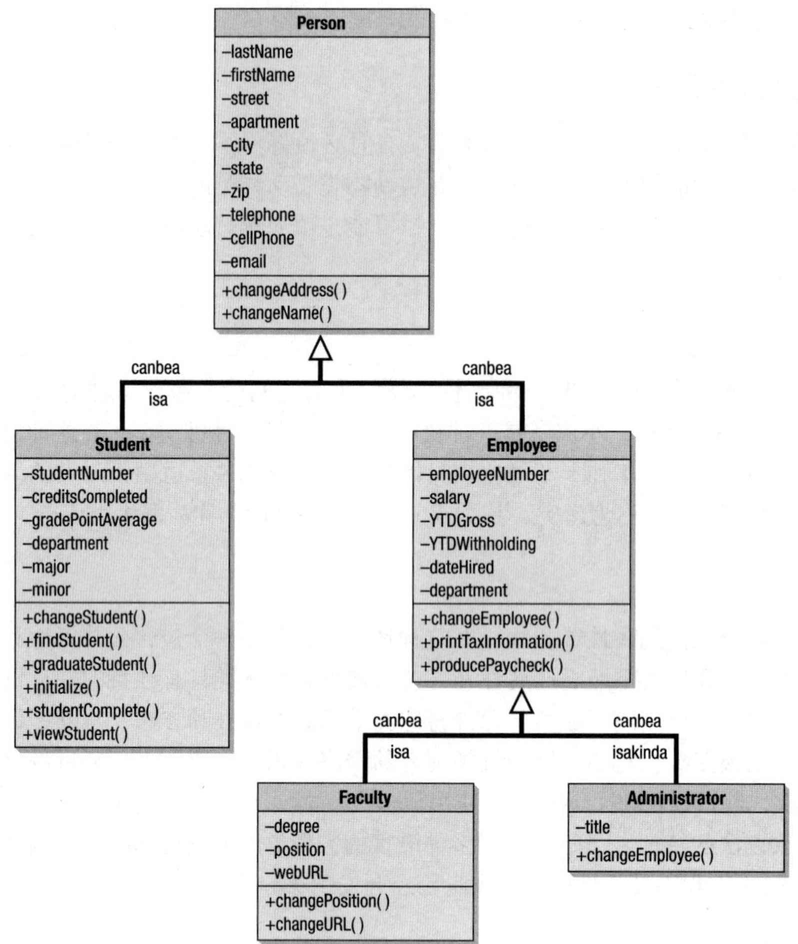

图 10.20　gen/spec 图是类图的细化形式

Student 和 Employee 是子类，因为它们具有不同的属性和方法。雇员没有平均成绩，而学生没有薪水。这是一个简单版本，没有包括那些学生雇员和为大学工作的学生。如果加上这些学生，它们将是 Employee 和 Student 类的子类。Employee 有两个子类：Faculty 和 Administrator，因为这些特殊的类各有不同的属性和方法。

子类用特殊动词来定义它们。这些动词通常是不分段编排的动词，诸如用 isa 代表 "is a"，用 "isakinda" 代表 "is a kind of"，用 "canbea" 代表 "can be a"。"is a" 与 "is an" 没有任何区别，它们都使用 isa。

isa	Faculty *isa* Employee
isakinda	Administrator *isakinda* Employee
canbea	Employee *canbea* Faculty

10.9.2.5　识别抽象类

通过查看是否有很多类或数据库表具有相同的元素，或者查看是否有很多类具有相同的方法，也许能够识别出抽象类。通过抽出公共的属性和方法，可以创建一般的类，也可以创建一个具有独特的属性和方法的特殊类。以银行业务为例，提款、还贷或者开支票，都涉及相同的方法——它们都要从客户余额中扣钱。

10.9.2.6　寻找类

有很多种方法可以确定类。它们可以在面谈或 JAD 会议（如第 4 章所述）期间被发现，也可以通过简便的团队会议被发现，还可以通过集体讨论来发现。此外，对文档和备忘录进行分析也可以发现类。最容易的方法之一是使用本章前面所述的 CRC 方法。分析员还应仔细分析用例，寻找名词。每个名词可以产生一个候选（或潜在的）类。之所以把它们称为候选类，是因为其中一些名词可能是类的属性。

每个类都应该存在于一个具有明确定义的不同对象中。分析员应该询问类知道什么，即属性；以及询问该类知道怎么做，即方法。分析员应该识别类关系和关系每一端的多重性。如果是多对多关系，则创建一个相交类或关联类，类似于 E-R 图中的关联实体。

10.9.2.7　确定类的方法

分析员必须确定类的属性和方法。属性容易确定，但是使用这些属性的方法可能较难确定。其中一些方法是标准的，并且总是与一个类关联，诸如 new() 或 <<create>> 方法，这是 UML 的一个扩展，称为构造型。（<< >> 符号并非只是大于号和小于号，它们被称为尖括号（guillemet）或 V 形标志（chevron））。

确定方法的另一种有用途径是仔细分析 CRUD 矩阵（Create，Read，Update，Delete matrix，即创建、读取、更新、删除矩阵，简称 CRUD 矩阵，参见第 7 章）。图 10.21 举例说明了课程设置的 CRUD 矩阵。每个字母要求一种不同的方法。如果有一个代表 Create 的 C，则添加一个 new() 方法。如果有一个代表 Update 的 U，则添加一个 update() 或 change() 方法。如果有一个代表 Delete 的 D，则添加一个 delete() 或 remove() 方法。如果有一个代表 Read 的 R，则添加用于查找、查看或打印的方法。在所示的例子中，textbook 类将需要一个添加教材的 Create 方法，以及一个用于初始化课程查询、修改教材或查找教材的 Read 方法。如果教材被替换，则需要一个更新方法；如果教材被删除，则需要一个删除方法。

活动	系	课程	教材	作业	考试
添加系	C				
查看系	R				
添加课程	R	C			
修改课程	R	U			
课程查询	R	R	R	R	R
添加教材	R	R	C		
修改教材		R	RU		
查找教材		R	R		
删除教材		R	D		
添加作业		R		C	
修改作业		R		RU	
查看作业		R		R	
添加考试		R			R
修改考试		R			RU
查看考试		R			R

图 10.21　CRUD 矩阵可用来帮助确定需要哪些方法。该 CRUD 矩阵用来确定课程设置的方法和操作

10.9.2.8 消息

为了实现有用的工作，大多数类需要互相通信。一个类中的一个对象可以使用消息（message）把信息发送到另一个类中的一个对象，类似于传统编程语言中的调用。消息还可以充当命令，指定接收类做某事。消息由接收类中的方法名以及与该方法名一起传递的属性（参数或变量）组成。接收类必须有一个与消息名相对应的方法。

因为消息从一个类发送到另一个类，所以它们可能被看作输入或输出。第一个类必须提供消息所需的参数，第二个类使用这些参数。如果存在问题域的物理子数据流图，则它可以帮助发现方法。从原始过程流到另一个过程的数据流表示消息，而原始过程应当作为候选方法加以仔细研究。

10.10 状态图

状态（或状态转移）图是确定类的方法的另一种途径。状态图用来分析一个对象可能具有的不同状态。

状态图是为一个单独的类而创建的。通常情况下，对象创建后要经历修改，然后被删除。

对象存在于不同的状态，这些状态是对象在某一特定时刻的状况。对象的属性值定义该对象所处的状态，有时有一个表示状态的属性，诸如订单状态（待办、捡货、打包、发货、收货等）。状态有名称，名称的字母都大写。该名称应当是独一无二的，并且对用户有意义。一个状态还有进入和退出动作，即对象每次进入或离开给定状态必须做的事情。

事件是在特定的时间和地点发生的事情。事件致使对象的状态发生变化，并把它说成是转移“激发”。状态把事件分开，诸如一个等待履行的订单，而事件把状态分开，诸如订单收到事件或订单完成事件。

事件导致状态转移，并在监护条件得到满足时发生。监护条件是值为“真”或“假”的条件，并且可以如“单击确认订单”那么简单。它还可以是在一个方法中发生的条件，诸如无现货的物品。监护条件显示在事件标签附近的方括号中。

延迟事件是在一个对象改变到一个能够接收这些事件的状态之前一直保持的事件。用户在文字处理器执行定时备份时键入某种东西，就是延迟事件的一个实例。定时备份完成以后，文档中出现该文本。

事件属于如下 3 个范畴：

（1）信号或异步消息（asynchronous message），这是在调用程序不等待返回消息时发生的事件，诸如一个从菜单运行的功能。

（2）同步消息（synchronous message），这是对功能或子程序的调用。调用对象停止运行并等待控制以及一个可选的消息返回给它。

（3）时间事件（temporal event），在预先确定的时间发生的事件。这些事件通常不涉及参与者，也不涉及任何外部事件。

物质对象具有持久性，即它们在很长一段时间内存在。航班、音乐会和运动会的持续性较短（它们可能在较短的时间内就要转移状态）。有些对象称为瞬态对象，它们在会话结束后就不复存在。这些对象包括主存、Web URL（或地址）数据、Web 页、CISC 显示屏等。保存暂时对象的唯一途径是存储有关它们的信息，诸如把 Web 数据存储在一个 Cookie 中。

每次对象更改状态时，某些属性都会更改其值。此外，每次一个对象的属性发生变化时，必须有一种方法来改变这些属性。其中每个方法将需要一个显示屏或 Web 表单来添加或修改这些属性。这些对象就成为接口对象。显示屏或 Web 表单通常还有其他控件（或字段），而不仅仅是发生变化的属性。它们通常具有主键、辨识信息（诸如名称或地址）以及良好的用户界面所需的其他属性。临时事件是一个例外，它可以使用包含信息的数据库表或队列。

10.10.1　状态转移实例

考虑大学生注册过程以及他们将经历的各种状态，下面详细列出了其中的 3 个状态：

状态	潜在的学生
事件	提交申请
方法	学号
已改变的属性	姓名
	地址
用户界面	学生入学申请 Web 窗口
状态	已接收的学生
事件	满足条件
方法	开学时间
已改变的属性	学生状况
	返回入学通知书
用户界面	接收学生显示屏
状态	分配了宿舍的学生
事件	选择宿舍
方法	宿舍名
已改变的属性	宿舍房间
	用餐计划
用户界面	分配学生宿舍显示屏

其他状态包括课程学生、在籍学生、进修学生和毕业学生。每种状态都有事件、方法、已改变的属性及其关联的用户界面。这一系列状态可用来确定该类的属性和方法。

状态和触发状态变化的事件可以在状态图（或状态转移图）上表示出来。Student 的状态转移图如图 10.22 所示。状态用矩形表示，而事件或活动用连接状态的箭头线表示，它们使一个状态改变为另一个状态。转移事件用过去时态命名，因为它们为了创建转移已经发生。

并非所有的类都要创建状态图，但在下列情况下要创建状态图：

（1）类有一个复杂的生命周期。

（2）类的一个实例在它的生命周期内可以用很多方法更新它的属性。

（3）类有一个有效的生命周期。

（4）两个类互相依赖。

（5）对象的当前行为依赖于以前发生的行为。

分析研究状态图时，可以借机寻找错误和异常的情况。检查该图，看看有没有什么事件在错误的时间发生，还要检查所有的事件和状态是否被表示出来了。对于状态图，只要避免两个问题，即查看一个状态的全部转移并非都进入该状态，或者全部转移都从该状态出来。

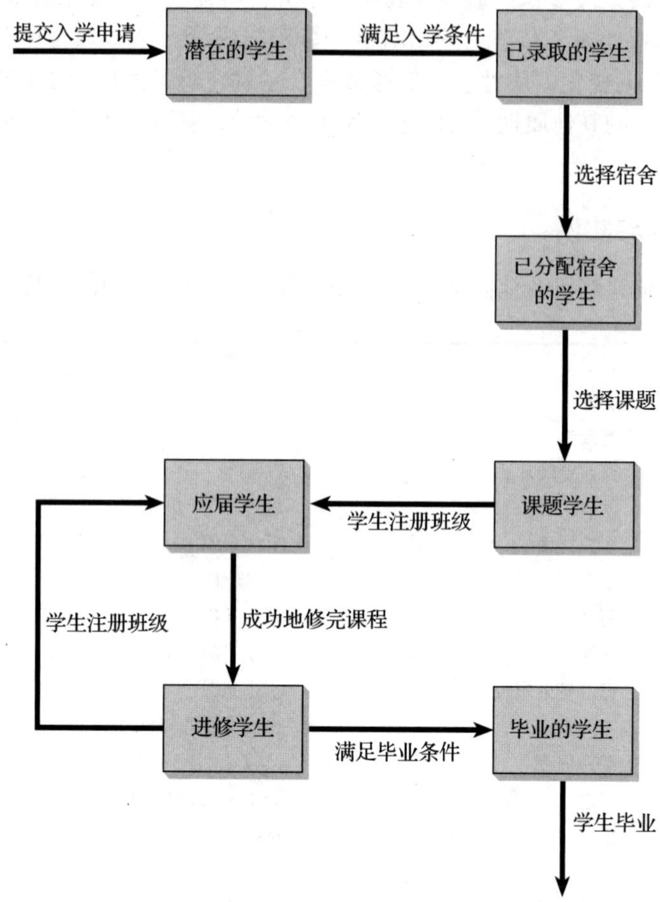

图 10.22 状态图，表示学生如何从潜在的学生发展为毕业的学生

每个状态至少有一个进入它的转移和一个从它那里出来的转移。一些状态图使用与活动图上相同的开始和终止符号：实心圆表示开始，而中心圆是实心的同心圆表示该图的结束。

10.11 包和其他 UML 制品

包是其他 UML 事物（如用例或类）的容器。包可以表示系统分割，指明哪些类或用例组合成一个子系统，即所谓的逻辑包。还有组件包，它包含系统的物理组件；或者用例包，它包含一组用例。包使用文件夹符号，包的名称在文件夹标签上或者在包的中心。打包可以在系统分析期间进行，或者在以后的系统设计时进行。包也可以有关系，类似于类图，可以包含关联关系和继承关系。

图 10.23 是一个用例包模型图的实例。它表明“添加学生”“注册”“转学分”和“查看学生信息”这 4 个用例是“学生”包的组成部分。还有三个用例，即“添加教师”“查看教师信息”和“为教师分配课程”，它们是“教师”包的组成部分。

随着不断地构造 UML 图，你将需要使用组件图、部署图和注解事物。这些都允许对正在执行的工作表达不同的观点。

组件图类似于类图，但它更注重系统架构的概况。组件图展示了系统的组件，诸如类文件、包、共享库、数据库等，以及它们间的相互关系。组件图中的各组件在其他 UML 图（诸如类图和用例图）内将做更详细地考虑。

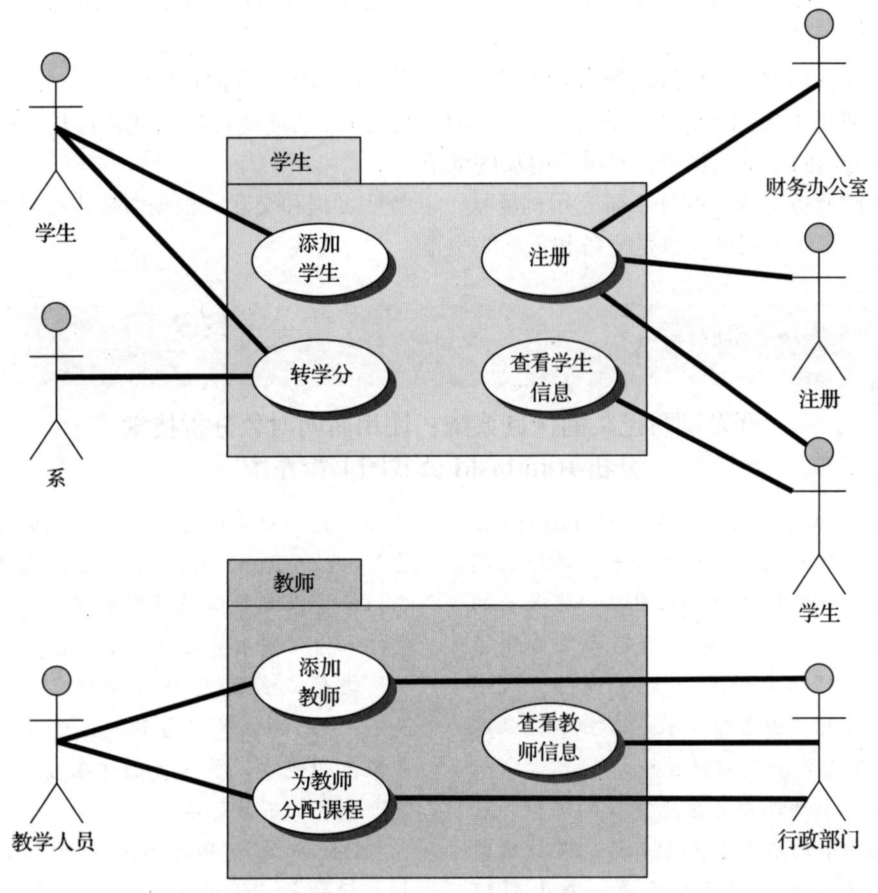

图 10.23　用例可以组合成包

部署图（deployment diagram）说明系统的物理实现，包括硬件、硬件之间的关系以及用来部署该系统的系统。部署图可以表示服务器、工作站、打印机等。

注解事物为开发人员提供更多有关系统的信息。这些事物包括可以附加到 UML 的任何事物上的注释：对象、行为、关系、图，或者要求详细的描述、假设或与系统的设计和功能有关的任何信息的任何事物。UML 的成功依赖系统模型完备而准确的编档，以便向开发团队提供尽可能多的信息。注释提供了有关系统的常识和共同理解的来源，有助于开发人员形成共识。注释用一张有卷角的纸质符号表示，并用一条直线把它们连接到需要详细描述的区域。

10.12　UML 实践

UML 为系统分析与设计提供了一套有用的工具集。与所有在工具的帮助下创建的产品一样，UML 制品在项目中的价值取决于系统分析员运用工具的专业程度。最初，系统分析员可以用 UML 工具集把系统需求分解成一个用例模型和一个对象模型。用例模型描述用例和参与者，对象模型描述对象和对象关联以及对象的责任、协作者和属性。

1. 定义用例模型

（1）通过仔细研究系统需求以及与业务专家面谈，找出问题领域中的参与者。

（2）识别参与者启动的主要事件，并开发出一套非常高级的用例，它从每个参与者的角度描述事件。

（3）开发用例图，以提供参与者如何与定义系统的用例关联的理解。

（4）精化主要用例，以开发出每个主要用例的系统功能的详细描述。通过开发用例场景，记录可选的主要用例流，来提供附加的细节。

（5）同业务专家一起仔细研究用例场景，以验证过程和交互。根据需要进行修改，直到业务领域专家认为用例场景是完备和正确的为止。

咨询时间 10.3

开发期盼已久的优良系统：使用面向对象分析技术分析 Ruminski 公共图书馆系统

当 Dewey Dezmal 进入 Ruminski 公共图书馆那天花板高耸、铺着木地板的阅览室时，一位年轻妇女正坐在一张长长的橡木桌旁看着显示屏，抬起头来看到了她，于是站起来说道：“欢迎光临，我叫 Petri Otticle，图书馆馆长。我知道你来这里帮我们开发新的信息系统。”

Dewey 为图书馆古老建筑的美观和它在如此丰富的历史中夹带着如此多技术所折服，她自我介绍说自己是一家小型 IT 咨询公司（People and Object Inc.）的系统分析员。

“这是我第一次被分配这种类型的项目，但是它真的让我很感兴趣，因为我毕业于 Upstate 大学的信息研究学院。在那里可以选择图书馆科学或 IT 专业，我的许多同学从事公共图书馆工作，而我选择了 IT 专业。”

“那么，我们应当共同合作，” Petri 说道。“去我的办公室吧，以免打扰他人，我会按照我准备的一份报表与你交谈。”

当他们经过美丽的、用木头无缝雕刻的环形楼梯时，Petri 注意到 Dewey 在观看周围环境，于是说道：“你可能会对建筑的宏伟感到惊讶，因为我们是一家公共机构。我们是幸运者，因为我们的赞助人是 Valerian Ruminski。实际上，因为他已经捐献了很多钱给很多图书馆，人们亲切地称他为‘图书管理员 Valerian’。”

当他们经过几个读者时，Petri 接着说道：“正如你可以看到的，这是一个非常繁忙的地方。尽管我们住在古老的环境中，但我们不甘落后。”

Dewey 看着 Petri 递给她的报表。一个大标题是“读者主要需求总结”，而且编号列表中声明：

- 已经在系统中注册的图书馆读者，可以从系统中借书和杂志。
- 图书馆系统应当定期检查（至少每周 1 次）某个读者借阅的书是否已经过期。如果已经过期，则向该读者发出通知。
- 读者可以预约某本已被借出去或者已经在采购中的书或杂志。如果读者借了这本书或杂志，或者通过某种正式方式取消服务，则应当取消预约。

Dewey 的视线从报表移开，她对 Petri 说道：“我可以理解读者（用户）的需求。我原来就读的大学的图书馆与你们的图书馆有许多相同之处。然而，我还有一点不明白，就是你如何决定图书馆应收集什么以及应取消什么。”

Petri 轻轻地笑着说：“这是一个有见地的问题。图书馆职员负责递交图书馆的新书和杂志采购单。如果某种书或杂志很流行，则采购两本以上。我们可以在系统中创建、更新和删除有关图书和杂志的标题和本数的信息，以及客户、借的材料和预约信息。”

Dewey 停下记笔记，说道：“我还是有点不明白。术语标题和本数有何差别？”

Petri 回答道：“图书馆可以有多本相同的书。标题通常指书或杂志的名称，而某标题的本数指实际从图书馆借出去的书。”

根据 Dewey 与 Petri 的面谈、Petri 的报表中的需求描述，以及你自己对图书馆业务的体验，使用 UML 回答如下问题（注意：重要的是确保解决方案的逻辑性和有效性。明确说明所需做出的任何假设）。

（1）画一个用例图，以表示出系统中的参与者和用例。

（2）描述每个用例涉及的步骤（就像我们组织用例时做的那样）。

（3）描述这些步骤的场景。换句话说，创建读者，并写出读者经过每个步骤的案例。

（4）开发一个事物列表。

（5）根据步骤和场景创建用例的顺序图。

（6）通过确定类与类之间的关系，定义每个类的特性（属性）和方法（操作），完成类图。使用称为包的分组来简化类图。

2. 继续开发 UML 图，以建立系统分析阶段的系统模型。

（1）根据用例图导出活动图。

（2）根据用例场景开发顺序图和协作图。

（3）同业务领域专家一起仔细研究顺序图，以验证过程和交互。根据需要进行修改，直到业务领域专家认为顺序图是完备和正确的为止。这种对图形化顺序图的再次审查，为业务领域专家提供了机会，使他们能够在比用例场景研究更基础的环节上重新考虑和精炼过程。

3. 开发类图

（1）寻找并列出用例中的名词。这些名词属于潜在对象。一旦确定对象，寻找对象在对象的状态或行为方面存在的相似性和差别，然后创建类。

（2）定义类与类之间的主要关系。寻找类之间的“has a”和“is a”关系。

（3）为了确定类，仔细分析用例和顺序图。

（4）从对系统设计最重要的用例开始，创建类图，以表明用例中存在的类和关系。类图可以表示几个相关的用例中描述的类和关系。

4. 画出状态图

（1）为某些类图开发状态图，在这一点上对系统进行深入分析。使用状态图辅助理解顺序图不能完全导出的复杂过程。

（2）通过仔细分析状态图，确定类的方法。从用例、业务领域专家和类的方法导出状态（数据）类的属性。指明类的方法和属性是公有的（外部可访问的）还是私有的（类的内部可访问）。状态图特别适合于修改类图。

5. 通过精炼 UML 图，并使用它们导出类及其属性和方法，开始系统设计。

（1）仔细研究系统现有的所有 UML 图。编制每个类的类规范，包括类的属性和方法及它们的描述。仔细研究顺序图，识别出类的其他方法。

（2）编制方法的规范，详细描述方法的输入和输出需求，以及方法的内部处理机制的详细描述。

（3）创建另一组顺序图（如果有必要），以反映出真实的类方法及其互相交互和系统接口。

（4）使用边界（或接口）类、实体类和控制类的专用符号，创建类图。

（5）分析类图以导出系统组件，即在功能上和逻辑上相关的类，它们将被放在一起编译成一个 .DLL、一个 .COM 对象、一个 Java Bean、一个软件包等。

（6）开发部署图，以表明如何在生产环境中部署系统组件。

6. 用文档详细记录系统设计

这是关键的一步。通过文档和 UML 图提供给开发团队的信息越完备，那么开发速度就越快，最终的生产系统就越可靠。

10.13　使用 UML 进行建模的重要性

UML 是一种功能强大的建模工具，可以极大地改进系统分析与设计的质量，并且改进的实践有望最终转变为质量更高的系统。

通过在系统分析与设计中反复地运用 UML，能够使业务团队和 IT 团队在系统需求及为了满足这些需求而需要在系统内进行的处理方面达成更大的默契。

分析的第一次迭代应当在非常高的层面上进行，来识别出总体系统目标，并通过用例分析确认需求。识别参与者和定义初始用例模型是这第一次迭代的一部分。随后的迭代通过开发用例场景、类图、顺序图、状态图等来进一步精炼系统需求。每次迭代逐步详细地考虑系统的设计，直到 UML 文档中清楚而精确地定义了系统中的事物和关系。

如果分析和设计是完备的，则系统内的类、场景、活动和活动顺序应当有一组精确而详细的规范。一般而言，系统分析与设计的彻底性将会影响系统开发所需的总时间，以及最终交付的产品的质量。

在新系统的开发中，通常被忽略的一点是：项目进行的时间越长，系统的业务需求变更的代价就越高。在项目的系统分析与设计阶段，使用 CASE 工具甚或在纸上改变系统设计，要比在项目开发阶段进行修改更容易、更快，而且代价也更低。

不幸的是，一些雇主目光短浅，认为程序员或分析员只有在编码时才代表他们真正在工作。一些雇主错误地认为，程序员的生产率只能通过他们编写的代码量来判断，而认识不到图形化分析最终节约了因项目原型规划不正确而浪费的时间和金钱。

这种情况可以用建造房子的类比来非常恰当地说明。你雇用一个建筑工人来建造房子，但不希望他毫无规划地建造建筑物和在不考虑功能或成本的情况下随便增加房间和外貌。我们所希望的是建筑工人根据蓝图，考虑所有相关人员仔细研究过的规范，制定广泛一致的设计方案。作为分析员团队的一员，应当精确地观察到，“从长远看，在纸上规划好项目以后再进行编码，可节约项目开发成本，因为擦除一个方案图比修改编码的成本更低。”

如果在分析阶段业务需求发生变化，则可能需要重画某些 UML 图。然而，如果业务需求在构建阶段发生变化，则可能需要花费更大量的时间和费用来重新设计、重写编码和重新测试系统。通过在纸上（特别是通过 UML 图），与用户（业务领域专家）确认系统分析与设计方案，有助于保证完成的系统满足正确的业务需求。

咨询时间 10.4

C-SHORE++

“他们希望再次彻底地重新编写客户服务代表的用户接口内核！”C-Shore 共有基金的信息系统研发主管 Bradley Vargo 说道，“就在 8 个月以前，我们完成了一个为期两年的开发项目：客户服务代表（Customer Service Representative，CSR）系统。在整个项目开发期间，我们忍受了大量不断变化的需求。每个月，销售部门的那些家伙都会发明某个新的竞争性客户服务特征；而在每个星期，CSR 小组都会到这里来对 CSR 系统规范提出大量变化。我想我们永远不能完成此项目。现在看来，在系统投入使用还不到 1 年的时间内，我们将不得不开始一个新的重新编程的项目。我们曾预测该系统能够使用 7 年，现在我认为它进入了没完没了的重建过程。”

Bradley 正与 Rachael Ciupek（负责 CSR 系统的高级应用程序系统分析员）、她的姐姐 Bridget Ciupek，以及负责编写大部分用户界面的程序员交谈。“不要激动，Bradley，”Rachael 说道，“这不是销售部门或者 CSR 小组的错误。快速发展的竞争形势影响了我们企业的本质。销售部门不会无缘无故去发明这些变更，他们通常是为了回应我们的竞争对手提供的最新的、基于计算机的客户服务。我们必须保持领先，至少不能落后，否则我们都会失业。”

“Bradley、Rachael，我想你们更加明白形势比想象的更糟，”Bridget 插言道，“然而，在过去 8 个月内，程序员真的只对 CSR 用户界面做了较小的修改。CSR 用户一直打电话给我们，向我们求助。他们通常只想对系统的某个独立部分做较小的修改，但这造成了大量的劳动力浪费，因为我们必须重新证明整个系统正确无误。你知道一个小小的变更在整个大型程序中会引起多大的波动。我们已经宣布了系统维护时间，因为我们认为只需细化已完成的系统就可以了。虽然变化是逐渐引入的，但在这 8 个月内，我们已经重写了大约 1/4 左右的 CSR 用户界面代码。该工作一直没有减少，而且仍然非常稳定。”

Bradley 说道：“那么，你的意思是说，当我们尽力制定规范、编写程序代码和制定一个固定的解决方案来解决某个不固定的问题时，这个领域的系统需求一直在不断变化。如果在不需要昂贵维护的情况下，程序只能维持几个月，我们又怎么承担得起程序开发的昂贵成本呢？”

Bradley 如何才能管理一个不再以固定不变的业务过程为目标的系统开发过程？如果程序员不断地被要求调整一个大型程序的独立部分，Rachael 有办法管理规范和控制维护成本吗？请记住，一个重要的目标是为用户的需求和组织的业务策略提供良好的支持。

10.14　小结

面向对象系统把实体描述成对象。对象是称为类的一般概念的组成部分，类是面向对象分析与设计的主要分析单位。面向对象方法刚推出时，提倡者强调对象的可重用性是这种方法的主要好处。虽然可重用性是主要目标，但是系统维护也很重要。

分析员可以使用 CRC 卡以非正式方式开始对象建模过程。我们可以将对象思想添加到

CRC 卡中，以帮助分析员将职责细化为越来越小的任务。然后与一组分析员一起召开 CRC 会议，交互地确定类和职责。

UML 提供了一套用于记录软件系统的分析与设计的标准工具。从根本上讲，UML 是基于一种称为用例建模的面向对象技术。用例模型用来描述一个系统干什么，而不考虑系统怎么干。用例模型把系统功能划分为对系统用户（称为参与者）重要的行为（称为用例）。对于一个用例的各组不同的条件，应创建不同的场景。

UML 的主要组成是事物、关系和图，UML 图是互相关联的。结构化事物最常见，包括类、接口、用例，以及许多其他元素，它们提供了一种建立模型的方法。结构化事物允许用户描述关系。行为事物描述事物的工作机制，群组事物用于定义边界，注解事物允许分析员为图加上标注。

关系是把事物联系起来的黏合剂。结构关系用来在结构图中把事物联系在一起。结构关系包括依赖关系、聚集关系、关联关系和泛化关系。行为图使用 4 种基本的行为关系：通信关系、包含关系、扩展关系和概括关系。

UML 的工具集由 UML 图组成，它们包括用例图、活动图、顺序图、通信图、类图和状态图。除了 UML 图以外，分析员还可以使用用例场景描述用例。

通过在系统分析与设计中反复地运用 UML，能够使业务团队和 IT 团队在系统需求及为了满足这些需求而需要在系统内进行的处理方面达成更大的默契。

复习题

1. 试列举用面向对象方法进行系统开发的两个理由。
2. 试述对象和类之间的区别。
3. 试解释面向对象系统中继承的概念。
4. CRC 代表什么？
5. 试述对象思考向 CRC 卡片上所添加的内容。
6. 什么是 UML？
7. UML 的 3 个主要元素是什么？
8. 列出概念“结构事物”包括哪些事物？
9. 列出概念“行为事物”包括哪些事物？
10. 两种主要的 UML 图是什么？
11. 列出结构图包含的图。
12. 列出行为图包含的图。
13. 用例模型描述的是什么？
14. 你是将用例模型描述成系统的逻辑模型还是物理模型？请用一段话加以阐述。
15. 试给出用例图中参与者的定义。
16. 用例总是要描述的 3 件事情什么？
17. 活动图描述的是什么？
18. 用一段话描述活动图上的泳道的用法。
19. 在顺序图或通信图上可以描述什么？
20. 为什么确定类是面向对象分析中非常重要的任务？
21. 在类图上可以显示什么？

22. 试给出方法重载的定义。
23. 列出类所属的 4 个类别。
24. 创建顺序图的步骤是什么?
25. 类与类之间的两种关系是什么?
26. gen/spec 图有何用途?
27. 多态性的另一个术语是什么?
28. 状态图描述的是什么?
29. UML 中的包是什么?
30. 为什么使用 UML 进行建模是重要的?

问题

1. 为 World's Trend 公司目录划分(其业务活动在本章前的咨询时间 10.1 中已列出)创建一组 CRC 卡片。一旦订单被提交,订单履行人员将接手订单,检查可用性、填写订单和计算订单总额。使用 5 张 CRC 卡片,分别用于以下各个类:订单、订单执行、库存、产品和客户。请填写类、责任和协作者部分。
2. 通过创建对象思考语句和每个类的特性名,完成问题 1 中的 CRC 卡片。
3. 为 World's Trend 公司目录划分系统绘制一幅用例图。
4. 画 4 幅图,举例说明 Joel Porter 的 BMW 汽车经销权的 4 种行为关系。如果客户必须理财,则会涉及什么类型的关系?当客户租用或购买一辆汽车时,是否会涉及一些公共的活动?经理雇员和销售人员之间存在什么类型的关系?
5. 画出一个学生选修某个老师的一门课程的通信图,该老师是教职工的一部分。
6. Coleman County 有一台电话交换机,处理打电话者和接电话者之间的电话。给定这三个参与者,画出打电话的简单顺序图。
7. 你即将开始为 Aldo Sohm 诊所处理 UML 建模。画一幅类图,其中包含一个医生、一个病人、一个预约和一本病历。该图不考虑保险公司。
8. 使用 UML 画出 Aldo Sohm 诊所的 4 个结构化关系的实例。
9. 写出在 Aldo Sohm 诊所中一个病人到医生那里去看病的示例用例场景。
10. Adaku's 超市是一家小型的食品连锁店,该超市正在建立一个可以让顾客订购食品和其他商品的网站。当顾客下一个 Web 订单时,该顾客的主文件被更新,并创建一个订单记录。订单可以在当地的商店打印出来,售货员根据订单从货架上取下商品。订单就绪以后,售货员将发送电子邮件通知给客户。提取订单时,冷冻产品和其他商品包装在一起。创建一个活动图,说明用户下 Web 订单、订单验证、订单确认、发送给本地商店订单详情,以及发送给客户的电子邮件。
11. 如第 12 章的问题所述,Sludge's Auto 是一个汽车零件回收中心,它们在网站中使用 Ajax 技术让用户浏览各种零件。客户需要知道汽车及零部件的品牌、型号和年份。如果某个零件有库存,则显示零件描述、状态、价格、运费、可供数量以及零件图片。使用边界类、控制类和实体类为 Sludge's Auto 设计一个汽车零件查询的顺序表。
12. Musixscore.com 是一个为用户提供音乐的在线服务。在"Browse Music"网页上,用户从下拉列表中选择音乐类型。网页使用 Ajax 获得一系列与该类型匹配的演奏家、音乐家或团体,并用下拉列表进行格式化显示。从演奏家下拉列表中选择一个选项后,Web 页使用 Ajax 增加第 3 个下拉列表,显示该演奏家的所有 CD 和音乐作品。选择某个 CD 后,Web 页使用 Ajax 产生第 4 个下拉列表，包含该 CD 内的所有歌曲。用户可以多重选择。单击“Add To Shopping Cart”(添加到购物车)图像后，所选的歌曲会添加到购物车。用户可以任意改变下拉列表以选择其他音乐，方法类似。

a. 为 Browse Music Score 用例编写一个用例描述，用以表示该活动。

b. 使用边界类、控制类、实体类为 Musixscore 网页绘制一个顺序图。

c. 编写一个列表，包含将被传递到这些类的消息、名称、参数和数据类型以及返回消息中包含的值(带数据类型)。做出有关数据的任何假设。

d. 为顺序图中使用的实体类创建一个类图。

参考文献

Beck, K., & Cunningham, W. (1989). *A laboratory for teaching object-oriented thinking*. http://c2.com/doc/oopsla89/paper.html

Bellin, D., & Suchman Simone, S. (1997). *The CRC card book.* Addison-Wesley Professional.

Booch, G., Jacobson, I., & Rumbaugh, J. (2005). *The unified modeling language user guide* (2nd ed.). Addison-Wesley Professional.

Bouslama, M., & Abdi, M. K. (2021). Towards a formal approach for assessing the design quality of object-oriented systems. *International Journal of Open Source Sofware and Processes, 12*(3), 1–16.

Cockburn, A. (2001). *Writing effective use cases.* Addison-Wesley.

Dobing, B., & Parsons, J. (2006). How UML is used. *Communications of the ACM, 49*(5), 109–113.

Fowler, M. (2003). *UML distilled: A brief guide to the standard object modeling language* (3rd ed.). Addison-Wesley Professional.

Kulak, D., & Guiney, E. (2004). *Use cases: Requirements in context* (2nd ed.). Addison-Wesley Professional.

Miles, R., & Hamilton, K. (2006). *Learning UML 2.0.* O'Reilly Media.

Sahraoudi, A. E. K., & Blum, T. (2003). Using object-oriented methods in a system lifecycle process model. *ACM SIGSOFT Software Engineering Notes, 28*(2).

第四部分

设计基础

设计有效的输出

学习目标

1. 了解有效输出设计的目标。
2. 将输出内容与组织内外的输出方法相关联。
3. 了解输出偏差对用户的影响。
4. 学习如何设计打印输出。
5. 了解如何设计屏幕输出。
6. 了解数据可视化。
7. 学习如何设计网站。
8. 重视并采用 Web 2.0 技术。
9. 了解如何为社交媒体设计输出和内容。
10. 了解为智能手机和平板计算机设计应用程序的复杂性。
11. 掌握有关输出产品和 XML 的知识。

输出是利用内部网、外部网或 Web，由信息系统将信息提供给用户的过程。一些数据在成为合适的输出之前需要进行大量的处理，而另一些数据存储在计算机中，在需要获取这些数据时，很少或者不必进行处理就可直接输出。输出可以采用多种形式，包括软拷贝，如显示屏、智能手机、平板计算机、视频和音频输出、社交媒体输出和内容，以及传统的打印报告等硬拷贝方式。响应式网页设计意味着要设计可在台式机、平板计算机或智能手机上查看的网站。网页设计已经从 3D、带阴影的真实图像（拟物化设计）转变为扁平化网页设计（无阴影的二维图像）。分析员可以使用数据可视化来创建有效的输出。用户需要依靠输出来完成任务，并且他们通常仅仅通过输出来判断系统的优点。为了尽可能创建有用的输出，系统分析员必须与用户密切配合和相互交流，直到输出结果令用户满意为止。

11.1 输出设计的目标

由于有用的输出设计对于用户使用和接纳信息系统来说是必不可少的，因此系统分析员在设计输出时要尽量实现以下 6 个目标：

（1）设计满足预定目标的输出。

（2）设计适合用户的输出。

（3）交付合适数量的输出。

（4）确保输出的必要性。

（5）按时提供输出。

（6）选择正确的输出方法。

11.1.1　设计满足预定目标的输出

所有的输出都应有目标。在系统分析的信息需求确定阶段，系统分析员应该确定必须满足的用户目标和组织目标，然后根据这些目标来设计输出。

我们会发现，只要应用程序允许，我们有大量的机会提供输出。然而，必须记住目标性原则。如果某一输出毫无用处，那就不应该创建该输出，因为系统的所有输出都有相关的时间和资源成本。

11.1.2　设计适合用户的输出

对于需要满足许多用户的不同需求的大型信息系统，个性化输出是很困难的。通过与各个用户进行会谈，观察现有系统，进行成本分析以及建立原型，有可能设计出一个能满足多数（即使不是全部的）用户需要和偏好的输出。

一般来说，在设计决策支持系统（Decision Support System，DSS）或其他高度交互的应用程序（例如使用 Web 作为平台的应用程序）时，最实用的做法是创建用户特定的或用户可定制的输出。为了设计出满足用户在组织中的任务和功能的输出，还需要下一个输出设计目标。

11.1.3　交付合适数量的输出

设计输出的部分任务是，确定多大数量的输出对于用户来说是合适的。确定输出数量的一个很有用的原则是，系统必须为每个人提供完成任务所需的信息量。然而，这个原则并不能解决所有问题。开始时为用户显示一部分信息，然后提供一种易于访问其余信息的方法是比较合适的。

信息过量问题非常普遍，以至于谈论这一问题显得有点老套，但是它始终是我们必须考虑的问题。如果我们把提供过量的信息作为一种系统能力，那么这样的系统不可能为我们提供必要的服务。确定输出数量时，我们始终要记住决策支持这一目的。决策支持通常不需要大量的输出，尤其是在可以通过超链接或向下挖掘功能轻松地访问更多信息时。

11.1.4　确保输出的必要性

输出通常在某个位置产生，然后分发给用户。由于越来越多的输出可以在线获取，通过屏幕让用户查看，所以信息分发的问题越来越少，但是提供合适的分发方式仍然是系统分析员的重要目标。为了使输出可用并且有用，我们应将输出送给正确的用户。不管报表设计得如何精美，如果有关的决策制定者不能看到，它们就毫无价值。

11.1.5　按时提供输出

用户抱怨最多的问题是，他们不能按时获取信息以做出必要的决策。尽管时机不是一切，但是对于决策制定者来说，它确实关乎输出信息的价值。许多报表需要每日提供，一些需要每月提供，而另一些只需每年提供，还有一些只是偶尔需要。使用在 Web 上公布的方式提供输出可以减少输出分发时机方面的一些问题。准确的输出时机对于企业运营来说是非常关键的。

11.1.6 选用正确的输出方法

为每个用户选择正确的输出形式是输出设计的另一个目标。现在许多输出都显示在屏幕上，用户可以有选择地将输出信息打印出来。系统分析员在选择输出方式时要权衡各方面的因素。不同输出方式的成本不同，对于用户来说，这还意味着信息的可访问性、灵活性、使用寿命、分发 / 存储和获取的可能性、传输能力以及对数据全面影响的不同。输出方式的选择很重要，但也不是必然的结果。

11.2 将输出内容与输出方式联系起来

信息系统的输出内容必须与输出方式相关。设计输出时，我们必须考虑功能如何影响形式，预期的目的如何影响输出方式的选择。

输出应该以一种通用的方式来考虑，这样任何由计算机系统提供的具有一定用途的信息都可被视为输出。我们既可将输出看作外部的（输出到企业之外），比如在 Web 上向公众显示的信息，也可看作内部的（保留在企业内部），例如企业内部网上可用的材料。

外部输出在分发方式、设计与外观上与内部输出有所区别。许多外部文档必须包含使用指南，以便接收者能正确使用。另外，许多外部输出都是填写在预制表单上或在网站上显示，这些表单或网站中带有公司的标志，并采用统一的颜色。

随着绿色 IT（也被称为绿色计算，或者 ICT 可持续性）的出现，很多机构试图鼓励客户考虑环保、易于使用和 24 小时账户访问的输出，这样就可以从纸质报表转为在线账单。电子交易减少了纸张输出对环境的影响，并进一步将企业与消费者的关系计算机化。

内部产出包括简短的摘要报告和冗长详细的报告。内部输出包括各种送交给决策制定者阅读的报表。其他类型的内部报告包括仅在发生异常时输出的历史报告和异常报告。异常报表的例子包括：一年中没有请过假的员工清单、没有完成月销售量定额的销售人员清单或最近 6 个月客户投诉的报表。

11.2.1 输出技术

制作不同类型的输出需要采用不同的技术。对于打印输出，可以采用各种不同的打印机，包括标准文档打印机、专用标签打印机和 3D 打印机。对于屏幕输出，可以选择附加或独立的显示器，以及智能手机和平板计算机上的触摸式屏幕。音频输出既可经过扩音器放大后收听，也可专门为移动设备上的个人收听而设计。电子输出包括网页、电子邮件、RSS 和博客。图 11.1 对各种输出方式进行了比较。

11.2.2 选择输出技术所要考虑的因素

选择输出技术时还要考虑以下几个因素。尽管技术变化很快，但某些使用因素相对于技术突破而言仍然是固定不变的。以下因素必须加以考虑，其中一些还须权衡，包括：

（1）谁将使用（看到）输出（必需的质量）。

（2）多少人需要输出。

（3）哪里需要输出（配送部门 / 物流部门）。

（4）输出的目的是什么，支持什么样的用户和组织任务。

（5）输出所需的速度是多少。

输出方式	优点	缺点
打印机	• 大多数组织机构都可承受 • 在输出样式、安装位置和输出能力方面很灵活 • 能处理大量的输出 • 高度可靠，很少出问题	• 仍然需要操作员的干预 • 与计算机软件存在兼容性问题 • 可能需要特殊的、昂贵的消耗品 • 有些型号的打印机打印速度可能很慢 • 环境不友好
显示屏	• 交互式的 • 在线和实时传输 • 安静 • 使用计算机实现输出信息在数据库和文件中的转移 • 适用于频繁访问的、临时性的信息	• 可能需要架设电缆，并占用安装空间 • 需要获取屏幕“快照”并把它们存储起来供将来使用
音频输出和播客	• 适用于单个用户 • 适用于暂时性的信息 • 适用于收听过程中需要做其他事情的员工 • 适用于需要广泛传播的输出	• 需要专门的房间，以防输出影响其他人的工作 • 这方面的应用程序较少
移动设备	• 高度便携 • 使用手势进行交互 • 可以缩放	• 屏幕对文本输出而言太小 • 图标和按钮可能会混淆 • 更容易丢失
电子输出（电子邮件、网站、博客和 RSS feed）	• 减少纸张的使用 • 非常容易更新 • 可以进行“广播” • 可以做成交互式的	• 不利于格式化（如电子邮件） • 难以传达消息背景（对电子邮件来说） • 网站需要辛勤的维护

图 11.1　输出方式比较

（6）访问输出的频率如何。

（7）输出将（必须）存储多长时间。

（8）输出的产生、存储和分发必须遵循的特别规则是什么。

（9）维护和供应的初始与后续成本是什么。

（10）输出技术的环境需求（可访问性、噪声吸收、温度控制、设备和电缆所需的空间，以及与 Wi-Fi 发射机或接入点的距离）是什么。

作为可持续发展工作的一部分，如今组织越来越多地采用绿色 IT 计划。这些举措可能会限制打印的纸质报表数量，或者通过在公司电子邮件消息的底部添加一个绿色 IT 通知，劝阻员工不要打印电子邮件消息。通过逐个检查每个输出因素，分析员可以发现它们的内部关系，以及在特定系统中如何折中这些因素。

11.2.2.1　谁将使用（看到）输出（必需的质量）

查明谁将使用输出是很重要的，因为工作岗位需求决定什么样的输出方式比较合适。例如，当区域经理需要到外地出差一段时间时，他们需要的是能随身携带的书面材料，或者能使他们在所在区域访问合适的网站和数据库的技术。屏幕输出或交互式 Web 文档最适合那些需要长时间在办公室办公的员工，比如卡车调度员。

外部输出的接收者（客户和顾客、厂商和供应商、股东和管理机构）和企业内的用户对于输出的需求是不同的。客户、厂商和供应商可以纳入外联网之中，外联网是由组织机构开发的计算机网络，为网络上的用户提供应用程序、处理和信息。

图 11.2 是一家名为 Merchants Bay 的电子商务公司的网站。显然，Web 设计是针对礼品批发网站的目标用户。该电子商务公司的网站主要依靠专用的协商算法提供支持，用户可以根据该算法竞标一组商品（1 件或 400 件）。公司的策略主要依靠总裁在跳蚤市场方面的个人经验以及利用人们想以低价成交的心理。

图 11.2　在设计网站时，选择一个可以在整个网站中使用的风格是很重要的。Merchants Bay（www.merchantsbay.com）采用了航海主题（Merchant Bay 网站的屏幕截图，版权所有 ©2000 Merchants Bay LLC，经 Troy Pappas 许可转载）

该网站故意设计得让人感觉到嘈杂混乱，营造出一种逛真正的跳蚤市场的氛围。网站的预期用户是那些频繁光顾跳蚤市场的人，包括收藏家、喜爱热闹和天生充满好奇的人。网站色彩斑斓、图文并茂，并且提供了充满新潮色彩和动感的视频。整个网站普遍使用口语化的语言。

网站的设计者采用了航海主题，邀请用户“在海湾中寻找商品”。另外，公司的标志是海浪和从地平线升起的太阳，并且在左边一列的顶端放置一个舵轮，邀请用户通过“导航”找到产品、服务和客服。

当顾客在网站中选好商品后，可以接受系统给出的“船长的价格”或参与竞标。如果协商算法判断出顾客给的标价太低，那么会弹出一个窗口，其中用自然的语言提示：“感谢举牌。嗨，你不想无缘无故花钱，是不是？不管怎么说，我喜欢你这个家伙。请试试再给出一个好价钱或多订购一些。”按这种方式，系统友好、幽默地拒绝了顾客的这次出价，甚至给出了两个提示，以便顾客下一次能成功出价。显然，网页设计者在设计这个网站时始终把顾客放在第一位。

11.2.2.2　多少人需要输出

输出技术的选择也受需要接收输出的人数制约。如果有很多人需要输出，那么基于 Web 的文档（附有打印选项）或印制副本或许比较合适。一些外部客户可能需要特定文档的打印副本，诸如股东报表或者月账单，而另一些人可能更喜欢以 Email 方式通知的 Web 文档。如果只有一个用户需要输出，那么屏幕或音频是比较合适的输出方式。

11.2.2.3　哪里需要输出（配送部门 / 物流部门）

输出技术的选择也受输出物理目的地的影响。目的地与源头很接近的信息、由组织中的少量用户使用的信息，以及需要存储或频繁访问的信息，可以安全地打印出来或者放到内联网上。若有大量的信息需要传输给远距离的分公司中的用户，那么这些信息通过 Web 或外部网采用电子方式分发比较好，由接收者对它们进行定制。

有时联邦或州的法令强制要求以印刷品形式存档信息，并在特定位置保存指定的时间。在这种情况下，系统分析员要负责审查所设计的新的或修改后的输出是否满足法令的要求。

咨询时间 11.1

你我谁管理动物?

“为什么他们不能获得这一权利？这个问题总让我分心。哥伦比亚的自然保护组织写信给我，说从我们这里借了一只老虎已经两年多了。这一封信他们应该写给 Tulsa。” Ella Fant 大声说道，挥舞着手中的信。Ella 是非营利组织 Gotham 动物园动物繁殖项目的总负责人，该动物园通过重新引入物种、保护性繁殖以及旨在环境保护的研究和技术开发来阻止动物灭绝。

此时，她正与动物园由 5 人组成的委员会讨论放在他们前面的建议书。委员会每个月都要开会，决定哪一只动物可以租给其他动物园，以及哪一只动物可以继续租借以便进一步繁殖。委员会的成员包括动物园主管 Ella、Ty Garr、两名动物园员工 Annie Malle 和 Mona Key，以及社区的商人 Rex Lyon。

Ty 走到小组前面，继续主持会议，他说道：“我们有可能出租两只金色绢毛猴，另外我们还有机会使两只较小的熊猫交配。因为委员会成员中有 3 名新员工，所以我简要地谈谈你们的职责。正如你们所知道的一样，我和 Ella 会抓住任何引进动物的机会，以便推动繁殖计划。你们的责任是评估动物园的资金来源，以及弄清动物园的即时需要。你们也要考虑季节变换和我们的运输能力，以及我们准备与之接触的动物园的运输能力。尽管其他动物园免费为我们提供用于繁殖的动物，但我们必须支付运输费用，并负责它们的吃住，这笔开支也不小。”

“我们通过互联网连接到一个精选的物种数据库，该数据库录入了 164 家动物园中的动物。” Ella 接着 Ty 的话题说道，“我有计算机上存储的数据库密码，可以访问系统中所有已登记的动物记录，包括两家我们正与之谈判的动物园的动物。”

当委员会成员进入工作状态时，他们开始提问：“在我得出出租较少的熊猫是否是一个好主意之前，需要阅读有关信息，使我对相关情况有所了解。有关这些动物的资料在哪里？” Rex 说道。

Annie 回答道：“我们需要去 Ella 的办公室访问数据库。通常，那些想知道有关信息的员工可以使用她的计算机。”

Mona 加入讨论，说：“有关当前预算状况的信息也很重要，但至少在我们算出总花费之前，不应再有新的开支。我敢打赌，这数目不小。”

Ty 回答：“坦率地说，我们遇到了困境。重新制作财务数据的开支可不少，我们宁愿将这些钱省下来用于繁殖稀有和濒临灭绝的动物！文书工作本来就会越来越多。”

小组成员一起大笑起来，房间里弥漫着期待的气氛。大家的一致意见是，委员会成员需要更多的有关动物园财务状况以及未来动物租借的信息。

Ella 意识到当前的小组成员不像以前那样容易应对。她说：“以前的成员喜欢通过与我们聊天这种非正式的方式来获取信息。这样吧，我们的第一次会议的目的就是搞清你们认为干好成员工作需要什么样的信息。有关的财务数据保存在一台便携式计算机上，并由我们的财务主管使用，当然，这台机器是他的宝贝。”

委员会成员所碰到的与输出相关的问题是什么？为改善交付给委员会的系统输出你有什么建议？若仍然需要为委员会成员提供完成其工作必需的输出信息，那么动物园的预算是否会超支？请就动物园当前使用的输出技术的充分性做出评论。请提出能加强当前工作的输出与输出技术的方案和修改措施。（提示：考虑让委员会成员们使用 Web 获取所需的输出，以及需要共享的输出。）分析内部和外部的输出需求。

11.2.2.4　输出目的是什么，支持什么样的用户和组织任务

支持什么样的用户和组织任务？输出目的是选择输出技术时需要考虑的另一个因素。如果输出目的是提供一个公司的财务状况报表，以供股东闲余时细读，那么需要一件设计精美的印刷品，比如年度报表。我们可使用各种媒体制作年度报表，从而既可将年度报表制成印刷品，又可放在 Web 上供人阅读。图 11.3 所示的网页提供了一组六个简短的视频片段，它记录了决策科学研究所（DSI）举办的“知识竞赛”活动。这些片段展示了 DSI 的几位创始人和前任主席的现场录像剪辑，DSI 是一个由多学科、多个董事会支持的非营利学术协会。视频输出在这里很有用，因为举办这一竞赛是为了庆祝研究所一个重要的纪念日。

图 11.3　流媒体视频可以用于有效地陈述故事或分享事件。该网页记录了 DSI 知识竞赛活动

如果输出目的是提供 15 分钟的股票市场行情更新信息，并且所提供的材料高度编码且不断变化，那么屏幕显示、字幕、Web 页甚至音频输出都是可行的。输出必须支持用户任务，诸如执行分析或确定比率，因此软件工具（包括计算器和嵌入式公式）可以是输出的一部分。它还必须支持组织任务，诸如跟踪、调度和监督。

11.2.2.5 输出所需的速度是多少

当我们检查组织中的三个管理层次（战略层、中层和操作管理层）时，会发现处于最底层的操作管理级的决策者需要的输出速度最快，这样他们才能快速地根据有关事件进行调整，事件包括：产品装配线停止工作、原材料不能及时运到，或员工意外离岗。这种情况下，在线屏幕输出比较合适。

随着管理层次的提升，我们发现战略层次的管理人员所需的输出速度最慢。他们需要的是一段时间内的输出，以帮助他们预测商业周期和趋势。

11.2.2.6 访问输出的频率如何

输出信息被访问得越频繁，将信息显示在与局域网或 Web 相连的屏幕上就越重要。不需要频繁访问且只有少数用户使用的输出适合采用基于云计算的存档。

频繁访问的输出信息最好是放入基于 Web 的系统或其他联机系统中，需要时可通过网络显示在屏幕上。采用这种技术便于用户访问信息，并能避免由于频繁使用而损坏印刷品。

11.2.2.7 输出将（必须）存储多长时间

正如刚才所述，印刷品经年累月之后会损坏，而数字化存档的输出信息不容易受环境（如光线、湿度）以及人为操作的影响。有些缩微文件是政府法规要求的，或者是出于历史目的需要长期保存的。然而，如果访问存档资料的硬件难以获得或者已经退出市场，这种输出方法可能会出现问题。

公司应遵守政府的有关法令，包括本地、州或联邦的法令，这些法令规定输出信息必须存档的时长。只要公司想要维护这些信息，并且这些信息不是专有档案的信息，那么它们可以保存在组织网站的网页文档中。组织本身会制定有关输出要保存多长时间的政策。

11.2.2.8 输出的产生、存储和分发必须遵循的特别规则是什么

一些输出的格式实际上是由政府规定的。例如，在美国，有关员工工资和税金扣款的 W-2 表格，哪怕它存在于一个 ERP 支持的工资系统（诸如 Oracle）中，也必须是可印刷的。每个行业都有一套自己的规则，企业在制作输出时必须加以遵守。就这一点来说，可以通过法律规定一些功能应采用什么样的技术。

然而，大多数法令都是行业性的。例如，联邦法律要求地区供血系统将献血者的病史及其姓名保存在档案中。尽管没有规定准确的输出格式，但严格规定了输出的内容。

11.2.2.9 维护和供应的初始与后续的成本是什么

选择输出技术时，要考虑购买或租借设备的最初成本。大多数厂商会帮助我们估计购买或租借计算机硬件的最初成本。这些成本包括：打印机和监视器的成本、接入在线服务提供商（互联网接入）的成本以及构建内联网和外部网的成本。然而，多数厂商不会提供维持打

印机或其他技术正常运转所需的成本信息。因此，分析员应负责研究不同时期各种输出技术的运作成本或维护企业网站的成本。

11.2.2.10　输出技术的环境需求是什么

分析师需要考虑影响其输出决策的各种因素，如可访问性、噪声吸收、温度控制、设备空间、布线以及与 Wi-Fi 发射器或接入点（也称为“热点”）的距离等。当人们与技术交互时，特定的环境有助于系统有效而可靠地运行。在访问 Web 页和其他输出时，用户需要可访问性和相关支持。

打印机在干燥阴凉的环境中才能正常工作。显示屏的安装和观看需要一定的空间。音频和视频输出需要安静的环境，以便用户能听到，同时又不会被不用它的雇员（或客户）听到。因此，对于有很多雇员从事各种与输出无关的任务的工作环境中，分析员不应采用音频作为输出。

为了建立无线局域网，使用户能够无线访问 Web，必须使 Wi-Fi 接入点可以使用。在发射机 30m ～ 300m 范围内的 PC 能够工作，但是会受到其他设备的干扰。

一些输出技术看起来不引人注目，却反而受到重视。图书馆和医院强调工作场所的安静，所以广泛使用显示屏来显示 Web 文档和其他联网的数据库信息，几乎不用打印机。对于一家贯彻可持续性发展的公司，分析员需要在输出决策中包含绿色 IT 理念。这使得更多的事务、报表和文档采用在线模式输入，而不支持打印电子邮件消息。

咨询时间 11.2

正确的路线、错误的路线和地铁

“到现在为止，一直都还不错。确实有许多人有意见，但任何新地铁都会有这些问题。‘免费乘车’确实吸引了一些人，要是没有这一活动有些人可能不会有坐地铁的经历。我认为喜欢坐地铁的人增多了。”Barb Rayl 说，“我们所需要的是准确地确定坐地铁的人有哪些，这样才能对收费决策和列车安排计划做出调整。”

Rayl 是 S.W.I.F.T 地铁公司的业务经理，S.W.I.F.T 是一条新建的地铁，连接着 Western Ipswich 和 Fremont Transport，该条地铁为美国西北部的一个主要城市提供服务。此时，她正与 Benton Turnstile 说话，Benton Turnstile 是 S.W.I.F.T 地铁公司的业务总监。地铁系统刚开始第一个月的运行，只开通了少数几条路线。市场部为了提高 S.W.I.F.T 的知名度而让公众免费试乘地铁。

“我认为那是一个好主意。”Turnstile 说，“这不是一种象征性的努力，我们将让他们知道我们做得是对的。我将尽快为你收集全体乘客的信息。”

一个月之后，Rayl 和 Turnstile 碰了一次面，将计划的乘客数据与新数据进行比较。Turnstile 得意地将一堆厚厚的计算机输出报表交给 Rayl。Rayl 看起来有点吃惊，但还是准备与 Turnstile 一起浏览一遍这些报表。“这都有些什么？”Rayl 迟疑地问道，手指搭在这堆报表上。

“是这样的，”Turnstile 望了望这些报表说道，“这是由计算机销售系统卖出去的地铁车票清单。它告诉我们有多少车票卖出以及卖出的车票类型。来自 System That Think 公司的家伙告诉我，这个报表对我们非常有用，正如同样的报表对于 Buffalo 和 Pittsburgh 公司的操作人员一样。”Turnstile 说着，很快就翻到下一页。

“也许是这样的，但是请记住，地铁才刚刚开通，开通线路还很少，并且我们公司的规模要比他们的大一些。Main Street 地铁站的三个人工售票亭销售情况如何？”Rayl 问道。

“售票亭的售票员在任何时候都可以从屏幕上看到车票销售情况信息，但是这份报表不包括他们的销售数据。记得我们预计售票亭只销售 10% 的车票。我们看打印报表时要结合当初的设想。”Turnstile 提出建议。

Rayl 回答：“我一直在观察乘客。他们中有一半人看起来抗拒使用计算机销售系统。虽然有一些人开始使用这一系统，但被指令弄得焦头烂额，或者车票出来后不知道怎么做，最后只好跑到售票亭询问。还有，他们不明白候车厅里的路线，这些全是用图形显示的。他们紧张地跑到售票亭，询问售票员哪一辆车到哪儿去。”Rayl 将这堆报表推到会议桌的一边，说道：“我对报表没有信心。我感到，我们好像坐在这儿透过一个小孔来观察和操作美国最复杂的地铁系统，而不是根据获取到的信息——但我们本应该这样做。我认为我们需要认真考虑一下纽约交通运输管理局所采用的获取乘车信息的方案，即将信息保存在磁卡上。每次乘车插入磁卡时，有关信息就会保存起来。现在，人们只需点击设备、智能手机或读卡器上的非接触式卡即可进入系统。更便利的是，他们可以查看自己的行程和费用，对自己的款项进行分期付款，并在应用程序的界面上联系客服。甚至可以使用非接触式票价支付卡或移动支付应用程序，客户根本不必将信用卡或借记卡插入机器。”

系统顾问和 Benton Turnstile 给 Barb Rayl 提供的输出有哪些具体的问题？评估输出所使用的媒体，以及输出分发的时机。评论乘客所接收到的计算机售票系统的外部输出。就输出提出你的调整建议，帮助 Rayl 获得定价和列车安排决策所需的信息，以及帮助乘客获得他们所需的信息。如果要收集和保存乘客每次乘车的终点信息，像纽约交通运输管理局这样的组织会面临哪些决策问题？如果采用这项技术，S.W.I.F.T 地铁公司应对输出和车票做出何种调整？

11.3 认识到输出偏差对用户的影响

输出并非只是一种决策制定者对它进行分析和采取行动的中性产品。用户在许多方面受到输出的影响。系统分析员必须花很大的精力仔细地设计输出，以免出现差错。

11.3.1 识别输出使用方式所带来的偏差

人们通常会有这样的错误想法，即一旦系统分析员签署了系统项目，他的影响就结束了。实际上，系统分析员的影响是长期的。组织成员决策所依据的大多数信息都是由分析员根据他认为哪些信息对于企业很重要而确定出来的。

任何由人类创造的东西都存在偏差。这一声明并不是为了说明偏差不好，而是说偏差与我们所创造（以及系统所创造）的东西密不可分。系统分析员所关心的是避免不必要的输出偏差，以及让用户意识到他们接收到的输出中可能存在偏差。

按以下三种方式使用输出信息会无意地带来信息偏差：对信息进行排序、可接受的极限值设置，以及图形的选择。

11.3.1.1　信息排序时所引入的偏差

当分析员和用户决定报表的信息排序方式时，就在输出中引入了*偏差*。通常使用的排序方式包括按字母顺序、按年代顺序和按成本排序。

按字母顺序排序的信息会过多强调开头字母为 A 和 B 的项目，因为用户往往更关注最先给他的数据。例如，如果按字母排序列出以往的供应商，那么诸如“Aardvark Printers”“Advent Supplies”和“Barkley Office Equipment”等公司将会首先显示给采购部门经理。某些航空公司创建 SABRE 和 APPLO 机票预订系统时，在其他航空公司投诉说这种排序方式有偏见之前，一直将它们自己的航班列在最前面。

11.3.1.2　设置极限值所引入的偏差

输出偏差的第二个主要来源是为报表中的特定值预先定义极限值。许多报表只有在出现异常时才生成，这意味着，若我们预先在数据上设置了极限值，那么只有当这些值出现异常时才会输出。异常报表使得决策制定者明白当前的输出值与满意值之间的差距。

若极限值设置得太低，那么异常报表会偏离用户的设想。例如，保险公司设置付款延期，若有些客户超过这个期限还没有支付保费，那就会在生成的异常报表中列出这些客户。如果期限设置得太低——一个星期，那么接收输出的决策制定者会接收到大量的异常信息，而实际上这些异常并不值得关注。此外，还会使用户误认为有大量的公司客户缴费超期了。这种情况下，延期 30 天是一个较为合适的生成异常报表的边界值。

11.3.1.3　使用图形所引入的偏差

输出会出现第三种信息偏差，即由分析员（或用户）选择显示输出的图形所带来的偏差。图形的大小、颜色、比例尺，甚至图形的类型都会引起偏差。

图形的大小要成比例，以免用户对某些变量的重要性产生偏差。例如，图 11.4 显示的柱状图比较了某一旅馆 2021 年与 2022 年放弃旅馆预订的人数。注意，纵轴是断的，这样使 2022 年放弃预订旅馆的人数量看起来是 2021 年的 2 倍，而实际上 2022 年放弃预订旅馆的客人数量只是稍有增长而已。

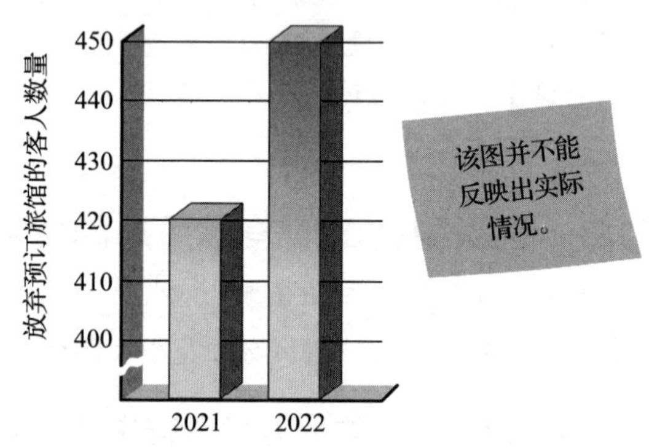

图 11.4　一个易令人误解的图表很有可能误导用户

11.3.2　在设计输出时应避免偏差

系统分析员可以采用特定策略来避免输出设计所带来的偏差：

（1）了解偏差的来源（无论是个人误差、隐含偏差还是系统偏差）；

（2）在测试 Web 文档的外观过程中，设计交互式输出，让各种用户参与测试，并使用各种不同的系统配置测试输出；

（3）让用户参与输出设计，使他们认识到输出信息中可能存在的偏差，并理解定制显示的含义；

（4）创建灵活的输出，使得用户能修改极限值和范围；

（5）训练用户依靠多种输出对系统输出执行“逼真测试”。

这 5 条策略中，后面 4 条集中体现了输出所涉及的系统分析员和用户之间的关系。系统分析员必须认识到输出所带来的潜在影响，并且知道哪些输出信息的方式会无意中带来输出偏差。然后，他们需要前瞻性地帮助用户设计可识别且偏差最小的输出。

11.4　设计打印输出

报表中包含的信息源是数据字典，数据字典包含数据元素的名称以及数据项所需的字段长度。

报表有 3 种类型：详细报表、异常报表和概要报表。详细报表在报表中为主文件中的每一条记录打印一行，包括邮寄给客户的报表、学生成绩报表、印制的分类表等。查询屏幕可以替代许多详细报表。

异常报表用于打印满足一组条件的所有记录，比如节后哪些节日饰品会打折，或者哪些学生在院长名单上。这类报表通常可用于帮助业务经理和办事员运营企业。概要报表为每组记录在报表上打印一行，用于决策目的，比如哪一件商品不好卖以及哪一件商品热销。

系统设计者必须明白，一些网站访问者可能更喜欢打印网页内容。设计网站时可以考虑插入可下载的 PDF 文件，并尝试在不同的浏览器中打印每一页，以确保用户打印它们时有专业的呈现效果。

11.5　设计屏幕输出

注意，屏幕输出在许多方面与打印输出存在区别。屏幕输出存在的时间较短（也就是说，屏幕输出不像打印输出那样“长久”），但它可以针对特定的用户，更灵活地给用户提供信息。它不像印制报表那样携带方便，但有时可以通过直接交互方式进行修改。后面章节将讨论人或计算机输入的屏幕设计，虽然内容不同，但这些指导原则也适用于设计输出。

另外，在如下情况下必须向用户说明应按下哪个键、单击哪个链接以及如何滚动：用户想继续阅读其他画面、用户想要知道如何结束显示、用户想知道如何与显示屏交互（如果可能）。通过使用口令可以控制对屏幕显示的访问，而印制输出的分发则由其他手段控制。

11.5.1　屏幕设计指导原则

以下 4 条原则可以帮助分析员设计屏幕：

（1）保持屏幕简洁；

（2）保持屏幕显示的一致性；

（3）方便用户在屏幕和页面之间移动；

（4）创建有吸引力且合意的屏幕。

正如打印输出的设计一样，良好的屏幕输出不可能是孤立创建的。系统分析员在设计有价值的屏幕输出时需要用户的反馈。在连续完成多个原型并改良以后，如果得到用户的认可，就可以最终确定屏幕布局。

图 11.5 是根据上述屏幕设计原则得到的显示屏幕实例。注意，该屏幕很简洁，但给出了运输状况的基本概况信息。通过使用标题，该屏幕引导用户查看他们需要的信息。位于屏

幕底部的提示信息为用户提供了几种选项，包括：继续当前的显示、结束显示、获得帮助或获得详细信息。该显示屏幕为需要完成相关任务的用户提供了上下文，诸如检查订单的状态。

New Zoo Order Status

Retailer	Order #	Order Date	Order Status
Animals Unlimited	933401	09/05/2022	Shipped On 09/29
	934567	09/11/2022	Shipped On 09/21
	934613	09/13/2022	Shipped On 09/21
	934691	09/14/2022	Shipped On 09/21
Bear Bizarre	933603	09/02/2022	Partially Shipped
	933668	09/08/2022	Scheduled For 10/03
	934552	09/18/2022	Scheduled For 10/03
	934683	09/18/2022	Shipped On 09/28
Cuddles Co.	933414	09/12/2022	Shipped On 09/18
	933422	09/14/2022	Shipped On 09/21
	934339	09/16/2022	Shipped On 09/26
	934387	09/18/2022	Shipped On 09/21
	934476	09/25/2022	Backordered
Stuffed Stuff	934341	09/14/2022	Shipped On 09/26
	934591	09/18/2022	Partially Shipped
	934633	09/26/2022	Backordered
	934664	09/29/2022	Partially Shipped

Press any key to see the rest of the list; ESC to end; ? for help.
For more detail place cursor over the order number and hit the Enter key.

图 11.5 New Zoo 输出显示屏幕，布局整洁，用户界面良好

应用程序的每一个输出屏幕上的信息都要保持一致。如果用户把鼠标光标移动到某个零售商的订单号上，会显示如图 11.6 所示的屏幕画面。这一新的屏幕提供了有关 Bear Bizarre 零售商的详细信息。在屏幕的主体部分，用户可以看到零售商的订单号、完整的地址、订购

Order #	Retailer	Order Date	Order Status
933603	Bear Bizarre 1001 Karhu Lane Bern, Virginia 22024	09/02/2022	Partially Shipped

Units	Pkg	Description	Price	Amount	Detailed Status
12	Each	Floppy Bears	20.00	240.00	Backordered Due 10/15
6	Each	Growlers	25.00	150.00	Backordered Due 10/15
2	Each	Special Edition	70.00	140.00	Shipped 09/02
1	Box	Celebrity Mix	150.00	150.00	Shipped 09/02
12	Each	Polar Bears	10.00	120.00	Backordered Due 10/30
				800.00	

Contact	Account Balance	Credit Rating	Last Order	Shipped
Ursula Major 703-484-2327	0.00	Excellent	08/21/2022	On Time

Press any key to see the rest of the list; ESC to end; ? for help.

图 11.6 若用户需要更详细的运输状态信息，可以调出一个单独的屏幕

日期和状态。另外，还可以看到出货的详细分类目录和每部分的详细状态。最后屏幕给出了合同名称和电话号码，同时还附带给出账户余额、客户信用级别和出货历史记录。注意，屏幕的底部为用户提示了有关的选项，包含更多细节、结束显示和获得帮助。该屏幕向用户提供了他们在看该屏幕时可能采取的下一步行动的控制。

分析员不应将所有的零售商信息挤在一个屏幕上，而应在出现问题时，能由用户调出某个零售商的信息。例如，如果概要屏幕显示某一订单只是部分发货，那么用户可以通过调出详细的零售商屏幕，对订单做出进一步的检查，然后采取相应的行动。

咨询时间 11.3

该图应采用柱状图吗?

“Gee，他们雇了你们这帮家伙，我很高兴。我知道因为有了你们，Redwings下一季度的成绩将会更好，我的工作也将更轻松，”Andy Skors 说道。Andy Skors 是安大略省基奇纳市曲棍球队“基奇纳红羽毛组织”的票务经理。Andy 一直与你的系统分析团队合作，分析门票销售计算机化的系统需求。

回想前文可知，我们在上一次听说系统分析团队（由 Hy Sticking（领导）、Rip Shinpadd、Fiona Wrink 和你组成）时，你正与人争论是否加速项目进程和设置团队生产力目标（参见咨询时间 3.5“目标管理”）。

Andy 正与团队讨论有关系统建议中的内容，以使它尽可能地对红羽毛组织管理层更有说服力。“我知道他们会喜欢这幅图的，”Andy 继续说道，“这是我在你问我所有那些有关以往票务销售问题后绘制的，Rip。”

Andy 把柱状图递给 Rip，Rip 看了看该图（见图 11.C1），并抑制住微笑，“既然你在这儿，Andy，为什么不为我们解释说明一下呢?”

就像球员刚刚离开受罚席一样，Andy 开始流畅地讲述该图。“噢，我们的门票销售量在 2020 年空前高。那年我们是大受欢迎的明星。如果他们允许，我们可能已经把记分牌当作座位销售出去了。不幸的是，门票销售量在 2022 年空前低。我的意思是，我们正在谈论一场灾难。门票的上升速度比冰河运动速度还要慢。我不得不说服球员在去大型购物中心时把门票发出去。为什么呢，只要看看这个表格就知道了，太可怕了。”

“我认为门票销售计算机化将有助于我们分辨出支持者是谁。我弄清他们是谁，并使他们回到球场，忠心于我们。那将是我们争取达到的一个良好目标，”Andy 最后说道。

随着 Andy 的演讲结束，Hy 看上去好像认为这 20 分钟的演说永远没有结束。Fiona 注意到他的情绪，说道：“感谢这些数据，Andy。我们将设法使它们成为报表。”

当 Fiona 和 Rip 与 Andy 一起离开房间时，Hy 意识到长凳上空无一人，因此他就请你（第 4 个团队成员）指导 Andy 完成条状图，以列表形式给出你所看到的问题。Hy 还希望你拟定一些替代方法来绘制门票销售量数据的曲线图，以便在系统建议中包含正确且有说服力的门票销售量曲线图。试画出两种不同的曲线图。

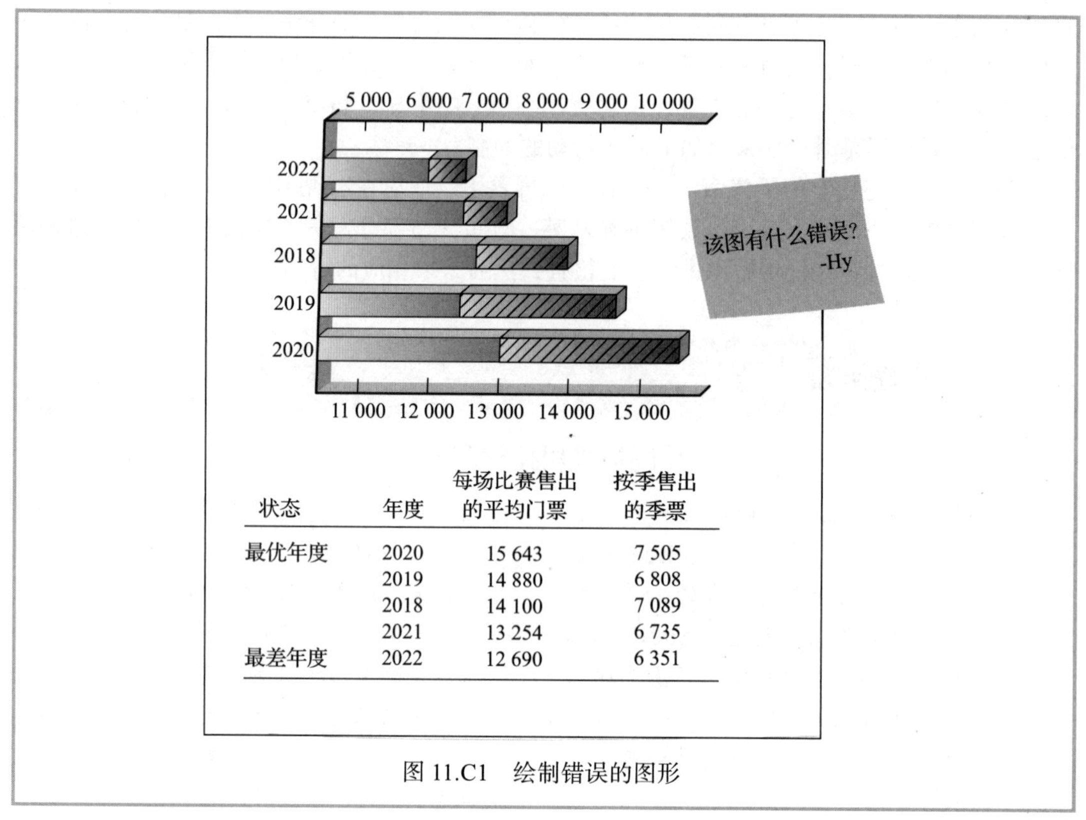

状态	年度	每场比赛售出的平均门票	按季售出的季票
最优年度	2020	15 643	7 505
	2019	14 880	6 808
	2018	14 100	7 089
	2021	13 254	6 735
最差年度	2022	12 690	6 351

图 11.C1　绘制错误的图形

11.5.2　在屏幕设计中使用图形输出

图形输出的功能非常强大。在正确的图形显示下，更容易辨别出趋势或观察到模式。大多数人更容易发现图形中的差别，而不容易发现表格中的差别。选择正确的图形格式来表达自己的意图是非常重要的。

与表格输出一样，为了能有效地与用户交流，图形输出必须是准确的，并且是容易理解和使用的。决策制定者在使用图形时需要知道一些构造图形时的假设（偏差），这样就能对图形做出调整或补偿。

设计图形输出时，系统分析员必须确定：图形的用途、需要显示什么样的数据、读者对象，以及不同的图形输出对读者的影响。在决策支持系统的实例中，图形输出的用途是支持问题解决的三个阶段中的任何一个：情报、设计或选择阶段。内布拉斯加州的州巡逻力量规划决策支持系统的实例如图 11.7 所示。这里使用不同阴影图案的条形代表当前的反应时间、预测的反应时间和最低需求。

11.5.3　仪表板

决策者需要有助于他们有效而快速地做出决策的输出。如果决策所需的全部信息都显示在他们面前，则有助于主管和其他决策者。如果是一份书面报告，决策者更喜欢所有信息都包含在报告中，而不用去其他地方寻找信息。同样的原则也适用于屏幕设计。

仪表板与汽车仪表板类似，有许多不同的仪表。每个仪表可以显示图形（类似于每小时的速度）、问题灯光（类似于表示自动刹车系统不正常的灯光），或文本（就像统计行驶距离的里程表）。

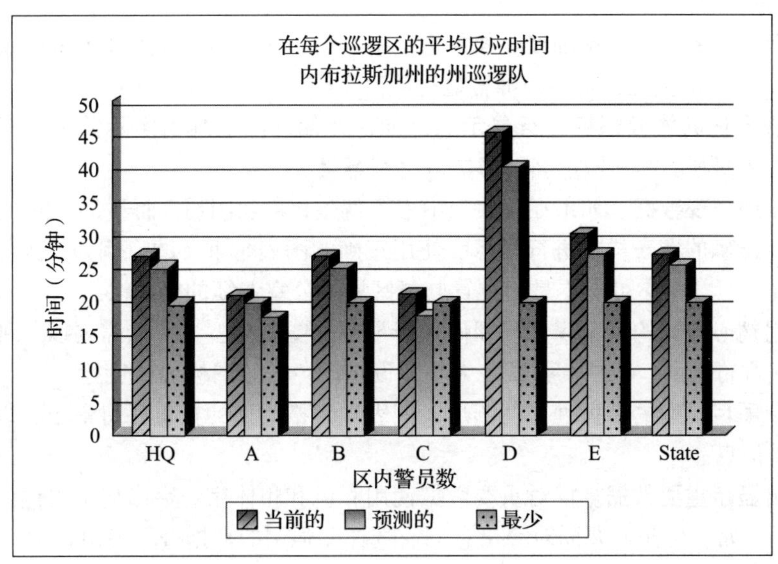

图 11.7 在屏幕上检查巡逻队反应时间的柱状图

仪表板特别适用于决策的前提是仪表板设计得当。图 11.8 中的仪表板说明单个屏幕上可以包含大量信息。使用信息图（在本章其他地方讨论）对用户会有所帮助。

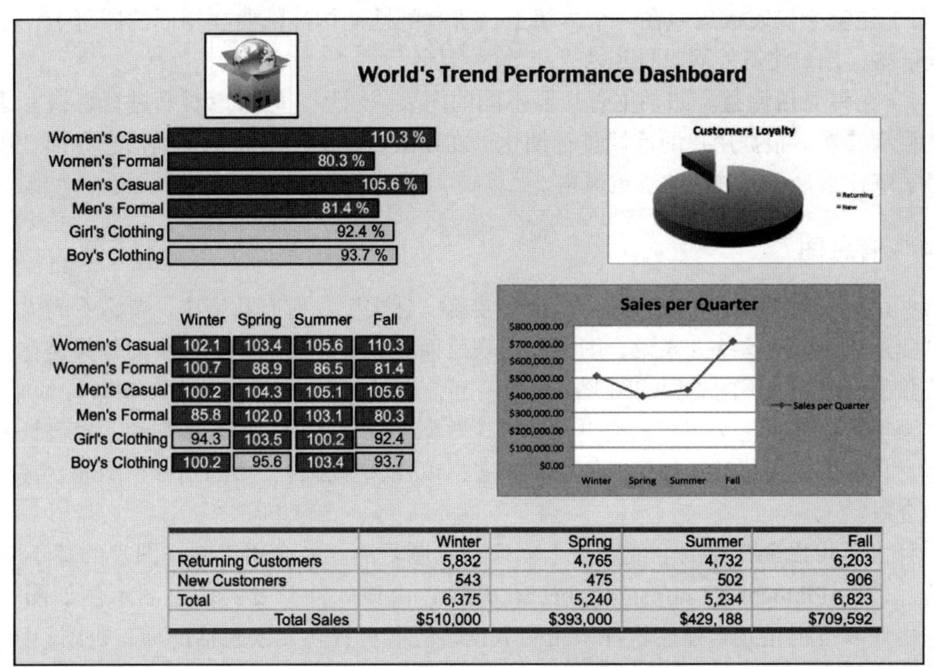

图 11.8 该仪表板具有多种显示值，描述不同性能测量值以辅助决策

仪表板是用来向用户传达测量结果的。主管利用仪表板查看各项性能指标，并根据屏幕上显示的信息需求采取措施。Tableau 是一个可视化软件，这个软件有助于为决策者开发显示数据分析的界面。以下是一些有助于使仪表板更吸引人、更有效的经验规则。

（1）**确保数据有上下文**。如果屏幕仅显示上个月的销售额为 851 235 美元，那意味着什么？销售额比平均值高还是低？

（2）**显示合适的汇总和精确度**。如果把上个月的销售量显示为 851 235.32 美元，而不是 851 235 美元或 851K 美元，就会使屏幕显得混乱。

（3）**选择合适的绩效指标进行显示**。例如，在偏差图上画出实际销量与期望销量的差值，比使用线条图画出实际销量和期望销量更有意义。

（4）**公正地表现数据**。如果在仪表板中引入偏差，就会阻碍（而不是帮助）良好的决策。

（5）**选择正确的图表样式进行显示**。使用正确的图表是重要的。例如，虽然饼图可能是说服某人的好工具，但它可能不是让主管监督区域办公室业绩的好办法。

（6）**使用精心设计的显示媒体**。即使选择最好的图表类型，仍然需要以一种有意义且令人满意的方式进行画图，包括调整图表大小，设定颜色，给图标加标签等。

（7）**限制项目类型的多样性**。使图形、图表和表格类型的数量保持最小，以便能够快速而精确地传送信息。

（8）**突出显示重要数据**。仅对重要数据使用彩色和粗体字。突出显示关键的工作指标或正在发生重要异常，但是不要同时突出它们。选择要强调的数据进行突出显示。

（9）**将数据按有意义的小组进行编排**。由于显示的数据或者图表类型，工作指标总是与其他工作指标相关联。了解如何把相关的数据项组织在一起。

（10）**保持屏幕整洁**。避免使用可能会分散用户对数据的注意力的照片、装饰商标或主题。

（11）**使整个仪表板集中在一个屏幕上**。所有的性能指标都要在相同的屏幕上。如果被迫切换屏幕，用户将不能同时看到两个相关的指标。

（12）**允许灵活调整**。如果主管想要不同的图表或图形，则考虑对其进行替换。建立仪表板的原型，然后根据用户的反馈进行细化。在以最合适的形式获得正确信息方面，决策者通常最了解什么最合适自己的决策风格。

11.5.4 信息图

有些用户没时间从表中获取信息。他们要么“迷失”在所有数字中，要么看到太多表格就感到疲惫烦躁。对这些人来说，图形和图表反而更有效。因此，下一步的趋势是在一个视图中将数字、图表和不同类型的图形组合在一起，构成一个*信息图*（infographic）。

*信息图*可以表示比文字或表格更好地传达数据的任何图形、图表或图片。对设计人员来说，这意味着可视化地显示数据以便用户查看，以及选择哪种类型的图形、图表，甚至哪种数字最合适。

设计人员可以选择在纸上或网页上创建信息图页面。一个用于制作图表的基于 Web 的应用程序名为 Piktochart（https://piktochart.com），由该软件开发的信息图示例如图 11.9 所示。它用许多可视化元素描述软件采用的数据，这些可视化元素包括图标、饼图、区域图、文本和客户排名（从 1 到 5 星）。客户满意度也可以通过皱眉或微笑等动图符号的数量来描绘。请注意，艺术家使用了有限的红色、蓝绿色和黑色调色板，与浅黄色背景形成对比。红色是一种高能量颜色，能引起人们对信息图重要信息的关注。

信息图具有新闻价值，作为开始的标题要简短且引人注目。然后设计人员巧妙地设计一小段信息，结合图形一起阐述问题。设计元素包括图表和图形、图像（主要是图标和漫画，很少使用照片)、简要文本中的摘要信息，以及读者可能想要采取的联系信息或某些操作。社交媒体上观看和共享最多的内容是可视化内容，因此设计图表以传达想要共享的内容是有意义的。

图 11.9　使用各种设计元素的信息图表，可视化地呈现有关客户软件采用的数据

11.6　数据可视化

数据可视化是以图表、图形、地图或其他可视化形式表示数据。它用于使复杂的数据易于理解。对大多数人来说，图表或地图中显示的数据比在表格中显示相同的数据更容易理解。商业数据可视化工具包括 Tableau、QlikView 和 Zoho 等。

Datawrapper（数据可视化工具）托管了一个有趣的数据可视化网站。除了可用于数据可视化的工具外，Datawrapper 还托管了一个名为“ The River”的社区网站。他们将其称为与其他 Datawrapper 用户交换图表和其他图形的地方。任何人都可以访问 The River，查询可视化效果，在 Datawrapper 中自定义图表，并将其发布到自己的网站上。图 11.10 是一个 The River 制作的可视化效果的示例。

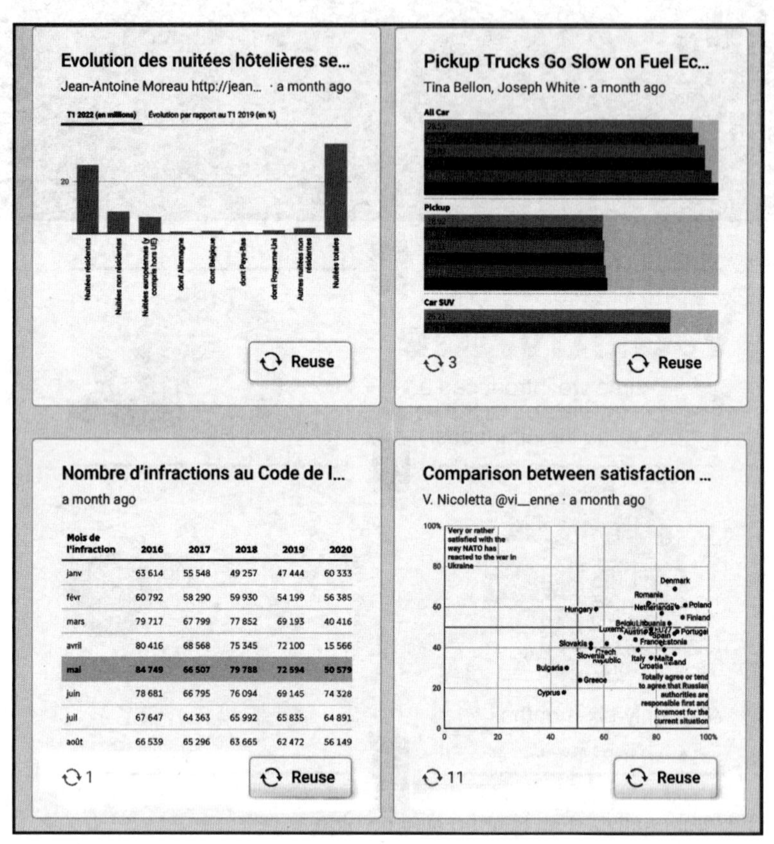

图 11.10　可视化工具 Datawrapper 的 The River 社区是那些想以图形方式显示统计数据的人可以重用数据可视化的地方（图片来源：Datawrapper）

有些组织收集数据。这些数据来源包括世界银行、世界卫生组织（WHO）、国际货币基金组织（IMF）和各种非政府组织（NGO）。也有人报道这些数据，比如记者。问题是创建图表非常耗时。数据必须从收集器下载，使用 Microsoft Excel、R 或其他数据可视化应用程序进行处理，然后进行设计（选择图表和页边距的大小、选择字体、编写标题和添加脚注）。The River 让记者能够找到一种合适的风格，并尽可能快速、轻松地启动和运行可视化。

The River 上发布的数据可视化可以远远超越基本图表和图形，有效地提供增强的图形。增强的图形可以在单个图表上显示更多的变量和更多类型的变量。此外，该软件可以识别数据中异常值的趋势、模式，甚至原因。这使得数据可视化成为一种非常强大的工具。

使用数据可视化的优点如下：

（1）以更好的方式查看数据。

（2）能够识别趋势和模式。

（3）能够同时看到多个属性。

（4）便于快速做出决策。

（5）能以更有效的方式与他人沟通信息。

R 语言是目前数据挖掘中最常用的编程语言之一。这是一种适用于数据可视化的开源并免费使用的语言。英国广播公司（BBC）制作了一个与 BBC 报道中使用的图形类似的绘图包和操作指南。虽然需要大量的练习才能掌握创建图形的技能，但是这些教程是有价值的。

以下是一些关于可视化的注意事项。首先注意：

（1）一定要选择正确的图形。

（2）一定要明智地使用颜色。

（3）如果可能的话，在同一张图上绘制不同的变量或属性。

（4）一定要意识到，不同的客户会对可视化有不同的看法。

以下是一些需要注意的错误：

（1）不要选择错误样式的图形。

（2）不要把可视化变成信息图。

（3）不要在可视化中引入偏见。

（4）不要期望每个人都喜欢你创建的可视化效果。

11.6.1　数据可视化与纽约地铁系统

假设不是每个人都会理解或欣赏你通过数据可视化创建的图形。例如，为每天提供近 600 万次乘车服务的纽约地铁系统设计的纽约市交通运输管理局地图，其广泛使用的系统图已经被重新设计了多次。

上一次重大的设计更新是在 1979 年，以取代 1972 年绘制精美的一张抽象地图。为了让地铁线路图看起来更清晰，图中的地理位置与实际位置不符合，因此该地图遭到了许多投诉。该图的主要问题是它让车站看起来比实际更近，而且很难确定哪个车站离乘客的目的地更近。

据报道，在设计 1979 年的地图时，设计师们闭着眼睛乘坐整个地铁系统，以便感受曲线。该地图（见图 11.11）包含了这些曲线以及它们在地面上相应的定位线索。例如，中央公园的湖泊帮助乘客确定去哪个车站坐车，一旦乘客登上楼梯到达街道时就可以确定自己的方向。虽然 1979 年制作的地图大部分仍然失真，但却被纽约人更看好（Genzlinger, 2020）。

尽管这张地图打破了许多传统的设计智慧，但它仍然取得了成功。例如，有人建议一个使用三种或四种字体样式的设计，但纽约市交通运输管理局（Metropolitan Transit Authority, MTA）地图上大约有 20 种不同的字体样式，大小、颜色、权重和字距各不相同。然而，它还是起了一定作用，经过一些调整，这张地图使用了 40 多年。

在编写本书的过程中，MTA 推出了一个新的地图（如图 11.12 所示），并要求提供反馈意见。在这个时候，我们不知道它是否会被纽约人接受。你可能首先会注意到中央公园仍然是绿色的，但湖泊并没有出现。另一个非常引人注目的方面是地铁线路的描绘方式。在这张新地图中，地铁 R、W、N 和 Q 线各用一条线表示。在 1979 年的地图中，这四条线是由一条“主干”线表示。此外，曲线的角度变得更尖锐。

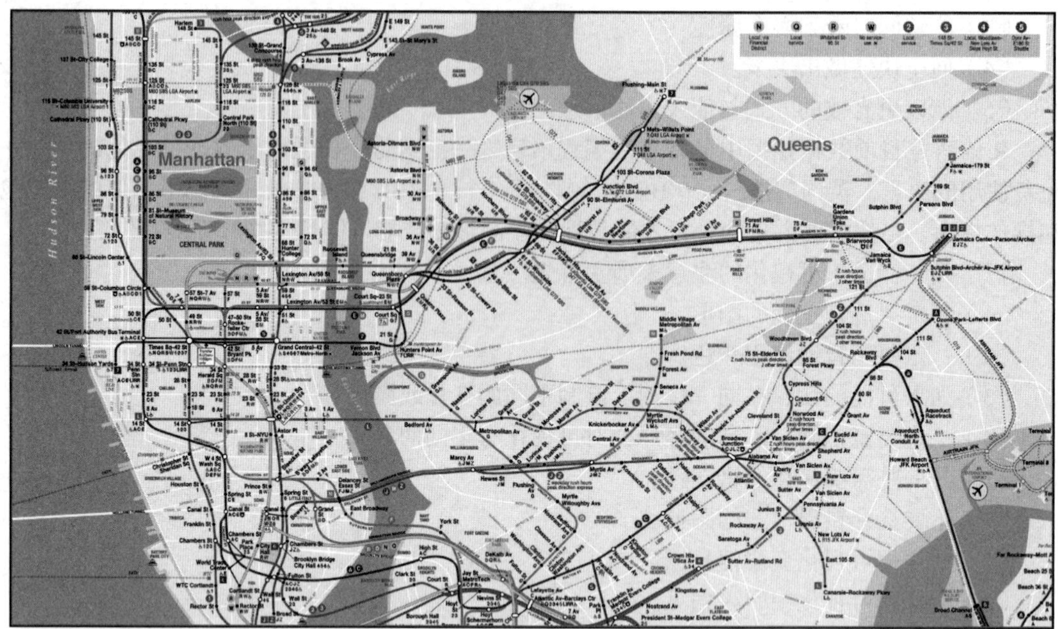

图 11.11　目前的 MTA 地图最初于 1979 年为纽约市地铁系统设计，其特征曲线能够帮助乘客定位（纽约市交通运输管理局）

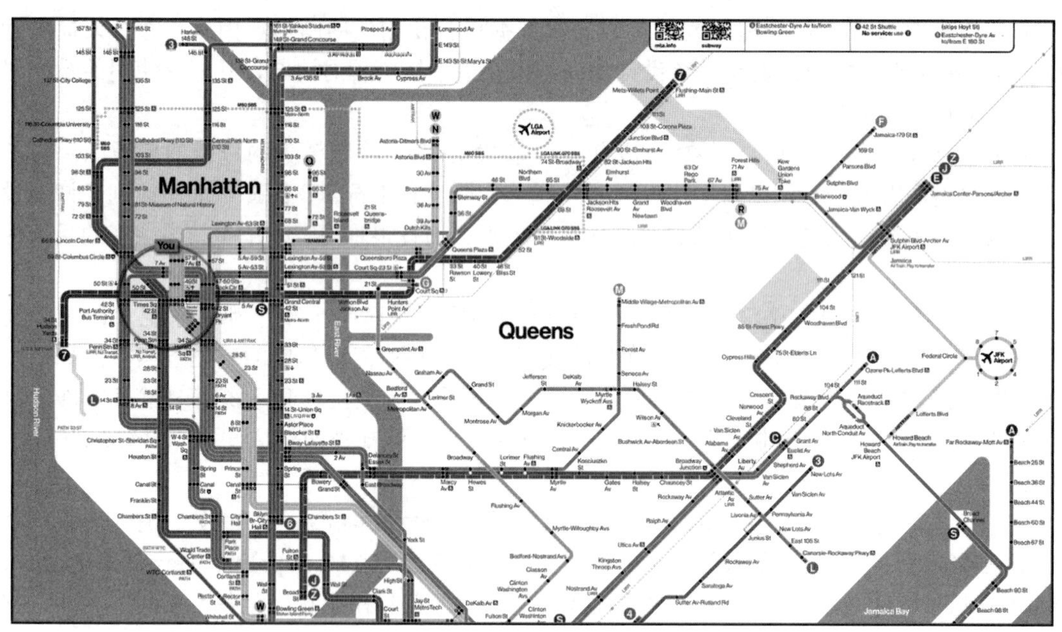

图 11.12　新的实验性 MTA 地图将地铁线路描绘成锐角，仅显示了最少的地理细节。与现有的设计相比，乘客们会更喜欢这种棱角分明的设计吗（纽约市交通运输管理局）

MTA 进一步推出了一种新的数字交互式地铁地图，如图 11.13 所示，这可能是 MTA 最大的成功，但也可能不是（Goldbaum，2020）。这张由 Work&Co 无偿创建的地图在地理上是正确的，但由于它是交互式的，地图会根据乘客的需求重新配置。乘客可以从他们乘坐的地铁线路的放大视图中看到他们在特定时刻的位置。

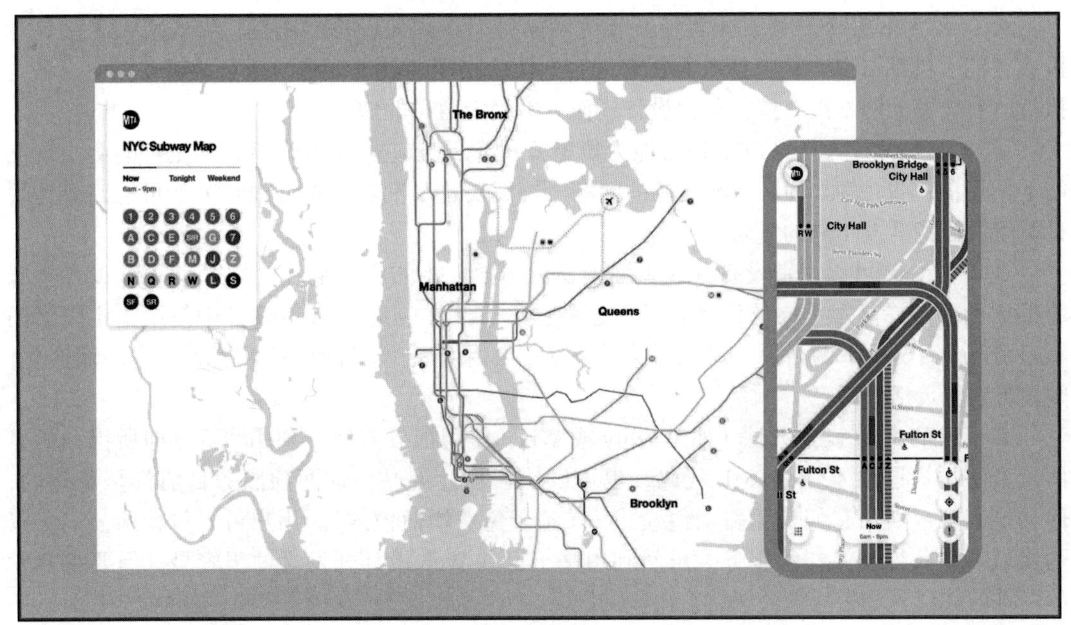

图 11.13　新的交互式 MTA 地铁地图可以为特定的乘客定位，这比纸质地图所能做得更多（纽约市交通运输管理局）

这张地图对城市游客和所有需要知道地铁线路是否无法正常运行的人来说当然很有价值，但它会比现在使用的张贴标志、地图、谷歌或苹果地图更有用吗？我们认为这取决于随后的改进。我们仍然需要一个单独的应用程序来告诉我们，在一列长长的火车上，哪节车厢会打开车门，通向离目的地最近的车站楼梯。

预计数据可视化将在许多方面继续改善人们的生活。

11.7　设计网站

设计网站时，可以借鉴设计屏幕界面时所采用的一些原则。记住，这里的关键词是站点。在互联网上使用 HTTP 协议显示的第一个文档叫作主页。但很明显的是，公司、大学、政府部门以及个人不可能只显示一个网页。术语“网站”替换“主页”，说明我们需要依次地组织、整理、设计、开发和维护一组网页。

打印是一种高度受控的输出媒介，并且需要分析员对输出布局有独到的见解。GUI 和基于字符的用户界面也是高度受控的，而 Web 是一个极少受控的输出环境。

11.7.1　响应式网页设计

不同的浏览器显示出的图像是不同的，并且屏幕分辨率对网站的外观和用户的感受有很大的影响。现在已经没有“标准”分辨率可言。很多年来，显示器的屏幕高宽比为 4 : 3，常见的分辨率为 1 024 × 768 像素或 1 600 × 1 200 像素。然而，现在的显示器都是全高清，屏幕高宽比为 16 : 9。若有的用户使用智能手机和平板计算机等手持设备浏览 Web，那么这会使得分辨率问题变得更复杂。认识到每个用户会设置不同的浏览器字体，并且会禁用 JavaScript、Cookie 和其他 Web 编程元素，则问题就更加复杂了。分析员和用户在设计网站时需要面对许多决策。

响应式 Web 页面设计意味着使开发的网站可以在任何设备上浏览，台式机、平板计算机或智能手机都可以。这包括查看所有内容，体验相同的设计概念，以及能够在任何设备上执行所有任务。网站需要按百分比设计，而不是固定数量的像素。

虽然 Web 设计人员可以很轻松地为特定公司实现响应式 Web 设计，但是可能会出现网站上使用的广告（例如横幅）不流畅的问题。要解决这个问题，Web 设计人员可能需要为每种类型的设备开发不同的登录页面。

或者，Ajax 可以识别设备并在页面上显示不同大小的广告组件。自适应 Web 设计意味着根据设备选择显示不同的设计布局。这种设计方法在响应式 Web 设计中使用固定网格而不是流场（百分比）网格。一些设计人员认为，如果特定设备的设计和能力随时间而变化，则该方法更灵活。

基于云的 Web 设计方法（如 Weebly 或 Wix）使用拖放方法，利用“所见即所得”的界面，新手用户即便不懂 HTML 代码，也可以快速设计网站。这两项服务目前都是免费的，但功能有限，因为它们是免费增值模式（或基于免费增值模式）。用户可以付款给公司，以购买域名并获得网站托管服务。虽然利用基于云的 Web 设计开发网站很容易，但要将开发的网站转移到另一个托管公司就会出现问题。

除此以外，还有一些独立 Web 设计开发软件可用。这些软件包具有丰富的功能，没有广告水印，也不针对特定的主机。如果客户对托管公司提供的服务不满意，使用独立的 Web 设计开发软件可以更轻松地移动网站。

11.7.2　扁平化网页设计

最近，网页设计逐渐由拟物化设计（skeuomorphic design）向扁平化网页设计（flat web design）发展。在拟物化设计中，物体要加上阴影，这样看起来是逼真和三维的。例如，利用圆圈和阴影可以表示一个按钮。这是一种伪现实主义。另外，备忘录要做成螺旋装订的样子，地址簿要有膛线页面，桌面要做成吸墨纸的样子。这种设计方法已经逐渐过时，用得比较少。

然而，平面网页设计是一种简约的设计方法。与拟物化设计相比，扁平化网页设计干净且二维化，对所有设计中都附带的明亮调色板等多方面都进行了简化。其理念是只关注必要的东西。同时也清楚地表明，数字应用程序与其对应的物理实物是截然不同的。

图 11.14 比较了人们比较熟悉的对象（如日历和手机）的拟物化图标与扁平化设计图标，平面网页设计的图标很抽象，没有描绘物理实物的阴影和轮廓。

图 11.14　拟物化图标（3D，逼真）与扁平化设计图标的比较

扁平化网页这一趋势将让位于其他网页设计方法。最近真实感 3D 或拟物设计又开始复

兴。当开发新的应用程序和网站时，请继续搜索新的设计元素，例如强调创意类型的字体，纹理背景，插图网站，以地图为中心的网站以及具有微妙动作的网站。

11.7.3　网站设计的一般指导原则

除了本章前面讨论的一般设计要素外，还有一些特殊的指导原则适合于设计专业的高品质网站。

1. 使用专业工具

在设计网站时可以考虑使用 Web 编辑器软件，诸如 Adobe Dreamweaver、Website X5 Evolution（适用于 Windows）或 Rapidweaver（适用于 Mac OS）。这些工具的确物有所值。通过使用这些工具，在创建网站时会更有创意且更高效，而且可以比直接使用 HTML 更快地创建网站。另一种选择是使用 Weebly 或 Wix 设计网站，但这种方法可能对将网站转移到另一家托管公司有所限制。

2. 研究其他网站的设计

对你和其他用户认为很有吸引力的网站进行研究。分析其中使用了哪些设计元素，它们的作用如何，然后创建原型网页以模拟所看到的网站。(剪切并粘贴图形或代码是不道德或不合法的，但你仍然可以向其他站点学习。)

3. 查看专业人员设计的网站

查看专业设计的网页时，应自问："该网站在哪些方面设计合理？在哪些方面存在问题？用户如何与网站交互？"例如，网站是否有指向电子邮件地址的热链接、需要填写的交互式表单、消费者调查表、游戏、问答比赛、聊天室和博客等？颜色方案和普遍隐喻如何？

4. 使用所学会的工具

图 11.15 提供一个用来系统地评估网页的表单，该表单已经得到 Web 设计者的成功应用。在学习网页设计时，可以借助这样的表单来比较你将访问的诸多网站。

网站评估

分析员姓名 ______________

访问的日期：__ / __ / __

访问的时间：________ 已访问的URL ______________

设计	**需要完善**				**极好**
总体外观	1	2	3	4	5
图像的使用	1	2	3	4	5
颜色的使用	1	2	3	4	5
声音/视频（多媒体）的使用	1	2	3	4	5
新技术和产品的使用	1	2	3	4	5
内容和交互性					
内容	1	2	3	4	5
导航能力	1	2	3	4	5
网站管理和通信	1	2	3	4	5

得分　　　　/40

评价：

图 11.15　网站评估表单

5. 使用故事板、线框图和实体模型

Web 设计使我们联想到电影工业中被称为故事板（storyboarding）的做法。20 世纪 30 年代在迪士尼摄影棚里，每个情节都被画在一张纸上，然后按事件顺序串联成一个布告栏。（观看有趣简洁的故事板动画版本，请查看 https://disneyanimation.com/process/store/。）

在开发网站（或任何应用程序）时，故事板可用于说明屏幕界面之间的区别。它可以向网站访问者说明，为了找到所需的信息应如何导航网站。现在，在 Microsoft PowerPoint 或 Apple Keynote 上，幻灯片组织者通过单击就可以开发故事板，也可以利用 Microsoft Visio 或 OmniGraffle 绘制。

页面设计可以用名为网站线框图（wireframing）的过程来完成。之所以称之为网站线框图，是因为它只显示基本要素，没有颜色，也没有文字样式。图形显示为中间画一个 X 的方框。这样，每个项都充当一个占位符。

网站线框图允许设计者规划：

（1）总体设计，说明网页上的每个位置所显示的元素。

（2）导航设计，说明如何使用按钮、标签、链接和下拉菜单从一个网页移动到下一个网页。

（3）界面设计，说明如何通过输入数据或响应问题与网站进行交互。

线框的替代方案是实体模型（mockup），实体模型可显示输出和输入的样子，而不需要预先编写好底层代码来实现这些功能。

帮助系统设计人员开发实体模型的软件有很多，这些软件内置的很多对象可以被拖到屏幕界面上。它包含多种显示类型的模板，如台式机、笔记本计算机、智能手机和平板计算机。对智能手机和平板计算机进行设计时，同时考虑屏幕的两个方向。线框图和实体模型都是在第 6 章中讨论的非操作原型的一种形式。

6. 创建自己的模板

如果所创建的大多数页面都采用标准化页面，则能够快速启动并运行该网站，并且它将始终保持良好状态。网站可以使用层叠样式表（Cascading Style Sheet，CSS）制作，这种语言允许设计者只指定一次颜色、字体大小、字体类型和其他属性。这些属性存储在样式表文件中，可应用于许多网页。如果设计人员更改样式表文件中的规范，则使用该样式表的所有网页都会自动更新成新的样式。

7. 适量使用插件、音频和视频

虽然能做出专业网页的特性是很了不起的，但是要记住，不是每个查看我们网页的用户都有所有的新插件。不要让插件成为用户访问网页的阻碍。

咨询时间 11.4

你的工作很烦琐吗？

“我需要任何我够得着的东西，信息越多越好。请忘了你所听到的有关信息过载的废话吧，在我眼里没有所谓的信息过载。我需要所有的信息，报表不必组织得很美观，半页的报表也行。我需要所有的信息组织在一个表单上，这样我可以带入会场，有需要时可以拿出来看看。此外，我每个星期都需要报表。”Ari Kwon 声

明道。Ari Kwon 是大型家族式香肠公司 Link Meat 的副总裁。

在一次会谈中，Kwon 盘问起 Eun Lee。Eun Lee 是系统分析团队的一名成员，他正忙于为 Link Meat 公司设计一个信息系统。尽管 Eun 对于 Kwon 告诉她的东西存有疑问，她还是着手设计了一个印制报表，其中包含团队成员在分析阶段整理出来的所有重要的信息项。

系统分析团队根据 Ari 的指示设计了一个新报表原型，然而，将它交给他时，他好像改变了主意。Kwon 非常明确地告诉 Eun，他不能从报表中找到她所需要的东西。

“这份报表看起来很糟糕，零零碎碎的像一堆废物。幼儿园的小朋友用蜡笔都能制作出比它更好的报表。你瞧瞧，所有的信息都挤在一起，我不能发现任何东西。每笔交易卖掉的牛肉总量在哪儿？所有已售出的牛肉总量又在哪儿？有关我们在市区的商店的信息又怎么样？”Kwon 瞧了瞧报表说道。

很明显报表应重新设计。请设计一个更适合 Ari Kwon 的报表（或多个报表）。当分析员建议采用多个信息相对简明的报表时，应采取什么策略？若要实现用户提议的报表，但该报表又与分析员接受的设计培训背道而驰，那么在这种情况下存在什么困难？请加以评论。在信息过载的情况下，请在生成多个报表与生成一个包含 Ari 所需的所有信息的大型报表之间进行权衡，权衡的结果是什么？请给出对比这两种方案的提示（根据经验法则）。建议采用基于 Web 或仪表板的解决方案，其中的超链接能链接到所有 Ari 所需的信息。该方案的可行性如何？请用一段话加以描述。

11.7.4 网站设计的特殊指导原则

优秀的网站都是经过仔细筹划的。请注意以下内容：

- 结构
- 内容
- 文本
- 图像
- 表现形式
- 导航能力
- 网站推广

11.7.4.1 结构

网站的结构规划是开发专业网站的最重要的步骤之一。应考虑自己的目的和目标。整个 Web 结构中的每一个网页应向用户提供特定的信息或其他相关信息。有时检查一些专业网页，分析其内容和特性是很有益的。图 11.16 是在 DinoTech 网站的截图。该网站的目的和所使用的媒体非常匹配，相得益彰。在这个出色的网站中，我们应注意其作者在细节上所花的功夫。该网站上既有文字，又有图片、JPEG 图像和图标。另外，还有多种类型的链接：RSS、视频、子网站、聊天室、搜索引擎和很多其他功能。

为了帮助规划和维护可靠的结构，网站管理员可以从多种网站作图和映射工具中进行选择。许多软件包都内置了 Web 图表选项。这些工具不仅对于 Web 开发很有益处，而且对于维护网站来说更重要。就 Web 的动态特性来说，若链接到站点的一个网站在任何时候发生位置变化，那么网站管理员必须更新该链接。找一找进行 Web 功能测试或网站错误检查的应用程序。

图 11.16 DinoTech 网站使用了大量的超链接、RSS feeds、视频片段和标题广告（经 Microsoft 许可使用）

11.7.4.2 内容

内容是非常重要的。令人兴奋的动画，电影和声音虽然很有趣，但必须选择适当的内容以让用户保持兴趣。同时提供一些及时的建议、重要信息、免费报价，显示前十热搜页面主题，或者提供交互式活动，将用户从浏览模式转移到交互式模式。

粘滞性（stickiness）是网站可以具备的一个特性。如果用户在一个网站上停留较长的时间，则该网站具有较高的粘滞性。这就是商人在网站上摆设很多有趣的商品的原因。例如，一家在线旅游公司发布了许多视频，介绍如何成功地为周末出游或一个月的国外旅行打包随身行李。

可以使用象征物或图像作为网站中的隐喻。为此，我们可以使用主题，诸如网店，同时用附加网页显示出与该网店有关的各种隐喻，诸如熟食店。应避免使用过多的卡通图片，并且不能重复。

每个网站都应包含一个 FAQ 网页。这些 FAQ 通常是在用户体验和识别持续关心的主题的技术支持人员的经验的基础上建立的。80% 的问题将归入 FAQ 类别。通过全天候地为用户提供一些问题的既有答案，不仅能节省员工的宝贵时间，而且能节省用户的时间。FAQ 网页也向用户传递了这样的信息，即我们愿意与用户合作，同时我们也可以通过这种方式明白用户想要知道些什么。

网站可以利用预先编写的应用程序。这样的实例包括搜索引擎、地图软件、天气信息，以及新闻和证券行情。网站设计人员非常重视这些软件包，因为它们能够增强网站的功能，并且这些附加功能鼓励用户为其客户的网站添加书签，因为它们提供了有价值的额外内容。

11.7.4.3 文本

请记住文字也是很重要的。每个网页都应有一个标题，网页上出现的第一句话要有意义。要让用户知道，他们的确被导航到了正确的站点。网页的表达要清晰明了，这一点特别重要。

电子商务网站上的内容需要不断更新。内容管理系统（Content Management System，CMS）是强有力的软件工具，使分析员能够开发和维护网站和其他在线应用程序。Joomla! 是一个越来越流行的 CMS，在 www.joomla.org 网站上可以找到该软件。该软件基于 PHP 和 MySQL。与专用的价格昂贵且使用不广泛的 CMS 相比，Joomla! 是一个开源解决方案，任何开发人员都可以在通用公共许可证（General Public License，GPL）下免费试用它。

11.7.4.4 图像

下面列出了为网站创建有效的图像所需的细节信息。

（1）**使用最常用的图像格式之一：**JPEG、GIF 或 PNG。对于照片来说，最好采用 JPEG 格式，而 GIF 最适用于艺术图片。GIF 格式仅限于 256 色，但能包含一个透明的背景，使背景的像素在 GIF 图片中透现出来。GIF 图片是交错组织的，意味着 Web 浏览器会按帧连续地显示其中的图片，每一帧显示一个清晰的图片。

（2）**背景应尽量简单，确保用户能清楚地阅读其上的文字。**

（3）**创建一些专业级图像在网页上使用。**

（4）**图像要小，项目列表或导航按钮，**诸如 BACK、TOP、EMAIL 和 NEXT 等按钮，要能重用。这些图像保存在缓存中，即保存在浏览器所在的计算机硬盘驱动器上。一旦接收到了图像，再一次使用该图像时就直接从缓存中提取。对图像使用缓存能提高浏览器加载网页的速度。

（5）**在图像热点的标题属性中包含工具提示文本。**例如，如果要显示美国的地图，每个州都可以设置为热点。只要将鼠标指针移动到状态图像上，就会出现州名称。请注意，图像热点对移动设备没有用，因为没有光标可以悬停在图像上。

（6）**在各种显示和屏幕分辨率以及智能手机和平板计算机上检查你的网站。**在高端视频显示器上看起来不错的场景和文字，在其他质量低下的设备上看起来可能效果不会很好。

Mac 案例专栏

企业用户正在为内部和外部通信编写博客。博客是非正式的和个人的，可以经常获得评论和反馈。博客易于创建和更新，旨在每天推出新内容。公司正在使用博客进行广告宣传，并围绕其产品为消费者、客户和供应商构建社交网络，建立信任和客户关系。

监督企业博客是出于对参与者的责任感。制定监督实践的指导方针、政策和法律包括共享文化、道德和法律价值，例如尊重其他员工和客户，不发布任何敏感或秘密的公司信息或受版权保护的任何内容（未经许可），并排除任何仇恨、亵渎或侵犯任何人隐私的内容。

即使有了这些指导原则，仍然需要确保博客文章是用通俗易懂的语言编写的，而不是法律语言。最新的条目应该在博客的开头。它应包含以下元素：

1. 博客文章特有的永久链接，该永久链接永远不会改变。
2. 帖子的标题。
3. 主要链接，将读者连接到正在讨论的主题。
4. 可选摘要，通常出现在链接之后。
5. 博客正文或评论。
6. 图像（可选）。
7. 包含引用或引用其他来源的材料的块引用（通常采用缩进或以不同的字体将其与正文区分开）。
8. 其他人评论的链接。
9. 博客软件功能，如日历、搜索表单和其他通用功能。

其中一款备受好评的Mac桌面博客编辑软件是由Red Sweater开发的MarsEdit，它与WordPress、Micro.blog、Tumblr以及许多其他博客发布平台兼容。

11.7.4.5 表现形式

下面将详细讨论如何为网站设计一个引人注目的入口。

（1）**提供一个主页，向网站访问者介绍有关该网站的情况。**主页加载速度要快。经验表明，设计的网页要能在3秒之内加载完毕。（尽管我们设计的网页可能存储在大学的一台工作站上，但访问者有可能在自己家中使用较慢的Internet连接访问该网页。）主页或登录页面包括所有的图像在内，应少于100KB。

主页应包含许多选项，就像菜单一样。要实现这一点，最简单的方法是设计一组链接或按钮，并将它们放置在屏幕的左边或顶端。这些按钮可以链接到同一个网站的其他网页。

（2）**使用的图像数量要合理，并尽量最少。**如果一个网站包含的图像数量太多，那么加载时要花费较多的传输时间。

（3）**标题的字体要大，并且要使用鲜艳的色彩。**

（4）**对链接使用有趣的图像和按钮。**由一组图像组合成的单个图像叫图像映射，其中包含多个热点，作为连到其他页的链接。

（5）**使用CSS来控制Web页的格式和布局。**CSS将内容（文本和图像）与显示效果（表现）分开。CSS通常存储在Web页以外的一个文件中，并且一个样式表可以控制很多页的格式。例如，改变粗体字的颜色，就能改变所有使用该样式表的Web页。

（6）**使用分区增强布局。**通过Web页上的文本块可以实现分区控制布局。每个文本块可以根据屏幕左上角或者某一个大块的位置定义，并且可以具有宽度和高度，以及边界样式和背景颜色。分区使页面不需要表中套表，从而简化了设计。

（7）**在多个Web页上使用相同的图像。**这样可以保证网页的一致性，并能加快加载的速度，因为计算机在缓存中保存了图片，从而不需要重新加载。

（8）**使用JavaScript。**当鼠标移动并悬停在某些位置上时，可以使用JavaScript来更改图像，或者展开菜单等。JavaScript可以根据屏幕的高度和宽度重新格式化Web页。如果网站要供不同国家的用户使用，利用JavaScript可以检测使用的语言（浏览器设置），并将访问者重新定向到一个使用不同语言的 Web 页。

（9）**避免过多地使用动画、声音和其他元素。**

11.7.4.6　导航能力

您是否有兴趣关注网络上的链接？对于该问题最有可能的回答是：视情况而定。如果发现一个网站很容易加载，包含有意义的链接，并且能容易地返回到需要返回的页面，那么我们会认为很有趣。有趣不仅是好玩，它也是工作的重要组成部分。最近的研究表明，趣味性对于提高计算机培训的效率具有非常大的影响。

另一方面，如果我们因为可能进入一个需很长加载时间的错误网页而不能决定单击哪个按钮或热点，或是害怕选择错误的按钮或热点，则导航带来的将是痛苦而不是乐趣。这方面的例子是，访问一个软件公司的网页，查找有关软件产品最新版本特性的信息。若提供给我们的选择包括产品、下载、FAQ 和技术服务，那么单击哪个按钮会引导我们找到所需的信息呢？

确保在网站的每个网页上都包含一个返回到主页的导航栏和链接。站点访问者可能会发现一个使用搜索引擎的特别网页，但重要的是访问者能够轻松地返回主页。

最重要的是，确保用户能够快速找到他们想要的信息：用户应该能够使用精心策划、有意义的菜单项从他们当前所在的页面移动到包含他们想要的信息的页面。这些菜单项提供了多种线索（Budiu，2020），包括他们可以从链接标签、显示链接的上下文，以及他们已有的网站使用经历。使用导航帮助确定用户的方向。此外，设计师应该避免使用带有奇怪或品牌名称的菜单标签。

与其敦促设计者遵循三次点击规则（即用户只需点击三次鼠标按钮就可以从当前所在的页面移动到包含他们想要的信息的页面）到牺牲菜单的深度的地步，有研究（Nielsen&Li，2017）建议不如将重点放在设计，以便用户能够成功地找到他们想要的内容。一种方法是采用*超级菜单*，这是一种大的二维面板，可以将其划分为显示导航选项的组。

这些选项可以通过布局、字体设计甚至图标来进一步结构化。超级菜单一次显示所有可见的内容，这意味着用户不必进行任何滚动。用户可以通过悬停、单击或点击图标或链接来显示菜单选项。

为了解决超级菜单的可访问性问题，他们建议设计者将每个顶级菜单选项都设置为可点击的，这样可以创建一个常规网页，然后以完全可访问的 HTML 版本显示所有可用的下拉选项。保险公司 daveramsey.com 和时尚家居零售商 johnlewis.com 等网站都提供了可供探索和用作原型的超级菜单。

11.7.4.7　网站推广

推广自己的网站。搜索引擎不会立即找到我们的网站，相反，需要我们每隔几个月就给各个搜索引擎提交我们的网站。提交内容包含关键词，即所谓的*元标记*（metatag），搜索引擎使用它们把搜索请求连接到我们的网站。有关元标记的基本信息可以查看 searchenginewatch.com。你可以从各种来源下载免费的元标记生成软件。如果试图用电子邮件推广网站，则有可能被认为是垃圾邮件。

鼓励读者用书签标记你的网站。如果你的网站链接到或建议他们转到那些具有“全球最佳影评网页”或者“免费获取音乐”的网站，则不要认为他们近期还会回到你的网站上来。

如果他们用书签标记你的网站（Microsoft Internet Explorer 将书签称为收藏夹），则将鼓励他们再次访问。我们可能还要设计一个收藏图标，使用户能够在他们的收藏列表中识别出你的网站。

咨询时间 11.5

Field 的一天

“问题是，我变得烦躁起来。”Seymour Field 说。他是 Field 连锁店的老板，该连锁店有 15 家非常成功的鲜花店 / 室内植物市场，分布在美国中西部的三座城市中。“请看这里的东西。”他气愤地敲了一下计算机屏幕，说道，“我们使用这些系统完成所有职工工资管理以及所有的会计事务工作，而我却不能很好地使用。对于这一点我确实感到有点负罪感。你明白吗？”他用手指敲了一下屏幕，说道：“你看，计算机上都沾满了灰尘。我是一个很实际的人。如果设备放在这儿占用空间，那么我就应能使用它，或者至少能像花儿一样可以观赏和品闻，对不对？否则就丢掉它，这就是我的观点。一旦我对它感到厌烦，那么这将是一个灾难。好吧，请听我说，如果我仍然记得为什么会厌烦的话就会告诉你。”然后，Seymour 试图运行一个程序，但是该程序看起来不能正常使用。

系统分析员 Rosa Maceta 正在为整个 Field 连锁店开发一个系统。在原先系统建议的某一部分中，Rosa Maceta 为 Seymour 和他们的副总裁提供一个群组决策支持系统，以帮助他们设计一个策略，决定到哪个欧洲市场采购鲜花，将哪些鲜花运往哪家代销店，以及决定在代销店普通商品的库存数量，比如播种机、花瓶、记录卡片和小饰品等。

Seymour 继续说道：“我来告诉你在我们所使用的程序中我们不喜欢的地方。这些程序中有太多该死的层和分支（或者有其他的叫法）需要我们执行。我面前的屏幕也像厚厚的一叠报表。你会把这叫什么呢？”

“菜单？”Rosa 在旁边提醒道，“其中关键的一点是，你不喜欢为得到你想要的页面而必须检查太多的信息。”

Seymour Field 高兴地看了看 Rosa，然后说道：“你说得对。我希望在每个屏幕上看到更多的字段。”

根据屏幕输出的设计原则，说明 Rosa 该如何设计才能达到 Field 小组的期望。记住，小组的成员都很忙，并且他们使用计算机的经验很少。设计一个能在 DSS 中良好工作的超链接网页，在首页上应显示些什么，在超链接中应保存些什么？列出每种情况下的元素，并解释为什么采用这种策略？

11.8 Web 2.0 技术

对于在组织网站工作的分析人员来说，战略性地纳入 Web 2.0 技术越来越重要，这些技术专注于通过 Web 实现和促进用户生成的内容和协作。我们在设计公共和内部网站时应考虑的那些熟悉的技术包括：博客、维基、公司存在的社交网络的链接，以及加标签技术（也称为社交书签）。加标签技术提供有用的指针指向在线资源，诸如网站、公司内联网上的目录、公司文档或者与组织和用户有关的照片。注意，Web 2.0 技术对外部可以面向客户端、顾客、厂商或供应商，对内部可以面向公司内联网。

对于面向外部的 Web 技术，把这些重要的协同工具添加到组织网站上的原因是显而易见的。公司使用协作工具跨越多个平台传达一个集成的品牌和通信策略，判断消费者的意见，获取反馈信息，创建用户社区等。面向内部的 Web 技术适用于构建员工关系、维护信任、共享知识、创新员工和员工群体间关系、更快速地找到企业资源以及培养组织内部的企业文化和亚文化等。

需求确定阶段可向你提供有关用户的偏好。在设计原型时，如果有一个深思熟虑的战略原因，可能还要在内部和外部网页应用 Web 2.0 技术。你所推荐的设计方案中的一部分可以包括添加协作工具。根据我们对试图采用 Web 2.0 技术的盈利性和非营利性组织的研究和实践发现，分析员应考虑以下五个方面：

（1）**认识到企业目标和关键的利益相关者目标之间的差异**。你在两个群体的观点中可以发现他们对协作技术的重视程度不同的原因。

（2）**在你的客户组织中为顾客发声**。为面向外部的网站推荐使用 Web 2.0 技术时，需要能够明确和有力地表达顾客对组织的需求。

（3）**认识到可视化网页设计对有效显示协作工具的重要性**。每当用户期望在 Web 页面上放置 Web 2.0 图标（如 Facebook 链接、Twitter 图标、标记功能等）时，您必须遵守惯例，或者至少强调新的协定（有关示例，请参见图 11.17）。用户越来越习惯于在公司网站上以可预测的模式显示这一系列交互选项。

（4）**经常修订和更新 Web 2.0 技术**。针对内部和外部网站上提供的协作工具，制订一个在风格、习惯和工具发生变化时对它们进行修订和更新的计划（和工具集）。

（5）**努力将 Web 2.0 技术与现有的品牌相结合**，确保消息在面向外部的网站和所有面向公众的通信中保持一致。

图标集名称	设计者或供应商	Facebook	LinkedIn	RSS Feed	Twitter
社交网络专业图标	Artbees	f	in		
圆形社交媒体	BlogPerfume.com	facebook	Linked in		
免费社交媒体图标集	Elegant Themes	f	in		
3D社交图标	pinkmoustache.net	f	in		
复古博客图标	Nikola Lazarevic	f	in		

图 11.17　Web 2.0 图标集（数据来源：Facebook、LinkedIn 和 Twitter）

11.9　社交媒体设计

为社交媒体设计输出和内容本身已经成为一种职业，但系统分析人员也可能会面临这些设计任务，即必须将社交媒体的设计作为整个组织的整体信息系统设计工作的一部分。企业使用社交媒体的原因很多，比如增加受众群体（通过在关键人群中定位用户）、增加已建立良好的网站的流量、增强品牌知名度，以及发展可信赖的在线个人网站等。许多有趣的互动活动可以添加到社交媒体帖子中，如游戏、比赛、竞争、奖励、刷分或者颁奖等，用于鼓励、激励和奖励用户参与（例如，通过他们的 Pinterest 账户将其从亚马逊购买的衬衫钉在 Pinterest 上）活动。

客户可以选择多种方式来发布可能对其他客户产生影响的内容或广告：Facebook，Instagram（通过该公司的 Facebook 广告）、Twitter（客户需要注册 Twitter 广告）、Snapchat、Google+、YouTube、LinkedIn、Pinterest，以及其他国家 / 地区的广告。虽然这些社交平台有一些相似之处，但它们也存在一些差异。例如，在 Snapchat 上，视频和照片一旦被查看就会消失，而在 Twitter 上，每次访问 Twitter 账户时都会重复使用主要的个人资料图片和用户名。因此，设计时要仔细对这些网站做出选择，并根据需要刷新新图片或其他图像。

为社交媒体设计的内容是高度可视化的，并且可视内容在社交媒体上共享的可能性是其他媒体的 40 倍以上。共享是让设计者利用社交媒体全方位展现其网络的核心。虽然社交媒体的设计建立在与内部网页或企业网站设计相同的原则上，但设计重点已从写作的清晰度和设计的有序度转向视觉强调。比如 Canva, Pablo by Buffer, Adobe Creative Cloud Express，和 Desygncr 等专业成像工具易于设计者使用，增强了社交媒体内容的视觉设计。

11.9.1　社交媒体设计指导原则

本节考虑以下四个方面的社交媒体设计原则：（1）强调设计目的；（2）开发一致的外观；（3）创造引人注目的设计流程；（4）积极简化使用空间。

11.9.1.1　强调设计目的

始终牢记要传达的内容才是最重要的目的。是否邀请参加？是否把新客户与新公司联系起来？对即将举办的活动，是否提醒已建立关系的客户？除了在 Web 网络展示公司以外，是否强调公司的社交媒体账号？分析创建这些内容的内在因素。聚焦于必须包含的社交媒体内容，排除第二和第三优先级的内容，这些内容应在更广泛的平台（如网站或视频）上开发。

11.9.1.2　开发一致的外观

发布在社交媒体的每个帖子中都应加入关键设计元素，如公司徽标或商标。继续使用组织已有的颜色模板（例如，绿色、棕色、蓝色可以用作有机食品公司户外种植的有机食品新鲜度的视觉线索），在为提供奢华服务或商品（黑色和金色是奢侈品的传统颜色，是很好的颜色选择）的公司设计社交媒体时，要仔细斟酌要讲述的故事。

颜色选择可以帮助客户理解你想要讲述的故事，故事中的关键元素可以改成某些颜色，以加深对客户的影响。利用带预设互补调色板的设计工具，或检查色盘，可以找到适当的颜色。

在开始新设计时，请确保颜色选择能反映组织的目的，并与其徽标相协调。与其他类型的屏幕和表单设计一样，字体种类限制在三个左右。字体种类过多可能会使观众分散注意力并失去故事主线。

11.9.1.3 创造引人注目的设计流程

慎重布置设计，以便保证在用户查看时的流畅性。屏幕左上方和左侧是显著的地方，社交媒体的重要信息应该在这些区域显示。对于熟悉英文字母的人，可以将设计的元素可视化为图案“E”、图案“F”或图案“Z”。在阅读英文内容时，我们的眼睛会遵循这些模式，因此关键的视觉元素最好放在那里。这些布局适用于社交媒体并且容易获得业务上的关注，使人们花在帖子或广告上的时间比其他设计模式更长。

11.9.1.4 积极简化使用空间

简化社交媒体设计的概念有时比较难以理解，因为它秉承“少即是多”的理念。正空间就像是乐谱中的“休止符”。休止符表示音乐中的无声段，乐谱象征性地显示音乐家在音乐恢复之前必须暂停的时长。休止符与音符的声音形成对比，但它对于连贯的声音至关重要。正空间的用处之一是设计内容发布，然后自问可以排除的内容。通常，额外对象、额外颜色或调整元素大小等无关因素可以删除，并使用正空间以显著的方式衬托出重要对象。

最后，用户标准和惯例在不断发展，制定策略以应对此问题的一个目标就是使用文本分析（Text Analytics，TA）软件，以解释客户从博客、维基以及其他社交媒体的响应中捕获的定性数据。实际上，当关闭通过为消费者和员工建立 Web 2.0 技术而创建的反馈循环时，这是可以向客户组织推荐的方法。

11.10 设计智能电话和平板计算机的 App

随着智能手机和平板计算机的功能越来越强大及其在组织中的普及，系统分析员需要把它们的软件概念化为应用程序。在计算机发展的早期，软件被称为程序。Apple 公司更喜欢称程序为应用程序。如果软件是专门为 iPhone 和 iPod 而设计的，则软件被简称为“App”。随着可以运行这些小程序的 iPhone 和 iPod 的推广，App 这个词也变得主流了。Apple 公司在 iTunes 上销售这些 App 的方式与它销售音乐的方式相同。你可以下载一个 App，然后把它安装在 iPhone 或 iPod 上。

开发移动电话或者 iPad 这种更大设备的 App，需要头脑风暴、想象、初步屏幕界面设计、确定用户界面和详细屏幕界面设计。很多设计人员喜欢使用 Adobe Illustrator，而另一些人则更喜欢使用 Adobe Photoshop。但在使用这些软件包之前，使用一块大白板和马克笔来开始 App 的设计可能是最好的办法。本章后面我们将研究用于创建实体模型的 App，实体模型是智能手机和平板计算机原型喜欢用的名称。

开发 App 的分析员试图以一种独特的方式来实现或创建用户需求。创建 App 的动机通常起于开发者，一般不会起于组织执行的正式需求分析。然而，用于屏幕界面和 Web 设计的诸多方法和工具，不仅适用于大型系统项目，而且也适用于 App 开发。

本节将讨论智能手机和平板计算机的小型屏幕的设计。然而，有趣的是，Apple 公司要求开发者以 512 × 512 像素的图标发送给 App Store。原始 Macintosh 计算机只需要 512 × 342 像素的显示屏，所以必须严肃对待智能手机和平板计算机的输出设计问题。

在本节中，我们讨论在任何操作系统中都适用的概念，不管是 Apple、Android，还是 Microsoft。我们以 Apple 的 iPad 和 iPhone 为例，因为目前平板计算机和智能手机的主要设备都是以这两款为主。

（1）建立开发者账号；

（2）选择开发过程；

（3）原创性；

（4）确定 App 的定价方式；

（5）遵循输出设计规则；

（6）设计图标；

（7）为 App 选择合适的名称；

（8）设计应适用于各种设备；

（9）设计 App 的输出；

（10）针对不同的方向再次设计输出；

（11）分享设计原型；

（12）App 的逻辑设计；

（13）移动设计；

（14）创建使用手势的用户界面；

（15）保护知识产权；

（16）销售 App。

本章将重点介绍面向设计的步骤。

11.10.1 建立开发者账号

Apple 对个人或企业用户都有软件开发人员账号。Apple 坚持对在它的 App Store 上销售的一切 App 进行审核，这意味着对软件开发人员和消费者都有一些限制。围墙花园模式在这里起到重要作用［围墙花园（walled garden）是指一批预先核准的 App，它们对外部开发者是封闭的］。在 App Store 上找不到任何具有令人反感的内容的 App。你也找不到一个了不起的 App，允许你对 iPhone 上的静音键重新编程，使它也可以作为一个相机快门。Android 系统拥有更开放的平台，开发人员可以在开源社区中开发应用程序。

11.10.2 选择开发过程

除非你开发一个成本超过 19.95 美元的专用 App，否则原型化方法最有可能是开发 App 的最佳方法。快速发布是重要的，而且第一个推出某种类型的 App 也具有很强的优势。在设计 App 时可以吸收敏捷开发方法的很多原则和价值。

质量不应该被牺牲掉，但是 App 可以先被引入，然后在随后的发布中增加功能。很多 App 开发者采取了这种策略，这种策略有很多优点。它使你由于第一个推出某个特定的 App 而赢得优势，而且它还允许你对 App 进行修订，添加新功能。同时，App 得到改进时用户会由衷地赞成。此外，App 出现在一个已被更新的 App 列表上，因而这也增加了可见度。

11.10.3 原创性

绝对不要抄袭其他开发者的软件，这么做是非法的和不道德的。确保你所开发的 App 具有不同的功能，并且不同于市面上销售的其他 App。要遵守所有的许可限制。

这似乎是显而易见的，但一些开发者没有意识到不能在自己的 App 中使用 Apple 商标。

在你的 App 中应避免使用 iPod、iPad 和 iPhone 等词，甚至要避免使用 Apple 这个名称。

11.10.4 确定 App 的定价方式

定价决策将影响 App 的设计。如果 App 包含广告功能，则广告将占据屏幕上宝贵的空间，并且有可能分散用户注意力。如果采取一种允许功能升级的定价策略，则需要考虑要求用户进行升级的界面。

有以下六种基本定价策略：

（1）选择低价策略。

参考苹果 App Store 中提供的免费 App 和免费增值 App，其 App 的均价约为 1.00 美元，游戏 App 的均价约 0.49 美元。绝大多数 iPhone App 的价格是 0.99 美元，而 iPad 的标准价格是 1.99 美元（而不是 0.99 美元）。如果你决定提供低成本的 App，则会看到很多同价位的产品。

（2）作为高价 App 推出。

高价 App 标价位于 19.95 美元以上。这些 App 的目标对象是专业人士，而且通常是桌面软件的 iPad 版本。Omni 小组提供了一套 App，它可以完成 Mac 应用程序的大多数功能。如果给一个 App 定为高价，则该 App 的用户会很少，但他们将是热衷用户。他们可能会要求你增加特征和功能，并提供充分支持。

Hot Apps Factory 团队推出了一个用于开发 App 的 App，.983 版本的入门价格为 19.95 美元。他们计划增加 6 个附加功能，并按每增加一个功能加价 5.00 美元的策略逐步增加价格。2.0 版本将按照每月收费的方式定价，每月 10 美元～ 200 美元，具体取决于所选功能。

（3）采用免费增值模式。

基本功能免费，高级功能需要程序内购买，这就是免费增值 App。在 App 开发的早期，许多用户认为他们被迫分别为每个功能付费，因此这种做法受到一定的抵触，但现在已经司空见惯。因此，在选择这种商业模式前要全面考虑。

（4）提供免费 App。

有时向用户提供免费 App 的做法是明智的。如果你是第 n 个编写这种 App 的人，那么这种策略可能是让用户采用你的 App 的唯一途径。如果你有其他 App 在售，这种方法可能会产生作用。用户可能为感谢你的工作而购买你开发的其他 App。

（5）通过减价来推销 App。

混合策略有时是最佳的。偶尔可以在短时间内降低 App 的价格，甚至免费提供它。Apple iTunes 现在每周提供一款免费 App，而且它网站每天都有免费供应。在理想情况下，如果你希望登上 Apple 的销售榜，提供一个免费 App 可能会实现此目标。

（6）接受广告。

如果你有一个非常有用的 App，并且大多数时间是开放的（例如，天气应用、股市应用，甚至是一个流行的游戏），则通过接受广告使 App 免费可能是有利的。如果在 App Store 网页上阅读有关某个天气应用 App 的用户评论，你将会发现客户不断要求提供没有广告的选择。因此，使用广告要谨慎。

11.10.5 遵守输出设计规则

遵守操作系统开发者提出的设计规则。Apple 拒绝了很多为 Apple iOS 开发的 App，因为它们违背了人机界面指南。有关人机界面的详细讨论，参见第 14 章。

11.10.6 设计图标

在智能手机或平板计算机上，图标和 App 名称一样重要。尽量设计简单、容易辨识且容易记住的图标。图 11.18 展示了由 Hot Apps Factory 团队开发的 App Cooker 中的一个例子。该 App 可以方便用户查看不同格式的图标的样式。

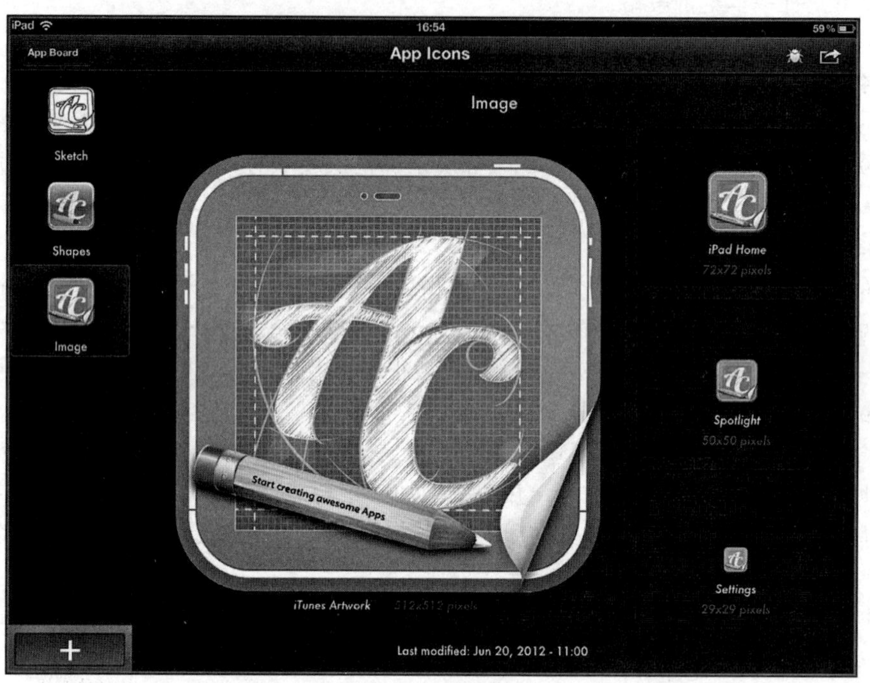

图 11.18 App Cooker（由 Hot Apps Factory 开发）允许设计人员查看 App 图标在各种形式下的外观（截屏自 App Cooker，版权所有 ©2011 Hot Apps Factory SARL。经许可转载）

11.10.7 为 App 选择合适的名称

App 名称不应超过 12 个字符。名称显示在主屏幕相应图标的下面，如果它超过 12 个字符，则在屏幕上显示该图标时一些字母会被丢弃。

11.10.8 设计应适用于各种设备

即使限于为 Apple 系列的 iPad、iPhone 和 iPod 开发 App，但也意味着需要设计灵活的 App。图 11.19 给出了屏幕显示间的一些区别。因此，在开发图标时应考虑为 Apple 提供很多不同规格的图标。如果图标太复杂，那么它们在不同的设备上看起来会不同。设计图标时，简单就是优点。

这些图标应采用矢量图形程序（如 Adobe Illustrator）创建。如果使用矢量图形，则可以对图标进行缩放，而不必创建很多不同尺寸的位图图像。从 1 024 × 1 024 像素设计开始，可以把图像缩小为更小的尺寸。如果创建一个 1 024 × 1 024 像素的图标，则将以杂志所需的 300dpi 分辨率打印成 8.89 × 8.89cm^2 的图像。

所需的图标	老款 iPhone 的尺寸（像素）	高分辨率 iPhone 的尺寸（像素）	老款 iPad 的尺寸（像素）	高分辨率 iPad 的尺寸（像素）
显示尺寸	320 × 480	640 × 1 136	1 024 × 768	2 048 × 1 536
应用程序图标（主屏幕图标）	57 × 57	114 × 114	72 × 72	144 × 144
在 App Store 中使用的应用程序图标	512 × 512	1 024 × 1 024（推荐）	512 × 512	1 024 × 1 024（推荐）
启动图像	320 × 480	640 × 960	768 × 1 004 及 1 024 × 768	1 536 × 2 008 及 2 048 × 1 496
Spotlight 搜索图标	29 × 29	58 × 58	50 × 50	100 × 100
设置图标	29 × 29	58 × 58	29 × 29	58 × 58
文档图标	22 × 29	44 × 58	64 × 64 及 320 × 320	128 × 128 及 640 × 640

图 11.19　Apple 智能手机和平板计算机有不同的尺寸

11.10.9　设计 App 的输出

虽然可以使用 Adobe Illustrator、Visio（适用于 PC）或 OmniGraffle（适用于 Mac），但也可以考虑使用那些为了创建手持设备上的 App 而专门设计的众多 App。一些专门为 Apple iPhone 和 iPad 而设计的有用的 App 包括 AppCraftHD、iMokups 和 App Cooker。

图 11.20 展示了设计人员在 App Cooker 应用程序中是怎样对一系列小组件进行选择的。该 App 与很多其他 App 一样，提供了适用于 iPhone 和 iPad 的模板，使设计人员可以精确规划 App 运行时在屏幕上的呈现。智能手机和平板计算机的屏幕设计原则与本章前面提到的那些原则相类似。

图 11.20　App Cooker 有一个小组件工具箱，可以用于屏幕界面设计（屏幕截图来自 App Cooker 应用程序，版权所有 ©2011 Hot Apps Factory SARL，经许可转载）

11.10.10 再次为不同的方向设计输出

一旦设计好了一个 App 的所有屏幕界面，应该将设备旋转 90 度，再次设计它。如果 App 是以横向模式设计的，则旋转设备并以纵向模式进行设计。

一些 App 的某种模式看起来比另一种模式更好。如果在一部智能手机上用 Safari 那样的浏览器阅读一整页文本，则可能熟悉以纵向模式观看屏幕。然而，在平板计算机上，文本似乎以横向模式看起来好一些，尽管显示的单词量完全相同。

这是因为文本都是左右对齐的，而单词间距似乎在纵向显示模式下要更大，所以阅读起来要困难一些。在 Kindle 那样的设备上，改变显示方法会改变一页上显示的单词量，从而也会改变列结构。用户喜欢选择他们自己的屏幕显示方向。

开发者可以利用不同显示方向的优势。在纵向显示模式下，计算器 App 可以提供非常简单的功能，而在横向显示模式下，可以转换为一个功能强大的科学计算器。为用户提供这种简单的选择，通常会受到欢迎。

11.10.11 分享设计原型

在开始编码之前，请抓住机会从朋友、潜在用户甚至开发人员那里获得有价值的反馈。AppTaster 等应用程序允许通过共享在 App Cooker 中创建的原型来测试应用程序设计。

11.10.12 App 的逻辑设计

平板计算机和智能手机非常适合于原型化开发方法，但有时 App 开发的最佳方法是描绘出逻辑，具体方法是运用第 9 章讨论的有关创建过程规范和结构化决策图形化建模的一些原则。

11.10.13 移动设计

从一个屏幕移动到另一个屏幕的不同方式会对用户体验产生完全不同的影响。不要弃之不管，必须仔细规划移动，利用故事板或 App Cooker 等应用程序规划如何从一个屏幕导航到另一个屏幕，如图 11.21 所示。

11.10.14 创建使用手势的用户界面

智能手机和平板计算机具有创新性的用户界面（技术上称为电容式感应触摸屏），因而在设计 App 时需要假设用户将要求触摸敏感界面，使用滑动、捏、拖和摇等手势。它们将期望得到不同类型的反馈，并且要有选择退出某些特征的能力。

在第 14 章介绍的人机交互、提供用户反馈和可用性中将更详细地讨论平板计算机和智能手机的手势和反馈。

11.10.15 保护知识产权

如果你把精力投入到了设计上，那么就要保护它，为设计的图标和徽标注册商标。最近已有竞争对象推出了具有一次性商标或图标的 App，它们非常类似于已经流行的 App。你可能还需要为你的 App 申请版权，这么做并不昂贵。

你也应该建立自己的*最终用户许可协议*（End User License Agreement，EULA）。EULA 给予他人使用你的 App 的权利，同时限制用户对该 App 进行处理的权限。

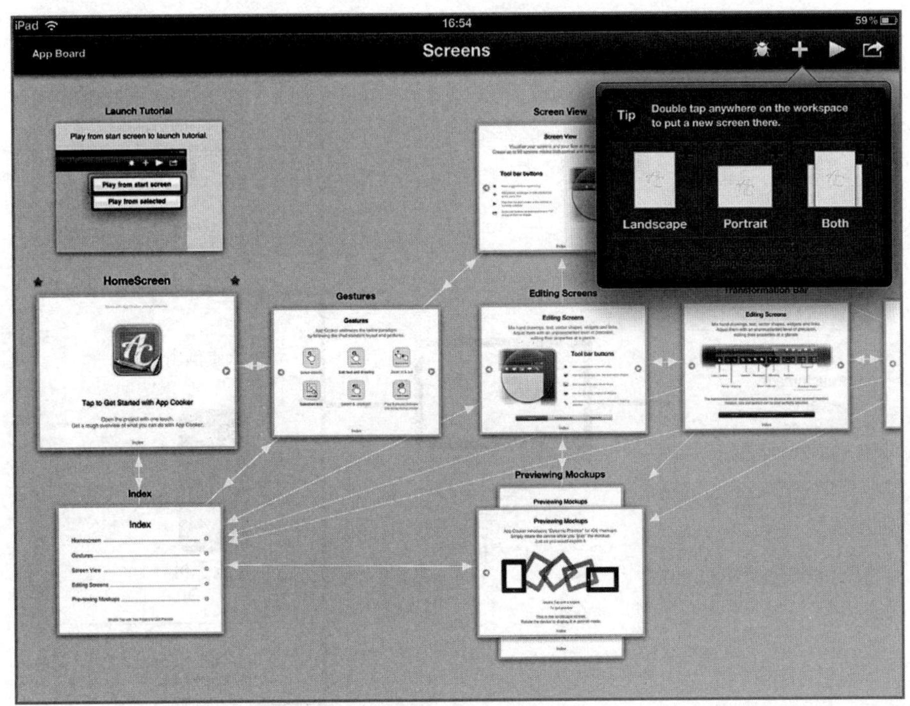

图 11.21 App Cooker 可以帮助规划将应用程序从一个屏幕移到下一个屏幕的方式（屏幕截图来自 App Cooker 应用程序，版权所有 ©2011 Hot Apps Factory SARL，经许可转载）

编写 EULA 时，需要考虑包括一项免责声明。有些用户可能因为不喜欢某个应用程序而要求退款。这通常是不合情理的，特别是当用户购买 App 的费用只有 99 美分时。然而，用户的期望并非总是与你的一致，因而要保护自己。Apple 有默认的 EULA，但建议做一个自定义的 EULA。

智能手机和平板计算机市场在不断变化，新推出的操作系统将改变未来的 App 设计方式。

11.10.16 销售 App

如果你有幸使一个潜在的用户访问你的 App 产品页，就需要说服这个人购买并下载你的 App。Apple 的 App Store 上的内容被分成了很多部分。为了销售你的 App，你将需要一个大型图标、一个产品描述、一个说明当前版本新功能的版面和一组屏幕截图样例。屏幕截图的选择非常重要。之所以提到这些，是因为良好的 App 设计是可以展现你的最好一面的基础。

销售 App 还有很多其他方法，但是相关讨论并非属于本书范围。对此可以参阅其他书籍和网站。

11.11 输出产品和 XML

输出产品因用来产生输出的平台而异。有很多不同的方法可以创建输出，从诸如 Microsoft Access 的数据库软件，到 SAS 那样的统计软件包，以及 Adobe Acrobat 那样的文档创建程序等。图 11.22 说明了转换过程。

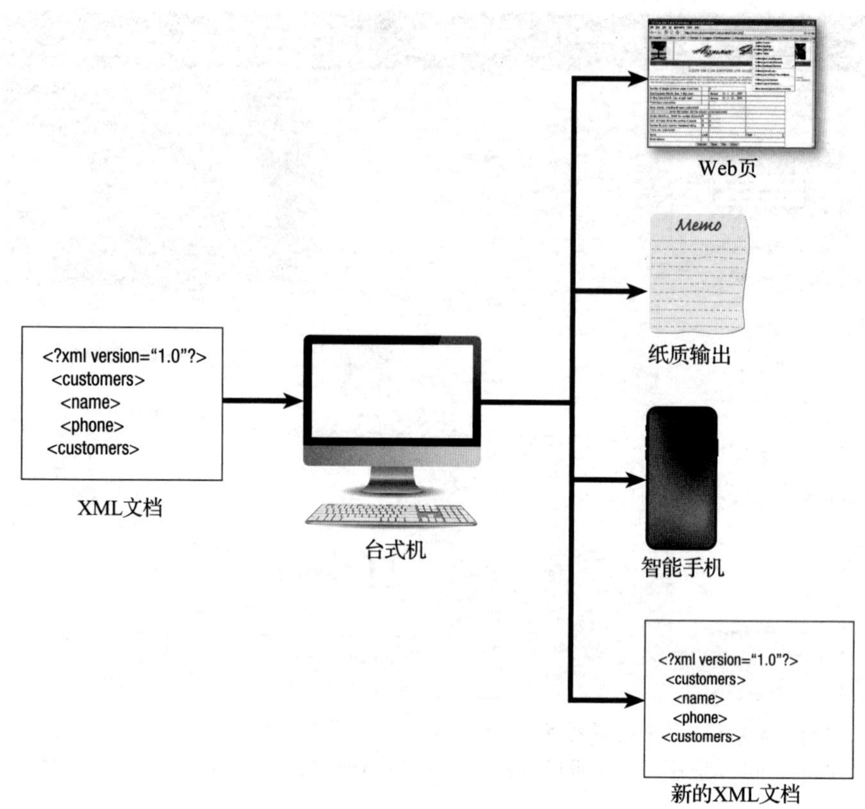

图 11.22　XSLT 软件可用来制作 XML 文档，并把它们转变成适合于各种平台的很多不同格式

我们在第 8 章讨论了 XML。使用 XML 的优点之一是 XML 文档可以转变成不同的输出媒体类型。这是使用级联样式表或扩展样式表转换语言（eXtensible Stylesheet Language Transformations，XSLT）完成的。这些方法强调了这样一种思想，即数据只要定义一次，就能以不同的格式使用很多次。

使用级联样式表很容易转变 XML 文档。样式表提供了一系列样式，诸如字体系列、大小、颜色、边框等，它们都与 XML 文档的元素相联系。这些样式可能因不同的媒体而异，诸如屏幕、打印输出或手持设备等。转变软件对设备类型进行检测，并应用正确的样式来控制输出。

例如，一个用于平面面板显示屏的样式可能使用丰富的调色板和无衬线字体，因为这种字体在屏幕上比较容易阅读。一种使用有衬线字体以及黑色或灰色颜色的不同样式可用来定义相同数据的打印报表。而对于手持设备或移动电话，可以使用更小的字号。

使用 CSS 的缺点是它们不允许分析员操纵数据，诸如重排元素的次序或排序，并且只可以增加有限的识别文本，诸如标题等。CSS 基本上用于格式化页面显示。

XSLT 是一种更强的 XML 文档转变方式。XSLT 允许分析员选择元素，并把它们插入一个 Web 页或另一种输出媒体。图 11.23 说明了文档转变过程。XML 显示在左边，而转换结果显示在右边。注意，只有在标记（标记是小于号“<”和大于号“>”）之间的数据包含在输出中。

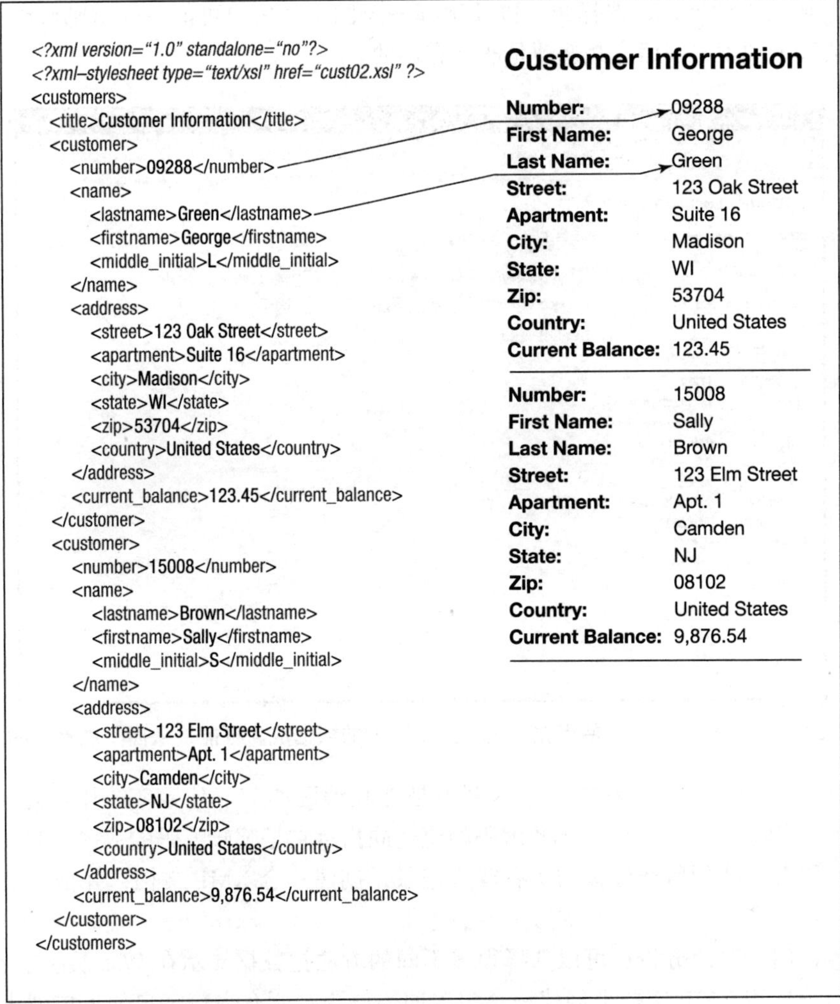
<?xml version="1.0" standalone="no"?>
<?xml-stylesheet type="text/xsl" href="cust02.xsl" ?>
<customers>
<title>Customer Information</title>
<customer>
<number>09288</number>
<name>
<lastname>Green</lastname>
<firstname>George</firstname>
<middle_initial>L</middle_initial>
</name>
<address>
<street>123 Oak Street</street>
<apartment>Suite 16</apartment>
<city>Madison</city>
<state>WI</state>
<zip>53704</zip>
<country>United States</country>
</address>
<current_balance>123.45</current_balance>
</customer>
<customer>
<number>15008</number>
<name>
<lastname>Brown</lastname>
<firstname>Sally</firstname>
<middle_initial>S</middle_initial>
</name>
<address>
<street>123 Elm Street</street>
<apartment>Apt. 1</apartment>
<city>Camden</city>
<state>NJ</state>
<zip>08102</zip>
<country>United States</country>
</address>
<current_balance>9,876.54</current_balance>
</customer>
</customers>
Customer Information
Number: 09288
First Name: George
Last Name: Green
Street: 123 Oak Street
Apartment: Suite 16
City: Madison
State: WI
Zip: 53704
Country: United States
Current Balance: 123.45
Number: 15008
First Name: Sally
Last Name: Brown
Street: 123 Elm Street
Apartment: Apt. 1
City: Camden
State: NJ
Zip: 08102
Country: United States
Current Balance: 9,876.54

图 11.23 XML 转换示例，XML 显示在左边，而转换结果显示在右边。只有标记之间的数据包含在右边的输出中

11.11.1 Ajax

Ajax 技术同时使用 JavaScript 和 XML，在不离开 Web 页的情况下以平面文本或 XML 从服务器获得少量数据。这是一大优点，因为这意味着不必重新加载整个 Web 页。它允许 Web 页根据用户输入的选择重新加以格式化。因为 Ajax 也与用户输入有关，所以将在第 12 章更详细地介绍 Ajax。

这里之所以讨论 Ajax，是因为输出影响也很重要。确定一个 Web 页上何时应增加或改变数据以及识别引起改变的条件，是分析员和设计人员的责任。问题的提问顺序也会影响设计。

图 11.24 展示了一个使用 Ajax 开发的 Web 页示例，它说明 Ajax 使得在一页上显示更少的数据成为可能，从而使输出看起来比较整洁而不会引起混乱。在这个例子中，用户输入四种方法之一来缩小搜索范围，以查看当前客户列表。用户可用的选项是：输入邮政编码的前

三位数字、输入电话区号、选择州，以及选择一个国家。用户可能不知道邮政编码或区号，需要按州或国家搜索，因而这些选项是非常有用的。

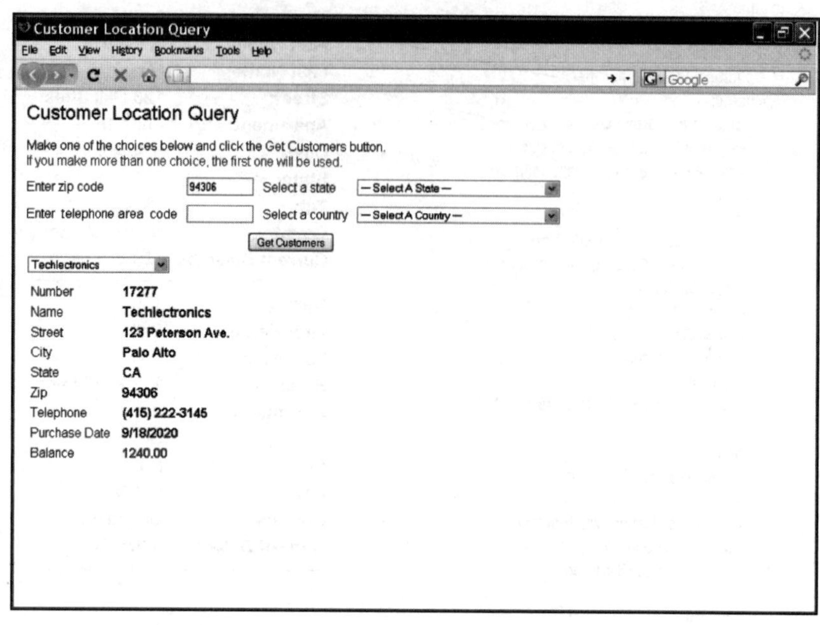

图 11.24　采用 Ajax 的网页使得在一页上显示更少的数据成为可能，从而实现整洁的显示

在输入一种查找定位方法之后［本例中是邮政编码的前三位数字，用户点击了“Get Customers”（获取客户）按钮］。邮政编码的值连同指示它是邮政编码的数据一起发送给服务器。然后，服务器找到所选位置的所有客户记录，创建一个 XML 文档，并把它发送给相同的 Web 页。

设计输出时，系统分析员可以选择很多不同的方法把数据显示在 Web 页上。在本例中，系统分析员规定用 XML 文档来创建一个包含期望位置的所有当前客户的下拉列表。一旦用户从该下拉列表中选择一个客户，就会显示该客户的详细信息，如本例所示。

使用 Ajax 显示数据的优点是，用户在做出选择后不必等待新 Web 页的显示。Ajax 的理念是为用户显示有限的问题，以便逐步回答。这样就避免了屏幕的混乱。用户通过选择回答一个问题后，再提出一个新问题。

11.12　小结

输出是一种有用的信息或数据，它由信息系统、决策支持系统、Web、智能手机或平板计算机等媒介分发给用户。输出几乎可以采用任何形式，包括打印、计算机、智能手机、平板计算机显示屏、音频、缩微胶片、社交媒体帖子和内容，以及基于 Web 的文档。

系统分析员设计输出时要实现 6 个主要目标：设计的输出要满足预期的人和组织的目的、符合用户要求、分发合适数量的输出、将输出分发到正确的位置、按时提供输出，以及选择正确的输出方法。

分析员应认识到输出内容与输出方法相关，不同的输出技术影响用户的方式是不同的。输出技术在速度、成本、可移植性、灵活性、可访问性、存储和检索可能性方面有所区别。在确定采用什么样的输出技术时，所有这些因素都必须考虑。

用户对输出信息的解释会带入偏差。分析员和用户必须明白偏差的来源，与用户交互以设计和定制输出，提醒用户输出信息中存在偏差的可能性，创建灵活的和可修改的输出，训练用户使用多种输出来帮助他们验证任何特定报表的正确性。

屏幕输出的设计是重要的，特别是仪表板、决策支持系统、Web、智能手机和平板计算机的输出。响应式网页设计意味着开发的网站可以在任何设备上查看，如台式机、平板计算机或智能手机。最近，设计人员已经从逼真的三维设计（拟物化设计）转向平面网页设计，这是一种清晰的二维设计，使用鲜艳的色彩。

数据可视化是以图表、简图、地图或其他可视化形式表示数据。它用于使复杂的数据易于理解。对许多人来说，看到图表或地图中显示的数据比在表格中显示相同的数据更容易理解。商业数据可视化软件包是可行的。使用数据可视化的优点是以更好的方式查看数据、识别趋势和模式、一次查看多个属性、快速做出决策，并以更有效的方式将信息传达给其他人。

为了允许用户交流和协作，Web 2.0 技术（包括社交媒体）应融入面向公众的网页和内部网页。分析人员在设计社交媒体输出和内容方面有多个目标。它们包括强调设计目标、开发一致外观、创造吸引人的设计流程，以及简化设计以积极地利用空间。

在创建精心设计的屏幕输出时，美观和有用性是重要的。重要的是产生屏幕和 Web 文档的原型，鼓励用户与它们交互，然后在需要的地方进行修改。

为智能手机和平板计算机开发有趣、有用的应用程序（或 App）的开发过程比较独特，但是敏捷方法的很多方面，诸如快速发布或有限特征，以及原型化方法等，可以扩展应用于 App 开发。那些设计市面上主流的 Apple 智能手机和平板计算机的 App 设计人员应考虑 App 定价方案、开发使用特定用户手势的 App、设计适用于不同设备的不同显示方向，以及合法保护他们创建的知识产权。

复习题

1. 列出系统分析员设计系统输出时应遵循的 6 个目标。
2. 对比由系统产生的外部输出和内部输出。记得考虑外部用户与内部用户之间的区别。
3. 为用户列出可能的电子输出方法。
4. 电子和基于 Web 的输出有什么缺点？
5. 列出选择输出技术时必须考虑的 10 个因素。
6. 如果需要频繁地更新输出，那么哪种输出形式最好？
7. 如果许多读者需要在几年内阅读、保存和检查输出，那么哪种输出形式较合适？
8. 音频输出的两大缺点是什么？
9. 列出输出信息会无意中产生偏差的三种主要表现方式。
10. 分析员可以采用哪 5 种手段避免发生输出偏差？
11. 为什么说给用户显示一个报表或屏幕的原型输出是重要的？
12. 列出印制报表的 3 种类型。
13. 给出异常报表和汇总报表之间的一个区别。
14. 屏幕显示、打印输出和基于 Web 的文档在哪些方面存在区别？
15. 列出设计一个好的屏幕输出需要遵循的 4 条原则。
16. DSS 和传统的管理信息系统的输出有哪些不同之处？
17. 系统分析员设计 DSS 的图形输出时，所要考虑的 4 个主要问题是什么？

18. 试给出黏滞性的定义。
19. 列出创建优秀网站应遵循的 7 条指导原则。
20. 响应式 Web 设计的定义是什么?
21. 比较拟物化设计与扁平式 Web 设计的差别。
22. 列出在设计网站时使用图形的 5 条指导原则。
23. 哪 7 个思想能提高网站的表现力?
24. 什么是“三次单击”规则?
25. 什么是用于网站导航的超级菜单?
26. 用什么方法可以鼓励公司推广网站?
27. 什么是数据可视化?
28. 使用数据可视化其中的 5 个优势是什么?
29. 在输出设计中使用可视化的 4 个“注意事项”是什么?
30. 在输出设计中使用可视化的 4 个“不要”是什么?
31. 什么是 Web 2.0 技术? 列出其中存在的 4 种技术。
32. 列出在组织的网页中运用 Web 2.0 技术时分析员应考虑的 5 个要素。
33. 列出设计社交媒体输出和内容的 4 条指导原则。
34. App 的另一种说法是什么?
35. 列出 App 设计涉及的 16 个开发步骤中的 8 个。
36. 列出两个可以帮助你设计智能手机或平板计算机 App 输出的程序。
37. 敏捷开发的哪些原则适用于 App 的开发?
38. 为什么设计 App 的不同显示方向(纵向和横向)是重要的?
39. 列出给你开发的 App 进行定价的 6 个基本方案。
40. 在设计智能手机和平板计算机时,手势指什么?
41. 保护 App 知识产权的 3 种方法是什么?
42. 级联样式表是怎样允许分析员产生输出的?
43. 用 XSLT 代替级联样式表的好处有哪些?
44. 什么是 RSS 反馈?
45. 仪表板主要用于什么?
46. 什么是信息图?
47. 级联样式表是怎样允许分析员产生输出的?
48. Ajax 如何帮助构建有效的 Web 页面?

问题

1. “我确信,即使给他们发送有关这些特大型计算机表格的报表,他们也不会介意的。过去我们一直是先对它进行精简,重新输入,然后才发送给我们的总会计师,但是现在我们不能这样做,因为我们缺少人手,根本没有时间。”Ada Aliyu 说,“我会很快地在报表上写出我的意见,告诉他们如何答复该报表,然后把它发送出去。”
   (1)你能从偶然改变外部输出中发现哪些潜在的问题?列出这些问题。
   (2)请用一段文字讨论内部输出和外部输出在外观和功能上有何区别?
2. “我不需要经常看到它,但希望能在需要时立即得到它。我想,我们失去最近那份合同,就是因为我需要的信息被隐藏在某人桌子上的某堆纸张中。”Hadiza Hussein 说。Hadiza Hussein 是一名建筑师，他正给一位系统分析员介绍公司的问题，该系统分析员负责设计新的系统项目。“我所需要的是即时信息，诸如我们最后一次竞标时那种规模的建筑物的成本信息、当前我们三个主要供应商对基本建筑材料（钢筋、玻璃和水泥）的报价、这种建筑类型的竞争对手是谁、投标委员会的成员中谁有最终的决定权。而现在，有关的信息分散在一百份报表中，我不得不在其中费力地寻找。”

（1）根据上面所给的材料，用一段文字为 Hadiza 建议一种能解决她当前部分问题的输出方法，用另一段文字解释你选择这种输出方法的理由。（提示：你的回答应确保将输出方法与输出内容关联起来。）

（2）Hadiza 当前的想法是，没有必要书面保存上面讨论的输出记录。用一段文字讨论采用屏幕输出代替印制报表之前需要考虑哪些因素。

（3）在决定取消使用当前的印制报表之前，会询问 Hadiza 和其他人哪些有关输出功能的问题？请列出其中的 5 ～ 7 个问题。

3. 以下几种情况需要确定输出内容、输出方法、分发方式等。对于每种情形，请考虑合适的输出方式。

（1）某公司产品制造所需的关键原材料由一家信誉良好的大型供应商提供，该公司需要我们提供有关从他们公司进货情况的年终总结报告。

（2）关于组织公司野餐和筹款的计划需要大家群策群力，所以公司内部的“头脑风暴”备忘录需要在员工中相互传递。

（3）关键决策制定者需要公司的财务状况概要报表，当他向潜在的外部赞助者提供建议时将使用这一报表。

（4）前台职员需要当晚的旅馆订房情况清单。

（5）当地警察需要当晚的旅馆订房情况清单。

（6）实时统计经过 Wallaby World（澳大利亚的一个主题公园）大门的游客数量，供停车场的巡逻队使用。

（7）物品经过扫描后，库存系统需要将它登记入库。

（8）制作一个关于给 120 名员工提升奖金的概要报表。公司的 22 名主管将在一个联合主管大会上使用该报表，并且他们还要使用这份报表给自己的部门解释这次奖金的提升。

（9）组织中三名战略规划者需要关于组织竞争力的信息，但是这些信息很敏感，如果广泛公布会造成泄密。

（10）为了告知客户有关某产品强大但很少使用的功能，需要一种随意的会话样式。

（11）一个城市的历史街区想要让游客了解历史建筑和事件。

（12）风暴警报必须发送给广大地理区域内的 App 订阅者。

（13）高管希望在一个显示屏上看到许多统计数据和指标。

（14）用户希望以鲜艳的颜色显示网站，不需要阴影。

（15）公司希望以高度可视化的数据更新用户，在足球比赛期间以适当的间隔刷新。

4. “我认为我现在知道这个家伙来自何处，但是他让我找好一阵子。”deLimit 小姐说，她正与一名系统分析员讨论她刚看到的由其设计的屏幕输出原型。“我的意思是，以前所有的班级中即便有 20% 的班级学生数量不达标，我也从不认为是个问题。”她说，“我们知道我们开的班次很受欢迎，但由于不能聘请更多的教师来满足需求，所以我们不得不调整入学的学生数量。只要有 5% 的学生不能入学，系统就把它作为问题突出显示出来。但这也没什么。既然我知道它的意思，当计算机嘟嘟响时就不用理它。”

（1）用一到两句话描述 deLimit 小姐所碰到的屏幕输出问题。

（2）在输出设计的原型阶段，deLimit 小姐所采取的“忽略计算机嘟嘟响”的解决方法是否合理？

（3）为了解决该例中的问题，应如何改变屏幕输出，使其更好地反映 deLimit 小姐正在使用的系统的规则？请用一段文字加以说明。

5. 这里有一份病人信息系统中的日志表格，康复室的护士在值班过程中用它记录探访病人的客人及其活动情况。使用表单设计软件设计一个打印报表，供值班护士记录值班的概要情况，以及在周末为活动协调员提供报告。确保使用正确的规范指示常量数据、变量数据等。这些报表将用于确定员工配置模式和未来活动安排。

日期	病人	探访人数	关系	活动情况
2/14	Li	2	母亲、父亲	在走廊上散步、冥想、在自助餐厅用餐、使用社交媒体
	Zhang	6	同事	玩游戏、在房间中聚会
	Ali	0	—	在房间用餐、使用社交媒体
	Devi	4	丈夫和朋友	在日光浴室游戏、看电视、使用社交媒体
	Yang	2	父母	交谈、在自助餐厅用餐
	Abdullahi	1	姐妹	交谈、参观工艺室、用家用计算机收发电子邮件
	Melnyk	2	姐妹、兄弟	交谈、玩户外游戏、涡流浴缸泡澡、在家用计算机上收发电子邮件

6. 使用表单设计软件设计上一题的屏幕输出。对系统的能力做出必要的假设，并根据屏幕设计规范设计屏幕的操作指导。（提示：只要愿意，可以使用多个屏幕。）

（1）用一段文字解释你为什么设计出上两问中那样的报告。在这两种情况下，你所采用的方法有哪些主要的区别？印制报表无须修改就能成功地移植到屏幕吗？为什么能？为什么不能？

（2）一些护士喜欢使用基于 Web 的系统，因为通过使用密码，病人家属可以在家中访问。设计一个适用于 Web 的输出屏幕并使用一个超级菜单。用一段文字描述，如何改变你的报表使病人家属能查看它。

（3）一些家庭成员注册了社交媒体，他们希望通过 Facebook 或者其他社交媒体快速查看亲属参与的日常活动。设计一个可以在 Facebook 或其他社交媒体上共享的信息图，可以通过疗养院工作人员帮助家庭人员获取有关患者的关键信息。

7. Mandhana 公司为世界各地的警察局制造制服，由于其产品价格较低并且设计简洁而端庄，许多组织都选用他们制造的制服。假设你正在帮助该公司设计一个 DSS 系统，他们需要一个表格式的输出，以便帮助他们对聘请什么样的服装设计师、将服装投往哪个市场，以及对制服做出何种修改才能保持款式新潮做出决策。下表列出了该公司希望在表格中看到的数据样例，其中包括制服款式名称、每一款制服所对应的采购团体、哪款制服由哪位设计师设计。请准备一个适用于屏幕的表格式输出，其中包容前述的 Mandhana 公司数据。设计时要遵循正确的表格式输出显示规范，并在适当的地方使用代码和密钥。

款式名称	订购者示例	设计师
全副武装制服	NYPD	Chen, Ahmed, Melvin Mine
半武装制服	LAPD	Ahmed, Calvetti, Sun, Melvin Mine
礼服	Australian Armed Forces	Chen, Jallow, Melvin Mine
便装	“Miami Vice”	Bondar, Melvin Mine

8. Mandhana 公司还对 DSS 系统的图形输出感兴趣，他们希望能用图形方式比较每种款式每年销售的制服数量。

（1）请选用一种合适的图形样式，并设计一个屏幕输出，用以包容以下数据：

	全副武装制服（占总销售量的百分比）	半武装制服	礼服	便装
2018	50	20	20	10
2019	55	15	20	10
2020	60	15	15	10
2021	62	15	15	8
2022	65	10	15	10

设计时确信遵循正确的屏幕设计规范，必要时使用代码和图解说明。

（2）选择另外一种图形表示方法，使 Mandhana 公司的决策制定者能从图中看出某种制服的销售量在一段时间内的变化趋势。画出一个屏幕图形，作为 Mandhana 公司 DSS 系统输出的一部分，确信设计时遵循正确的屏幕设计规范，必要时使用密码和密钥。

（3）用一段话比较你选择的两种屏幕图形的区别。请陈述你这么选择的理由。

9. Michael Cerveris 拥有许多用于比赛的小汽车。为了跟踪他的驾驶员、修车场技工和支持人员的业绩，他需要制定怎样的绩效指标？

10. 为 Michael（上一问）设计一个 DSS 仪表板。使用合适的图表和图形来说明绩效指标。

11. 设计一个用于跟踪个人股票和有价证券的仪表板。考虑应该怎样使用仪表板来做出有关购买和销售股票的决策。记住，客户可以有多个股票经纪人。

12. Ayo Jaiyesimi 经营一家非营利剧院，每年在 3 个剧院制作 7 场戏剧。每场戏剧演出 8 周，但若演出成功的话，可以延长 4 周。请为 Ayo 设计一个仪表板，考虑演出的不同阶段以及售出尽量多票的需要。注意，Ayo 从事剧院工作且偏好可视化数据，他不喜欢表格。

13. 浏览互联网，查看设计良好与设计较差的网站，然后各选择三个实例。请对网站的优缺点进行评价，评价时使用本章前面给出的评价表单，以对它们进行比较。

14. 为上面问题中提到的 Mandhana 公司设计一个网站。手工画出或使用表单设计软件创建一个 Mandhana 公司的主页原型，指出其中的超链接，并包含一个超链接文档草稿。记住，适当时候可以在其中包含图像、图标甚至声音或其他媒体。用一段文字说明谁是网站的预期用户，并陈述为什么有必要为 Mandhana 公司提供一个网站。

15. Kintetsu 百货公司是一家大约有 50 个零售店的连锁店，专营厨房、浴室和其他家庭用品，包括装饰品和时尚用品。最近，Kintetsu 决定对它的礼品登记过程实现自动化，使参加婚礼的客人和其他宴会的客户能够浏览结婚夫妇或其他人所选择的商品。

（1）设计一个 Web 页面，允许客户输入邮政编码，找到最近的 Kintetsu 商店。

（2）设计一个 Web 页面，允许客户浏览礼品并在线订购。其中不用包含实际的订单，只显示产品。应该为客户提供哪种类型的选项？在设计中包含按钮或链接，以改变排序顺序。你的设计应该包括婚礼新人想要的物品数量（例如，一对水晶烛台、一个设备齐全的野餐篮、包括餐盘、沙拉盘、汤盘和甜点盘以及筷子和筷子架的八种正式餐桌布置）。还包括一个图标或文本，显示已购买的物品数量以及是否达到了要求的最大值。对你的网页使用超级菜单的方法。

（3）设计一个订购选项，允许客户点击他们想购买的商品，并将其显示在结账页面上。一定要包括一个选项，使得礼物可以从 Kintetsu 直接包装并发送给新婚夫妇。此外，还需要包括购买者在购买时给这对夫妇写一张卡片的选项。

（4）设计一个在用户光顾某个商店时可能会索要的印刷表。对于一个试图找到商品的客户，最好的顺序是什么？新婚夫妇要求的商品都应包含在该列表中吗？（提示：某些商品可能已经购买了。）

16. 针对到你们大学、学院或企业旅游的游客，设计一个播客大纲。你将按什么顺序布置主题？每个校园位置或建筑物分配多长的游览时间？假定旅行团将于早晨到达，把午饭安排到播客中。
17. 绘制一个图表，通过系统开发生命周期 7 个阶段的 14 个步骤比较 App 开发流程，这 7 个阶段包括：①识别问题、机会和目标；②确定用户信息需求；③分析系统需求；④设计提出的系统；⑤开发软件，撰写软件文档；⑥测试及维护系统；⑦应用及评估系统。
18. 撰写两段文字，比较 App 开发过程和系统开发生命周期的 7 个阶段，如上一问中所示。
19. 采用纵向显示模式设计智能手机版的航空公司航班提醒屏幕。
20. 采用横向显示模式设计平板计算机版的航空公司航班提醒屏幕。
21. 设计一个 Ajax 风格的 Web 页，允许社区学院的院长为 IT 项目管理课程选择兼职教师。院长应能够选择一个学科或一门课程，并让服务器发送一个 XML 文档，包含满足该选择的所有可能的兼职教师。XML 文档应该用来填充教师名称下拉列表。单击一个教师名将显示有关潜在教师的信息。确定包含有助于院长决策雇佣哪个教师的信息。（提示：兼职教师可能只能在某几天上课，或者只能在早上、下午或晚上上课。他们可能偏好于自己喜欢教的主题或擅长的主题。）

小组项目

1. 请与团队成员一起讨论哪种类型的输出最适合福罗里达州的主题公园 Dizzyland 的各位主管和高级经理。讨论的主题包括：环境、决策环境，以及输出类型。用一段文字说明团队成员为什么会建议采用该种类型的输出。
2. 针对上一问中的小组项目列出的输出情形，让每个小组成员设计一个输出屏幕或表单。（使用 Microsoft Visio、CASE 工具，或者纸质布局表单，完成每个屏幕或表单的设计。）
3. 为 Dizzyland 经理创建一个仪表板。
4. 与团队成员一起，设计一个海报大小的信息图，贴在公司用户的桌面计算机附近，以便提醒他们定期备份数据。要使用醒目的标题，有限的调色板、图标、摘要统计信息或评级，以传达有力且直截了当的信息。
5. 为 Dizzyland 设计一个网站。设计时，既可在纸面上进行，也可使用所熟悉的软件来完成。

（1）尽管我们可以在纸面上绘制出文档草稿或超链接所需的图像，但也有必要为 Dizzyland 创建一个主页或登录页原型，并在适当的地方指出超链接。

（2）从同班的其他小组那里获得反馈信息，然后对设计进行相应的修改。用一段文字说明设计网站与设计其他联机系统的屏幕输出有何不同。

6. 不要参考你的手机或平板计算机，为如下 App 设计三个页面示例。此作业不必使用实体模型 App，只需在纸上进行绘制。（注意：每组可以被分配不同的 App。）

（1）杂货清单或优惠券助手；

（2）酒店及其房间查询程序；

（3）辅助睡眠 App；

（4）任务管理（待办事项）列表；

（5）公寓查询程序；

（6）天气 App。

7. 请访问 Joomla! 网站 www.joomla.org。如何利用该开源应用程序帮助你实现小组项目中第 4 个问题的设计？用一段话总结你的发现。在 Web 上搜索另一个内容管理系统，并将它与 Joomla 加以比较，比较时一定要表达两者在成本、易用性、支持服务、有效性方面的不同。

参考文献

Budiu, R. (2020, February 2). *Information scent: How users decide where to go next.* https://www.nngroup.com/articles/information-scent/

Datawrapper. (n.d.). *Welcome to The River.* https://app.datawrapper.de/river

Davenport, T. H. (1994, March–April). Saving IT's soul: Human-centered information management. *Harvard Business Review*, pp. 119–131.

Davis, G. B., & Olson, H. M. (1985). *Management information systems: Conceptual foundations, structure, and development* (2nd ed.). McGraw-Hill.

Deighton, K. (2021, October 13). MTA tests new subway map that evokes jettisoned 1972 version. *Wall Street Journal.* https://www.wsj.com/articles/mta-tests-new-subway-map-that-evokes-jettisoned-1972-version-11634119201

Genzlinger, N. (2020). Michael Hertz —You've Surely Seen His Subway Map—Dies at 87 https://www.nytimes.com/2020/02/25/nyregion/michael-hertz-dead.html

Goldbaum, C. Finally, a Subway Map with Real-Time Train Locations and Delays. https://www.nytimes.com/2020/10/21/nyregion/new-nyc-subway-map.html

Kendall, K. E., & Kendall, J. E. (2008). DSS systems analysis and design: The role of the analyst as change agent from early DSS to mashups. In F. Burstein & C. W. Holsapple (Eds.), *Handbook of decision support systems* (Vol. 2, pp. 293–312). Springer.

Kendall, J. E., Kendall, K. E., & Mirakula, H. (2011, November). *Systems design considerations for Web 2.0 technologies.* Presentation at the annual meeting of the Decision Sciences Institute, Boston.

Laubheimer, P. (2019, August 11). The 3-click rule for navigation is false. https://www.nngroup.com/articles/3-click-rule/

Majrashi, K. (2022). Performance of mobile users with text-only and text-and-icon menus in seated and walking situations, *Behaviour & Information Technology*, *41*(1), 32–50.

Nevo, D., Benbasat, I., & Wand, Y. (2012). Understanding technology support for organizational transactive memory: Requirements, application, and customization. *Journal of Management Information Systems*, *28*(4), 69–98.

Nielsen, J., & Li, A. (2017, March 26). *Mega menus work well for site navigation.* https://www.nngroup.com/articles/mega-menus-work-well/

Pirolli, P., & Card, S. K. (1999). Information foraging. *Psychological Review*, *106*, 643–675.

Porter, J. (2003, April 16). Testing the three-click rule. https://articles.uie.com/three_click_rule/

Porter, J. (2008). *Designing for the social web.* New Riders.

Souders, S. (2008). High-performance websites. *Communications of the ACM*, *51*(12), 36–41.

Symons, M. (2021, November 8). *NJ Transit completes installation of new ticket vending machines.* https://nj1015.com/nj-transit-completes-installation-of-new-ticket-vending-machines/

Xia, V. (2017, September 11). *UX vs UI vs IA vs IxD: 4 confusing digital design terms defined.* https://uxplanet.org/ux-vs-ui-vs-ia-vs-ixd-4-confusing-digital-design-terms-defined-1ae2f82418c7

第 12 章

Systems Analysis and Design, Eleventh Edition

设计有效的输入

学习目标

1. 了解良好表单设计的原则以及如何设计表单。
2. 了解良好的显示和网页表单设计及其实现。
3. 重视良好的网页设计，能够遵循网站设计的基本规则。

用户得到的输出应是高质量的。系统输入质量决定系统输出的质量。至关重要的是，设计输入表单、屏幕显示和交互式 Web 文档时要认识到这种关键关系。

精心设计的输入表单、屏幕显示和交互式 Web 输入表单应达到有效性、准确性、易用性、一致性、简单性和具有吸引力的目标。要想达到这些目标，系统分析员需要使用基本的设计原则，具有系统需要什么作为输入的知识，同时还要明白用户如何响应不同的表单和屏幕显示。

有效性是指输入表单、输入屏幕显示和 Web 上的输入表单在信息系统中为用户服务于具体的目的；准确性是指所做出的设计能保证用户准确输入数据；易用性是指表单和屏幕显示应简单易懂，无须花费额外时间去解读；一致性是指所有的输入表单，不管是输入屏幕还是 Web 上的输入表单，在不同的应用程序中都应按类似的方式组织数据；简单性是指分析员将输入设计得非常简洁，使用户能集中注意力输入数据；具有吸引力意味着用户会喜欢使用输入表单，因为它们具有吸引人的设计。分析员可以使用标准导航元素和图标，例如汉堡图标或菜单、上下文相关的帮助、输入验证、面包屑跟踪和页脚导航，使 Web 设计具有专业外观，以便用户理解和使用。

12.1　良好的表单设计

无论是设计基于 Web 的表单还是纸质表单，系统分析员都应该能够设计完整且有用的表单。不必要的表单是对组织资源的浪费，应加以避免。

表单是控制工作进程的重要手段。它们是预先印好的纸张，需要人们在其中按标准方式填入数据。表单用于收集组织成员所需的信息，通常还要将它们输入计算机中。在这一过程中，表单经常充当用户的源文档，或充当电子商务应用程序的输入源。

为了设计出有用的输入，应遵循表单设计的 4 条原则：

- 表单应易于填写。
- 表单应满足设计目标。
- 表单应确保准确填写。
- 表单应具有吸引力。

下面各小节逐条讨论这 4 条原则。

12.1.1　表单应易于填写

为了减少错误，提高填写速度，并便于用户录入数据，设计容易录入数据的表单是很有必要的。与员工花费在手工填写表单并将数据录入信息系统中所花费的成本相比，设计表单的成本是微不足道的。有时使用电子提交方式可以避免将表单上数据转录到系统中的过程。这种方法通常要求用户访问用于处理信息或电子商务事务的 Web 站点并自己输入数据。

12.1.1.1　表单流

设计一个具有正确流向的表单，可以使员工花最少的时间填写表单。表单的流向应从左到右，自上而下。不符合逻辑的流向将浪费用户的时间，并使用户厌烦。若一个表单要求填写者从表单的底端开始填写，然后又跳到其顶端，则这样的表单流是很差的。

12.1.1.2　表单的 7 个部分

第二种方法是采用适当的信息逻辑分组帮助用户填写表单内容。表单的 7 个主要部分如下：

- 标题
- 标识和访问控制
- 用法说明
- 主体
- 签名和确认
- 总结
- 评论

在理想情况下，这些部分应按图 12.1 所示的 Bakerloo 员工开支凭单那样进行组织。注意，这 7 个部分涵盖了大多数表单所需的基本信息。表单上方 1/4 的空间应留给以下 3 个部分：标题、标识和访问控制以及用法说明。

标题部分通常包含起草该表单的企业名称和地址。标识和访问控制部分包含存档报表时使用的代码，以及未来查阅该报表时使用的代码。（在下一章中，我们将详细讨论如何访问数据库中特别键入的信息。）如果组织要将这些文档保存多年，那么这些信息就非常重要。用法说明部分告诉使用者如何填写表单，以及表单填好之后，如何流转表单。

表单的中间部分是主体，大约占表单的一半空间，需要由填写者完成该部分的细节内容。表单的主体中最有可能包含的是明确、可变的数据。

表单下方的 1/4 空间由 3 个部分组成：签名和确认、总结和评论。表单填写者结束填写的逻辑方式是在最后写上总结和简要评论。

有关 Bakerloo 表单还有一个特征要注意。表单设计提供了内部双重检查，即列的总计应等于行的总计。如果行的总计不等于列的总计，那么填写表单的员工就知道该表单存在问题，然后可以当场纠正。这样就能避免出现错误，员工也就可以报销他应报销的部分。任何一个经过精心设计的表单都应实现这两种结果。

Bakerloo

员工开支凭单

申请人：禁止填写在阴影位置

员工ID号码

凭单编号

行动日期：

员工的全名________________________

部门________________ 房间号______

按日列出开支。附上所有开支的收据，伙食开支、出租车开支以及少于3美元的杂项开支除外。

日期	地方 城市、州	伙食开支	住宿开支	汽车		杂项		出租车 开支	总成本
				英里数	成本	描述	成本		
	总计								

我保证以上的信息是正确的

申请人签名 日期

批准人 日期

凭单BB-104 08/2000

图 12.1 精心设计的表单有 7 个部分，利于表单填写

12.1.1.3 加标题

另一种使表单填写工作变得容易的技术是，在表单中加上明确无误的标题。标题告诉人们在空白行、空白区或矩形框中填写什么内容。图 12.2 显示了几种加标题的方法。该图显示两种行标题和两种选择标记标题，并给出了一个加框标题和一个表格标题的示例。

将标题放在行下方的优点是，给行上的数据留下更多的空间，其缺点是不能明确指明标题与哪一行关联：是标题上方的行还是标题下方的行。*行标题*（line caption）既可以位于同一行中用于填写数据的空白位置的左边，也可以位于需填写数据的行的下方。

还有一种标题样式是在输入数据的位置提供一个矩形框而不是行。标题可以放在矩形框的内部、上方或下方。表单上的矩形框可以帮助人们在正确的位置填入数据，并且使阅读者更容易读懂表单。标题应使用小号字体，使它不会占用太多空间。如果数据最终要输入计算机，那么可能需要在矩形框中使用小的垂直符号。如果表单上没有足够的空间录入数据，那

么表单填写者（而不是数据录入员）有权决定如何缩减数据。表单的标题中也应包含有关注释，以帮助使用者正确填写信息，比如"日期"（MM/DD/YYYY）或"姓名"（名、姓、中间的首字母）。

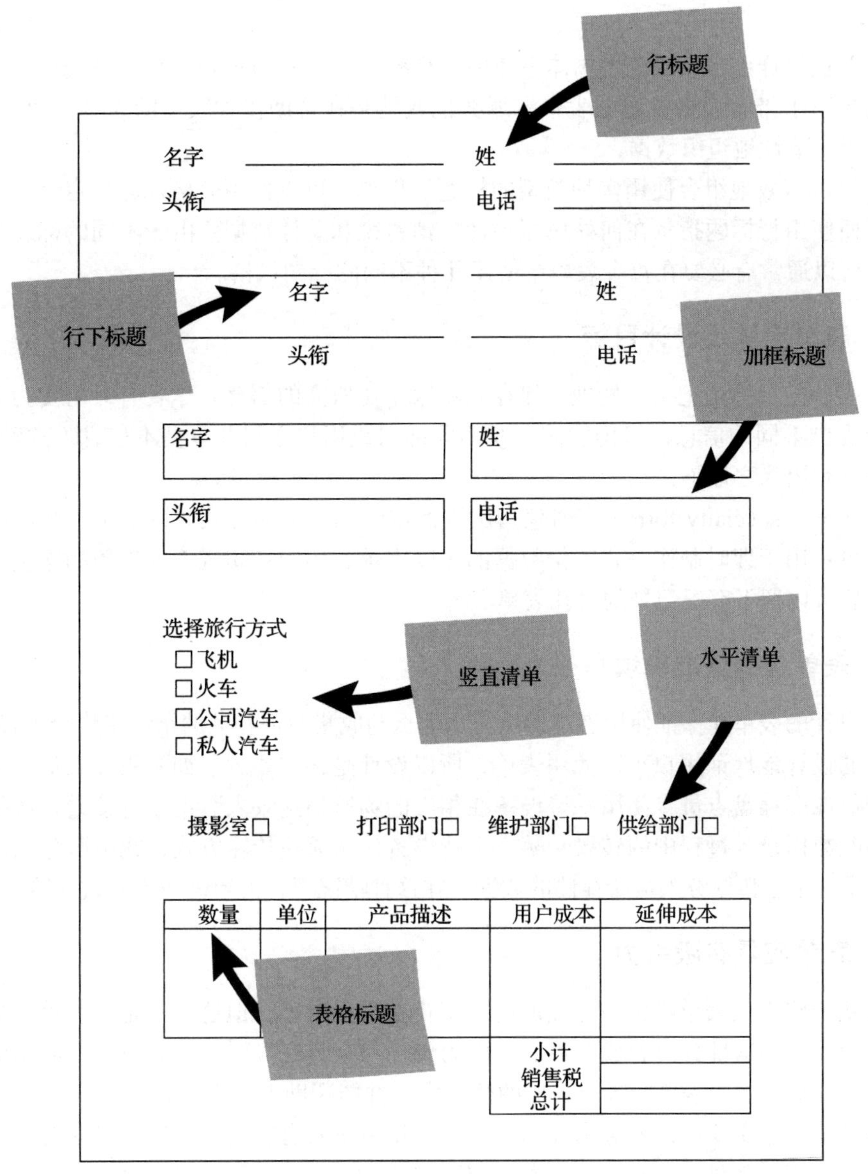

图 12.2　主要的加标题方法，可用于纸张、在线或计算机显示

无论选用了哪种类型的行标题，很重要的一点是，使用时要保持前后一致。例如，若在表单中既使用行上标题又使用行下标题，用户会感到困惑。

如果要限制用户在几种选项中进行选择，那么使用选择标记标题最合适。注意，图 12.2 使用竖直复选框标题清单列出旅行方式。如果员工商务旅行的开支可以由公司报销，那么可以使用选择标记标题列出可报销的旅行方法供用户选择，该方法比提供一个空白行由用户填写要好得多。该方法还有一个额外的好处，即它能提醒验证数据的人员检查机票存根或其他收据。

如果所需的数据是例行性且固定不变的，那么使用水平复选框标题清单胜于使用行标题。这方面的例子是，请求以下某个部门提供服务的表单：摄影室、打印部门、维护部门或供给部门。组织中的这些部门为其他部门提供例行性的服务，这些服务不大可能很快发生变化。

在需要提供详细信息的表单主体中使用表格标题（table caption）比较适合。如果一名员工正确地填写了带有表格标题的表单，那么他或她是在帮助接收表单的人员创建一个表格，从而有助于一致性地组织数据。

我们也可有效地组合使用多种类型的标题。例如，可以使用表格标题指定诸如数量这样的类目，而使用行标题指示在何处填写小计、销售税和总计数据。由于不同的标题具有不同的用途，所以通常有必要在每个表单中使用几种不同的标题风格。

12.1.2 表单应满足设计目标

创建表单的目标是记录、处理、保存和获取企业所需的信息。尽管有时需要为不同的部门或用户提供不同的信息，但仍然需要在不同部门或用户之间共享基本信息。这种情况下，专业表单就有用武之地了。

专业表单（specialty form）有时仅指出版商或编制表单的方式。以下是一些出版商制作的专业表单：用于即时制作一式三份数据的多联表单、用于打印机无人干预的连续打印的表单、撕下后可以留下存根记录的打孔表单。

12.1.3 表单应确保准确填写

如果设计的表单能保证使用者准确填写，那么与收集数据相关的错误率将会大幅度降低。由于良好的设计能保证用户正确使用表单，所以设计是很重要的。如果服务人员，比如煤气公司抄表员或库存盘点员，使用手持设备在相应的场所扫描录入数据或直接键入数据，那么就可以消除数据录入过程中的转录步骤。手持设备使用无线传输方式，或由服务人员联入大型计算机系统中上传服务人员所存储的数据。在这种情况下，无须进一步的数据转录工作。

12.1.4 表单应具有吸引力

尽管我们将有关表单吸引力方面的内容安排在最后讲述，但这并不是说表单的吸引力无关紧要。相反，将这部分内容放在最后是因为设计一个具有吸引力的表单需要应用前面讨论过的技术。一个美观的表单能吸引人们的注意力，并能帮助准确完成表单的填写。

在视觉上，表单应尽量看起来简洁。为了使得表单具有吸引力，应按预期有顺序地组织信息：姓名、街道地址、城市、州（省）、邮政编码（以及国家，若有必要）。表单的吸引力来自正确的表单布局和流向。

在同一个表单中使用不同的字体有助于人们填写。在表单中使用粗线条或细线条分隔条目和子条目会引起人们的兴趣。字体样式和线条粗细是很有用的设计元素，可以用来吸引人们的注意力，并使得人们对其填写内容的准确性放心。

12.1.5 控制业务表单

控制业务表单（controlling business form）是一项重要的工作。通常，企业中有一个表单专家，负责控制所有的表单，但有时这项工作由建立和实现表单控制的系统分析员完成。

表单控制的基本职责包括：在帮助用户完成数据输入时确保使用的每个表单达到特定的目的，并且该目的是组织功能不可分割的一部分；避免搜集到重复的信息和使用重复的表单；设计高效的表单；决定如何以最经济的方式复制表单；建立规程使得以尽可能低的成本提供表单（如果有需要的话）。通常需要使 Web 上的表单可以供用户打印。不管表单是否填写完成，不管它是采用人工提交方式还是采用电子提交方式，每个表单上都应有一个唯一的表单编号和修订日期（月 / 年），这样可以有效地组织用户。

12.2 良好的屏幕显示和网页表单设计

我们已讨论的大多数良好的表单设计技术，既可用于屏幕显示设计，也可用于 Web 站点、网页、智能手机和平板计算机的设计。再一次强调，系统分析员在设计屏幕显示时，需要始终将用户放在第一位。

然而，纸质表单与屏幕显示是不同的，系统分析员应充分认识到屏幕显示的独特性，而不能简单地遵循纸质表单的设计规范。两者最大的一个区别是，屏幕上始终出现一个光标（cursor），为用户指示当前的数据输入位置。在屏幕上输入数据时，光标会向前移动一个字符，指示输入方向。

电子、Web 和静态表单之间存在的另一个主要的区别是，设计者可以在电子表单上加入上下文相关的用户帮助。这种措施使得我们没有必要为每一行显示用法说明，从而避免表单出现混乱，以及减少打电话寻求技术支持的次数。采用基于 Web 的方法也使设计者能利用超级链接所带来的好处：设计者可以在表单上为用户提供一个超级链接，链接到一个正确填写的表单样例，用户可以对照检查，从而保证该表单得到正确填写。

本节介绍设计有效的屏幕显示所要遵循的指导原则，目的是帮助达到总体输入设计目标：有效、准确、易用、简单、一致和有吸引力。正如上一章指出，以下 4 条有关屏幕设计的原则是重要的，但还不够全面：

（1）保持屏幕显示简洁。

（2）保持屏幕显示的一致性。

（3）方便用户在屏幕间移动。

（4）设计具有吸引力且令人满意的屏幕显示。

在以下几小节中，我们先讨论这 4 条原则，然后提出遵守这 4 条原则的设计技术。

12.2.1 保持屏幕显示简洁

良好的屏幕显示设计所要遵循的第 1 条原则是，保持屏幕显示简洁。显示屏只应显示特定行动所必需的信息。对于偶尔使用屏幕的用户来说，50% 的显示区域应包含有用的信息。

12.2.1.1 屏幕显示的三个部分

屏幕显示输出应分成三个部分。屏幕显示的顶端是标题部分。标题部分包含软件和已打开文件的名称、下拉菜单和执行某些任务的图标。

中间部分称为屏幕显示主体。主体用于数据输入，并按从左到右、自上而下方式组织信息。在这一部分中，应提供合适的标题和用法说明，以帮助用户在正确的位置输入适当的数据。用户在屏幕显示的主体区域单击鼠标右键也可以得到上下文相关帮助（context-sensitive help）。

屏幕显示的第三部分是评论和用法说明。该部分可以显示一个短的命令菜单，提醒用户一些基本操作方法，比如如何改变页面或功能、如何保存文件、如何终止输入。包含这些基本操作指导，可以使无经验的用户对自己完成填写任务感到充满信心。

其他保持屏幕显示简洁的方法是使用上下文相关帮助、翻滚按钮（揭示更多的信息）和其他弹出窗口。此外，还要记住允许用户根据自己的需要，最小化或最大化窗口大小。采用这种方式，可以先给用户显示一个简洁且经过仔细设计的屏幕，然后通过使用多个窗口控制和自定义复杂的内容。在基于 Web 的输入表单中，超链接可以实现类似的目的。

12.2.2 保持屏幕显示的一致性

良好的屏幕显示设计的第 2 条原则是，保持屏幕显示的一致性。如果用户从纸质表单转变为使用电子表单，那么所设计的屏幕显示应与纸质表单保持一致。如果每次访问一个新屏幕时信息出现在同一个区域，就可以说屏幕显示保持了一致性。同样，逻辑上属于同一组的信息应始终统一归类：姓名和地址放在一起，而不是姓名和邮政编码。尽管显示可以从一个区域移到另一个区域，但是信息不能从一个组混入另一个组。我们不希望在一个区域填写名字和地址，而在另一个区域填写邮政编码。

12.2.3 方便用户在屏幕间移动

良好的屏幕显示设计的第 3 条原则是：方便用户在屏幕间移动，从一页切换到另一页。“三次单击”规则是指：用户应能在单击三次鼠标或按键之内，转到他们所需要的页面。但新的研究（Nielsen&Li，2017）指出，这是一个启发式规则，而不是硬性规则。它不应该妨碍设计员。网页表单可通过超链接链接到其他相关网页。另外一种实现屏幕移动的方法是，让用户感觉自己正在移动到一个新的页面。通过使用滚动箭头、上下文相关的弹出窗口或屏幕对话框，可以获得这种屏幕间物理移动的错觉。

12.2.4 设计具有吸引力且令人满意的屏幕显示

良好的屏幕显示设计的第 4 条原则是，设计具有吸引力且令人满意的屏幕显示。如果用户发现屏幕很有吸引力，那么他们的工作效率可能更高，不需要过多的监督，并且犯的错误更少。屏幕显示应能吸引用户的注意力。为了实现这一目标，应在数据输入字段的周围留有大量的空白区，从而使屏幕看起来井然有序。我们在任何情况下都不应将内容挤满一个表单；同样，我们在任何情况下也都不应将内容挤满一个屏幕。使用多个屏幕窗口或超链接要比将所有东西放到一个网页或屏幕上要好得多。

在显示页面的计划中使用逻辑流程。利用人们处理问题的方式来组织屏幕材料，使他们能够轻松地找到所需的信息。随着 GUI 的出现，我们有可能使输入显示非常有吸引力。通过使用彩色或带阴影框，以及创建三维框和箭头，可以使表单对用户友好且易于使用。

当打算使用不同的字体样式和大小时，要考虑清楚它们是否真正能帮助用户理解和认可显示的信息。如果用户对屏幕的设计过度关注，或者这样的字体让用户分心，那就不应使用这种字体。请注意，并非所有的网页都可以通过在不同的浏览器进行查看。用各种字体的组合测试原型表单，检查用户是否偏好于选择某些组合，还是对某些组合产生反感。

咨询时间 12.1

该病历可能对你的健康有害

图 12.C1 是一个印制的病历，由 Mai Krobe 医生（一名家庭医生）的接待员交给所有新病人。所有的病人在看病之前必须填好这份病历。

接待员收回许多填写不完整或混乱不堪的病历，这让 Mai 医生很难审查，并且很难弄明白新病人要看医生的原因。另外，这样的病历也需要接待员花费很多时间才能将它们入档。

按 28cm×22cm 的纸张重新设计这一病历，使病人的相关数据组织有序，不会令人反感。确保对于新病人来说该病历简单明了。同时，该病历要方便 Mai 医生阅读，也方便接待员将它输入病人数据库。病人数据库按病人姓名和唯一的 7 位社会保险号码排序。最近，与 Mai Krobe 相关的所有医生决定让病人使用办公室配发的 iPad 填写病历表。针对 iPad 的横向和纵向阅读形式，重新设计该病历。为了适应 iPad 病人数据输入方式，你认为该改变哪个办公过程？

病历表

姓名____________ 雇主__________ 年龄______

地址__________ 邮政编码______ 电话______ 办公室______

承保人__________类别 [ ] 自己 [ ] 配偶

[ ] 蓝十字 [ ] 美国国家医

生组织 [ ] 其他 [ ]（说明）______

- -

是否做过手术？是____否____如果是，何时做过手术？______

描述手术情况____________

曾经住过院吗？是____否____如果是，何时住过院？______

为什么住院？________________

填写以下内容：

	本人患病	家族史
糖尿病	☐	☐
心脏病	☐	☐
癌症	☐	☐
癫痫发作	☐	☐
昏厥	☐	☐

你接受过什么免疫接种？

家庭：________ ________ ________

配偶或至亲　　关系　　地址

最后一次检查日期___/___谁为你推荐？____________

你为什么今天看医生？

现在有疼痛感吗？______一直______偶尔______

持续多长时间？______请写出你的社会保险号码________

非常重要！我们需要你提供正确的保险公司代码________

这个表格需要修改。

图 12.C1 非常感激你帮助改善此病历表

12.2.5　在屏幕显示设计中使用图标

图标是计算机操作在屏幕显示上的形象化表示，用户可以使用鼠标、键盘、光笔或游戏杆选择图标。图标的功能与文字类似，并可在许多菜单中替代文字，因为与文字相比，用户可以更快地掌握它的含义。诸如 Apple 的 iPhone 和 iPad 等移动设备，已经把图标推广到触摸屏上使用，使其成为很多企业和其他用户熟悉的界面。

设计有效的图标需要遵循一些原则。图标形状对用户来说要一目了然，不需要用户重新掌握其意义。当前已经有许多为用户所熟悉的图标。使用标准图标可以让用户快速明白其用途。用户可以指向一个文件柜，“拉出”一个文件夹图标，“抓住”一张纸图标，或将它“丢到”废纸篓图标中。标准图标的使用可为设计者和用户节省时间。

每个应用程序使用的图标应控制在大约 20 个以内，这样图标的数量不会多得让用户感到厌烦，同时也较容易实现编码方案。在应用程序中，图标的使用要保持一致，即相关的图标要一起出现，保持连续性和易懂性。一般情况下，图标含义越丰富，那么它就越有用。

12.2.6　图形用户界面设计

图形用户界面是用户与 Windows 或 macOS 等操作系统交互的方式，这种界面也称为点击式界面。用户可以用鼠标单击一个对象，并把它拖到适当的位置。图形用户界面利用屏幕显示设计中的额外功能，诸如文本框、复选框、选择按钮、列表框和下拉列表框、滑动块和微调按钮、选项卡控件对话框和图像映射。图 12.3 是一个 Microsoft Access 输入显示屏，它显示了各种各样的 GUI 控件。

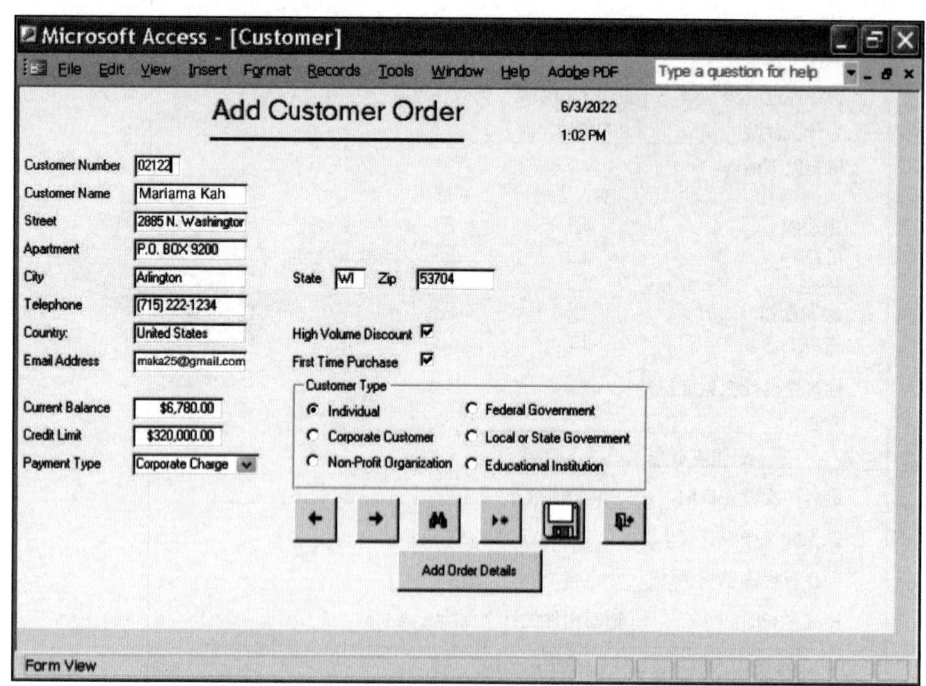

图 12.3　设计人员有很多 GUI 组件可以使用，允许他们为 Web 或其他软件包灵活地设计输入屏幕显示（本例源自 Microsoft Access）

咨询时间 12.2

拥挤令人不满意

一家大型退伍军人医院的听觉矫正治疗室配备了个人计算机和监视器，其听觉矫正技术人员可以使用这些设备直接将数据输入病人记录系统。在与技术人员 Earl Lobes 面谈之后，你确认屏幕显示设计是主要问题。

“我们曾经使用纸质表单，那真不错。”Earl 先生说，“而现在的屏幕毫无意义。我猜他们将所有的东西放在了一个屏幕上，这样简直是毁了它。”

该医院请你为他们重新设计图 12.C2 的屏幕显示，要求包含同样的信息，但要加以简化，简化后要减少使技术员感到困扰的错误。你认识到信息拥挤并非是当前屏幕显示的唯一问题。

解释你对该屏幕显示所做的更改。如果有必要，可以使用多个屏幕显示页面。

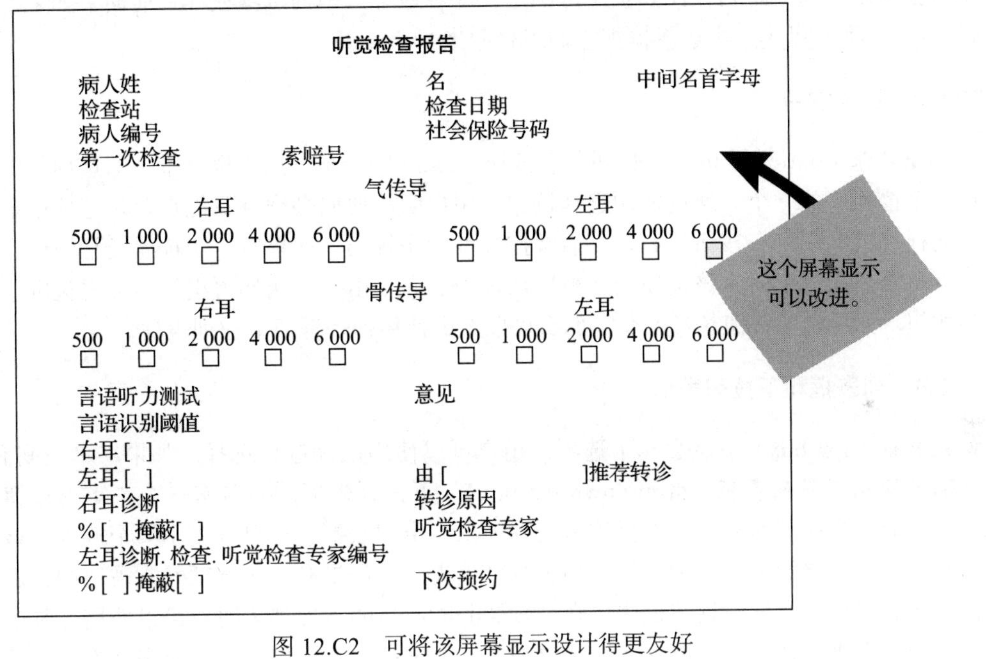

听觉检查报告
病人姓
名
中间名首字母
检查站
检查日期
病人编号
社会保险号码
第一次检查
索赔号
气传导
右耳
左耳
500 1 000 2 000 4 000 6 000
500 1 000 2 000 4 000 6 000
骨传导
右耳
左耳
500 1 000 2 000 4 000 6 000
500 1 000 2 000 4 000 6 000
言语听力测试
意见
言语识别阈值
右耳 [ ]
左耳 [ ]
由 [ ]推荐转诊
右耳诊断
转诊原因
% [ ] 掩蔽[ ]
听觉检查专家
左耳诊断. 检查. 听觉检查专家编号
% [ ] 掩蔽[ ]
下次预约
这个屏幕显示可以改进。

图 12.C2　可将该屏幕显示设计得更友好

12.2.6.1　文本框

矩形代表文本框（text box），用于标识出数据输入和显示字段。使用时要注意，文本框的大小要能容纳所有的输入字符。每个文本框的左边应有一个标题，用以指示在文本框中输入或显示的内容。在 Microsoft Access 中，字符数据应向左对齐，而数字数据应向右对齐。

从 HTML5 浏览器开始，称为占位符的功能允许设计人员将少量文本放入文本框中，这些文本以明亮的颜色显示，告知用户在该文本框内应输入什么。将光标放置在该领域（通过鼠标单击或 Tab 键切换）时，占位文本消失。

HTML5 提供了几种新型文本框，包括电子邮件、电话和 URL 等。这些文本框在计算机上看上去好像正常的文本，但是在平板计算机或智能手机上使用时，可以用它们来定制弹出式键盘。例如，如果文本框用于输入电话号码，则虚拟键盘布局转换为数字键盘。如果文本框用于输入 URL，则虚拟键盘包含一个“.com”按钮。最后，如果文本框用于输入电子邮件地址，则虚拟键盘包含一个“@”符号。这种定制有助于用户快速而准确地输入数据。

数据列表是 HTML5 包含的一个新功能，它显示一列预先定义好的可能值组成的下拉列表，使用户的输入更加容易。当用户开始输入前几个字母时，就显示出数据列表。用户可以选择列表中的一项以完成输入，该特征通常在自动完成功能中使用。

12.2.6.2 复选框

在 GUI 控件的示例中，*复选框*（check box）用于指示一个新的客户。复选框中有一个“×”或者是空的，对应于用户选中或没有选中该选项。它们表示选择不是唯一的，用户可以选择一个或多个选项。另外一种复选框形式是使用方形按钮，其中的标记“√”用于指示选项被选中了。注意，复选框文本或标签通常放在复选框的右边。如果有多个复选框，那么标签应按一定的顺序排列，比如按字母顺序，或者最常选中的选项放在最前面。如果复选框超过 10 个，那么可用一个边界框把它们组合起来。

12.2.6.3 选项按钮

选项按钮（option button），也叫单选按钮（radio button），用于选择唯一的选项，即只能选择几个选项中的一个。通过使用选择按钮，用户明白他们必须且只能在众多选项中选择一项。同样选项文本列在按钮的右边，通常按某种顺序排列。如果有一个选项经常被选中，那么当屏幕第一次显示时，该选项通常被默认选中。通常由一个叫选项组的矩形框包围所有的选项按钮。如果选项按钮超过 6 个，那么可以考虑使用列表框或下拉列表框。

12.2.6.4 列表框和下拉列表框

列表框（list box）中显示几个选项，用户可以使用鼠标进行选择。如果屏幕空间有限，那就需要使用*下拉列表框*（drop-down list box）。下拉列表框的右侧有一个小矩形按钮，其中有一个箭头指向下面的线。选择该箭头则弹出一个列表框。一旦选择了某个选项，该选项显示在列表框上方的矩形框中，然后列表框就消失了。如果有一个选项经常被选中，那么默认情况下把它显示在下拉列表框中。在开发 Apple 产品的下拉列表时，可以使用优雅的方式从预定列表中进行选择。可以插入一个*选择器*（picker），其中包含一个或多个不同值的滚动列表，每个值都有一个选定的值在视图中心的较暗文本中出现（参见 https://developer.apple.com/ios/human-interface-guidelines/ui-controls/pickers/）。选择器可以放置在屏幕的底部，或者用作覆盖应用程序的弹出窗口（如果用户单击菜单）。例如，用户在使用航空公司应用程序时，选择器将允许用户从航空公司停靠的城市列表中选择目的地城市。再比如，可以在添加日历时选择日期。

12.2.6.5 选项卡控件对话框

选项卡控件对话框是图形用户界面的另一部分，是使用户有效输入系统材料的另一种方法。在设计选项卡控件对话框时，为每个唯一的特征创建一个不同的标签，把最常用的标签放在前面并首先显示它们，并包括“OK”“Cancel”（取消）和“Help”（帮助）按钮。

12.2.6.6 滑动块按钮和微调按钮

滑动块（slider）和微调按钮（spin button）用来改变具有连续取值范围的数据，在选择数值方面给予用户更多的控制。沿着一个方向或另一个方向移动（左 / 右移动或上 / 下移动）滑动块，可以增大或减小数值。

12.2.6.7 日历控件

从 HTML5 开始，设计人员可以使用日历控件，以选择日期、日期和时间或者本地日期和时间。日历控件显示一个日历，用户可以选择默认值，也可以通过单击一个日期或滚动日历改变它。该控件在酒店预订网站中很常见。默认日期可以是当天，但是用户可以把它改变为实际到达日。一旦用户在日历上找到了到达日期，另一个日历会弹出并显示默认的离去日期。用户再一次把该日期改变为正确的离去日期。从下拉式日历选择日期的过程比输入文本更简单，而且也更不容易出错。

12.2.6.8 图像映射

图像映射（image map）字段用于在一幅图像中选择数值。用户单击图像上的某一点时，对应的 x 和 y 坐标值就发送给程序。当创建的网页包含地图时，可以在其中使用图像映射。当用户单击某一个区域时，就可以显示该区域的详细地图。在过去的几年里，图像地图的受欢迎程度有所下降，而且可能很难构建。构建图像地图时使用图像地图编辑器或网络编辑器，而不是试图从头开始。

12.2.6.9 文本区

文本区用于输入大量的文本。文本区包含许多行、列和一个滚动条，允许用户输入和查看超出矩形框大小的文本。有两种方法处理这种文本。一种方法是避免文本的自动换行，而强制用户按 Enter 键换行。当文本超过了文本区的宽度时，文本往右滚动。另一种方法是允许文本区的文本自动换行。

12.2.6.10 消息框

消息框（message box）用于在对话框中显示警告和其他反馈信息，它通常重叠在屏幕上。消息框有多种样式。消息框位于一个矩形窗口内，其中的文本清楚地说明有关的信息。这样用户就能清楚地知道遇到了什么问题和能够采取的行动。

12.2.6.11 命令按钮

当用户用鼠标选中一个命令按钮（command button）时，它就执行一个动作。计算总数（calculate total），添加订单（add order）和确认（OK）等就是命令按钮的例子。按钮通常是矩形的，中间有文本。如果按钮是默认的，那么按钮中的文本通常由虚线围绕。为了指示默认按钮，也可以在按钮的四周加上阴影效果。用户可以按下 Enter 键选择默认按钮。

12.2.7 表单控件和值

GUI 界面中所包含的每个控件都必须有某种方法来储存与控件相关的数据。在 Web 页面上，这可以用名称和值对来实现，它们被传输到服务器或者和表单一起用邮件发送出去，诸如名称是城市，而值是巴黎。名称是在 Web 页表单上定义的，服务器软件必须能够识别该名称，以获知怎样处理由 Web 表单发送的值或数据。

每个 Web 表单控件获取数值的方法是不同的。在文本框或文本区中，值由键入框中的字符组成。在单选按钮和复选框中，显示在每个单选按钮或复选框右侧的文本只供用户使用。值在 Web 表单上定义，并在表单被发送时传输出去。如果这些数据用于更新数据库，那么值就是被发送且储存在服务器中的代码。当某个单选按钮或复选框被选择时，分析员必须知道其相应的值。下拉列表与单选按钮和复选框的区别是：下拉列表有很多选项。下拉列表中的每个选项必须有相应的值，当一个选项被选择时，相应的值随表单一起发送。在浏览器上使用 JavaScript 执行的计算中，也可以使用*表单值*（form value）。这些值可用于乘法、加法或决策。

图 12.4 是用于获取价格和注册游轮的表单示例。提交表单时，姓名、地址、城市、州、邮编、电话和电子邮件区域中的内容被传输到服务器。4 天游、7 天游或 14 天游这三个单选按钮只能选择一项。如果选择了 4 天短期游，则传输 S 值，代表 4 天短期游；A 代表 7 天游，L 代表 14 天游。另外，一种乘船游览类型被选中时，会在 Web 表单左侧的文本框中插入相应的价格，并清除之前所选的单选按钮和价格。如果选择了海景房的复选框，则一个代表 YES 的值 Y 被传输到服务器，并在左边的文本框中插入价格，然后更新总价。如果客户试图修改合计文本框中的价格，它们会被重置。单击提交按钮时，总价连同所有其他数据一起被传输到服务器。

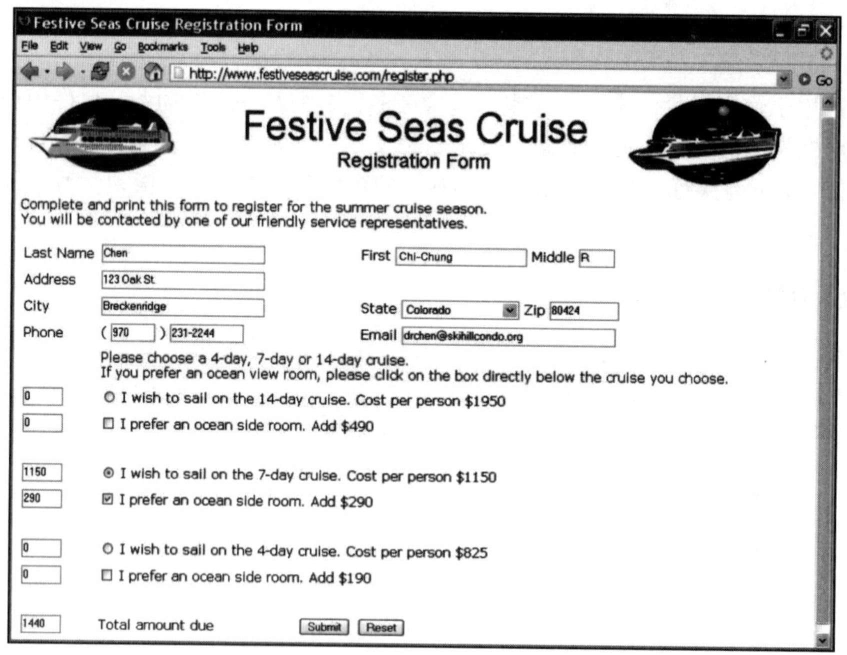

图 12.4　基于 Web 的输入表单，供用户注册游轮

12.2.8　隐藏字段

Web 表单上的另一种控件类型是*隐藏字段*（hidden field）。这些字段浏览者是看不见的，

它们不占用 Web 页面的空间，而且只能包含一个名称和值。隐藏字段通常用于储存从一个 Web 表单发送到服务器的数值。如果多个表单都需要获得所有交易数据，这些隐藏字段通常需要包含在第二个表单内。隐藏字段有时可用来保留刚才所用的浏览器类型、浏览者的操作系统等信息。有时隐藏字段可以包含一个关键字段，用于定位客户或浏览会话记录。

12.2.9 事件响应图

当 Web 表单（或其他 GUI 表单）上有复杂的交互时，就可以用事件响应图（event-response chart）列出各种可能发生的事件。事件响应图可以概要地建立业务事件和响应的模型，但是 Web 表单或其他显示屏上发生的事件通常仅限于用户操作。这些事件可能是单击一个按钮、更改一个值、聚焦某个字段（如将光标移到字段内，或指向某个单选按钮、复选框或其他控件）、模糊字段（即指针离开字段）、加载 Web 页面、检测键盘敲击和许多其他事件。响应列出 Web 页面在事件发生时应做出的反应。事件针对特定的对象，如按钮、文本字段或整个 Web 页面等。

图 12.5 是一个为在蔚蓝海滩度假村（Azure Islé Resort）度假做预算的网站。用户可以输入人数、修改起止日期和参加额外活动（如潜水或高尔夫）的人数。

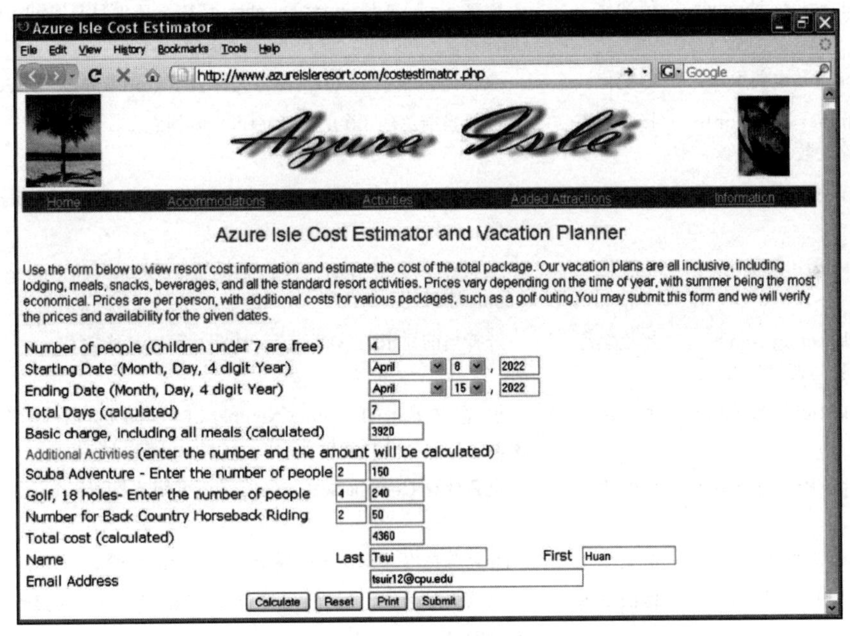

图 12.5 一个允许用户估算入住蔚蓝海滩度假村的费用的网站。费用取决于所包含的人数，逗留时间和额外的活动

图 12.6 给出了一个事件响应图。注意到每个 Web 表单控件可以有多个事件。因为用户可能按任意顺序执行多种操作，所以事件响应图对显示可能发生的事件很有用。例如，用户可能先单击“Calculate”（计算）按钮，然后更改起止日期或参与人数。对建立一个需要最少的用户操作的 Web 表单，事件响应图也非常有用。对此相应的例子如：当用户更改度假开始的月或日时，结束月或日也会改变，以匹配起始的月或日。如果输入的月份比当前月份早，那么年份就会自动变化，因为用户不可能在同一年里早于当前日期去度假。

表单控件	事件	响应
Web 页	页面加载	把当前年份放入 Starting Year（起始年份）和 Ending Year（结束年份）字段中； 把光标置于 Number of People 字段。
Number of People（人数）	值变化	验证 Number of People 字段包含一个大于 0 的数。
Starting Month（起始月）	选择修改	将下拉列表中的 Ending Month（结束月）设置为 Starting Month。如果月份小于当前月份，将 Starting Year 和 Ending Year 改变为下一年。
Starting Day（起始日期）	选择修改	将下拉列表中的 Ending Day（结束日期）设置为 Starting Day。使用 Starting Month 值设置 Starting Year 和 Ending Year 值。
Starting Year	接收焦点	使用 Starting Month 值计算 Starting Year 和 Ending Year 值。
Number of Days（天数）	接收焦点；值变化	计算客户逗留的天数 Number of Days。如果该数小于或等于 0，则显示错误消息。
Basic Charge（基本费用）	接收焦点	计算 Basic Charge，并将光标置于 Scuba Adventure Number of People 字段。
Scuba Adventure Number of People（潜水冒险人数）	接收焦点	选择当前显示的总人数（0），使客户可以替换它。
Scuba Adventure Number of People	值变化	根据 Scuba Adventure Number of People 值计算 Scuba Cost，并将光标置于 Golf Number of People 字段。
Scuba Cost（潜水费用）	值变化	重新计算 Scuba Cost，并将光标置于 Golf Number of People 字段。
Golf Number of People（高尔夫体验人数）	接收焦点	选择当前总额（0），使客户可以替换它。
Golf Number of People	值变化	计算 Golf Cost，并将光标置于 Horseback Riding Number of People 字段。
Golf Cost（高尔夫费用）	值变化	重新计算 Golf Cost，并将光标置于 Horseback Riding Number of People 字段。
Horseback Riding Number of People（骑马人数）	接收焦点	选择当前显示的总额（0），使客户可以替换它。
Horseback Riding Number of People	值变化	根据 Horseback Riding Number of People 的值计算 Horseback Riding Cost，并将光标置于 Last Name（姓）字段。
Horseback Riding Cost（骑马费用）	值变化	重新计算 Horseback Riding Cost，并将光标置于 Last Name 字段。
Total Cost（总费用）	值变化	计算总费用，并将光标置于 Last Name 字段。
Calculate（计算）按钮	按钮单击	确认表单数据，如果有错误则显示错误消息。如果没错误，则计算 Total Cost。
Reset（重置）按钮	按钮单击	清除表单，并将 Starting Year 和 Ending Year 字段设置为当前年。将光标置于 Number of People 字段。
Print（打印）按钮	按钮单击	确认表单数据，如果有错误则显示错误消息。如果没错误，则计算 Total Cost。使用一个 Web Cookie 将数据传递给一个确认页面，该页面不允许用户修改任何数据。
Submit（提交）按钮	按钮单击	确认表单数据，如果有错误则显示错误消息。如果没错误，则计算 Total Cost。将表单发送给服务器，将确认页发送给用户。

图 12.6 一个事件响应图，其中列出了当用户与蔚蓝海滩度假村的费用估计器屏幕进行交互时可能产生的众多事件的表单控件、事件以及响应

有时事件响应图可用于改善 Web 页。假设蔚蓝海滩度假村默认其大部分旅客会选择 7 天时长的度假。当开始日期发生改变时，结束日期就会默认往后推 7 天。通过提供 4 天、7 天和 14 天的单选按钮给用户选择，然后计算出结束日期，也是一种不错的做法。Web 页其他改进是对输入的字符进行检测追踪，例如，检测构成美国电话区号的三个数字，然后将光标移到下一个字段。

事件并非只能在一个单独的 Web 页中起作用，它们也可用来控制 Web 页面间的导航。当更改下拉列表中的选项或单击一个单选按钮时就会出现这种情况。事件还可用于更改下拉列表的内容。例如，在一个求职网页上，通过选择一类工作，该工作的具体职位就会显示在另一个下拉列表中。

12.2.10　动态网页

动态网页（dynamic web page）会随用户操作的结果而改变，它通常使用 JavaScript 来修改网页的某一部分或是整个网页的风格。动态网页常见的例子包括，当鼠标移经某图形时使它发生变化，或在给定的时间间隔内旋转随机图形。网页可以检测到浏览器窗口的宽度，继而根据检测结果改变页面。当用户单击菜单左侧的小加号或者当鼠标移经一个菜单时，菜单会扩展开，这也是动态网页的例子。

动态网页的功能在最新的 Web 浏览器上得到了很大的扩展。通过使用 JavaScript，Web 表单可以改变自身，以增加新字段或删除旧字段，或者改变字段的属性，诸如改变字段的长度或把一个单选按钮变成一个复选框。这使网页可以更好地响应用户的操作，从而避免了根据用户的选择下载新的网页。

分析员应考虑对网站浏览者有意义的信息。例如，在网页上把国家选择列表放在其他地址元素的前面，允许用户更改国家 / 地区列表，然后更改标题以反映国家 / 地区。如果该用户从下拉列表中选择美国，则标题将显示出相应的州和邮政编码。如果国家是加拿大，则标题将显示省和邮政编码。如果国家是日本，则标题将显示都道府县和邮政代码。

12.2.11　三维网页

动态网页也可以用来临时显示信息，诸如帮助信息、可单击日期以辅助输入日期字段的日历、机场编码和其他临时信息。在网页设计中，这些信息会以一系列层叠式方式（使用级联样式 *z* 索引属性）保存，层层叠加。Web 主页是*基础层*（base plane），这是显示或获取信息的网页的标准层，而该页下面的其他层是不可访问的。

当用户请求帮助或在单击日期字段时，该层被移至最顶层并且可被访问，或者由 JavaScript 代码产生并显示出来。层的位置由设计者或分析员决定，如日历显示在日期字段的右侧。当一个日期被选择、一个关闭链接被单击或用户单击日历外部，该层就会移至网页层以下，或者被删除。分析员必须确定什么时候包含一个层是合理的，通常需要对一个网页上的每个字段进行分析，以确定附加信息是否将有助于确保准确的信息及与用户的良好沟通。

分析员应确定如下问题：

（1）*如何构建层？*使用 JavaScript 代码（诸如日历）创建还是需要额外的信息来构建层？如果需要额外的信息，则该数据在哪里，应如何获取它？在理想情况下，可以使用 Ajax 技术从服务器上的一个数据库表中获取。

（2）*哪些事件导致该层被创建？*这些事件包括用户单击或通过 Tab 键切换到一个字段、

单击一个链接或者计算输入一个字段的键盘敲击次数。例如，一个有多家分店的连锁酒店，要把所有分店位置包含在一个下拉列表中，该列表必然会很长。当用户输入三个字符时，一个信息提示显示块会出现，列出以这三个字符开头的酒店，包括国家、城市、州或省及其他信息。如果该事件只检测两个字母，则列表长度对显示块来说就太长了。

（3）*什么事件要删除层？*如关闭按钮、单击一个日期、单击区域外部，还是从列表中选择一个酒店？

（4）*表层块应放置在哪里？*通常放在创建该块的字段的边上，以 x 和 y 坐标表示。

（5）*块应多大（以像素度量）？*如果信息量对该块来说太大，诸如酒店列表，则分析员应考虑如何处理额外的信息。包括添加滚动条，或者在底部放置一个连接到下一页信息的链接等。

（6）*该区域的格式化属性（诸如颜色和边界等）应是什么？*如果有一系列链接，则与用户一起检查它们的外观。询问用户是否会喜欢在鼠标移过每一行时颜色发生变化。

（7）*一个选项被选中时应发生什么？*在预约日历的情况下，一个日期被单击时，该日期放置在开始日期中。如果一个酒店被选中，则该酒店所在的城市、州或省和国家信息及其网络链接应填充 Web 表单字段。

使用层是一种非常有效的网站构建方法，因为它不需要任何的弹出页面（弹出页面可能会被 Internet 安全软件阻拦）。另外，不需要加载新的网页，而且由于信息是包含在一个层里的，所以信息不会占据主页任何空间。

图 12.7 是一个保险公司使用的 Web 表单的例子，该表单用来修改客户信息：添加一个客户的新位置，诸如某个现有客户的一个新商店或餐厅；或者为客户删除一个商店。如果“Corporate”（企业）复选框被中，那么“Last name，First，Middle”（姓名）字段就变成“Company”（公司名称），文本标题也会一起改变。如果单击了“Add New Property”（增加新财产）按钮，将会增加新财产的一系列字段。必须注意的是，字段必须使用唯一的名称，这样服务器才能识别新增加的字段。表单被提交后，服务器就会更新数据库表的新增字段。

分析员必须决定什么时候使用动态网页是合适的。如果数据会随着网页其他部分的改变而改变（诸如单击一个单选按钮或选择下拉列表中的某一项），那么把网页设计成动态网页会是很好的。但是，如果网页的某些部分是不安全的，而另外有些部分又需要加密，那么最好不要使用动态网页。

Expedia.com（expedia.com）网站就是一个很好的网页自动修改的例子。单击航班、酒店、汽车、乘船游览项目中的各个单选按钮时，表单会自动搜集合适的数据并预订航班、酒店等。

动态网页的优点是能够迅速地修改自己，在向服务器发送和接收数据的过程中几乎不会被中断。然而，创建动态网页也有缺点。动态网页的一个缺点是，当 JavaScript 被关闭时，它们就不能起作用。在这种情况下，分析员必须决定解决办法。

如果有人必须使用一个网站（诸如在企业内部互联网环境、用于获得学生贷款的网站，或者在处理政府或其他交易事件时），网页可以明确声明若 JavaScript 被关闭它就不能起作用，然后告诉用户怎样打开它。大多数商务网站不要求打开 JavaScript，而是为用户提供备用的网站。

使用动态网页的第二个缺点是它们可能不符合美国残疾人法案。（有关网页对所有用户都可用的更多论述，详见第 14 章关于人机交互的讨论。）

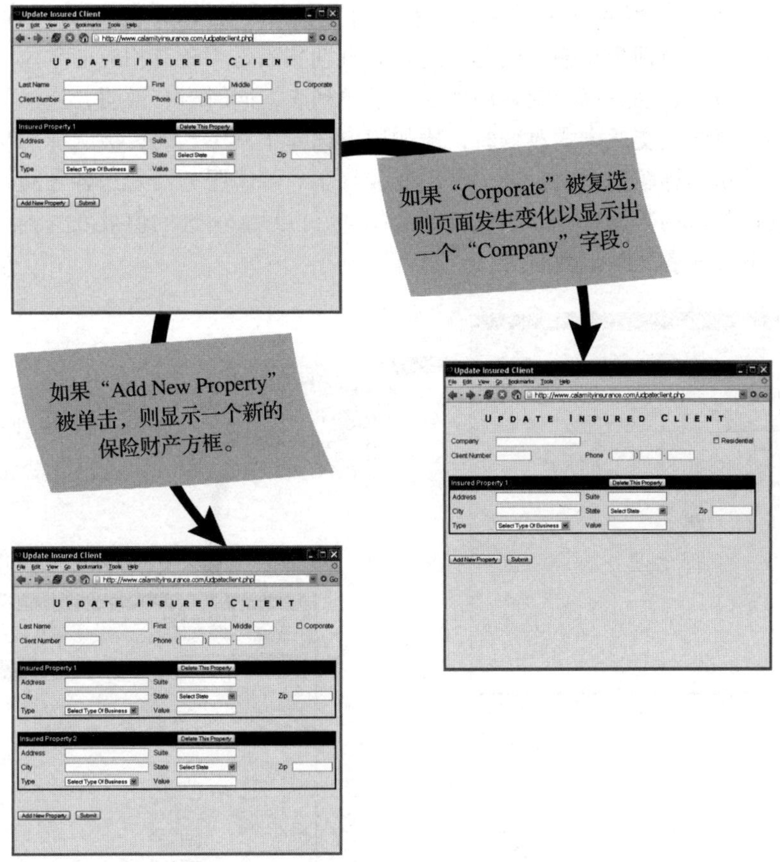

图 12.7　某保险公司使用动态网页

12.2.12　Ajax

Ajax（Asynchronous JavaScript and XML）是一种适合在最新的 Web 浏览器上使用的技术，它有机地结合了 JavaScript 和 XML。传统的网页从不同的数据库表提取数据时，直接向服务器发送请求，然后下载整个新页。这种方式虽然有效，但是速度很慢，因为当用户仅仅为下拉列表增加数据或根据以前选择的列表项增添其他一些 Web 表单控件时，就要下载整个网页。

Ajax 允许 Web 开发人员创建类似传统桌面程序的 Web 页。需要新数据时，浏览器发送请求给服务器，而服务器会把少量数据发回浏览器，更新当前页面。这种方式可以避免用户在操作过程中被打断，同时 Web 页面也不需要重新装入。页面利用新数据进行部分动态更新。

数据可以是一个小的文本文件，也可以是包含很多客户数据或其他重复数据的 XML 文件。如果数据是一个 XML 文件，则每个客户元素称为一个节点，每个节点从 XML 文件的开头开始编号（从 0 开始）。这就允许 Web 页访问第一个客户或最后一个客户，也可以一个接一个地循环访问所有客户。

假设系统分析员正在设计一个供用户预订欧洲游船票的传统网站，没有使用 Ajax 技术。最终的 Web 站点可能会包含几个页面。第 1 个页面要求用户输入旅程的起止地点、日期以及人数。总价格因人数以及游客年龄的不同而不同，因此第 2 个页面会询问乘客的年龄。第 3 个页面会询问乘客陆上交通使用哪种交通工具等。

如图 12.8 所示，使用 Ajax 技术可以获得同样的信息。在 Web 表单的顶端输入同样的起止地点和日期。Web 页面根据输入的起止地点和日期判断是否还有相应的空位。在用户输入乘客人数后，表单会自动为每个乘客添加 3 个下拉列表，同时附有说明，这样就不需要重新装入整个页面。当陆上交通方式改变时，比如用户选择了汽车，那么被选择的交通类型被发送到服务器。表单的标题内容由机动车类型变成汽车品牌。服务器发送各种品牌的车，汽车品牌下拉列表用相应的数据填充。当汽车的品牌选好以后，所选的值被发送到服务器，然后填充汽车型号下拉列表，以此类推。

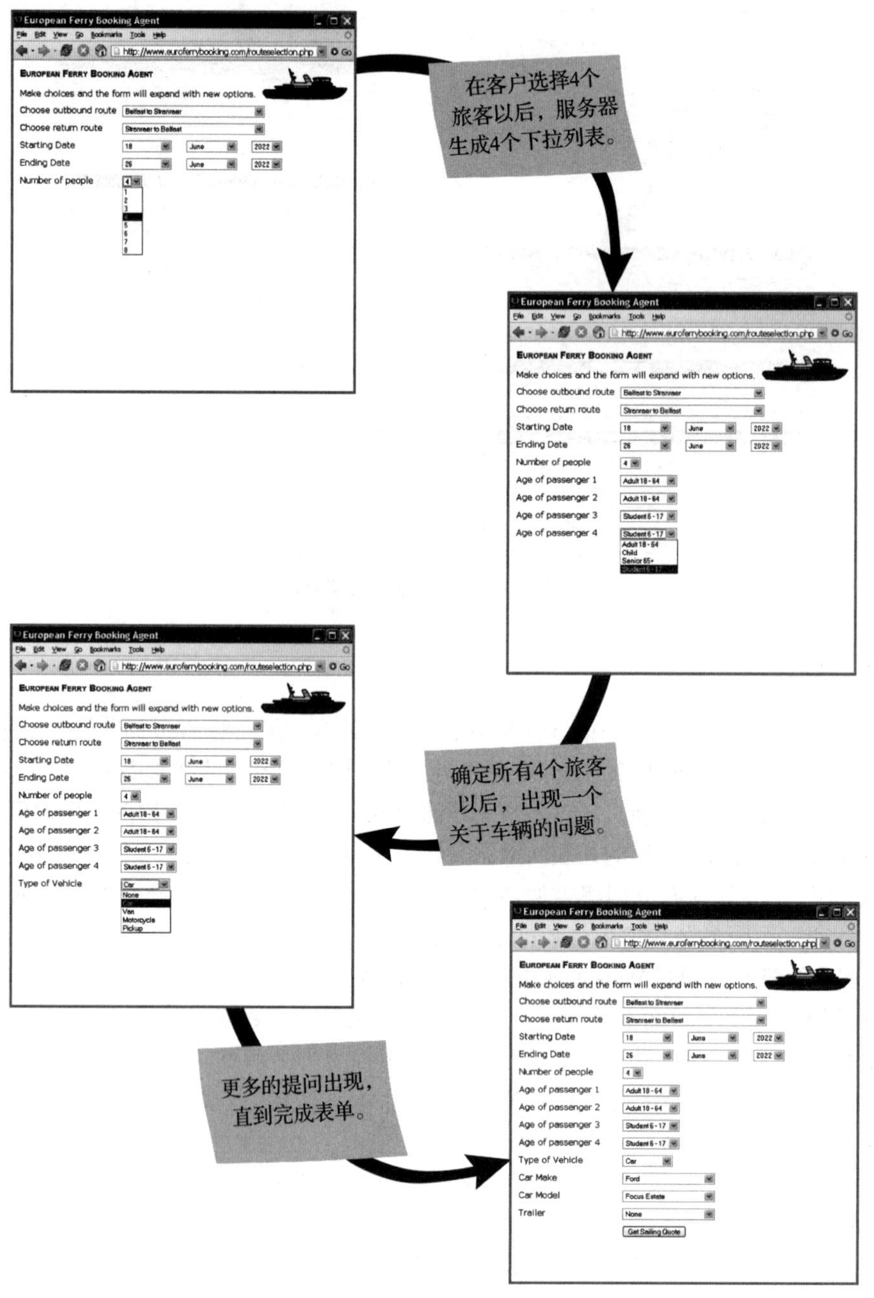

图 12.8　分析员使用 Ajax 技术时，动态网页对用户简短输入的响应比使用多个页面显示信息要快得多

该例中使用的 Web 页的响应速度要比显示多个页面的备选方案更快，用户也更容易操作。虽然页面能动态地删除表单字段并用文本代替它们，但使用确认页面还是很有必要的，并且还需要另外一个用于填写用户姓名、地址、信用卡信息的 Web 页面。分析员必须决定怎样将事务分割到不同的页面上，一些使用 Ajax 技术，另一些则不需要使用。如果需要获得少量数据以继续事务，并且这些数据逻辑上只适合一个 Web 表单或页面，这时 Ajax 是最好的方法。有时有多个页面会更好，比如预订机票。一个 Web 表单可以获得所有的航班信息，另一个页面用来显示航班信息，第 3 个页面获得乘客信息，第 4 个页面可以使用 Ajax 让用户选择座位、用餐及其他额外的需求。

Mac 案例专栏

电子商务通过要求用户直接在基于网络的输入表单中输入自己的信息，从而改变了世界。这样做提高了数据输入的准确性。虽然这种方法对于接收数据的公司来说很高效，但它却将信息输入的工作转移给了用户。幸运的是，有软件可以自动化这个过程，这样用户就只需要点击几下，而无须再输入由长字符串组成的 ID、密码和信用卡号码。在 Mac 上，AgileBits 的 1Password 似乎是当前的领导者。LastPass 也是一个不错的选择。

1Password 允许用户自动登录，填写完整的信用卡信息，并填写包含街道和电子邮件地址的身份信息。它有单独的类别来保存银行账户、会员资格、驾照和无线路由器设置。和所有其他优秀的密码程序一样，1Password 包括重要的功能，如强大的密码生成器、反钓鱼技术和内置键盘记录器防护功能。它还提供了一个名为 Watchtower 的安全审计，告知密码是否变得容易泄露。1Password 也是一款适用于 iPhone 和 Android 设备的应用程序，因此用户可以将密码随身携带。

Ajax 的优点是使 Web 运行更快速，同时使用户更顺畅地浏览页面。Ajax 的缺点是 JavaScript 必须被启用，并且 Web 页面可能违反美国残疾人法案。网络的安全性也是不容被忽视的。Ajax 网站的例子有很多。一些著名的网站包括 Google Earth（earth.google.com）和 Google Suggest，Google Suggest 根据浏览者键入的关键字列出一个下拉式列表，该列表中包含用户可能会选择的搜索主题。

12.2.13　在屏幕显示设计中使用色彩

色彩丰富的屏幕显示很讨人喜欢，色彩可以使计算机输入工作变得容易。在显示屏上合理使用色彩，可以让我们做到：对比前景和背景、突出表单上重要的字段、显示错误、突出显示特殊代码输入，以及让用户注意许多其他的特殊属性。

屏幕显示的前景和背景颜色应使用高对比度的色彩，使用户可以轻松地掌握屏幕上的内容。同时，背景颜色影响前景颜色的识别。例如，深绿色的前景颜色在一个黄色的背景上的视觉效果与在一个白色的背景上是不一样的。

下面是 5 种最容易辨认的前景（文字）颜色和背景颜色的组合（按容易辨认程度的顺序

排列）：

（1）黑色的文字在黄色的底色上。

（2）绿色的文字在白色的底色上。

（3）蓝色的文字在白色的底色上。

（4）白色的文字在蓝色的底色上。

（5）黄色的文字在黑色的底色上。

最难辨认的颜色组合是：红色的文字在绿色的背景上，蓝色的文字在红色的背景上。从这些前景色与背景色的组合中我们可以得出，前景应采用明亮的色彩，而背景应采用不大明亮的色彩。对于那些必须区分出来的字段，我们应首先采用强对比的颜色组合，然后使用其他的颜色组合。

使用色彩突出屏幕上重要的字段。重要字段的色彩应与其他字段的色彩有区别，并且还要考虑文化规范。红色通常表警示，而出现“赤字”表示公司亏本。在西方国家绿色通常代表安全，意味着通行。

根据网络设计的指导原则，需要考虑到 8% ～ 10% 的男性会患有色觉障碍（Color Vision Deficiency，CVD）症，这经常被误称为色盲症，而不到 1% 的女性患此症。为了使用户操作顺利，除了颜色之外，还需要在屏幕或其他设备上增加一些标记，例如文字和位置指示。

正如使用其他增强特性一样，屏幕显示设计者应审慎使用色彩。色彩有可能被过分使用。一个有用的原则是，对于新用户来说，使用的色彩不宜超过 4 种；对于有经验的用户来说，最多使用 7 种色彩。不相关的色彩会使用户分心，从而降低他们的效率。然而，大量的实例表明，色彩在某些特殊方面能促进用户更好地工作。色彩可以作为一种重要的手段，用于对比前景颜色和背景颜色、突出重要的字段和数据、指出错误和实现输入的特殊编排。

12.3　网站设计

一些图标和导航元素在网站设计中如此普遍，以至于人们在意识层面上已经忽略了它们的存在。但是，使用这些易于识别的元素有助于为 Web 设计提供专业的外观，并与用户进行有效和高效的通信。下面对汉堡图标、上下文相关帮助、输入验证，以及面包屑跟踪以及页脚导航的概念加以分析，以帮助高效和有效地设计网站。

汉堡图标（hamburger icon），也叫汉堡菜单（hamburger menu）（≡），由三个横条堆叠而成，这三个小横条平行堆叠在一个方形区域内，作为 GUI 的一部分。该图标通常放在图形显示的顶部，提醒用户可以单击汉堡图标，以显示网站菜单。使用汉堡图标可以节省网站空间，这对于设计较小的移动设备（如手机）网站特别有用。

GUI 设计的上下文相关帮助是帮助用户逐步熟悉应用程序或网站的好方法。当用户将鼠标悬停在作为上下文相关帮助功能一部分的词语上时，光标将变为问号。单击问号将显示特定注释，以帮助用户尝试要使用的功能。用户因而无须连接到 Internet 即可获得帮助。上下文相关帮助与用户访问的在线帮助不同，后者需要用户访问 Internet，以获得软件中多个功能的深入帮助，或访问提供软件细节和各种主题的故障排除的自述文档。

输入验证（input validation）（显示用户刚输入的项目）是一种防止用户输入错误类型的数据或错误格式数据到文件或数据库的方法。利用该设计，用户在纠正当前问题之前，不允许输入下一个字段。此时，设计人员可以添加一条消息，提醒用户输入的数据不正确。例如用户在 Microsoft Excel 用户表单中可能收到消息“数量框必须包含数字”或“日期框必须包含日期”。这样，用户就能够实时纠正错误，不会将错误数据存储在数据库或文件中。

面包屑跟踪（breadcrumb trail）是一个有趣的术语，开发人员可以用该导航元素让用户知道他们自己在大型网站、程序或复杂文档中的位置（“面包屑”这个概念来自童话故事中汉塞尔和格莱特尔丢弃的面包屑，他们在进入森林的一路上都撒下了面包屑，让这些面包屑来帮助他们找到从森林回家的路。）。如果网站含有帮助用户导航的面包屑跟踪，尤其是在大型的、层次型的网站（如零售网站）上，可以增强用户体验，并提高用户的控制感。网站子页面上的痕迹可以显示在屏幕顶部的阴影栏中，显示用户到达该页面的路径，或者也可以很简单的诸如“主页 > 帮助 > 联系我们 > 电子邮件 > 在线聊天”这样，当用户搜索购买帮助时，该路径指示在网站上导航的位置。

网页的底部称为页脚。页脚通常提供公司基本的联系信息、版权声明或网站内容的联系人信息。人们通常视页脚为不重要的一次性设计，但是，它们的设计其实不应该被忽视。目前的一个看法认为，通过设计*页脚导航*（fat footer），网站的整个部分可以提供社交媒体链接，推荐访问者接下来应该在网站上访问的内容，添加关键字和标签以改善搜索引擎优化。通过摘录组织声明，展示企业口号，展示关键价值，甚至添加幽默艺术或图标以揭示更多企业人文，可以给用户留下深刻印象。

设计网站，或为智能手机和平板计算机设计网站，同设计良好的互联网或内联网填写表单遵循一些共同的指导原则。目前已经学习了输入表单和显示设计的一些基本内容，如图 12.9 所示，显示了一个填充表单顺序页面，其中使用了许多良好的 Web 设计所需要的要素。有关的指导原则如下：

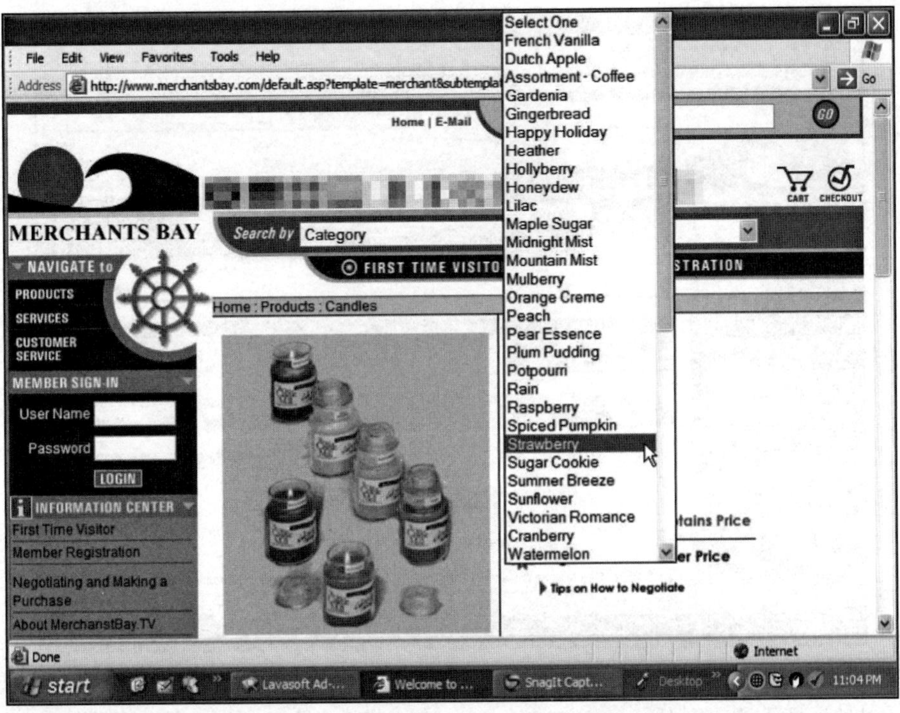

图 12.9　Merchants Bay 网站（www.merchantsbay.com）的订单屏幕，这是清楚、易用且功能丰富的输入表单设计的良好实例（Merchants Bay 网站屏幕截图。版权所有 ©2000 Merchants Bay LLC。经 Troy Pappas 许可转载）

（1）提供清楚的用法说明，因为 Web 用户可能不熟悉技术术语。

（2）说明输入表单的逻辑填写顺序，特别是因为用户可能滚动到最初看不到的区域。

（3）为实现特殊的功能和增加表单的吸引力，应在表单上使用各种文本框、按钮、下拉菜单、复选框和单选按钮。

（4）如果不能确定用户响应某个问题时将在字段中输入多少字符，或者不能确定用户使用什么语言、结构或表单输入数据，那么应提供一个可滚动的文本框。

（5）为每个 Web 输入表单设置两个基本按钮“Submit”（提交）和“Clear Form”（清空表单）。

（6）如果表单很长，且用户除进行滚动之外别无选择，那么最好将其分成几个简单表单，并且放在不同的网页上。

（7）创建一个错误反馈屏幕。除非正确填写了必填字段，否则拒绝提交表单。在反馈的表单屏幕中使用不同的颜色，为用户提供有关问题的详细评述。这里使用红色比较适合。例如，用红色指示用户需要在国家字段中输入一个国家名，或者当用户选择信用卡支付时，用红色指示一个信用卡号码。通常必填字段会用红色星号标记。

电子商务应用程序不仅要求精心设计的网站，而且还有更多的要求。应该让客户感觉到他们订购的数量正确，购买的价格合理，并且包含运输费用在内的网络购物总费用符合预期。对此，最常用的方法是，使用购物车或购物袋象征物。图 12.10 显示了一个“购物车”实例，客户正使用该“购物车”在购物。“购物车”的一个重要功能是使客户可以修改所订购的商品数量，或取消所有的商品。

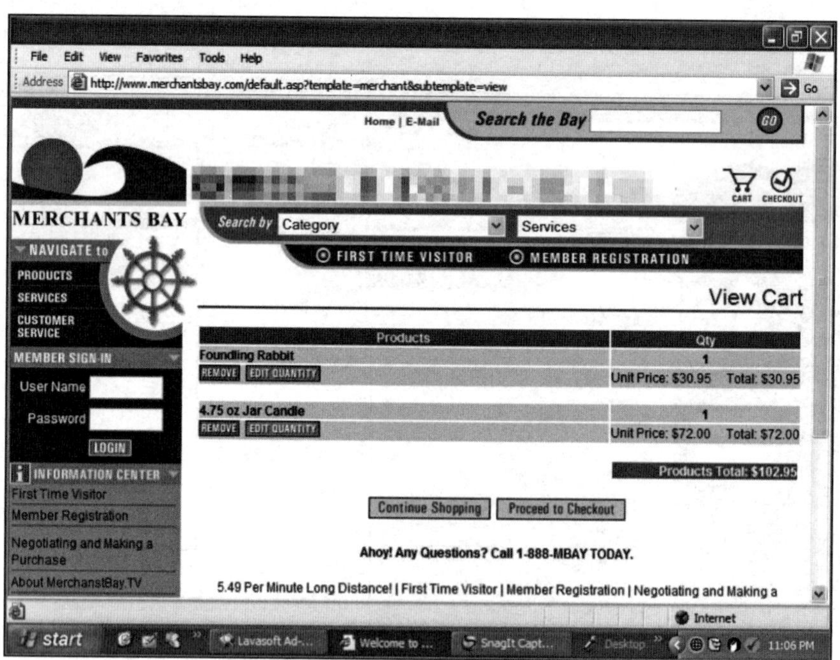

图 12.10　Merchants Bay 网站（www.merchantsbay.com）是使用购物车的良好实例（Merchants Bay 网站的屏幕截图。版权所有 ©2000 Merchants Bay LLC。经 Troy Pappas 许可转载）

电子商务应用程序对分析员的要求更高，因为分析员设计的网站要同时满足许多用户和商业目标。这些目标包括：阐明有关信任、保护用户隐私和简单且快速退货方面的企业使命和价值，建立高效的事务处理，以及建立良好的客户关系。

12.4 小结

本章讨论有关表单、屏幕和 Web 输入表单的输入设计元素。良好设计的输入应满足有效性、准确性、易用性、简单性、一致性和具有吸引力的目标。了解设计元素的相关知识有助于系统分析员达成这些目标。

精心设计的输入表单应遵循以下 4 条指导原则：表单名易于填写、表单应满足设计目标、表单应确保准确填写，以及设计的表单应具有吸引力。

尽管表单、屏幕和 Web 输入表单的设计在许多重要的方面是相同的，但仍然存在一些不同之处。屏幕上始终应显示一个光标，用以引导用户输入。屏幕显示通常应提供有关输入方面的帮助，而对于纸质表单来说，如果没有提供一个预先印好的用法说明，那么用户很难获得额外的帮助。基于 Web 的文档具有一些额外的功能，诸如嵌入的超链接、上下文相关的帮助功能、最终提交之前纠正输入错误的反馈表单。

精心设计的屏幕显示应遵循以下 4 条指导原则：保持屏幕显示简洁、保持屏幕显示的一致性、方便用户在屏幕间移动，以及创建具有吸引力且令人满意的屏幕显示。系统分析员可以使用许多设计元素来满足这些原则。

实现纸质表单、屏幕和 Web 输入表单中正确的流向是很重要的。应将表单上的信息按逻辑划分成 7 类，而屏幕上的信息应分成 3 个主要部分。表单和屏幕的标题要有所变化，用于划分信息子类目的线条粗细和所用的字体同样也要有所变化。我们也可使用多联表单实现预期的目的。为了确保设计的有效性，设计者可以使用窗口、提示、对话框和默认屏幕。

事件响应图有助于分析员用文档记录事件发生时的情况。动态 Web 页通过修改 Web 页来响应事件。这些可以作为三维 Web 页面来构建。Ajax 技术请求服务器并从中接收少量数据，从而迅速地用该数据修改 Web 页。

分析员可以使用几种普遍的导航元素来使其网页具有专业外观，其中包括汉堡图标或菜单、为 GUI 设计的上下文相关帮助、输入表单的输入验证、方便让用户了解其在大型网站程序或复杂文档中位置的面包屑跟踪，以及页脚导航等。

创建 Web 输入表单时，除了要遵循前面章节中的有关指导原则之外，还要遵循以下 7 条指导原则：

（1）提供清楚的用法说明。

（2）说明输入表单的逻辑填写顺序。

（3）使用各种文本框、按钮、下拉菜单、复选框和单选按钮。

（4）如果不能确定用户在响应某个问题时将在字段中输入多少字符，就应提供一个可滚动的文本框。

（5）为每个 Web 输入表单设置两个基本按钮："Submit" 和 "Clear Form"。

（6）如果表单很长，且用户除进行滚动之外别无选择，那么最好将其分成几个简单表单，并且放在不同的网页上。

（7）创建一个反馈屏幕，使用合适的色彩突出其中的错误。当强制输入的字段没有填写或填写不正确时，反馈该屏幕并拒绝提交表单。

复习题

1. 在设计纸质输入表单、输入屏幕或基于 Web 的输入表单时，要满足哪些设计目标？
2. 良好的表单设计应遵循哪 4 条指导原则？
3. 什么是正确的表单流？
4. 一个设计良好的表单应包含哪 7 个部分？
5. 列出表单上使用的 4 种标题类型。
6. 什么是专业表单？使用专业表单有哪些缺点？
7. 良好的屏幕显示设计应遵循哪 4 条指导原则？
8. 哪 3 个部分对于简化屏幕显示很有用？
9. 使用屏幕窗口有哪些优点？
10. 使用屏幕窗口有哪些缺点？
11. 列出 2 种保持屏幕一致性的方式。
12. 给出 3 种可促进屏幕间移动的方式。
13. 列出 4 种图形界面设计元素，同时描述这些设计元素何时适用于屏幕显示设计或基于 Web 的输入表单。
14. 什么情况下使用复选框？
15. 什么情况下使用单选按钮？
16. 什么是应用程序开发中的“选择器”？
17. 使用表单值的两种方法是什么？
18. Web 表单中隐藏字段的作用是什么？
19. 试列出 4 种不同的事件。
20. 什么是动态 Web 页面？
21. 什么是三维 Web 页？
22. Ajax 是怎样改进随用户操作而变化的 Web 页面的？
23. 列出最实用于屏幕显示阅读的 5 种前景颜色和背景颜色组合。
24. CVD 是什么意思？列出网页设计员用来减轻 CVD 对用户的影响的两种做法。
25. 汉堡菜单或图标在网页上的功能是什么？
26. 上下文相关帮助与在线帮助有何不同？
27. 输入验证如何实现提高数据库中存储的数据质量？
28. 什么是网页设计中的面包屑跟踪？
29. 列出 5 个分析员可以在设计网页页脚导航时包含的项目。
30. 在哪 4 种情况下颜色可能对屏幕显示设计和基于 Web 的录入表单设计有用？
31. 列出基于 Web 的输入表单设计必须遵循的 7 条指导原则。

问题

1. 下面是美国各州人口普查表中的项目标题：

   名字

   ____

   职业

   ____

住址

____

邮政编码

____

家庭成员数量

____

户主年龄

____

（1）重新设计其中的项目标题，使州政府人口普查部门能获得与老式表单相同的信息，同时又能避免填写者感到困惑。

（2）重新设计表单，使它符合正确的表单流。（提示：确保提供一个访问控制和标识部分，以便信息能保存在州政府计算机系统中）

（3）重新设计电子表单，使访问州政府网站的公民能在网上填写。当从纸质表单转向电子表单时，需要进行哪些必要的修改？

2. Elkhorn 学院需要更好地跟踪那些使用 Buck Memorial 图书馆中计算机的学生和其他用户。

（1）设计并绘制学生们用来登录到图书馆计算机的显示屏幕。该显示屏幕应包含三个部分，分别标上它们的名称。

（2）许多学生在线访问 Elkhorn 图书馆馆藏。试设计登录屏幕，以便学生可以远程登录。以一段话说明在图书馆登录图书馆系统与远程登录图书馆系统有何不同。（提示：可以考虑安全性问题，以及用户更喜欢用浏览器而不是图书馆中的计算机登录系统。）

（3）设计一个放在计算机旁的纸质表单，要求社区用户（非学生）每天都填写。该表单应要求填写姓名、访问日期和时间、计算机使用目的（如文字处理、上网、联机查看房地产文件）以及他们退出登录的时间。该表单应包含七个部分，分别标上它们的名称。

3. Speedy Spuds 是一家有机素食餐厅，提供各式各样的马铃薯快餐。该店经理要求服务员在 30 秒内为顾客提供服务。柜台服务员们提出，如果能简化必须填写并交给厨师的菜单，他们就能达到这一要求。当天饭店营业结束后，数据录入员要将菜单上的信息输入计算机，同时还要将采购的马铃薯和饭后点心种类信息，以及采购的数量和价格输入计算机。当前的菜单不易于服务员浏览和快速填写。

（1）设计和绘制一个菜单（尺寸由你自己选择，但应合理）。其中马铃薯和配料 [纯素食奶酪（如纯素食切达干酪或纯素食高达干酪）、韭菜、洋葱、欧芹、不含乳制品的酸奶油等] 的排列方式应使柜台服务员和厨师一目了然，并且能用于库存 / 再订购系统（该系统位于连接 Speedy Spuds 快餐饭店与 Idaho 马铃薯种植者的外联网上）的输入。（提示：记住遵守良好表单设计的所有指导原则。）

（2）设计和绘制显示屏幕表单，使服务员和其他员工能输入从菜单中获得的信息。

（3）根据你为上一小题设计的屏幕再次设计一个显示屏幕。这一次所设计的屏幕显示应能指示新的厨房工作人员为每个 Spuds 菜单准备哪些东西。为了将现有的屏幕改造为输出屏幕，列出你应对现有屏幕做出哪 3 项修改。

4. LiveKindly Alternative Plant-Based Products 是一家植物性替代品和非乳制品的地区植物批发商和零售商，他们需要收集有关其下属的每家商店每种植物产品和非乳制品的最新信息。他们将使用这些信息安排从中央仓库运送产品给每家商店的时间。当前，进入商店购买商品的顾客需要填写一个详细的表单，记录他们每次订货的信息。该表单有超过 150 个条目，包括各种数量的植物性产品。当天营业结束后，需要将 250 ～ 400 个顾客的订单编制成表格，并从商店的存货中扣除卖出的产品数量。然后，每家商店的办公人员打电话订购第二天营业所需的产品。由于顾客填写表单时会引入错误，所以商店员工很难编制出销售情况的表格。

(1) 让办公人员在每家商店现场填写大量的顾客订单是难以实现的。改变订单的大小（8.89cm × 15.24cm，横向或纵向），并把它画出来，使得它易于客户正确填写，并易于办公人员编制表格。

(2) 设计和绘制一个同样尺寸的专业表单，用以满足 LiveKindly 的客户、办公人员和仓库工人的需要。

(3) 由于 LiveKindly 公司同时经销植物性替代品和非乳制品，所以请你设计两个尺寸相同但内容不同的表单，用以满足上一小题中列出的目的。（提示：考虑采用各种手段，制作出视觉上易于区分的表单。）

(4) 为屏幕显示设计一个输入表单。用户提交订单时，由柜台服务员将订单输入 LiveKindly 库存系统。这些信息先在本地保存，然后发送到中央仓库计算机，以帮助控制库存。

(5) 用一段文字描述让用户在不同的地方输入数据的缺点。为确保设计的输入表单能保证正确的输入，用一段文字列出你作为设计者应采取的步骤。

(6) 设计一个顾客用来直接向 LiveKindly 订购的网页。

(7) 设计一个网页，用于获取网络订单的信用卡信息。为了增加安全性，把数据划分在两个网页上。

(8) 设计一个三维动态 Web 页，用于 LiveKindly 公司定制某些产品，诸如请求黏豆腐或凯撒沙拉中的特定成分。当顾客在下拉列表中选择了某种产品时，产品所含成分会被逐一列出。

(9) 为你设计的顾客订购网页设计一个页脚导航。该页脚包括社交媒体链接、关键词、对感兴趣的其他网页的引用，以及 LiveKindly 公司的核心价值声明，例如“新鲜感觉，直达心灵”。

5. R.Ajab 是一家时装店，同时还开展邮购业务。他们想记录进入商店的客户情况，以便扩展他们的邮件列表。

(1) 设计和绘制一个简单的表单，使它能在 7.62cm × 12.7cm 的卡片上打印。这些卡片将发给进入商店的客户，由他们进行填写。（提示：所设计的表单应美观漂亮，使 R.Ajab 的高层次消费者乐于完成表单的填写。）

(2) 设计和绘制一个显示屏布局图，其中应能保存由上一小题中用卡片收集到的入店客户信息。

(3) 设计和绘制另外一个屏幕选项卡控件对话框，用于比较入店客户信息与使用邮购业务的客户。

(4) 店主请你帮助建立一个电子商务网站，以增加邮购业务。设计一个 Web 表单，用于获取网站访问者的信息。用一段文字解释这样的表单与印制表单有什么区别。

(5) 设计一个社交媒体帖子，描述客户在 R.Ajab 购物的愉快经历，以隐晦的方式宣传该品牌。使用视觉效果。

6. 近来，一家很有发展前途的贴现经纪行兴味盎然地开发自己的基于 Web 的证券管理软件，使客户可以在家中使用个人计算机进行交易，获取实时股票行情等。

(1) 设计两个易于客户键入数据的输入屏幕。第一个屏幕允许客户键入股票代码，用以跟踪每日行情。另一个屏幕允许客户使用基于图标的系统设计一个定制报表，用各种图形和文字显示股票价格趋势。

(2) 为这个新的证券管理软件提出两种其他的屏幕输入方式。

7. My Belle Cosmetics 是一家大型公司，其化妆品销售量在本地化妆品公司中遥遥领先。作为一个对色彩非常敏感的公司，每年的秋季和春季它都会在其化妆品产品中引入新的彩色品种。公司近来开始使用新的技术，以电子方式显示不同种类的化妆品的使用效果，供顾客在店内查看而不用实际涂抹化妆品。

(1) 设计和绘制一个显示屏幕图，使得销售人员能在柜台很快地为顾客试用多种不同色调的唇膏和化妆品，试用过程应有较高的准确度。有关顾客的输入包括：他们的发色、他们最喜欢的衣服颜色以及他们所处的典型环境中的光照情况（荧光灯、白炽灯、室外光等）。

（2）设计和绘制一个与上一小题相同的显示屏幕图，但它应能生动地向 My Belle 公司的决策制定者演示色彩如何改善屏幕的可理解性。

（3）My Belle 在 Web 上有一个分公司，它是一家大型百货公司的连锁店。用一段文字描述，如何改变第（1）小题中的屏幕，使得它能被个人使用，并且 My Belle 能将它用于百货公司的电子商务网站，用以吸引客户。

（4）为 My Belle 网站设计面包屑跟踪导航。要求包含关键页面的名称，并显示用户如何在页面之间导航。使用页面顶部的阴影框显示面包屑跟踪路径。

8. YourNextProperty 公司专门为潜在买家寻找房屋。有关房产的信息保存在数据库中，并且能显示在查询屏幕上。请你设计一个基于 Web 的 GUI 界面屏幕，用于输入以下数据字段，这些字段用于选择和显示符合条件的房子。设计时，要考虑使用 GUI 屏幕的可用特性。设计元素（没有按特定顺序排序）如下：

（1）最小面积（平方米）。

（2）最大面积（平方米，可选项）。

（3）最少的卧室数量。

（4）最少的盥洗室数量。

（5）车库面积（可停放的车辆数量，可选项）。

（6）学区（每个区域可申请的学区数量）。

（7）游泳池（有 / 无，可选项）。

（8）坐落位置（城市、郊区或乡下）。

（9）壁炉（有 / 无，可选项）。

（10）节能（是 / 否）。

另外，描述实现这种交互样式所必需的超级链接。

9. 请为上一题中创建的 YourNextProperty 公司的显示屏幕设计一个 Web 输入页面。

10. Sludge's Auto 是一家汽车零件回收公司，涉及时尚车型和古老车型。公司老板想将各种零件放到网站上供客户浏览。设计一个用来寻找零件的 Ajax 网站。客户需要知道汽车和零件的品牌、型号以及制造年份。如果零件有库存，则显示：零件描述、适用条件、价格、运费、每种零件可提供的数量以及图片。为每种零件设置一个“购买”按钮，可以单击它来购买该零件。

为 Sludge 的网站登录页面设计一个页脚导航。内容包括社交媒体链接、关键词、对感兴趣的其他网页的引用，以及 Sludge 核心理念的声明，例如“汽车告诉你一切”。

11. 为 Sludge's 汽车公司（参见上一题）设计一个“添加客户”Web 页面。包含一个配置文件，使公司在某零件到货时向该客户发送电子邮件。

12. 为 Sludge's 汽车公司设计一个“购买”Web 页面。假设客户已被添加并且已登录。显示一些客户信息。将客户信用卡信息分布在两个页面上（信用卡信息包括：信用卡类型、卡号、卡有效期以及卡后面的安全码）。

13. 使用 Ajax 设计 Web 页面来注册电子产品，无论是硬件还是软件。该表单应包含：购买者姓名、地址、电话号码、电子邮件地址以及一个包含产品种类的下拉列表。产品种类发生变化时，种类值被发送到服务器，服务器将返回一个包含该种类产品的 XML 文档，用来创建一个产品下拉列表。当客户选择某产品后，该产品值被发送到服务器，服务器返回一个 XML 文档，用来创建该产品的型号或版本。

小组项目

1. Maverick 是一家拥有 15 年历史的美国全国货运公司。Maverick 属于货车零担运营商。其管理人员贯彻准时制理念，他们建立了包括托运人、接收人和承运人在内的合伙企业，目的是及时运输和交付所需材料，以便及时供生产线上使用。Maverick 拥有 626 台货柜车、占地约 4 181m^2 的仓库和 1 951m^2 的办公空间。Maverick 货运公司正在考虑更新输入显示屏幕。请与你的团队一起讨论，当计算机操作员输入的发货装载方案得到批准后，应在其输入屏幕上显示什么内容。有关字段包括：发货时间、装载物、重量、特殊要求（例如，装载物是否易腐并需要冷藏）等。
2. 每个团队成员都应使用一种 CASE 工具、一个绘图工具（如 Microsoft Visio）或纸和笔为 Maverick 货运公司设计一个合适的输入屏幕，并与你的团队成员共享。包括用于输入验证的小弹出式提示框，通知用户其输入的数据无效或者错过了需要填写数据的字段。
3. 列出 Maverick 货运公司应开发的其他输入屏幕。记住，除了开发供客户和司机访问的屏幕之外，还要开发供调度员使用的屏幕。指出其中哪些是个人计算机上显示的屏幕，哪些是无线手持设备上显示的屏幕。
4. 设计一个基于 Web 的屏幕，使 Maverick 货运公司的客户能跟踪货运过程。与团队成员一起讨论屏幕的设计元素，或与一家本地的卡车公司面谈，找出他们的需求。列出什么样的超级链接是必需的，你如何控制对屏幕的访问，使得客户只能安全地跟踪自己的货运情况？用几句话加以回答。

参考文献

Biskjaer, M. M., Dalsgaard, P., & Halskov, K. (2019). The same, but better: Understanding the practice of designing for incremental innovation in web design. *International Journal of Design*, *13*, 89–104.

Demetri. (2012, June 4). *16 important do's and don'ts of effective web design*. https://www.designtorontoweb.ca/dos-and-donts-of-effective-web-design/

Garrett, J. J. (2005, February 18). *Ajax: A new approach to web applications*. http://adaptivepath.org/ideas/ajax-new-approach-web-applications/

Gube, J. (2008, December 11). *20 excellent websites for learning Ajax*. http://sixrevisions.com/ajax/20-excellent-websites-for-learning-ajax/

Ives, B. (1982). Graphical user interfaces for business information systems. *MIS Quarterly*, *6*, 15–47.

Kyng, M., & Mathiassen, L. (1997). *Computers and design in context*. MIT Press.

Kyrnin, J. (2021, September 30). Pros and cons of image maps. ThoughtCo, Sep. 30, 2021, thoughtco.com/pros-cons-image-maps-3468676. Last accessed May 24, 2022.

Nielsen, J., & Li, A. (2017, March 26). *Mega menus work well for site navigation*. https://www.nngroup.com/articles/mega-menus-work-well/

Nielsen, J., Molich, R., Snyder, C., & Farrell, S. (2001). *E-commerce user experience*. Nielsen Norman Group.

Nielsen, J., & Pernice, K. (2010). *Eyetracking web usability*. New Riders Press.

Reisner, P. (1981). Human factors studies of data base query languages: A survey and assessment. *Computing Surveys*, *4*(1), 13–31.

Schmidt, A., & Kendall, K. E. (2006, October). Using Ajax to clean up a website: A new programming technique for website development. *Decision Line*, pp. 11–13.

Turgut, B., & Karanfil, F. C. (2017). Appropriate terminology in the nomenclature of the color vision deficiency. *Clinical Case Reports and Reviews*, *3*.

Wragg, N., & Barnes, C. (2021). Advancing interactivity: Graphic designers' practice-based contribution to developing the web. *Digital Creativity*, *32*(2), 143–164.

Zero Gravity Marketing. (2015, March 5). *Website design: Fat footer pros & cons*. https://zerogravitymarketing.com/website-design-fat-footers/

数据库设计

学习目标

1. 理解数据库是什么。
2. 了解基本的数据概念。
3. 学习如何用规范化有效地存储数据。
4. 了解设计主文件和数据库关系的指导原则。
5. 掌握反规范化的概念以及为什么它有用。
6. 了解数据仓库的概念。
7. 理解商业智能与数据仓库的关系。
8. 了解帮助系统和人员做出决策的数据分析。
9. 学习数据湖以及它与数据仓库的区别。
10. 获得有关区块链及其实用性的基本知识。

一些人认为数据存储（data storage）是信息系统的核心。当用户想要使用数据时，数据必须可用。另外，数据必须是准确的、一致的（具有完整性）。数据库设计的目标包括有效地存储数据，以及有效地更新和检索数据。最后，信息检索必须是有目的的。从存储的数据中获取的信息，其表现形式必须有利于管理、计划、控制或决策支持。

在基于计算机的系统中，有两种方法可以实现数据的存储。第一种是将数据存储在单个文件中，每个文件对于特定应用程序是唯一的。第二种方法是建立一个数据库。数据库是一种经过正式定义的且进行集中控制的数据存储，旨在供许多不同的应用程序使用。

单个文件通常是根据当时的及时需要而设计的，因而要求系统具有结合多种属性进行查询的能力是重要的。这些属性可能包含在不同的文件中，或者根本不存在。数据库需要进行规划，使数据的组织满足有效存储和有效检索。数据仓库是非常大的数据库，用于存储与特定主题相关的汇总数据，以便对查询进行有效的回应。商业智能建立在处理大量数据（有时称为大数据）的概念之上。业务分析使用定量工具来分析大数据，为管理者和计算机系统的决策提供信息。数据湖是原始数据、关系数据库中的规范化和非规范化数据以及物联网、移动设备和各种应用程序中的非关系数据的存储库。存储在数据湖中的数据在收集之前没有结构化和预定义。可以简单地查询数据湖，以获得迄今为止未知的对客户及其与业务目标的关系的见解。

咨询时间 13.1

出色地完成整理工作

Marc Schnieder 清洁用品公司请你帮他们整理数据存储。当你问 Marc Schnieder

有关数据库的详细问题时，他的脸立即变红了。"我们真的还没有你所描述的那种数据库。"他有点不好意思地说，"我总是要整理我们的记录，但又找不出一个能胜任此项工作的人来主持它。"

与 Marc 先生的谈话结束后，你走出大厅，来到 Shakina Obi 那间只有储藏室大小的办公室。Shakina 是该公司的首席程序员。Shakina 给你介绍了当前信息系统的开发历史。"Marc Schnieder 清洁用品公司是白手起家的。"Shakina 说，"Marc 先生的第一份工作是保龄球场的清洁员。他积蓄了足够多的钱，购买一些产品，然后将这些产品销售给其他保龄球场。不久他决定扩展清洁用品生意。他发现，随着生意越做越大，他的产品系列和客户类型越来越多。公司的销售人员被安排销售不同的产品系列（商店清洁用品，办公室清洁用品等），其中的一些人负责室内产品销售，另一些人专门销售大型设备，例如地板拆卸器和打蜡机。这些记录保存在不同的文件中。"

"问题是，我们没有办法比较每个分部的销售利润。我们希望建立销售人员激励计划，并更均衡地安排每个产品系列的销售人员。"Marc 先生讲解着。

然而，当你与 Shakina 交谈时，她说："每个分部门都有自己的激励体制。佣金是不同的。我不认为我们能有一个通用的系统。此外，由于我们的文件是根据我们的需要设计出来的，所以我们的报表可以很快地拿出来，并且我们从来没有发生过薪水延迟支付问题。"

描述一下你将如何分析 Marc Schnieder 公司的数据存储需求。你会完全抛弃旧系统还是只是对它进行小改动？用两段文字讨论你的决策会带来哪些影响。

13.1 数据库

数据库（database）并非只是许多文件的集合，而是一种中央数据源，供许多不同应用的许多用户共享。数据库的核心是*数据库管理系统*（DataBase Management System，DBMS），它负责数据库的创建、修改和更新，数据*检索*（retrieval），以及生成报表和显示。确保数据库实现其目标的人员就是所谓的*数据库管理员*（database administrator）。

数据库的有效性目标如下：

（1）保证数据能被各种应用程序的用户共享。

（2）维护数据的准确性和一致性。

（3）确保当前和未来的应用程序所需的所有数据随时可用。

（4）允许数据库随用户需求的增加而不断演进。

（5）允许用户建立自己的数据视图，而不用关心数据的物理存储方式。

上述目标提示我们要注意数据库方法的优点和缺点。首先，数据共享意味着数据只需保存一次。这有助于实现数据的完整性，因为若数据只保存在一个地方而不是保存在许多不同的文件中，则我们可以更容易且更可靠地改变数据。

当用户需要特定数据时，一个精心设计的数据库能预料到对这类数据的需求（或者它已经为另一个应用程序所用）。因此，与保存在*传统文件*（conventional file）中的数据相比，在一个数据库中的数据更有机会提供给应用程序使用。一个精心设计的数据库比单独的文件更灵活，也就是说，数据库能随用户和应用程序需求的改变而不断发展。

最后，数据库方法具有允许用户创建自己的数据视图的优点。用户不必关心数据库的实际数据结构或它的物理存储。

许多用户从大型机的中央数据库中提取部分数据，并下载到个人计算机中。然后使用这些较小的数据库生成报表或响应最终用户的查询。

在过去的几年里，个人计算机上的关系数据库有了长足的进步。技术上的一个重要变化是，利用 GUI 设计数据库软件。随着 Microsoft Access 等程序的出现，用户可以在两个或多个表之间拖放字段，从而更容易使用这些工具来开发关系数据库。此外，Microsoft Office 套件具有特殊功能，它允许用户将数据从公司数据库导出到其他应用程序中。这些数据也可以导入 Microsoft Access 中。

数据库是对组织存储、访问和检索数据非常有用的技术，但围绕数据库的设计和使用要考虑许多安全问题。对于那些正在设计、管理和使用数据库的人来说，要考虑更多重要的安全问题。至关重要的是，参与数据库设计的每个人员都要认同数据的价值和保护数据的成本，因为保护数据既有成本也有好处。*风险评估*（risk assessment）在数据库规划时是必须考虑的重要组成部分。

包括恶意软件、拒绝服务攻击在内的*网络攻击*（cyberattack）不断增加，公司必须考虑以下问题：攻击的可能性有多大？受保护的数据的有多大价值？安全漏洞对公司客户存在什么影响，以及其后果对公司形象有什么影响？使用数据库的每个人，包括数据库管理员和用户，都需要接受有关安全问题和数据库访问的适当培训。让用户参与业务连续性规划和灾难恢复，有助于在安全性受到破坏时使数据库和组织具有弹性，从而最大限度地减少损害。

13.2 数据概念

在考虑使用文件或数据库方法之前，弄清数据是如何表示的是很重要的。本节讨论一些重要的定义，包括从现实世界中的数据抽象到把数据存储到表和数据库关系中。

13.2.1 现实、数据和元数据

现实中收集到的有关人、场所或事件的数据，最终将存储在文件或数据库中。（在本节中，我们把真实世界称为现实。）为了理解数据的形式和结构，必须了解数据本身的信息。描述数据的信息叫作元数据。

图 13.1 描述了现实、数据和元数据之间的关系。现实范畴包括实体和属性，实际数据范畴包括记录值和数据项值，而元数据范畴包括记录的定义和数据项的定义。下面几小节将讨论这些术语的含义。

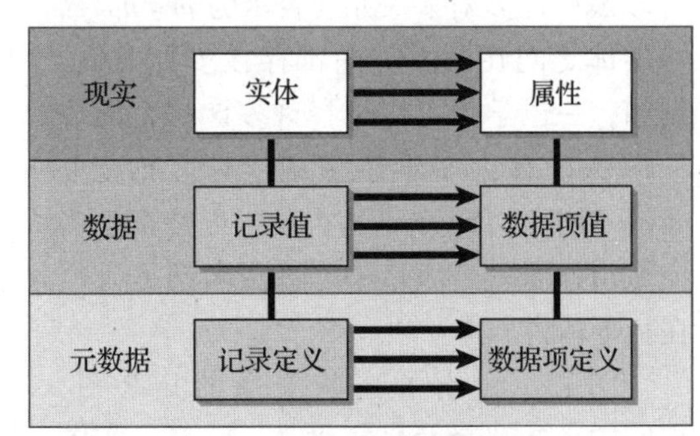

图 13.1 现实、数据和元数据

13.2.1.1 实体

由某人为收集数据而选择的任何对象或事件叫实体（entity）。实体可以是人、场所或东

西，例如销售员、城市或产品。实体也可以是事件或时间单位，诸如机器故障、销售、月或年等。

实体子类型（entity subtype）是一种特殊的一对一关系，用于代表来自另一个实体的附加属性（字段），它不会在第一个实体的每一条记录中都出现。其表示符号是在实体矩形中有一个较小矩形。实体子类型可以消除一个实体在数据库表中存储空字段的现象。

这方面的一个例子是客户主实体，其中大客户可以有包含折扣信息的特殊字段，而这些信息最好保存在实体子类型中。另外一个例子是，有实习工作的学生，但学生主文件表不必包含每个学生的实习工作信息，因为可能只有很少一部分学生有实习工作。

13.2.1.2　关系

关系（relationship）是指实体之间的联系（有时也称为数据联系）。图 13.2 显示许多实体—关系图（Entity-Relationship，E–R），描述了各种类型的关系。

第一种关系是一对一关系（表示为 1∶1）。该图表明，每个产品只有一个产品包装。第 2 个一对一关系表示每个雇员有一个独一无二的办公室。注意，我们可以进一步描述所有这些实体（例如，产品价格不是实体，电话分机也不是实体）。

另一种关系是一对多关系（表示为 1∶*m*）或多对一关系。如图 13.2 所示，在一个保健组织中，一名医生被指派给许多病人，但一位病人只能指派给一个医生。另一个例子表示一个雇员属于且只属于一个部门，但每个部门有许多雇员。

最后，多对多关系（表示为 *m*∶*n*）描述实体之间在两个方向都存在多种关系。例如，一位学生可以选择许多课程，而每一门课程有许多学生登记学习。第 2 个 *m*∶*n* 例子表示一名销售人员可以往来于多个城市，而一个城市中有许多名销售人员在从事销售工作。

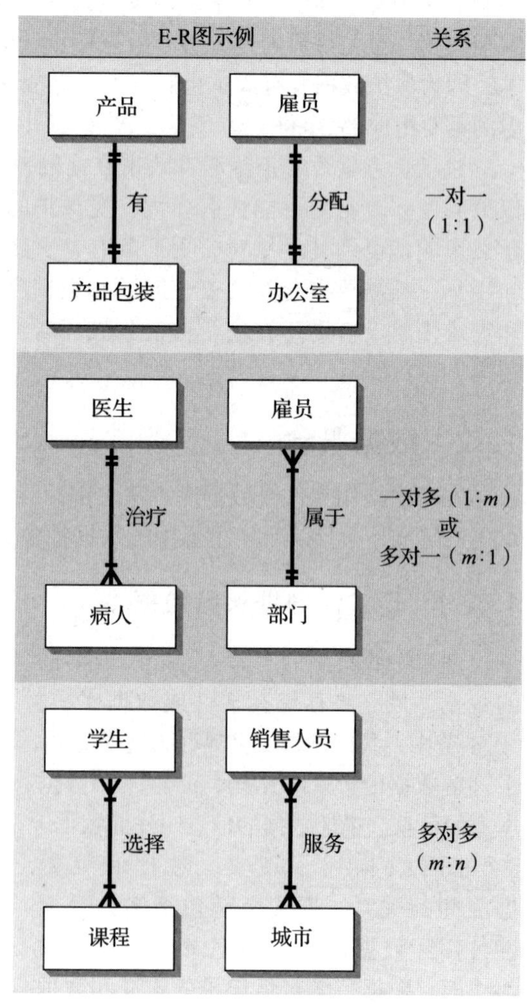

图 13.2　E–R 图可以表示一对一、一对多、多对一或多对多联系

图 13.3 给出了这些关系的 E–R 图、它们的正式解释及真实含义。注意，实体的符号是一个矩形。实体定义为一类人、位置或事物。中间有一个菱形的矩形代表关联实体，它用于连接两个实体。中间有一个椭圆形的矩形代表一个属性实体，用于重复组（repeating group）。

符号	正式解释	真实含义
（矩形）	实体	一类人，位置或事物
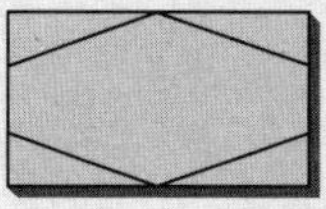 （带菱形线的矩形）	关联实体	用于连接两个实体
 （带椭圆的矩形）	属性实体	用于重复组
 ——‖	到1个实体的关系	只有1个
——|<	到多个实体的关系	1个或多个
——O|	到0个或1个实体的关系	只有0个或1个
——O<	到0个或多个实体的关系	可以为0个、1个或多个
——<	到超过1个实体的关系	大于1个

图 13.3　E–R 图的表示符号及其含义

画 E–R 图所需的其他符号是一些连接符，其中有 5 种不同的连接符。在图 13.3 的下面部分解释了这些连接符的含义。若用一条直线连接两个普通的实体，并且线的末端用两条短竖线"‖"标记，则存在一个一对一关系。若用一条直线连接实体，并且线的末端用一个鱼尾纹和一短竖线"|"标记，则它指示这是一个一对一或一对多（到 1 个或多个实体）的关系。

当用一条直线加上一短竖线"|"和一个 0（看起来更像一个圆圈，或字母 O）标记的符号连接两个实体时，说明这是一个一对零或一对一关系（只有 0 个或 1 个实体）。第 4 种联系实体的连接符号是，一条末尾带鱼尾纹且在其旁边有一个 0"O"的直线。这种连接符显示零对零、零对一、或零对多关系。最后，一条在连接实体的末端带鱼尾纹的直线描述一种一对多（大于 1）的关系。

实体可以有一个连接到自己的关系。这种关系叫作自连接关系。这种关系表明，一个文件中的一条记录可以与该文件中的另一条记录关联。一个任务可能有一个前导任务（也就是说，在开始当前任务之前，必须先完成该任务）。在这种情况下，一个记录（当前任务）指向同一文件中的另一个记录（前导任务）。

在每条连接线的上边或旁边可以写上有关系的文字。实际上，我们从一个方向看关系，尽管可以在连接线的两边写上关系文字，分别代表其中一个实体的视点（有关绘制 E–R 图的详细信息参看第 2 章）。

13.2.1.3　一个 E-R 示例

一个 E-R 图包含许多实体、各种不同的关系和大量的属性，如图 13.4 所示。在这个 E-R 图中，我们考虑一个记账系统，特别是考虑其中的处方部分。（为了简化起见，假设办公室访问按不同的方式进行处理，并且不在该系统的范围内。）

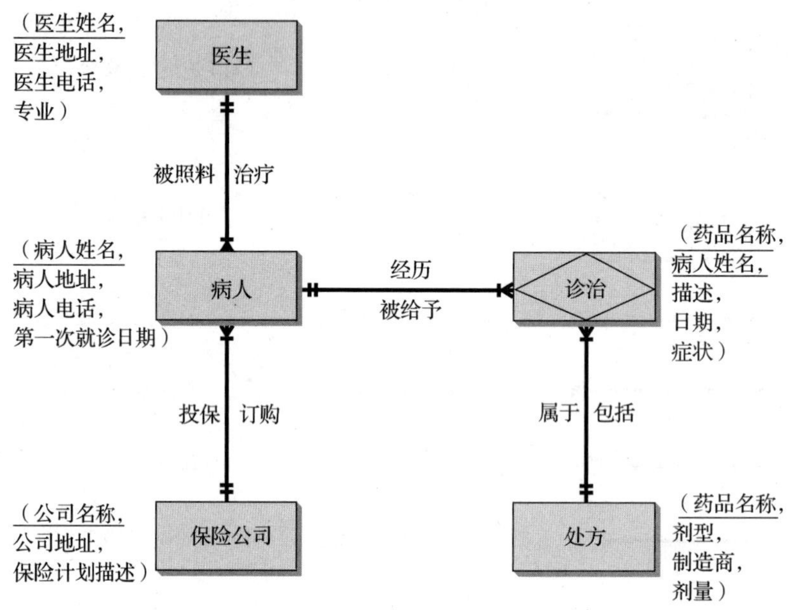

图 13.4　病人治疗的 E-R 图，属性可以在实体旁边列出。其中，键是带下划线的

因此，有关的实体包括：处方，医生，病人和保险公司。实体诊治对计费系统不重要，但由于用它来连接处方和病人实体，所以将它包含进 E-R 图中。因此我们在图中将它画成一个关联实体。

这里，一个医生为许多病人看病（1∶*m*），每个病人都在保险公司订了一份保险。当然，对于某个保险公司来说，病人只是向它订购保险的许多病人中的一个（*m*∶1）。

为了完成医生记录，医生需要保留有关某个病人所接受的诊治信息。许多病人接受许多种诊治，从而使得这种关系是一个多对多（*m*∶*n*）关系。由于诊治对记账系统不重要，所以在图中它作为一种关联实体画出。诊治包括医生开处方，该关系是一个 *m*∶*n* 关系，这是因为许多治疗需要组合使用多种药物，并且多种药物可用于许多治疗中。

然后，为属性填入详细信息。属性列在每个实体的旁边，其中带下划线的属性为该实体的键。例如，处方的属性包括：药品名称，剂型，制造商和剂量。理想情况下，按这种方式使用 E-R 图，然后填入有关属性的详细信息——设计数据库很有好处。这种自上而下的方法值得我们使用，但有时很难实现。

13.2.1.4　属性

属性（attribute）指实体的某个特征。每个实体有许多属性。例如，病人（实体）有许多属性，诸如，姓、名、街道地址、城市、州等。病人上一次看医生的日期以及处方的细节也是属性。在第 8 章构造数据字典时，最小的描述单位称为*数据元素*（data element）。当讨论

文件和数据库时，数据元素通常叫作数据项（data item）。数据项实际上是文件和数据库中的最小单位。术语“数据项”与“属性”可互换使用。

数据项可以有值。这些值的长度既可以是固定的，也可以是变化的。它们可以是字母、数字、特殊字符（special character）或字母数字混合体。数据项及其值的例子如图 13.5 所示。

实体	数据项	值
销售人员	销售人员编号	87254
	销售人员名	Kaytell
	公司名称	Music Unlimited
	地址	45 Arpeum Circle
	销售额	$20,765
包装	宽度	2
	高度	6
	长度	6
	重量	1
	寄件地址	765 Dulcinea Drive
	寄信人地址	P.O.Box 341 Spring Valley,MN
订单	商品	B521
	描述	“My Fair Lady”光盘
	订购量	1
	订购人名	Owoh
	姓首字母	N
	街道地址	765 Dulcinea Drive
	城市	La Mancha
	州或省	CA
	邮政编码	93407
	信用卡号码	65-8798-87
	订货日期	01/03/2021
	总额	$6.99
	状态	备订

图 13.5 赋给数据项的典型值包括：数字、字母、特殊字符和前三种的组合

数据项有时也叫字段。然而，字段代表一些物理的东西，而不是逻辑的东西。因此，许多数据项可以放到一个字段中。字段可以读出来，转化为许多数据项。一个常见的例子是，将日期保存在一个字段中，格式为 MM/DD/YYYY。为了根据日期顺序对文件进行排序，从该字段中提取出三个不同的数据项，然后先根据 YYYY 排序，接着根据 MM 排序，最后根据 DD 排序。

13.2.1.5 记录

记录（record）是指与所描述的实体有共性的一组数据项。图 13.6 说明一个记录有许多相关的数据项。该图显示的记录是指发给邮购公司的一份订单。其中订单 -#、名、姓首字母、街道地址、城市、州或省和信用卡都是属性。大多数记录是固定长度的，因此不必每次都确定记录的长度。

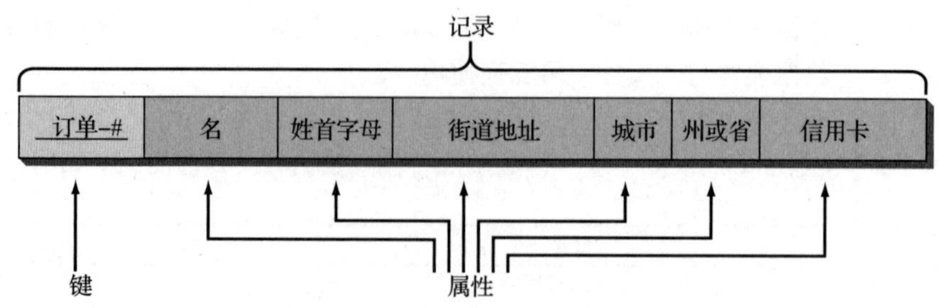

图 13.6 记录有一个主键和许多属性

在某些情况下（例如，空间很紧缺），就需要使用可变长度的记录。使用可变长度的记录可以为最长记录保留大量空间。例如，病人已到某个医生处治疗的最多次数。每次治病都包括很多数据项，它们都将成为病人的整个记录（在人工系统中为文件夹）的一部分。本章后面部分将讨论关系的规范化，以消除可变长度记录中的重复组。

13.2.1.6 键

键（key）是记录中的一个数据项，用于标识一个记录。若一个键能唯一地标识一条记录，则称为主键（primary key）。例如，订单 -# 是一个主键，因为每个客户订单只有一个唯一的代码。这样，主键就标识了现实世界中的实体（客户订单）。

设计主键时必须特别小心。通常，主键是数位末端的有序数字或带有自检编号（称作检验数位）的有序数字。有时主键有一些内置的含义，但根据属性来定义主键是有风险的。如果属性发生变化，主键也会跟着变化，造成主键对数据的依赖性。

基于数据的主键的一个例子是，表示国家名称的缩写或表示机场名的行李编码。一个或一组可当作主键使用的键叫作候选键。主键必须是最小的，除了标识一个记录所需的属性外，没有任何多余的属性。

如果一个键不能唯一标识一条记录，那么该键就叫*辅助键*（secondary key）。辅助键既可以是唯一的，也可以识别数据库中的多个记录。使用辅助键可以选择一组属于某个集合的记录（例如，来自新泽西州的订单）。

如果不能使用记录中的一个数据项唯一地标识记录，则可以选择两个或多个数据项组成一个键。这种键被称为*连接键*（concatenated key），也可被称为*组合键*（composite key）。如果记录中的一个数据项用作键，则该数据项的描述文字应加下划线。因此，在订单记录（订单 -#、名、姓首字母、街道地址、城市、州或省、信用卡）中，键为订单 -#。如果一个属性是另一个文件中的键，则应在其名称之下加一条虚线。

有些数据库允许开发人员使用*对象标识符*（Object IDentifier，OID），这是数据库中每个记录的唯一的键，而不仅仅是表中的键。如果给定一个 OID，不管记录存在于哪个表中，都可以获取它。订单或确认付款信息可以包含这种 OID，并附有信息“这是您的确认号码”。

13.2.1.7 元数据

元数据（metadata）是指有关文件和数据库中的数据的数据。元数据描述每个数据项的名称和长度，也描述每条记录的长度和组成。

图 13.7 是一些通用软件中数据库的元数据示例。每个数据项的长度根据相关约定进行

表示，其中 7.2 表示为该数据保留 7 位，其中小数点后面有 2 位。字母 N 表示数字，而 A 代表字母数字型，D 代表日期，其格式自动为 MM/DD/YYYY。一些程序，例如，Microsoft Access，使用通俗易懂的英语描述元数据，因此使用诸如 text（文本），currency（货币）和 number（数字）等单词。

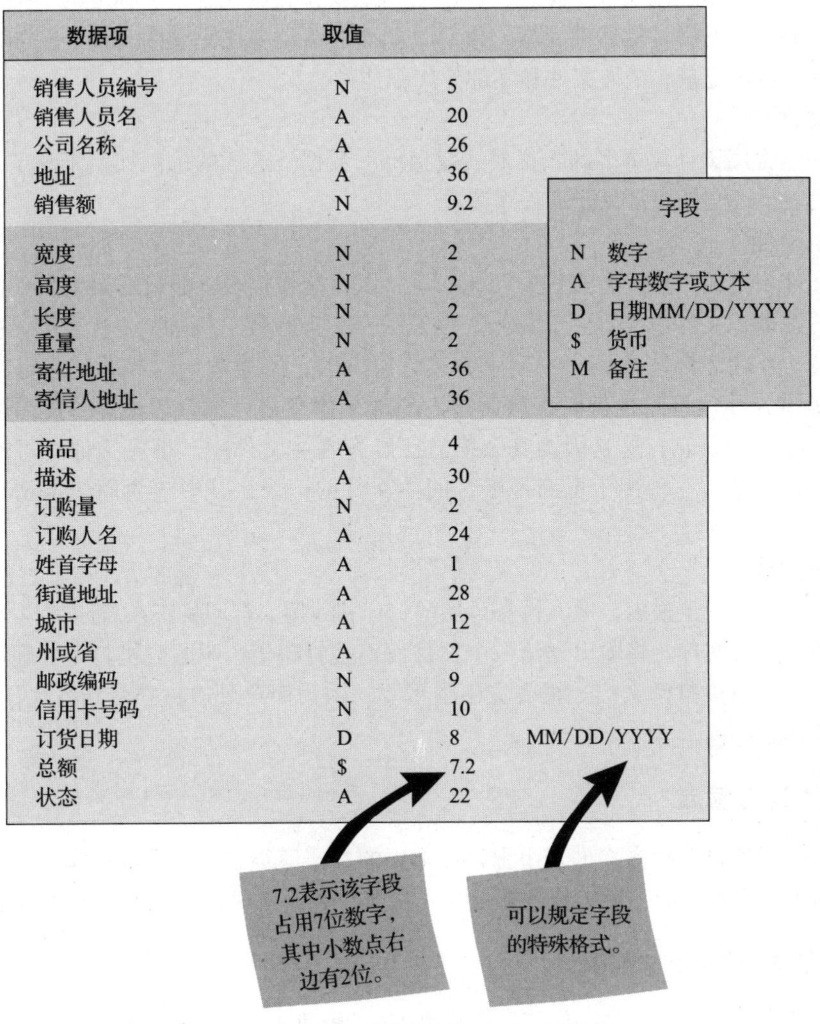

数据项	取值		
销售人员编号	N	5	
销售人员名	A	20	
公司名称	A	26	
地址	A	36	
销售额	N	9.2	
宽度	N	2	
高度	N	2	
长度	N	2	
重量	N	2	
寄件地址	A	36	
寄信人地址	A	36	
商品	A	4	
描述	A	30	
订购量	N	2	
订购人名	A	24	
姓首字母	A	1	
街道地址	A	28	
城市	A	12	
州或省	A	2	
邮政编码	N	9	
信用卡号码	N	10	
订货日期	D	8	MM/DD/YYYY
总额	$	7.2	
状态	A	22	

字段
N 数字
A 字母数字或文本
D 日期MM/DD/YYYY
$ 货币
M 备注
7.2表示该字段占用7位数字，其中小数点右边有2位。
可以规定字段的特殊格式。

图 13.7　元数据描述每个数据项的取值情况

13.2.2　文件

一个文件包含许多组记录，为操作、规划、管理和决策提供信息。下面先讨论所使用的文件类型，然后讨论传统文件的组织方式。

13.2.2.1　文件类型

文件既可以用于永久地保存数据，也可以为了特定目的而临时保存数据。主文件和表文件用于长时间地保存数据，而临时性文件通常叫事务文件（transaction file）、工作文件（work file）或报表文件（report file）。

1. 主文件

主文件包含一组实体的记录。其中属性可能经常更新，但记录本身却相对稳定。这些文件往往有大量记录，包含一个数据实体的全部信息。每个记录通常包含一个主键和几个辅助键。

尽管分析员可以在主文件中按任何顺序自由地安排数据元素，但标准的编排通常是将主键字段排在前面，然后是描述性元素，最后是随商业活动变化频繁的元素。例如，主文件包括病人记录、客户记录、个人文件和零部件库存文件。

2. 表文件

表文件包含用于计算更多的数据或绩效指标的数据。这样的示例如用于确定包裹运费的邮资表或税表。表文件通常只能由程序读取。

3. 事务文件

事务文件用于输入更新主文件的变化信息，以及制作报表。假设需要更新一个报纸订阅者主文件，则事务文件包含订阅者编号，以及一个事务代码。例如，E 代表续订报纸，C 代表取消订阅，A 代表修改地址。当使用 E 续订报纸时，所需输入的唯一信息是续订的时间长度。当使用 A 修改订户地址时，所需输入的唯一信息是订阅者的地址。如果取消报纸订阅，则无须额外的信息，这是因为其余信息已经存在主文件中。事务文件也可能包含几种不同的记录，例如，三种用于更新报纸订阅主文件的记录，其中包含用于指示事务类型的代码。

4. 报表文件

如果必须打印一个报表，但又没有可用的打印机（例如打印机正在打印其他文件），那么此时可以使用报表文件。将输出送给一个文件而不是打印机，叫假脱机打印。随后，当设备准备就绪时，就可以打印文档。报表文件很重要，因为用户可以将它带到其他计算机系统，然后输出到专业设备。

13.2.3 关系数据库

数据库可以通过多种方式进行组织，最常用的数据库类型是关系数据库。关系数据库是用有意义的表组织而成的，最小化数据重复，从而使数据错误和存储空间也达到最小。

13.2.3.1 数据的逻辑和物理视图

与文件不同，数据库旨在由多个用户共享。很明显，不同的用户以不同的方式观察数据。我们把用户观察和描述数据的方式叫用户视图。然而，不同的用户有不同的用户视图。系统分析员应检查这些视图，然后建立数据库的总体逻辑视图。最后，数据库逻辑视图（logical view）必须转化成相应的物理数据库设计。*物理视图*（physical view）涉及数据如何存储，它们的关系如何，以及如何访问数据。

在数据库文献中，视图称为*模式*（schema）。图 13.8 显示用户报表和用户视图（用户模式）与逻辑模型（概念模式）和物理设计（内模式）的关系。

主要有三种不同类型的逻辑结构数据库：*层次型*（hierarchical）数据库、*网状*（network）数据库和关系数据库。前两种结构可以在遗留（较老的）系统中发现，系统分析员目前通常设计关系数据库。

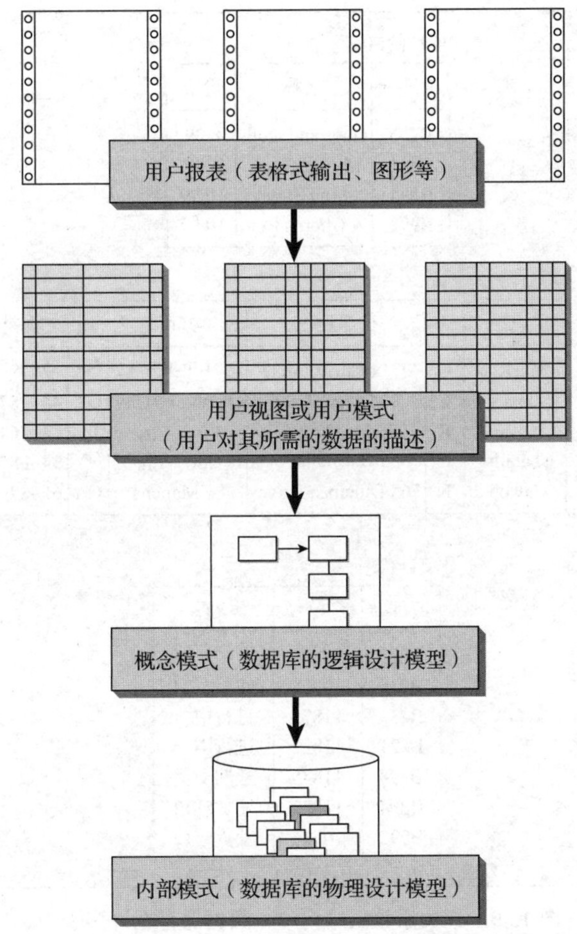

图 13.8　数据库设计包括综合用户报表、用户视图及逻辑模型和物理设计

13.2.3.2　关系数据结构

关系数据结构（relational data structure）由一个或多个二维表组成，这些表又叫关系（relation）。表的行代表记录，而列代表属性。

图 13.9 给出了音乐 CD 订购数据库的关系结构描述。其中，需要 3 个表来完成如下任务：描述项目和跟踪光盘的当前价格、描述订单的细节、标识订单的状态。

为了确定某一项目的价格，我们需要知道项目号码，用以在项目价格关系中找到该项目。为了更新 G. MacRae 的信用卡号码，可以搜索订单关系找到 MacRae 记录，然后只要改正一次就可以了，即使他订购了许多光盘。然而，为了找出一个订单的状态部分，我们必须知道项目 -# 和订单 -#，然后在项目状态关系中找到该信息。

与维护层次结构或网状结构中的表相比，关系结构中的表通常很好维护。关系结构的一个主要优点是，可以有效地处理即席查询。

在数据库文献中讨论关系结构时，通常使用不同的术语。文件叫作表或关系，记录通常称作元组，而属性值集合叫作域。

为了使关系结构更有用并更易于管理，必须首先对关系表进行规范化。下面详细讨论规范化。

项目价格

项目-#	名称	价格
B235	Guys and Dolls	8.99
B521	My Fair Lady	6.99
B894	42nd Street	10.99
B992	A Chorus Line	10.99

订单

订单-#	名	I	街道地址	城市	州	收费账户
10784	MacRae	G	2314 Curly Circle	Lincoln	NE	45-4654-76
10796	Jones	S	34 Dream Lane	Oklahoma City	OK	44-9876-74
11821	Preston	R	1008 Madison Ave.	River City	IA	34-7642-64
11845	Channing	C	454 Harmonia St.	New York	NY	34-0876-87
11872	Owoh	N	765 Dulcinea Drive	La Mancha	CA	65-8798-87

项目状态

项目-#	订单-#	状态
B235	10784	发货5/12
B235	19796	发货5/14
B235	11872	进行中
B521	11821	进行中
B894	11845	延期交货
B894	11872	发货5/12
B992	10784	发货5/12

图 13.9　在关系数据结构中，数据保存在许多表中

13.3　规范化

*规范化*是指将复杂的用户视图和数据存储转化为一组较小的、稳定的数据结构。除了数据结构更小和更稳定之外，规范化数据结构比其他数据结构更易于维护。

13.3.1　规范化的 3 个步骤

不管是从用户视图，还是从为数据字典开发的数据存储开始，分析员都必须按 3 个步骤规范化数据，如图 13.10 所示。每个步骤都包括一个简化数据结构的重要过程。

从用户视图或数据存储中得出的关系很可能是非规范化的。规范化过程的第 1 步是，消除其中的重复组并识别出主键。为了实现这一点，需要将原来的关系分解成两个或多个关系。此时，分解后的关系可能已经是*第三范式*（Normal Form，NF）了，但更多情况下需要更多的步骤才能将关系转化为第三范式。

第 2 步保证所有的非键属性完全依赖于主键。因此需要移除所有的*部分依赖*（partial dependency），并将它们放到另一个关系中。

第 3 步消除所有的传递依赖。*传递依赖*（transitive dependency）是指非键属性依赖于其他的非键属性。

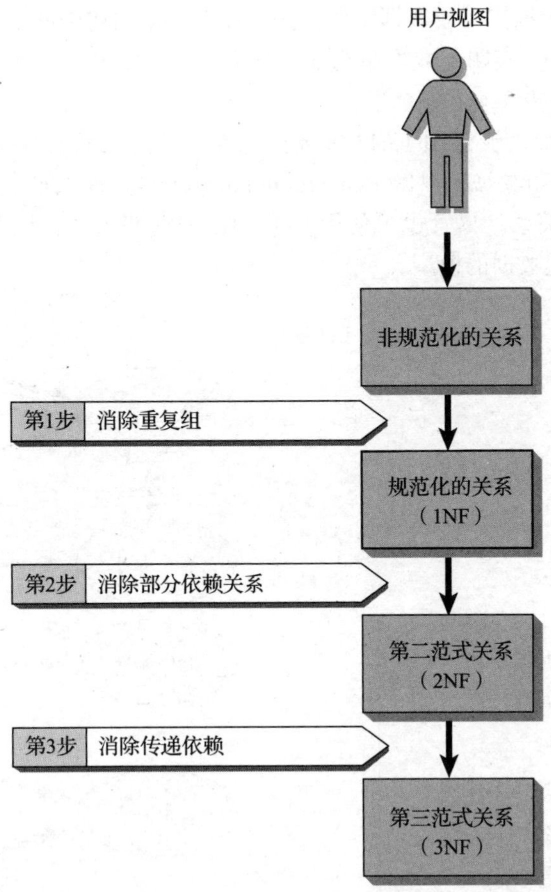

图 13.10　关系的规范化由三个主要步骤完成

13.3.2　规范化实例

图 13.11 是 AI S. Well 液压设备公司的用户视图。该报表显示：①销售人员编号；②销售人员姓名；③销售区域。报表的主体部分显示：④客户编号；⑤客户姓名；⑥服务客户的仓库编号；⑦仓库所在城市。用户视图中包含的最终信息是⑧销售额。用户视图上的行（每个客户一行）显示条目 4 到条目 8 是一个重复组。

AI S. Well

液压设备公司

Spring Valley, Minnesota

销售人员编号：3462

姓名：Ruwa

销售区域：West

客户编号	客户姓名	仓库编号	仓库所在城市	销售额
18765	Delta Services	4	Fargo	13 540
18830	M.Levy and Sons	3	Bismarck	10 600

图 13.11　AI S. Well 液压设备公司的用户视图

如果分析员使用数据流图或数据字典方法，那么数据结构中的信息与用户视图中的信息是保持一致的。图 13.12 表明了数据结构在数据字典分析阶段的样子。数据结构中的重复组用一个星号“*”标识并且缩进一个字。

在继续规范化之前，注意图 13.13 中数据元素的数据关联。这种图形表示法叫*泡式图*（bubble diagram）或者叫*数据模型图*（data model diagram）。每个实体用一个椭圆圈起来，并使用箭头指示实体的关系。尽管也可使用 E-R 图绘制这些关系，但有时使用这种简单的泡式图能较容易地建立起数据的模型。

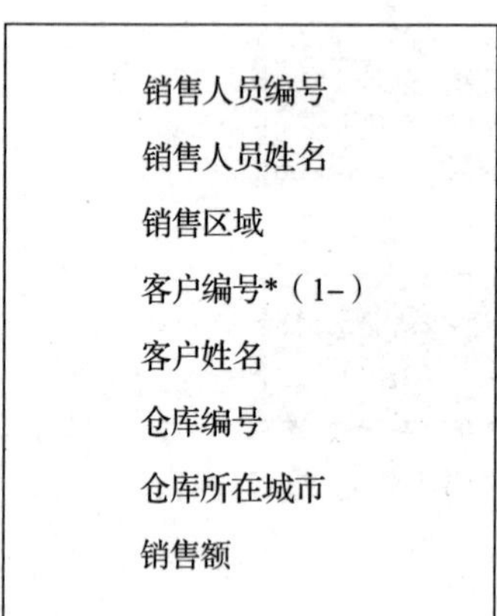

图 13.12　分析员发现开发数据库时使用（来自数据字典中的）数据结构很有用

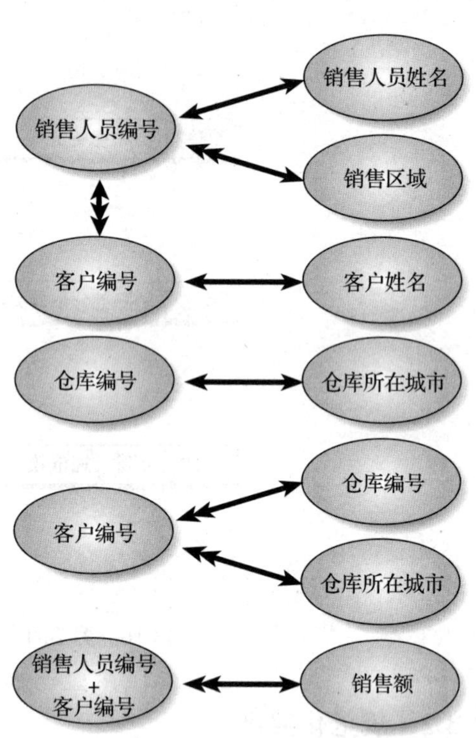

图 13.13　绘制显示数据关联的数据模型图有时能帮助分析员理解数据存储的复杂性

该例中，只为每个销售人员姓名指派一个销售人员编号，并且该销售人员只能在一个销售区域中销售商品，但每个销售区域可能分配给许多销售人员。因此，从销售区域到销售人员编号使用双箭头符号。对于每个销售人员编号来说，可能有许多客户编号。

此外，在客户编号和客户姓名之间存在一对一关系，在仓库编号和仓库所在城市之间也存在这样的关系。客户编号只有唯一的仓库编号和仓库所在城市，但是每个仓库编号或仓库所在城市可能服务许多客户编号。最后，如果要确定销售人员向某个特定公司的销售额，那么必须知道销售人员编号和客户编号。

规范化过程的主要目标是简化在用户视图中找出的所有复杂的数据项。例如，如果分析员根据上面讨论的用户视图制作一个关系表，那么得出的表应如图 13.14 所示。由于这一关系基于最初的用户视图，所以我们称之为销售报表。

销售报表是一个*非规范化关系*（unnormalized relation），因为它具有重复组。诸如仓库所在城市那样的单个属性不能充当记录的键，认识到这一点也很重要。通过检查图 13.15 中

销售人员编号	销售人员姓名	销售区域	客户编号	客户姓名	仓库编号	仓库所在城市	销售额
3462	Ruwa	West	18765	Delta Systems	4	Fargo	13 540
			18830	M.Levy and Sons	3	Bismarck	10 600
			19242	Ranier Company	3	Bismarck	9 700
3593	Dryne	East	18841	R. W. Flood Inc.	2	Superior	11 560
			18899	Seward Systems	2	Superior	2 590
			19565	Stodola's Inc.	1	Plymouth	8 800
etc.							

图 13.14　如果数据在一个非规范化的表中列出，那么其中会存在重复组

销售人员编号和其他属性的关系时，我们会发现其原因是很明显的。尽管在销售人员编号和两个属性（销售人员姓名和销售区域）之间存在一对一关系，但在销售人员姓名和其他 5 个属性（客户编号、客户姓名、仓库编号、仓库所在城市和销售额）之间存在一对多关系。

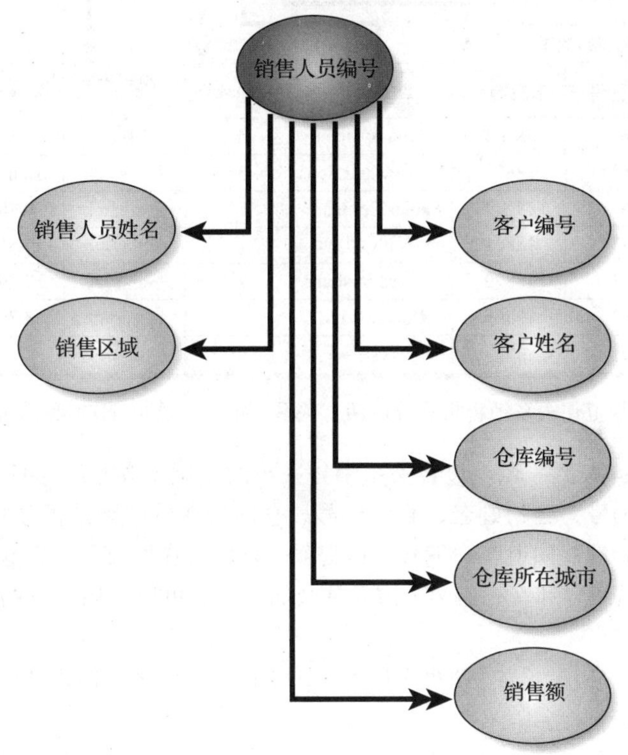

图 13.15　数据模型图表明在非规范化关系中销售人员编号与其他属性有一对多关系

销售报表可以使用以下的速写记号表示：

销售报表　　（销售人员编号，销售人员姓名，销售区域，（客户编号，客户姓名，仓库编号，仓库所在城市，销售额））

其中内部的圆括号部分代表重复组。

13.3.2.1　第一范式（1NF）

关系规范化的第 1 步是消除重复组，即第一范式。在我们的例子中，非规范化关系销售报表将被分成两个独立的关系。这两个新关系的名称为：销售人员和销售人员 – 客户。

图 13.16 显示如何将原来的非规范化关系销售报表规范化为两个新的关系。注意，关系销售人员包含主键销售人员编号，并且所有的属性（销售人员姓名和销售区域）都是不重复的。

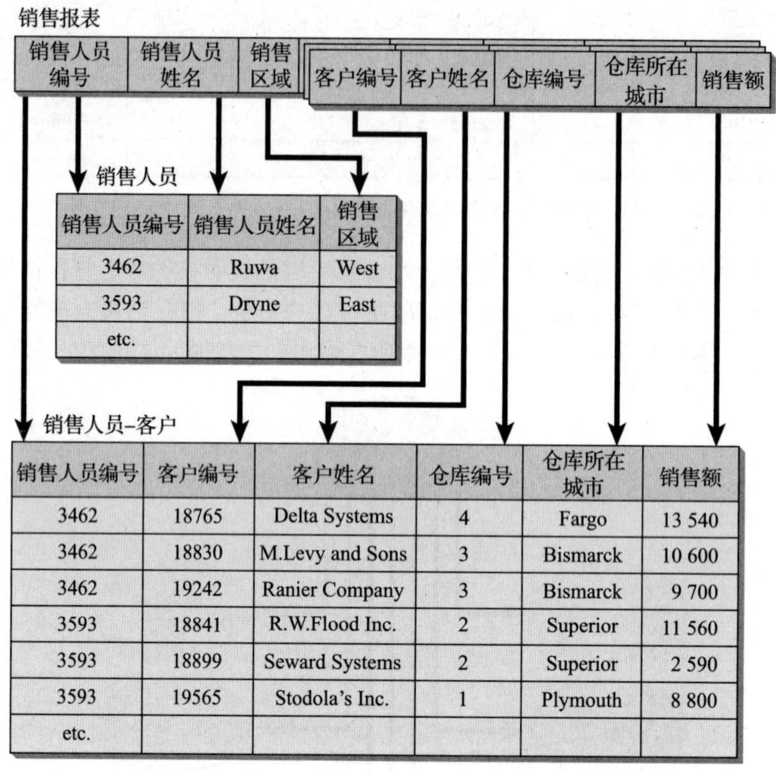

销售报表

销售人员编号	销售人员姓名	销售区域	客户编号	客户姓名	仓库编号	仓库所在城市	销售额

销售人员

销售人员编号	销售人员姓名	销售区域
3462	Ruwa	West
3593	Dryne	East
etc.		

销售人员-客户

销售人员编号	客户编号	客户姓名	仓库编号	仓库所在城市	销售额
3462	18765	Delta Systems	4	Fargo	13 540
3462	18830	M.Levy and Sons	3	Bismarck	10 600
3462	19242	Ranier Company	3	Bismarck	9 700
3593	18841	R.W.Flood Inc.	2	Superior	11 560
3593	18899	Seward Systems	2	Superior	2 590
3593	19565	Stodola's Inc.	1	Plymouth	8 800
etc.					

图 13.16　最初的非规范化关系销售报表分成两个关系：销售人员（3NF）和销售人员 – 客户（1NF）

第 2 个关系销售人员 – 客户包含关系销售人员的主键（销售人员编号），以及重复组中的所有属性（客户编号，客户姓名，仓库编号，仓库所在城市和销售额）。然而，知道销售人员编号并不意味着就能知道客户编号，销售额，仓库所在城市等。在这个关系中，必须使用连接键（销售人员编号和客户编号）访问其余的信息。可以使用以下的速写记号表示这两个关系：

销售人员　　　　　（销售人员编号，销售人员姓名，销售区域）

和

销售人员 – 客户　　（销售人员编号，客户编号，客户姓名，仓库编号，仓库所在城市，销售额）

销售人员 – 客户关系是第一范式关系，但这不是最理想的范式。由于一些属性不是函数依赖于主键（即销售人员编号、客户编号），所以会出现问题。换句话说，一些非键属性只依赖于客户编号，而不依赖于连接键。图 13.17 中的数据模型图表示销售额同时依赖于销售人员编号和客户编号，而其他 3 个属性只依赖于客户编号。

13.3.2.2　第二范式（2NF）

在第二范式下，所有的属性都函数依赖于主键。因此，下一步是移除关系中所有的部分依赖属性，然后将它们放在另一个关系中。图 13.18 表明如何将销售人员 – 客户分解成两个

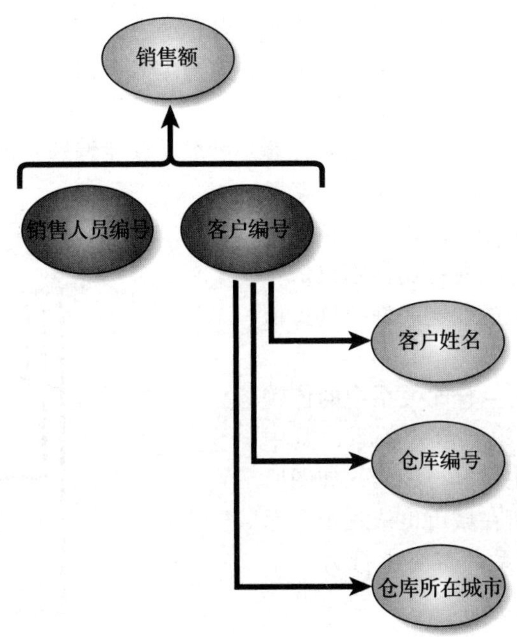

图 13.17 数据模型图表示，有 3 个属性依赖于客户编号，因此该关系是非规范化的。为了查找销售额需要知道销售人员编号和客户编号

销售人员–客户

销售人员编号	客户编号	客户姓名	仓库编号	仓库所在城市	销售额

客户–仓库

客户编号	客户姓名	仓库编号	仓库所在城市
18765	Delta Systems	4	Fargo
18830	M.Levy and Sons	3	Bismarck
19242	Ranier Company	3	Bismarck
18841	R.W.Flood Inc.	2	Superior
18899	Seward Systems	2	Superior
19565	Stodola's Inc.	1	Plymouth
etc.			

销售额

销售人员编号	客户编号	销售额
3462	18765	13 540
3462	18830	10 600
3462	19242	9 700
3593	18841	11 560
3593	18899	2 590
3593	19565	8 800
etc.		

图 13.18 客户 – 仓库关系可以分成两个关系：客户 – 仓库（2NF）和销售额（1NF）

关系：销售额和客户 - 仓库。这两个关系可以表示为：

销售额　　　　　　　　（销售人员编号，客户编号，销售额）

和

客户 - 仓库　　　　　　（客户编号，客户姓名，仓库编号，仓库所在城市）

客户 - 仓库关系是第二范式关系。由于关系中仍然存在着额外的依赖，所以该关系还可以进一步简化。其中的一些非键属性不仅依赖于主键，而且依赖于其他的非键属性。这种依赖性叫作传递依赖。

图 13.19 展示了客户 - 仓库关系中的依赖性。为了使该关系成为第二范式关系，其中的所有属性必须依赖于主键客户编号，如图所示。然而，很显然仓库所在城市也依赖于仓库编号。为了简化这一关系，需要进行另一个步骤。

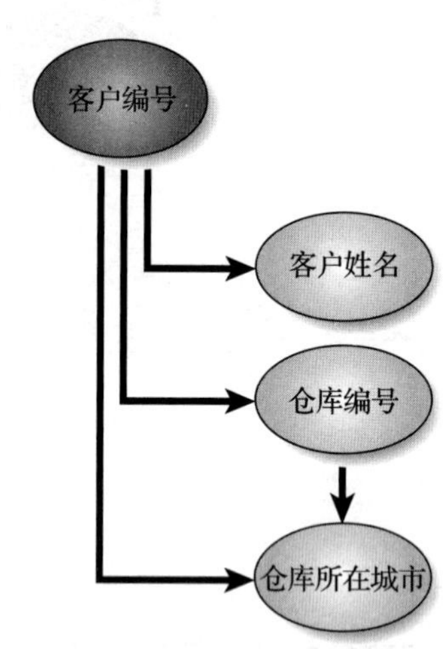

图 13.19　数据模型图表明仓库编号与仓库所在城市之间存在传递依赖性

13.3.2.3　第三范式（3NF）

如果所有的非键属性完全函数依赖于主键，并且所有的非键属性之间不存在传递依赖，那么这样的规范化关系属于第三范式关系。我们可以采用与前一步相同的方式将客户 - 仓库关系分解成两个关系，如图 13.20 所示。

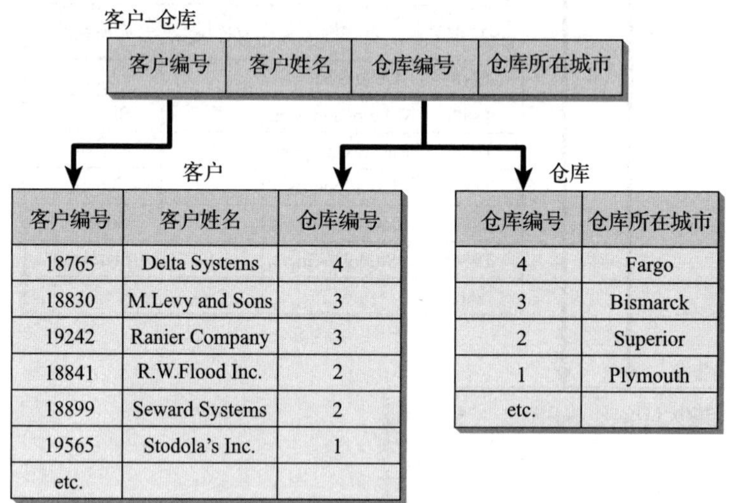

客户编号	客户姓名	仓库编号
18765	Delta Systems	4
18830	M.Levy and Sons	3
19242	Ranier Company	3
18841	R.W.Flood Inc.	2
18899	Seward Systems	2
19565	Stodola's Inc.	1
etc.		

仓库编号	仓库所在城市
4	Fargo
3	Bismarck
2	Superior
1	Plymouth
etc.	

图 13.20　客户 - 仓库关系分解成两个关系：客户（1NF）和仓库（1NF）

这两个新的关系为客户和仓库，可以表示为：

客户　　　　　　　　（客户编号，客户姓名，仓库编号）

和

仓库　　　　　　　　（仓库编号，仓库所在城市）

客户关系的主键为客户编号，并且仓库关系的主键为仓库编号。

除了这些主键之外，我们将客户关系中的仓库编号标识为外键。外键是指在一个关系中为非主键而在另一个关系中为主键的属性。在前面的记法中我们已经将仓库编号指派为外键，在图中使用虚线下划线“　　　　”标记外键。

最后，原先的非规范化关系销售报表被转化成 4 个第三范式关系。从图 13.21 中我们可以看出销售报表转化为以下 4 个关系：

销售人员　（销售人员编号，销售人员姓名，销售区域）

销售额　（销售人员编号，客户编号，销售额）

客户　（客户编号，客户姓名，仓库编号）

和

仓库　（仓库编号，仓库所在城市）

销售人员

销售人员编号	销售人员姓名	销售区域
3462	Ruwa	West
3593	Dryne	East
etc.		

销售额

销售人员编号	客户编号	销售额
3462	18765	13 540
3462	18830	10 600
3462	19242	9 700
3593	18841	11 560
3593	18899	2 590
3593	19565	8 800
etc.		

客户

客户编号	客户姓名	仓库编号
18765	Delta Systems	4
18830	M. Levy and Sons	3
19242	Ranier Company	3
18841	R. W. Flood Inc.	2
18899	Seward Systems	2
19565	Stodola's Inc.	1
etc.		

仓库

仓库编号	仓库所在城市
4	Fargo
3	Bismarck
2	Superior
1	Plymouth
etc.	

图 13.21　最终的数据库由 4 个 1NF 关系组成，这 4 个关系为：销售人员，销售额，客户和仓库

第三范式足以应付大多数数据库设计问题。当需要在数据库中插入、删除和更新信息时，从非规范化关系转化成一组第三范式关系所获得的简单性，将为我们带来极大的好处。

图 13.22 表示数据库的 E-R 图。一个销售人员服务多个客户，而客户产生销售额，并从一个仓库（与客户所在位置最近的仓库）接收商品。我们要稍微留意一下实体和属性与数据库的关系。

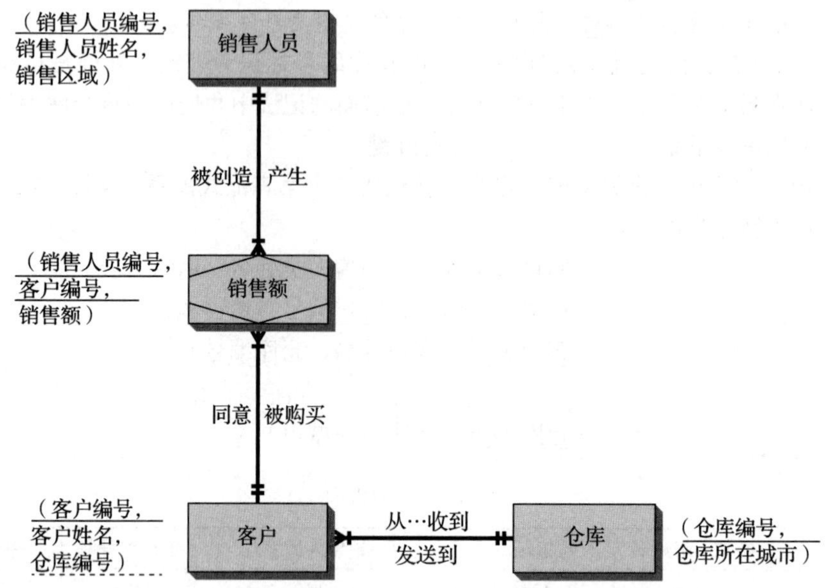

图 13.22　为 AI S. Well Hydraulic 公司数据库绘制的 E-R 图

13.3.3　使用实体 - 关系图确定记录键

实体 - 关系图可用于确定记录和数据库关系所需的键。第 1 步是创建实体 - 关系图，并为每个数据实体标记一个唯一的键（主键）。图 13.23 表示一个客户订单系统的实体 - 关系图。其中有 3 个数据实体：客户实体，其主键为客户编号；订单实体，其主键为订单编号；项目实体，其主键为项目编号。一个客户可以下多个订单，但每个订单只由一个客户下，因此该关系为一对多关系。每个订单可能包含多个项目，并且每个项目可能包含在许多订单中，所以订单和项目是多对多关系。

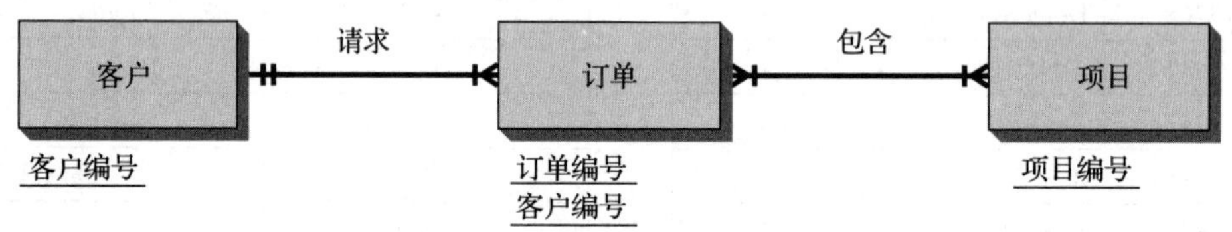

图 13.23　客户订单的实体 - 关系图

然而，外键是指一个文件中的数据字段，而该字段却可能是另一个主文件的主键。例如，一个部门编号指示在学生主文件中存在一门学生主修课，而部门编号也可能是部门主文件中的唯一键。

13.3.4　一对多关系

一对多关系是最普遍的关系，因为所有的多对多关系必须被分解成两个一对多关系。出现一对多关系时，在关系“一”端的表上置主键，作为关系“多”端的表上置外键。例如，由于一个客户可能会很多订单，因而把客户编号放在订单记录上。

如果只包含关系“多”端的一个记录的信息，以及该关系的“一”端的信息，则网页、屏幕或报表的设计容易构造。屏幕不包含任何重复信息。例如，订单查询使用订单号码查找一个订单。因为订单是针对一个客户的，所以查询结果将是来自该订单和一个客户的字段。

反向设计相对复杂，因为关系"一"端的表可能包含"多"端的很多记录。这种设计可以通过多种方式实现。对于一个简单的屏幕显示，"一"端信息与关系"多"端的许多重复信息组一起显示。在 Microsoft Access 中，这可能是一个带有子表单的表单，诸如一个客户有一个包含该客户的所有订单的子表单。如果关系的"多"端有很多记录，滚动条就会出现。

在简单的情况下，关系也可以用下拉列表来实现，将"多"端的每个记录转变成"一"端的一项。例如一个与汽车相关的显示，其中的下拉列表包含该汽车的各种型号。设计网站时，"一"端信息可以放在页面的顶端，之后是多组数据或数据链接。例如，一个搜索引擎主题可能会产生许多匹配的链接，或是某一流派的音乐和很多匹配该流派的艺术家。

13.3.5 多对多关系

如果关系是多对多关系，那么需要 3 个表：每个数据实体需要 1 个表，每个关系也需要 1 个表。在我们的例子中，订单实体和项目实体之间的关系是多对多关系。每个数据实体的主键作为关系表的外键保存。关系表可能只包含每个数据实体的主键，也可能包含一些额外的数据，例如，一门课程的分数或者所订购的商品数量。参看图 13.24 所示的表结构。订单 - 项目表包含有关哪个订单包含哪些商品的信息，并提供订单表和项目主文件表的链接。

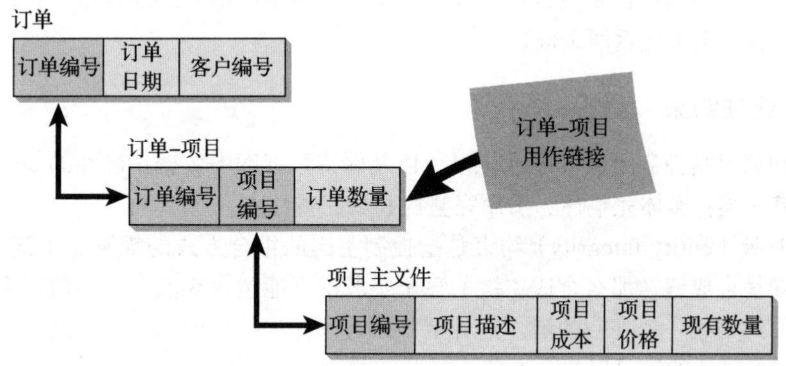

图 13.24 如果一个关系为多对多关系，那么需要 3 个表

应在关系表中建立每个外键的索引——关系中每个表各建立一个，并且关系表可能有一个由两个外键组合而成的主键。通常公司会使用一个唯一的键作为关系表中的主键，例如使用序列号。在给定第 1 个表的情况下，为了从第 2 个表中找到相应的记录，直接读取该关系表以得到期望的键。首先在第 3 个"多"方表中定位匹配的记录，然后不断地循环读取该关系表直到不再发现期望的键。例如，要在项目主文件表中找出符合订单表中的一个特定记录条件的所有记录，则使用订单编号作为索引直接读取订单 - 项目表。由于订单 - 项目表中的记录是根据索引中的数据的逻辑顺序建立的，因此订单编号相同的所有记录被合并在一起。对于匹配期望的订单编号的每个订单 - 项目记录，使用记录的项目编号作为索引直接读取项目主文件表。

相反情况的逻辑也是相同的，例如要想找出已接订单中有一件备订货物的所有记录，根据项目编号直接读取订单 - 项目表。将订单 - 项目索引设置为项目编号。对于所有匹配订单 - 项目的记录，使用订单编号直接读取订单表。最后，使用订单表中的客户编号，直接读取客户主文件表，获取客户姓名和地址。

关系表可能与数据库中的多个表有关系，而不仅仅是关联两个直接相连的表。例如，有一种联系学生和课程的关系表，称作课程或科，因为每个学生可能会选择多门课程，而一门课程有很多学生。因此，科表可能与相应的教材和授课教师有关系。

13.4　主文件 / 数据库关系设计指导原则

设计主文件或数据库关系时，需要遵循以下指导原则：

（1）每个单独的数据实体应创建一个主数据库表。在一个文件中不应混合保存两个不同实体的信息。例如，商品是从供应商那里买来的。项目主文件表只能包含商品信息，而供应商主文件表只能包含供应商信息。

（2）一个特定的数据字段只应出现在一个主文件中。例如，客户姓名只应存在于客户主文件表中，而不能在订单表或任何其他的主表中。这条原则的特例是键或索引字段，只要有需要，它们可以存在于许多表中。如果报表或屏幕需要来自许多文件中的信息，那么索引应为我们提供获取所需记录的链接。

（3）每个主表或数据库关系应有*创建*（C）、*读取*（R）、*更新*（U）和*删除*（D）（缩写为 CRUD）记录的程序。理想情况下，只应由一个程序添加记录，并且只应由一个程序删除指定记录。然而，在正常商业活动过程中，很多程序可以负责更新数据字段。例如，一个客户主文件可能有一个当前余额字段，在订单处理程序中该字段不断累加订单总计，而在另外两个程序中减去付款金额或返回金额。

13.4.1　完整性约束

完整性约束是指控制更新、删除记录，以及保持数据库中数据正确性的规则。数据库的完整性约束有 3 类：实体完整性、引用完整性和域完整性。

实体完整性（entity integrity）约束是指控制主键的组合方式的规则。主键不能有空值，并且如果主键是合成键，那么合成主键的每个字段都不能包含空值。一些数据库允许我们定义一个唯一的约束或一个唯一的键。这种唯一的键只标识一个记录，它不是主键。唯一的键和主键的区别是唯一的键可以包含空值。

引用完整性（referential integrity）控制一对多关系中记录的性质。连接关系“一”端的表叫父表，连接“多”端的表叫子表。引用完整性是指，所有在多方表（子表）中的外键必须在父表中有一个匹配的记录。因此，如果在父表中没有匹配的记录，就不能在子表（多方）中添加记录。

如果子表中存在匹配主键的记录，那么就不能改变主键。如果能改变父记录，就会出现这样的结果，即一个子记录有不同的父记录，或者在子表中存在孤儿记录——一个没有父记录的子记录。这样的例子如一个不在学生主文件表中的学生的年级记录，以及一个客户编号不存在的订单记录。最后，引用完整性还意味着不能删除具有子记录的父记录，这也会导致出现前面提到的孤儿记录。

可以采用两种方法实现引用完整性。第一种方法是建立一个受限数据库，只有在没有匹配的子记录时才允许系统更新和删除父记录。一个级联数据库能在删除或更新父记录时删除和更新所有的子记录（父记录触发了更新）。

当删除记录时，采用受限关系更好，因为我们不希望删除客户记录时，将所有未完成的凭单也删除。更新记录时采用级联方法更好。例如，如果学生记录的主键发生了改变，那么该学生的所有课程记录中的外键（课程主文件上的学生编号）也得到了更新。

域完整性（domain integrity）规则用于对数据进行有效性检验，例如进行表、限制、范围和其他的有效性检验。第 15 章将详细讨论这些有效性验证。域完整性规则通常采用两种可选方式之一保存在数据库结构中。约束检验在表级中定义，它要引用表中的一个或多个字段。例如，订购日期总是小于或等于当前日期。规则作为单独的对象定义在数据库级别，并可用于检验多个字段。例如，“值大于 0”规则可用于许多元素的有效性检验。

Mac 案例专栏

Microsoft Word、Excel 和 PowerPoint 都可在 Mac 操作系统上使用，但是在 Mac 上运行 Microsoft Access 的方法是在虚拟模式下运行 Windows 或者开机进入 Windows。然而，Mac 还可以选择其他两种数据库。选择之一是 Claris 公司的 FileMaker Pro（Claris 是 Apple 的子公司）。FileMaker Pro 是一个完整的关系数据库程序，支持直接访问结构化查询语言数据库。其显著特点是访问数据库的屏幕、表单和报告都与数据库引擎完全集成。另一种选择是使用 Apimac 公司的 iDatabase。iDatabase 是一个个人数据库，允许用户有效地从地址簿、日历应用程序、Apple Mail 和 Microsoft Excel 收集信息，然后快速添加新字段，以创建自定义的数据库。它有 20 多个现成模板，用户可以通过电子邮件交换模板。

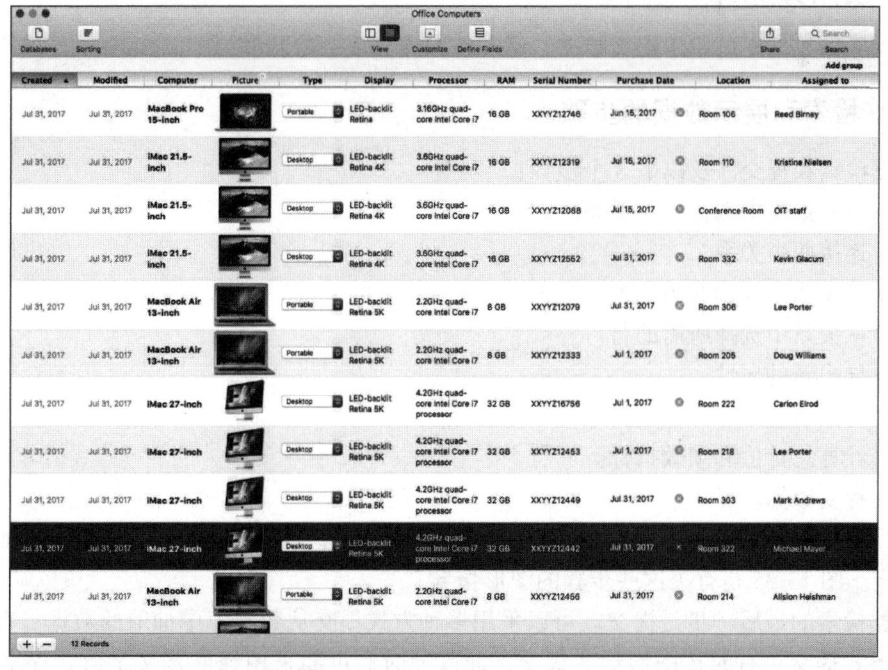

Created	Modified	Computer	Picture	Type	Display	Processor	RAM	Serial Number	Purchase Date	Location	Assigned to
Jul 31, 2017	Jul 31, 2017	MacBook Pro 15-inch		Portable	LED-backlit Retina	3.16GHz quad-core Intel Core i7	16 GB	XXYYZ12746	Jun 15, 2017	Room 106	Reed Birney
Jul 31, 2017	Jul 31, 2017	iMac 21.5-inch		Desktop	LED-backlit Retina 4K	3.6GHz quad-core Intel Core i7	16 GB	XXYYZ12319	Jul 15, 2017	Room 110	Kristine Nielsen
Jul 31, 2017	Jul 31, 2017	iMac 21.5-inch		Desktop	LED-backlit Retina 4K	3.6GHz quad-core Intel Core i7	16 GB	XXYYZ12088	Jul 15, 2017	Conference Room	OIT staff
Jul 31, 2017	Jul 31, 2017	iMac 21.5-inch		Desktop	LED-backlit Retina 4K	3.6GHz quad-core Intel Core i7	16 GB	XXYYZ12562	Jul 31, 2017	Room 332	Kevin Glacum
Jul 31, 2017	Jul 31, 2017	MacBook Air 13-inch		Portable	LED-backlit Retina 5K	2.2GHz quad-core Intel Core i7	8 GB	XXYYZ12079	Jul 31, 2017	Room 306	Lee Porter
Jul 31, 2017	Jul 31, 2017	MacBook Air 13-inch		Portable	LED-backlit Retina 5K	2.2GHz quad-core Intel Core i7	8 GB	XXYYZ12333	Jul 1, 2017	Room 205	Doug Williams
Jul 31, 2017	Jul 31, 2017	iMac 27-inch		Desktop	LED-backlit Retina 5K	4.2GHz quad-core Intel Core i7 processor	32 GB	XXYYZ16756	Jul 1, 2017	Room 222	Carlon Elrod
Jul 31, 2017	Jul 31, 2017	iMac 27-inch		Desktop	LED-backlit Retina 5K	4.2GHz quad-core Intel Core i7 processor	32 GB	XXYYZ12453	Jul 1, 2017	Room 218	Lee Porter
Jul 31, 2017	Jul 31, 2017	iMac 27-inch		Desktop	LED-backlit Retina 5K	4.2GHz quad-core Intel Core i7 processor	32 GB	XXYYZ12449	Jul 31, 2017	Room 303	Mark Andrews
Jul 31, 2017	Jul 31, 2017	iMac 27-inch		Desktop	LED-backlit Retina 5K	4.2GHz quad-core Intel Core i7 processor	32 GB	XXYYZ12442	Jul 31, 2017	Room 322	Michael Mayer
Jul 31, 2017	Jul 31, 2017	MacBook Air 13-inch		Portable	LED-backlit Retina 5K	2.2GHz quad-core Intel Core i7	8 GB	XXYYZ12456	Jul 31, 2017	Room 214	Alison Heishman

iDatabase 数据库屏幕，可用于 Mac 操作系统（来自 iDatabase 的屏幕截图。Apimac 版权所有，经许可可重印）

13.4.2 异常

创建数据库表时会出现 4 种异常情况：

- 数据冗余
- 插入异常
- 删除异常
- 更新异常

在数据库的多个地方存储同一个数据时就会出现数据冗余（主键作为外键存储的除外）。这个问题可以通过创建第三范式的表得以解决。

如果整个主键未知或数据库不能插入新记录，则出现插入异常，这将违反实体完整性。当主键是包含几个较小属性的组合键时，通常会发生插入异常。通过为主键使用顺序号，可以避免插入异常。

当一个记录的删除导致相关数据的丢失时会发生*删除异常*（deletion anomaly）。例如一个具有厂家编码的商品，且该商品是某个厂商的唯一引用。如果该商品被删除了，就没有关于该厂商记录的任何引用了。

如果一个属性值的改变会导致数据库包含不一致的数据，或者使多个记录需要修改，则发生*更新异常*（update anomaly）。例如，当一个城市的某条街道名称发生变化时，你可能要改变部分街道的名称，否则需要确保所有街道名称都被更改。存在传递依赖时会发生更新异常，通过创建第三范式的表可以避免它的发生（在街道实例中，数据可以达到第三范式）。

13.5 使用数据库

为了确保数据库可用于提交数据，必须按顺序完成一些步骤。

13.5.1 检索和展示数据的步骤

数据检索和提交涉及以下 8 个步骤：

（1）从数据库中选择一个关系。

（2）连接两个关系。

（3）从关系中投影有关的列。

（4）从关系中选择所需的行。

（5）导出新的属性。

（6）行索引或排序。

（7）计算总计值和绩效指标。

（8）提交数据。

其中第 1 个和最后一个步骤是必需的，其余的 6 个步骤是可选的，具体情况视如何使用数据而定。图 13.25 是有关这些步骤的图形指导。

数据检索的最后一步是提交。可以采用多种方式提交从数据库中抽取的数据。有时数据按表格形式提交，有时按图形形式提交，而其他时候可能采用纯屏幕文字形式提交。第 11 章中的输出设计详细讨论了提交的目标、形式和方法。

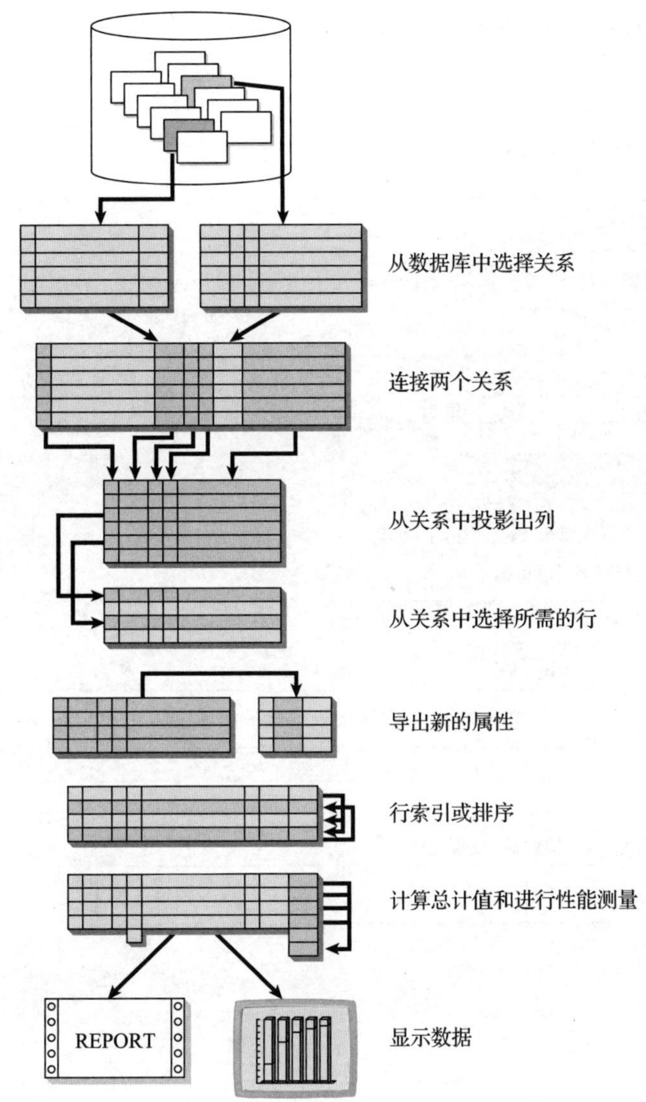

图 13.25 数据检索和提交涉及的 8 个步骤

13.6 反规范化

规范化的一个主要理由是，按规范化方式组织数据可以减少冗余数据。如果不必一次又一次地存储同样的数据，就能节省大量的空间。按规范化方式组织数据可以使分析员减少所需的存储量，当存储空间很昂贵时，这一点就非常重要。

从前一节的讨论中我们知道，为了规范化数据我们必须执行一系列的步骤，包括连接、排序和汇总。如果数据库查询速度（也就是说，发出一个查询请求，并希望得到快速响应）非常重要，那就有必要用其他方式保存数据。

反规范化是指将逻辑数据模型转化为一个物理模型的过程，使该模型足以应付最常见的任务。这些任务可以包含生成报表，但它们也意味着更有效的查询。复杂的查询，如联机分析处理、数据挖掘和知识发现过程等，需要使用反规范化的数据库。

反规范化可以通过许多不同的途径实现，图 13.26 描述了其中的一些方法。首先，针对多对多关系，例如销售人员和客户，他们共享相同的关联实体销售额。通过将销售人员和销售额的属性组合一起，我们可以避免一次连接处理。尽管这会导致大量的数据重复，但它有助于提高有关销售模式的查询效率。

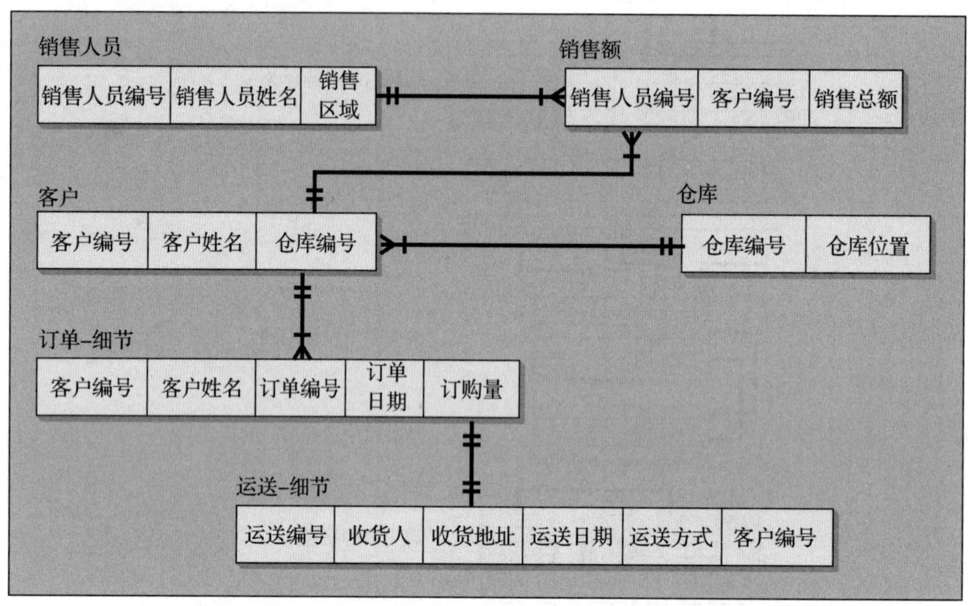

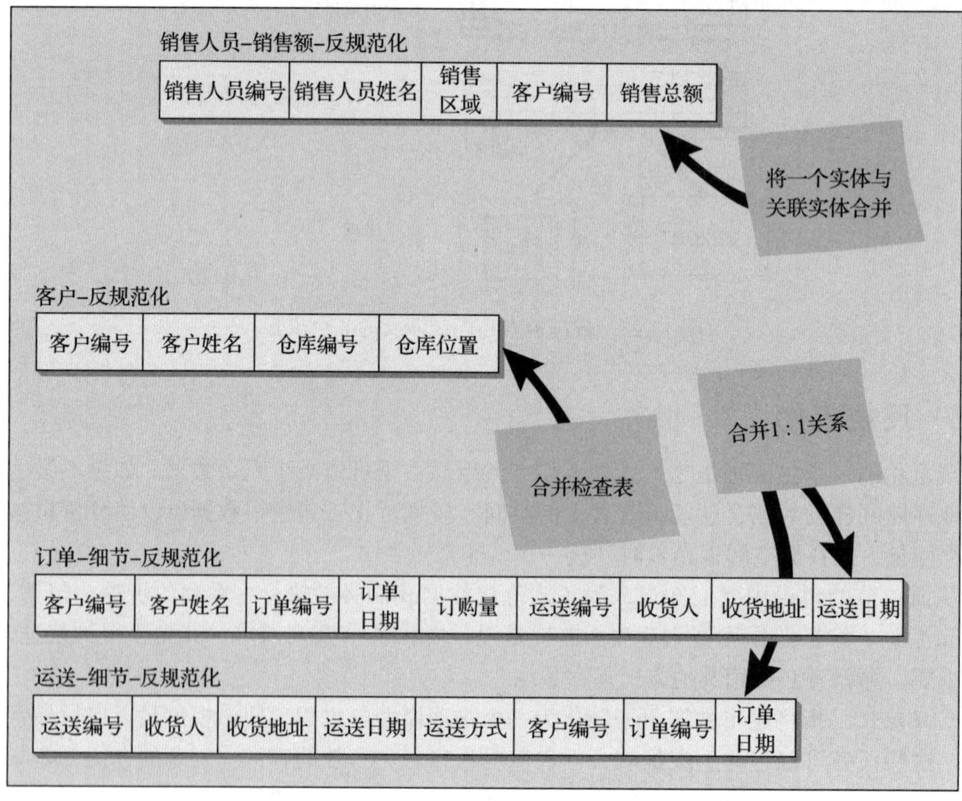

图 13.26　三个使数据访问更加高效的反规范化例子

反规范化的另一个理由是，避免重复引用检查表。有时重复相同数据更有效。例如，城市、国家和邮政编码——尽管对于这些信息来说通常只需保存邮政编码就够了。因此，在销售的例子中，可以合并客户和销售额。

最后，我们考虑一对一关系，因为基于实际原因很有可能将它们合并在一起。如果我们认识到，许多有关订单的查询也对如何运送订单感兴趣，那么合并关系或反规范化是有意义的。因此，该例中，在完成反规范化后，所得到的关系既包含订单细节信息，也包括运送细节信息。

13.7 数据仓库

数据仓库不同于传统的数据库。*数据仓库*的目的是，有效组织信息以便快速而高效地响应用户的查询。数据仓库被视为商业智能的关键部分。实际上，数据仓库保存的是反规范化的信息，但也不仅仅如此。数据仓库围绕主题而组织数据。通常情况下，数据仓库不仅是指一个按统一方式提交数据的数据库。因此，数据仓库中存储的信息来自不同的数据源，通常来自许多为不同目的而建立的数据库。

数据仓库的概念很独特。以下是数据仓库和传统的数据库之间的区别：

（1）在数据仓库中，数据围绕主题而组织，而不同于传统数据库中围绕单个事务而组织。

（2）数据仓库中的数据通常保存的是概要数据，而传统的面向事务的数据库中保存的是详细和原始的数据。

（3）与传统的面向事务的数据库中的数据相比，数据仓库中的数据所涵盖的时间段要长得多，这是因为对于数据仓库的查询通常涉及长期决策，而不是查询每日事务细节。

（4）大多数数据仓库是为了提高查询速度而组织信息的，而传统数据库按规范化和结构化要求组织信息，以达到高效存储信息的目的。

（5）数据仓库通常为了响应来自管理人员和分析员的复杂查询而进行了优化，这种复杂的查询叫联机分析处理。数据仓库不是为简单、重复性的查询而设计。

（6）通过使用数据挖掘软件（称作 Siftware），我们可以容易地访问数据仓库。数据挖掘软件能进行模式搜索，并能识别出人类决策制定者不能发现的关系。

（7）数据仓库可以包括多个数据库。这些数据库经过了一定的处理，从而使得数据仓库中的数据能得到统一的定义。这些数据库也叫作*干净数据*（clean data）。

（8）通常数据仓库不仅包含为满足内部需要而生成的数据，而且还可包含外部来源的数据（诸如行业报表，公司的证监会相关文件，甚至有关竞争对手的产品信息）。

构建数据仓库是一项非常重大的任务。分析员需要收集来自各种来源的数据，并将数据转换成通用的形式。例如，一个数据库可能将有关内部、外部客户的信息分别保存为“I”和“E”，另一个数据库可能保存为“Int”和“Ext”，而第三个数据库可能保存为“1”和“0”。分析员应建立一个标准，然后将所有的数据转化为相同的格式。

一旦数据是干净的，那么分析员应确定如何汇总数据。数据一旦汇总了，细节的信息就会丢失，因此分析员不得不预测用户可能提出的查询类型。

然后，分析员应根据主题设计数据仓库，采用逻辑方式甚至可能采用物理聚合方式组织主题下的数据。分析员需要知道有关业务的大量信息。

典型的数据仓库容量在 50GB 到几十 TB 之间。由于数据仓库容量很大，因此它们也很昂贵。大多数数据仓库的成本需要几百万美元。

咨询时间 13.2

为健康储备矿物质，为挖掘储备数据

Marathon 维生素商店的一名员工 Esther See，与该店的老板 Bill Berry 讨论她发现的一些情况。“我发现，我们的客户有各种各样的习惯。其中一些客户来我们商店的时间很有规律，而另一些则很难预测。” Esther 说，“当我看到一个常客时，我对于自己能知道客户将购买什么维生素而感到很自豪，甚至我还能成功地建议客户购买他们需要的其他维生素。我认为，这样我能销售出去更多的维生素，并且客户们也很满意。”

Esther 接着说：“我更希望能更好地为那些不常来的客户提供服务。”

“Esther，你这种服务态度很正确，它对于我们的商店很有帮助。” Bill 回答道，“我知道，通过正确地处理客户模式，我们从其他方面也能获益。例如，我们确保客户需要的商品都有现货。”

Esther 点点头表示同意，然后补充了一句：“这不仅仅是我所说的维生素品牌而已。一些客户喜欢这个品牌，一些喜欢那个品牌。我不知道这是由他们的收入水平决定，还是由他们的业余活动（诸如运动）而定。”

“我明白你的意思，Esther See。” Bill 自个儿吃吃地笑道，“你有什么好想法？”

“是的，Bill。” 她一本正经地说道，“我们应使用数据仓库概念组织有关客户的数据。我们可以将收集到的数据与其他来源的数据结合起来。然后，从数据中找出模式。或许我们能识别出现有的模式，并能预测新的购买趋势。”

考虑一下如何为 Marathon 维生素商店组建一个数据仓库。你会将其他哪些数据库融入数据仓库中？ Bill Berry 应寻找哪种模式？根据类型（关联、顺序、聚类或趋势）识别出这些模式，并用一段话加以说明。

13.7.1 联机分析处理

联机分析处理（OnLine Analytic Processing，OLAP）最初由 E. F. Codd 于 1993 年提出，它的目的是为决策制定者解答复杂问题。Codd 得出结论，决策者必须以多种不同的方式查看数据。因此，数据库本身必须是多维的。许多人把 OLAP 看作为一个数据魔方。当然，我们也可以从不同的侧面查看数据，并且能按各种方式操作数据，使数据对我们有意义。

这种 OLAP 方法证实了数据仓库的概念。现在 OLAP 主要是组织数据满足高效查询的需要。当然，OLAP 也涉及数据的操作、汇总和计算处理，因此在这方面它超过了数据仓库的范畴。下一节将讨论的商业智能，不仅包括查询，而且还包括报告、OLAP 和各种用户通知。

13.7.2 数据挖掘

数据挖掘（data mining）能识别出人所不能发现的模式。决策制定者不仅不能发现一个模式，而且不会考虑是否存在某种模式。数据挖掘使用算法从数据仓库中找出模式。

图 13.27 说明了数据挖掘的概念。

图 13.27 数据挖掘收集有关客户的个人信息，以便更具体地解释和预期他们的喜好

决策制定者试图识别的模式包括：关联、序列、聚类和趋势。关联是指在同一时间一起出现的模式。例如，购买谷类食物的人通常也会购买牛奶，用以配合一起食用。而另一方面，序列是指一段时间内发生的行动模式。例如，如果一个家庭今年购买了一套房子，那么它们很可能在明年购买耐用品（一台冰箱或洗衣机和干衣机）。聚类是指在一群人之间发展起来的一种模式。例如，居住在某一特殊地区的客户会倾向于购买一种特别的汽车。最后，趋势是指人们所注意到的一段时间内的模式。例如，客户会从购买一般商品过渡到购买高级商品。

数据挖掘的概念源自用数据库更准确地选择目标客户的期望。早期的直接邮寄方法利用邮政编码信息来决定是否邮寄广告信，因为通过邮政编码可以估计一个家庭的收入情况（例如，比弗利山庄可谓闻名遐迩，它的邮政编码是 90210，这里的住户应该有丰厚的收入）。这种方法虽不完美，但在一定程度上可以控制广告发送的数量。

数据挖掘把这种思想向前推进了一步。它假定过去的购买行为是将来的购买行为的预测，把利用信用卡消费的特定客户的大量信息收集起来。公司就可以分析出用户在哪些商店购物过、购买了哪些商品、每件商品大概多少钱、出游时间和频率等信息。当用户填写保修卡、领取驾驶执照、回馈免费赠品或申请音像出租店的会员卡时，都要求输入个人数据，并保存下来以用作其他目的。此外，一些公司共享这些数据，并且通过售出信用卡来盈利。

美国运通一直是将数据挖掘用于市场营销的领导者。当你在商店里购物或在娱乐场所参与一些活动之后，它会在发给你的信用卡账单中带上新开的类似商店或娱乐场所的折扣券。通用汽车公司为客户提供累计奖金点数的万事达信用卡，用于客户购买新汽车时返利给客户，并在客户有意购买新汽车时，为客户发送有关新汽车的信息。

然而数据挖掘方法并非十全十美。第一，数据挖掘的成本很高，投入和产出可能不成比例。第二，必须对数据挖掘加以协调，以免各种部门或子公司在同一时间尝试联系客户。第三，客户虽然同意订购，但担心隐私被侵犯而排斥订单。第四，客户担心利用信用卡购买商品、社交媒体的帖子以及电子邮件而建立起来的个人资料会扭曲一个人的形象。

分析员要认真对待数据挖掘中的伦理道德问题。个人资料保存的时间、保密的措施、隐私的保护以及使用的范围等，都应该让客户了解。任何滥用数据挖掘的行为必须预防和杜绝。对于客户来说，数据挖掘只是另一种推动技术而已，如果客户不欢迎，那么数据挖掘所得到的效果会适得其反。

咨询时间 13.3

流失潜在的客户

“市场份额是一个现实的问题，”East Coast 健康保险公司营销系统的经理 Yimo Yang 说，“我们面临的最大挑战之一是如何为营销员确定良好的潜在客户。由于我们占有 50% 的市场份额，所以在将我们购入的潜在客户数据移入营销数据库之前，必须排除其中大部分的顾客名字。正确地完成这件事很重要，因为我们的营销数据库是公司战略信息工具宝库的关键部分。”

Yimo 对系统分析小组中的 Ning Wu 解释道：“营销数据库是一个功能强大的关系数据库，它是营销系统的核心。我们的营销数据库用于为所有的营销系统提供信息。它包含生产率工具，例如销售人员自动系统、大规模邮件系统，用于帮助销售人员管理整个销售过程。此外，还有分析工具，例如地理信息系统和图形化查询语言工具，用于提供决策支持。”

“然而，营销数据库的主要功能是跟踪客户和潜在客户。目前我们主要使用它跟踪地理、心理和人口方面的信息，或者用我的话来说，用它来掌握客户是谁、住在哪里和想些什么的信息。”

“最简单的营销数据库由三个文件组成：潜在客户文件、客户文件、购买和支付历史信息。”

“设计好营销数据库后面临的下一个难题是，确定如何载入数据。我们现在从开发商中买入潜在客户信息，因为公司的营销策略是大规模销售，所以我们收购了该领域中每个公司的信息。由于数量很大，所以分摊到每个潜在客户上我们花得并不多。然而，如果一个公司准备实现产品多样化，那么应更明确地定义它的潜在顾客。这个公司需要为这些更详细的、经过验证的数据花费额外的费用。”Yimo 说。

“我们面临一个真正的难题。如果推销员每向我抱怨一次某个潜在顾客的地址错了，我就能得到一美元，那么我现在就可以退休，并搬到温暖的地区居住。”Yimo 一语双关道，“我希望知道哪一个潜在顾客的信息是错的。如果你只有 1 000 个潜在顾客时，那么难度还不太大，但要是有超过 25 万个潜在顾客，那该怎么办呢？”

Yimo 继续说道：“由于我们频繁地将这些数据用于大规模邮递，所以确保这些文件中的姓名和地址的准确性是非常重要的。例如，它们应符合邮件的标准，并且不会重复。”

“为此我们采用了一种叫数据保健的方法。为什么会起这么个怪名字呢？因为数据保健是使用专门的软件来保证所输入地址的有效性，这个软件本身自带数据库，保存了所有城市的街道名称和邮编的数字范围。”

“在营销数据库中我们还要面对如何排除重复记录的难题。有两种类型的重复：一种是内部重复，即为同一个客户或潜在客户保存了多个记录；另一种是外部重复，即我们无法在潜在客户数据中排除已有的客户。”

“内部重复会带来报告问题，并增加邮费开支。外部重复更糟糕，不仅会增加开支，而且会让客户感到厌烦。”Yimo 解释道，“对于销售代表来说最尴尬的事是，打电话给一个潜在客户，发现该公司已经是我们的客户了。从而给客户的感觉是，他们只不过是公司计算机上的一个代码而已。这不仅浪费宝贵的时间和资源，而且给他们留下了较坏的印象。”

用两段文字说明，为了识别公司营销数据库中存在的内部重复信息和外部重复信息，Yimo 可以使用哪些技术。你在建立营销数据库时如何尽量减少重复的问题。有无操作方法可以减少这种问题？列出这些操作方法。组织机构中谁能在消除重复数据方法的方面提供帮助？提供一个简要列表。用一段文字为 Ning 和其他系统分析团队成员建议几种方法，使得他们能得到其他相关的组织机构成员的协助，并能保持这种协助关系。

13.8　商业智能

虽然商业智能（Business Intelligence，BI）不是什么新概念，但是自 20 世纪 80 年代后期以来，它得到了广泛的关注，其用途已经扩展到几种类型的组织员工，而不仅仅是那些在战略层面做出决策的少数员工。商业智能是组织决策者的决策支持系统（DSS）的核心。它的功能包括收集和存储数据，以及使用具有分析功能的知识管理方法，这已成为决策者的决策过程的输入。

商业智能建立在处理大量数据的思想之上。作为系统分析员，你可能会被要求创建支持商业智能的系统，诸如被认为是分析的输入的数据仓库。也可能要求建立向用户传递商业智能的仪表板或电子表格。当数据集合变得太大或太复杂，以致不能用传统工具进行处理，也不能在传统数据库或数据仓库中进行处理时，通常把它们叫作“大数据”(big data)。

我们对拥有信息管理技能的专家的需求不断增加，因为数据的增长远远超过了我们有效地存储、处理和分析它的能力。大数据已被认为是为公司设计的一种方法，其本质是允许组织处理从大量资源中产生的越来越多的数据的一种战略——这些数据有的是人为产生的，但更多的是由各种传感器产生的（例如，电子公路收费系统、气象监测卫星等）。

通常分析人员将负责用户和数据仓库的界面。与其他系统一样，理解组织产生的数据、业务本身以及分析员的信息需求非常重要，分析员将对 DSS 支持的任何统计模型的输出进行解释。

分析商业智能采用的 5 种重要方法是：切片钻取、即席查询、实时分析、预测和脚本。虽然在行业中已有一些整合，但仍然有很多商业智能软件的提供商。一些提供商把它们的服务交给云服务提供商，以实现按需服务、减少总费用和改进启动时间。

业务分析（Business Analytics，BA）这个术语涵盖的思想是，使用大数据及各种定量分析工具（诸如统计和预测建模）来回答有关趋势和假设分析等管理问题。它们的输出可以作为决策者的输入，也可以作为计算机化系统的输入。

商业智能固有的一些问题是系统如何处理半结构化和非结构化数据，因为大多数组织仍然有很多文档不适合通过商业智能进行分析，这些文档不符合数据仓库条目的结构化的严格要求。这就意味着组织及其客户产生的大部分重要信息无法经过分析，因而也没在决策中使用或者未被充分使用。为此，一种称为数据分析的方法可以实现充分利用信息的目的。

13.9 数据分析

数据分析（Data Analytics）使用强大的算法来分析数据库中的大量结构化数据，或分析大量非结构化实时数据，以支持决策者做出基于事实的决策。分析指的是解决业务问题和决策过程，以及帮助组织通过收集、分析和分发大量数据来创造价值的方法。两者的更广泛术语是商业智能。

要了解系统分析员在数据分析（过程和工具）的使用中所起的作用，要考虑此类分析的以下八个方面：

（1）确保数据质量。

（2）促进用户和数据分析专业人员之间的沟通。

（3）教育用户和决策者如何使用分析工具，以及根据这些工具的使用来解释报告。

（4）创建可以由用户生成的报告。

（5）与想获取数据分析专业创建报告的用户一起工作。

（6）通过协作创建报告并使决策者分享见解，开发协作商业智能平台。

（7）确保数据分析过程对业务产生预期影响。

（8）提供深入的见解和理解，支持和理解决策者和数据分析员的个人和组织经验。

这八项行动中的任何一项或全部都属于系统分析员的职责范围。观察到这些活动将分析员作为他们的客户以及其他数据分析员的协作伙伴。确保要分析的数据的质量至关重要，因为以用户为中心的重点是完成所有数据分析工作。在使用大型非传统数据库中生成的数据时，存在许多要考虑的道德、隐私和安全因素。这些数据库包括参与日常或几乎每天在社交网络中的用户生成的大数据，有影响力的社会活动人员的博客，公共云的云应用以及公共和政府赞助的数据。数据由与这些系统交互的人员生成，他们并没有意识到数据正用于数据分析目的。开发人员可以使用大数据的混搭，将谷歌地图和社交媒体中的数据结合起来，以开发网络、关系或行为预测。

研究人员进一步提出关于什么数据分析必须提供给用户的建议，以帮助用户和数据分析员找到理解组织经验，甚至将过去事件用作对未来事件的预测。系统分析员应该意识到还存在一些更大的目的，包括回顾、社交参与 / 协作、线索提取、合理性和持续访问等（Namvar et al.，2016）。

13.10 数据湖

正如你所读到的，数据分析是一种强大的工具，它可以帮助决策者通过使用商业智能来理解数据仓库中存储的大量正式的结构化数据。尽管数据仓库功能强大，但也有局限性。

数据湖（data lake）的创建对用户在使用数据仓库时遇到的缺点做出了回应。基于云的数据湖使开发人员和用户无须以（通常是专有的）预定格式提交高度结构化的数据。数据湖允许用户简单地查询存储各种数据的庞大数据集。数据可以是没有任何格式的原始数据、适用于数据仓库的规范化数据，也可以是介于两者之间的数据。数据湖利用扁平架构

和带有元标记的对象存储，以及独一无二的唯一标识符，使跨区域访问和定位数据变得更容易。

数据湖使用了湖泊的比喻，如图 13.28 所示（由鱼类、海龟、蛤蜊等生物组成），并包含岩石、沙子和泥土等其他元素。湖泊也可能很深，隐藏着神秘或废弃的人造物体。因此，我们可以将数据湖描述为从多种来源提取的大量原始、非结构化或半结构化数据，如关系数据库和非关系数据库、物联网数据和各种应用程序。幸运的是，我们可以查询数据湖的内容或提供见解，它的内容不必一直隐藏或神秘。用户查询存储在数据湖中的数据，以深入了解通过关系数据库的结构化查询无法获得的系统和客户行为。决策者不需要像数据仓库所必需的那样建立预先确定的结构化文件来利用数据湖。数据湖支持机器学习。

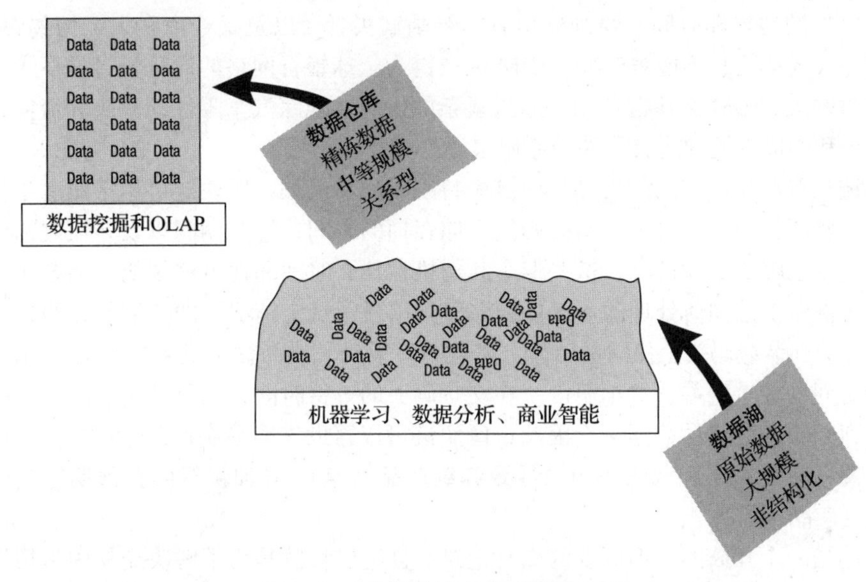

图 13.28 数据仓库和数据湖的区别

（1）数据湖是原始数据以及规范化和非规范化数据的存储库。

（2）存储在数据湖中的数据不需要结构化和预定义。

（3）可以查询数据湖数据。

（4）数据湖旨在利用组织收集的大量数据。

（5）数据湖可以提供对客户行为的深入了解。

首先，数据湖是原始数据、关系数据库中的规范化和非规范化数据以及物联网、移动设备和各种应用程序中的非关系数据的存储库。其次，存储在数据湖中的数据在收集之前没有结构化和预定义。决策者不必预见他们未来可能需要从数据中回答什么问题。第三，数据湖可以通过借助商业智能、数据分析和文本分析构建的简单或复杂的查询进行查询。此外，数据湖旨在利用组织收集的大量数据（有时是不引人注目的），但由于其非结构化和普遍性，这些数据不易用于决策。最后，数据湖可以深入了解结构化关系数据库中无法获得的客户行为。

从战略角度来看，大多数组织都希望开发数据仓库和数据湖，以利用他们可以从内部和外部检索的数据，更好地了解他们的业务关系并实现目标。谷歌最近发布了 BigLake，一种新的数据湖存储引擎，它将使组织更容易对其数据湖和数据仓库中的数据进行分析。

13.11　区块链

区块链（blockchain）网络是建立在互联网平台上的数据结构，允许共享和创建数据的数字账簿，可以与公共或私人网络上的其他人共享。无论何时企业或个人想要拥有可验证的电子记录来跟踪任何类型的商业资产，它都是有用的。这些商业资产包括：数字货币、制造产品的材料（无论是有机产品还是无机产品）、有形资产、无形资产，或数字资产等。它不需要中介（例如数字货币的商业银行）来进行交易。

区块链是由称为比特币的加密货币的引入而进入公众视野的，但区块链还有许多其他用途。例如，区块链可用于验证标记为“有机”的食物实际上是在种植、收获和包装的每个步骤中由有机农业实践产生的。或者它可以用来追踪艺术家作品，如绘画的起源，展示绘画的创作者，发生的地点和时间，绘画展出者，绘画购买者，以及是否由私人或博物馆中收藏。区块链的一大优势是它不能被改变。IBM 区块链为全球银行网络的成员银行提供了一种共享参考数据的方法。IBM 区块链还用于通过复杂的供应链跟踪汽车零件的源头和流向，包括制造商、零件和构成车辆的所有零件的原始来源。

区块链在跟踪易腐产品的食品供应链中特别有用。例如，区块链可用于跟踪牛群中的奶牛生产的牛奶纸箱编号，奶牛挤出的奶倒入储存桶的时间，储存期间以及装瓶之前保持的温度。它还可以跟踪卡车和司机，这些卡车和司机在什么时间和地点将牛奶产品装车，以及牛奶在冷藏运输车上是如何处理的。区块链账簿可以显示特定情况下的奶制品在被送到商店后院的冷库之前在装载码头上停留的时间，甚至将其装入乳制品盒中供客户购买的时间。

交货时间的较大偏差、卡车温度、在交货码头的等待时间，以及杂货店展示柜的温度都可以添加到区块链的交易数据中。因此，区块链可以帮助查明易腐产品中的缺陷（例如可能暴露于高温，或者由于卸载码头短缺导致卸载产品减速），并加快召回在预期供应链中出现记录偏差的产品。

区块链是一个开放的，不可变的交易记录。创建区块链是为了解决交易中习惯性出现的问题。它们旨在提高安全性，降低风险，并在交易时提高可靠性和效率。可以认为区块链是分布式数据库，其特征在于对信息的控制，存储和分享信息。区块链正在全球范围内集成技术平台。

总部位于伦敦的一家名为 Blockchain 的公司生产的软件允许消费者和企业使用比特币等数字货币进行交易。其主要特征是其易用性，这解释了一个不懂技术的普通消费者也可以在他们的智能手机上易如反掌地使用它，而不需要特别培训。

企业使用特殊许可的区块链。经过许可的区块链可提供更好的隐私保护，升级审核，以及更高的运营效率。许可的区块链意味着交易可以信任且成本较低，因为几乎没有重复工作，交易的速度更类似于实时商业交易中实际发生的情况，而不是长期等待外部机构批准或者在执行之前更新交易。许多大型企业正在宣布新的基于区块链的产品，包括在未来几年内引入基于区块链的保险产品。

区块链需要设计员能够跨越区块链的技术复杂性，并使不精通技术的客户也能使用它。这包括创建接口，它允许参与者根据区块链检查供应链中所需的信息，并能够信任他们所看到的信息，而无须了解区块链的基本技术复杂性（Schwab，2017）。

加拿大多伦多的区块链媒体科技创业公司 blockgeeks.com 表示：“我们作为 Blockgeeks 的使命是每年通过区块链培训 10 000 名以上的开发人员，以加快此生态系统的发展。”他们提出在线进行大多数培训，并预计未来几年对区块链开发人员的需求将迅速增加。

在社区领域，Hyperledger（https://www.hyperledger.org）表示：“Hyperledger 是为推动跨行业区块链技术而开发的开源协作。这是由 Linux 基金会主办的全球合作，包括金融、银行、物联网、供应链，以及制造和技术领域的领导者”。Hyperledger 最近发布了 Hyperledger Fabric 的最新版本，一种分布式账簿代码，允许公司开始构建基于区块链的业务应用程序。

区块链网络的四个主要特征：共识，交易的所有参与方必须同意其有效；来源，交易的所有参与方都知道资产的来源，并了解其随时间的变化；不变性，一旦交易记录到账簿，任何一方都不能篡改或改变它（需要单独的交易来纠正错误，并且两个交易对网络成员都是可见的）；最终，任何人只有一个地方可以检查资产的所有权或交易是否已经完成。

信任仍然是应用区块链的最大组织障碍之一（Clancy，2016）。客户和开发人员必须习惯于他们的供应链数据不在中央存储库中，而是将通过供应链与各种实体共享的思想，这些实体对可通过区块链访问的信息至关重要。在实施区块链时，信任参与者的能力也很关键。必须相信参与者可以准确、诚实地将交易输入区块链账簿。

13.11.1 Web 3.0

Web 2.0 以交互性著称，它建立在区块链上最初的搜索网络集中化基础上。考虑我们了解到区块链会在安全交易中产生信任，我们可以说 Web 3.0 是关于数据和数据所有权的去中心化。用户将拥有自己的数据。事实上，他们将能够将其中的一部分货币化，而不仅仅是将其全部交给一家公司来换取服务。许多将使 Web 3.0 成为现实的应用程序尚未构建，但我们可以勾勒出它们在执行事务时的行为。

例如，如果你在网上订购食品杂货，配送服务会积累你购买的东西、你花了多少钱、你的首选付款、你是按时付款还是使用“先买后付”、你的优选配送日期等数据。就你而言，你只想让你订购的食品杂货按时送达并完好无损。根据他们的商业关系，食品杂货配送公司可以将您的部分记录提供或出售给食品杂货供应商、当地面包店、配送服务等。

有了 Web 3.0，用户将拥有自己的数据，并最终能够通过区块链全天候盈利。然而，用户将不需要参与微交易。例如，当大型快递服务想要特定邮政编码中每个客户的所有首选快递时间时，如果你同意出售你的数据，这些数据是由杂货配送服务收集的，但归你所有，你可以注册这样做。只要有你批准的类型的买家，这些交易就会自动执行，通常是加密货币。在 Web 3.0 上，不需要你在场，甚至不需要你醒着就可以进行交易。每当您的数据或其中的相关部分被访问时，您都将获得报酬。

另一方面，你可能更喜欢把一些关于你食物消费的数据交给非营利研究医院，研究某些食物与寿命之间的关系。你将能够对你的杂货店交易的这一部分进行特定的指定，你将把你的部分数据捐赠给你相信的事业，但在这种情况下，你不会将其货币化。关键问题是，Web 3.0 用户将控制谁（个人除外）获得他们的数据，以及数据是否会货币化。Web 3.0 是关于“数据的符号化”以及构建数据经济。

由于与数据有关的事务是自动的，你可能想知道系统分析员扮演的角色是什么。然而，在 Web 3.0 上，系统分析员的工作仍然有很大的空间。毫不奇怪，许多用户对建立账户和管理数据不感兴趣，也没有能力。系统分析员可以作为组织和用户的顾问。在这个角色中，你可以为建立和维护用户在区块链上的去中心化、自动化和安全交易的合同和交易提供便利。分析员还将充当用户的翻译人员，帮助他们理解 Web 3.0 对他们的工作和个人生活的影响。

13.12 小结

如何存储数据通常是信息系统设计时的一个重要决策。存储数据有两种方法：第一种方法是将数据保存在单个文件中，每个应用程序对应一个文件；第二种方法是开发一个数据库，供各种应用程序的用户在需要时进行共享。

数据库设计的每个参与者都应认同数据的价值和保护数据的成本，这点非常重要，因为保护数据既有成本也有好处。风险评估是数据库规划的重要组成部分。

要理解数据存储需要掌握三个领域：现实、数据和元数据。实体是指我们为其收集和保存数据的对象或事件。属性是指这些实体的实际特征。数据项可以有值，并能组织成可以通过键进行访问的记录。元数据对数据进行描述，并包含有关数据项值的约束（诸如只接受数字）。

传统文件实例包括：主文件、表文件、事务文件、工作文件和报表文件。数据库通常用关系结构构建。然而，遗留系统还有可能采用层次结构或网状结构。

规范化是将用户视图转化为不那么复杂的结构，即规范化关系的过程。规范化过程涉及三个步骤。首先，消除所有的重复组。其次，消除所有的部分依赖。最后，消除传递依赖。完成这三个步骤之后，结果是创建若干属于第三范式（3NF）的关系。

E-R 图可用于确定记录和数据库关系所需的键。设计主表或数据库关系时，需要遵循三条指导原则：每个不同的数据实体创建一个主文件（不要在一个表中合并两个不同的实体）；一个特定的数据字段只能存在于一个主文件中；每个主表或数据库关系有程序负责创建、读取、更新和删除记录。

数据检索过程涉及 8 个步骤：①选择关系；②对两个关系进行连接；③投影（选择）列；④选择相关行；⑤导出新的属性；⑥行排序或索引；⑦计算总计值和绩效指标；⑧将结果提交给用户。

反规范化是指逻辑数据模型转化为物理模型的过程，所得到的物理模型应能有效地完成最需要的任务。数据仓库在许多方面与传统的数据库存在差异，其中之一是数据仓库存储按主题组织的非规范化数据。通过使用数据挖掘软件（称为 Siftware）可以轻松地访问数据仓库，Siftware 能搜索模式并能识别出超出人类决策者想象的关系。

数据挖掘涉及使用数据库实现更准确的目标顾客选择。它假设过去的购买行为是将来购买行为的预测，据此一些公司收集人们以前使用信用卡购买商品的数据、驾照申请表、保修卡等。数据挖掘的功能很强大，但成本高而且需要做好协调工作。此外，数据挖掘有可能会侵犯客户的隐私权，甚至是公民权利。

商业智能的功能包括收集和存储数据，以及使用具有分析功能的知识管理方法，这已成为决策者的决策过程的输入。业务分析采用统计工具和模型，定量地处理像数据仓库中保存的那种结构化数据，而它们的输出又可以作为人和计算机的输入。当数据集合变得太大或太复杂，以致不能用传统工具进行处理，也不能在传统数据库或数据仓库中进行处理时，通常把它们叫作“大数据”。数据分析使用强大的算法来分析数据库中的大量结构化数据，或分析大量非结构化实时数据，以支持决策者做出基于事实的决策。

数据湖是原始数据、关系数据库中的规范化和非规范化数据以及物联网、移动设备和各种应用程序中的非关系数据的存储库。存储在数据湖中的数据在收集之前没有结构化和预定义。数据湖可以被查询，以获得迄今为止未知的对客户及其与商业目标关系的见解。从战略角度来看，大多数组织都希望开发数据仓库和数据湖，以利用他们可以在内部和外部检索的数据。

区块链网络是建立在互联网平台上的数据结构，允许创建数据的数字分类账，可以与公共或私人网络上的其他人共享。区块链是一种开放的，不可更改的交易记录。每当企业或个人想要拥有可验证的电子记录以跟踪任何类型的商业资产时，它都是有用的。参与区块链的最大组织障碍是信任，即相信数据是安全的。即使它们不在中央存储库中，但在供应链中与感兴趣的各方共享，并相信供应链中的参与者会准确、诚实地进行交易。

Web 3.0 建立在区块链之上。考虑区块链会产生对安全交易的信任，我们可以说 Web 3.0 是关于数据和数据所有权的去中心化。用户将拥有自己的数据。事实上，他们将能够将其中的一部分货币化，而不仅仅是将其全部交给一家公司来换取服务。虽然 Web 3.0 才刚刚建立，但参与的机会将会越来越多。

复习题

1. 用独立的文件来组织数据存储有哪些优点？
2. 使用数据库方法组织数据存储有哪些优点？
3. 数据库设计的有效性度量是什么？
4. 列出 3 个分析员可以向数据库管理员和用户提出数据库安全性的问题。
5. 列出一些实体和属性的例子。
6. 主键与对象标识符的区别是什么？
7. 定义术语元数据。元素数据的用途是什么？
8. 列出常用的传统文件类型。其中哪些是临时文件？
9. 写出数据库的 3 种主要组织形式。
10. 定义术语规范化。
11. 将一个关系转化为 1NF 时消除了什么？
12. 将一个关系从 1NF 转化为 2NF 时消除了什么？
13. 将一个关系从 2NF 转化为 3NF 时消除了什么？
14. 列出 3 种实体约束。用一句话描述每种实体约束的含义。
15. 描述在创建数据库表时可能出现的 4 种异常。
16. 列出检索、预排序和提交数据的 8 个步骤。
17. “连接”用于完成什么工作？什么是投影？什么是选择？
18. 定义术语反规范化。
19. 试解释传统数据库和数据仓库之间的区别。
20. 什么是数据挖掘？
21. 哪些功能组成了商业智能？
22. 什么是大数据？
23. 试给出业务分析的定义。
24. 区别数据湖与数据仓库的 5 个属性是什么？
25. 描述数据湖中的数据与数据仓库中的数据有何不同。
26. 什么是区块链网络？试提供一个应用区块链的商业示例。
27. 区块链网络的 4 个主要特征是什么？请列出来。
28. Web 3.0 与 Web 2.0 有何不同？
29. 系统分析人员在开发 Web 3.0 时可以扮演什么角色？

问题

1. 给定以下租房人信息：

记录号码	姓	房间号	租金	到期时间
41	Warkentin	102	550	4/30
42	Buffington	204	600	4/30
43	Schuldt	103	550	4/30
44	Tang	209	600	5/31
45	Cho	203	550	5/31
46	Yoo	203	550	6/30
47	Pyle	101	500	6/30

（1）给出投影运算的 1 个实例；

（2）给出选择运算的 1 个实例；

（3）给出行排序的 2 个不同实例；

（4）给出计算总计的 1 个实例。

2. 下面给出了有关南新泽西州大学两名学生的成绩单的例子：

USNJ 2017 年春季学期成绩报告

姓名：I. M. Smarte　　　　专业：MIS

学生编号：053-6929-24　　　　级别：大四

课程编号	课程名称	教授	教授所在部门	部门级别
MIS 403	Systems Analysis	Abdelhamid, M.	MIS	A
MIS 411	Conceptual Foundations	Umar, G.	MIS	A
MIS 420	Human Factors in IS	Umar, G.	MIS	B
CIS 412	Database Design	Li, I.	CIS	A
DESC 353	Management Models	Kim, J.	MIS	A

USNJ 2017 年春季学期成绩报告

姓名：E. Z. grey　　　　专业：MIS

学生编号：472-6124-59　　　　级别：大四

课程编号	课程名称	教授	教授所在部门	部门级别
MIS 403	Systems Analysis	Abdelhamid, M.	MIS	B
MIS 411	Conceptual Foundations	Umar, G.	MIS	A

为用户视图绘制一个具有关联关系的数据模型图。

3. 将上一题中的用户视图转化为 3NF 关系，请详细说明转化过程中的每一步。

4. 对第 2 题中的数据使用课程编号为主键会出现什么问题？（提示：考虑如果部门名称（数据中没有给出）发生变化会出现什么情况。）

5. 为下面的情形绘制一个 E-R 图。很多学生参加很多不同的体育运动。其中一个被称为主教练的人承担所有运动的教练角色。每个实体有一个编号和一个名称。（为了完成一个合理的 E-R 图，你可以做出必要的假设并列出。）

6. 你在上一题绘制的 E-R 图表示了有关的数据实体，这些数据实体是实现跟踪学生及其所参加的运动队的系统所必需的。列出实现该系统所需的表，以及链接这些表所需的主键、辅键和外键。
7. 为下面的情形绘制一个 E-R 图：一家商业面包店制作许多不同的产品。这些产品包括面包、甜食、特制蛋糕以及许多其他的烘焙食品。制作材料包括面粉、香料和牛奶，需要从供应商那儿购买。一种材料从一个或多个供应商处购买。面包店有一些团体客户，诸如学校和旅馆，它们定期订购烘焙食品。每种烘焙食品都有一个专职人员，负责制订烘焙操作计划以及检查完成的食品。
8. 列出上一题中实现商业面包店系统所需的表和键。
9. 为图 13.24 中的订单系统绘制一个 E-R 图。
10. 针对发出订单绘制一个数据流图，该数据流图基于上一题中的 E-R 图。
11. 为一个名为 PeopleTree 的族谱关系软件包创建 E-R 图，该软件用来追踪祖先。假设每个人都在一个人员表上，并且一个人可能有一对亲生父母以及养父母。父母也需要包含在人员表上。每个人只能有一个出生地，储存在地址表中。很多人可能出生于同一个地方。
12. 试定义上一题中的人员和地址表使用的主键。
13. GaiaOrganix 是一家连接生产商和消费者的有机食品批发合作社。GaiaOrganix 协调零售店和其他商店从农场主那里采购食品，农场主种植各种农作物，比如水果、蔬菜、谷类等。每个农场主可能会生产多种农作物，一种农作物可以由多个农场主生产。为了提供最优质的新鲜产品，产品通常直接从农场运到商店里。每个商店可以从几个农场进货，每个农场将产品出售给多家商店。

    （1）绘制一个满足 3NF 的 E-R 图，描绘生产者（农场主）和零售商（商店）之间的关系。

    （2）以一段话阐述如何使用区块链应用程序来保证通过 GaiaOrganix 销售的有机食品的新鲜度。
14. ArticleIndex.com 是一家制作给定学科的杂志和期刊文章索引的公司。一个 Web 用户应能够输入文章主题或作者，然后接收到包含该主题的所有文章和期刊的详细列表。一篇文章可能有多个作者，一个作者也可能写多篇文章。一篇文章可能只能在一种期刊中找到，但一种期刊通常包含很多文章。每篇文章可能会有很多主题，同一个主题也有可能在多篇文章中出现。试画出文章、作者、期刊和主题间的满足 3NF 的 E-R 图。
15. 标识上一题中创建的 E-R 图的主键和外键。
16. 设计一个问题清单，以辅助对正在开发的数据库进行的风险评估，该数据库跟踪一家名为 ElectricEel，LLC 的新电子公司所申请的所有专利。列出 5 个关键问题列表，向管理人员、经理和软件工程师咨询：（1）谁正在申请工作专利？（2）谁会使用该数据库存储新智能手机、智能个人代理等的原始计划？（3）有关客户和供应商的团队会议记录和数据。
17. 由商业合作伙伴 Daiyu 和 Muchen 经营的位于米兰的中国时装设计公司 Leon & Lim 希望利用数据分析通过数据库更好地了解客户。用两段话阐述如何帮助 Daiyu 和 Muchen 在此应用程序中使用数据分析。其中包括六个问题列表，用于向他们询问他们的数据需求。

小组项目

Douglas Williams 在网上订购了两场在费城举行的音乐会门票。他可以在每场音乐会中选择自己喜欢的座位位置，一场是摇滚乐队 Moon Cave，另一场是摇滚乐队 Orbiter 3。订票系统处理了他的订单并为他指派了确切的座位，然后将这两张门票分别邮寄了出来。其中的一套门票在邮寄过程中丢失。当他拨通该公司的服务电话时，他不记得订票的日期或座位号码，但是售票代理处却能快速确定他的门票，这是因为代理处对该关系进行了反规范化处理。试描述该订票系统，列出订单表单和送货表单上应保存的数据元素。为了检索出门票信息，Doug 应给售票代理处提供什么信息？

参考文献

Agrawal, R., Ailamaki, A., Bernstein, P. A., Brewer, E. A., Carey, M. J., Chaudhuri, S., et al. (2009). The Claremont report on database research. *Communications of the ACM*, *52*(6), 56–65.

Avison, D. E. (1992). *Information systems development: A database approach* (2nd ed.). Blackwell Scientific.

Bellatreche, L., Valduriez, P., & Morzy, T. (2018). Advances in databases and information systems. *Information Systems Frontiers*, *20*, 1–6.

Big Data. (2017, various volumes). A peer-reviewed journal that provides a unique forum for world-class research exploring the challenges and opportunities in collecting, analyzing, and disseminating vast amounts of data, including data science, big data infrastructure and analytics, and pervasive computing.

Blockgeeks. (n.d.). *Jobs at Blockgeeks*. https://angel.co/blockgeeks/jobs/234918-blockchain-mentor

Clancy, H. (2016, December 8). *Why IBM sees blockchain as a breakthrough for traceability*. https://www.greenbiz.com/article/why-ibm-sees-blockchain-breakthrough-traceability

Codd, E. F. (1970). A relational model of data for large shared data banks. *Communications of the ACM*, *13*(6), 377–387.

Databricks. (n.d.). *Introduction to data lakes*. https://databricks.com/discover/data-lakes/introduction

Davenport, T. H., & Harris, J. G. (2007). *Competing on analytics: The new science of winning*. Harvard Business School Press.

Dietel, H. M., Dietel, P. J., & Nieto, T. R. (2001). *E-business and e-commerce: How to program*. Prentice Hall.

Evelson, B. (2010, April 29). Want to know what Forrester's lead data analysts are thinking about BI and the data domain? [Blog post]. blogs.forrester.com/boris_evelson/10-04-29-want_know_what_forresters_lead_data_analysts_are_thinking_about_bi_and_data_domain, https://go.forrester.com/blogs/want-to-know-what-forresters-lead-data-analysts-are-thinking-about-bi-and-the-data-domain/

Gane, C., & Sarson, T. (1979). *Structured systems analysis: Tools and techniques*. Prentice Hall.

Gray, P. (1999). Data warehousing: Three major applications and their significance. In K. E. Kendall (Eds.), *Emerging information technologies: Improving decision, cooperation, and infrastructure* (pp. 99–116). Sage.

Gupta, M. (2018). *Blockchain for dummies* (2nd ed.). Wiley.

Hoffer, J. A., Venkataraman, R., & Topi, H. (2016). *Modern database management* (12th ed.). Pearson.

IBM Support Portal. *Business Analytics Client Center*. https://www.ibm.com/analytics/business-analytics

Lardinois, F. (2022, April 6). *Google Cloud launches BigLake, a new cross-platform data storage engine*. https://techcrunch.com/2022/04/05/google-cloud-launches-biglake-a-new-cross-platform-data-storage-engine/

McFarland, R. (2014). *Information security basics: Fundamental reading for InfoSec including the CISSP, CISM, CCNA-Security certification exams* (Kindle ed.). Amazon Digital Services.

Morris, J. (2018, July 15). *Top 10 categories for big data sources and mining technologies*. http://www.zdnet.com/article/top-10-categories-for-big-data-sources-and-mining-technologies/

Namvar, M., Cybulski, J. L., & Perera, L. (2016). Using business intelligence to support the process of organizational sensemaking. *Communications of the Association for Information Systems*, *38*(20), 330–352.

Negash, S., & Gray, P. (2008). Business intelligence. In F. Burstein & C. W. Holsapple (Eds.), *Handbook of decision support systems* (Vol. 2, pp. 175–193). Springer.

Sanders, G. L. (1995). *Data modeling*. Thomson.

Schwab, K. (2017, August 22). *Why blockchain needs design*. https://www.fastcodesign.com/90136657/why-blockchain-needs-designers?partner=rss&utm_campaign=rss+fastcodesign&utm_content=rss&utm_medium=feed&utm_source=rss

Seckel, S. (2022, March 8). Web 3.0: What is it? Interview with ASU engineering expert (Dragan Boscovic) on the next wave of the internet. *ASU News*. https://news.asu.edu/20220308-solutions-web-30-what-it

Shim, J. P., French, A. M., Guo, C., & Jablonski, J. (2015). Big data and analytics: Issues, solutions, and ROI. *Communications of the Association for Information Systems*, *37*(39), 797–810.

Shin, S. K., & Sanders, G. L. (2006). Denormalization strategies for data retrieval from data warehouses. *Decision Support Systems*, *42*(1), 267–282.

第 14 章

Systems Analysis and Design, Eleventh Edition

人机交互与 UX 设计

学习目标

1. 理解 HCI。
2. 理解可用性的概念。
3. 设计各种用户界面。
4. 在开发以客户为中心的体验时应用用户体验设计。
5. 了解如何为智能手机和平板计算机设计界面。
6. 学习智能个人助理设计。
7. 探索虚拟现实和增强现实的设计。
8. 熟悉对话框设计的指导原则。
9. 理解用户反馈的重要性。
10. 了解电子商务的设计注意事项。
11. 编制允许用户搜索 Web 的不同类型的查询。

正确认识 HCI 并理解其对于系统分析员的任务的重要性是非常重要的。接下来我们需要掌握人机交互的概念，熟练评估人类信息需求并将发现纳入设计中。然后，我们要确保系统以用户为中心，并适当地包括用户需求和组织需求。进一步，我们需要根据 HCI 问题考虑接口，以及明确以新方式将标准设计概念应用于计算机是 HCI 方法的核心。

用户体验（User eXperience，UX）设计是客户至上的软件设计方法。这是一个观察客户行为并努力提高客户满意度和忠诚度的过程，通过提高可用性和易用性来实现。用户体验也是一种设计文化，强调给予用户在最大化短期利润方面的良好体验。

本章将介绍有关 HCI 和与用户合作的一些细节，并揭示 UX 设计的潜力。本章还将介绍在计算机、智能手机和平板计算机方面的人机界面设计，以及反馈、电子商务网站、Web 查询设计中应用 HCI 和 UX 概念的一些经验。

14.1 理解人机交互

HCI 设计是指“确保系统的功能和可用性、提供有效的用户交互支持，以及增强用户的快乐体验”。此外，“总的目标是实现组织和个人用户的效率和有效性。为达到这些目标，管理者和开发者都需要知道用户、任务、任务环境、信息技术（IT）和系统使用环境之间的相互影响”(Carey et al.，2004，p.358)。

有关用户、任务、任务环境、IT 和系统运行环境之间的相互影响的知识，构成了人机交互的基础。系统分析与设计中 HCI 的主要策略是不断引出用户对原型设计（可能是屏幕、表单、界面等）的使用经验反馈，根据修改建议提炼设计，然后再让用户试用，直到用户满意为止，最后由分析员固定下来。

14.1.1 配合怎样影响绩效和幸福感

下面开始探究人机交互，首先介绍一些从事该领域工作的人员普遍共享的有用定义。

14.1.1.1 配合

HCI 元素（人、计算机和需要执行的任务）之间完美的配合（fit）产生了绩效和福利。正如新鞋要符合脚型才舒适，在活动（如跑步）的时候鞋子要穿得住，并且它需要由性价比高的耐磨材质（如尼龙）制造。同样，用户、计算机和任务之间的配合也是很重要的。

分析员希望他们的设计具有最佳的配合。为了达到组织目的，他们需要在计算机化任务时尽最大可能地发挥人的作用。更好的配合产生更好的绩效，并使系统参与人员更舒适。

14.1.1.2 任务

任务（task）可以是结构化的和常规的，也可以是不明确的，没有明显结构的。复杂的任务需要用户、系统和任务交互，需要得到电子商务和 Web 系统、ERP 系统和组织内外的无线系统的支持。在前几章中，我们已经学习了很多有助于理解、编档和图形化描述当前人们在组织中执行的任务的方法，也学习了有助于设计新任务的方法，它们使用正在创建的系统来帮助任务达到自身目标。

14.1.1.3 绩效

HCI 环境中绩效（performance）一词的定义也很重要。在 HCI 环境中，绩效是指执行一个任务的效率和该任务产生的工作的质量。例如，如果分析员使用他们精通的高级软件或 CASE 工具创建数据流图，则可以预见创建的数据流图一定是高质量的。因为分析员使用了他们熟悉的自动化工具，所以绩效也很好。他们可以快速完成工作，效果也令人满意。这样的任务适应目标，即创建高质量的数据流图来对系统进行编档。使用 CASE 工具创建数据流图，然后用它们来存储、检索、交流和修改数据流图，这种方法的效率是很高的，相比较而言，使用与数据字典无关的绘制工具或手绘草图都不具备这种特性。

14.1.1.4 幸福感

现在我们可以介绍幸福感（well-being）的概念了，即有关人的整体的舒适、安全和健康。总之，这是指人的身体和心理状态。在计算机上使用 CASE 工具创建 UML 图或 DFD 会使分析员感到幸福吗？答案是肯定的，因为该任务非常适合分析员、软件、目标和计算机。注意，分析员是工作在这样一种环境中的：身体上感觉很舒适，心理上受到创造性的激励，并且是高产的。分析员的工作不但能得到受聘机构的高报酬，而且能受到同事和客户的尊重。

心理态度（情感部分）也是重要的。通过评估用户的态度，就能知道他们对自身的感觉，包括自己的身份、工作生涯和绩效。作为持 HCI 观点的分析员，我们很关注人的态度是怎样影响他们对技术及任务的看法的，以及他们的态度究竟是阻碍了还是丰富了自己的经验。

14.2 可用性

可用性（usability）这个术语在不同的学科中有不同的定义。为了透过 HCI 研究可用性，我们试图将重点放在把可用性作为设计者评估他们创建的系统和界面的方法，旨在尽可能多且彻底地解决 HCI 问题。可用性研究（根据 https://www.nngroup.com）都是关于找出哪些在实际中可行，而哪些不可行的问题。

Nielsen 及其同事（Nielsen & Mack，1994；Nielsen et al.，2001）基于上千次的界面可用性测试，以及后来的电子商务网站测试，公布了可用性启发规则（即经验规则）。这些经验规则包括系统状态的可见性，系统和现实的匹配，用户控制和自由，一致性和标准，错误预防，重连代替再调用，使用的灵活性和有效性，美观和极简设计，关于用户认识错误、诊断错误并从错误中恢复的帮助，以及帮助和文档。

图 14.1 是一个可用性调查表，调查对象是与原型交互的用户。该表要求用户回答全部有关重要的可用性和人机工程学问题。另一种方法是使用系统的用例场景。这些方法有助于检查可用性问题。

可用性调查表

请在完成与原型的交互以后填写该表，在回答每个问题时用圆圈圈出所选答案。填完该表后，请把它交给分析员。感谢您提供的重要反馈。

被评估的原型__________ 版本__________ 日期_____/_____/_____

人机交互因素	**非常差**		**一般**		**非常好**
物理 / 安全因素					
1. 你阅读屏幕或表单时的感受怎样？	1	2	3	4	5
2. 如果使用了音频，你能听到吗？	1	2	3	4	5
3. 考虑了系统使用安全吗？	1	2	3	4	5
可用性因素 系统在以下方面表现如何：					
4. 帮助你减少错误？	1	2	3	4	5
5. 如果你出错了，允许你从错误中恢复？	1	2	3	4	5
6. 有助于使用？	1	2	3	4	5
7. 有助于记住如何使用？	1	2	3	4	5
8. 易于学习如何使用？	1	2	3	4	5
令人愉快和享受的因素					
9. 系统具有吸引力吗？	1	2	3	4	5
10. 你愿意使用它吗？	1	2	3	4	5
11. 你信任它吗？	1	2	3	4	5
12. 使用起来感到满意吗？	1	2	3	4	5
13. 使用起来感到快乐吗？	1	2	3	4	5
14. 系统有趣吗？	1	2	3	4	5
15. 系统使用起来有趣吗？	1	2	3	4	5
有用性因素 系统在以下方面表现如何：					
16. 支持你的单个任务或多任务？	1	2	3	4	5
17. 有助于你扩展能力？	1	2	3	4	5
18. 值得使用？	1	2	3	4	5
19. 允许你完成其他系统不允许你完成的任务？	1	2	3	4	5

图 14.1 调查对象为与原型交互的用户的可用性调查表

14.2.1 设计个人用户的认知风格

在人机交互中的一个重要的考虑因素是数据。特别是用于决策的数据。它们要以不同的形式存在，使具有不同认知能力的用户可以明白。一些用户可能喜欢使用表格做决策，而另一些用户可能喜欢使用图表，还有一些用户可能喜欢使用文本。

14.2.1.1　数据透视表

同一用户在不同的时间可能喜欢不同的数据表现方式。例如，假设一个经理想要对比某个地区的各个分店的库存量。曲线图可以有效地表示数据，而柱形图可以通过颜色显示临近缺货的分店，并且柱形图还可以通过柱高直观地反映各个商店的相对库存量。

假设现在该经理需要某个分店在给定月份的库存量信息。可能已经建立了数据曲线图，按从高到低的顺序表示每月的存货量。该用户可能喜欢使用按字母排序列出商店的表格，且每月按时间发生顺序排列。我们可以看到，同一个人在查看相同的数据时也会采用不同的方法。数据透视表允许用户以他们选择的任何方式在表中排列数据。

14.2.1.2　数据库可视化

可视化是指将数据表示为图表、图形或其他图像。创新性的数据可视化显示已经存在了相当长的一段时间，可以追溯到 18 世纪。缺乏想象力、无法以经济有效的方式绘制图形和图表，以及不懂欣赏可视化，是广泛使用可视化显示的障碍。有些图表充斥太多信息，以至于对于普通用户来说过于复杂。总之，信息的受众必须能够理解图表中的信息，否则这样的图表毫无价值。因此使用软件生成这些图表是明智的。

14.2.2　HCI 设计中的物理因素

在第 11、12 和 13 章中，我们学习了屏幕、表单、网站和数据库设计的基础知识。这包括通过字体、颜色和布局设计的特殊用法把信息传递给用户，以及帮助用户使用输入和输出完成正确的事情。为了分析我们所学的大多数设计的根本目的，有效的办法是考虑用户的感觉能力和缺陷。为了遵循 HCI 原则，分析员应能在不同的程度上补偿、克服或替换人的感觉。

14.2.2.1　视觉

系统分析员已经习惯于为看得见的用户设计屏幕和表单。作为输入和输出的显示屏，以及打印报表上的色彩、字体、图形、软件或幻灯片的使用，我们已经在第 11 章和第 12 章中介绍过了。然而，从 HCI 的观点看，我们还要考虑用户的视觉缺陷问题。显示屏与执行任务的用户之间的距离，用户观看显示屏的角度，字符的大小和均匀度，屏幕的亮度、对比度、平衡度以及眩光，屏幕的闪烁和稳定程度等，诸如此类的因素都能通过国际标准化组织以及其他国家和国际组织建立的标准进行设计。

14.2.2.2　听觉

人的感官所能承受的压力也是有限的。激光打印机的噪声、电话交谈和碎纸机发出的杂音会使人的听觉超负荷。办公室职员可以戴上消除噪声的耳机或使用自己的音乐播放机，但这些解决方案会让职员与组织环境相分离，甚至有可能削弱他们完成任务的能力。作为分析员，在设计办公系统时要考虑噪声问题。

14.2.2.3　触觉

使用 HCI 观点来评估键盘和其他输入设备的有用性时，我们可以评估人机配合程度和人机任务配合程度。键盘一直是按人机工程学原理设计的，以便为数据输入用户提供正确的反馈。用户通过他们手指下的键的硬度知道本次键击已被输入。

使用数字键盘作为人类输入设备来设计数据输入也为设计者提供了决策点。请注意，手机上的数字与数字键盘或计算器上的数字顺序不同。手机可能会在顶行排列数字 1、2 和 3。查看计算器布局或键盘上的数字键盘时，可以在第 1 行看到 7、8 和 9。现在的研究表明，当用户输入大量数据时，计算器上的数字布局就显出了优越性。然而，手机上的数字布局被认为更利于定位数字。作为设计人员，需要时刻检查人、计算机和组织设置的任务之间的配合。

14.2.3 考虑用户的缺陷、残障并加以设计

所有的人都存在物理局限性。有些局限性一眼就能看出，而有些则不然。根据 HCI 观点进行设计时，局限性通常被认为是残障。应用 HCI 来支持和增强人的体能是最有前途的应用领域之一。生物医学工程的进步意味着有研究领域来支持盲人和弱视者、聋人和有听力障碍的人，以及有行动障碍的人。

现在对于那些存在认知困难的人的技术支持也取得了很大的进展，包括患有孤独症的人、诵读困难者以及注意力缺乏症患者等。作为系统分析员，我们需要在遵守国家规定的前提下工作。例如，如果分析员为美国境内的工作场所进行设计，则可能需要在美国残疾人法案网站上查看雇主应承担的义务。

确保工作场所能得到广泛应用的最佳方法之一是从 HCI 的角度开始设计。因此，我们最关心的问题始终是如何协助用户使用技术完成由组织分配的任务。当需要为残疾人提供工作场所时，分析员需要检查很多来源，并考虑使用很多辅助设备。

对于有色觉缺陷的人，我们需要测试各种颜色，以确保所选择的颜色易于他们辨别。例如，他们可能不能辨别红色和绿色，要用其他提示来设计屏幕或表单，诸如图标、书面文本或者增强内容的音频提示。对于听力有损害的人，应确保设计的文档和屏幕包含所有音频材料的文字版。另外，可以设计能成功使用耳机的任务。

如果为有行为障碍的人设计计算机任务，则可以考虑使用语音输入代替键盘输入。另外，生物医学工程的新技术允许行为障碍人士通过向管子内吹气来移动光标，或者通过目光观看期望的位置来移动光标，甚至在更先进的高度专用的界面上，可以按照人的意愿移动光标。

14.2.4 实施良好的 HCI 实践

在理想情况下的做法是邀请可用性专家参与系统开发小组，与其他组员一起进行研究。然而，许多系统开发小组的规模都很小，而且没有那么多拥有可用性实践经验的专业人士。因此，即使你对项目提出了改进建议，但结果也可能是没有人员或者人手不足。然而，不要因此而气馁。我们可以采取一些简单措施来积极影响系统项目的结果。图 14.2 提供了采用 HCI 方法设计系统时需要遵循的规则。

应用 HCI 方法进行系统设计时的指导原则
■ 分析要完成的任务，并考虑用户、计算机和任务之间的配合。
■ 识别出用户试图完成分配给他们的任务时存在哪些障碍。
■ 谨记技术的感知有用性和感知易用性。
■ 考虑有用性。通过创建用例场景，描述在用户和技术间发生的事情，以检查使用环境。
■ 运用预先获得的信息确定物理环境和组织环境特征。通过原型化设计来适应各种不同的用户和残障用户。

图 14.2 应用 HCI 方法设计系统时强调用户、计算机与任务间的配合

咨询时间 14.1

学校精神是多种多样的

Linda Mascota 在萨拉斯加斯普林斯的一家大型书店负责学生及校友服装部门的经营。“我们的服装销售量不仅跟我们球队的输赢有关，而且还与我们的学生和毕业生的总体福利有关。如果他们为自己的大学感到自豪，并且想发扬学校精神，就会购买货架上所有的商品，” Linda 大声说道。“但是也不要低估天气的影响，”她补充道，“如果天气在 10 月份变冷了，就会有大批的人购买保暖毛衣、套衫和手套。”

“我们店的主要顾客来自这个地区的三所大学，” Linda 继续说道，“第一个是海德公园，即我们所谓的‘足球学校’，大概有 17 000 名学生。他们对校服的需求量很大，特别是在秋季。第二个当然是皮尔斯大学。皮尔斯大学被认为是常春藤联盟的一部分，因而学生乐于购买队服和曲棍球服。该校有大约 7 500 名学生。然后是圣大卫学校，大约有 3 000 名学生，他们希望被视为篮球队的一员。你将看到销售量在第二学期有所起色，特别是在‘三月疯狂’期间。”

Linda 继续说：“我想问问学生需要备有什么样的服装，但是通过电子邮件调查并不管用。因为我经常会收到一堆垃圾邮件，所以我基本上不愿意用发电子邮件的方式打扰别人。不幸的是，购买官方品牌的运动服，从订货到交货的时间相当漫长，而且我们冒着库存中断的风险。但是我们尽量保持有货。”

现在请你设计一系列有助于分析书店的校服销售情况的表格和图形。首先列出 20 种不同款式的运动款校服，包括有帽子的运动衫、T 恤、棒球帽、防汗带、无袖低领运动衫等。它们中的很多都有奇特的刺绣标志，如受到威胁的或可爱的吉祥物。海德公园有自己的金毛猎犬标志，皮尔斯大学有他们心爱的“海雀”标志，圣大卫学校有他们引以为豪的“龙”标志。

对服装款式进行分类，然后考虑数据看上去会是怎么样的。让 Linda 按周、月或学期查看数据有意义吗？她是否希望查看 5 年内的所有数据来预测销售趋势？建立一个由行和列组成的表格，并填上主要单元格的内容。请为 Linda 设计多个表格，使 Linda 能够用不同的方法来分析它们。

现在构造图形来分析相同的数据。在使用本书中提到的一些例子时，建议用合适的图形类型来显示数据，以便使不同风格的不同用户可以做出一些有关最近几年的销售量趋势的决策。不要忘了还要对各个学校进行对比。建议从柱状图、线状图、散点图或饼图中选择合适的图形。

此外，还要对表格做几处修改，使视力低下的用户也很容易阅读图表。放大是一种修改图形的方法，但并不是最好的方法。

最后，还要考虑各个学校的规模，因为这有可能成为 Linda 用于确定如何调整三所学校的订单的，最重要的因素。

虽然我们一直在抽象地讨论系统，但对大多数用户来说界面就是系统，认识到这一点是重要的。界面设计的优劣不但反映出系统设计的水平，也直接反映出系统设计人员是否可以胜任本职工作。一个精心设计的界面能优化任务、技术和用户间的配合。

在设计界面时，我们的任务是帮助用户从系统内外得到他们所需要的信息，为此要实现以下目标：

（1）界面与任务相匹配。

（2）提高界面的效率。
（3）提供适当的反馈。
（4）生成有用的查询。
（5）提高计算机用户的效率。

14.3 用户界面的类型

本节将讨论各种不同的用户界面，包括自然语言界面、问答式界面、菜单界面、表单界面、命令语言界面、图形用户界面和互联网上各种各样的 Web 界面。用户界面一般由两方面组成：表示语言，即计算机对人的反应；行为语言，即人向计算机下达的指令。两方面的结合涵盖了“用户界面”这一术语的内在和外在特征。

14.3.1 自然语言界面

自然语言界面（natural-language interface）对于新手来说是最理想的一种界面，它允许用户通过日常使用的自然语言同计算机进行交互，所以不需要有专门的技巧。他们与计算机交互时输入或说出如下句子或命令：“安排在星期三下午 1 点与市场部的 Karla Salguero 见面的预约。”在 iPhone 上，Siri 是一个使用自然语言的智能语音助手。Alexa 是亚马逊 Echo 等设备中使用的数字助手，可以进行语音激活。有关使用自然语言界面的更多信息，可以参阅后续章节关于设计智能个人助理的内容。

14.3.2 问答式界面

在问答式界面（question-and-answer interface）中，计算机在屏幕上向用户显示一个问题，用户输入一个答案（通过敲击键盘或单击鼠标），计算机按预定的程序对输入的数据进行处理，然后显示下一个问题。用于安装程序的向导是一种常见的问答式界面。在程序安装过程中，用户要回答一系列的问题，例如软件安装在哪里，需要哪些功能等。

咨询时间 14.2

我宁愿自己做！

“我所需要的任何数据都可以让 Raj 从网上或服务器上下载到我的 PC 上。”Yumtime Food 公司（位于美国中西部的一家食品批发公司）的高层管理人员 K. A. Sharman 说道，“收集数据不成问题，但我不想要一大堆的数据报告。我宁愿自己来处理这些数据。”

K. A. 接着告诉你，作为一名主管人员，她不可能经常使用 PC，一个月也就三次左右，但她对怎么使用计算机却有独到的看法。

“我喜欢自己做一些对比。我经常对我们的 12 个仓库的周转率进行比较，我喜欢掌握每个仓库的使用效率，有时也喜欢用图表的形式来比较一段时间内仓库的使用情况。”

用三段文字比较 K. A. 可能会使用的三种不同的界面。为她推荐一种界面，要考虑她使用计算机的频率，她喜欢与原数据打交道的偏好，以及她希望采用的各种数据显示方法。

14.3.3　菜单

使用菜单（menu）时，用户只能选择屏幕上显示的选项。用户不需要了解系统，但必须清楚自己需要完成的任务。例如，在典型的字处理菜单界面中，用户可以选择“编辑”“复制”或“打印”选项。因此，为了充分利用菜单，用户必须清楚自己想要执行的任务。

菜单可以互相嵌套，引导用户通过一系列程序的选项。嵌套菜单（nested menu）使屏幕界面看上去不那么杂乱，这符合良好的设计原则。还可以把用户不感兴趣的选项隐藏起来，以便减少界面上无关的信息。另外，嵌套菜单也可以提高用户操作的速度。

GUI 菜单用于控制软件，设计时要遵循以下原则：

（1）主菜单条总是显示在应用程序的顶部（Windows），或者屏幕的顶部（Mac OS）。

（2）主菜单应当有组成相似特征集的二级菜单。例如，格式菜单可以格式化字体、段落、文档等，所有这些都是二级菜单。

（3）当前不可用的菜单项应用灰色显示，表示此时不能使用它们。

对象菜单也叫弹出式菜单或上下文菜单，是用鼠标右键点击 GUI 对象时显示出来的菜单。对象菜单列出了当前可以执行的选项，这些选项大多数是在复制主菜单项的功能。

咨询时间 14.3

别让我慢下来

“我见过他们所有人，”Ranhita Kulkarni 告诉你。“当公司有第一个计算机系统时，我就在这里工作了，我想我已经把这当成了自己的职业，”她高兴地说，同时指着她一直在往计算机系统中输入的一大堆医疗保险索赔表。作为一名系统分析师，你正在采访 Ranhita，她是 AbundaCare（一家大型医疗保险公司）的数据输入操作员，你找她了解对计算机系统要考虑哪些变化。

“与其他人相比，我干得真的很快，”她边说边朝房间里的其他 6 个操作员点了点头。“我知道，因为我们之间一直都有小型比赛，看谁做得最快，出错最少。看到墙上的图表了吗？它显示了我们上榜的次数和速度。金星标记的是每周表现最好的人。绩效指标就是我的朋友。”

Ranhita 说：“我真的不介意你是否要换计算机。就像我说的，我见过他们所有人。”她一边接受采访，一边继续在键盘上打字。“不管你做什么，都不要让我的速度慢下来。我最自豪的一件事是，我仍然可以击败其他同行。不过，他们也做得很好。”Ranhita 补充道。

根据对 Ranhita 的部分采访，你会为她和其他数据输入操作员设计什么类型的用户界面？假设即使新系统得到了改进，但仍需要从索赔人发送的各种纸质医疗保险表格中输入大量数据。

用两段文字对自然语言、问答、菜单和基于网络的表单填写界面等进行比较。然后选择并坚持其中一种可选方案。Ranhita 和其他数据操作员的哪些要求以及他们将输入的数据使你做出了这样的选择？列出这些要求。有不止一个可行的选项吗？为什么能或为什么不能？用一段话加以回答。

14.3.4 填充式表单界面

填充式表单界面（form-fill interface）分为屏幕表单和基于 Web 的表单（Web-based form-fill interface）两种，主要用于显示包含需要与用户交互的数据项或参数的字段。Jotform、WuFoo 和 Typeform 等应用程序使表单设计变得容易，然而许多表单生成器应用程序允许设计者完成更多的任务。图 14.3 提供了一个可能的解决方案列表，这些解决方案可以使用一个表单生成器应用程序来解决，而不仅仅是设计表单。

使用市售表单设计应用程序的优势包括：

- 表单可以通过拖放轻松开发。
- 表单可以包含逻辑跳转，自动跳过无关的问题。
- 表单可以捕获照片和图纸，并可以接受付款。
- 表单的输出可用于创建仪表板。
- 表单可以发送给特定的现场工作人员或客户并进行跟踪。
- 表单可以在用户完成表单时提供实时通知。
- 表单可以与 PayPal、MailChimp 和 Zoom 等服务集成。
- 表单设计应用程序可以在后面的问题中使用之前的答案。
- 表格可以接受签名。

图 14.3 许多表单设计应用程序允许系统设计者在表单本身之外实现有用的解决方案

屏幕显示表单主要用于说明应该输入什么信息以及在哪里输出。在空白字段中输入数据时，输入的内容应该闪烁显示。用户可以通过单击方向键或 Tab 键使光标在字段间移动，这可以使用户更好地控制数据的输入。基于 Web 的表单还可以通过超链接显示出正确填写的表单示例，以及更多的帮助信息和例子。

为了简化表单数据的输入，可预先给字段指定默认值，并且允许用户在必要时修改默认值。例如，数据库管理系统可以被设计成显示一个输入支票的表单，在展示一个全新的支票表单时，可以提供下一个支票的顺序号作为默认值。如果这些支票丢失了，则用户修改支票号以反映实际输入的支票。

屏幕显示表单中输入字段的数据类型可以限定为字母数字型。例如，对于请求社会安全号码的字段指定只能输入数字，对于姓名字段规定只能输入字母。如果在只能输入字母的字段中输入了数字，计算机应提醒用户输入有误。

Web 表单可以返回不完整的表单给用户，并说明为了完成该事务必须输入什么数据。通常，缺失数据的字段用红色标记，而用户必须在进入下一个网页前完成这些数据的输入。

如果与交易相关，则基于 Web 的文档可以直接发送给计费系统；若提交问卷调查，则可以直接转交给客户数据库。基于 Web 的表单的数据输入的准确性由用户负责，它可以每周 7 天每天 24 小时地供全球用户填写和提交。

14.3.5 选择和评估界面

在选择和评估界面时，应记住如下标准：

（1）必要的用户培训期要在许可范围内尽可能地短。

（2）用户在培训初期不用多加考虑或者不用查阅手册和帮助菜单就可以输入指令。在所有的应用中保持界面的一致性有助于实现这一原则。

（3）界面应该是无缝的，以确保出错的概率最小，而那些确实发生的错误不是因为低劣的设计而产生。

（4）用户和系统出错后恢复的时间要尽可能短。

（5）不常用该系统的用户应可以迅速对其重新学习。

用户界面的类型有很多，但是重要的是需要认识到一个有效的界面还要做很多工作才能解决关键的 HCI 问题。用户应该会希望使用这样的系统，并且觉得这种系统是有吸引力的、高效的且用起来令人舒心的。

14.4　UX 设计

UX 设计（User eXperience design，用户体验设计）是一种客户至上的软件设计方法，用于观察客户行为，并努力提高客户满意度和忠诚度。它通过提高可用性和易用性来实现这一目标，并且它也理解客户必须实现与产品的交互。

用户界面（UI 或 GUI）设计与 UX 设计之间存在一些差异。UI 考虑设计流畅的交互，重点是布局、菜单和输入按钮，以及输出的图形、图表和表格。而 UX 设计主要考虑面向用户的要求和需求，是以人为中心的流程，最重要的是可用性。

传统方法和 UX 设计方法之间存在许多对比和比较。图 14.4 的上半部分显示了传统设计人员如何将战略目标从最高管理层引导到指导信息系统的开发。设计人员利用勾画的战略目标设计信息系统，然后将该设计推送给通常处于组织中间或运营级别的用户。该图的下半部分显示了 UX 设计方法，设计人员与用户交互以收集他们的需求，在与用户交互后设计信息系统和拟采用的技术，然后在新设计的系统中与管理人员共享最终的用户目标。

图 14.4　传统设计由战略目标引导设计，UX 设计由用户引导设计

质量先驱 Joseph Juran 表示，可以依据产品是否能按预期的方式来使用来判断质量，这是 UX 设计的核心。可用性意味着系统易于理解、易于使用且易于被接受。一些简单的功能，例如用户保存密码的能力，可能会有所不同。

UX 设计者需要考虑以下问题：

（1）是否满足了用户的需求？

（2）工作流程是否可在不需要任何额外或重复的步骤的情况下进行？

（3）用户是否能够完成任务，而不必被迫从早期的步骤中回忆某些内容？

（4）如果用户犯了错误，能否轻松纠正？

（5）交互对用户来说是否自然？

（6）用户是否能使用快捷方式来提高效率？

（7）用户是否感觉到在控制系统？

要设计用户体验，设计人员首先必须了解人。虽然设计人员不需要心理学学位，但确实需要掌握一些关于人们如何被激励，什么使人忠诚，什么使人快乐以及人们如何做出决定的知识。

为了对人进行更多了解，设计人员需要收集有关人的信息。第 4 章和第 5 章详细介绍了这一点，它要求分析设计人员掌握交互式和非干扰性的方法，包括定量和定性方法。

在尝试新功能或重新设计网站时，我们已经证明原型对获得用户的反应非常有帮助。这个主题在第 6 章中有详细的介绍。新设计可以从原型开始，即使是用户对非操作性原型的反应，也可收集到大量信息。

让一组用户浏览当前系统是收集有用信息的另一种方式。如果要求用户浏览网站并观察他们浏览网站的难易程度，那么这会是他们的体验的重要信息。如果要求用户使用应用程序来执行一系列操作，则会显示出用户出错、忘记或受挫的位置。

在为网站着手 UX 设计时，请记住图 14.5 中列出的 10 个关键要点。您会注意到，每条做什么和不应该做什么都是鼓励设计人员在整个设计流程中注意观察用户，并诚实地告诉用户是否已经清楚对实际内容的阐述。

UX 设计注意事项	
应该做的	不应该做的
■ 创建简单轻松的登录插件	■ 将广告伪装成内容
■ 使默认选项对用户友好	■ 阻止用户查看内容
■ 设计要描述大多数用户的规格	■ 要求用户提供过多权限
■ 提供出路	■ 结账时制造意外费用
■ 密切关注用户	■ 停止测试

图 14.5 实施良好 UX 设计的注意事项列表

14.4.1 推动出色 UX 设计的五个行为

14.4.1.1 创建简单轻松的登录插件

与众不同的东西并不需要。让用户用 Facebook 登录可能会产生有关此人的其他数据，但此人可能不希望向你提供该信息。过去，Apple App Store 中的某些游戏仅通知用户在购买游戏后需要进行 Facebook 登录。这种情况极为罕见，但这种经历使许多用户要求退款。

14.4.1.2　使默认选项对用户友好

如果你想询问用户是否同意将信息发回公司，请默认为“否”。请遵守这方面的所有规定，因为这些规定可能因国家或地区而异（例如，欧盟规则与美国的指南）。如果希望用户获得良好的体验，请不要通过默认“是”来欺骗他们。此外，如果使用颜色，请确保绿色表示“同意”或“是”，红色表示“不同意”或“否”。此外，公司是否必须向用户显示“选择加入”或“选择退出”选项的情况也因国家或地区而定。

14.4.1.3　设计要描述大多数用户的规格

不要假设用户拥有最新的硬件和软件更新。有些公司在改善产品后便陷入了停业状态。他们为产品添加了功能，但假设用户拥有最新的硬件。那些计算机速度慢下来的用户可能会不再抱有幻想，永远将其产品从系统中删除。一个糟糕的经历可以改变开发 App 或系统的公司的命运。

14.4.1.4　提供出路

如果决定采用订阅模式，请确保用户可以轻松退出协议。通常，服务将以 30 天免费试用开始，但一旦试用开始，就会收集信用卡信息。在用户注意到之前，他们已进入第二个月。如果想获得良好的用户体验，请警告他们免费试用即将结束。如果继续，请确保他们可以轻松地停止订阅。可以考虑在他们第一次订阅时给他们一个链接，以便结束订阅。

14.4.1.5　密切关注用户

用户也会改变。他们会改变他们的工作流程、偏好和硬件。用户现在每天看他们的智能手机的次数平均达到 150 次，但在几年内，可穿戴技术可能会改变这些模式。UX 设计以用户为中心，因此最重要的是继续关注用户并提供积极的用户体验。

接下来我们将介绍 UX 设计者应该避免的五个行为，这样他们就不会让用户在学习和继续使用软件应用程序方面感到挫败。将用户置于 UX 设计的中心并充分理解必须学习新软件的用户，将有助于避免这些设计缺陷。

14.4.2　UX 设计中应避免的五个行为

14.4.2.1　将广告伪装成内容

在网站上的段落之间通常会穿插一些链接，这些链接看似指向产品描述、其他文章，或者是某主题的更多细节。然而，如果其中许多是广告链接，用户会产生受骗之感。

14.4.2.2　阻止用户查看内容

在用户每月观看一定数量的新闻报道后，有些新闻来源就会阻止用户继续观看，这无疑影响了用户体验。更糟糕的是，一些网站强制用户在继续浏览之前禁用广告拦截器。可以理解，网站需要销售广告才能获利，但如果网站向用户提供糟糕的体验，则难以吸引新用户。

14.4.2.3　要求用户提供过多权限

用户刚一进入网站时，立即被询问是否希望收到通知的做法是不友好的。此外，要求访问用户的相机或地址簿（或联系人）也是糟糕的设计。如果有正当理由需要访问相机或地址簿，请在开始时进行说明。

14.4.2.4　结账时制造意外费用

在互联网上很容易找到性价比高的商品。然而，有些公司会在结账时增加额外的成本或服务费，如额外的运费。如果购买的商品是服务或者在售票处购买的音乐会门票，则可能被要求付"交易费用"。如果用户发现了不合理或不可预见的额外成本，则交易将无法完成。我们地区的某个在线食品配送服务更改了默认费用，包括给司机提供 18% 的小费。由于司机并不提供餐馆级别的服务，配送公司会使许多客户感到不满。

14.4.2.5　停止测试

随着操作系统的不断更新，我们要时刻跟上变化。如果允许与其他应用程序交互，请确保它仍然有效。

我们都意识到提供网站或应用程序的公司需要以此获利或传递信息。即便如此，当你采用 UX 设计原则时，请确保用户获得良好的体验。我们应避免让用户感到不适或尴尬，相反，要让他们感到在网站或应用程序上花费的时间是明智的。

14.4.3　UX 设计的指导原则：电子商务示例

以下是一些源自 UX 设计原则的良好实践，可帮助设计成功的电子商务交易：

（1）尽早解释运费并使其易于发现。允许用户在结账前查看运输选项类型（如 UPS，FedEx，USPS 等）及其相应的费用。设置专用标签，以便用户可以查看运输时间和可用选项。

（2）动态更新"稍后保存"区域中的价格并向用户提供注释。价格变动（上涨或下降）可以提醒用户采取相应的行动。更新让用户保持参与度，提醒他们将商品保存在购物车中，并促使他们采取行动。

（3）允许客户从购物车或购物袋中删除商品，并能轻松更改购物车中的商品数量。几个小按钮或下拉列表可以促进这些操作。添加"编辑"按钮可以让电子商务客户更改订单（例如，选择不同的尺寸或颜色）。添加"删除"按钮可以将其从购物车中移出。在标有数量的购物车中的项目旁边再设置一个微型下拉列表，可以让客户逐步更改订购的数量，添加或减少商品，而无须返回显示该项目的原始页面。

（4）明确标注信用卡费用和交易费用。应该向客户交代清楚交易将花费的费用（某些信用卡或支付选项可能比其他信用卡更昂贵）。此外，如果有任何服务手续费，如在售票处购买的音乐会门票，也应该标注。

（5）将商品放入购物车或购物袋后，应允许客户继续购物或前往结账。一旦客户将物品添加到购物车中，应使用两个单独的按钮分别表示"继续购物"和"前往结账"。如果这两个选项过于明显，开发人员可以考虑添加"稍后保存"或"添加到愿望清单"按钮。

（6）当客户选择"结账"时页面跳转到下一页，在输入付款信息之前，提醒他们查看交易详情。例如，对于在线购买的现场活动门票，提醒内容可以包括音乐会的日期和时间、表演艺术家、门票数量、座位和价格。在购买衣服或其他物品时，此页面应提供购物袋或购物车的摘要（物品清单和总费用）。一些购物车还会显示订购商品的缩略图。考虑在结账前添加 24/7 客服聊天选项以回答任何问题，以便购买的顺利完成。如果无全天候人工客服可用，可以使用几个可用的工具包之一开发聊天机器人，甚至可以扩展到人机混合的技术，结合高水平的人工智能（Heckstall，2017）。

14.4.4　UX 设计的益处

基于 UX 设计的电子商务交易可以带来诸多益处。

（1）**客户可以更快地完成任务。**电子商务网站的组织对于用户来说是合乎逻辑的，它能流畅地运行，从浏览商品、选择商品、将商品放入购物车或购物袋，到返回到网站继续购物，从明确运费和付款成本、核实打印的收据、明确发布的退货政策到预计交货日期的通知等，客户都能够跟踪整个流程。

（2）**可以在给定的客户时间内完成更多任务。**一个以 UX 设计为核心的网站可以有效地安排在线完成的任务，满足需要快速结账的用户（假设销售在午夜结束，他们仍然可以在晚上 11:55 购物）以及习惯于悠闲购物的用户，他们一般要对几天内添加到购物袋或购物车中的商品和价格进行反复比较。

（3）**任务结果可以更准确。**网站能够以客户预期的顺序为他们提供信息，其中一些非敏感账户信息能够在结账时自动重新填充，因此在交易中几乎没有转录错误的问题。

（4）**仅需较少的支持来解决因用户体验不佳而引起的用户投诉。**使用 UX 设计原则进行电子商务交易意味着用户处于在线购物体验的中心。UX 设计员通过网站开发了许多不同的场景和路径，所有这些都可以促使用户成功购买。在检查了用户体验可能出现的问题并事先寻求补救措施之后，糟糕的用户体验变得极为罕见。这使得组织可以自由地投入更多时间来维护客户关系，减少因不佳的用户体验而产生问题的时间。

（5）**用户将完成交易，而不是放弃购物车并离开网站。**设计员有机会以令人满意的方式开发支持完成交易的体验，支持用户以各种路径浏览网站，并在每个页面上提供结账选项。鼓励为购物袋结账的提示可表达得与 Nordstrom 购物袋的语气类似："热门商品快卖光啦！光加到购物车不算购买哟，在被抢光之前赶快结算吧！"

（6）**客户忠诚度高，不想再找其他网站或软件。**如果客户具有良好的用户体验，他们可能会多次访问。良好的体验包括网站界面熟悉且合乎逻辑、结账过程高效愉快、客户得到认可、客户拥有可自动填写多条信息的账户，以及能够加快其个性化页面的结账速度。许多客户避免在新网站上设置账户，而更愿意返回提供出色用户体验的已知网站。

（7）**用户对整体体验会更满意。**UX 设计意味着客户是网站或软件开发的中心。通过客户的角度来观察电子商务交易有助于开发人员创建令人满意的体验，从登录网站到购买，甚至到商品到货和可能的退货，都是令人满意的。

14.5　设计智能手机和平板计算机的界面

智能手机和平板计算机为设计人员开辟了一种全新的创造性方法。触摸屏允许用户使用手指来操控显示屏。这些小设备的操作系统使用多点触控手势（由人的手指或导电笔控制的电容式感应屏幕）从一个屏幕切换到另一个屏幕，或在同一个屏幕上从一种状态移动到另一种状态。后一种情况的例子如通过外滑手指使照片放大。

14.5.1　手势

一些手势是人类的本能。在了解计算机之前，人们就会动手戳物体；用肘轻推和用手指戳击。例如，在阅读英文需要翻页时，从右向左挥动你的手指的行为也是天生的。

然而，使用挤压手势来缩放一张照片或者地图并不是天生就会的动作。人们一旦学会它，就会记住，并在不知不觉中对人们有意义。

设计人员可以利用人们易于适应对他们有意义的新界面这一事实。在为你正在开发的应用程序选择现有手势或设计新手势时，一定要观察其他人是如何使用手势的，因为很有可能他们的行为与你的预期不同。可能尽管你已经想到了某个手势，但用户还没有。他们不太可能自己发现一个设计的手势。

如果设计人员担心用户不会阅读使用手册，也不会请教如何挤压缩放屏幕，那么他们可以使用更容易通过试验和错误发现的方式。典型的用户会轻敲屏幕一次，如果预期的结果没有发生，就会尝试轻敲屏幕两次。设计人员可以判定这是挤压缩放的替代方案，或者可以同时提供两种方案，使得用户能够以不同的方式进行缩放。

在台式机上，箭头键用来切换屏幕，而滚动条则是 Web 上到达一则新闻报道底部的常见方法。在智能手机和平板计算机上，从左到右翻页时挥动手指可能较合乎逻辑。而在要往下看一篇文章或一个列表时，拖拉可能是优选的方法。

当设计人员创建全新的非标准手势时，问题可能会出现。假设用户在其他应用程序中把从左向右挥动手指当作复制命令，而你开发的计算器应用程序把从左向右挥动手指当作清屏命令。对一个需要经常使用复制手势的应用程序的用户，很有可能会对你采用该手势代表其他命令而感到不满（且有可能破坏数据）。这样，一个客户就失去了。

此外，尝试利用最新技术而没有真正考虑用户实际偏好也会产生问题。例如，使用一个检测三维运动的运动检测器，即*加速器*（accelerometer），通过摇动手机来改变应用程序。摇动被加入游戏程序、地震仪、电子计步器和提供生物反馈的应用程序中。在这些情况下，设计人员已经做出了一个对用户有意义的选择。不过请记住，摇动不是一种显而易见或本能的手势。虽然很多用户习惯于摇动 iPhone，但是几乎没有人想摇动 iPad。这与设备的尺寸和应用程序的环境有关。此外，在办公室或公共交通上摇动 iPhone 可能会看起来有些突兀。如果设计人员仍然觉得摇动对某些应用非常有用，则应为对它感觉不适的用户提供其他选择。轻触屏幕的某个部分或按压按钮是非常微小的动作，而摇动不是。

设计人员在决定为手势进行编程前，需要考虑手势的隐喻。Urbanspoon（定位和饭店推荐的应用程序）推出一款允许用户随机选择饭店的应用程序，其中使用了老虎机的隐喻。然而，一些用户可能认为这种赌博隐喻没有充分反映他们对美食的追求。

还要记住，每个手势都需要为用户提供反馈。如果用户拖动列表却未发现任何内容，则系统需要明确地向用户表明他已经到达列表末尾了。如果用户翻页，则应显示翻页动画，使用户感知到页面正在翻动。有关反馈的更多内容将在用户反馈相关的小节中进一步讨论。

在第 11 章中，我们讨论了纵向和横向模式的设计，一定要保证手势在两个方向上是相同的。

14.5.2 警报、通知和查询

警报、通知和查询是智能手机和平板计算机上的输出形式。在强雷暴将至之时，发出警报（alert）是有用的；但如果用户的手机在戏剧表演中发出警报，则该用户可能会被请出场。警报可以包括声音，但记住，即使没有声音警报也仍然是有帮助的。

警报用于传递用户需要及时了解的关键信息。举例来说，以警报方式告诉用户信号强度弱并非是个好主意，这是信号条要做的事情。

通知（notice）可以把信息传送用户。其中的一些信息，诸如应用程序更新就绪的通知，不是迫切且重要的。因为在这种情况下会中断用户的注意力，所以诸如更新等通知最好作为应用程序启动过程的一部分，而不是作为警报出现。

一些开发人员喜欢在应用程序中包含诸如“你现在愿意评价该应用程序吗？”等询问（query）。这种做法使设计人员看起来非常不专业，并且可能会惹恼你试图取悦的用户。

让用户始终有选择退出的机会。很多用户并不喜欢接收信息或警报通知。用户在任何时候都可以在“设置”区域修改通知设置，但若在他们第一次运行应用程序时就有机会退出将是更好的方式。

14.5.3 徽章

智能手机和平板计算机的另一个特征是具有在主屏幕图标上放置“徽章”（badge）的功能。在 iPhone 和 iPad 上，这些徽章是红色小圆圈。App Store 的徽章表示有多少更新等待用户下载和安装，而一些天气应用程序使用徽章来显示当前温度。

徽章很有用，因为它们以非干扰性的方式把消息发送给用户。它们是安静和被动的，不像警报和通知那样大声而主动。然而，徽章也存在缺点。一个问题是它们会被忽略，另一个问题是它们可能会过时。（例如，你的天气应用程序上作为徽章显示的温度，可能指示的是你上一次，可能是上周某个时候打开该应用程序时的温度。）因此，除非你要传送有意义的信息，否则因尽量避免使用徽章。

14.6 智能个人助理设计

智能个人助理（intelligent personal assistant），也称为虚拟助理（virtual assistant）是可以接受用户编写或说出的命令并基于该输入执行任务的软件代理。不要将它们与个人数字助理相混淆，后者是在推出功能更强大的智能手机之前流行的硬件设备。

熟悉的智能个人助理包括 Siri（来自 Apple）、Google 智能助理、亚马逊 Alexa 和微软 Cortana。Apple 推出 Siri 作为用户的个人助理，可以通过询问帮助用户完成工作。用户可以用自然语言与 Siri 交谈，就像与朋友交谈一样。与较旧的语音识别系统不同，Siri 不需要经过训练就能响应语音命令。

一段时间以来，智能手机上已经配备了智能个人助理，但随着通过蓝牙或 Wi-Fi 连接到智能手机或计算机的智能扬声器的推出，其使用量得到进一步增加。智能个人助理不仅可以在台式机、智能手表、Facebook 信使、汽车和电器中找到，甚至可以在 App 中找到（例如 Dom 为 Domino’s Pizza App 中的个人助理）。智能个人助理可识别自然语言语音命令并回答问题。它们可以执行的一些任务如图 14.6 所示。

智能个人助理能执行的任务		
打电话	搜索互联网	提供驾驶指示
改变室温	设置提醒和报警	回放音乐
流播客	订购食品	管理电子邮件
更改设备设置	拍照	锁 / 开门
获取有关正在播放的电影的信息	与家庭自动化系统互动	提供交通、天气和新报告

图 14.6 开发人员需要对智能个人助理可以执行的许多不同任务加以了解

开发人员可以使用 Apple 的 SiriKit、Google Play 或 Amazon Lex 等平台设计智能个人助理。预计智能个人助理将通过使用机器学习和其他 AI 技术继续学习。

使用 API 开发简单的操作并不困难。复杂的操作开发需要时间，必须不断维护。因此，公司是否应该设计供智能个人助理使用的产品是一个战略决策。需要考虑的问题包括：

（1）采用智能个人助理是否符合我们的战略目标？

（2）使用智能个人助理是否能给客户带来更好的体验？

（3）使用智能个人助理是否会扩大我们的客户群？

（4）哪个平台最适合我们的客户？

（5）哪个声音可以代表我们的品牌？

（6）语音接口需要自己开发还是将其外包给更熟练的语音接口设计人员？

在开发团队开始使用智能个人助理开发界面之前，需要解决这些问题。上面列表中提出的六个问题都是面向业务的问题。“哪个平台最适合我们的用户”这一问题包括技术方面的考虑，公司首先必须决定其价值是否与主营智能个人助理一致。例如，最近一款智能个人助理因隐私问题而受到审查。如果客户不信任智能个人助理，他们会信任你的公司及其对智能个人助理的使用吗？

“哪个声音可以代表你的品牌”这个问题可以改写为“你的公司代表应该是怎么样的？”它应该是男性还是女性的声音？它的声音应该被认为是来自某个国家或地区吗？它应该使用年轻的发音和俚语吗？它应该解释一切还是假设用户知识渊博且经验丰富？需要做出很多决定，这需要高管、技术人员、客户和潜在客户的意见，然后才能与智能个人助理建立公司关系。

14.7 虚拟现实和增强现实设计

虚拟现实（Virtual Reality，VR）是一个人造的、完全由计算机生成的世界。用户与这个人造世界进行交互，交互时，视觉和听觉将完全沉浸在体验中。

增强现实（Augmented Reality，AR）将人工元素与现实世界相结合。开发人员创建的图像看起来像是逼真的三维对象，并且能够融入现实世界中。图像分层存在并允许用户与人造对象交互。

VR 和 AR 的用途非常广泛。利用 VR，开发人员可以设计用于假设分析的仿真。例如，在发生大型森林火灾时，可以在 VR 模拟期间改变决策以揭示不同的策略及其结果。利用 AR，可设计应用程序来帮助用户装饰办公室、找到与同事一起吃饭的地方，或者在不熟悉的城市中实践导航到新客户办公室。图 14.7 显示了用户如何使用智能手机的摄像头查看周围环境，然后请求获取附近的餐馆列表。这些餐厅会在智能手机屏幕上弹出，标明它们的位置、与用户的距离，甚至是 1 ～ 5 星的食品评级。

14.7.1 元宇宙

许多系统分析员最终将在元宇宙（Metaverse）中或为元宇宙工作，但根据专家的说法，实现这一目标可能还需要五年到几十年不等的时间。元宇宙的一个有用定义如下（Ball，2021）：

元宇宙是一个大规模且可互操作的实时渲染 3D 虚拟世界网络，可以由具有个人存在感和数据连续性（如身份、历史、权利、对象、通信和支付）的无限数量的用户同步持久地体验。

图 14.7 设计人员可以用智能手机功能的相机实时向图像中添加信息，使得这种增强现实体验对用户更有价值

元宇宙的词汇就像元宇宙本身：是从大量的工作、实验和游戏的虚拟实例中收集提炼的。元宇宙中描述交互和技术的许多词汇已经广为人知。以下是一些具有特定含义的基本词汇，可以帮助我们讨论元宇宙及其组成部分（Combs，2021）：

- **辅助现实**。任何允许用户查看屏幕并使用免提控制进行交互的技术。
- **增强现实**。现实世界是 AR 的背景设置，然后添加计算机生成的图像。
- **现实世界**。描述人类大部分时间都在其中度过的真实物理世界，指人类的血肉之躯。与互联网相反。网络空间的反义词。
- **混合现实**。以真实世界为背景，然后添加虚拟对象，这些虚拟对象可以像真实物体一样出现并与用户交互。
- **多元宇宙**。指在技术、互联网和社交媒体平台的背景下，作为独立实体运作的许多不同空间。用户可以聚集在一起交流、游戏，并利用电子商务购物。常见的例子有 Facebook、Minecraft 和 Instagram。有一种理论认为，元宇宙可以将所有多元宇宙带入一个空间。
- **虚拟现实**。使用耳机为用户提供身临其境的体验。以虚拟现实为背景的游戏可以呈现出完全不同的世界，进行训练或参观美术馆时，可以使用虚拟现实与现实世界互动。

请注意，尽管虚拟现实和辅助现实等熟悉的术语在元宇宙中发挥了作用，但它们并不是全部。简言之，元宇宙一词被用来表示一个高度互联的虚拟世界及其为用户提供的服务。

就目前而言，任何类型的学习都是 VR 最适用的用例。例如，学习如何对汽车或计算机进行维护，或学习如何修理产品。元宇宙也被设想用于医院的情境，在这种情况下，尽管知识渊博的医生与身处另一个国家的病人身体不能够接触，但通过虚拟现实可以成功地为他们治疗，甚至在手术中，虚拟现实可以和现实结合起来识别需要修复的器官部分。

对于系统分析员和软件工程师来说，元宇宙提供了充满挑战性但又丰富的就业机会。事实上，当元宇宙处于构建阶段时，它将面临劳动力短缺的问题。人们需要对其进行标准化、设计、部署和维护。这就是系统分析员和云工程师等具有其他技术专长的人的用武之地。缺乏熟练的工人以及开发 Metaverse 所需的巨大计算机能力，都是阻碍元宇宙全面繁荣的强大障碍。

14.8 对话设计的指导原则

对话是指计算机与人之间的交流手段。精心的对话设计不仅便于人们操作计算机，而且会减少人们使用计算机系统时的挫折感。设计良好的对话包括以下几个要点：

（1）有意义的交流，使计算机理解人们输入的内容，人们也可以理解计算机输出或请求的内容。

（2）最小化用户操作。

（3）操作的标准化和一致性。

14.8.1 有意义的交流

系统应把信息明确地呈送给用户，这意味着每个屏幕都应有恰当的标题、尽量不用缩略词和提供明白易懂的用户反馈。查询程序应列出代码的含义，查询的条件也要设置成容易编辑的格式，如在日期字段中用斜杠“/”分隔月、日和年，在合计字段中用逗号“,”和小数点“.”分隔数字。用户应得到比较详细的用户说明，诸如功能键的设置情况等。在图形用户界面中，光标的形状可随正在执行的工作而改变。

那些对计算机使用或计算机完成任务技能不太熟悉的用户，需要更多的交流。例如，网站要显示更多的文本和说明，以引导用户在网站中进行浏览，而由于有用户培训，企业内联网的对话交流就可以少一些。因为对图形含义的理解因人而异，所以当互联网上以图形作为超链接时，应该有弹出式的提示文本，国际性的网站更应该如此。注意，欧洲联盟关于网络图形的显示指南要求对所有图形进行标记，以便视力障碍用户可以通过专门软件听到书面描述。GUI 屏幕的状态行信息是为用户提供用法说明的另一种方法。

系统也应为用户提供易用的帮助屏。许多 PC 帮助屏上还列出其他帮助主题，通过使用第一个帮助屏上显示的高亮文本可以直接选择。这些超链接通常用不同的颜色显示，以便区别于其他帮助文本。为了扩大其用户适用面，不仅要使用颜色编码，而且还要使用图标或文本。很多 GUI 加入了工具提示帮助功能，当鼠标指针指向命令按钮时会显示出一小段帮助信息，说明该命令按钮的功能。交流的另一方面是需要确保计算机能理解用户输入的内容。因此，所有屏幕上输入的数据都要核对其有效性。

14.8.2 最小化用户操作

键盘输入是计算机系统运行中最缓慢的输入方式，良好的对话将使所需的击键次数减至最少。为此可采用以下方法：

（1）**输入时用代码代替整个单词，如预订机票时输入机场代码。**使用命令语言界面时，代码也要击键输入，如输入两位字符组成的州邮政缩略代码。在 GUI 屏幕上，代码可以通过选择下拉列表项来输入。代码是以下拉列表的值存储的，可以确保精确度。此外，选择了用户熟悉的描述也有助于提供有意义的交流。例如，选择加拿大的某个地区，并存储其两位字符的邮政代码。

（2）**只输入文件中尚未存储的数据**。例如，要修改或删除商品记录时，只需输入记录号；计算机响应时应显示出商品文件中当前存储的描述性信息。另一个例子是，当用户登录一个网站时，可以根据用户 ID 找到相关记录，如客户记录、未结账单、订单等。

（3）**提供编辑字符**（如用“/”作为日期分隔符）。用户应不用输入格式化字符，诸如输入金额时的前置零、逗号或小数点等，在输入日期时也不必输入“-”或“/”。通常，网站不受此规则约束，因为 Web 表单中没有“/”和小数点。一些 Web 表单使用一系列输入字段和编辑字符区分它们，如将区域号码括起来的括号。

（4）**对输入屏上的字段使用默认值**。对于用户处理的绝大多数记录，如果在某个屏幕字段中输入的值都相同，则使用默认值。默认值在用户输入数据时就显示出来，如果可以接受，那么用户只需按回车键；如果不能接受，也可以输入新值。GUI 可以包含复选框和单选按钮，在 Web 表单或对话框打开时可以选择它们。在对象上单击鼠标右键时应弹出快捷菜单，菜单中包括了该对象的操作选项。

（5）**设计查询、修改或删除程序，使用户只需输入姓名或条目描述的开头几个字符**。程序列出所有匹配的姓名，当用户选择其中一个名称时，则显示出匹配的记录。

（6）**提供选择下拉菜单选项的功能**。下拉菜单选项通常是用鼠标来选取的，随后还需要一些按键操作。用户必须交替使用鼠标和键盘。在用户熟悉系统后，利用键盘操作下拉菜单将会变得更加快捷方便，因为这样两只手始终都可以放在键盘上，从而帮助用户更有效地完成任务。在 PC 或 Mac 上，键盘输入包括按下一个功能键或者 Alt 键的同时按下一个字母或其他键。图 14.8 展示了一个嵌套式下拉菜单的实例。

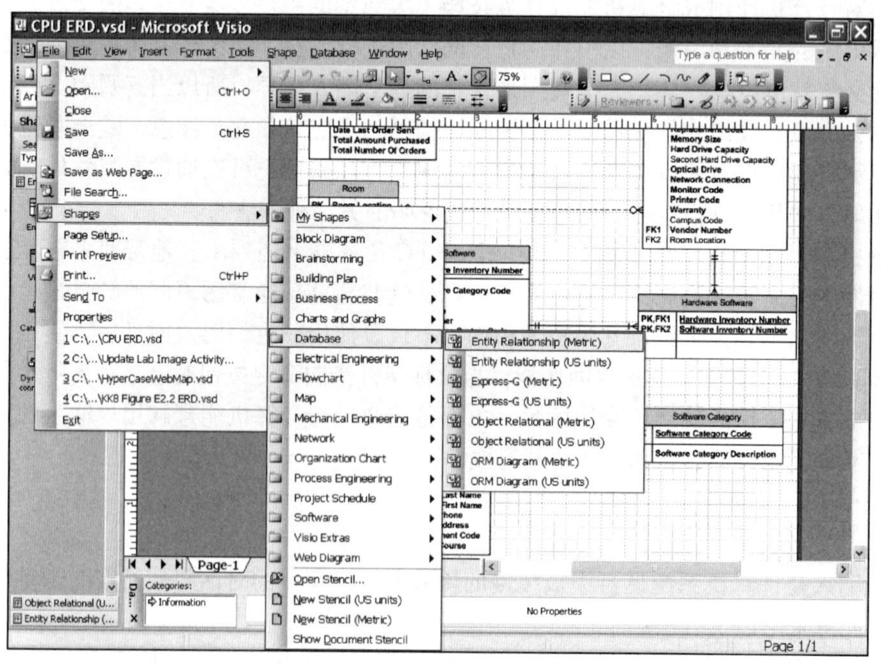

图 14.8　Microsoft Visio Professional 嵌套式下拉菜单中快捷键的使用

（7）**使用单选按钮和下拉列表控制新网页显示或更换 Web 表单。**例如，单击单选按钮时，下拉列表的内容发生变化以反映该单选按钮选项。也可以在单选按钮被单击时，通过更换表单内容来反映该选项。下拉列表内容会发生变化，或者一个单选按钮被单击时切换到一个新网页。在 Web 页上，下拉列表通常用于快速导航，通过从下拉列表中进行选择可以把浏览者带到一个新网页。

（8）**为 Web 表单和其他显示屏提供光标控制，使得光标在输入正确的字符数后自动指向下一个字段。**例如，用户输入电话号码的区号时，在输入三个字符以后，光标会自动跳到电话号码字段。另一个例子是输入软件注册码，该注册码通常是 4 ～ 5 个字符为一组，第一个字段输完后，光标自动移到下一个字段，以此类推。分析员要检验每一个字段，来确认自动光标控制是否发生。

结合使用上述 8 种方法将有助于减少用户击键的次数，从而加快数据输入的速度，并能使输入错误降到最低。

咨询时间 14.4

等待反馈

“是的，公司给我们销售部买了一套软件。对，就是这套软件。不要误解我的意思，它能完成指定的工作，但我们不知道它什么时候才能完成。”

与你交谈的是 Owen Itt，他告诉你他们销售部最近购买了一套联网 PC 用的软件。这套软件可以通过输入 16 个销售员的销售数据来输出比较结果，并根据以往的销售记录预测未来的销量。

“对这套软件我们有一些奇怪的经历。”Owen 接着说，“它的运行速度看起来很慢，似乎有什么问题。例如，我们从来不知道它何时能执行完任务。我们为了获取一个文件、输入命令，但可能等半天也没有反应，要是运气好的话也许半分钟就有结果，但我不敢打包票。保存文件时，往往只听见一阵呼呼声响，然后不管保存文件操作是否成功，程序都返回命令执行前的界面，屏幕上一点提示也没有。我们都被它搞得晕头转向，无所适从。因为总是要查找帮助信息，系统用户手册早就被我们翻破了。我们也尝试过到网上寻求帮助，但是找不到技术帮助。这已花费我们大量的时间。”

根据你在上述面谈中听到的内容修改这套系统，为 Owen 及其销售团队设计一些屏幕反馈信息。反馈应解决 Owen 的所有问题，并遵循为用户提供反馈和设计良好界面的原则。画出你认为可解决上述问题的用户界面原型。

14.8.3 操作的标准化和一致性

系统应具有一致性，即系统的不同显示界面之间应保持一致性，不同应用的显示界面控制机制之间也必须保持一致。良好的一致性使用户在熟悉系统的一个组件后，很容易学会如何使用其他部分。运用下列方法可以实现较好的一致性：

（1）所有界面的标题、日期、时间、操作提示和反馈信息显示在相同的位置。

（2）使用相同的键或菜单选项退出每个程序。

（3）采用一致的方法取消事务，诸如使用 Esc 键。
（4）用标准化的方法获得帮助，诸如使用功能键。
（5）所有屏幕显示或网页都使用标准化的色彩。
（6）使用图形用户界面时，对相似操作使用标准化的图标。
（7）在显示屏幕或网站中使用一致的术语。
（8）提供一致的对话导航方法。
（9）网页上的字体对齐方式、大小和颜色应保持一致。

14.9 用户反馈

为了监督和改变行为，所有系统都需要反馈机制。反馈通常把当前的情况与预定目标进行比较，并返回描述实际性能与目标性能之间的差距的信息。

人类本身就是一个复杂的系统，他们为了满足心理的需要，总希望在相互交流中能得到反馈的信息。反馈有利于自信心的提高，但希望得到多少反馈则因人而异。

用户与机器交互时也需要了解工作进展的反馈。作为用户界面的设计人员，系统分析人员必须掌握用户对反馈的要求在系统中并把它实现。除了使用文本信息之外，我们还可以使用图标。例如，系统在进程中会显示一个沙漏来提醒用户耐心等待，这比让用户不停地按键以获得响应要好得多。

14.9.1 反馈的类型

系统向用户提供反馈在 7 种情况下是必需的。由于人们处理信息的能力有限，所以反馈时机不当或者过分具体都是没有意义的。网站应显示出状态信息或者以其他方式提醒用户，网站正在做出响应，检查输入是否正确或是否需要补充一些信息。图 14.9 提供了各种反馈类型及其响应的一些实例。

反馈类型	反馈响应实例
确认已接受输入的数据	“你的支付已处理。”
确认输入格式正确	一个类似 LED 显示屏幕将表单由红色变为绿色。
通知输入格式不正确	“电话号码应用破折号“-”分隔”
说明处理延迟	沙漏或旋转圆圈。
确认请求已经完成	“你已成功续订会员。谢谢。”
通知请求没有完成	“你的尝试没有成功，请稍后再试。”
为用户提供更详细的反馈	“你的信用卡未还款。你必须输入一个有效的到期日期。如果需要更多信息，请按帮助键。”

图 14.9 反馈可以采用很多形式

14.9.1.1 确认已接受输入的数据

第一种需要向用户反馈的情况是了解计算机已接受了输入。例如，当用户在一行上输入姓名时计算机提供的反馈是：在正确输入字符时使光标前进一个字符。Web 实例如，显示信息“您的付款已处理。确认号为 1234567。感谢您的使用”。

14.9.1.2 确认输入的格式正确

用户需要反馈信息来了解所输入数据的格式是否正确。例如，在用户输入了一条命令后，屏幕上出现“就显著”的反馈，表明可以执行下一个操作。比较失败的反馈是显示“输入可以”的字样，这样的信息不仅占用空间，而且语义模糊，更无助于促使用户继续输入。用户在网上预购或支付时，通常会有确认页面，要求用户再次检查物品，然后确认订购或支付。

14.9.1.3 提示输入的格式不正确

当输入的数据格式不正确时，有必要通过反馈来提醒用户。如果用户输入的电话号码格式不对，软件或网站需要让用户了解。必须加以注意的是，错误信息应足够明显以使用户注意到。一行细小的红色文本可能不能引起用户的注意。分析员必须决定是在单击“提交”按钮或链接时检测和报告错误（即批验证），还是一次检测一个错误（诸如在用户完成在月份字段输入 14 并离开时进行检测）。第二种方法的风险更大，因为不良的编码可能使浏览器进入一个循环，导致用户不得不关闭浏览器。

还有一种告诉用户输入格式不正确的反馈方式是不允许用户进入下一个字段或屏幕，并弹出一则合适的消息，说明错误的位置及如何改正。

音频也被用于通知用户输入数据出现的问题，但是音频反馈并不具有描述性，所以它不如屏幕信息提示那么有用。声音反馈要尽量少用，除非用于表明紧急情况。音频反馈用于网站时也要注意这一点，因为在开放式的办公室中浏览网页时，音频反馈的声音和同事的桌面扬声器声音一样，都在他人的听力范围内。

14.9.1.4 说明处理延迟

通知用户将延迟处理其请求的反馈信息是最重要的反馈之一。延迟超过 10 秒时需要反馈，使用户了解系统还在运行。

有时，在安装新软件的过程中，系统会运行新应用程序的简明教程而不是提供安装反馈信息，这会分散用户的注意力。系统通常显示出文件复制列表和状态条，以使用户确信系统运行正常。Web 浏览器通常同时显示下载的页面和剩余的时间。

14.9.1.5 确认请求已完成

用户需要知道他们的请求何时完成，以及下一个请求何时可以输入。通常，系统在用户完成一个操作后应显示相应的信息，诸如“员工记录已添加”“客户记录已修改”或者“第 12345 号条目已删除”等。

14.9.1.6 通知用户请求没有完成

计算机不能完成一项请求时，需要提供反馈让用户知道。如果系统显示出“请求无法处理，请重新检查请求”的信息，用户会回过头来查看输入的请求是否正确，而不会继续输入无法执行的命令。

14.9.1.7 为用户提供更详细的反馈

必须使用户确信他们可以得到更具体的反馈信息，并且应当向他们说明如何获得这些反馈信息。我们可以利用诸如“协助”“指示”“解释”和“更多信息”等命令。否则，用户可以输入一个问号或者指向一个合适的图标以获得更多反馈信息。使用“帮助”命令作为一种获取更多信息的方法已经受到质疑，因为用户可能会感到无助或者陷入他们必须逃避的陷阱中。但是这种惯例还在使用中，并且用户对它的熟悉程度可以克服上述问题。

在设计 Web 界面时，可以嵌入超链接，使用户能够跳转到相关的帮助屏幕或者查看更多的信息。超链接通常高亮显示，并加下划线或以斜体字加以强调，还有可能以不同的颜色显示。超链接可以是图形、文本或图标。

14.9.2 在系统设计中包含反馈

如果运用得当，反馈机制可以加快用户的学习进度、提高用户使用系统的绩效、提高用户的工作效率，以及优化用户、任务和技术间的配合。

14.9.2.1 各种帮助选项

在 PC 中对反馈的研究已经发展了好多年。最初的“帮助”是用户按下功能键（如 F1）后激活的，GUI 出现后它可以通过下拉式菜单来实现。这种帮助显得有些笨拙，因为用户要浏览目录或索引才能获得帮助信息。后来出现了上下文相关的帮助。用户在当前屏幕或者屏幕上的某个区域单击鼠标右键后，会显示出相关的主题或说明。第三种帮助是，用户把鼠标光标指向某一图标并在其上面悬停几秒钟，这时有些程序将会弹出一个气球（类似于漫画中看到的那样），它将简要说明该图标的功能。

第四种帮助是向导，它在询问用户一些问题后进行相应的操作。向导帮助用户完成复杂或不熟悉的程序，例如建立网络连接或网上预订机票。通过创建 PowerPoint 演示文稿或者选择文字处理备忘录的风格，使许多用户熟悉。

除了把帮助信息内建在应用程序中，有些软件商还开通了在线帮助（自动方式或个性化的在线聊天方式）或帮助热线（但大部分客户服务热线并不免费）。有些 COTS 软件制造商还提供传真服务，用户通过传真可以得到帮助文件的目录，然后使用按键电话根据该目录中的序号订购所需要的帮助文件。

最后，用户还可以通过软件论坛寻求其他用户的支持。当然这类支持是非官方的，所获得的信息可能对也可能部分对，甚至还可能是错误的。关于利用软件论坛的原则将在第 16 章讨论，届时将讨论民间故事和推荐系统。

除了提供有关软件的非正式帮助外，软件厂商的网站对更新驱动程序、查看程序或软件本身也是非常有用的。大多数在线计算机出版物都让某种“驱动程序监视”或“错误报告”程序监督支持论坛、博客和网站，以检查是否有可下载的有用程序。这些程序将自动搜索软件商的网站，查看是否有最新的更新并把它们通知给用户，帮助他们下载更新，以及升级用户应用程序。

14.10 电子商务的特殊设计因素

前面所学的许多与反馈有关的用户界面设计原则，也可以推广到电子商务网站设计。本节将介绍若干特殊考虑因素，可以为 Web 界面设计提供增强的功能。

14.10.1 获得电子商务网站客户的反馈

网站不仅需要为用户提供有关正在发生的事情的反馈信息，而且还需要获取反馈信息。

大多数电子商务网站都有一“反馈”按钮，有两种标准方法可以设计用户单击“反馈”按钮时的体验。

第一种方法是在用户启动电子邮件程序的同时，自动把公司的电子邮件地址放在“收件人”的字段里。采用这种方法可以避免输入错误的地址，而且用户不用离开网站就可以直接与公司进行沟通。

然而，这些信息使用户期望电子邮件能像普通邮件或电话一样得到回复。但研究表明，网站上采用这种联系方式的机构有 60% 没有任命专人来回复收到的邮件。用户得不到回应就会产生不满，并对网站产生不好的印象，网站也就不可能得到有价值的反馈。所以，网站设计时如果采用了这样的反馈机制，就要组织编写回复电子邮件的规范。一些设计人员为解决此问题创建了自动邮件回复系统，产生一个唯一的案例或事件编号，提供如何解决此问题的进一步说明（也许是 FAQ 网页的超链接），或者提供未对大众公开的热线电话号码等。

第二种从使用电子商务网站的客户那里获得反馈的设计是，在用户点击“反馈”按钮时显示一个空白的消息模板。一些 Web 创建工具允许你轻松地在网站中创建和插入一个反馈表单。表单的标题可以为“关于某公司的反馈意见”，然后说明“你可以使用该表单把有关某网站的建议、意见和问题发送给我们的客户服务团队”。

表单的字段可以包括名、姓、电子邮件地址和其他相关内容（即“请用户选择”字段，提供公司产品或服务的下拉菜单），以及“在这里输入你的消息”的字段（用户可以灵活地输入信息），在表单下面是“发送”和“清除”两个标准按钮。运用这种表单类型，允许分析员把已经格式化的用户数据存储在数据库中，从而使反馈表单中输入的数据更易于实现总体分析。

因此，分析员并非只是设计了各电子邮件的回复，还帮助机构获取、存储、处理和分析有价值的客户信息，使公司不仅回复了客户的咨询，还更有可能在客户回复中发现重要的发展趋势。

咨询时间 14.5

当你跑马拉松时，了解前往的目的地会很有帮助

Marathon 维生素商店的新网站已经建成并投入运行。网站开发者把公司的所有商品目录都搬到了网上，并且包括了皮肤选择功能（即 Firefox 浏览器中的个性化界面），使不同类型的客户都乐于使用该网站。（详情参见咨询时间 1.1。）

分析员与老板 Bill Berry 及一些员工正在开会，评估客户的反馈，并给出他们对新网站的回应。会议在一个大型会议室里召开，会议室里有一台联网计算机和一台投影仪。当大家围着会议桌坐下来后，新网站的主页被投影在会议室前方。“网站确实吸引了很多人，但我还是希望网站能吸引更多的回头客。”Bill 指着屏幕说。

Bill 接着说，“我们并不是要关闭一些零售商店，情况正好相反。当客户浏览了我们的网站时，他们希望知道社区里有没有我们的商店，他们希望能够走进商店，与训练有素的营业人员进行交流，而不是在网上购买一切。我们需要让客户知道如何达到各个商店。”

“我想我们可以通过增添一些项目和功能来改进该网站。”Al Falfa 说道，他是最初开发和实施该电子商务网站的系统团队成员之一。

“确实是这样，”系统开发团队的另一名成员 Ginger Rute 点头表示同意，“大学使用 MapQuest 的地图功能，而家得宝公司使用微软公司的地图。”

原系统开发团队的另一名成员 Vita Ming 踊跃发言：“我知道一些不错的留言板和聊天室程序，我们可以把它们内建到网站中。我想它们可以提高网站的粘滞性，使用户在网站上停留的时间更长，还可以吸引更多的回头客。”

“好主意，”Marathon 公司的技术人员 Jin Singh 说道，“我们可以让客户们互相交流、互相讨论他们喜欢的产品，甚至可以让他们开通自己的博客。”

Vita 拿起键盘，接着说道：“让我为你们展示一些好的站点。”在她输入第一个 URL，会议组看到了投影出来的网站。“它们使用 LiveChat 聊天系统。”

“客户还需要查询有关产品和制造商的信息，”Al 补充说道。“我们可以使客户更方便。让我们看看 www.Cincinnati.com 网站，它们使用 Google 进行信息查询。”

Bill 一直都听得很专注，这时他大声说道：“医疗信息也很受客户们欢迎。我注意到一些网站显示了 Acquire Media 的医疗新闻。在健身中心，我还发现有些人边在跑步机上锻炼边看财经频道。”

“那为什么不在我们的网站中增加新闻和财经信息呢？”Ginger 问道，“我还注意到一个称为 Moreover.com 的公司经常作为信息提供者出现。”

考虑系统开发团队与 Marathon 维生素商店员工之间的谈话。一些增强网站功能的建议涉及利用免费服务，而另一些则要每年支付 1 000 ～ 5 000 美元的费用。有些建议虽好但不可行，也许对该公司没有实际意义。

针对下面各种建议，回顾你所了解的有关 Marathon 维生素商店的使命和商业活动，然后对分析员和客户的每种选择提供建议，并对它们进行辩护。

- Google 地图的 Mashup
- 聊天室与社交媒体链接
- 用户和 Marathon 维生素商店员工的博客
- 搜索引擎
- 医疗信息
- 新闻和财经信息

Mac 案例专栏

Megasearch 引擎（多元搜索引擎）可以获得多个搜索引擎的结果，并对这些结果进行汇总，然后以一种比任何单引擎搜索更有用的方式显示结果。Mac 平台上有一个独特的应用程序比这更进一步。

这个应用程序就是 DEVONagent Pro，它可以搜索，然后过滤掉断开的链接、过时的页面和广告。为了实现这一点，它需要下载搜索结果并在显示之前对其进行分析。用户可以选择在相关性排序列表中查看结果，也可以在图形化主题图中查看结果。

如果需要复杂的搜索（也就是说，如果标准搜索不够深入，无法找到所需的确切信息），分析师会发现 DEVONagent Pro 非常有用。它还适用于需要经常重复的搜索，并且可以自动定期执行搜索。

使用 DEVONagent Pro 可以进行强大而复杂的搜索。（截图来自 DEVONagent Pro。版权由 DEVONtechnologies 所有。经许可转载。）

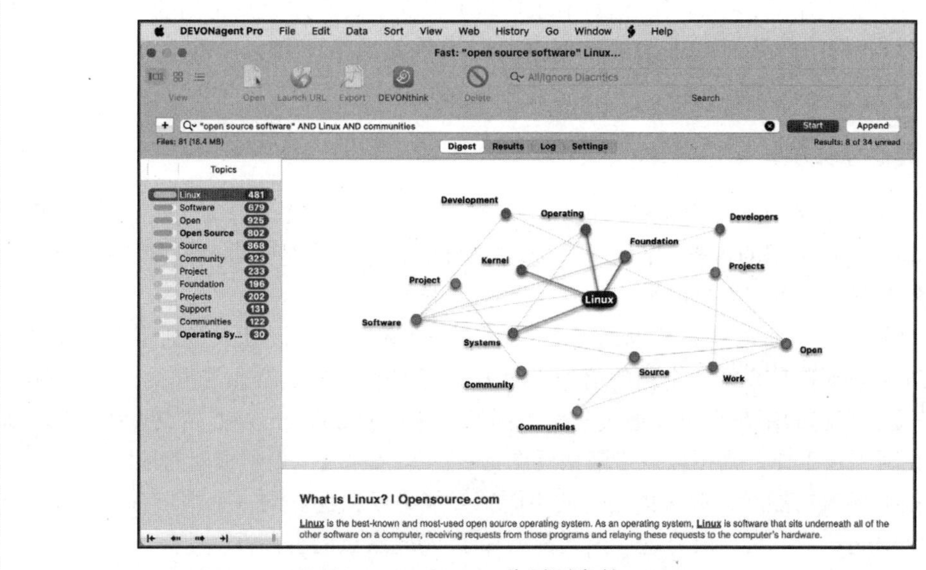

DEVONtechnologies 公司开发的 DEVONagent

14.10.2　轻松导航电子商务网站

电子商务网站通常设计为具有“直观导航”（intuitive navigation）。用户不用去了解每一个新界面，也不用遍历整个网站，就可以找到他们想要的东西。这种导航方法的标准称为“一键式导航”（one-click navigation）。

对于电子商务网站设计，有四种方法可实现简单的一键式导航：（1）建立滚动菜单；（2）构建分层链接的集合，以便主页成为与网站关联的关键主题标题的大纲；（3）把网站地图放在主页上，并强调与它的链接（这也可以放在网站的所有其他页面上）；（4）在网站内的每个页面上设置一个导航栏（通常在页面的上部或者右边），重复输入屏幕上使用的目录。

14.10.2.1　滚动菜单

滚动菜单（roll-over menu，翻转按钮）可以用 Java Script 编写的 CSS 和 HTML 分区来建立。当客户把光标指针悬停在链接上时将出现滚动菜单。

14.10.2.2　层次型链接

通过在主页上展示目录来创建站点内容的大纲是加快站点导航的另一种方式。但是，这种导航设计严重限制了设计人员的创造性，并且有时仅呈现一个主题列表，无法向用户充分传达机构的战略使命。

14.10.2.3　站点地图

设计网站地图（site map）的链接，然后把链接突出显示出来，是提高导航效率的第三种方法。网站地图的链接可以放在主页上，也可以放在所有其他页面上。

14.10.2.4　导航栏

在主页可以设计显示一致的导航栏（navigation bar），它们也可以显示在构成网站的所有其他页面的顶部或左部。一旦（在信息需求阶段）建立了最有用且最常用的类别（通常指“我们的公司”“我们的产品”“立即购买”“联系我们”“网站地图”“搜索”等），需要在所有页面中都包含它们。

14.10.2.5 其他导航方案

另一种导航方案是包含一个搜索功能。考虑在自己的网站中增加诸如 Google 等搜索引擎。简单搜索功能对小型的可管理网站可以起到很好的作用，但是随着网站规模逐渐变大，需要包括布尔逻辑的高级搜索功能（本章稍后会加以讨论）。

根据用户的使用习惯创建导航也是重要的。专业的 Web 站点设计人员通常会结合使用很多不同的方法来查找某个特定主题的信息。图 14.10 给出了 Dino Tech 公司的网页。例如，对国际 IT 职位感兴趣的用户，可以通过三种不同的方法从 DinoTech Web 站点查找信息。如果他们喜欢在阿根廷工作，则可以点击阿根廷图标、国家名称或代表阿根廷的地图。

设计网站的导航功能时，应考虑用户的不同感知能力或兴趣。同一个用户有可能在不同的时候分别使用这三种方法。所有这些因素都增加了 Web 站点的有用性。

图 14.10　一个允许用户以不同方式导航到期望的 Web 页面的网站示例（经 Microsoft 许可使用）

然而，在导航方面应优先考虑的主要事情是，必须使用户能够非常容易地返回前一页，并且很容易返回到进入该站点的地方。我们要考虑的主要问题是如何让客户留在网站上。客户在网站上停留的时间越长，他们就越有可能在该网站上购买东西。因此，如果用户导航到你客户网站中的一个链接，则一定要保证他们能够轻松地找到返回的路径。这些措施可以保证网站的粘性（stickiness）。不要给那些想返回到客户网站的客户制造任何障碍。

如第 12 章中所述，回想一下分析员可以使用标准导航元素和图标，如汉堡图标或菜单、上下文相关帮助、输入验证、面包屑跟踪和富页脚，以使他们的 Web 设计具有专业的外观，用户可以轻松理解和导航。

14.10.3 糅合技术

API 是一系列小程序和协议的集合，就像建筑模块一样用来构建软件应用。当两个或两个以上的 API 一起使用时，它们就形成了一个 Mashup。许多 Mashup 是开源的，因此，开发人员可以使用一个来自诸如 Google Map 站点那样的 API，并将它与包含其他数据的 API 相结合，产生一个创建全新应用的新网站。

一个在某地区有很多零售店的大型连锁企业，需要让客户能够轻松地找到其零售店。他们可能需要聘请像 Blipstar 这样的公司，该公司为其他公司提供上传各零售店信息的服务。Blipstar 标记分店，并把它们放到 Google 地图中。然后，公司就可以将此信息链接到自己的网站上，以便用户只要键入他们的邮政编码，就可以让 Mashup 显示最近的零售店的位置。Blipstar 也可以在移动设备上使用。

Mashup 已经成为一种流行的信息呈现方式，希望不久将会看到很多有用的 Mashup 应用。有关 Mashup 的情况，请访问 www.programmableweb.com。

14.10.4　Cookie 合规性

Cookie 合规性确保网站仅以法律允许的方式使用 Cookie。回顾一下，Cookie 是存储在访问者浏览器上的文本文件，用于观察和跟踪访问者。基本上，开发人员需要确定网站如何使用 Cookie，然后通知访问者有关预期的 Cookie 信息。网站可以设置为要求访问者选择他们希望网站跟踪的 Cookie 类型。

在撰写本书时，美国、英国和欧洲有三项关于 Cookie 权限的法规（未提及的其他国家也有必须遵守的主要隐私法）：《通用数据保护条例》（GPDR）、《隐私指令》（欧盟 Cookie 法）和《加州消费者隐私法》(CCPA)。

除了通知访问者 Cookie 的使用情况并为用户提供选择不使用非必要的 Cookie 的机会外，CCPA 还让访问者知道网站背后的企业所有者是否会与第三方共享或出售通过使用 Cookie 收集的信息。

Cookie 可以以不同的方式进行分类，这些合规指令希望网站要求访问者选择他们接受的 Cookie。类别包括：

（1）严格必要的 Cookie，例如，保持用户登录状态或记住访问者购物车内容的 Cookie。

（2）偏好或功能 Cookie，例如，记住访问者未来浏览会话的首选语言的 Cookie。

（3）分析 Cookie，即汇编统计 Cookie，可以跟踪访问者如何使用网站，以便所有者可以提高网站的性能。

（4）营销 Cookie，允许广告商显示目标广告。这可能包括允许为广告目的向第三方提供信息。

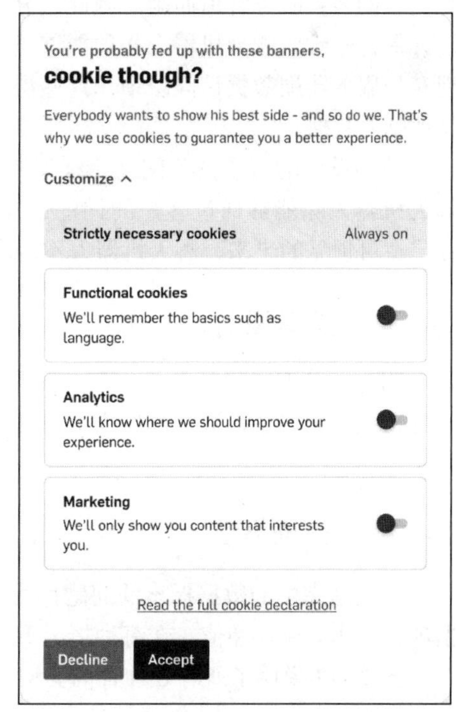

图 14.11　合规偏好表格（截图来自 Cookie）

有人认为，Cookie 可以提高所有访问者的性能，使特定访问者更容易返回网站，并体验与访问者相关而非针对普通受众的广告。隐私权倡导者认为，Cookie 具有侵入性，访问者应有权接受或拒绝 Cookie。图 14.11 展示了向访问者提供关于 Cookie 的选项的示例。

以下是系统分析人员应该知道的适用于 Cookie 权限的一般规则和实践。

（1）在处理 Cookie 之前需要获得许可；

（2）同意的定义需要使用通俗易懂的英语；

（3）同意必须是自愿的；

（4）必须保存同意书的记录；

（5）访客有权撤销其同意决定；

（6）尽管一些指导方针建议每六个月更新一次，但内容许可证应每年更新。

我们可以预见 Cookie 合规性和隐私功能会随着时间的推移而不断发展。谨慎的做法是检查现行法规和标准。

14.10.5 聊天机器人、电子商务和人工智能

来自用户的压力促使电子商务开发商不断改进网站的客户服务。一种方法是通过人工智能聊天机器人。*聊天机器人*（chat bot）是一种以对话方式回应人类查询、回答提出的问题以及处理特定信息请求的软件。顾客想要即时反馈以及简单的购物体验。移动电子商务意味着互动的步伐正在加快，这也意味着电子商务网站面临着更大的压力，需要在无数设备上处理更多的客户查询，所有这些设备都以越来越快的速度进行互动。

聊天机器人是建立在人工智能的基础上的。尽管它们的实施成本相对较低，但真正的成本在于开发一个高效的机器人，要求该机器人既灵活，又可以利用*语音识别*（voice recognition）等创新技术。

添加未适当定制的聊天机器人会导致客户服务质量下降，因此可能会产生回旋镖效应，与优质的客户服务背道而驰。因此，分析人员希望确保聊天机器人是集成的，并与用户体验设计保持一致。聊天机器人必须能够正确响应查询。重要的是，聊天机器人还应集成到任何现有的服务器端数据访问层中，这些层将包括电子商务网站后端的客户信息、产品、订单和其他临时数据。

精心设计的电子商务网站始终保留客户与人工客服交谈的选项。为了进一步解决问题，聊天机器人除能够通过客户的词汇选择、语调变化或选择选项按钮来感知，还需要人工服务。在可预见的未来，聊天机器人不会取代人类。

14.11 查询设计

用户向数据库提问题或与其交流称为“查询”。最常用的查询类型有 6 种。好的查询设计可以缩短用户查询数据库所需的时间，帮助他们找到所需的数据，从而产生更顺利的用户体验。

14.11.1 查询类型

对数据库中的数据提出的问题称为查询。基本查询类型有 6 种，每种查询都涉及 3 个数据项：实体、属性和值。在每种情况下，其中 2 项已知，查询的目的是找到其余项。

图 14.12 说明了所有 6 种查询类型。

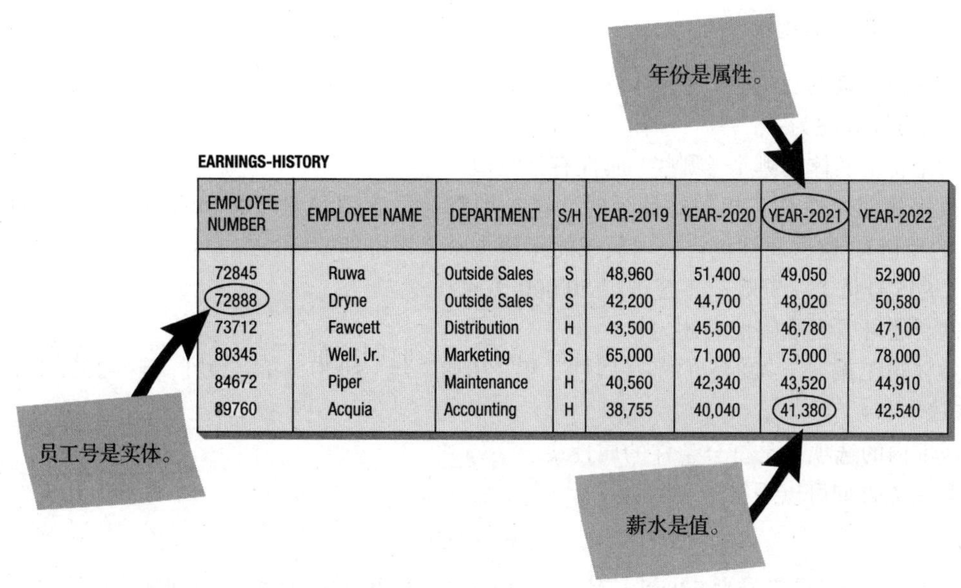

EARNINGS-HISTORY

EMPLOYEE NUMBER	EMPLOYEE NAME	DEPARTMENT	S/H	YEAR-2019	YEAR-2020	YEAR-2021	YEAR-2022
72845	Ruwa	Outside Sales	S	48,960	51,400	49,050	52,900
72888	Dryne	Outside Sales	S	42,200	44,700	48,020	50,580
73712	Fawcett	Distribution	H	43,500	45,500	46,780	47,100
80345	Well, Jr.	Marketing	S	65,000	71,000	75,000	78,000
84672	Piper	Maintenance	H	40,560	42,340	43,520	44,910
89760	Acquia	Accounting	H	38,755	40,040	41,380	42,540

图 14.12　在一个包含实体、属性和值的表上，可以执行 6 种基本查询

14.11.1.1　第 1 类查询

实体及该实体的一个属性已知，查询的目的是找到该属性的值。这类查询可以表述为：

一个特定实体的指定属性的值是什么？

有时用符号来帮助表示查询更方便，这类查询可以用符号表示为：

$$V \leftarrow (E, A)$$

其中 V 表示值，E 表示实体，A 表示属性。括号内的变量 E 和 A 已知。

问题“73712 号员工 2022 年的工资是多少？”可以将其更加明确地描述如下：

对于实体员工编号 73712，其属性年 -2022 的值是多少？

该查询将找到包含员工号 73712 的记录，其答案将是“$47 100”。

14.11.1.2　第 2 类查询

第 2 类查询的目的是在属性和值已知的情况下，找到一个或多个实体。第 2 类查询可以表述如下：

哪个实体的特定属性具有指定值？

对于数值型的值，可以查找一个等于、大于、小于、不等于或大于等于某个值的值。这种查询的一个实例如下：

哪个（哪些）员工 2022 年的工资超过 50 000 美元？

第 2 类查询可以用符号表示为：

$$E \leftarrow (V, A)$$

在本例中，3 名员工的工资超过 50 000 美元，因此查询结果将以列表形式给出 3 个员工号：“72845，72888，80345”。

14.11.1.3　第 3 类查询

第 3 类查询的目的是，在实体和值已知的情况下，确定哪个（哪些）属性满足条件。第 3 类查询可以表述为：

一个特定实体的哪个（哪些）属性有指定值？

在有很多相似属性具有相同的特征时，这一类查询很有用。下面这个例子具有相似的属性（特定的年份），这些属性包含公司员工的年薪：

72845 号员工工资哪一年超过了 50 000 美元？

这个例子还可以更准确地表述为：

实体员工编号 = 72845 的哪些属性 {年 –2019，年 –2020，年 –2021，年 –2022} 的值 > 50 000？

其中 { } 内的选项表是符合条件的属性集。

第 3 类查询可以用符号表示为：

$$A \leftarrow (V, E)$$

在本例中，Ruwa（员工号为 72845）有两年的工资超过 50 000。因此，查询结果将是“YEAR-2020”和“YEAR-2022”。由于这类查询要求属性的性质要相同或相近，所以同第 1 类和第 2 类查询相比，其使用的范围要小得多。

14.11.1.4　第 4 类查询

第 4 类查询类似于第 1 类查询，区别是要找出所有属性的值。第 4 类查询可以表述为：

列出一个特定实体的所有属性的所有值。

第 4 类查询的一个实例如下：

列出员工号 72888 的历年工资的详情。

第 4 类查询可以用符号表示为：

$$\text{所有的 } V \leftarrow (E,\ \text{所有的} A)$$

该查询的结果将是员工 Dryne（员工号 72888）的所有记录。

14.11.1.5　第 5 类查询

第 5 类查询是另一种全局查询，但是它在形式上类似于第 2 类查询。第 5 类查询可以表述为：

列出所有属性都有某个指定值的所有实体。

第 5 类查询的一个实例如下：

列出任一年度工资超过 50 000 美元的所有员工名单。

第 5 类查询可以用符号表示为：

$$\text{所有的 } E \leftarrow (V,\ \text{所有的} A)$$

该查询的结果是“72845，72888，80345”。

14.11.1.6　第 6 类查询

第 6 类查询类似于第 3 类查询，区别是第 6 类查询要求列出满足条件的全部实体的属性，而不是一个实体的属性。第 6 类查询可以表述为：

列出所有实体中具有指定值的所有属性。

第 6 类查询的一个实例如下：

列出全体员工中工资超过 50 000 美元的所有年份。

第 6 类查询可以用符号表示为：

$$\text{所有的}A \leftarrow (V, \text{ 所有的}E)$$

本例的查询结果将是“年 -2020，年 -2021，年 -2022”。与第 3 类查询一样，第 6 类查询也不多见。

14.11.1.7 建立更复杂的查询

上述 6 种查询类型是建立更复杂的查询的构造块。复杂查询一般由布尔运算符（Boolean operator）构成。布尔表达式的一个实例如下：

列出邮政编码大于等于 60001 且小于 70000，并且去年的订购金额超过 500 美元或订购次数不少于 5 次的所有客户。

这种陈述的难点之一是确定哪个条件应使用哪个运算符（例如，AND），难点之二是如何确定表达式中各个条件的次序。如下语句有助于澄清这个问题：

LIST ALL CUSTOMERS HAVING (ZIP-CODE GE 60001 AND ZIP-CODE LT 70000) AND (AMOUNT-ORDERED GT 500 OR TIMES-ORDERED GE 5)

上述语句消除了一些混淆。它的第 1 个改进是，采用比较运算符 GE、GT 和 LT，这比用“至少”等词要简洁明了。第 2 个改进是属性的名称具有唯一性，例如“AMOUNT-ORDERED”和“TIMES-ORDERED”是唯一的。而在前一个句子中，这些属性都称为“已订购”。最后，它用括号来表明逻辑运算的先后顺序，括号内的运算优先级比括号外的要高。

运算符按预定的优先顺序进行运算。一般是先执行算术运算（算术运算符的优先顺序是：幂、乘或除、加或减），接着执行比较运算，如 GT（大于）、LT（小于）等，最后执行布尔运算（先 AND，后 OR）。各种运算符的优先顺序如图 14.13 所示。

类型	级别	符号
算术运算符	1	**
	2	*/
	3	+–
比较运算符	4	GT LT EQ NE GE LE
布尔运算符	5	AND
	6	OR

图 14.13 在未使用括号的情况下，算术运算符、比较运算符和布尔运算符的优先顺序

14.11.2 查询方法

两种流行的查询语言是范例查询和结构化查询语言。

14.11.2.1 范例查询

在诸如 Microsoft Access 等数据库系统中，*范例查询*（Query By Example，QBE）是一种简单但功能强大的方法，用于在数据库系统（如 Microsoft Access）中实现查询。它在查询设计视图的网格中显示出选定的数据库字段，请求的查询值既可以输入到字段区域中，也可以输入到字段下方。查询时把行和列（字段）都满足条件的记录选出来。为了选择记录可以设置复合条件，并且用户可以轻松地指定要被排序的列。图 14.14 是 Microsoft Access 数据库的范例查询示例。查询设计视图分为上下两半，上半部分显示查询选择的表及其关系，下半部分是查询选择网格。上半部分的数据表中的字段可以直接拖到下半部分的网格中。

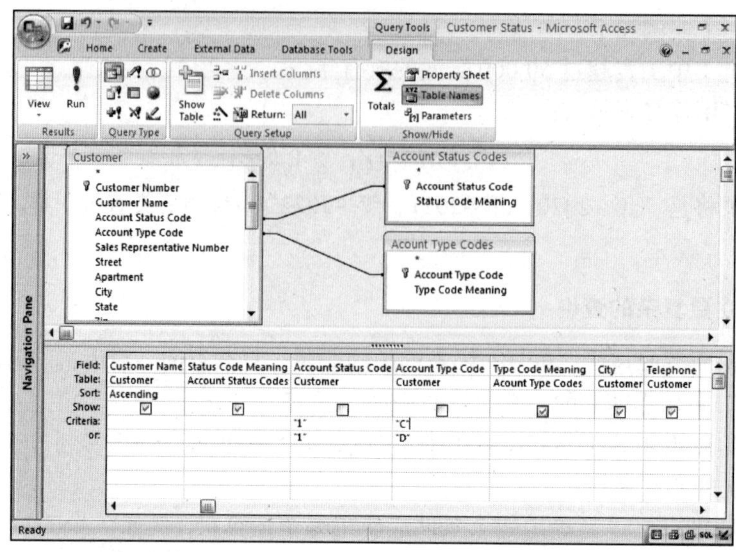

图 14.14 Microsoft Access 数据库的范例查询示例

下半部分的前 2 行是字段和该字段所在的表，第 3 行是排序信息。在本例中，查询结果将按 CUSTOMER NAME 字段排序。Show 框中的复选标记（下半部分的第 4 行）表示该字段将在查询结果中显示出来。注意，CUSTOMER NUMBER、CUSTOMER NAME 和 STATUS CODE MEANING 被选中，这些字段的内容将在查询结果中显示出来（而其他没有选中的字段也会显示，但是它们不会显示在显示屏中）。注意，ACCOUNT STATUS CODE 和 ACCOUNT TYPE CODE 没有被选中，因而不会在最终结果中出现。在“Criteria”行，在 ACCOUNT STATUS CODE 字段下有一个“1”（表示有效记录），在 ACCOUNT TYPE CODE 字段下有一个 C 和 D，表示查询的是普通客户或折扣客户。在 ACCESS 中，同一行中的两个条件表示条件之间存在“AND”的关系，不在同一行上的两个条件则表示条件之间存在“OR”的关系。本查询规定用户都应选择一个有效客户，以及一个普通客户或贴现客户。

咨询时间 14.6

仔细瞧瞧（再现）

我们再回过头来仔细瞧瞧 Merman 服装出租店的情况。图 14.C1 是为 Merman 服装出租店的 Annie Oaklea（在咨询时间 7.1 和 8.1 中出现过）创建的数据库的一部分。该数据库包含各种服装的出租价格、出租日期、应还日期和当年出租的累计天数（YTD DAYS OUT）。（参见图 14.C1。）

通过分析 Annie 在服装出租店中一天的工作发现，她必须对数据库进行几次查询，以便决定什么时候替换出租率高的服装以及增添特殊型号的服装。另外，她还需要记住维系那些先前未能满足其特定服装租借要求的客户，以及收回逾期未还的服装等。

创建几个查询，帮助她从数据库中获取所需要的信息。（提示：对于 Annie 决策所需的信息类型可以做出必要的假设，并尽量使用本章所讨论的各类查询。）假如 Annie 使用基于 Web 或超链接系统，那么她的查询又有什么不同？用一段文字加以说明。

服装出租

COSTUME NUMBER	DESCR IPTION	SUIT NUMBER	COLOR	COST OF	DATE CHECKED OUT	DUE DATE	YTD DAYS OUT	TYPE OF COSTUME	REQUESTS TURNED DOWN
0003	Lady MacBeth F, SM	01	Blue	15.00	10/15	11/30	150	Standard	2
1342	Bear F, MED	01	Dk. Brown	12.50	10/24	11/09	26	Standard	0
1344	Bear F, MED	02	Dk. Brown	12.50	10/24	11/09	115	Standard	0
1347	Bear F, LG	01	Black	12.50	10/24	11/09	22	Standard	0
1348	Bear F, LG	02	Black	12.50	11/01	11/08	10	Standard	0
1400	Goldilocks F, MED	01	Light Blue	7.00	10/24	11/09	140	Standard	0
1402	Goldilocks F, MED	02	Light Blue	7.00	10/28	11/09	10	Standard	0
1852	Hamlet M, MED	01	Dark Green	15.00	11/02	11/23	115	Standard	3
1853	Ophelia F, SM	01	Light Blue	15.00	11/02	11/23	22	Standard	0
4715	Prince M, LG	01	White/purple	10.00	11/04	11/21	145	Standard	5
4730	Frog M, SM	01	Green	7.00	11/04	11/21	175	Standard	2
7822	Jester M, MED	01	Multi	7.50	11/10	12/08	12	Standard	0
7824	Jester M, MED	02	Multi	7.50	11/09	11/15	10	Standard	0
7823	Spiderman M, LG	01	Multi	7.00	11/19	12/05	21	Standard	0
8645	Mr. Spock N, LG	01	Orange	18.00	09/07	09/12	150	Trendy	4
9000	Pantomime F, LG	01	Red	7.00	08/25	09/15	56	Standard	0
9001	Pantomime M, MED	01	Blue	7.00	08/25	09/15	72	Standard	0
9121	Juggler M, MED	01	Multi	7.00	11/05	11/19	14	Standard	0
9156	Napoleon M, SM	01	Blue/white	15.00	10/26	11/23	56	Standard	1

图 14.C1　Merman 服装出租店的一部分数据

查询结果显示在一个表中，如图 14.15 所示。注意，ACCOUNT STATUS CODE 和 ACCOUNT TYPE CODE 字段没有显示出来，这是因为在查询设计视图中虽然选择了这些字段，但没有指明需要显示这些字段。相反，STATUS CODE MEANING 被显示出来，这个字段对用户很有帮助。查询结果按客户名字的字母顺序排列。

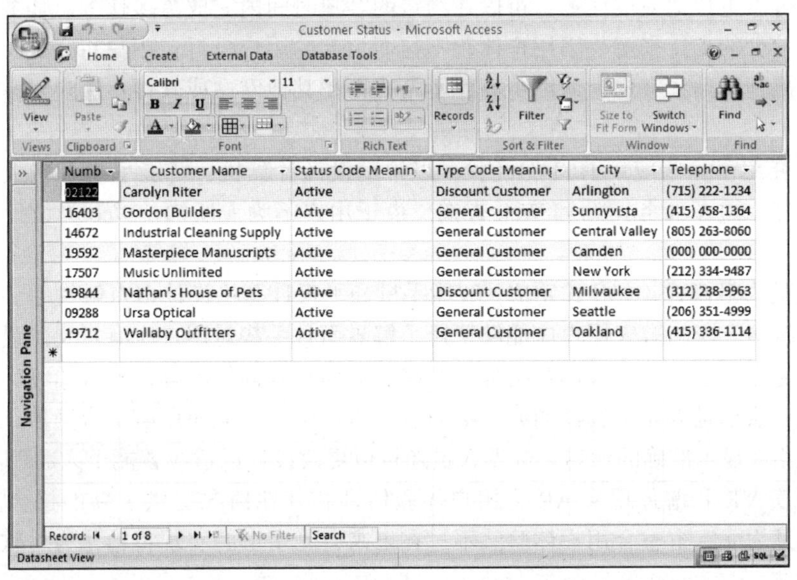

Numb	Customer Name	Status Code Meanin	Type Code Meaning	City	Telephone
02122	Carolyn Riter	Active	Discount Customer	Arlington	(715) 222-1234
16403	Gordon Builders	Active	General Customer	Sunnyvista	(415) 458-1364
14672	Industrial Cleaning Supply	Active	General Customer	Central Valley	(805) 263-8060
19592	Masterpiece Manuscripts	Active	General Customer	Camden	(000) 000-0000
17507	Music Unlimited	Active	General Customer	New York	(212) 334-9487
19844	Nathan's House of Pets	Active	Discount Customer	Milwaukee	(312) 238-9963
09288	Ursa Optical	Active	General Customer	Seattle	(206) 351-4999
19712	Wallaby Outfitters	Active	General Customer	Oakland	(415) 336-1114

图 14.15　范例查询 CUSTOMER STATUS 产生的结果（经 Microsoft 许可可用）

14.11.2.2 结构化查询语言

结构化查询语言（Structured Query Language，SQL）是另一种常见的查询实施方法。它用一系列关键字或命令来选择应显示在结果表中的行和列。图 14.16 举例说明了一个 SQL 代码。SELECT DISTINCT ROW 关键字确定要选择的行，WHERE 关键字规定选择条件，即应当使用 CUSTOMER NAME 来选择 LIKE 参数中输入的数据。

```
SELECT DISTINCTROW
        Customer.[Customer Number],
        Customer.[Customer Name],
        Customer.City,
        Customer.Telephone
  FROM Customer
  WHERE  (((Customer.[Customer Name])
  Like ([Enter a partial Customer Name] & “*”)));
```

图 14.16 CUSTOMER NAME 参数查询的 SQL 代码

14.12 小结

本章介绍了 HCI、各种界面、用户界面设计，并介绍了 UX 设计、智能手机和平板计算机的多点触控手势接口、用户反馈设计、电子商务网站反馈和导航设计。重点强调对 HCI 的理解，以确保我们设计的计算机系统的功能和可用性。当分析员创造用户、计算机、任务这三个 HCI 要素之间的完美的配合时，会提高个人的绩效以及总体的幸福感。设计时要注重这样的配合。

可用性指出哪些行为对用户可行，哪些不可行。HCI 设计的物理因素包括视觉、听觉和触觉。在任务和界面设计期间，应考虑用户的身体能力和限制。有各种用户界面和输入设备可用，有一些界面和输入设备特别适合没有经验的用户，而另一些则较适合经验丰富的用户。各种界面组合起来效果会更好，诸如把下拉菜单与图形用户界面相结合。

本章讨论了 UX 设计，UX 是“用户体验”的缩写，它是一种客户优先的软件设计方法，是一个观察客户行为并努力提高客户满意度和忠诚度的过程。它通过提高可用性和易用性来实现这一点，但它也认识到用户必须享受与软件产品或系统的交互。UX 也是一种设计文化，它选择为用户提供最大化短期好处的良好体验。使用 UX 设计进行电子商务交易的七个好处包括：客户可以更快地完成任务；可以在给定的客户时间内完成更多任务；任务结果可以更准确；仅需较少的支持来解决因用户体验不佳而引起的用户投诉；用户将完成交易而不是放弃购物车并离开网站；客户忠诚度更高，不希望再找其他网站或软件；用户对整体体验会更满意。

本章还介绍了一些应用 HCI 的经验，以帮助设计计算机、智能手机和平板计算机的人机界面、反馈、电子商务网站和 Web 查询。由于用户不为人所知，Web 为设计员带来了新的挑战。

开发人员为触摸式（电容式感应）智能手机和平板计算机设计多点触控手势接口的创造性机会越来越多。应当遵守用户应能够快速了解界面且手势对用户应有意义的设计原则。开发人员可以为智能手机和平板计算机提供警报、通知和查询的内容，但应始终为他们提供退出选项。使用徽章是以非干扰性的方式把消息发送给用户，但使用徽章应谨慎，使它们不用依赖用户交互来显示准确的信息。开发人员还可以更改设计以适应智能个人助理。

虚拟现实 VR 和增强现实 AR 为用户体验培训和其他情况提供了新的机会。VR 和 AR 的未来可能是为元宇宙整合用户体验。不过在未来，元宇宙的实现将转化为对软件开发人员的持续高需求。

良好的对话框设计可以帮助用户更有效地与应用程序和基于网络的屏幕进行交互。用户对系统反馈的需求是一项重要的考虑因素。反馈常常采用可视化的文本、图形或图标。此外，音频反馈也是有效的。

通过自动 Email 反馈按钮获取客户反馈，或者通过在网站上包含空白反馈表单，可以改善网站的功能。提高电子商务网站粘性的 4 种重要的导航设计策略为：滚动菜单、在网站入口屏幕上分层显示链接、站点地图，以及一键式导航栏。

通过 Cookie 合规性设计隐私保护在电子商务设计中越来越重要。分析员需要遵守电子商务将所在国家实施的所有标准。

电子商务网站设计可以有效地添加聊天机器人，这是一种以对话方式回应人类查询、回答提出的问题以及处理特定信息请求的软件。

所设计的查询应能使用户从数据库中得到有用的数据。基本查询类型有 6 种，使用布尔运算符对它们进行组合可以形成更复杂的查询。范例查询和 SQL 是两种最常见的查询数据库系统的语言。

复习题

1. 试给出 HCI 的定义。
2. 试解释 HCI 要素中，用户、计算机和要被执行的任务间的配合是怎样产生绩效和福利的。
3. HCI 环境下术语“绩效”的组成是什么。
4. “幸福感”一词在 HCI 环境中的含义是什么。
5. 试列出 Nielsen 等人提出的用于判断计算机系统和电子商务网站可用性的 11 条启发式原则中的 5 条。
6. 列出 HCI 设计需要考虑的三项物理因素。
7. 试列出 3 种改善任务或界面设计的方法，分别用来帮助有听力障碍、视力障碍和行为障碍的用户。
8. 设计用户界面的 5 个目标是什么？
9. 试给出自然语言界面的定义。它们的主要缺点是什么？
10. 解释什么是问答式界面。它们最适合哪一类用户？
11. 用户是如何使用屏幕菜单的？
12. 什么是嵌套菜单？它有什么优点？
13. 解释什么是屏幕输入 / 输出表单？它的主要优点是什么？
14. 基于 Web 的填写表单有哪些优点？
15. 基于 Web 的表单填充式界面有哪些缺点？
16. 试给出图形用户界面的定义？
17. 哪一类用户使用图形用户界面最为有效？
18. 术语“电容式感应”的同义词是什么？
19. 试列出可用于与触摸式智能手机和平板计算机进行接口的 3 种手势？
20. 试述设计人员使用非标准手势来创建智能手机或平板计算机的界面时会产生的一个问题。
21. 为什么隐喻在设计应用程序的用户界面时是重要的？
22. 警报在智能手机或平板计算机接口中起什么作用？
23. 徽章在智能手机或平板计算机接口中起什么作用？
24. 为什么在智能手机或平板计算机的所有通知和警报上为用户提供一个退出选项是重要的？
25. 为什么在应用程序上要避免使用徽章？

26. 列出 4 种为大众熟知的智能个人助理。
27. 智能个人助理的别名是什么？
28. AR 的设计和 VR 的设计有什么区别？
29. 什么是元宇宙？
30. iPhone 设计的 Siri 可以利用自然语言识别功能，它是智能个人助理吗？为什么是或者为什么不是？
31. 设计良好的屏幕对话的 3 个原则是什么？
32. 图标、图形和颜色在提供反馈方面起着什么作用？
33. 列出在用户界面设计时有助于减少用户操作的 8 种方法。
34. 列出有助于评价用户界面的 5 个原则。
35. 什么是 UX 设计？
36. 用一句话对比采用传统的设计方法与采用 UX 设计方法之间的差异。
37. 分别列出各种良好 UX 设计应该做和不应该做的行为。
38. 使用 UX 设计进行电子商务交易的 7 个好处是什么？
39. 在哪 7 种情况下必须向用户提供反馈？
40. 告知用户输入已被接受的合适方式是什么？
41. 当用户被告知输入形式不正确时，应该同时给出哪些额外的反馈？
42. 列出 4 种通知 Web 用户输入格式不正确的方法。
43. 为什么不能只用嘟嘟声或蜂鸣声来通知用户输入不正确？
44. 当用户的请求没有完成时，系统应提供什么反馈？
45. 试述电子商务网站为了获取用户反馈而采用的 2 种设计方法。
46. 列出分析员可以用于改善用户导航的简易性和电子商务网站粘滞性的 4 种实用方法。
47. 列出 5 个使用标准图标或元素的导航选项，设计人员可以将这些图标或元素添加到电子商务网站以改进导航和理解。
48. 什么是超文本链接？应在哪里使用它们？
49. 试述什么是 Mashup。
50. 三个 Cookie 权限的法规中的哪一个会让访问者知道网站背后的企业所有者是否会与第三方共享或出售通过使用 Cookie 收集的信息？
51. 什么是聊天机器人？
52. 试用速记符号表示 6 种基本的查询方法。

问题

1. Manu Narayan 在全球拥有多家一流的酒店，包括曼哈顿、孟买、甚至郊区。他想确保人机界面适合于各种文化，但也希望能够与所有的酒店预订部门共享软件。为一个具有入住登记和结账功能的酒店预订系统设计一个全球通用的嵌套菜单界面。要求可以用数字键选择菜单项，并把菜单按标准 PC 显示器的效果显示出来。
2. Kristin Angelle 需要屏幕界面来展示其音乐连锁店中的乐器库存，为在瑞士的巴塞尔、阿根廷的布宜诺斯艾利斯、美国的费城和纽约的世界级交响乐团的音乐家提供乐器。请设计一个可以在计算机显示屏上使用的填充式表单界面，实现对这 4 个地区的音乐连锁店的乐器的库存控制。假定界面语言为英语。
3. 请把上一问的界面设计成基于 Web 的填充式表单界面。

（1）设计的难点是什么？用一段话加以说明。

（2）你所设计的两种界面中，哪一种更适合 Kristin 先生的任务？为什么？请给出 3 个理由，并说明你将怎样测试它们的可用性。

4. Philip Menard 有限责任公司是一家英国旅行社，公司希望你的系统团队设计一个适用于智能手机和平板计算机的界面，免费赠送给公司客户，供他们预订与公司有稳定业务关系的航空公司的机票，如大英航空、瑞安航空、维珍航空公司等。

（1）该界面在智能手机屏幕上显示时看起来应是怎样的。

（2）制作一个手势列表，供用户激活显示以预订航空公司座位，并记下每个手势的作用。

5. Laura Kai Chen 是 Jersey IT Innovators 公司的 IT 主管，他请你设计一个可以帮助行政主管工作的台式机图形用户界面，使用文件夹图标、回收站图标和电话图标等。试展示它们在计算机屏幕上看起来的效果是怎样的。

6. Josh 和 Colleen 是美国新泽西州樱桃山镇的一对名厨夫妇和餐厅老板，他希望能够在系统上获得清楚的反馈信息，用来管理他们在费城和纽约市的千家 Farm to Tabie 餐厅的食物库存。设计一个可以为用户提供合适反馈的屏幕界面，以表明用户有关当地可用产品日常更新报表已经成功地发送给厨师了。

7. 为工资管理软件包设计一个屏幕界面，用于告诉上一问中的 Josh 和 Colleen 如何在查看每周和每月的薪资数据时获取更详细的反馈信息。

8. 设计一个基于 Web 的屏幕，以一种可接受的方式告诉 Josh 和 Colleen 他们的系统输入已被接受。

9. 使用 UX 设计方法设计电子商务网站的 3 个页面，其中 Josh 和 Colleen 的忠实餐馆客户（也称为美食家）可以在网页上购买他们的食谱、预约 Josh 的烹饪和屠宰分解课程，并购买可以一天内运送到美国东北部的新鲜甜点。

10. 为 13 章问题 1 中的文件编写 6 种不同的查询。

11. 为 13 章问题 3 中的 3NF 关系编写 6 种不同的查询。

12. 请设计一个查询，用于在网上搜索诸如 World’s Trend 等公司潜在的竞争对手。假设你是公司客户。World’s Trend 公司最初是一家为男士、女士和儿童提供优质时尚服装的邮购供应商。客户通过电话、电子邮件，以及通过邮寄每个目录中包含的订单来下订单，或者通过 World’s Trend 公司网站上的电子商务网站在线下单。

13. 在 Web 上搜索 World’s Trend 公司潜在的竞争对手（World’s Trend 公司是一家虚构的公司，在 Web 上并不存在），以表格的形式列出你的搜索结果。有关 World’s Trend 公司的简要说明，请参见上一问。

小组项目

1. 请你和你的小组成员一起为职业介绍所创建一个下拉菜单，将求职者与空缺职位相匹配。要求包含一个键击列表，使用“ALT-X”格式的快捷键直接激活菜单选项。菜单具有如下选项：

添加应聘者
修改应聘者
删除应聘者
应聘者查询
职位查询
雇主查询
添加雇主

修改雇主

删除雇主

匹配应聘者与空缺职位

打印空缺职位报表

打印成功匹配报表

添加职位

修改职位

删除职位

2. 用一段话阐述小组在创建该菜单的过程中遇到的问题。

3. 在 GUI 中拖放功能被广泛应用，它在字处理软件中可以很灵活地移动句子。请以小组形式讨论在下列的应用程序中如何充分发挥拖放功能的优点（如果不确定任何应用程序的含义，请在设计答案之前在 Web 上对其进行简要研究）：

（1）项目管理软件（第 3 章）

（2）关系数据库程序（第 13 章）

（3）屏幕或表单设计（第 12 章）

（4）电子表格程序

（5）绘制数据流图的 CASE 工具（第 7 章）

（6）智能手机的天气 App（第 3 章）

（7）绘图软件中的插图

（8）开发数据字典的 CASE 工具（第 8 章）

（9）绘制决策树的程序（第 9 章）

（10）收集用户对新产品意见的网站（第 11 章）

（11）组织网站书签的程序

对小组设计的每个解决方案，画出屏幕画面并用箭头展示移动形式。

4. 要求所有组员根据自己的业余爱好（诸如跑步、跳舞、看电影等）提出搜索请求。如果你们的小组有 4 个人，那么可能需要执行 4 种不同的搜索。执行各自的搜索，然后比较搜索结果。对某种活动有爱好的组员所设计的方案是否比没有这种爱好的组员所设计的方案要好一些呢？为什么？

5. 请浏览如下 Mashup 网站，并说明每个网站是如何通过提供服务来实现增值的。

（1）Modern Business Guide，www.thisweknow.org。

（2）Global Incident Map，www.globalincidentmap.com。

（3）Streeteasy，www.streeteasy.com。

参考文献

Adam, A., & Kreps, D. (2006). Web accessibility: A digital divide for disabled people? In E. Trauth, D. Howcraft, T. Butler, B. Fitzgerald, & J. DeGross (Eds.), *Vol. 208. Societal and organizational implications for information systems* (217–228). IFIP International Federation for Information Processing.

Baines, J., & Howard, C. (2016). *UX lifecycle: The business guide to implementing great software user experiences* (Kindle ed.). CreateSpace Independent Publishing Platform.

Ball, M. (2021, June 29). *Framework for the Metaverse.* https://www.matthewball.vc/all/forwardtothemetaverseprimer

Barki, H., & Hartwick, J. (1994). Measuring user participation, user involvement, and user attitude. *MIS Quarterly, 18*(1), 59–82.

Benyon, D. (2019). *Designing user experience* (4th ed.). Pearson.

Berstel, J., Reghizzi, S. C., Roussel, G., & San Pietro, P. (2005). A scalable formal method for design and automatic checking of user interfaces. *ACM Transactions on Software Engineering and Methodology, 14*(2), 124–167.

Boag, P. (2017). *User experience revolution*. Smashing Media AG.

Carey, J., Galletta, D., Kim, J., Te'eni, D., Wildemuth, B., & Zhang, P. (2004). The role of human–computer interaction in management information systems curricula: A call to action. *Communications of the Association for Information Systems, 13*, 357–379.

Combs, V. (2021). *Metaverse cheat sheet: Everything you need to know*. https://lg-static.techrepublic.com/direct/whitepapers/Metaverse_Cheat_Sheet__1_.pdf

Davis, G. B., & Olson, M. H. (1985). *Management information systems: Conceptual foundations, structure, and development*. McGraw-Hill.

Falbe, T., Andersen, K., & Frederiksen, M. M. (2017). *White Hat UX: The next generation in user experience*. Amazon Kindle.

Galleta, D., & Zhang, P. (Eds.). (2006). *Human–computer interaction and management information systems: Applications*. M. E. Sharpe.

Greene, K. (2009, March). A better, cheaper multitouch interface. *Technology Review*. www.technologyreview.com/computing/22358/?a=f

Hartson, R., & Pyla, P. (2019). The UX book: Agile UX design for a quality user experience (2nd ed.). Morgan Kaufmann.

Heckstall, V. (2017, March 6). *10 tools to create your own chatbot for free without coding*. http://www.business2community.com/business-innovation

Hornbaek, K., & Frokjaer, E. (2005, April). Comparing usability problems and redesign proposals as input to practical systems development. *CHI 2005*, pp. 391–400.

Mantei, M. M., & Teorey, T. J. (1989). Incorporating behavioral techniques in the system development lifecycle. *MIS Quarterly, 13*(3), 257–267.

Nielsen, J., & Mack, R. L. (1994). *Usability inspection methods*. Wiley.

Nielsen, J., Molich, R., Snyder, C., & Farrell, S. (2001). *E-commerce user experience*. Norman Nielsen Group.

Rubin, J. (1994). *Handbook of usability testing*. Wiley.

Schneiderman, B., & Plaisant, C. (2005). *Designing the user interface: Strategies for effective human–computer interaction*. Addison-Wesley.

Te'eni, D., Carey, J., & Zhang, P. (2007). *Human–computer interaction: Developing effective organizational systems*. Wiley.

U.S. Equal Employment Opportunity Commission. (2017). *Employers*. http://www.eeoc.gov/employers/index.cfm

Zhang, P., Carey, J., Te'eni, D., & Tremaine, M. (2005). Integrating human–computer interaction development into the systems development life cycle: A methodology. *Communications of the Association for Information Systems, 15*, 512–543.

第五部分

Systems Analysis and Design, Eleventh Edition

质量保证和实现

第 15 章

Systems Analysis and Design, Eleventh Edition

设计准确的数据输入规范

学习目标

1. 理解有效编码对支持用户完成任务的作用。
2. 学习如何为用户和系统设计有效且高效的数据获取方法。
3. 知道如何通过数据验证来保证数据质量。
4. 阐明电子商务网站上用户输入的数据准确性优势。

确保用户能够准确地把数据输入系统是最重要的。数据输入质量决定信息输出质量是不言自明的。系统分析员通过实现 4 个目标可确保准确的数据输入：（1）为数据创建有意义的代码；（2）设计有效的数据获取方法；（3）保证数据获取的完整性和有效性；（4）通过有效性验证确保数据的质量。

数据的质量是度量数据在某种预先设置的范围内一致性程度的方法。经过有效编码的数据能减少无意义的数据量，并且便于准确输入数据，从而减少输入数据所需的时间。

若用户能高效地输入数据，则数据输入满足预定的性能指标，该指标给出了输入所花的时间和输入的数据条目数量之间的关系。有效的编码、快速且有效的数据获取和输入以及通过有效性验证规范确保数据的质量是本章需要介绍的所有数据输入目标。

15.1 有效编码

能保证更准确和有效地输入数据的一种方法是使用各种熟悉的代码。将不明确和令人厌烦的数据转换为较短的容易输入的数字或字母的过程叫*编码*（coding）（不要与程序的编码相混淆）。

编码能帮助系统分析员实现效率目标，因为经过了编码的数据所需要的输入时间较少，从而减少输入数据条目的数量。在后面的数据转换过程中，编码也可帮助我们对数据进行适当的排序。此外，经过编码的数据能为我们节省宝贵的内存和存储空间。总之，在获取数据方面编码是一种形象且又简洁的方法。除了保证输入的准确性和效率外，编码还有一个目的，即支持用户。特定类型的编码允许我们按特定的方式处理数据。编码的目的如下：

（1）记录某些事物。

（2）分类信息。

（3）隐藏信息。

（4）揭示信息。

（5）请求相应的处理。

下面几小节将依次讨论上述每一个目的，同时给出一些编码实例。

15.1.1 记录某些事物

有时我们只是希望标识一个人、一个地方或一件事，目的是对它们进行记录。例如，一家家具店开展了一项业务，为用户定制带软垫的家具，它需要为每项工程指派一个作业编号。销售人员需要知道客户的名字和地址，但车间主任或组装家具的工人不需要知道客户信息。因而，他们为作业指派了一个任意的编号。该编号既可以是随机的，也可以是有顺序的，正如下面的小节中将描述的一样。

15.1.1.1　简单序列码

简单序列码（sequence code）是分配给某一需要编码的事物的数字，因而这些数字之间不存在关系。图 15.1 显示如何为一个家具制造商的订单指派一个订单号码。使用这个简单的参照号码，公司可了解处理中的订单情况。输入作业编号“5676”要比输入“为 Feng Xu 制作的那把带皮垫的黑褐色摇椅”更有效。

订单编码	产品	顾客
5676	摇椅 / 带皮垫	Feng Xu
5677	餐厅椅子 / 有软垫	Millie Monice
5678	双人沙发 / 有软垫	J. & D. Yang
5679	儿童摇椅 / 贴花图案	Chelsea Kennard

图 15.1　使用一个简单的序列码，指明订单发到定制家具店的次序

使用序列码而不是随机数字有一些优点。首先，它消除了指派重复数字的可能性。其次，它可以让用户估计出订单将在何时收到。

当作业是按序处理且需要知道数据项输入系统的顺序，或者需要知道事件的发生顺序时，应采用序列码。这方面的例子可以在银行中找到，比如银行准备举办一次关于特殊业务的宣传活动。由于银行按“先来先服务”的原则（其他的业务也一样）批准特殊的抵押贷款，所以知道一个人何时申请一项特殊的低息家庭贷款很重要。在这种情况下，为每个申请人指派一个正确的序列码是很重要的。

15.1.1.2　字母衍生码

有时使用序列码不能满足要求。一个显而易见的例子是，我们不希望让某些人通过编码估计出已经指派了多少编码。另一种情形是，我们需要一个更复杂的编码来避免出现代价高昂的错误，而序列码在此种情形下无能为力。一个可能的错误是，由于我们输入错误的数字而导致将一笔支付款加到了 223 账户上，而实际上我们是想将它加到 224 账户上。

字母衍生码（alphabetic derivation code）通常用于标识一个账号。图 15.2 中的例子来自一本美国杂志上的邮寄地址签。这个编码成为账号。前 5 个数字取自订阅者邮政编码的前 5 个数字，后面的 3 个字母是订阅者名字中的前 3 个辅音字母，再后面的 4 个数字取自街道地址，最后 3 个字母构成杂志的代码。这个编码的主要目的是标识一个账号。

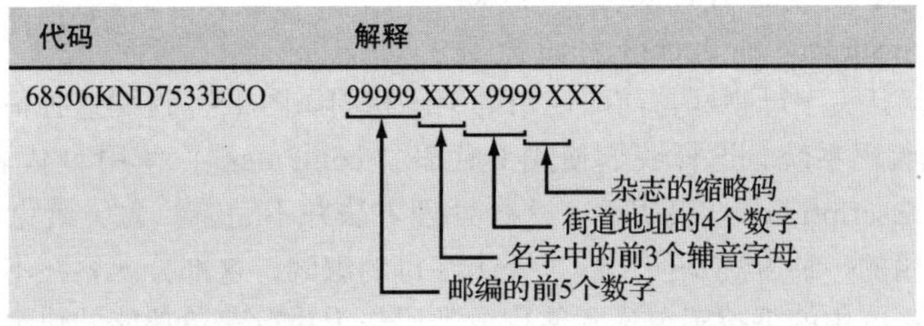

图 15.2　使用字母衍生码标识一个杂志订阅者账号

第二个目的是打印邮寄地址标签。按这种方式设计编码时，邮政编码是账号的第一部分。通常订阅者记录每年更新一次，但是使用该记录的主要目的是每月或每星期打印一次邮寄地址签。让邮政编码作为主键字段的第一部分意味着，不必为了批量邮寄杂志而按邮政编码排序记录，因为记录在文件中是按主键顺序排序的。注意，有效日期不属于账号的一部分，因为与其他数据相比，有效日期变化得更加频繁。

当字母部分很短（例如，名字“Po”）或者当名字中包含的辅音字母远远少于编码所需时，就会出现字母衍生码的一个缺点。名字“Roe”中只有一个辅音字母，因而编码的该部分就不得不衍生为 RXX（或使用其他机制进行衍生）。字母衍生码的另一个缺点是，其中的一些数据会发生变化，例如改变一个人的名字或地址，此时将改变文件中的主键。

15.1.2　分类信息

分类能够区分项目类型。分类在很多情况下都是需要的，比如反映一名员工负责哪一部分医疗保险计划，或者显示哪个学生已经满足了课程的核心要求。

为了使分类有用，类与类之间应互相排斥。例如，如果一名学生在 F 类，意思为新生，即便他已修完了 0 ～ 36 个学分，那么也不应将他或她归类为大学二年级学生（S 类）。若 F=0 ～ 36 个学分，S=32 ～ 64 个学分，则这些类之间相互重叠。如果类编码之间不是相互排斥的，那么数据就会混淆不清，不容易判明。

15.1.2.1　分类码

分类码（classification code）用于将一组具有特殊特征的数据从其他数据中区分出来。分类码可以由单一字母或数字组成。它们是描述人物、位置、事物或事件的一种简写形式。

分类码在手册中列出或公布出来，这样用户就能容易地找出所需的编码。很多情况下，用户对于频繁使用的编码非常熟悉以至于他们记住了这些编码。用户区分出一个项目，然后直接将它的编码输入联机系统之中。

分类编码的一个例子是，为了计算所得税，我们要将课税减免部分分类出来。图 15.3 显示如何为某些项目（比如利息、医药费、捐款等）生成编码。该编码系统很简单：取每一类的首字母。捐款取为 C，支付利息取为 I，生活用品支出取为 S。

编码	课税减免项目
I	支付利息（Interest Payment）
M	医药费（Medical Payment）
T	税（Tax）
C	捐款（Contribution）
D	应付款（Dues）
S	生活用品支出（Supplies）

图 15.3　通过使用单字母分类代码对免税项目进行分组

这种编码方法很好用，直到我们碰到其他类目，比如计算机产品购置费（computer item）、保险费（insurance payment）和订购费（subscription），其开头字母刚好与前面使用的编码相同。图 15.4 说明这种情况下将会发生什么。此时应拓展编码系统，这样我们使用 P 代表“comPuter”，使用 N 代表“iNsurance”，使用 B 代表“suBscription”。很明显，这种处理方法并不完善。为了避免出现这种混乱情况，我们可以采用的一种方法是使用超过一个字母的编码，这部分内容在本章后面的助记码部分讨论。GUI 系统中的下拉菜单通常使用分类码作为执行菜单功能的快捷方式，比如使用 Alt+F 执行 File（文件）菜单。

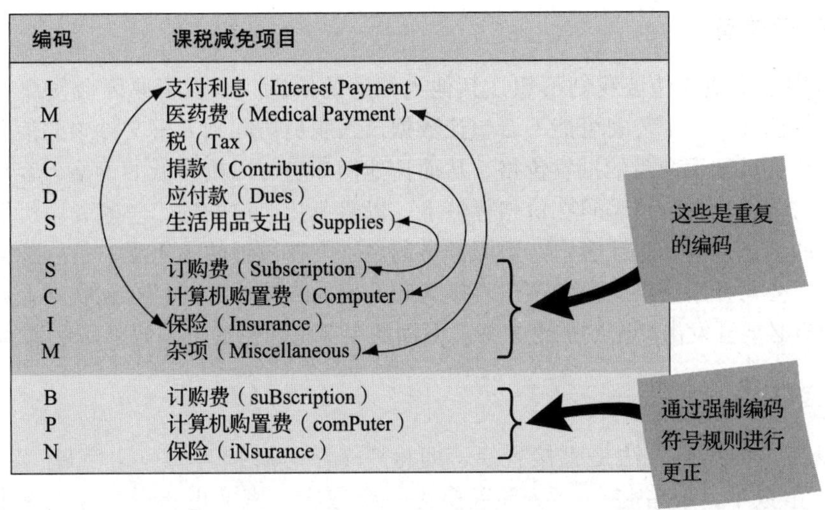

图 15.4　当类目之间具有相同的字母时，使用单字母分类码会产生问题

15.1.2.2　块序列码

前面讨论了序列码。块序列码（block sequence code）是序列码的扩展。图 15.5 说明了商业用户是如何为计算机软件指派数字代码的。软件的主要类别包括：浏览器软件包、数据库软件包和 Web 设计软件。这些类别按下面的“块”或范围指派顺序数字代码：浏览器 100 ～ 999，数据库 200 ～ 299，等等。块序列码的优点是，可以根据普通的特征对数据进行分类，并仍然能简单地为下一个需要标识的项目指派一个可用的数字代码（当然在同一个块中）。

编码	软件包名称	类型
100	Apple Safari	浏览器
101	Mozilla Firefox	
102	Microsoft Edge	
103	Google Chrome	
.		
.		
.		
200	Microsoft Access	数据库
201	MySQL	
202	Oracle	
.		
.		
.		
300	Adobe Dreamweaver	Web 设计
301	Webflow	
302	BlueGriffon	

图 15.5　使用块序列码分组类似的软件包

15.1.3　隐藏信息

编码可用于隐藏或伪装我们不想让其他人知道的信息。有许多原因会使商业用户可能希望这么做。例如，一个公司可能不希望让数据录入职员访问到人事文件中的信息。一家商店可能会让售货员知道商品的批发价格，从而让他们知道可以按多低的价格与客户交易，但是他们可能需要将批发价格编码在价格标签上，以避免让客户发现。一家餐馆可能要获取有关服务情况的信息，但不想让客户知道服务员的名字。在最近的几年里，信息隐藏和安全变得非常重要。公司开始让供应商和客户直接访问他们的数据库，并且在互联网上处理公司事务，因此很有必要开发出严密的加密方案。下面的小节将讨论通过编码隐藏信息的例子。

15.1.3.1　密码

或许最简单的编码方法是直接置换，即将一个字母置换为另一个字母，将一个数字置换为另一个数字，或者将一个字母置换为一个数字。密文电报就是字母置换的例子。图 15.6 是一个密码（cipher code）的例子，该密码来自纽约的 Buffalo 百货公司，该公司使用 BLEACH MIND 编码所有的折扣价格。没有人知道为什么选用这些字，但是所有员工能熟记它们，因而该密码是成功的。注意该图中，一个产品的零售价为 25 美元，其折扣价为 BIMC，将其逐字母解码后就得到 18.75 美元。

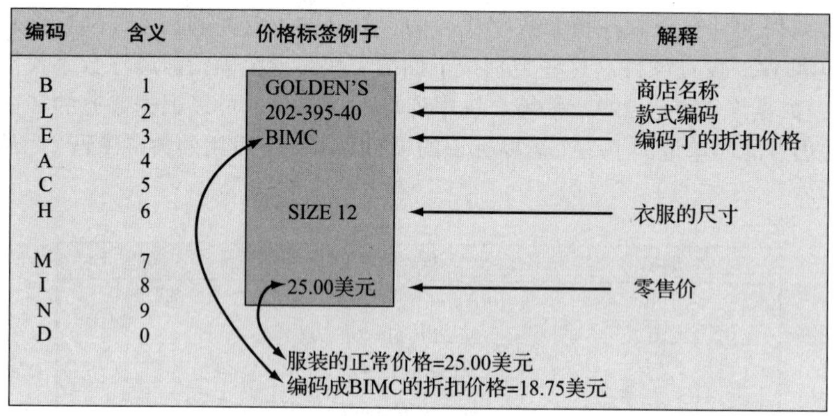

图 15.6　用密码编码折扣价格是一种对客户隐藏信息的手段

15.1.4　揭示信息

有时我们需要通过编码为个别用户展示信息。在一家服装店，每件衣服的标签上除了打印价格之外，还打印有关部门、产品、颜色和大小的信息。这些信息有助于销售人员和仓库保管员确定商品的位置。

通过编码展示信息的另一个原因是，使得数据输入更有意义。一个熟悉的零件号码、名称或描述有助于更准确地数据输入。如下小节中的编码示例将解释如何实现这些概念。

15.1.4.1　有效数字子集码

如果能根据在许多子组中的成员关系描述产品，则可以使用一种有效数字子集码（significant-digit subset code）来帮助描述这种关系。图 15.7 中服装店的价格标签就是一个实际的有效数字子集码的例子。

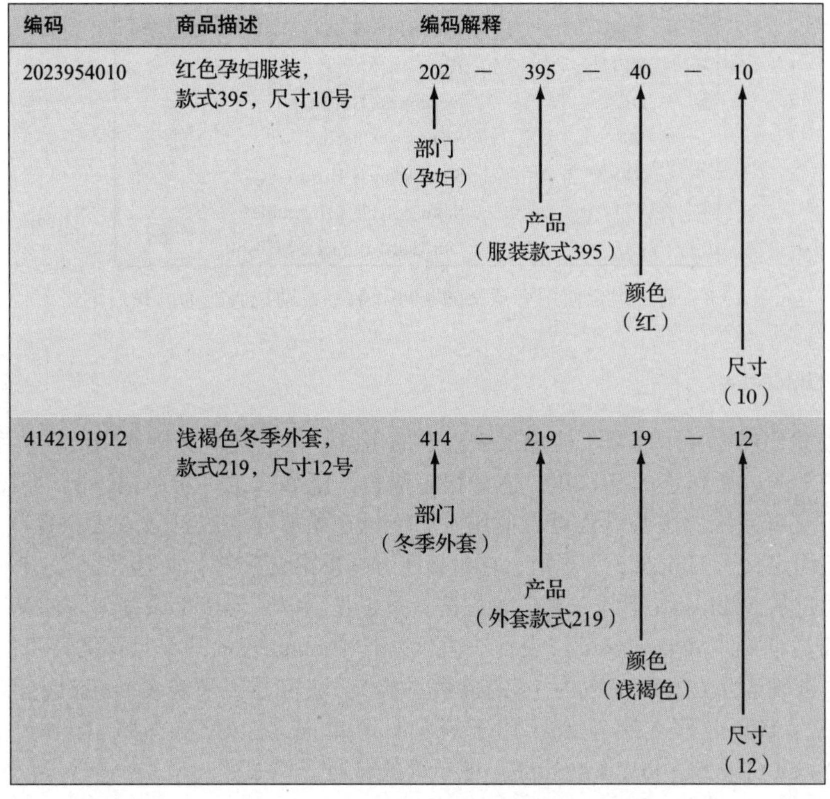

编码	商品描述	编码解释
2023954010	红色孕妇服装，款式395，尺寸10号	202 — 395 — 40 — 10 部门（孕妇） 产品（服装款式395） 颜色（红） 尺寸（10）
4142191912	浅褐色冬季外套，款式219，尺寸12号	414 — 219 — 19 — 12 部门（冬季外套） 产品（外套款式219） 颜色（浅褐色） 尺寸（12）

图 15.7 使用一个有效数字子集码有助于员工定位属于某个特定部门的产品

对于粗心大意的观察者或客户来说，产品描述看起来只不过是一个较长的数字而已。但对于一名销售人员来说，该编码由一些较短的数字组成，每一个都有其含义。前面 3 个数字代表服装类别，下面 3 个数字代表产品，再下面 2 个数字代表颜色，最后 2 个数字代表服装尺寸。

有效数字子集码既可以由实际描述产品的信息（例如，数字 10 表示大小为 10 号），也可以由任意指派的数字组成（例如，202 表示孕妇服装类别）。在这种情况下，使用有效数字子集码的优点是，它能使员工定位属于某个组或类别的产品。例如，如果商店经理决定为即将来临的销售时机而调低所有的冬季服装价格，那么销售人员就能定位所有属于 310 ～ 449（通常指派给冬季服装的编码块）类别的所有产品。

15.1.4.2 助记码

助记码（mnemonic code）是一种用户记忆辅助物。任何有助于数据录入员记住如何输入数据，或有助于最终用户记住如何使用信息的编码都可看作助记码。组合使用字母和符号可以醒目而清晰地编码一个产品，从而使我们能容易地发现编码，并理解编码的含义。

Buffalo 地区血液中心以前使用的城市医院代码就是一种助记码，如图 15.8 所示。之所以发明这种简单的编码，是因为血库管理员和系统分析员要确保医院代码容易记忆和回忆。医院助记码有助于降低将血液运往错误医院的可能性。

代码	城市医院
BGH	Buffalo General Hospital
ROS	Roswell Park Memorial Institute
KEN	Kenmore Mercy
DEA	Deaconess Hospital
SIS	Sisters of Charity
STF	Saint Francis Hospital
STJ	Saint Joseph's Hospital
OLV	Our Lady of Victory Hospital

图 15.8 通过组合使用有意义的字母和数字，助记码能辅助我们记忆

15.1.4.3 Unicode

代码使我们能够显示通常不能输入或查看的字符。传统键盘支持使用西方文字字符（称为拉丁字符）的人所熟悉的字符集，但是很多语言，诸如汉语、希腊语、日语或希伯来语，不使用西方字母系统。这些语言可以使用希腊字母、象形文字或符号来表示音节或整个词。国际标准组织定义了 Unicode 字符集，它包括所有标准语言字符，并且还留有 65 535 个字符的空位。通过从 Microsoft 下载一种输入方法，可以显示以其他字母系统编写的 Web 页。

象形符号使用“&#xnnnn；”表示法表示，其中 nnnn 表示一个具体的字母或符号，而 x 表示十六进制表示法（即基数为 16 的计数系统）。该符号用来表示 Unicode 字符。例如，コ 表示日语片假名字符 ko。用于表示日语单词“你好”（即 konichiwa）的编码是 こにち わ。该单词的日语形式如下：

こ に ち わ
ko ni chi wa
hello

完整的 Unicode 字符集按语言进行分组，并且可以在 www.unicode.org 中下载。

15.1.5 请求相应的处理

代码通常需要指示计算机或决策制定者采取什么行动。这种代码通常叫作*功能码*（function code）。典型情况下，这些代码采用序列码或助记码形式。

15.1.5.1 功能码

分析员或程序员希望计算机对数据执行的功能隐含在*功能码*中。要完成的活动的准确描述被转换成一串短的数字或字母代码。

图 15.9 显示一个更新库存的功能码的例子。假设你管理一个牛奶部门，如果出现了酸奶变质事件，那么你将使用代码 3 来指示这一事件。当然，需要输入的数据会随所需的功能而变化。例如，追加或更新

编码	功能
1	已分发
2	已销售
3	报废了
4	丢失了或被盗了
5	返还了
6	调出
7	调入
8	日记账（增加）
9	日记账（扣除）

图 15.9 功能码简洁地记录了计算机应执行的功能

一条记录只需要记录的键和功能码，添加一条新记录则需要输入所有的数据元素，包括功能码。

15.1.6 编码的一般指导原则

前几小节中，我们分析了在人和机器输入和存储数据时为什么要使用不同类型的编码。下面将讨论建立一个编码系统应遵循的原则。图 15.10 强调了这些原则。

分析员在建立编码系统应遵循
保持代码简洁
保持代码稳定
代码要独一无二
代码是可排序的
避免使人迷惑的代码
保持代码一致
允许修改代码
代码要有意义

图 15.10 建立编码系统需要遵循 8 条指导原则

15.1.6.1 保持代码简洁

代码应是简洁的。太长的代码意味着需要更多的击键，从而可能引起更多的错误。长代码也意味着在数据库中存储该信息需要更多的内存。

短代码容易记忆并且比长代码更容易输入。如果必须使用长代码，那么应将它们分成子代码。例如，对于 5678923453127，我们应使用连字号将其拆成以下的形式：5678-923-453-127。这种方法更容易处理，并且能利用人们处理短信息的优势。有时基于某些原因制作的代码需要超过必需的长度。信用卡号码通常很长，防止被人猜出。Visa 和 MasterCard 使用 16 位数字，可以满足 10 万亿客户的需要。由于信用卡号不是按顺序指派的，因此被猜出的可能性很小。

15.1.6.2 保持代码稳定

稳定性是指一名客户的标识码不应随每次接收到的新数据而变化。前面的讨论中，我们为杂志订阅单提供了字母衍生码。到期日期之所以不是订阅者标识码中的一部分，是因为它很可能发生变化。

不要在一个助记码系统中改变代码的缩写方式。一旦我们选择好了代码缩写方式，就不应修改它，因为这会使数据录入员很难适应新的代码。

咨询时间 15.1

这儿乱作一团

"我真是受不了了。最近的 45 分钟内，我一直在找这盏灯。" Morio Fuyuki 一边抱怨，一边紧张地按下他手里拿着的便携式露营灯上的开关按钮。他是 M.Henson 的新任仓库保管员，M.Henson 是一家大型零售目录和电子商务公司，专门为北极和其他探险活动提供露营用品和物品。"目录单上称之为 ' PO LAN LED 2pk–6 AA bat req '。幸好你告诉我 ' LAN ' 代表灯。我以为它代表局域网，所以我在以太网电缆那里看了看。最后我在贴着 Camp/Lights 的货架上找到它了。要是目录和网页与该货架匹配，那么不就更容易找了吗？对我来说，这个发货单的意思是：'采购订单（PO），局域网（LAN），需要 2 包电池（LED）'。我的全部时间都花在网络电缆中寻找这一商品上。"

Morio 的同事 Ngendo Tamba 正忙于为完成另一个订单而从货架上拉出产品，他根本没有听到 Morio 说的话。“你会适应的。他们得这样编码才能使计算机理解订单。在大多数情况下，我会查看发货单上的目录页码，然后在登记簿中找到它，弄明白它的含义，最后才能找到这个地方……除非我以前找过它，并记住了它的存放位置。” Ngendo 解释道。

Morio 还在坚持他的观点：“尽管计算机很智能，但我们得填写这么多的订单。我们应让那些家伙将我们在货架上找到的产品列出名称清单。”

Ngendo 有些讽刺地回答：“噢，当然。他们极想知道我们的想法。”然后，他用一种较平静的口气接着说道：“你知道，我们过去都是那样做的，但是在他们购买了所有这些新计算机并开展 24 小时电话和网络订购业务之后，一切都变了。他们说，操作员（和用户）应更多地知道公司在卖（或买）什么东西，因此他们将代码改得更像一个故事。”

Morio 对 Ngendo 的新发现感到很惊讶，问道：“我在找的那个产品代码代表什么故事？”

Ngendo 看了一下灯的发货单上的代码，回答道：“你在找的产品代码为‘PO LAN LED 2pk–6 AA bat req’。在服务员飞快地从她的计算机中找到代码之后，她会告诉客户，‘这是一种带 LED 灯的便携式露营生存灯，一包两个。每盏灯需要提供六节 AA 电池，但电池不包括在内。’我们因为他们的编码而只见树木不见森林，但是你应知道 M.Henson 公司，他们得打开销路并完成销售任务。”

仓库货架和发货单上的编码保持一致有多重要？用一段文字说明你的观点。如果代码看起来能帮助人记忆，但没有给员工提供解开代码的合适的“钥匙”，那么会带来哪些问题？用两段文字说明你的看法。你会为 M. Henson 的发货单 / 仓库编码做哪些调整？将你的调整方案写成文档，说明你所使用的编码类型，并使用新的编码方法为 M. Henson 可能销售的产品生产一个编码例子。记住，还要解释编码的含义。

15.1.6.3 代码要独一无二

为了使代码有效，它们必须是独一无二的。我们记下系统中使用的所有代码，从而确保没有给不同的产品指派相同的代码或名称。代码或名称是数据字典中必需的条目，这部分内容在第 8 章中讨论过。

15.1.6.4 代码是可排序的

如果我们想有效地操作数据，那么代码应能排序。例如，如果想根据英文月份的升序执行文本搜索，那么带“J”的月份（January、July 和 June）将不能正确排序。字典从左往右每次对一个字母排序。因此，如果要按 MMMDDYYYY 排序，其中 MMM 代表月份的缩写，DD 代表日，YYYY 代表年，那么排序的结果是错误的。

图 15.11 表明，按不同的日期形式执行文本搜索时会发生的情况。第 3 列显示一个 2000 年危机（Y2K）问题，该问题曾一度引起恐慌，甚至上了《时代》杂志的封面。

确保用户能够使用你所创建的代码做你想要他们做的事是重要的。数字代码要比字母代码容易排序，因此只要实际情况允许，就应将字母代码转换为数字代码。

使用 MMM-DD-YYYY 排序导致的错误	使用 MM-DD-YYYY 排序导致的错误	使用 MM-DD-YY 排序导致的错误（2000 年问题）	使用 YYYY-MM-DD 得出正确顺序
Dec-25-1998	06-04-1998	00-06-11	1997-06-12
Dec-31-1997	06-11-2000	97-06-12	1997-12-31
Jul-04-1999	06-12-1997	97-12-31	1998-06-04
Jun-04-1998	07-04-1999	98-06-04	1998-10-24
Jun-11-2000	10-24-1998	98-10-24	1998-12-25
Jun-12-1997	12-25-1998	98-12-25	1999-07-04
oct-24-1998	12-31-1997	99-07-04	2000-06-11

图 15.11　为了使输入后的数据满足一定的用途，应事先进行规划。在这个例子中，设计编码的人没有认识到可能需要对数据进行排序

15.1.6.5　避免使人迷惑的代码

应尽量避免使用看起来或听起来类似的编码字符。字母 O 和数字 0 很容易混淆，字母 I 和数字 1、字母 Z 和数字 2 也同样容易混淆。因此，诸如 B1C 和 280Z 的代码是不能令人满意的。

一个容易混淆的代码的例子是加拿大的邮政编码，如图 15.12 所示。代码格式为 X9X 9X9，其中，X 代表一个字母，而 9 代表一个数字。在邮政编码中使用字母的优点是在 6 位代码中可以使用更多的数据（因为字母有 26 个，而数字只有 10 个）。由于加拿大人经常使用这种邮政编码，因此他们完全明白邮政编码的含义。然而，对于一个要发邮件到加拿大的外国人来说，则很难搞清楚倒数第二个符号是 Z 还是 2。

加拿大邮政编码格式 X9X 9X9			
手写体邮政编码	实际的邮政编码	城市，省	问题
L8S 4M4	L8S 4M4	汉密尔顿，安大略省	S 看起来像 5
T3A ZE5	T3A 2E5	卡尔加里，艾伯塔省	2 看起来像 Z 5 看起来像 S
LOS 1JO	L0S 1J0	滨湖尼亚加拉，安大略省	0 和 O 看起来很像 5 看起来像 S 1 看起来像 I

图 15.12　在代码中使用几个看起来相似的字符会导致出现错误

15.1.6.6　保持代码一致

在大多数时候，为使用户的工作更有效率，代码的形式应该一眼就能看明白。有些组合使用的代码，比如 BUF-234 和 KU-3456 是一种较差的编码，因为第一个代码包含 3 个字母和 3 个数字，而第二个代码只包含 2 个字母，后面跟的却是 4 个数字。

如果需要进行日期相加，那么应尽量避免在一个应用程序中使用 MMDDYYYY 格式，而在另一个应用程序中使用 YYYYDDMM 格式，并在第三个应用程序中使用 MMDDYY 格式。在程序之间或在程序中，保持代码的一致性是很重要的。

15.1.6.7 允许修改代码

适应性是良好编码的一个关键特性。分析员必须谨记一点：系统会随着时间的流逝而演进，编码系统应能适应变化的要求，因为客户的数量可能会增加，客户名字可能会改变，并且供应商可能会修改编码产品的方式。分析员设计编码时应能预测用户未来的需求，并留有较大的余地。

咨询时间 15.2

遭遇夏季代码

Kenya Okeke将手从键盘上移开，然后弯下腰检查堆在她工位上的发货单。"这究竟是些什么？"当Kenya再次仔细检查发货的城市代码时，她大声地问道。

Asuka Akemi是Kenya的主管，坐在离Kenya几个工位远的地方。此时，她正经过Kenya的工位，看到Kenya惊慌失措地坐在那儿，问道："出了什么事了？推销员是否又忘了写上城市代码？"

Kenya转过她的椅子，面对Asuka说道："不是的，代码已经写上了，但是这些代码怪怪的。通常我们使用的是3个字母的代码，是不是？例如CIN代表辛辛那提，SEA代表西雅图，MIN代表明尼阿波利斯，BUF代表布法罗。但是这张发货单上的城市代码都是5个字母的。"

"看，"Kenya边说边拿起发货单给Asuka看，"CINNC，SEATT，MINNE。我要花费一天的时间才能将这张发货单输入完毕。这可不是开玩笑，它确实让我的输入速度慢了很多。或许里边还有错误呢。我能不替换回原来的代码吗？"

Asuka离开了Kenya的工作台回到自己的位置上，好像这个问题会传染一样。Asuka以道歉的口吻说道："这都是由那些兼职者引起的。他们还在学习销售，管理层担心他们会乱用城市代码。我认为，这与最近的订单中将Newark和New Orleans混淆有关。因此，委员会决定将城市代码由3个字母改为5个字母，从而使城市代码更容易识别。这些孩子还不能一下子就学会我们所知道的东西，尽管他们很努力。不管怎么说，这一切将在8月19日那天结束，那时这些兼职的孩子将返回学校。"

当Kenya闷闷不乐地重新开始输入工作时，Asuka同情地用手拍拍她的肩膀，说道："我知道这加重了你的负担，并且让你感到痛苦，但是不要担忧。你会好起来的。这只不过是一个夏季代码而已。"

管理层决定采用城市的夏季代码时忽略了哪些编码指导原则？列出这些指导原则。为了给兼职者提供便利而改变代码，会给全职的数据录入员带来什么影响？用两段文字解释你的看法。临时对编码做出的调整，对于将来对夏季输入的数据进行排序和检索操作有什么影响？用两段文字讨论这些潜在的影响。为了保证兼职者使用短的代码也不会带来混乱，你认为应对编码进行什么样的调整？在一个交给这个工作组主管的备忘录中，列出数据获取或数据录入过程应做出的5～7项调整，调整后的代码应能满足短期雇员的需要，同时又不能打乱正常的商业活动。如何在不降低数据录入员的工作效率的前提下实现这一目标？请用一段文字说明。

15.1.6.8 代码要有意义

除非分析员想要故意隐藏信息，否则创建的代码应具有一定的含义。有效的代码不仅包含信息，而且对于使用它的人来说应有意义。含义丰富的代码易于被理解、易于被使用并且易于被回忆。当使用的代码含义丰富且不只是一组毫无意义的数字时，数据录入工作就会变得更加有意思。

15.1.6.9 使用代码

代码可以按多种方式使用。在有效性验证程序中，应根据代码列表对输入数据进行检查，确保只有有效的代码才能被输入系统。在报表和查询程序中，保存在文件中的代码被转换成代码所对应的含义。报表和屏幕不应显示或打印实际的代码，否则，用户就不得不记住代码的含义或从手册中找出代码的含义。在 GUI 程序中，创建下拉式列表框时需要用到代码。

15.2 有效且高效的数据获取

为了确保输入系统的数据的质量，有效地获取数据是很重要的。由于信息处理极大地促进了生产力的发展，因此数据获取越来越受重视。在过去的 40 年里，我们在数据获取方面取得了很大的进展。我们已经从需要多步骤才能完成、慢速和经常出错的系统，比如穿孔机，转向使用复杂的光学字符识别系统、条码、售货点终端（POS 机）等。

15.2.1 决定要获取什么样的数据

要获取什么样的数据务必在用户与系统交互之前确定下来，这对于成功实现最终的用户界面是至关重要的。这同样适用“无用输入，无用输出”这句至理名言。

为系统输入获取什么样的数据，由系统分析员和系统用户共同来决定。大多数要获取的数据是特定的行业所专用的。获取数据、输入数据、保存数据和检索数据都需要付出昂贵的代价，其中大部分费用是劳动力费用。考虑这些因素，获取何种数据的决定就变得很重要。

要输入的数据分为两类：随每个事务而改变的数据；能简明地将正在处理的项目与所有其他项目区分出来的数据。

广告公司向办公用品批发商所发出的订单中，每次订购的办公用品数量，就是*易变数据*（changeable data）的例子。因为订购的数量随广告公司员工的数量而变化，同时还要取决于该公司所服务的账号数量，因此在每发一个订单时都必须输入有关数量的数据。

在一个患者的记录中包含病人的社会保险号码和该病人的姓名中的前三个字母，可以将该病人与同一系统中的其他病人区分开来，该数据就是*区分数据*（differentiation data）的一个例子。

15.2.2 让计算机完成其余的事情

考虑为每个事务获取什么数据以及让计算机输入什么样的数据时，系统分析员必须利用计算机完成其擅长的事情。在前面的广告公司订购办公用品的例子中，当操作员输入文具订单时，他没有必要为每个接收到的订单重新输入其中每一项目的描述信息，因为计算机可以很容易地保存和访问这些信息。

计算机能自动处理重复性的任务，比如：记录事务的时间、根据输入计算新的值，以及按需保存和检索数据。通过充分地利用计算机的特性，高效的数据获取设计可以避免不必要的数据输入，而这反过来又能减少人为的错误和避免输入人员产生厌烦心理，使用户可以专注于高级任务。我们应把软件编写成请求用户输入今日的日期，或者从计算机的内部时钟获得该日期。一旦输入日期，系统应使用这一日期处理该数据输入会话中的所有事务。

数据重用的最好的例子是美国的联机计算机图书馆中心（Online Computer Library Center，OCLC），它供美国数千个图书馆使用。OCLC 是基于这样的思想建立起来的，即一家图书馆购置的每本图书只需分类一次。一旦一本图书的信息被输入，其类目信息就被保存到巨大的 OCLC 数据库中，并由参与 OCLC 的图书馆共享。该例中，实现了只需输入一次的简单概念，它为我们节省了大量的数据输入时间。

在确定什么东西无须重新输入时，也应考虑计算机的计算能力。计算机擅长使用已经输入的数据进行长时间的计算。

例如，数据录入员输入航班号和客户在航空旅行常客奖励计划中使用的航行账号。然后，计算机计算每次航行的里程数，并加上客户账号上已有的里程数，最后更新该客户账号的总里程。若客户账号上的总里程数达到一定的数量，则计算机标记该账号，指示其符合奖励要求。尽管所有这些信息可以打印在顾客最新的账号表单上，但数据录入员所需输入的新数据仅为已飞行航班的航班号。

在使用 GUI 的系统中，代码通常作为函数或作为数据库中一个独立的表进行存储。应谨慎考虑创建太多的表，因为软件必须从每个表中找到匹配的记录，这可能导致访问速度减慢。如果代码比较稳定且几乎不会发生变化，则可以作为一个数据库函数进行存储。如果代码经常变化，则把它们存储在一个表上，这样就可以轻松地更新它们。

图 15.13 表示如何用下拉列表选择添加或修改 CUSTOMER 表中的一个记录的代码。注意，代码存储在数据库表中，但是下拉列表同时显示代码及其含义。这种方法有助于确保准确性，因为用户不必猜测代码的含义，并且不会输入无效的代码。

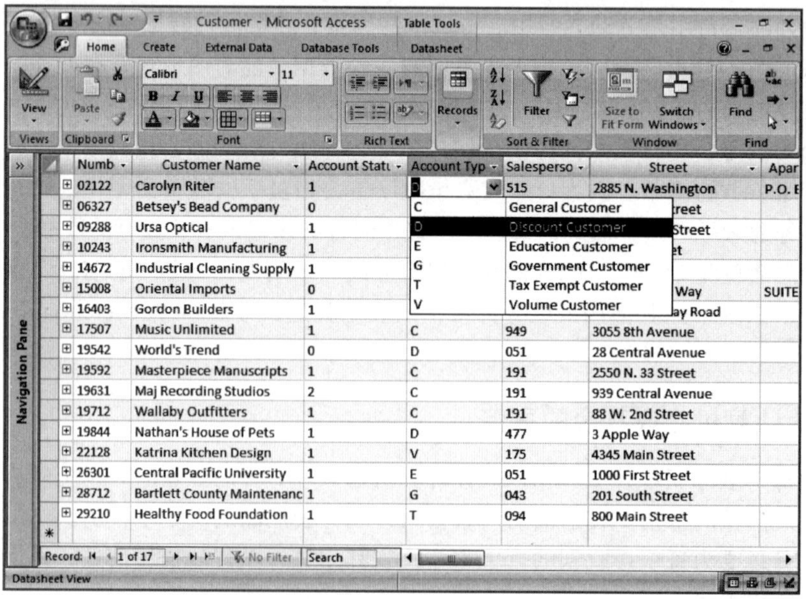

图 15.13　下拉列表中使用的一个编码表。该列表用于选择一个编码，以便添加或修改一个记录中的数据项（经 Microsoft 许可使用）

15.2.3　避免瓶颈和额外步骤

数据输入的*瓶颈*（bottleneck）与实际的瓶颈很相似。输入数据应该快速地“倒”入系统的“大嘴”，但由于人工创建的实例不足以处理输入的数据量或细节信息，所以数据通过系统的“颈部”时处理的速度就慢了下来。避免瓶颈的一种方法是，保证提供足够的能力来处理所输入的数据。

我们不仅应在分析阶段确定避免额外输入步骤的措施，而且还要在用户开始与系统交互时确定要采取的措施。输入数据涉及的步骤越少，则引入错误的机会就越少。因此，除了节省劳动力的考虑之外，避免额外输入步骤也是一种保证数据质量的手段。再次重申，使用联机实时系统，可以免去填写表单就能获取有关客户的数据，因而这是一个减少输入步骤的最佳例子。

15.2.4　从一个好的表单开始

只有预先研究源文档应包含什么内容，才能实现有效的数据获取。数据录入操作员从源文档（通常是某种类型的表单）获取输入数据，这些文档是绝大多数系统数据的来源。联机系统（或者特殊的数据输入方法，比如条码）可能避免使用源文档，但是通常还是要制作某种类型的纸质表单（比如收据）。

使用有效的表单时，没有必要重新输入计算机已经保存的信息，诸如时间和日期等计算机能自动确定的信息。第 12 章详细讨论了应如何设计一个表单或源文档，以实现最大的数据获取能力，以及减少用户输入从中获取的数据所花的时间。

15.2.5　选择一种数据输入方法

有几种有效的数据输入方法可供选用。具体选择哪种方法取决于许多因素，包括速度、准确度和操作员培训，同时还包括数据输入方法（不管是资料密集还是劳动密集）的成本以及组织中当前使用的输入方法。

15.2.5.1　键盘

键盘（keyboarding）是最古老的数据输入方法，当然也是组织成员最熟悉的一种输入方法。这些年来，我们在键盘的标准化方面有了一些进展。这些特征包括用于打开程序的特殊功能键、用来滚动和浏览 Web 的键以及可以通过宏编程减少所需的键击数的键。人机工程键盘、红外线或蓝牙键盘和鼠标也是重大突破。

15.2.5.2　条码

条码（bar code）通常出现在产品标签上，但它们也出现在医院的病人身份识别手带上，或者出现在一个人或一件东西需要经过登记才能出入一个系统时的情况。许多条码标签包含某种特定商品的信息：制造商标识码、产品标识码、用于验证扫描准确性的编码（如一个校验位）以及用于标记扫描开始和结束位置的代码。

条码标签可以被认为是一种元码，或者对代码进行编码的代码，因为它们看起来就像一系列对数字或字母进行编码的窄条。然后，利用这些符号访问保存在计算机内存中的产品数据。直到最近，扫描仪还是读取线性码或一维码所需的，但现在，移动电话中的照相机或者

iPhone 内置的照相机也能读取 UPC 码。诸如 Delicious Library（www.delicious-monster.com）等廉价应用程序，可用来扫描一维条码，为你的所有书籍、电影、音乐、软件或游戏创建数据库。

矩阵式条码是二维条码（two-dimensional bar code）。它们仍然是光学的、机器可读的代码，但它们所需的空间比旧的线性条码要小得多。它们也比 RFID 标签（后面讨论）便宜，并且可以打印出来。现在有 30 多种不同类型的条码，这些不同的代码通常称为二维条码。如图 15.14 显示的是两种最常见的条码。用户可以为他们的移动电话获得读取这些条码的应用程序，并将其引导到它们各自的网站。

图 15.14　一维和二维条码示例

15.2.5.3　QR 码

QR 码（Quick Response code，QR code）由 Denso Wave 于 1994 年首次建立，当时 Denso Wave 是 Toyota 的子公司。QR 码已在日本和韩国被使用了一段时间。它现在在美国大范围使用，并且有可能成为世界上主要的二维条码。

通过三个角上出现的位置标记（看上去像三个嵌套的正方形），QR 码很容易被识别。QR 码完全是免费的，因为版权所有者决定不行使自己的权利。

二维码阅读器能阅读几种代码，它们都能阅读 QR 码。你可以轻松地找到很多其他 QR 码的创建者。

罗格斯大学肯顿法学院是美国领先的国立法学教育学院。它的肯顿信息技术部开发团队正在为所有学校活动生成 QR 码，然后以电子方式把它们发送给学院的标识系统。每个代码为用户提供一个到该活动网页的链接，使他们能够轻松地查看事件资料、注册事件以及把事件添加到移动日历上。

QR 码也可放置在学生自习室外面，允许学生自行安排预约时间并激活视频记录功能。然后自习室的练习课记录被发送到该学生的移动设备上，以便随时可以被查阅。QR 码可以以富有想象力的方式被使用。图 15.15 列出了一些用法。

QR 码可以
把你引向一个特定的网页
找到你想以更低价格购买的商品
激活电子邮件、SMS 文本消息或者打电话
找到并获取电子优惠券
使用电子优惠券
告诉你更多有关你正在观赏的画廊的画的信息
获取某事件的时间和地点信息
展示有关电影、戏剧或演唱会的宣传视频
允许你查看或增加交通卡上金额

图 15.15　QR 码可以以多种方式被使用

在输入设计中使用二维码有很多优点。几乎企业中的每个人都拥有并使用一个能够读取不同类型的条码的设备（诸如智能电话）。二维码可以是非专有的或免费的。条码提供了一种特别高精度的数据输入法。此外，通过使用基于 Web 的创建程序或者独立的应用程序，二维码很容易被产生。

二维码的一个缺点是打印代码容易被覆盖或篡改。越来越多的人担心，当毫无戒心的用户不加区分地扫描 QR 码而不检查 QR 码是不是真正的授权码时，智能手机的用户容易受到恶意的攻击。某些 QR 码已经内置安全性，允许 Android 或 iOS 用户扫描代码并立即发现它是不是恶意代码，或者在加载到用户浏览器之前判断是否会导致用户访问恶意网站。然而现在，很多用户甚至是设计人员，都不知道条码的潜在风险。因此，必须对用 QR 码引导用户的网站保持警惕。

15.2.5.4　RFID

射频识别（Radio Frequency IDentification，RFID）允许自动收集数据。它使用 RFID 标签或转发器，每个标签包含一个芯片和一个天线。RFID 标签可以有源也可以无源。如果无源，天线从输入信号提取足够的能源来驱动芯片和发送响应。RFID 标签可以附在产品、行李、动物，甚至可以放在人身上，通过无线电频率就可以识别人和事物。

由于 RFID 标签的作用范围有限，它也被称作感应卡。它可以是主动的也可以是被动的。被动的 RFID 标签无源，主动的 RFID 标签有源。被动的 RFID 标签价格低廉（每个不超过 5 美分），和邮票一般大小。通常在大型零售店中使用，例如沃尔玛和塔吉特。沃尔玛在经营过程中始终跟进 RFID 技术，以改进它的库存管理和供应链过程。RFID 标签可用于将数据传输到安全存储、共享和更新供应链的区块链。

主动的 RFID 标签有源，因而比被动的更可靠。美国国防部在运用这种标签后明显减少了后勤费用，并且增加了供应链可见性。主动的 RFID 标签的价格也不贵，每个几美元。

RFID 标签上的信息需要通过阅读器读取。阅读器激活标签，从而读取数据。阅读器解码标签上的数据和芯片上的唯一产品代码，然后把它传递给一台主机进行数据处理。

一个相关的例子是交通收费路段中使用的电子通行卡。RFID 收发机安装在汽车的风窗玻璃上，每次经过收费站时都被读取一次。收费站的 RFID 阅读器也可以充当记录器，这样就将记录存入 RFID 芯片中。

莫斯科地铁于 1998 年首次将 RFID 智能卡用于交通系统。其他应用包括对牛的跟踪以识别源牛群，以更好地跟踪疯牛病。RFID 还可以被应用于书店、飞机行李服务、医学、病人或囚犯，等等。

RFID 标签在很多海运应用中得到了普遍的使用，该技术不久将会运用于电子现金交易中。这种技术有安全保障（减少物品被盗的概率）且不需要扫描（通过读取区域即可），因此有可能替代 UPC 码。

RFID 并非没有任何争议，隐私就是一个问题。使用信用卡或购物卡付费有标签物品的顾客能被识别。

系统分析员在考虑该技术是否适合于正在设计的应用时，应考虑客户的隐私和权益。

15.2.5.5 近场通信

近场通信（Near Field Communication，NFC）是另一种数据输入方法，建立在 RFID 之上。NFC 支持双向通信，在结账柜台和其他场所的非接触支付系统中使用。客户只需使用安装了 Google Pay 之类的 Android 智能手机或 Apple 设备（例如 Apple watch 手表或 iPhone 手机），触摸或接近销售点设备即可建立无线电通信。

NFC 可用于在运输系统上进行支付、交换信息（例如时间表或地图）、接收定制优惠券或交换名片。由于其通信距离短以及安全层的复杂性，它被认为是安全的。

15.2.5.6 光学字符识别

光学字符识别（Optical Character Recognition，OCR）允许用户使用光学扫描仪，而不是前面已经讨论过的磁介质读取（手写或打印的）源文档中的数据作为输入。使用 OCR 设备与使用其他一些数据键入方法相比，数据输入的速度能提高 60% ～ 90%。

由于使用 OCR 不必编码或键入源文档中的数据，所以其输入速度得到了很大的提高。它能减少其他输入设备所需的费时且经常出错的步骤。因此，OCR 对于员工的技能要求很低，同时不需对员工进行过多的培训，从而可减少错误，并减少在重复性劳动上员工所花费的时间。OCR 也使输入数据的质量直接与产生数据的单元相关。OCR 是一种大家都可使用的设备，它还有一个非常实用的用途：将传真转化为可编辑的文档。（请注意，虽然传真已经被许多其他输入和输出技术所取代，但它们仍然分散在私人医疗办公室、执法机构，甚至快餐店等企业中，因此它们仍然在为许多企业服务。）

15.2.5.7 磁性墨水字符识别

我们可以在银行支票和一些信用卡账单的底部看到磁性墨水字符。这种方法在读取特殊字符方面与 OCR 类似，但其用途有限。使用由磁性微粒组成的墨水在表单上做一条特殊的线，然后由一台机器读取并翻译该线中的编码，从而能通过磁性墨水字符识别（Magnetic Ink Character Recognition，MICR）实现数据输入。

使用 MICR 的优点为：该方法可靠且高速，不易受到杂乱标记的影响（因为它们不是磁编码的）；如果在所有的取款支票上都要求使用这种字符，那么它可以作为一种安全性措施，用以杜绝无效支票；如果需要验证账号和支票号，数据录入人员可以查看构成代码的号码。

15.2.5.8 标记识别表单

标记识别表单（mark-sense form）通过使用一种扫描器识别特制表单上用铅笔作的标记来实现数据输入。这种表单通常用作评阅问卷的答题纸，如图 15.16 所示。使用这种方法，数据录入员几乎不需要培训就可以快速处理大量的表单。

标记识别表单的一个缺点是，尽管用户可以确定一个标记是否被画上，但是他们不能按光学字符阅读器的方式解释标记。因此，表单上的偏离笔画有可能被看作为不正确的数据输入。此外，用户只能在表单上给出的答案中进行选择，而且由于表单上没有足够的空间供用户填写完整的字母和数字，所以使用这种表单很难获取字符数字混合数据。另外，填写标记识别表单的用户可能因一时大意，在错误的地方画上标记。

标记指南

做一个厚厚的黑色标记，完全填满圆圈。
清除所有你想要更改的答案，不要留下任何痕迹。

正确标记示例　●○ ●○ ○●

不正确标记示例　○⊗ ○✓ ○◉

1. 你在工作中主要服务于哪类客户？

管理者	○
监事、领头人	○
其他受薪人员	●
小时工	○
志愿者	○

2. 你所服务的组织的总规模（人数）：

少于1 000	○	15 000~25 000	○
1 000~5 000	●	25 000及以上	○
5 000~15 000	○		

3. 你使用哪些培训和开发技巧？（请标记每种技巧。）

	0.不使用	1.很少使用	2.偶尔使用	3.经常使用	4.主要使用	5.最主要使用
有媒体或没有媒体的讲座	⓪	①	②	③	④	●
电影	⓪	●	②	③	④	⑤
闭路电视录像带	⓪	①	②	③	●	⑤
讨论（案例、问题等）	⓪	①	②	③	④	●
角色扮演	⓪	①	②	●	④	⑤
行为建模	●	①	②	③	④	⑤
模拟、高级游戏	⓪	①	●	③	④	⑤
在职培训	⓪	①	②	●	④	⑤
工作轮换	⓪	●	②	③	④	⑤
实习、助教奖学金	●	①	②	③	④	⑤
组织发展技术	⓪	①	●	③	④	⑤
其他 ______	⓪	①	②	③	④	⑤

图 15.16　一个可由扫描器识别的标记识别表单，它加快了数据输入速度

15.3　通过输入验证保证数据的质量

到目前为止，我们已经讨论了如何通过源文档有效地获取数据，以及如何通过各种输入设备将数据高效地输入系统。尽管这些措施对于保证数据的质量是必要的，但只有这些措施还不够充分。

尽管我们不能完全控制错误的发生，但在处理和存储数据之前捕获输入错误的重要性再怎么强调也不为过。错误的输入所引起的混乱问题可能是一场噩梦，并且，许多问题需要经过漫长的时间才会显示出来。系统分析员必须有这样的思想准备，即数据中必然存在错误，因而必须与用户一起设计出输入验证测试，以防处理和保存错误的数据。因为若初始的错误长期没有被发现，则代价很高昂，并且需要花费大量的时间才能更正过来。

我们可能考虑不到导致输入出错的所有原因，但至少必须知道带来绝大部分问题的错误。图 15.17 给出了对输入进行有效性验证时，需要考虑的潜在问题的概要列表。

输入验证类型	可以避免的问题
对输入事务进行有效性验证	提交错误的数据 数据由未经授权的人提交 请求系统执行不允许执行的功能
对输入数据进行有效性验证	丢失数据 不正确的字段长度 数据具有不可接受的成分 数据超出范围之外 数据无效 输入的数据与存储的数据不匹配

图 15.17　输入有效性验证对于确保尽早消除数据的大多数潜在问题非常重要

15.3.1　输入事务有效性验证

对输入事务进行有效性验证（validating input transaction）主要通过软件来实现，这种软件的实现是程序员的责任，但是系统分析员了解哪些常见问题会导致一个事务无效也是很重要的。对质量负责的企业会把有效性验证作为例行软件的一部分。

与输入事务相关的 3 个主要问题是：向系统提交错误的数据，数据由未经授权的人提交，请求系统执行不允许执行的功能。

15.3.1.1　提交错误的数据

例如企图将一个病人的社会保险号码输入到医院的工资管理系统，就是向系统提交错误数据。这类错误通常是一种偶然的错误，但是在数据处理之前应标记出这类错误。

15.3.1.2　数据由未经授权的人提交

系统应能发现虽然正确但由未经授权的人所提交的数据。例如，只有监管药剂师才能输入药房中的管制药物的库存总数。由未经授权的个人所提交的无效事务关乎工资管理系统和员工评估记录（它决定员工的薪酬水平，晋升或培训练）的隐私和安全，它甚至还会影响到包含商业秘密或机密信息（比如国防数据）的文件。

15.3.1.3　请求系统执行不允许执行的功能

第 3 个引起无效输入事务的错误是请求系统执行不允许执行的功能。例如，对于一个人力资源部经理来说，更新当前员工的现有记录是很自然的，但请求系统创建一个新的文件而不只是更新现有的记录是无效的。

咨询时间 15.3

输入或不输入：这是问题所在

“我刚刚担任 Elsinore Industries 总裁。”Rose N. Krantz 说道，“我们工厂实际上是一家小型家庭作坊式产业的一部分，为 7 岁以上儿童制造村庄玩具。我们的微型村庄玩具有各种各样的元件，可以用于制作孩子们想要的东西。这些元件包括：联动的塑料立方体，村庄的基础设施，比如市政厅、警察局、煤气站以及一个橙汁销售亭。每个元件都有一个唯一的零件号码，从 200 到 800，但不是每个号码都能用到。每个元件的批发价格是不同的，一个市政厅需要 54.95 美元，而一个橙汁销售亭只需 1.79 美元。”

“我对受雇于 Elsinore Industries 以来所看到的东西感到很忧虑。这儿的状况正如一位剧作家所写的那样：‘某些事情已经糟透了’。事实上，发货单管理系统是如此不可控制，以至于我没日没夜地与我们的簿记员 Gilda Stern 一起工作。” Rose 自言自语道。

“我希望得到你的帮助，把这些事情解决掉。” Rose 继续说道，“我们需要向国内的 12 个配送仓库发货。发货单内容包括：仓库的代码（从 1 ～ 12）、街道地址以及美国地区邮政编码。同时每个发货单上还要有填写时的日期、所订购的元件代码、每个元件的描述信息、单价以及每个元件的订购数量。当然，还要包括元件的总价、运费以及仓库应付给我们的总费用。不计销售税，因为他们将我们售给他们的商品重新售给 50 个州和波多黎各的商店。我们希望你能设计一个用计算机处理的订单输入系统，使之成为 Elsinore Industries 发货单管理系统的一部分。”

为 Elsinore Industries 设计数据输入系统时，请考虑本章讨论的所有数据输入目标。画出说明设计所需的所有屏幕画面。如何才能使订单输入系统更高效？请用一段文字说明。规定哪些数据可以被保存和检索，对于每个订单哪些数据是必须重新输入的。如何才能避免不必要的工作？用一段文字解释你建议的系统会比旧系统更高效。如何确保数据的准确性？列出可应用于为 Elsinore Industries 输入的数据的三种策略。

15.3.2 输入数据有效性验证

我们有必要保证输入数据本身和请求的事务都是有效的。为了保证这种有效性，需要在软件中进行几个方面的测试。下面介绍一些对数据输入进行有效性验证的方法：

数据缺失测试（test for missing data）、字段长度正确测试（test for correct field length）、类别或组成测试（test for class or composition）、范围或合理性测试（test for range or reasonableness）、无效值测试（test for invalid value）、交叉引用检查（cross-reference check）、与存储数据的比较测试（test for comparison with stored data）、自验证代码（self-validating code）和信用卡验证。

15.3.2.1 测试是否存在丢失的数据

第一种输入数据有效性测试的方法是检查输入数据中是否存在丢失的数据项。对于某些情形来说，所有数据项都必须存在。例如，如果一个用于支付退休金或丧失工作能力赔偿费的社会保险文件中没有包含领款人的社会保险号码，那么这样的文件是无效的。

此外，记录中既应包含区别于其他记录的键数据，又应包括指示计算机如何处理数据的功能代码。系统分析员应与用户交流，一起确定什么样的数据项是必需的，并找出是否存在这样的异常情况：输入数据中丢失了某些数据项，但仍然认为数据是合法的。例如，第二个地址行包含的一个房间号或一个人姓名中间的首字母等这类非必需的输入项。

15.3.2.2　测试字段的长度是否正确

第二种有效性测试是检验输入中的字段长度是否正确。例如，如果内布拉斯加州奥马哈市的气象站向国家气象服务计算机提交的报表中，错误地使用了两个字母的城市代码（OM）而不是规定的 3 个字母代码（OMA），那么输入数据将被认为是无效的，因而就不应该被处理。

15.3.2.3　类型或组成成分测试

类型或组成成分有效性测试是指，检查只能完全由数字组成的数据字段中是否存在字母，反之亦然。例如，American Express 提供的信用卡号码中不应包含任何字母。进行组成成分测试时，程序不应接受既包含字母又包含数字的 American Express 账号。

15.3.2.4　取值范围和合理性测试

取值范围和合理性测试实际上是对输入数据进行的一种常识度量，目的是回答这样的问题，即输入数据是否落在某一个可接受的范围之内，或者在预先确定的参数之内是否合理。例如，如果用户试图验证一个建议的出货日期，那么取值范围测试将既不允许出货日期为 10 月 32 日，也不会接受出货月份为 13 月，日和月各自的取值范围为 1 ～ 31 和 1 ～ 12。

合理性测试是指确定数据项对于事务处理是否有意义。例如，在工资管理系统中添加一个新员工时，输入该员工的年龄为 120 是不合理的。合理性测试用于测试连续性的数据，也就是说有平滑取值范围的数据。这些测试包括：下界测试、上界测试或上下界测试。

15.3.2.5　测试是否存在无效值

输入数据中只有少数几个有效的取值时，我们才可以有效地使用输入的无效值测试。如果数据值既不是限制在某个范围内又是不可预测的，那么这种测试是不可行的。这种测试适用于检测数据仅被分为少数几类的情况。例如，一家经纪公司只将账户分为三类：第 1 类 = 活动账户，第 2 类 = 静止账户，第 3 类 = 已结清账户。如果由于发生错误而将数据指派给了其他类型的账户，那么该数据就是无效的。通常只对离散的数据执行值检查，因为此种数据通常只取某几个值。如果数据项有许多值，那么通常将它们保存在一个代码文件表中。把值放入一个文件中提供了一种容易的方法来添加或修改值。

15.3.2.6　交叉引用检查

一个元素与另一个元素具有相关性时，需要进行交叉引用检查。为了进行交叉引用检查，首先必须保证每个字段本身是正确的。例如，某个产品销售的价格应比成本高。输入的价格必须是数字的并且大于 0。对成本进行有效性验证时也可以采用同样的判别标准。当价格和成本都有效时，才对这两个值进行比较。

地理检查是另外一种形式的交叉引用检查。在美国，使用州缩写可以用于确保该州的邮政编码前两个数字是有效的。

15.3.2.7　与存储的数据进行对比测试

我们要考虑的下一个输入数据有效性验证是，将输入数据与计算机中已经保存的数据进行对比。例如，我们可以将最近输入的零件号码与库存中的全部零件进行比较，确保存在该零件号码，并保证输入是正确的。

15.3.2.8 建立自验证代码（校验码）

确保输入数据（特别是标识码）准确性的另一个方法是，在代码中使用*校验码*（check digit）。假设一个零件号码为 53411。当这个零件号码被输入系统时，会产生各种各样的错误。可能发生的一种错误是数据录入员输错了一个数字。例如，公司职员将 53411 输入为 54411。其中只有千位数字输错了，但是这个错误将会导致发错零件。第二种错误是调换数字错误。这种错误通常在这种情况下发生，即本应输入数字 53411 却键入为 54311。调换数字错误也很难看出来。

使用校验码的过程是这样的：使用原来的数字代码，进行一些数学计算，得出派生的校验码，并将它添加到原来的代码中。该数学过程为：首先将源代码中的每一个数字乘以一些预先确定的权重，然后将结果相加，所得的总和除以一个模数。此模数是必要的，因为总和通常是一个很大的数，而我们需要的结果是单个数字。最后，从模数中减去余数得到我们需要的检验码。校验码的一个著名公式是 20 世纪 60 年代建立的*卢恩公式*（Luhn formula），该公式在信用卡公司中得到了应用，如下文所述。

15.3.2.9 验证信用卡

把信用卡号输入 Web 站点或计算机程序时，首先要检查号码长度。信用卡公司设计的卡号有不同的数位。例如，Visa 信用卡有 16 位数，American Express 有 15 位数。

然后检查信用卡公司与银行是否匹配，以确认该卡确实是该公司发行的。前 4 位数通常表示卡类型，中间的数字通常代表银行和客户信息，最后一位数是校验位。

除了这些验证方法外，还可以使用卢恩公式。假如有一个号码为 7-7-7-8-8-8，前 5 个数字是银行账号，最后一个数字是校验码。我们可以用卢恩公式来查明这是不是有效的号码。

（1）将倒数第二位数加倍，然后每隔一位数加倍（即跳过一个数，使下一个数乘 2，又跳过一个数，使下一个数乘 2，以此类推）。例如，7-7-7-8-8-8 就变成 14-7-14-8-16-8。

（2）如果乘 2 后的数大于 10，那么就将个位数和十位数相加，得到一个单独的数。该例中，14 就变成 1+4=5，16 变成 1+6=7。这样，原始号码 7-7-7-8-8-8 就变成新号码 5-7-5-8-7-8。

（3）然后将新得的号码的所有数字相加。因此，得到 5+7+5+8+7+8=40。

（4）如果最终得到的数字末尾是 0，则根据卢恩公式该数字是有效的。因为 40 的末位是 0，所以我们可以说该号码通过了卢恩测试。

卢恩公式可以识别出输入不正确信用卡号码中的错误。例如，信用卡号 1334-1334-1334-1334 是有效的，因为转换后得到的号码为 2364-2364-2364-2364，加起来等于 60，是以 0 结尾的。如果用户键入一个错误数字，则总数不会以 0 结尾。

然而，卢恩公式并不能检测到所有的错误。如果用户键入的错误数字不止一个，例如，键入 1334-1334-1334-3314，转换后为 2364-2364-2364-6324，相加结果也是 60。这种数字调换的错误（调换倒数第 2 个数字和倒数第 4 个数字）不能被检测到。

为了更安全，信用卡公司还使用有效日期和 3 ～ 4 位验证码，通常写在信用卡的背面。

输入有效性的检测方法需要经过一个漫长的过程才能有效保护系统，防止输入和存储错误数据。作为系统分析员，应始终假设用户在输入时会出错。我们有责任知道哪些错误会使数据无效，以及如何用计算机防止这样的错误，从而限制它们对系统数据的入侵。

15.3.3 验证过程

对每个字段进行验证直到确认它是有效的或者检测到一个错误为止是重要的。对数据进行测试的顺序是首先检查遗漏数据，然后进行语法测试，检查输入数据的长度以及正确的分类和组成。只有在确认语法正确以后，才去验证数据的语义（即含义）。语义验证包括范围检验、合理性检验或数值检验，然后进行数字代码检验。

GUI 屏幕中结合单选按钮、复选框和下拉列表，有助于减少用户的输入错误。使用单选按钮时，应该有一个默认选项，只有当用户选择另外一个单选按钮时，才不需检验。在下拉式列表中，第一个选项的信息应该是提醒用户选择列表中的选项。如果用户提交表单时还是保持第一个选项被选中，应该用消息通知用户选择一个不同的选项。

对一个字段的验证通常是用一系列“IF...ELSE”语句完成的，但是也可以采用模式验证方法。这些模式通常是在数据库设计时发现的（与在 Microsoft Access 中的一样），但是可以插入编程语言中，诸如 Perl、JavaScript 和 XML Schema。这些模式叫*正则表达式*（regular expression），它用一些符号来表示一个字段中必须存在的数据类型。图 15.18 举例说明了 JavaScript 正则表达式中使用的字符。

字符码	以正则表达式验证时的含义
\d	0 ～ 9 之间的任何数字
\D	任何非数字字符
\w	任何字母、数字和下划线
\W	除字母、数字或下划线以外的任何字符
.	匹配任何字符
[characters]	匹配括号中的字符
[char-char]	匹配字符范围
[a–z][A–Z][0–9]	将接受任何字母或数字
[^characters]	匹配这些字符以外的任何字符
[^char-char]	匹配该字符范围外的任何字符
[^a–z]	将接受小写字母以外的任何字符
{n}	前面的字符正好重复 n 次
{n,}	前面的字符至少重复 n 次
\s	任何空白格式字符（制表位、换行、回车等）
\S	任何非空白字符

图 15.18 正则表达式（模式）验证中使用的字符

一个用于测试电子邮件地址的模式验证实例如下：

[A-Za-z0-9]\w{2,}@[A-Za-z0-9]{3,}\.[A-Za-z]{3}/

该模式的含义如下：第一个字母必须是大写字母、小写字母或数字（[A-Za-z0-9]）；然后是两个或多个字符，这些字符可以是字母、数字或下划线（\w{2,}）；再然后必须是一个 @ 符号，后面跟着至少 3 个字母或数字、1 个句点并且句点后面正好是 3 个字符。

交叉引用检验假定一个字段的有效性依赖于另一个字段的值。检查日期的有效性就是交叉引用检验的一个实例。一种非常特殊的情况是，一月当中的日期的有效性取决于年，即 2 月 29 日只有在闰年才有效。对单独的字段进行检查以后，就可以执行交叉引用检查。显然，如果其中的一个字段不正确，则交叉引用检查就毫无意义，因而不必执行。

对于 XML 文档，可以将它们与文档类型定义（DTD）或 Schema 进行比较来确定有效性（参见第 8 章）。DTD 可以检验文档格式是否有效。Schema 的功能更强一些，可以检查数据类型，比如长整数或短整数、十进制数或日期。Schema 也可以检验取值范围、小数点两侧的数字个数和代码值。有免费的工具可用来检验 DTD 或 Schema。

15.4 电子商务环境中的数据准确性优势

电子商务事务处理有许多附带的优点，其中的一个优点是增强了的数据准确性，这是因为以下的 4 个原因：

（1）通常客户自己键入或输入数据。

（2）保存用户输入的数据以备后用。

（3）销售点输入的数据在整个订单履行过程得到重用。

（4）信息被用作对用户的反馈。

分析员应认识到电子商务和电子方式获取和使用信息所带来的优点。

15.4.1 客户自己键入数据

首先，客户比任何其他人都更了解自己的信息。他们知道如何拼写自己的街道地址，知道自己是靠开车谋生还是靠街道为生，知道自己的地区码。如果通过电话传递这些信息，那么很容易被拼错地址。然而，如果由用户输入自己的信息，那么准确性将得以提高。

15.4.2 保存数据以备后用

当客户在一个电子商务网站中输入信息之后，信息可以保存到他们自己的个人计算机中。如果他们访问电子商务网站，并在其中填写了同样的表单用以完成另一个事务，那么他们将会体验到保存这些信息的优势。在开始输入自己的名字时，即使他们只输入一个字符，也会出现一个下拉式菜单提示他们的全名。通过单击该提示就可以输入全名，而不需要进一步的输入。这就是*自动完成*（autocomplete）或者自我暗示。

为了提高事务处理的速度和准确度，公司可以将信息保存在称作 Cookie 的小文件中。一旦信息被存储到一个 Cookie 中，网站就可以建议信用卡和密码信息是否匹配，并且由于这些信息是加密的，所以网站不能读取到保存在用户计算机中的信息。公司只有把 Cookie 放在用户计算机上，才能访问其中存储的个人信息。

15.4.3 通过订单履行过程使用数据

当公司从客户订单上获取到信息后，他们可以在整个订单履行过程中使用和重用这些信息。因此，为填写订单而收集的信息也能用于给客户发送收据，从仓库获得产品，运送该产品，发送反馈信息给客户，以及通知制造商重新进货。这些信息也能再一次被使用给客户发送一个纸质目录或通过电子邮件发送一个特殊报价给客户。

这些电子商务的增强功能能替代传统的方法。传统的方法采用基于纸张的采购过程，在该过程中通过传真或邮件的形式发送订货单。而电子商务所采用的电子过程不仅能提高产品分发的速度，而且能提高分发的准确性，从而使产品分发到正确的客户地址。发货人不再通过阅读传真或邮寄来的订货单获取有关货运的信息，而是使用更准确的电子版本数据。电子信息的使用使我们能更好地管理供应链（supply-chain management），包括：采用电子方式检查可用的产品和资源，自动进行计划、进度安排和预测。

15.4.4　向客户提供反馈信息

我们可以通过订单确认和订单状态更新增强对客户的反馈。如果客户确认了刚刚所下订单中的一个错误，就可以立即对其进行纠正。例如，假设客户错误地从亚马逊提交购买两条牛仔裤的订单，但实际上他只打算购买一条。在提交订单后，客户会收到来自亚马逊的电子邮件，以确认订单。当客户注意到错误，会立即重新上线并更正订单，从而避免买多一条牛仔裤。于是，通过更好的反馈提高了准确度。

15.5　小结

确保输入到信息系统中的数据的质量对于保证输出的质量有重大的意义。通过有效的编码、快速而高效的数据获取以及对数据进行有效性验证可以改善数据输入的质量。

加快数据输入速度的一个方法是有效使用编码。编码能将数据转换成一个短的数字或字母序列。简单序列码和字母衍生码能追踪某个给定的产品在系统中的处理过程。分类码和块序列码在区分一个产品类与其他的类方面很有用。密码也很有用，因为这种编码能隐藏敏感或局限于企业内部员工使用的信息。

编码可用于向用户显示信息，并使员工能够查找库存中的物品，使数据输入更有意义。有效数字子集码使用数字的子组来描述一个产品。助记码也能展现信息，可用作人的记忆辅助物，帮助数据录入员正确地输入数据，或者帮助最终用户使用信息。Unicode 字符集包括所有的标准语言符号。通过从 Microsoft 下载一种输入法编辑器，可以显示以其他字母系统编写的 Web 页。用于提示计算机或人执行什么功能或采取什么行动的代码叫功能码。

有效的数据输入还要考虑输入设备。第一步是设计一个良好且有效的表单，用作源文档。数据可以通过很多不同的方法输入，每种方法的输入速度和可靠性是不同的。为了提高效率和改善人体工程学的需要，键盘得到了重新设计。光学字符识别、磁性墨水字符识别和标记识别表单都有特殊的功能来提高数据输入效率。条码也能加快数据输入速度，提高数据的准确性和可靠性。QR 码正成为引导用户访问信息或促销网站的流行和有效的方式。许多 QR 码扫描仪应用程序可用于智能手机，允许用户轻松与 QR 码进行交互。RFID 通过商品、人或动物上的 RFID 标签自动收集数据。上述方法可以改善库存管理和供应链过程，并可以支持区块链技术的使用。

通过使用输入有效性验证也能增强数据输入的准确性。系统分析员必须与用户一起设计输入有效性测试，以防处理和保存错误的数据，因为这些错误的代价高昂而且存在潜在危害。

我们要对输入事务进行检查，确保请求的事务是可接受的、经过授权的并且是正确的。输入数据的有效性可以通过软件采用几种类型的测试进行验证，这些测试包括：丢失数据检查、数据项长度检查、数据的范围和合理性检查以及数据的无效值检查。为了实现有效性验证，也可将输入数据与已存储的数据进行比对。输入数值数据以后，通过使用校验码和卢恩公式，就能自动对它们进行检查和改正。

数据检验涉及对每个字段按一定的顺序进行验证。字段验证也可以采用数据库设计时发现的模式验证方法，或者编程语言中包含的模式验证方法。这些模式称为正则表达式，它用一些符号来表示一个字段中必须存在的数据类型。

电子商务环境提供了提高数据准确性的机会。通过适当强调 UX 设计理念，客户可以输入自己的数据，将数据保存起来以备后用，在整个订单履行的过程中使用以前保存的相同的数据，以及接收有关订单的确认和更新等反馈信息。

复习题

1. 数据输入的 4 个主要目标是什么？
2. 列出数据编码的 5 个基本目的。
3. 给出简单序列码的定义。
4. 字母衍生码在什么时候比较有用？
5. 解释分类码能实现什么功能？
6. 定义术语“块序列码”。
7. 隐藏信息的最简单的编码是什么？
8. 使用有效数字子集码的好处是什么？
9. 对数据使用助记码的目的是什么？
10. 试给出术语“功能码”的定义。
11. 正确编码应遵循哪 8 条一般指导原则？
12. 什么是易变数据？
13. 什么是区分数据？
14. 哪个具体的方法可减少输入数据中的冗余？
15. 术语“瓶颈”在数据输入中有何含义？
16. 计算机比数据录入操作员能更高效地处理数据输入中的哪 3 个重复性功能？
17. 列出 6 个数据输入方法。
18. 列出输入事务过程中可能发生的 3 个主要问题。
19. 什么是 QR 码？
20. 二维条码的主要功能是什么？
21. 列出开发人员可以在设计中加入 QR 码的 2 种方法。
22. 试给出 RFID 的定义，说明主动 RFID 标签和被动 RFID 标签的区别。
23. 给出两种在零售店或保健中心使用 RFID 标签提高库存管理和应用的方法。
24. 哪 8 种测试可对输入数据的有效性进行检查？
25. 哪种测试能检查数据字段中是否正确地填写了数字或字母？
26. 卢恩公式会忽略哪种错误？
27. 哪种测试不允许用户输入 10 月 32 日这样的日期？
28. 哪种测试能通过在代码内部包含一个数字来确保数据的准确性？
29. 列出在电子商务网站中进行事务处理时能在哪四个方面提高数据的准确性？
30. 什么是 Unicode？如何使用它？
31. 对输入到字段中的数据进行验证的过程是怎样的？
32. 什么是正则表达式？

问题

1. Savadove 大学是一个规模较小的私立大学，专门提供研究生教育，他们需要跟踪：申请入学的学生列表、被录取的学生列表、实际登记入学的学生列表。出于经济援助的目的，大学还必须向联邦学生援助计划发送报告，以便与获得贷款但未能注册研究生课程的学生名单相匹配。为此目的提出一种编码方法，并给出一个在大学中使用该代码的例子，用以说明该代码的适当性。它的优点是什么？

2. Central Pacific 大学 Chipmunk 学院足球队针对所有的体育运动比赛，使用一个简单的序列码来跟踪季票持有者和非季票持有者的体育迷。这种混合的跟踪方式令人心烦意乱。用一段文字为该学校提议一种不同的编码方案，用以帮助他们唯一地标识每个持票者，并说明它是如何防止混乱的。

3. 雪糕销售店在订购雪糕时使用的编码为 12DRM215-220。该代码按以下方式解析：12 代表盒子里雪糕的个数，DRM 代表 DREAMCICLES（一种特别的雪糕新品）而 215-220 指的是批发商经销的低脂肪类产品。

   （1）这里使用了什么类型的编码？描述代码中每个部分的用途（12、DRM、215-220）。

   （2）使用相同的格式和逻辑为名为 Pigeon Bars 的雪糕新品（这种雪糕每盒 6 支装，并且不是低脂肪的）构建一种编码输入方式。

   （3）使用相同的格式和逻辑为名为 Airwhips 的雪糕新品（这种雪糕每盒 24 支装，并且是低脂肪的）构建一种编码输入方式。

4. Melanie Julian Construction 公司的数据输入操作员在输入家具壁板产品的代码时搞错了编码。该公司按以下方式建立编码：U = stUcco（灰泥）、A = Aluminum（铝）、R = bRick（砖）、M = Masonite（梅森奈特纤维板）、EZ = EZ colorlok enameled masonite（彩釉釉面砖）、N = Natural wood siding（天然木壁板）、AI = pAInted finish（喷灰铝材）、SH = SHake SHingles（屋顶板）。每个地址只允许有一个编码。

   （1）列出该编码系统可能存在的导致输入错误的问题。（提示：这些产品类型之间相互排斥吗？）

   （2）设计一个助记码，帮助操作员理解他们输入的内容，以提高输入的准确性。

   （3）壁板材料已经被分为两类：耐火和防火。你会如何重新设计它的类别？用一段文字回答。

   （4）第 1 个小问谈及的一些材料的编码（天然木质壁板、砖、屋顶板和 EZ 彩釉釉面砖）将被一些顾问以创新的方式用到 Melanie Julian Construction 舞台剧的风景设计上。为第 2 个小问编码的住宅产品设计编码，让顾问认识到这些产品也可以在舞台上用于景观设计。

5. 以下是一个化妆品产品的代码：L02002Z621289NA，这是品种众多的化妆品系列中的一个产品。其中 L 代表产品为唇膏；0 是指该产品没有配套的指甲油；2002 是一个序列码，指示该产品的制造顺序；Z 是一个分类码，指示该产品是低变应原性的；而 621289 是指该产品制造车间的代码（总共有 15 个车间）。

   （1）对该编码做出评述，列出会导致不正确的数据输入的编码的特性。

   （2）这种编码模式的设计者 Brian d’Arcy James 是这家化妆品公司的老板。由于 Brian 一直对新设计情有独钟，所以他愿意采用一种更简洁的代码，以更好的方式编码相同的信息。重新设计题中的编码模式，并为你的工作提供一个键。

   （3）为你建议的每项修改分别用一句话加以解释，说明每项修改将消除什么（哪部分）数据输入问题。

   （4）Brian 对你的工作感到满意，他说公司想雇用你帮助开拓销售戏剧化妆产品。（诸如《女巫前传》

和《怪物史瑞克》等电影每周演出 8 场，使用了大量绿色油彩。）为你在第 2 个小问中建议的编码方案添加所有必要的新代码，并为你的工作提供一个键。

6. d'Arcy James 化妆品公司要求其销售人员使用笔记本计算机输入零售百货公司（他们的最大客户）的订单。然后，这些订单被传递到仓库，并按照先来先服务的原则处理。不幸的是，百货公司了解这一策略，他们之间开展了激烈的竞争，都想第一个拿到 d'Arcy James 化妆品公司的最新产品。许多零售商投机取巧，收买销售人员，让他们篡改销售单上的订购日期，使之早于实际的订购日期。
   （1）这个问题给仓库带来了极大的混乱。惩罚所有涉事人员是不可行的。如何使用仓库的计算机来保证订单发出的日期是真实的？用一段文字加以解释。
   （2）销售人员抱怨，他们不得不放下手头的正事（销售工作）而去输入订单数据。请列出与销售化妆品给零售商相关的数据项，这些数据项能被保存到中央计算机并从中检索，而不用为每个订单手工键入。
   （3）用一到两段文字说明，条码如何能帮助他们解决第 2 个小问中的问题。
7. 为以下情况列出最佳的数据输入方法，并给出选择这种方法的理由：
   （1）只有在请求数据的一方有有效的机器标识时才允许检索数据。
   （2）让没有经过充分培训的人员翻译长篇大论的答复信；提交的许多表单中需要阅读者选择多个答案；需要很高的可靠性；不需要很快的周转速度。
   （3）毒物控制中心需要维护一个大型数据库，其中包含大量的毒药和解毒药物信息。当一个受害者拨打中心免费的紧急求救电话时，中心需要一种方法输入有关所服毒物的数据，同时还要输入受害者的重量、年龄以及一些普通的身体情况信息。
   （4）客户使用信用卡在线下载一部电影。
8. Ben Coleman 是你所在的系统分析员团队中的一名成员，他声称如果系统采用了字段长度正确性测试，那么系统再加入范围或合理性测试是多余的，这让你感到很惊讶。用一段文字给出一个例子，说明 Ben 的观点是错误的。
9. 几个零售商联合起来发行一种“州”信用卡，它只用于本州内的商店的消费。为了服务周到，如果客户没有随身携带他或她的信用卡，那么零售商允许售货员使用手工方式输入 15 位的账号（需要从会计室获得该账号）。目前零售商注意到的有关账号的唯一问题是，有时错误的账号进入了计算机系统，导致账单被发送到一个不存在的账号。
   （1）采用什么样的有效性测试能消除这一问题？如何消除？用一段文字加以解释。
   （2）为他们建议另外一种能消除这一问题的数据输入方法。
10. 试给出一个把错误的数据提交给付款系统的实例。还要说明在输入过程的什么阶段应标记出该错误？
11. 为一个接受用户姓名的程序设计一个良好的组合测试。输入应该由什么组成？哪些输入应标记为不可接受的？
12. 为四年制大学的大学生在大学注册系统中输入的出生日期推荐一种合适的取值范围或合理性测试。
13. 一个零售商将增加数据库中已存在的制造商的智能手机的新型号，试解释与存储数据进行比较的测试将如何工作。
14. 试定义对下列数据进行有效性验证的正则表达式：
    （1）美国的邮政编码，该邮政编码必须有 5 个数字，后面跟着一个可选的连字号和 4 个数字。
    （2）(aaa) nnn-nnnn 格式的电话号码，其中 aaa 表示区号，而 n 表示数字。

（3）日 – 月 – 年格式的日期数据，月是三个字符的编码，年是 4 个数字，连字符号将年月日隔开。

（4）本章举例说明的用于杂志订阅者的字母衍生码。其格式为 99999XXX9999XXX，其中 X 表示字母，9 表示一个数字。

15. 试定义如下编码的有效性验证准则（每个字段可能有多种验证方法），以及每种条件的测试顺序。

（1）在 Web 表单上输入的信用卡号码：客户已经从下拉列表中选择了信用卡类型。

（2）硬件商店中的零件编号：零件编号是一个复合代码，第一个数字代表部门（诸如家庭用具部门、汽车部门等），并且编号应该是自校验的。该商店有 7 个不同的部门。

（3）把一本书退还给网上书店时盖上邮戳的日期：必须为客户提供该书的一份收据，退还的书所加盖的邮戳的期限必须在购买那天起的 30 日内。

（4）在 Web 站点上使用的语言代码：提示，在 Web 上搜索有关的标准语言代码。

（5）驾驶证号码由几个部分组成：驾驶员的出生月份、日期和年度（不一定在一起），一个表示眼睛颜色的编码；序列号。驾驶证包括出生日期、眼睛和头发的颜色，以及驾驶员的名字和住址。

（6）加拿大邮政编码：格式为 X9X 9X9（X 是任意字母，9 是任意数字）。

（7）航空行李编码：如 LAX 代表 Los Angeles，DUB 代表 Dublin。

（8）用于解码已购买软件的产品密钥：密钥由四组号码组成，每组有五个字符。第一组必须由两个字母和三个数字组成；第二组由两个数字和三个字母组成；第三组必须包含两个字母，分别取 A ～ G 之间的字母，后面跟着三个 1 ～ 4 之间的数字；最后一组必须包含一个字母（E、G 或 C），后面跟着两个 4 ～ 7 之间的数字，以及两个字母（A、B 或 C）。提示：使用模式可能是确认产品密钥的最好方式。

小组项目

1. 与你的组成员一起阅读本章前面提供的咨询时间 15.3。为 Elsinore Industries 设计一个合适的数据输入系统。设计时要强调效率和准确性。此外，要区别出易变数据和能将输入的一个产品与其他产品区分出来的区分数据。为了解释你的建议，绘制必要的屏幕界面原型。
2. 让你的组成员扮演分析员和 Elsinore Industries 的员工。分析员应提供新的数据输入系统，同时还要提供屏幕原型。请求 Elsinore Industries 的员工提供有关设计的反馈意见。
3. 简要描述如何根据接收到的反馈意见改善原来的数据输入设计。

参考文献

Davis, G. B., & Olson, M. H. (1985). *Management information systems: Conceptual foundations, structure, and development* (2nd ed.). McGraw-Hill.

Gaith, A. (Ed.). (2018). *RFID technolgy: Design, principles, applications and controversies*. Nova Science.

How to validate credit card numbers with the Luhn algorithm in Java. (2020, December 24). https://keepgrowing.in/java/how-to-validate-credit-card-numbers-with-the-luhn-algorithm-in-java/

Kendall, J. E. (2011). 2D or not 2D: That is the barcode question. *Decision Line*, *42*(5), 14–16. https://decisionsciences.org/wp-content/uploads/2017/07/Oct.2011.DLv42n5.pdf

Lamming, M. G., Brown, P., Carter, K., Eldridge, M., Flynn, M., Louie, G., et al. (1994). The design of a human memory prosthesis. *Computer Journal*, *37*, 153–163.

Lee, Y. M., Cheng, F., & Leung, Y. T. Exploring the impact of RFID on supply chain dynamics. In R. G. Ingalls, M. D. Rossetti, J. S. Smith, & B. A. Peters (Eds.), *Proceedings of the 2004 Winter Simulation Conference*, pp. 1145–1152.

MacKay, D. J. (2005). *Information theory, inference and learning algorithms*. Cambridge University Press.

Miller, G. A. (1956). The magical number seven, plus or minus two: Some limits on our capability for processing information. *Psychological Review*, *63*(2), 81–97.

Newman, W. N., Lamming, M. G., & Lamming, M. (1995). *Interactive system design*. Addison-Wesley Longman.

Niederman, F., Mathieu, R. G., Morley, R., & Kwon, I. (2007). Examining RFID applications in supply chain management. *Communications of the ACM*, *50*(7), 92–101.

Owsowitz, S., & Sweetland, A. (1965). Factors affecting coding errors (Rand Memorandum No. RM-4346-PR). Rand Corporation.

Robey, D., & Taggart, W. (1982). Human processing in information and decision support systems. *MIS Quarterly*, *6*(2), 61–73.

Ryder, J. (n.d.). *Credit card validation using LUHN formula*. http://www.freevbcode.com/ShowCode.asp?ID=3132

质量保证和实施

学习目标

1. 认识全面质量管理方法对提高软件设计和维护质量的重要性。
2. 认识文档编制的重要性以及文档编制方法的多样性。
3. 了解为什么需求可追溯性是有用的。
4. 学习有关测试、维护和审计的知识。
5. 了解如何实现分布式系统，包括面向服务的架构和云计算。
6. 了解如何为新系统的用户设计适当的培训计划。
7. 认识到物理转换策略间的区别并能够给客户推荐合适的策略。
8. 能够解决安全、防灾和灾难恢复方面的问题。
9. 理解对新系统进行评估的重要性，并能够给客户推荐合适的评估技术。
10. 了解企业网站评估。

质量一直是企业关心的焦点，也应该是负责信息系统分析与设计的系统分析员关心的焦点。信息系统的用户是建立和评价信息系统质量的最重要的因素。在早期阶段改正问题比一直等到用户抱怨问题时才改正的成本更低。基于软件工程的质量保证有四种方法：①通过自顶向下、模块化方法设计系统和软件，确保全面的质量保证；②用合适的工具进行软件编档；③采用需求可追溯性；④软件测试、维护和审计。

首先确保信息系统可操作，然后允许用户接管其操作以供使用和评估，这一过程称为实施。实施方法涉及在分布式计算、云计算和面向服务的架构的帮助下，通过将计算机功能和职责转交给整个企业中的小组和个人，从而将计算机功能转交给各个用户；培训用户并确保每个用户了解采用新的信息系统后必须承担的任何新角色；选择一种转换策略；提供合适的安全性、私密性和灾难计划；评估新的或修改后的信息系统。

16.1 全面质量管理方法

全面质量管理（Total Quality Management，TQM）对于整个系统开发过程中的每个步骤都很关键。根据 Evans 和 Lindsay（2015）的观点，TQM 的主要元素只有在支持全面质量工作的组织环境下才有意义。正是在这种环境下，客户至上、战略规划和领导、持续改进、授权和团队工作等 TQM 元素才能联合起来，改变职员的行为，并最终改变组织的方针路线。注意，近年来，为了反映组织方法，而不仅仅是生产方法，质量的概念已经拓宽。现在再也不能把质量想象为控制故障产品的生产数量，而应认为是一个朝着完美演进的过程，即 TQM。

系统分析员必须注意促使人们关注质量的因素。重要的是认识到，企业对 TQM 的重视程度的增加和系统分析与设计的总体目标非常契合。

16.1.1 六西格玛

六西格玛（Six Sigma）的出现改变了质量管理方法。系统分析员和系统用户需要知道六西格玛方法，并把其原理应用于系统分析项目。六西格玛最初是由 Motorola 于 20 世纪 80 年代开发的，它不仅仅是一种方法，还是一种建立在质量之上的文化。六西格玛的目标是消除所有缺陷，这适用于任何产品、服务或过程。在 20 世纪 70 年代到 20 世纪末的经营管理教科书中，质量控制表示为三个平均标准偏差（或三西格玛），它约等于每 100 万个操作中有 67 000 个缺陷。六西格玛隐含的目标是每 100 万个操作中不超过 3.4 个缺陷。

六西格玛是一种自顶向下的方法。它要求首席 CEO 采用这一理念，并要求高管担任项目负责人。六西格玛可以概括为一种方法。六西格玛涉及的步骤如图 16.1 所示。然而，六西格玛不仅仅是一种方法，它还是一种哲学和文化。有关六西格玛和质量管理的更多信息，请访问明尼苏达大学双子城分校卡尔森管理学院朱兰中心的网站（https://carlsonschool.umn.edu/faculty-research/juran-research-center/about-us）。2002 年，朱兰中心发布了一项支持和鼓励质量的公告。本书作者当时签署了该章程，我们完全同意该原则。

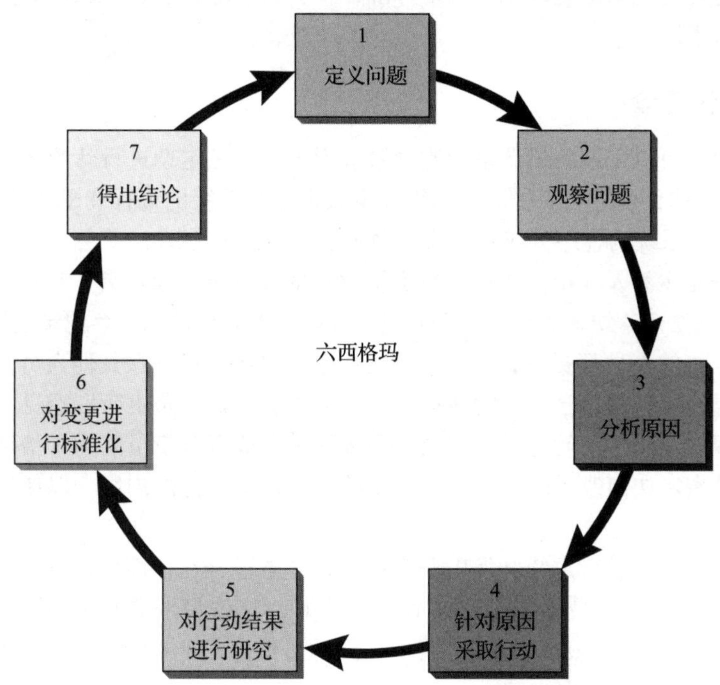

图 16.1 每个系统分析员都应了解六西格玛的步骤

已故的 Joseph M. Juran 博士（1964 年）说过，“所有的质量提高都是在逐个项目的基础上发生的，没有其他捷径”。系统分析员、项目经理和用户应牢记这一点。

16.1.2 全面质量管理的责任

实际上，保证信息系统（Information System，IS）质量的大部分责任由系统用户和管理人员负责。为了使系统项目真正实施 TQM，必须具备两个条件。首先，必须整个组织支持质量管理，这不同于仅仅支持最新的管理手法。这种支持旨在为管理人员营造一种氛围，严肃对待信息系统和信息本身的质量对工作的影响。

为了实现质量目标，我们必须尽早取得分析员和企业的质量承诺。这种承诺将保证在整个系统开发生命周期中始终如一地朝着质量目标努力，这完全不同于在项目结尾时投入大量精力来消除问题。

通过为 IS 质量研讨小组（quality circle）提供专门工作时间，可以在管理信息系统的质量方面得到组织支持。质量研讨小组由 6 ～ 8 个组织成员组成，负责考虑如何改进信息系统和如何实施改进。

通过 IS 质量研讨小组的工作，或者通过现有的机制，管理人员和用户必须为信息系统的质量标准开发使用指南。系统分析团队每次正式提出新系统或者重大修改时，最好重新形成标准。

研究制定标准并不容易，但它是可以实现的，而且已经完成了。系统分析员的部分工作是鼓励用户明确他们对信息系统的期望以及他们与信息系统的交互。

然后，部门质量标准必须通过反馈传递给系统分析团队。团队往往会对部门开发的质量标准感到惊讶。他们的期望通常比有经验的分析员对系统提出的期望更简单。另外，被分析团队忽略的或者低估的人提出的问题，在用户的质量标准方面可能会被认定为非常紧迫的。让用户参与并清楚地说出信息系统的质量标准，将会帮助分析员避免在不必要的系统开发方面犯下高代价的错误。

16.1.3 结构化走查

系统分析团队可以采取的最严格的质量管理行为之一是定期进行结构化走查（structured walkthrough）。结构化走查是一种通过同级评审人员监督系统的编程和总体开发，指出问题，并允许负责那部分系统的程序员或者分析员做出适当修改的方法。

结构化走查至少涉及 4 个人：一个负责被评审的那部分系统或者子系统（程序员或者分析员）的人员、一个走查协调人员、一个同级程序员或者分析员和一个记录建议的同级成员。

每个参与走查的人员都要扮演一个专门的角色。协调人员确保其他人员坚持赋予他们的角色，并确保他们完成任何已安排的活动。程序员或者分析员负责听取意见，而不是保卫自己的思想、合理地说明一个问题或者辩论。同级程序员或者分析员是为了指出错误或者潜在的问题，而不是指定如何改正问题。记录建议的人员记录讨论的内容，以便其他在场的人员可以自由交流。

如果结构走查贯穿整个系统开发生命周期，则非常适合在全面质量管理方法中使用。它们所需的时间应该较短，最多半个小时到 1 个小时，这就说明它们必须很好地进行协调。图 16.2 给出了一份用于组织结构走查的表单，同时还报告了走查的结果。因为走查要花一定的时间，所以不能频繁地使用它们。

使用结构走查方法，可以从你所缺乏的观点中获取有价值的反馈信息，然后做出相应的回应。与所有的质量保证机制一样，走查的目的是系统地评估产品，而不是等到系统完成时才评估。

16.1.4 自顶向下的系统设计与开发

很多公司通常在组织的最底层引入计算机系统，在这个层级引入计算机化的直接好处是，这是最容易观察和具有成本效益的地方。企业通常通过外出和收购，采用这种方法进行系统开发，例如，采购一个用于记账的软件包、一个用于生产调度的软件包和另一个用于营销的软件包。

向管理人员报告
结构走查的结果

走查日期： / /
时间：

项目名称：

项目编号：

要检查的工作部分（描述）：

走查协调人员：
参与者列表：

意见：

推荐的行动（选择一个）：
( ) 接受工作
( ) 修改工作
( ) 修改工作并执行下一次走查
( ) 拒绝工作

协调员签名：

报表存档日期： / /

图 16.2 一份记录结构走查的表单。每当完成一部分编码、一个子系统或者一个系统，就可以执行结构走查

如果在内部用一种自底向上（bottom-up approach）的方法进行编程，则很难同子系统交互，使它们作为一个系统稳定地运行。改正接口故障的成本巨大，如果分析员试图在最后期限把系统组装在一起，则很多故障只能在程序完成后才能被发现。在这个关键时刻，几乎没有时间和预算，而且用户也不会有耐心来调试已经被忽视的接口。

尽管每个小的子系统似乎实现了工作软件所需的功能，但是在考虑整个系统时，采用自底向上的方法有着严重的局限性。第一，在购买软件方面，甚至在输入数据方面，存在重复的工作量。第二，许多无用的数据被输入系统。第三，也是自底向上方法的最严重的缺陷，虽然满足了用户的需求，但因为没有考虑总的组织目标，所以不能满足要求。

自顶向下设计（top-down design）允许系统分析员首先确定总的组织目标，以及确定如何在总系统中最佳地满足它们。然后分析员把系统分解成子系统及其需求。

自顶向下设计与第 2 章中讨论的基本系统思想是一致的。当系统分析员采用自顶向下的方法时，他们根据现有组织来考虑子系统间的相互关系和相互依赖。自顶向下方法还预先强调了系统及其子系统所需的协作或者接口，而这在自底向上的方法中是没有的。这有助于回答团队必须如何一起工作来达到他们的目标这一问题。

采用自顶向下的方法进行系统设计的第一个优点是避开了试图一次性设计系统的混沌状态。如前文所述，计划和实现管理信息系统是非常复杂的。试图一次性得出所有的子系统注

定要失败。

采用自顶向下的方法进行系统设计的第二个优点是，它使不同的系统分析团队能够并行地操作不同的但是必需的子系统，这样就可以节省大量时间。团队使用子系统设计方法特别适合于全面质量保证方法。

第三个优点是，它避开了与自底向上方法有关的主要问题。使用自顶向下方法使系统分析员不会深陷细节，以至于忘记系统应该完成的功能。

全面质量管理和自顶向下设计方法可以互相配合使用。自顶向下方法为系统组提供了一种现成的用户划分，把用户划分为子系统的任务组（专用用户组）。然后，按这种方式建立的任务组可作为管理信息系统（MIS）的质量研讨小组，承担双重职能。于是，就形成了必需的质量保证结构，这是让子系统完成部门目标的动机，它们对于涉及的用户是重要的。

咨询时间 16.1

MIS 的质量没有被歪曲

“Merle，快来看看这些周末报表。”Portia 恳求道。作为 6 人 IS 特别任务 / 质量保证委员会的经理，Portia 当时正在为她的营销部门检查由原型系统产生的输出结果。系统分析团队请她来检查输出结果。

Merle Chant 走到 Portia 的办公桌边上，注视着她手里拿着的报表。“什么，有问题吗？”他问道，“在我看来挺好的。我想你是太在意这个特别小组的工作了。我们还应该完成其他任务，知道么。”Merle 转身离去，回到他的办公桌，因被打扰而感到有点不安。

“Merle，对不起。但是我真的很难容忍这样的报表。我不能发现我所需的任何东西，然而我还被期望告诉部门中的所有其他人要阅读报表的哪个部分。就我个人而言，我感到失望。该报表太随便，它对我毫无意义。它是我们现在得到的输出的重复。实际上，它看上去还要更差。我打算在下一次的特别小组会议上提出这个问题。”Portia 坚持声明道。

Merle 转过身来对她说：“质量是他们的责任，Portia。如果系统没有为我们提供良好的报表，他们将会一起修复它们。所有你在做的只是惹是生非而已。你的做法好像以为他们真的会重视我们的输入一样。我让他们一天到晚忙个没完，更不用说抽出时间去做报表了。他们是那么灵活，让他们推测我们的需求是什么吧。”

Portia 茫然地看着 Merle，渐渐地变得有点愤怒。“我们已经在特别任务小组中工作了 4 个星期，”她说道，“你已经参加了 4 次会议。我们是了解业务的那些成员。TQM 的整个思想是告诉他们我们需要什么，我们对什么感到满意。如果我们没有告诉他们我们需要什么，那么我们就不能抱怨他们。我一定要在下一次会议上提出这个问题。”

你认为 Merle 与 MIS 特别任务小组的系统分析团队和成员交流他的质量标准的效果如何？用一段话来回答。如果系统分析员能够觉察出 Merle 不愿意在开发质量标准方面同特别任务小组合作，为了使他相信用户参与对于 TQM 的重要性，你应该说些什么？制定一个支持使用 TQM 的论据列表。系统分析团队可以怎样回答 Portia 提出的问题？用一段话设计出答案。

16.1.5　使用结构图设计模块化系统

只要采用了自顶向下的设计方法，在编程时就可以使用*模块化方法*（modular approach）。该方法涉及将程序分割成逻辑的、可管理的部分，即模块。这种编程方法非常适合于自顶向下设计，因为它强调模块之间的接口，并且直到系统开发后期才忽略它们。在理想情况下，每个单独的模块在功能上应该是聚合的，以便它只负责完成一个功能。

模块化程序设计有三个主要优点。首先，模块更容易编写和调试，因为它们实际上是自包含的。在一个模块中跟踪一个错误也更简单，因为一个模块中的问题不会导致另一个模块中的问题。

模块化设计的第二个优点是，模块更容易维护。我们通常只需对几个模块进行修改，并不需要对整个程序进行修改。

模块化设计的第三个优点是，模块更容易掌握，因为它们是自包含的子系统。因此，用户可以拿起一个模块的代码清单，并理解它的功能。

模块化编程的一些指导原则如下：

（1）使每个模块保持可管理的大小（在理想情况下，只包含一个功能）。

（2）注意关键接口（传递给其他模块的数据和控制变量）。

（3）做出变更时，使用户必须修改的模块数最少。

（4）保持按自顶向下方法建立的层次结构关系。

在设计模块化的、自顶向下的系统时推荐使用的工具称为*结构图*（structure chart）。结构图只是一个由矩形框（表示模块）和连接箭头线组成的图表。

图 16.3 展示了修改客户记录的结构图，涉及 7 个模块，分别标记为 000、100、110、120 等。高层模块编号为 100 的倍数，而低层模块编号为 10 的倍数。这种编号机制允许程序员为插入的模块用相邻模块编号间的号码进行编号。例如，一个在模块 110 和模块 120 之间插入的模块可以接受编号 115。

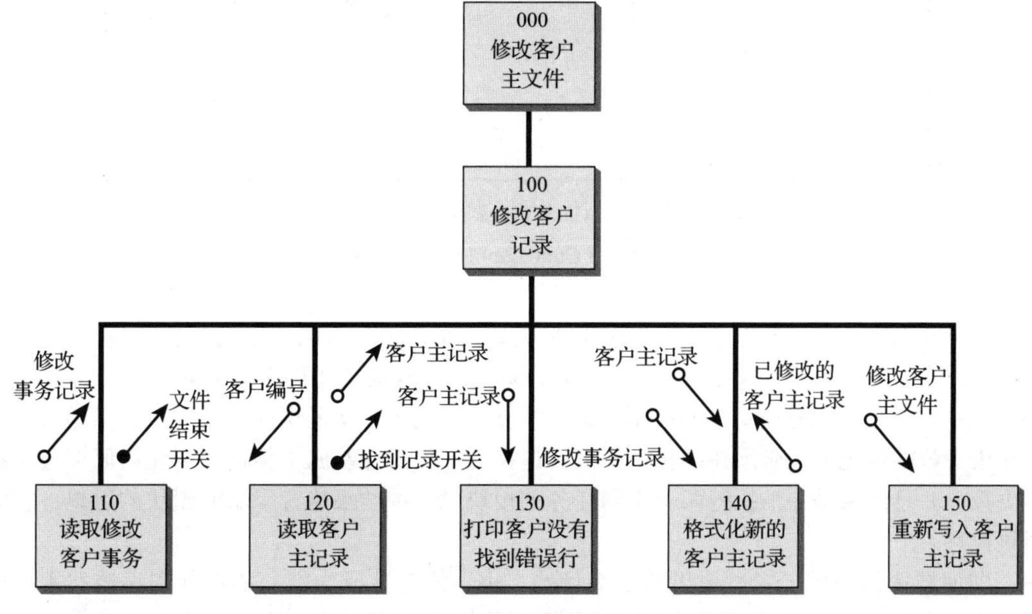

图 16.3　结构图鼓励使用模块进行自上而下设计

在连接线的两边，画出了两种箭头类型。带有空心圆的箭头称为数据耦合（data couple），而带有实心圆的箭头称为控制标记（control flag）或者开关（switch）。开关与控制标记相同，但是开关只能取两个值："是"或者"否"。这些箭头表示某种东西传递给低层模块，或者回传给高层模块。

Mac 案例专栏

分析员在需要完成结构化走查时，可能发现带上 iPhone 应用程序 Things 是有用的。当分析员回到办公室时，他们可以把信息上传到台式机版本。使用 Things 只是另一种组织方法，它允许用户分类组织任务，以便更好地理解任务。如下图所示，用户为公司网站的新版本发布创建走查。

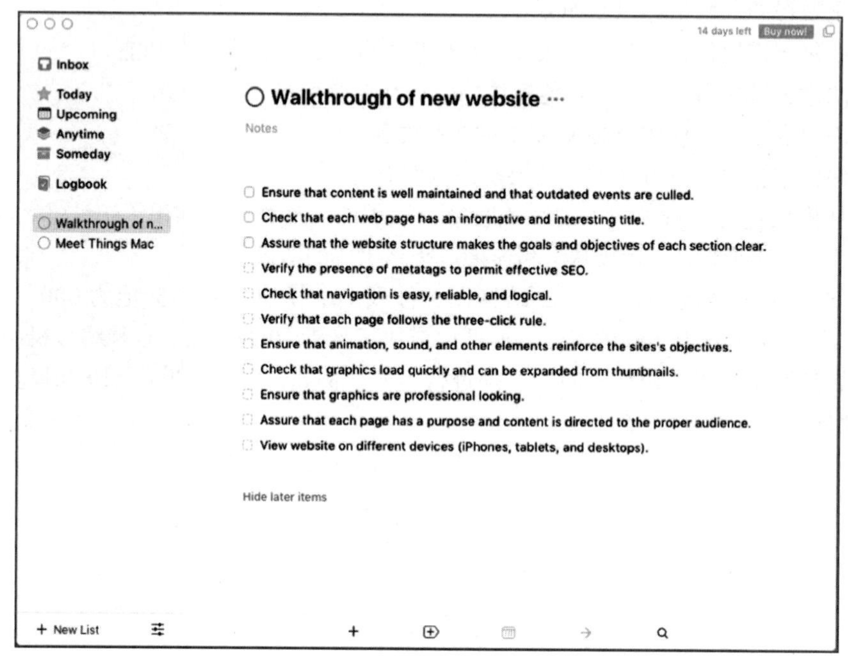

Cultured Code 提供的 Mac Things（http://culturedcode.com）

（屏幕截图来自 Cultured Code GmbH & Co.KG.，经许可转载）

在理想情况下，分析员应尽量少用这种耦合。系统中具有的数据耦合和控制标记越少，越容易修改。在实际编写这些模块的程序时，重要的是在模块间传递最少量的数据耦合。

更重要的是应该避免太多的控制标记。控制在结构图中从低层模块传递给高层模块。只有在极少数的情况下，必须在结构中向下传递控制。如果控制向下传递，则允许低层模块做出决策，并且结果是一个执行两个不同任务的模块。这种结果违背了功能模块的思想：它应当只执行一个任务。

即使结构图完成了它所提出的全部目的，也不能单独成为唯一的设计和编档技术。首先，它没有显示模块的执行顺序（这由数据流图来完成）。其次，它没有提供足够多的细节

（这可以由结构化英语来完成）。

16.1.6 面向服务的架构

模块化开发带来了面向服务的架构（Service-Oriented Architecture，SOA）的概念，这非常不同于结构图中的模块。不像结构图中看到的自顶向下方法的层次性，SOA 方法使各 SOA 服务互不相关或者只是松散地耦合。

每个服务执行一个操作。第 1 个服务可能返回这个月的天数；第 2 个服务可能告诉我们这是一个闰年；而第 3 个服务可能对一个酒店房间从 2 月底到 3 月初预订 5 晚。虽然第 3 个服务需要知道从第 1 个和第 2 个服务中获得的值，但它们是互相独立的。每个服务都可以在组织内部（或者其他组织）的其他应用程序中使用。

我们可以说面向服务的架构只是一组服务，可以调用它们来提供特定的功能。一个服务不是包含对其他服务的调用，而是可以使用某种定义的协议，使它可以与其他服务通信。

图 16.4 展示了服务是如何在整个系统中被调用的。一些服务是一般性的，可以外包，或者在网上使用。其他一些服务更加专用，面向企业本身。这些基于企业的服务提供业务规则，也可以使一个业务与另一个业务区分开来。服务可以被调用一次，也可以在很多应用程序模块中被重复调用。

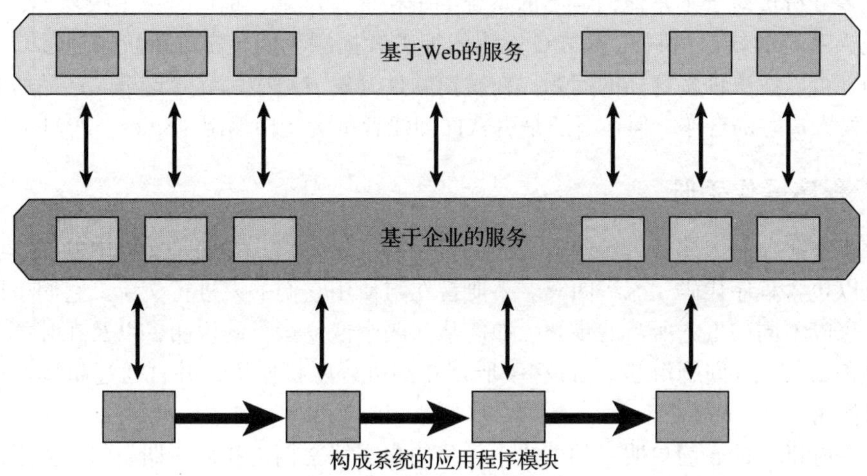

图 16.4　面向服务架构中的模块是独立的，可以无处不在

以一种有用的方式连接服务，即所谓的编制（orchestration）过程，这种负担由系统设计人员承担。通过从一个服务菜单中选择服务，并通过设置一个 SOA 仪表板来监督它们，可以完成此任务。

为了建立一个 SOA，服务必须满足：

（1）模块化

（2）可重用

（3）能够与其他模块一起工作（互操作）

（4）能够被分类和识别

（5）能够被监督

（6）符合特定行业的标准

虽然可重用性和互操作性的优势很明显，但是 SOA 并非没有挑战。首先，行业标准必须取得一致同意。其次，必须维护一个服务库，使开发人员可以找到他们所需的服务。最后，使用他人开发的软件时，还存在安全和隐私问题。SOA 倡导者声明，它已经使 Web 2.0 中存在的很多功能成为可能。还有一些人把云计算叫作 SOA 的一个后代。

16.2 编档方法

全面质量保证工作要求对程序进行正确的编档。软件、系统以及形式化和非形式化的规范都要进行编档，以便能够维护和改进系统。文档允许用户、程序员和分析员“查看”系统、它的软件和规范，而不必与它交互。

与其他部门相比，信息服务人员的流动性更大，因此，最初设计和安装系统的人员，很有可能并非是最后维护它的人员。一致的、及时更新的文档，将会缩短新成员在执行维护之前学习系统的时间。

系统和程序没有进行编档或者编档不充分的原因有很多。其中一些问题在于系统和程序本身，而其他的则与系统分析员和程序员有关。

系统分析员可能没有进行正确的系统编档，因为他们没有时间，或者认为不值得在编档上花时间。一些分析员没有编档是因为他们害怕这么做，或者认为这不是他们的实际工作。另外，许多分析员对于不是他们自己的系统的编档保持沉默，也许是害怕报复（如果他们加入有关他人系统的错误材料）。SDLC 方法的拥护者提醒我们，在分析阶段通过 CASE 工具进行编档，可以解决许多这样的问题。在敏捷软件开发方法中，尽管这是“产品所有者、设计员和开发人员”的合作，但最终还是由软件创建者负责文档编制（Spies，2021）。

16.2.1 程序操作手册

程序操作手册是大多数人曾经看到过的常用的组织文档。它们是文档中的文本组件，但它们也可以包含程序代码、流程图等。手册旨在与使用它们的人进行交流。它们可以包含背景注释、完成不同的事务所需的步骤、如何从问题中恢复运行的说明，以及在某部分出现问题时应该怎么解决（问题解答）。许多手册现在都可以联机使用，并且通过超文本功能使它们更容易使用。

用一种标准化的、简单明了的方法来创建用户支持文档是我们所期望的。为了使用户文档有用，必须坚持对它进行更新。Web 的使用大大加快了用户获得支持的速度。许多软件开发者都把用户支持放到 Web 上，包括完整的手册、FAQ 网页、在线聊天和用户社区等。

手册的关键部分包括简介、如何使用软件、出错时的解决办法、技术参考部分、索引以及制造商的联系信息。关于程序操作手册投诉最多的是：①没有进行很好的组织；②很难从中找出所需的信息；③指南中没有出现正在考虑的特别情况；④指南不是用通俗易懂的语言书写的。

16.2.2 民间故事法

民间故事（FOLKLORE）法是补充刚才介绍的某些技术的系统编档技术。即使有这么多技术可以使用，但是许多系统还是编档得不充分或者根本没有编档。民间故事法收集通常在用户间共享的但是很少写下来的信息。

民间故事法于 20 世纪 80 年代由 Kendall 和 Losee（1986）首次开发，远早于博客和用户社区的建立。民间故事法与常见的用户社区相比有两个主要的优点：它是结构化的，产生更有组织、更完整的文档；它鼓励熟悉软件的人去寻找信息，而不是依靠用户自己提出来。

民间故事法是一种系统方法，基于收集有关人和传说的民间故事时使用的传统方法。这种系统编档法要求分析员与用户面谈、调查档案中的现有文档以及观察信息的处理。目标是收集对应于以下 4 种类型之一的有关的信息：习惯、故事、谚语和艺术形式。图 16.5 表明了每种类型与信息系统文档的关系。

图 16.5 民间故事编档法中使用的习惯、故事、谚语和艺术形式适用于信息系统

进行习惯编档时，分析员（或者其他民俗学者）试图以书面方式获取用户目前为了使所有程序正常运行所做的工作。习惯的一个例子如，通常，我们用两天的时间来更新月记录，因为该任务量非常大。我们在第一天运行一些商业账户，而其余的在第二天运行。

故事是用户讲述的有关程序如何工作的素材。当然，故事的准确度依赖于用户的记忆，最多是用户关于程序如何工作的意见。如第四章所述，故事通常有一个起源、一个中心和一个结尾。因此，我们会有一个关于问题（起源）、结果的描述（中心）和解决方案（结尾）的故事。

谚语是表示总结或者建议的简要陈述。日常生活中有许多谚语，在美国人们常说"四月雨带来五月花"（April showers bring May flowers）或者"小洞不补，大洞吃苦"（A stitch in time saves nine）。在系统文档中也有许多谚语，诸如"忽略这部分代码，程序将会导致严重故障"或者"总是经常备份"。用户希望提出建议，而分析员应该尽力获得建议，并把它包含在民间故事文档中。在项目分析部分的采访中收集到的用户故事在此处仍可能是相关的。

收集艺术形式是传统民俗学者的另一个重要活动，系统分析员也应当了解它的重要性。用户绘制的流程图、图表和表格有时比原始系统作者绘制的流程图更好或者更有用。分析员通常可以在公告板上发现这种艺术，他们也可以请求用户整理文件，获取任何有用的图表。

民间故事文档的负责人不必记录整个系统，而只需记录他们知道的那部分。就像基于 Web 的用户社区一样，依赖于民间故事的风险是，从用户那里收集的信息可能正确、可能部分正确，甚至可能不正确。

咨询时间 16.2

勤于记录是好事

“真是太好理解了。我说如果每个人都使用伪码，我们在没有被标准化的事情方面就不会有麻烦了，” Al Gorithm 说道，他是新来的程序员，将与你的系统分析团队合作。这是 Al 在一次非正式会议上说的，参加这次会议的人有系统分析团队的三个成员、广告部门的 6 人 MIS 特别任务组和两个一直从事开发广告人员使用的信息系统的程序员。

Zola Aro 是一位广告客户主管，也是 MIS 特别任务组的成员之一，他吃惊地抬起头来问道：“这种方法称为什么？”两个程序员不约而同地回答道：“伪码”。Zola 毫无表情地看了一眼，说道：“我对它一点印象都没有”。

系统分析员 Neeva Phail 开始解释道：“也许我们使用哪种方法并不重要，如果 ...”

另一位系统分析员 Flo Chart 打断他的话说道：“我讨厌使用伪码。”她满怀希望地看着两个程序员，“我们肯定能够在使用更好的技术上取得一致意见。”

Dhara Gunseyin 是一位年长的广告主管，看上去有点心烦意乱，说道：“我几年前就从第一个系统分析员那里学习过流程图，你们不是还在使用吗？我认为使用它们最好。”

突然间，原本友好的会议似乎进入僵局。与会者谨慎地看着对方。作为一名从事过许多不同项目、接触过各种各样的人的系统分析员，你认识到，他们期待你做出某些合理的建议。

根据你所知道的各种编档技术，应建议小组成员使用哪种技术或者哪些技术？你建议的技术会如何克服他们所述的某些担心？你将使用什么过程来决定合适的技术？在一页纸中撰写你的答案。

16.2.3　选择一种设计和编档技术

本章讨论的技术，作为设计工具、助记物、生产率工具，以及作为一种减少对关键职员的依赖的方法，非常有用。然而，系统分析员面临着采用哪种方法的艰难决策。下面给出一些有助于分析员采用一种合适的技术的指南。系统分析员应选择一种满足如下条件的技术：

（1）与现有文档一致。

（2）为组织中的其他人员所理解。

（3）在离开系统一段时间以后，允许在你返回时继续从事该系统的工作。

（4）适合于所从事系统的规模。

（5）如果认为结构化设计方法比其他因素更重要，则允许采用结构化设计方法。

（6）更容易修改。

16.3　需求可追溯性

与文档（在上一节中讨论）和测试（在下一节中论述）相关的是需求可追溯性（requirement traceability）。可追溯性是通过手动跟踪可在 Microsoft Excel 中维护的可追溯性矩阵中的需求来实现的。它补充了 SDLC 中的其他文档技术。敏捷方法现在正在使用可追溯性软件（如 Jama software）跟踪需求，该软件与其他应用程序接口，以生成自动化的可追溯性矩阵和异常报告（Weigers，2022）。尽管如此，准确的可追溯性仍然是一个挑战（Kannenberg&Saiedian，2009）。

需求可追溯性在两个方向上遵循需求的生命周期。理想情况下，一个需求可以追溯到一个业务目标，并转发到一个成功部署的产品。跟踪系统的联系和关系似乎很困难，但尽早组织起来可以防止出现问题，并在项目后期节省时间。

可追溯性可以是向前的和向后的，但由于它们要么达到需求，要么来自需求，因此实际上有四种类型，如图 16.6 所示。

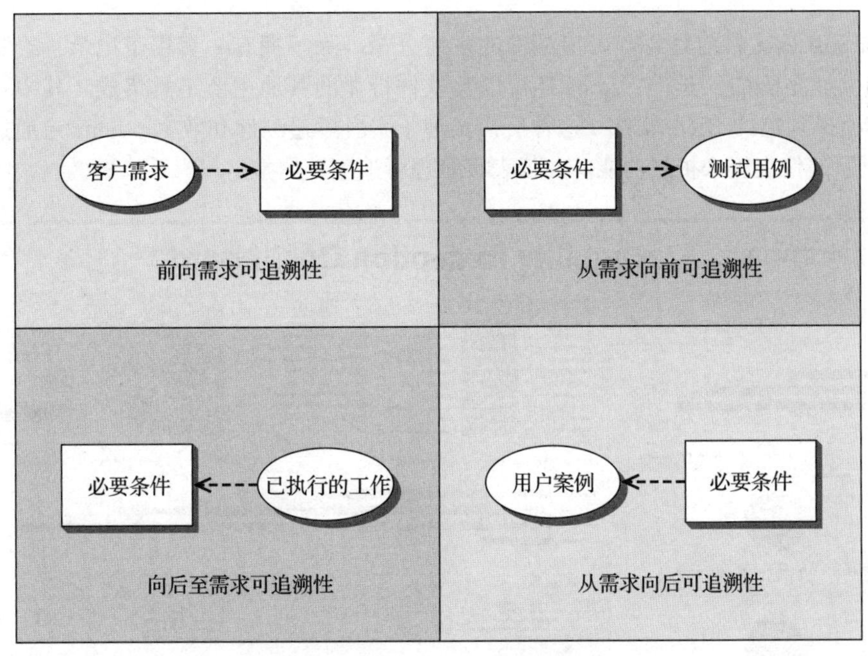

图 16.6　可追溯性涉及四种不同的类型

（1）**前向需求可追溯性源于客户需求，并持续到需求。**由于客户的需求会随着时间的推移而变化，因此前向可追溯性允许分析人员遵循需求的路径，从而也可以更改需求。

（2）**从需求向前可追溯性开始，并遵循下游发生的事情，比如测试用例。**这是因为当需求发生变化时，需要对其进行测试和验证。

（3）**从需求向后可追溯性需要解释需求的目的。**它与用例相关联，用例解释了需求是如何产生的。

（4）**向后至需求可追溯性从已执行的工作开始，并将工作追溯回需求。**它允许分析人员查看执行的工作，并确定哪些需求是工作的一部分。如果工作没有完成，分析人员将能够定位需求中缺失的任何内容。了解了向前和向后的可追溯性，系统分析员可以绘制系统图，并创建一个可追溯性矩阵，它可以用作系统的检查表和文档。

图 16.7 是可追溯性矩阵的一个示例。因为有如此多的需求、测试用例和负责人，所以表格形式的矩阵比图表更有效。在这里，每个需求都可以追溯到它的业务目标、测试用例和执行的工作。

B#	R#	需求	TC#	测试案例描述	负责人员	状态
1	R1	客户期望登录	TC1	有 ID 和密码	Adya	进行中
			TC2	有 ID 和错误密码	Adya	进行中
			TC3	错误 ID	Adya	进行中
	R2	客户期望付款	TC4	信用卡	Sadoughi	已完成
			TC5	借记卡	Sadoughi	已完成
			TC6	苹果支付	Niederman	已完成
			TC7	礼品卡	Sadoughi	已完成

图 16.7　可追溯性矩阵的示例

Jama Software 目前是管理可追溯性的主要公司。除了拥有一套用于记录、绘制图表和创建可追溯性矩阵的工具外，Jama 还可以与软件行业的其他主要工具集成。其中一个工具是本书前面提到过的 JIRA 软件。这种交换实现了实时可追溯性和效率。Jama 还通过生成如图 16.8 所示的仪表板来扩展功能。此仪表板管理可追溯性异常。

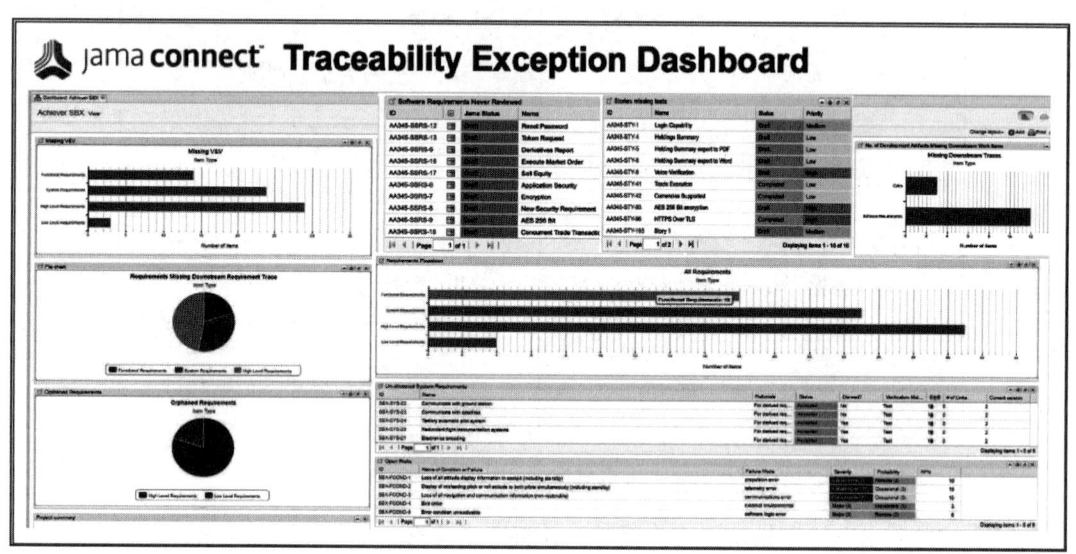

图 16.8　来自 Jama 的可追溯性异常仪表板（图片来源：Jama Software）

可追溯性规划有一些优点：

（1）它确保最终产品与原始业务目标和客户需求、测试用例、用例以及已执行的工作相关联。

（2）如果出现问题，它可以节省时间和成本，因为链接已经创建。在工作完成后，要想弄清楚两者之间的关系总是比较困难的。

（3）如果客户想要更改某个功能，那么链接和关系会告诉客户需要更改哪些需求才能实现客户的愿望。

（4）如果执行的工作没有达到预期，分析人员可以很容易地确定哪些需求可以更改。

16.4　测试、维护和审计

一旦分析员完成了系统设计和编码，就应当重点考虑系统的测试、维护和审计。

16.4.1 测试过程

所有系统的最新编写或者修订的应用程序，以及新的程序手册、新硬件和所有系统接口，都必须彻底进行测试。无计划的、反复试验性的测试是不够的。测试工作贯穿系统开发始末，而不仅仅在最后进行。测试旨在发现此前未知的问题，而不是证明程序、手册或者装备的完美性。

尽管测试比较乏味，但它是帮助保证最终系统质量的一系列基本步骤。与没有充分测试的系统在安装后发生故障相比，预先对系统进行充分测试产生的破坏性远远小于前者。测试是在开发过程中对子系统或者程序模块实行的。测试以不同的时间间隔在许多不同的层次上进行。在系统投入生产之前，必须对所有程序进行桌上检查、用测试数据进行检查，以及查看模块是否按计划协调工作。

我们还必须将系统作为一个工作整体进行测试。这里包括测试子系统间的接口、输出的正确性，以及系统文档和输出结果的有用性和可理解性。程序员、分析员、操作员和用户都在测试的不同阶段扮演着不同的角色，如图 16.9 所示。硬件测试通常由设备开发商作为一种服务提供，在现场交货时，他们将对设备运行他们自己的测试。

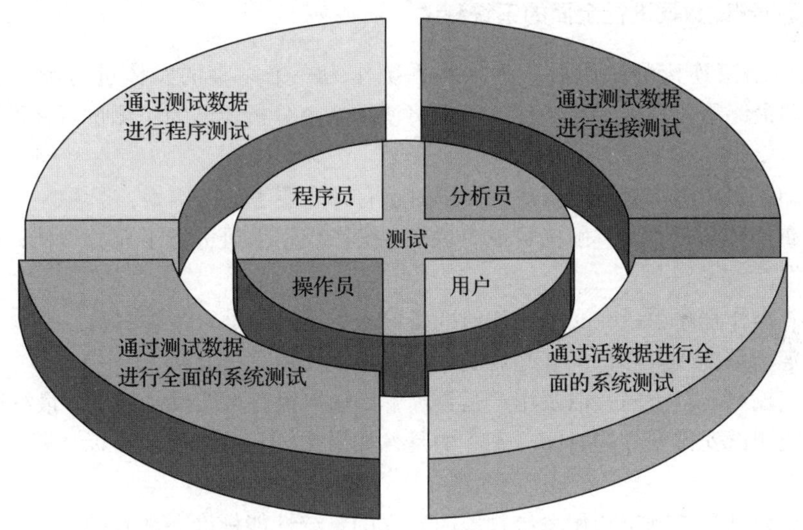

图 16.9 程序员、分析员、操作员和用户在软件和系统测试中扮演不同的角色

16.4.1.1 通过测试数据进行程序测试

程序测试（program testing）的大部分责任由每个程序的原始作者负责，而系统分析员担当程序测试的顾问和协调者。在这个位置上，分析员努力确保程序员实施正确的测试技术，但是可能不能亲自实现这一层次的检查。

在这个阶段，程序员必须首先*桌面检查*（desk-check）他们的程序，以验证系统的工作方式。在人工检查时，程序员在纸上跟踪程序中的每一步，以检查程序是否如编写的方式工作。

接着，程序员必须同时创建有效的和无效的测试数据。然后运行这些数据，查看基本程序是否运转，同时还要捕获错误。如果主模块的输出结果令人满意，则可以增加更多的数据，以便检查其他模块。创建的测试数据应测试可能的最大值和最小值，以及格式和代码方面所有可能的变化。基于测试数据的文件输出，必须加以仔细验证。决不能仅仅因为创建和访问了一个文件，就假定文件中包含的数据是正确的。

通过这个过程，系统分析员检查输出结果是否有错误，并建议程序员完成任何所需的改正。分析员通常不会为程序测试推荐或者创建测试数据，但是可以向程序员指出遗漏的数据类型，以便在以后的测试中加入它们。

16.4.1.2　通过测试数据进行连接测试

程序通过桌面检查和*测试数据*（test data）检查以后，还必须经历*连接测试*（link testing），这也称为*字符串测试*（string testing）。连接测试查看互相依赖的程序是否按计划互相合作。

分析员为连接测试创建特殊的测试数据，以覆盖各种处理情况。首先，通过处理典型的测试数据以查看系统是否能够处理正常的事务，即那些将构成它的大部分工作负荷的事务。如果系统能够处理正常的事务，则增加其他测试数据，包括无效数据，以保证系统能够正确地检测错误。

16.4.1.3　通过测试数据进行全面的系统测试

当满意地结束连接测试以后，必须将系统作为一个完整的实体进行测试。在这个阶段，操作员和最终用户积极参与测试，他们将使用系统分析团队为了测试目标而创建测试的数据。

可想而知，当用测试数据进行系统测试时，有许多要考虑的因素：

（1）检查操作员是否对（硬拷贝或者联机）操作程序手册进行了充分编档，以提供正确而有效的操作。

（2）检查操作程序手册在交流应如何准备输入数据方面是否足够明确。

（3）确定新系统或者修订系统必需的工作流是否实际在“流动”。

（4）确定输出是否正确，以及用户是否理解该输出很有可能就是输出的最终形式。

请记得为系统测试安排充分的时间。不幸的是，如果系统安装落后于目标日期，这一点往往会被忽略。

系统测试包括重申制定初始系统规范时建立的系统性能标准。涉及的每个人应该再次在如何确定系统在做它应该做的事情方面取得一致意见。这一步工作包括错误度量、时间表、易用性、事务的正确顺序、可接受的停机时间和可理解的操作程序手册。

16.4.1.4　通过活数据进行全面系统测试

当使用测试数据的系统测试证明满意以后，一种较好的做法是用*活数据*（live data）对新系统试验几遍。活数据是那些通过现有系统成功处理的数据（实时数据）。这一步允许你精确比较新系统的输出与你所知道的正确处理后的输出，同时还可以考虑如何处理实际数据。显然，在创建全新的输出时（例如，全新的企业网站的电子商务交易的输出），这一步是不可能的。与测试数据一样，这种系统测试也只用少量活数据。

尽管我们在用户系统交互方面已经考虑了很多（参见第 14 章），但是你永远不能完全预见用户实际与系统交互的方式存在的广泛差别。与用户在关于他们如何与系统交互的方面进行面谈是不够的，你必须直接观察它们。

要观察的项目包括学习系统的容易性，以及用户对系统反馈的反应，包括接收到错误消息时以及通知用户有关系统正在执行命令时会如何处理。我们特别要关注用户对系统响应时间和响应语言的反应，以及倾听用户在遇到该系统时的看法。在系统投入生产之前任何实际问题都必须被解决，而不应当因为用户和操作员本身对系统进行的调整而掩盖它们。

就像计算机软件一样，操作程序手册也需要进行测试。尽管可以由支持人员校对手册，并且由系统分析团队检查它们在技术上的正确性，但是唯一能真正测试它们的方法是让用户和操作员试用它们，最好在用活数据进行全面系统测试期间进行。考虑用户建议，如果可能，把它们加入最终版的 Web 页、打印手册、Read Me 文件和其他形式的文档中。

咨询时间 16.3

仓促准备系统测试

“我们在时间上有规定。只要看看这个计划，” Lou Scuntroll 一边说着一边向你展示团队一直用来计划新系统何时完成和运行的 PERT 图，Lou Scuntroll 是系统分析团队的最新成员。“我们不可能在 7 月份这个目标日期用活数据进行测试。由于设备供应速度缓慢，我们将会落后 3 周的时间。”

作为一名系统分析员，你已经看到最后期限即将到来，并且接着要进行其他项目，一定要保持镇静，并且在发言前谨慎地判断局势。慢慢地，你可以提问 Lou 有关推迟测试的可能性。

Lou 回答道：“如果我们试图把测试推迟到 8 月份的第 1 周，会计部门的两个关键人物将外出度假。”显然，Lou 对推迟最后期限感到失望。

系统分析团队的另一名新成员，Stan Dards，进入 Lou 的办公室，说道：“你们两个看来很糟糕。一切都很好，不是吗？不用重新分配我去编制支付应用程序了，是吗?”

Lou 抬起头来，显然他既不欣赏 Stan 的幽默感，也不欣赏像他这样一意孤行。“来得正好，我们正在制定一些有关进度计划的重大决策。” Lou 拿起 PERT 图给 Stan 看，“注意 7 月份测试日期。看来我们决不可能实现预定目标。有什么好主意吗?”

Stan 注视该图片刻，然后说道：“某些模块必须推迟。让我们看这里 ...... 也许要把会计模块的测试推迟到 ......”

Lou 打断他的话，没好气地说道：“不行，我们已经考虑过了，而且会计部门 的 Santina Stanford 和 Jacqueline Binet 将在 8 月份外出。也许我们可以跳过那部分测试。他们一直都很合作。我认为，如果我们‘真的这么做’，并在实际投入生产时进行测试，他们并不会反对。”

“我认为这是一个好主意，Lou”，Stan 表示同意，试图弥补前面的玩笑，“对此我们并没有任何真正的麻烦，并且程序员的确有信心。那样，我们就能够对任何其他事情按进度执行。我赞成暂不测试会计部分，但是要在它开始工作时及时测试它。”

作为当前团队的最资深的成员，为了向 Lou 和 Stan 说明有关用活数据测试会计模块的重要性，你能做些什么？为了有充分的时间用测试数据和活数据进行测试，系统分析员应如何规划时间？如果在系统投入生产之前，团队没有用活数据完整地测试系统，团队成员可能会遇到的问题是哪些？实际上，在系统分析与设计过程中，为了使延迟的项目赶上时间，有步骤可以被压缩吗？

16.4.2　行为驱动开发

行为驱动开发（Behavior-Driven Development，BDD）是一种通过对功能进行测试并确定哪些功能成功、哪些功能失败以及哪些功能可能缺失来开发软件的方法。开发人员最初会编写失败的单元测试。然后他们会编写和重写代码，直到代码通过。

行为驱动的开发包括单元测试和验收测试。单元测试是一种确保软件的每个单元正常运行的测试类型，包括编写代码来测试软件中的功能和特性。验收测试通常由业务客户完成，验收标准最好写成用户描述。用户描述可以是协作的，同时考虑开发人员和客户。用户描述可以从以下内容开始："我是客户。我想要 { 这个功能 }，这样它可以帮助我做出 { 决策 }。"开发人员和客户都可以参与其中。除了单元测试和验收测试，BDD 还提出了一个问题：系统是否表现出所期望的行为？

英国广播公司维护一个名为 ShouldIT 的开源应用程序。该应用程序允许开发人员用任何语言在任何框架中编写测试，它将告诉开发人员哪些功能通过了，哪些功能失败了，并通过可视化使开发人员意识到某个功能是否缺失。它可以在 GitHub 上找到。

行为驱动开发既有优点也有缺点。优点包括：

- 可能会加快测试速度。
- 调试过程通常更容易。
- 解决问题的成本比以后的维护成本低。
- 增加了人们对软件正常运行的信心。

缺点包括：

- BDD 只测试数据集及其功能，而不是使用中的整个系统。
- 由于需要编写更多的代码（稍后将被删除）来测试软件，因此它会增加复杂性。
- 测试不会识别每一个错误。
- 如果开发人员仅依赖 BDD 测试结果和描述，那么他们不应该假设系统已经被充分地记录了。

16.4.3　维护实践

系统分析员的目标应该是安装或者修改具有相当长生命周期的系统。我们希望创建一个设计全面而又有远见的系统，足以满足当前用户和预期用户未来若干年的需要。系统分析员应当运用专业知识规划出这些需求是什么，然后再创建系统的灵活性和适应性。系统设计越好，则越容易维护，并且企业在维护上所需的投入也越少。

减少维护成本是一个我们主要关心的问题，因为单单软件维护一项就可以消耗一个企业 50% 以上数据处理的总预算。过量的维护成本可以直接在系统设计者的身上反映出来，因为大约 70% 的软件错误归咎于不正确的软件设计。从系统的观点来看，与在必须维护系统之前一直忽视错误相比，在早期检测和改正软件设计错误的成本更低，这是不无道理的。

通常，执行维护是为了改进现有软件，而不是响应危机或者系统失败。维护还要更新软件，以适应组织变化。这种工作不如增强软件那么重要，但是必须完成。应急维护和适应性维护所占比例不到所有系统维护的一半。

系统分析员的部分工作是确保有足够多的渠道和程序，允许有关维护需求的反馈信息，以及随后对它们的响应。用户必须能够容易地与那些维护系统的人员交流问题和建议。解决方案是使用户能够通过电子邮件访问技术支持，同时允许他们从 Web 上下载产品更新或者补丁程序。

16.4.4 审计

审计是另一种确保系统所含信息的质量的方法。广义地讲，审计是指为了确定系统的可靠性，让一个没有涉及系统开发或者使用的专家检查信息。不管他认为信息是否可靠，为了使系统的信息更有用，可靠性检查结果必须告知他人。

对于信息系统，通常有两种审计人员：内部审计人员和外聘审计人员。是否同时需要这两种审计人员对设计的系统进行审计，依赖于系统的种类。内部审计人员为信息系统所属的相同组织效力，而外聘（独立）审计人员是从外部聘请的。

如果信息系统处理的数据会影响公司的财务决算，则需要外聘审计人员（external auditor）。外聘审计人员审计系统是为了保证制定的财务决算的公平性。如果发生某些与公司职员有关的超乎寻常的事情，诸如可疑的计算机欺诈或者盗用，也可以聘请他们。

内部审计人员（internal auditor）研究信息系统中使用的控制，以确保它们是充分的，并且做了它们所声称的工作。他们还要测试安全控制的充分性。尽管内部审计人员为相同的公司效力，但是他们不向负责他们审计的系统的人员报告。内部设计人员的工作通常比外聘审计人员的工作更深入。

16.5 实现分布式系统

如果电信网可靠性高，企业就有可能实现分布式系统，这是一种可以被看成电信应用的装备。分布式系统的概念有许多不同的用法，这里采用它的广义用法，包括能够互相通信的工作站和数据处理器，以及互相通信并且具有不同的数据存储能力的数据处理器的不同的层次结构配置。

这种模型根据哪些工作最适合哪些机器执行，将处理权委托给客户（用户）或者服务器。在这种架构中，网络应用的客户部分将运行于客户系统上，服务器部分运行于文件服务器上。在客户 / 服务器模型下，用户与应用的有限部分交互，包括用户界面、数据输入、数据库查询和报表生成。控制用户对集中式数据库的访问、获取或处理数据以及其他功能（诸如管理外围设备）都由服务器负责。

16.5.1 客户 / 服务器技术

客户 / 服务器（Client/Server, C/S）模型、客户 / 服务器计算、客户 / 服务器技术和客户 / 服务器架构都是指一个设计模型，可以被看作运行于某个网络上的应用。用最基本的术语来讲，可以认为客户发出请求，而服务器执行请求，或以某种方式实现请求。这将被视为两层客户 / 服务器架构。

一种更复杂的配置使用三套计算机来完成数据的检索、处理、存储和接收。图 16.10 展示了一个三层 C/S 模型。在该图中，客户计算机访问三个不同层的服务器：Web 服务器、应用程序服务器和数据库服务器。Web 服务器处理基于 Web 的信息交换，应用程序服务器处理输入和输出客户计算机和数据库服务器的数据，数据库服务器存储和检索数据。通过对网络上的计算机进行编程，把处理任务在客户和服务器之间进行分割，使计算机能够有效地执行工作。

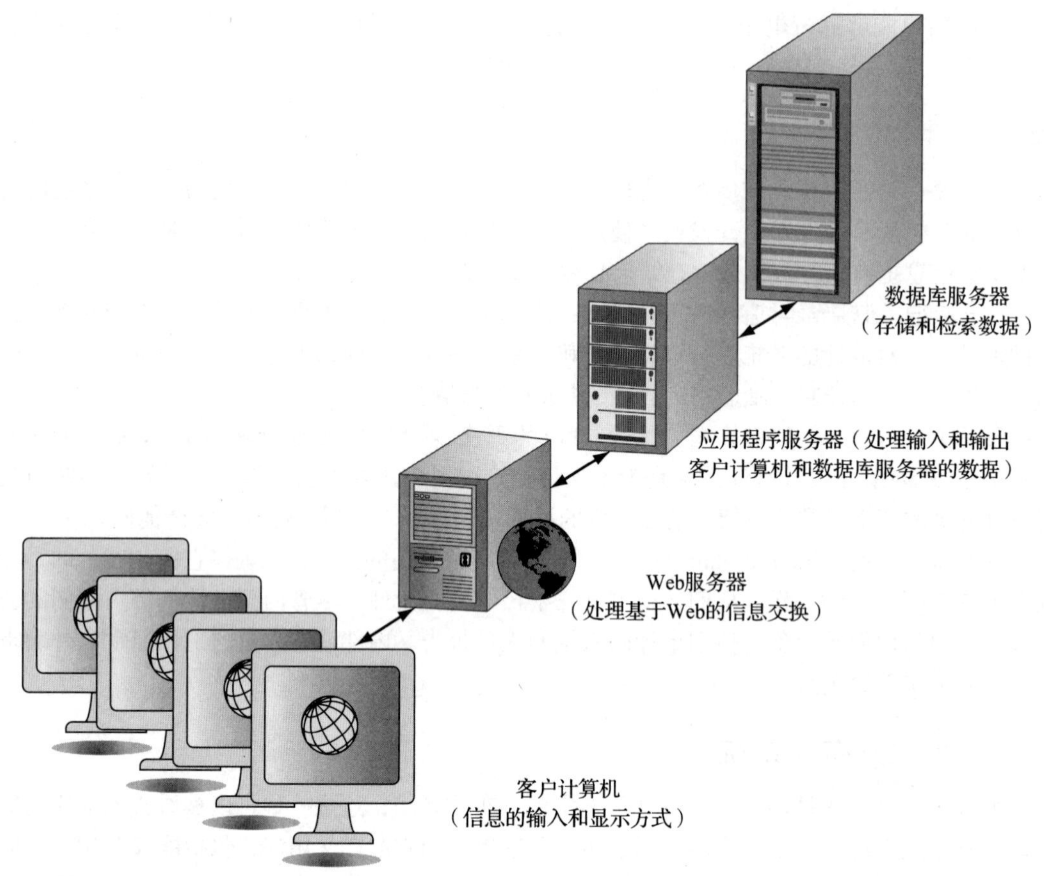

图 16.10 三层客户 / 服务器配置

当我们考虑采用 C/S 模型时，应考虑这样一个系统，即以用户为工作的中心，以他们与数据的交互为关键概念。虽然 C/S 模型有两种元素共同作用——客户和服务器，但是它的目的却是让用户把它看成一个系统。实际上，它不希望用户知道客户 / 服务器网络是如何执行它的分布式处理工作的，因为它有一个统一的系统外观和感觉。在一个对等网络中，根据应用的需求，PC 既可以担当服务器，也可以担当客户。

16.5.1.1 客户作为 C/S 模型的一部分

当你看到术语“客户”时，可能会尽力想到人和用户。例如，我们说到“我们的咨询实践的客户”。然而，在 C/S 模型中，客户这个术语不是指人，而是指联网的计算机，它们是人们使用的客户 / 服务器系统的典型入口点。因而，“客户”可以是联网的台式机、工作站或笔记本计算机，或者用户能够进入系统的任何方式。

个人通常使用 GUI 直接与客户部分交互。客户工作站使用客户机上的较小的程序执行前端处理（与下面提到的后端处理相对），包括与用户通信。如果一个应用称为基于客户的应用，则该应用位于客户计算机上，并且网络上的其他用户不能访问它。

16.5.1.2 权衡 C/S 模型的优缺点

C/S 模型的早期采纳者发现，这种模型并不一定是组织的计算问题的最佳解决方案。系统设计者通常被要求签署一个已经在计划中的 C/S 模型。正如你不能积极参与制定任何其他公司的计算提案一样，你必须仔细研究计划。组织的文化会支持 C/S 模型吗？在 C/S 模型能够发挥全部潜能之前，必须在非形式化的文化方面和形式化的工作程序方面做出哪些变化？在这种情况下系统分析员的角色应当是什么？

虽然较低的处理成本被引以为 C/S 模型的好处，但是即使有一些有趣的证据来支持这一声明，也几乎没有实际数据可用来证明它。有大量明确记载的资料证明迁移到 C/S 架构涉及较高的启动或转换成本。C/S 模型的应用必须被写成两个不同的软件组件，每个组件在不同的机器上运行，但是它们必须表现出好像只有一个应用一样。然而，使用 C/S 模型提供了更强的计算机能力和更多的机会，以定制应用程序。

虽然网络可以根据形状或拓扑结构进行表征，但也可以根据它们的地理覆盖及其提供的服务种类进行讨论。标准的网络类型包括*广域网*（Wide Area Network，WAN）和*局域网*（Local Area Network，LAN）。LAN 是在一个部门内部、一幢建筑物内或一个组织的几幢建筑物内链接本地计算机或终端的标准。WAN 可以为几千米范围内或整个欧洲大陆的用户提供服务。

现在，联网在技术上、经济上和操作上对小型办公室也可行，并为系统分析员提供了一个必须为小企业考虑的解决方案。实现 LAN 的代价高的方面是，每次移动时都要重新布线。一些组织对此的解决办法是，建立高速的*无线局域网*（Wireless Local Area Network，WLAN）。更具体地说，这些无线网络称为 Wi-Fi。

16.5.2　网络建模

因为网络连接变得越来越重要，所以系统设计人员需要考虑网络设计。无论系统设计人员是考虑与网络配置有关的决策，还是考虑网络会合时必须存在的路由器和网桥等硬件，系统设计人员始终必须考虑网络的逻辑设计。

系统分析员应采用某种符号集（如图 16.11 所示）对网络进行建模。用不同的符号来区

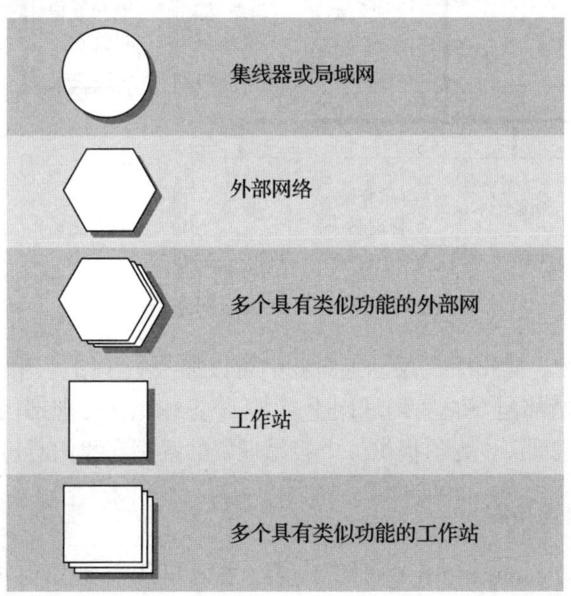

图 16.11　绘制网络分解图和集线器连接图时使用的特殊符号

别对待集线器、外部网络和工作站（PC，笔记本计算机等）是合适的，采用某种规范来说明多个网络和工作站也是合适的。首先绘制一个网络分解图（network decomposition），提供系统概述。接着，绘制一幅集线器连接图。最后，展开集线器连接图以显示各个工作站及其连接方式。

16.5.2.1　绘制网络分解图

我们再次引用前几章介绍的 World's Trend 公司目录划分案例来说明如何绘制网络分解模型。首先在顶部画一个圆圈，并把它标记为“World's Trend 网络”。接着在下一层画出多个圆圈，如图 16.12 所示。这些圆圈表示销售部门、三个订单输入和分销中心（美国分销部门、加拿大分销部门和墨西哥分销部门）的集线器。

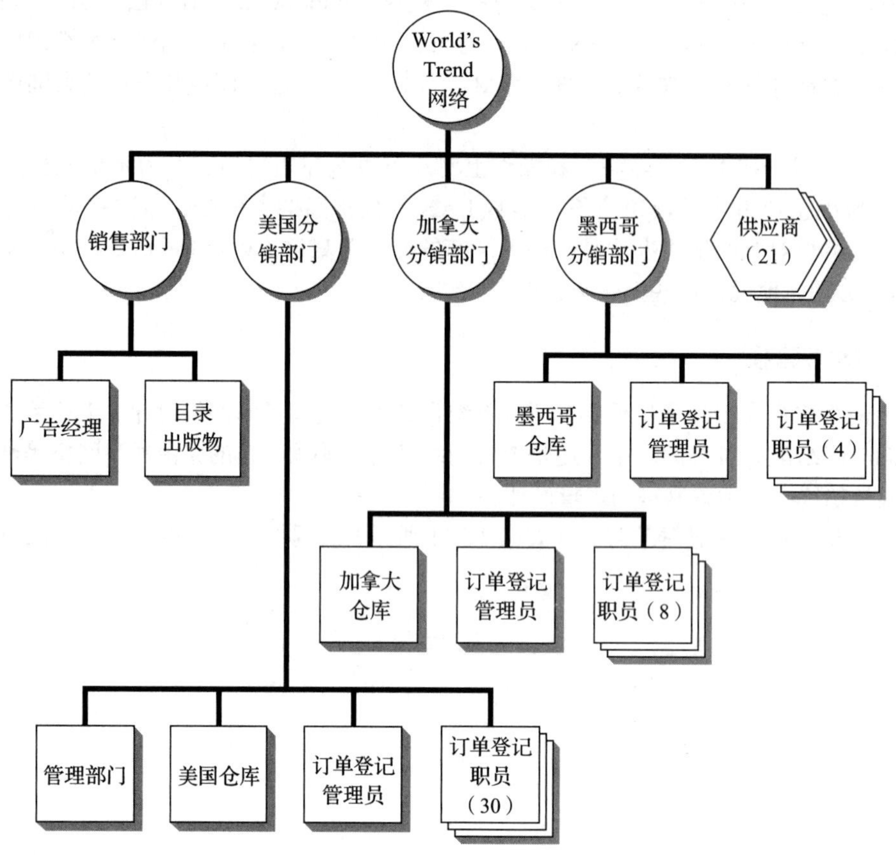

图 16.12　World's Trend 网络分解图

然后可以扩展该图，画出下一层。这时我们可以加入工作站。例如，销售部门连接了两个工作站，而美国分销部门在它的局域网上有 33 个工作站（管理部门、仓库、订单登记管理员和 30 个订单登记职员）。为了提供一个容易理解的案例，我们对该网络进行了简化。

16.5.2.2　创建集线器连接图

集线器连接（hub connectivity）图用于说明主要集线器是如何被连接的。在 World's Trend 公司，如图 16.13 所示，有 4 个全互联的主要集线器。此外，还有外部集线器（供应商)，当库存低于一定数量时，需要通知它们，等等。三个国家的分销部门都与 21 个供应商相连。然而，销售部门不需要与供应商相连。

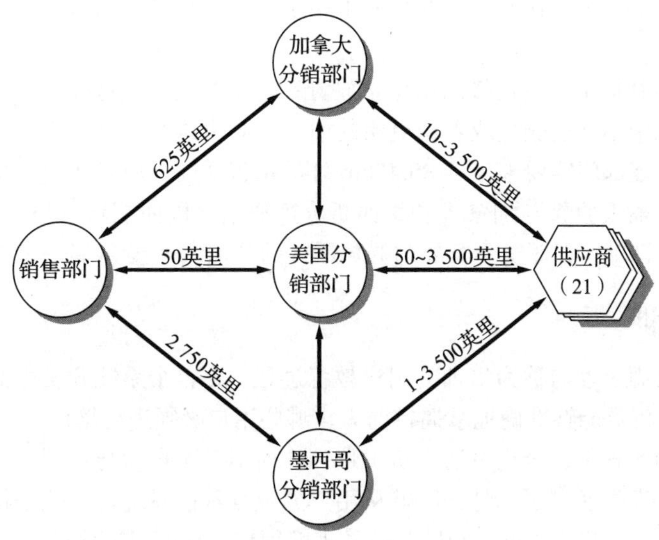

图 16.13 World's Trend 的集线器连接图

为了产生有效的集线器连接图，首先需要画出所有的集线器，然后进行试验（也许先在一张纸上画出草图），以查明哪些连接是需要的。一旦完成试验，就可以重新画出该图，这样它就会对用户更有吸引力，而且能够起到很好的交流作用。

16.5.2.3 将集线器连接图扩展为工作站连接图

网络建模（network modeling）的目的是在某个细节层次上展示工作站的连接性。因而，需要对集线器连接图进行扩展。图 16.14 显示了美国分销部门的 33 个工作站和它们的连接方式。

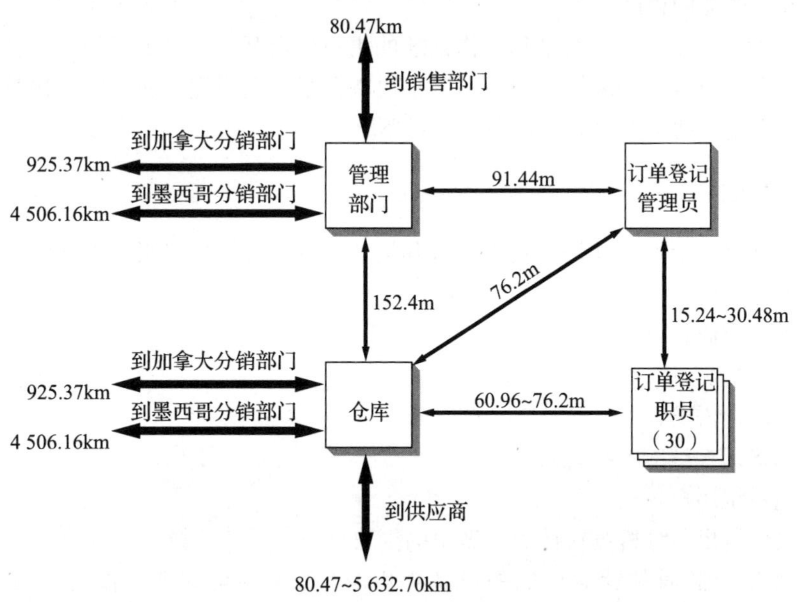

图 16.14 World's Trend 的工作站连接图

通过仔细研究网络分解图的第3层，画出这一层次的模型图。“订单登记管理员”和“订单登记职员”等项目被组合在一起，因为我们已经认识到它们必须是连接的。我们使用一个特殊符号来表示多个工作站，并在括号中指出类似工作站的数量。在我们的案例中，有30个订单登记职员。

我们将必须与其他集线器连接的工作站放置在该图的周围。这样，就可以用箭头更容易地表示这些连接。用不同的颜色或者用更粗的箭头线画出这些外部连接。外部连接通常是远距离的。例如，管理部门需要连接到80.47km外的销售部门，而且还要连接到加拿大和墨西哥分销部门。仓库需要直接与加拿大和墨西哥仓库通信，以便能够从另一个仓库获得商品。订单登记管理员和订单登记职员不需要与局域网外的其他人连接。

16.6 用户培训

系统分析员致力于参与称为培训的用户教育过程。在整个系统开发生命周期中，用户要一直参与，以便分析员能够准确地掌握目前为止哪些用户必须进行培训。

在大型项目的实现中，分析员通常负责培训，而不是亲自参与培训。分析员能够带给所有培训工作的最宝贵的财富之一是，能够从用户的观点看待系统。系统分析员绝不能忘记面对新系统时的情景。那些经验可以帮助分析员理解用户，从而促进他们的培训工作。

16.6.1 培训策略

培训策略由被培训者和培训者共同制定。分析员需要确保所有受到新信息系统影响的人都能得到合适的培训者的培训。

16.6.1.1 培训对象

所有将主要或次要使用系统的人员都必须接受培训，包括数据录入人员和使用输出进行决策而不亲自使用计算机的人员。系统所需的培训量取决于工作人员的工作因修改后的系统所需的新交互而改变的程度。

我们必须确保将不同技术水平和工作兴趣的用户分离开来。毫无疑问，让新手参加与专家相同的培训课会导致一些麻烦，因为新手很快就会跟不上课程，而专家很快就会对基本知识产生厌倦。于是，两组人都会对培训失去兴趣。

16.6.1.2 培训人员

对于大型项目，根据必须培训的用户数和培训对象，可能需要很多不同的培训人员。这些培训人员可能来自如下群体：

（1）软件供应商；

（2）系统分析员；

（3）外聘培训人员；

（4）内部培训人员；

（5）其他系统用户。

该列表仅仅给出了分析员在计划中做出的少数培训人员的选择。

大型软件供应商通常针对他们的设备提供1～2天的培训课，作为公司购买昂贵的COTS软件时提供的部分服务利益。这些培训课包括在集中环境下举行的讲座和实践培训。

他们也可以通过在线用户组、专门的博客或年度用户大会来扩展体验。

因为系统分析员了解组织的人员和系统，他们通常可以提供良好的培训。以培训为目的来调用分析员取决于他们是否有时间，因为他们还应该监视完整的实现过程。

有时我们还要外聘培训人员来帮助培训工作。他们也许有教人如何使用各种计算机的广泛经验，但不一定能提供某些用户需要的实践培训。此外，他们也许不能充分定制适合于用户的讲课内容。

全职的内部培训人员通常熟悉职员的技能和学习偏好，并且能够根据他们的需要定制培训材料。内部培训人员的缺陷之一是，他们可能掌握了信息系统以外的其他领域的专业知识，从而可能缺少用户所需的深度的专业技术知识。

上述培训人员也可以为各个将要使用新信息系统的职能领域培训少量人员。然后，就可以由他们培训其余的用户。如果原受训人员在提供培训时，仍然能够得到培训人员和材料方面的支持，那么这种方法的效果会很好。否则，有可能会退化为一种反复试验的情形，而不是一种有序的培训。

16.6.2　培训的指导原则

分析员在制定培训策略时应遵循 4 项主要指导原则：（1）设定可度量的培训目标；（2）采用合适的培训方法；（3）选择合适的培训地点；（4）采用可理解的培训材料。

16.6.2.1　培训目标

培训对象在很大程度上决定了培训目标。各个小组的培训目标必须明确地被指出。精心制定的目标对于受训者有很大的帮助，可以让他们了解他们的工作内容。此外，当培训完成时，还可以基于目标对培训进行评价。例如，操作人员必须掌握一些基本技能，诸如打开机器、常见错误发生时的应对措施、基本的故障诊断技术，以及结束一次输入的方法。

16.6.2.2　培训方法

每个用户和操作人员所需的培训稍有不同。在某种程度上，他们的工作决定了他们需要知道什么，而他们的个性、经验和背景决定了适合于他们的最好的学习方法。一些用户通过观看来学习的效果最好，一些通过听来学习的效果最好，还有一些通过做来学习的效果最好。因为不可能为每个人定制培训，所以最好的培训方式通常是将多种方法相结合。那样，大多数用户就可以通过这样或那样的方法来实现最佳学习效果。

对于那些通过观看来学习效果最好的用户，培训方法包括设备演示和观看培训手册；对于那些通过听来学习效果最好的用户，将会从有关规范的讲座、讨论，以及培训者和受训者之间的问答课中受益；对于那些通过做来学习效果最好的用户，需要新设备的实践体验。对于像计算机操作人员那样的工作，实践体验是关键；而对于某条生产线上的质量保证经理，可能只需要观看输出、了解如何解释它，以及知道安排它何时到达。

16.6.2.3　培训地点

培训可以在许多不同的地方进行，但是其中一些地方比另一些地方更有指导性。大型计算机开发商提供了特殊的场外地点，并免费维护了一些可操作的设备。他们的培训者在一个允许用户集中精力于学习新系统的环境下提供实践体验和讲座。场外培训的缺点之一是，用户脱离了他们最终必须存在的组织环境。

一些不同类别的培训者也可以在组织内实行在线培训。在线培训的优点是，用户看到的设备就是它全面运作时的样子。但是它有一个严重的缺点，即如果保持在线培训，受训者往往会因为没有实现他们的日常工作职责而感到内疚。因此，他们不可能全神贯注于培训。

顾问和软件开发商也可以出资筹办离线培训地点。培训地点可以建在租用的会场，诸如某个酒店，甚至可以建在由培训者维护的永久设施。这些场所可以使工作人员不受日常工作要求的约束，但是他们可能提供不了实践培训设备。

咨询时间 16.4

强按牛头不喝水

你和 Sam Monroe、Belle Uga、Wally Ide 组成一个 4 人的分析团队，负责开发一个信息系统，以帮助某个大型商业鱼苗孵化场的管理员监视和控制水温、释放的鱼数量和其他因素。（你最后一次与他们会谈是在咨询时间 6.3。作为他们的第 4 个成员，他们要求你帮助解决一个牵涉及时交付系统原型的问题。）

根据你的建议，团队成功地扭转了初期的困境，项目继续进行了下去。现在，你正在讨论你已经开始承担的培训经理和其他系统用户的事宜。由于日程安排上的某些困难，你决定减少不同培训课的数量，这就导致了在某些情况下，主要用户和次要用户只能上相同的培训课。

Laurie Hook 是接受培训的操作员之一，他与 Wade Boot（你曾经合作的经理之一）上相同的培训课。Laurie 和 Wade 是为了不同的学习目的来到这个团队的。

Wade 告诉你：“我对在课堂上必须自己输入数据而感到恼火。还没等我完成工作，密西西比河就冰冻了。我必须知道何时出结果，以及结果出来时如何解释它。如果不能满足这些条件，我就不会花时间上培训课。”

与 Wade 一起上课的 Laurie 也向小组抱怨：“我们应当得到更多的实践培训。我们所听到的都是一些讲座，这好像是在学校上课。不仅如此，培训小组的成员喜欢讲‘他们使用旧系统时会怎么样’等令人不可信的话语。这些我早就听厌了。我希望了解如何操作系统。如果你问我，我会说我是被骗来培训的。我不想学你认为我要学的东西。此外，与这里的所有管理者一样，我感到自己如鱼离开了水一般不适应。”

培训课出现了什么问题？已知上述日程安排的局限性后，如何才能上好培训课？在设置培训课方面，你的团队忽略了什么基本建议？

16.6.2.4　培训材料

在规划用户培训时，系统分析员必须认识到精心准备的培训材料的重要性。这些材料包括培训手册；培训案例，其中用户被分配完成一个结合大多数经常遇到的系统交互的案例；输出的原型和模型。对于超大型系统的用户，有时能够在精心制作的基于 Web 的模拟器上或者在与正在编写的或购买的软件等价的软件上进行培训。大多数 COTS 软件供应商都提供了说明演示基本功能的联机指南，并且软件开发商可能会维护一个以致力于 FAQ 的页面为主的 Web 站点，其中的解答可供下载和打印。从许多软件开发商的 Web 站点上我们还可以找到指南的变更。

因为用户对系统的理解依赖于培训材料，所以培训材料必须清楚地被编写出。培训材料还应当有良好的索引、适合于正确的用户并尽量使用最少的行话，以及可以让任何需要它们的人获取。图 16.15 概括了培训目标、培训方法、培训地点和培训材料。

培训要素	相关因素
培训目标	依赖于用户的工作要求
培训方法	依赖于用户的工作、个性、背景和经验。使用讲座、演示、实践和研究相结合的方法
培训地点	依赖于培训目标、成本、可用性。使用免费的软件供应商培训基地及可操作的设备；内部设备；租用的设备
培训材料	依赖于用户的需求。材料包括操作手册、案例、需求原型和输出、在线指南

图 16.15　正确的培训目标、培训方法、培训地点和培训材料取决于许多因素

16.7　转换到新系统

第 3 种系统实现方法是从物理上把旧的信息系统转变为新的或修改后的信息系统。分析员可以使用许多转换策略，而且在决定使用哪种转换策略时应考虑许多组织因素。单一的最好的转换策略是不存在的，充分的转换规划和时间安排（通常要花许多星期）、文件备份和充分的安全性的重要性也不能被过分强调。

16.7.1　转换策略

图 16.16 给出了从旧系统转换到新系统的 5 种策略：

（1）直接转换；

（2）并行转换；

（3）逐步或分阶段转换；

（4）模块化转换；

（5）分布式转换。

在下面几小节中，我们将分别描述上述 5 种转换方法。

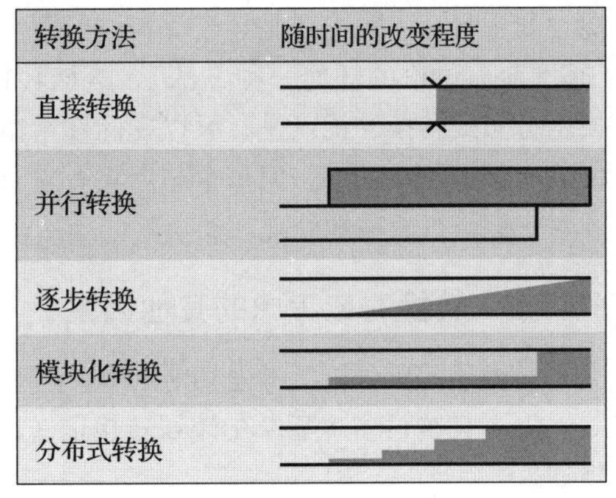

图 16.16　信息系统的 5 种转换策略

16.7.1.1　直接转换

直接转换（direct changeover）是指在某个指定的日期，旧系统停止使用，投入使用新系统。只有在事前经过充分测试的情况下，直接转换才有可能成功，并且在处理技术能够容忍某些延误的情况下可以最佳地发挥作用。直接转换被认为是一种风险转换方法，而且它的缺点很多。如果用户对被迫使用一种不熟悉的系统感到不满，则可能对工作环境造成破坏。最后，没有充分的方法可以用来比较新的结果与旧的结果。

16.7.1.2　并行转换

并行转换（parallel conversion）是指同时并行地运行旧系统和新系统。当在一段时间内能够获得相同的结果时，新系统投入使用，旧系统停止使用。同时运行两个系统的优点包括能够根据旧数据检查新数据，以捕获新系统处理时的任何错误。并行转换的主要缺点包括同时运行两个系统的成本较高，以及职员的工作负荷在转换期间实际上翻了一番。

16.7.1.3　逐步转换

逐步转换或分阶段转换（gradual or phased conversion）试图结合前两个转换计划的最佳特征，而又不招致所有的风险。在这个转换计划中，随着系统被逐步采用，新系统处理的事务量逐步增加。这种方法的优点包括允许用户逐步接触系统，并且可以在不需要大量停机时间的情况下检测错误和从错误中恢复，以及逐个增加特征的能力。敏捷方法往往使用这种转换方法。

16.7.1.4　模块化转换

模块化转换（modular conversion）通过构建自包含的、可操作的子系统，逐步地从旧系统转变为新系统。在每个模块都被修改和接受后，新系统投入使用。这种方法的优点之一是，每个模块在使用前都经过了彻底测试。另一个优点是，随着每个模块变得可操作，用户也逐渐熟悉了每个模块。他们的反馈帮助确定系统的最终属性。面向对象方法通常使用这种方法。

16.7.1.5　分布式转换

分布式转换（distributed conversion）是指考虑同一系统的许多安装工作同步进行的情况，与银行业、餐馆或服装店等特许经营店的情况一样。在某个站点上完成一次完整的转换（通过前面讨论的任何一种方法）。当该转换成功完成时，就可以在其他站点上完成其他转换。分布式转换的优点是，可以在问题给所有站点造成损害之前被检测出。它的缺点是，即使某个转换是成功的，但每个站点将有它自己的人员和文化，以及区域和地方特点，因而必须对它们进行相应地处理。

16.7.2　转换时应考虑的其他因素

转换还需要分析员考虑其他因素，这些因素包括：

（1）订购设备（至少在计划转换前 3 个月）。供应链中的任何减缓或变化也需要纳入该规划。

（2）订购所有必须由外界提供给信息系统的材料，诸如硒鼓、纸张、预先印好的表格和存储介质等。同样，要注意供应链问题带来的经济减速。

（3）派一位管理人员或者亲自监督安装站点的准备情况。

（4）计划、安排和监督程序员和数据录入人员（他们必须转换所有相关的文件和数据库）。

对于许多实现，分析员的主要角色是精确估计每个活动所需的时间、指定人员管理每个子项目和协调他们的工作。对于较小规模的项目，大多数转换工作将要由自己完成。第 3 章中所学的许多项目管理技术，诸如甘特图、PERT、功能点分析和与团队成员的成功交流，对于规划和控制实现是有用的。

16.7.3 组织隐喻及其与成功系统的关系

当你试图实现一个刚刚开发的系统时，应注意人们关于组织的隐喻（organizational metaphor）。我们在北美的研究表明，系统的成败可能与组织成员使用的隐喻有关。

如果组织成员把公司隐喻成一个动物园，可以推断出公司的气氛是相当糟的。如果成员把它隐喻成一台机器，则说明一切正常有序地在运作。如果绝大多数组织成员把它隐喻成战争、旅行或者丛林，则像隐喻成动物园一样，环境是糟糕的。然而，战争和旅行的隐喻是面向组织目标的，而动物园和丛林的隐喻则不是。

除了隐喻成机器，诸如社会、家庭和游戏等隐喻都表明组织有秩序、有规律。虽然机器和游戏的隐喻是面向目标的，但是社会和动物园的隐喻并非强调公司的目标，而是允许公司中的每个人设置他们自己的标准和报酬。另一个隐喻，有机体，介于秩序和混乱、公司目标和个人目标之间。

我们的研究结果表明，系统的成败可能与主要隐喻有关。图 16.17 表明，如果主要隐喻是社会、机器或者家庭，则一个传统的管理信息系统将会趋向于成功；如果主要隐喻是战争或丛林（两个混乱的隐喻），则它可能会趋于失败。然而，注意到如果隐喻是战争，则竞争系统很有可能会取得成功。

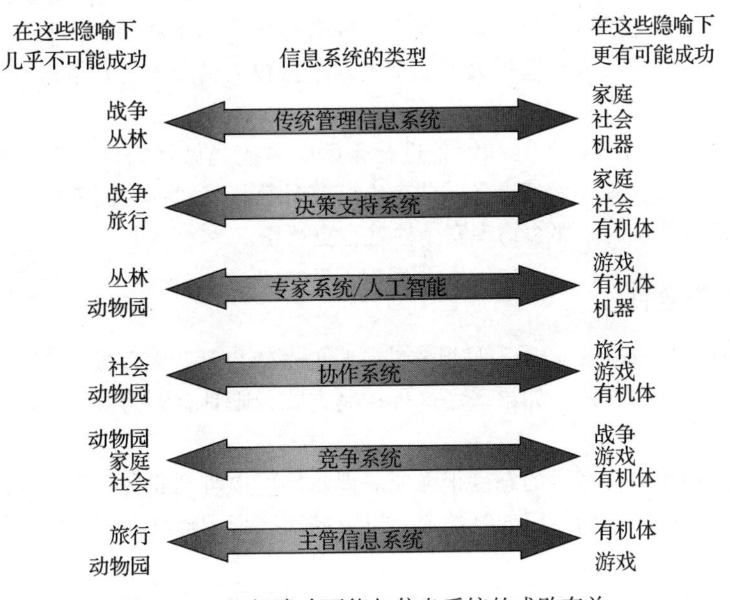

图 16.17 组织隐喻可能与信息系统的成败有关

积极的隐喻有游戏、有机体和机器，消极的隐喻有丛林和动物园。其他隐喻，诸如旅行、战争、社会和家庭，则表明成败参半，具体取决于所开发的信息系统类型。在这一领域我们还需要进行更多的研究。与此同时，系统分析员应当注意，面谈时交流的隐喻可能是有意义的，甚至有可能是促使信息系统成功实现的因素。

16.8 传统系统和基于 Web 的系统的安全考虑

计算机设施、存储的数据和所产生的信息的安全性，是成功的转换必须考虑的一部分内容。承认安全的必要性是相信信息是一种关键的组织资源的自然产物。随着复杂事务越来越多，以及众多的创新性交流，Web 的安全问题已经引起 IS 专业领域的高度重视。

在一个假想的从完全安全到完全开放的连续体上来考虑系统、数据和信息的安全性是合适的。尽管不存在完全安全的系统，但是分析员和用户采取的行动旨在通过减少系统的脆弱性，使系统朝着连续体的安全端发展。应当注意，随着组织内越来越多的人员掌握更强的计算机能力、获得对 Web 的访问权，或者建立与内部网和外部网的连接，安全问题变得越来越艰难而复杂。此外，广泛的远程或混合（部分面对面，部分远程）工作也增加了安全风险。有时，在安全性关系到操作能否成功时，组织将会聘请安全顾问协助系统分析员的工作。

安全性是所有和系统接触的人员的责任，是组织内唯一的最不严格的行为或政策。安全性有三个互相联系的方面：物理安全性、逻辑安全性和行为安全性。如果要使安全质量保持较高的水平，必须协调好这三方面的关系。

16.8.1 物理安全性

物理安全性（physical security）是指通过物理手段确保计算机工具、设备和软件的安全。具体手段包括：通过计算机可读的身份识别徽章、生物识别系统或者签到系统控制机房的进出、使用闭路电视照相机监视计算机区域，以及经常备份数据并把备份储藏在一个防水防火的地方，这通常在一个安全的异地存储位置，也可以使用云供应商提供的数据存储。

此外，应当确保小型计算机设备的安全，使普通用户不能移动它，而且应当确保为它配置不间断的电源。向相关人员通报火灾、水灾或未授权人员闯入的警报器必须始终处于正常工作状态。

当分析员计划对计算机工具和设备进行采购时，应当做好物理安全性方面的决策。显然，如果实际安装前就预先做好准备，或者在装修计算机房时就专门考虑了安全问题，而不是事后想到才进行装备的，那么物理安全性就会更严密。

16.8.2 逻辑安全性

逻辑安全性（logical security）是指软件本身的逻辑控制。大多数用户熟悉的逻辑控制是密码或者某种形式的授权码。如果采用这种控制方式，则具有正确密码的用户允许访问系统或者数据库的某个部分。

然而，许多组织对待密码的态度很随便。偶尔你可以听到职员在满是人的办公室内大声说出某个密码、把密码录到他们的终端上，以及同那些忘记自己的密码的授权职员共享个人密码等。

为了保护 Web 上商业交易的安全，特殊的*加密软件*（encryption software）已经被开发出来。商业交易正在蓬勃发展之中，不过，Internet 欺诈也在急剧增多。几乎没有机构接受过捉拿 Internet 犯罪的培训，而且当机构能够缉拿 Web 犯罪时，“西大荒”或者“最后的疆土”的心态凸显出来。

一种让网络减少被来自外界安全挑战的方法是搭建*防火墙*（firewall）或*防火墙系统*（firewall system）。防火墙在内部组织的网络和外部网络（诸如 Internet）之间设了一道障碍。内部网络被认为是可靠的和安全的，而 Internet 则不然。防火墙旨在预防未授权的和不需要的网络通信。防火墙系统并不是组织和 Internet 安全的完美的补救方法，它只是目前广泛接受的一个附加安全层。现在仍然没有全面集成的解决内部网络和外部网络的安全问题的方法，但是在规划任何新的或改进系统时，它们确实应当引起分析员的注意。

逻辑控制和物理控制是重要的，但显然不足以提供充分的安全性。所以，行为改变也是必不可少的。

16.8.3 行为安全性

一个组织的行为期望都被编写在政策手册中，甚至被贴在工作间和午餐厅的牌子上，如我们在第 5 章中看到的那样。然而，组织成员内在化的行为也关系着安全工作能否成功。（注意，防火墙防不了攻击的一个原因是，许多对信息系统的攻击来自组织内部。）

安全可以从职员的筛选开始（他们将最终使用计算机、数据和信息），以确保他们的兴趣与组织的兴趣一致，确保他们完全理解全面贯彻安全规范的重要性。关于安全性的政策必须写成手册，分发给大家，并及时进行更新，以便职员全面意识到组织对他们的期望和责任。通常，系统分析员会首先接触行为安全方面。一些组织明文规定，如果涉及公司设备，职员在上班时上网冲浪是被禁止的，有的甚至被禁止在任何时候上网冲浪。另一些公司使用软件锁来限制对 Web 站点的访问，一般这些站点被认为不适合在工作场所使用，诸如游戏、赌博或者色情站点。

行为安全（behavioral security）方面的部分工作是定期监督职员行为，以确定他们遵循正确的规范，同时改正任何随着时间而逐渐退化的行为。让系统记录用户不成功的注册尝试次数，是一种监督是否有未授权的用户试图登录系统的办法。经常对设备和软件定期进行清查是必不可少的。此外，我们应当对特别长的会话或下班后不寻常的系统访问进行分析。

职员应明确知道组织希望他们干什么、禁止他们干什么，以及他们的权利和责任范围。举例来说，在美国和欧洲，雇主有法律义务公开现有的或考虑使用的所有监视设施，而且应当给出这么做的根本理由。这种公开应包括摄像机、软件和电话监控等设备的使用。其他国家也有关于合法使用这些设备和监控软件的法律。

系统产生的输出必须被看作可能会在某些环境下使组织陷入的危险。对输出的控制包括只能通过密码访问的屏幕、信息分类（即信息可以被分配给谁和何时被分配）以及打印文档和电子文档的保密存储，无论其格式如何。

在某些情况下，必须制定粉碎机密文件或专有文件的规定。粉碎或粉碎服务可以与外部公司签订合同，这些公司会收取费用，将磁性介质、打印机墨盒和纸张粉碎。大型公司每年要销毁超过 76 000lb[⊖]各种介质的输出。

16.8.4 提高安全性的双因素身份验证

当用于保护计算机系统或移动设备时，*双因素身份验证*（two-Factor authentication，2FA）是一种*两步验证*（two-step verification）或*双因素身份验证*（dual-factor authentication）安全过程，用户给出两个唯一的身份验证因素来验证他们访问系统或软件的授权（techtarget.com）。使用双因素身份验证，用户可以从以下选项中选择 2 ～ 3 种：他们知道的东西，他们拥有的东西，或者他们是什么。未来，分析员可能会寻求*三因素身份验证*（three-factor authentication），这意味着用户需要拥有物理令牌和密码，以及生物特征数据，例如视网膜扫描、声纹和指纹扫描。

⊖ 磅，单位符号 lb，1 lb ≈ 0.453 59kg。——编辑注

16.8.5 电子商务安全的特别注意事项

众所周知，入侵者能够破坏任何计算机系统的完整性。作为一名分析员，我们需要采取一系列预防措施来保护计算机网络不受内部和外部 Web 的安全威胁。许多措施和产品可以提供帮助：

（1）检测和清除恶意软件的软件。

（2）电子邮件筛选产品（email filtering product），提供基于策略的电子邮件和电子邮件附件扫描和筛选，以保护公司不受收到和发出的电子邮件的攻击。输入扫描保护公司不受垃圾邮件（未经请求的邮件，诸如广告邮件）的攻击，而输出扫描则可以防止泄露专用信息。

（3）URL 筛选产品（URL filtering product），为职员提供按用户、用户组、计算机、时间或者日期来访问 Web 的方式。

（4）防火墙、网关和虚拟专用网，防止黑客秘密访问公司网络。

（5）侵入探测和反钓鱼产品，不断地监视使用情况、提供消息和报表，以及建议要采取的行动。

（6）安全隐患管理产品，评估系统潜在的风险，发现和报告安全隐患。一些产品对安全隐患进行关联，以使它更容易发现违反安全的根源。风险是不可能被消除的，但是此软件能够帮助管理风险，使安全风险不会越过经济底线。

（7）安全技术，诸如安全套接字层（Secure Socket Layering，SSL）和首选传输层安全（the preferred Transport Layer Security，TLS），用于身份验证以及加密和保护通过互联网或网络发送的数据。

（8）加密技术，诸如安全电子交易（Secure Electronic Translation，SET）。

（9）公钥基础设施（Public Key Infrastructure，PKI）和数字证书（从 VeriSign 等公司获取）。使用数字证书确保报告的消息发送方就是发送消息的公司。

16.8.6 物联网的实施问题

由于有这么多具有互联网连接功能的应用程序和设备，我们将不可避免地面临设计能够连接更大的物联网（Internet of Things，IoT）的网络（或部分网络）的问题，其中包括其他设备：

- 数字助理
- 恒温器
- 汽车
- 适用于气候和医院环境的更先进传感器
- 微控制器
- 通信技术

我们必须为物联网的实施建立坚实的商业理由或明确的投资回报率（ROI）。在撰写本书时，大多数商业领袖都还看不到物联网的明确投资回报率。我们必须为开展物联网项目制定明确的目标。分析员可以帮助决策者了解物联网开发对组织的好处。

由于其尖端和复杂的性质，作为这些技术基石的芯片在全球供应链中的速度因疫情和其他全球挑战而放缓。不太复杂的芯片，比如 CPU 所需的芯片，在面临供应链问题的时候，并没有受到那么大的影响，而且会有更充足的供应。

不幸的是，我们并没有得到像通过物联网实现连接同样的坚定的决心来确保物联网的安全。所有能够添加到物联网的设备都通过互联网发送和接收数据。为计算机网络设置安全性是系统分析员的第二天性。然而，对于物联网却并非如此，它可能是以一种临时的方式创建的。美国联邦调查局已经开始认真对待这一威胁，甚至向消费者发出警告，称他们的家庭设备并不安全，并且通过将不安全的设备连接到互联网容易受到攻击。黑客可以很容易地找到进入家庭办公室路由器的方法。

组织中那些渴望成为网络一部分的人可以在没有适当规划（甚至自动）的情况下将未经授权的设备添加到物联网中。不安全的设备很容易受到黑客的攻击，如果不采取预防措施，黑客很容易进入公司或个人路由器。

从拟议项目开始，网络安全规划就应嵌入系统规划中，以便将其整合，并规划相关成本。我们应缓慢添加设备，并在整个生命周期内对其进行监控。精通物联网的团队应包括在任何规划和实施项目中。

以下是系统分析员可以采取的预防措施列表，以降低与物联网实施相关的网络犯罪风险：

（1）清点物联网中涉及的所有设备。

（2）确保所有识别的设备都是可信的。

（3）识别任何易受攻击的设备所构成的风险威胁。

（4）通过跟踪和适当的升级和 / 或删除来减轻任何风险。

（5）在物联网的整个生命周期中监控所有设备的网络风险。

16.8.7 电子商务的隐私注意事项

安全性的另一方面是隐私。为了使 Web 站点更安全，我们必须要求用户或顾客放弃某些隐私。

作为 Web 站点设计者，你将会发现，公司可以对顾客提供的数据行使很大的权力。道德和法律行为的原则同样适用于所有传统应用的 Web 站点设计，这些应用从顾客那里收集个人数据。然而，Web 站点允许我们更快地收集数据，而且允许收集不同的数据（诸如顾客的浏览习惯）。总之，信息技术使数据仓库可以存储更多数据，可以对这些数据进行处理，并更广泛地分配这些数据。

每个需要设计电子商务应用程序的公司都应采纳一种*隐私策略*（privacy policy）。下面给出一些指导原则：

（1）从公司关于隐私的政策开始。确保在 Web 站点上隐私政策被显著地显示出，以便所有顾客在完成一个事务时能够访问此政策。

（2）只要求用户输入应用程序完成当前事务所需的信息。例如，事务有必要问一个人的年龄和性别吗？

（3）让顾客有选择地填写个人信息。虽然一些顾客不介意接收目标消息，但我们始终应当为顾客提供不作答的机会，以维护他们的个人数据的机密性。

（4）使用允许你获取有关顾客类别的匿名信息的原始资料。有一些为广告的管理、目标定位和发行提供受众剖析技术和技术解决方案的公司。具体做法是维护顾客档案的一个动态数据库，而不必将它们与个人相联系，从而使顾客的隐私权得到尊重。

（5）合乎道德规范。避免你的客户以高度可疑的方式收集顾客信息。像屏幕抓取（远程获取顾客屏幕上的信息）和电子邮件 Cookie 抓取那样的伎俩，显然有违隐私，它们也可以被证明是违法的。

安全性和隐私性的协调政策是必不可少的。因此，在实现电子商务应用程序时，制定这些政策并遵守它们是至关重要的。

16.8.8 灾害恢复规划

不管你和你公司的同事们多么勤快地工作以确保系统的安全性和稳定性，所有的职员和系统都不可避免地会遭受某种自然的或人为的灾害，危及安全性以及企业的运营。一些灾害很常见，诸如停电等。我们可以估算某些灾害发生的可能性，诸如飓风或地震等。然而，很多灾害的发生时间或严重性是不可预测的，甚至可能造成生命损失，引发工作人员和公司本身的混乱。

灾害防备（disaster preparedness）和*灾害恢复*（disaster recovery）领域是互相依存的，它们建立在彼此之上。灾害防备领域涉及一个公司在遭遇危机时应该如何应对。灾害恢复领域的重点是考虑企业在灾难发生之后如何才能继续，及其如何恢复 IT 基础结构中的基本系统。本节重点关注与信息系统相关的灾难恢复。传统的灾难恢复过程包括规划、演练、实践演练和从灾难中恢复。

遭受灾难时，公司会损失人员、金钱、名誉和自有资产，以及他们的顾客，采取正确措施使潜在的损失最小是非常重要的。分析员应当确定公司的灾难规划级别，以及信息系统在灾难响应和恢复计划中的作用有多明确。分析员必须尽早询问的关键问题包括：员工们是否知道灾难发生时去到哪里，面对灾难时应该做什么。对这些问题的答案将指导你进一步深入规划。传统智慧提供了灾难发生期间和之后应考虑的 7 个因素。正如你将看到的，它们中的很多都涉及信息系统，特别是与系统分析员所需的规划有关：

（1）确定负责管理危机的团队；

（2）消除单点故障；

（3）确定数据复制技术，要求其与公司让系统恢复工作的时间表相匹配；

（4）制订详细的搬迁和运输计划；

（5）建立公司员工和现场顾问（如分析团队）间的多种通信渠道；

（6）提供灾难恢复方案，包括一个场外位置；

（7）确保灾难发生时可能身在工作现场的员工和其他人员的身心健康。

灾难防备计划应明确灾难发生时由谁负责做出若干关键决策。这些决策包括：企业是否继续运营，如何支持通信（包括计算机和语音通信），如果企业不适合居住员工将被送往哪里，紧急情况下员工将去哪里，注意那些在企业现场工作和虚拟工作的员工的个人心理需求，以及恢复主要的计算和工作环境。

数据冗余提供了消除那些运行 Web 应用程序的服务器的单点故障的关键。作为系统分析员，建立这种备份和冗余特别有益。

开源软件定义存储的出现意味着简化的存储操作、更高的效率和更低的成本。一些行业分析员预测，*存储即服务*（STorage as a Service，STaaS），即组织可以租用他们需要的存储，最终将在未来十年接管*存储区域网络*（Storage Area Networks，SANs）的工作（Robb，2022）。过去，一些企业使用 SANs 来消除与物理磁带备份和存储相关的不可靠性。近乎实时备份的同步远程复制（也称为数据镜像）深受青睐。但是，如果公司远离站点 160.94km，则数据镜像过程可能受到影响。异步远程复制按指定的时间间隔把数据发送到辅助存储位置。在线方案也适用于小企业。

组织应制定和分发一份一页的备忘录，包含员工的疏散路线和集结点。这应该分发到组织中的每位员工。三种常见的选项是把员工送回家、让他们保留在现场或者把他们送往为继续运营而建立的恢复场所。制定该备忘录时应考虑所有的运输方案。

组织和分析团队的成员必须能够通信，即便是在常用的邮件被破坏的情况下。如果邮件不能用来广播一则紧急消息，则紧急信息网页或紧急热线可以充当一种可行的方案。最近，一些软件公司开始提供一套允许应急响应机构临时通信的软件工具，允许他们快速建立安全的 VoIP、Web 连接和 Wi-Fi 热点能力。将来，更广泛的可用性和更低的价格无疑将把这些重要的通信能力推广到其他类型的组织中。

为了更好地保护组织的备份系统，并确保在灾难发生时保持不间断的银行交易，美国的新法规规定银行非现场位置离开原址至少 160.94km。纸质文件和备份也存在巨大的问题，它们极易遭受自然灾害和人为灾害。我们强烈鼓励组织制订帮助他们着手进行数字文档项目的计划，这意味着在 3 ～ 5 年内他们的纸质文档都将被转换为电子格式文档（Stephens, 2003）。

对那些在遭受灾难的组织中工作的人员的支持是最为重要的。我们必须为他们提供充足的和容易获得的水，特别是职员由于外面天气条件或建筑物部分坍塌而在很多天内不能离开时。虽然食物是重要的，但是水更重要。我们还应向职员们发一个安全工具箱，其中包含水、防尘口罩、手电、发光棒和哨子。一种了解个人工作区灾难用品装备包应包含什么用品的方法是访问美国红十字网站（www.redcross.org），该网站提供了在灾害期间和之后为人们提供支持的详细信息。

咨询时间 16.5

成功的滋味

Solana Agua 是欧洲软饮料 Sipps 的众多美国分销商之一，她不高兴地盯着智能手机上的天气 App，该 App 显示出一张深红色的美国地图，表明该国大部分地区正在经历早春热浪，并且没有减弱的迹象。当她与组装系统团队交谈时，她举起智能手机的屏幕说："这是我们可能遇到的最好的事情，或者至少应该是这样。但是三个月前我们不得不下订单时，并不知道这个春天的奇葩热浪会以这种方式吞噬这个国家！"她朝墙上挂着的欧洲工厂的照片点了点头，继续说道："我们需要能够告诉他们这里什么时候会很热，这样我们才能得到足够的产品。否则，我们每次都会错过。这发生在两年前，它差点毁了我们"。

"我们每个经销商都会与我们的地区经理会面，进行为期三个月的计划。当我们达成一致意见时，我们会将订单通过电子邮件发送给欧洲总部。他们自己会进行调整，将饮料装瓶，然后我们在 9 ～ 15 周后会收到修改后的订单。但我们需要一些方法来告诉他们现在发生了什么。为什么，甚至有一些新的超市在这里开业。他们应该知道我们的需求特别高。"

她的助理 Corky 对此表示赞同，他说："是的，他们至少应该看看我们每年这个时候的销售额。有些春季很热，有时只是一般般。”

Agua表示赞同，她说：“如果他们能与我们合作，发现趋势和变化，然后迅速做出反应，那将是非常完美的。”

Stern's总部位于英国Blackpool，是一家欧洲饮料制造商，也是Sipps的开发商和生产商。Sipps是一种甜的果味非酒精非碳酸饮料，可冷藏或加冰饮用，在天气炎热时尤其受欢迎。该产品自五年前推出以来，在欧洲迅速热销，在美国也越来越受欢迎，但该公司在充分管理库存和满足美国客户需求方面遇到了困难，而美国客户的需求受到季节性温度波动的影响。拥有全年温暖气候和大量游客的地方（如佛罗里达州和加利福尼亚州）有大量的长期订单，但如果下订单容易、订单流程反应灵敏，该国其他地区也可以从中受益。位于美国和加拿大各地的当地分销商网络负责分销Sipps。

请设计一个系统解决方案，以解决此处讨论的问题。（提示：技术很重要，但人们使用它的方式也很重要。）解决方案应该强调协作，具有灵活性、适应性和可访问性。使用网络图来对你的解决方案加以说明。用几段话阐述为什么应该选择你的解决方案。

16.9 评估

在整个系统开发生命周期中，分析员、管理员和用户一直在评估不断演进的信息系统和网络，以提供最终改进的反馈信息。评估也是随后的系统实现所要求的。

16.9.1 评估方法

在认识到不断地对信息系统和网络进行评估的重要性以后，人们想出了许多评估方法。这些方法包括：成本效益分析（有关讨论参见第3章）；试图使用信息理论、仿真理论或贝叶斯统计理论根据信息修正的效果估计某个决策的价值的模型；强调实现问题和用户参与的用户评估；研究分析信息特性的信息系统效用方法。

每种评估方法都有不同的目的，同时也有内在的缺陷。成本效益分析难于应用，因为信息系统第一次提供有关目标的信息，使得无法对系统或分布式系统实现前后的性能进行比较。修正决策评估方法具有一定难度，因为信息系统的设计、开发和实现涉及的所有要素不能进行计算或量化。用户参与方法通过提供一个检查表，列出各个组织成员发现的潜在功能故障行为，对新项目提出某些见解，但是它强调信息系统设计的其他方面。对于信息系统的效用评估方法，如果将它扩展并系统地应用，那么它就会比其他方法更全面。

16.9.2 信息系统效用方法

对于度量一个已开发系统的成功与否而言，用于评估信息系统的信息系统效用（information system utility）方法可以说是一种全面而有成效的方法。它也可以作为分析员将来可能承担的任何项目的开发指南。

信息的效用包括拥有、形式、场所和时间。为了全面评估信息系统，这些效用必须被扩展，以包括实现效用和目标效用。于是这些效用就可以被认为充分解决了谁（拥有）、什么（形式）、何处（场所）、何时（时间）、如何（实现）和为什么（目标）的问题。在图16.18的血液库存系统评估中，可以看到这种信息效用方法的示例。

信息系统模块	形式效用	时间效用	场所效用	拥有效用	实现效用	目标效用
库存列表成功	良好。它所采用的缩写词与运输规范相同。随着系统的发展，太多的信息会出现。这种信息过载要求总结信息。	良好。至少在每天安排的送货时间前 1 小时收到报表。	良好。库存列表在地区性采血中心打印。列表送往当前送货的医院。	良好。原来负责保存手工记录的人员接收这些报表。	良好。实现是容易的，因为医院觉得库存列表极其有用。	良好。使有关特定单位的信息变得可用。
管理总结报告成功	良好。总结报表完全根据市医院的血液管理员制定的手工总结报表的格式规范来设计。	良好。与清单相同。	良好。总结报表在需要它们的地方被打印。	良好。最初保存手工总结报表的血液管理员。	良好。参与报表设计的血液管理员。	良好。总结报表有助于减少血液过期和预防血液短缺的情况。
短期预报成功	良好。为每种血液类型发出一个预报。	良好。每天更新预报。	良好。在血液中心被打印。	良好。负责分配和采集的管理员接收该报表。	良好。输出设计还可以吸收更多的人参与其中。	良好。通过召集更多的献血者，可以预防血液短缺的问题。
启发式分配失败	差。接受输血的人不相信计算机产生的神秘数字。	良好。在做出分配决策前 1 个小时提供报表。	良好。在血液中心被打印。	一般。负责每日血液分配的管理员接收原始报表。	差。太多的人关心血液库存量，导致他们不能参与系统设计。	差。这不是采血地区的直接目标。运输成本由病人承担。

图 16.18　使用信息系统效用方法评估血液库存信息和决策支持系统

如果信息系统拥有所有这 6 个效用，则可以把它评估为“成功”。如果系统模块在提供其中某个效用上被评为“差”，则整个模块注定要失败。效用的一个部分或“一般”实现，将产生部分成功的模块。如果信息系统模块在提供每个效用上都被评为“良好”，则该模块是成功的。

16.9.2.1　拥有效用

拥有效用回答谁应当接受输出的问题，即谁应当负责做出决策。在那些没有权利改进系统或者不能有效地使用信息的人的手中，信息是毫无价值的。

16.9.2.2　形式效用

形式效用回答把哪种输出提交给决策制定者的问题。文档的格式和采用的行话必须适合特定的决策制定者。缩写词和列标题必须对用户有意义。此外，信息本身必须有正确的形式。例如，用户不必用一个数除以另一个数以得到某个比率。相反，比率应当被计算出来，并且凸现出来。另一个极端问题是太多不相关数据的表示。无疑，信息过载降低了信息系统的价值。

16.9.2.3　场所效用

场所效用回答信息在何处分配的问题。信息必须被提交给做出决策的地方。详细报表或以前的管理报表应当存档，以方便将来使用。

16.9.2.4　时间效用

时间效用回答何时提交信息的问题。信息必须在做出决策前到达。晚到的信息没有效用。另一个极端是，早在决策制定之前就提供了信息。如果过早地提供信息，报表可能会变得不准确或者被忘记。

16.9.2.5　实现效用

实现效用涉及决策制定者如何引进和使用信息。首先，如果信息系统能够被实现，那么它是有价值的。其次，实现效用还意味着，如果信息系统在设计者离开后还保持使用，或者信息系统以前的使用取得了满意而长期的效果，则该信息系统就是有价值的。

16.9.2.6　目标效用

目标效用通过询问输出是否能帮助组织实现其目标来回答信息系统“为什么”的问题。信息系统的目标不仅必须与决策制定者的目标一致，而且还必须反应它们的优先关系。

咨询时间 16.6

新系统的扫尾工作

“我不知道发生了什么。我能够说的就是，在安装完新系统后，系统分析员就彻底逃走了。”Marc Schnieder 生气地说道。他是 Marc Schnieder 清洁用品公司的老板。（上一次在咨询时间 13.1 中碰到过他，在那里帮助他实现数据存储需求。在这期间，他请人安装了一个新的信息系统。）

“系统分析团队向我们询问了一些有关我们是否喜欢新系统的问题，”Marc 激动地说道，“我们真的不知道如何告诉他们，输出并非如我们希望的那样毫无瑕疵。我是说，它是含混不清的。它没有在合适的时间找到合适的人。实际上，我们从来没有同那个咨询团队一起追踪过已竣工系统的细节。我想我们必须聘请你们来完成他们离开以后的扫尾工作。”

在与公司的主程序员 Stan Lessink 和 Jill Oh 进行深入讨论以后，你意识到最初安装新系统的团队没有任何评估机制。试建议一种合适的评估框架，用于评估 Marc 先生提出的有关系统的问题。如果没有对系统做出系统的评估，可能会发生什么问题？以一页纸的篇幅加以概述。

16.10　评估公司的 Web 站点

对分析人员开发或维护的公司 Web 站点加以评估是所有成功实现工作的重要组成部分。分析员可以使用前面论述的信息系统效用方法评估站点的审美特征、内容和交付。作为系统分析员或 Web 开发人员，应当更深入地研究和分析 Web 流量。

Web 站点访问者能够为这种分析产生大量有用的信息。通过获取有关消息来源的信息，包括用户以前访问的网站和他们用于查找站点的关键字，可以自动地获取此有用的信息。这种信息也可以通过使用 Cookie 来获得（当用户最后一次访问该站点时，留在用户计算机上的文件）。

分析人员或网站管理员可以使用 Telium 等服务获取有价值的信息。（虽然有些服务可能是免费的，但付费服务通常会提供深入评估网站所需的详细信息。这些花费是维护网站的持

续预算项目)。帮助评估客户网站并进行改进的信息是非常丰富且易于获取的。7 条基本信息描述如下:

(1) **了解客户站点的访问频率。**最近几天内 Web 站点的点击数、访问者会话次数和访问的页数,都是需要了解的基本内容。

(2) **了解网站上特定页面的详细信息。**可以获取有关被请求次数最多的页面、被请求次数最多的主题、访问者采用的最多的通过客户 Web 站点的路径,甚至是被下载次数最多的文件的统计信息。如果 Web 站点是商用的,则购物车报表能够显示访问者变成购买者的数量,以及放弃购物车或者没有完成付款过程的访问者数量。

(3) **找出更多有关 Web 站点访问者的信息。**诸如某个特定访问者在一段时间内的访问次数等访问者的统计信息,不管访问者是新客还是常客,以及访问次数最多的访问者的统计信息,对于评价 Web 站点都是有价值的。

(4) **查明访问者是否能够正确填写你设计的表格。**如果错误率高,则重新设计表格,然后观察结果变化。统计信息分析可以揭示访问者的错误响应是否由不良的表格设计引起。

(5) **找出把 Web 站点访问者引向客户站点的人员。**找出哪些站点负责把访问者引向客户的 Web 站点。获得有关最好的引用站点、引向该站点的最好的搜索引擎、甚至访问者用来找到客户的 Web 站点的关键词的统计信息。推销站点以后,可以用 Web 流量分析(Web traffic analysis)跟踪站点推销是否真的起作用了。

(6) **确定用户使用什么浏览器。**通过了解用户正在使用的浏览器,你可以增加这些浏览器特有的特征,改善站点的外观和感觉,鼓励访问者长时间停留,从而提高站点的吸引力。它有助于了解访问者使用的浏览器是过时的还是最新的。

(7) **查明客户的 Web 站点访问者是否喜欢广告信息。**最后,查明访问者是否对站点上的广告活动感兴趣,诸如提供一个产品在某个特定时期内进行促销。

Web 活动服务有助于根据流量、广告效果、员工生产率和投资回报,来评估站点是否满足其所声明的目标。这是分析员评估公司的 Web 存在是否满足管理目标,以及是否准确地描述了组织构想的方法之一。

16.11 小结

系统分析员在分析和设计信息系统时,可以用很多方法确保全面质量管理。六西格玛是一种文化、哲学、方法论和以消除所有缺陷为目标的质量方针。用于设计自顶向下模块化系统的工具称为结构图。面向服务的架构是一种使用独立的服务执行各功能的方法。两种可以辅助系统分析员的结构化方法是程序操作手册和民间故事法。系统分析员选择的技术必须能很好地适应组织以前使用的技术,同时又具有一定的灵活性和易于被修改。

需求可追溯性可被视为文档的一部分。它在两个方向上遵循需求的生命周期。在理想情况下,需求可以追溯到业务目标,并向前追溯到成功部署的产品。有四种类型的可追溯性:前向需求可追溯性、从需求向前可追溯性,从需求向后可追溯性和后向至需求可跟踪性。

特定的程序、子系统和总系统的测试是确保质量的关键。系统维护是一个重要的考虑因素。内部审计人员和外聘审计人员都是为了确定系统信息的可靠性而被聘用。他们把审计结果告知其他人,以便改进系统信息的有用性。

行为驱动开发是一种通过测试功能并确定哪些功能成功、哪些功能失败以及哪些功能可能缺失来开发软件的方法。开发人员最初会编写失败的单元测试。然后,他们将编写和重写代码，直到代码通过。

实现是确保信息系统和网络可操作，然后让受过良好培训的用户操作它们的过程。在大型系统项目中，分析员的主要作用是监督实现，包括正确估计所需的时间，监督信息系统设备的安装。

分布式系统利用电信技术和数据库管理技术，以有意义而不同的方式将操纵某些相同数据的人互相联系起来。在评估硬件和软件时，系统分析员还需要考虑利用分布式系统实现用户需求的成本和效益。一种实现分布式系统的最常用的方法是使用客户/服务器模型。

ERP 系统也是通过云系统的使用被开发的。组织网络的标准类型包括局域网和广域网。通过自顶向下的分析方法，分析员可以借助于 5 个符号画出网络分解和集线器连接图。

培训与信息系统交互的用户和职员是系统实现的重要组成部分，因为用户通常需要在不受分析员干预的情况下运行系统。转换是将旧的信息系统转变为新的信息系统的过程。5 种转换策略包括直接转换、并行转换、分阶段转换或逐步转换、模块化转换和分布式转换。研究表明，如果系统分析员在开发系统时考虑主要的组织隐喻，就能提高最新实现系统被接受的机会。

随着系统分析员设计更多的电子商务应用程序，数据和系统的安全性显得越来越重要。安全性有三个互相联系的方面：物理安全性、逻辑安全性和行为安全性。分析员可以采取一系列防范措施，诸如病毒防护软件、电子邮件筛选、URL 筛选器、防火墙、网关、虚拟专用网络、安全隐患管理产品、安全套接字层、安全的电子翻译和公开密钥基础结构，以提高私密性、机密性以及系统、网络、数据、个人和组织的安全性。另外，你为其设计电子商务应用程序的每个公司应当采用一种遵循 5 个指导原则的隐私策略。

分析员们越来越多地被要求开发可以与物联网连接的设备网络。对于充满了安全隐患的物联网的实施，必须有一个坚实的商业理由或明确的投资回报率。

即使采取一切可能的措施来确保系统的安全、隐私和稳定性，所有员工和系统都很容易受到自然或人为灾害的影响。灾难恢复的重点是考虑业务在灾难发生后如何继续，以及如何恢复重要的 IT 基础设施。

许多不同的评估方法可以被使用，包括成本效益分析、修正的决策评估方法和用户参与评估。信息系统效用框架是一种直接的评估方法，它根据拥有、形式、场所、时间、实现和目标这 6 个效用来评估新系统。

复习题

1. 系统分析员为了保证新开发系统的质量可以使用哪 3 种方法？
2. 在建立和评估信息系统或者决策支持系统的质量时，谁或者什么是最重要的因素？为什么？
3. 在信息系统分析与设计的环境下，定义全面质量管理方法。
4. 六西格玛这个术语是指什么？
5. 什么是 IS 质量研讨小组？
6. 定义结构化走查。谁应当参与？应当何时执行结构化走查？
7. 列举采用自顶向下设计方法的优点。
8. 试给出模块化设计的定义。
9. 列出正确的模块化编程的 4 个指导原则。
10. 指出结构图中使用的两种箭头类型。

11. 什么是面向服务的架构?
12. 列举出两个支持良好编写的系统和软件文档的必要性的原因。
13. 民间故事编档法以哪 4 种类型收集信息?
14. 列出选择设计和编档技术的 6 个指导原则。
15. 什么是需求可追溯性?
16. SDLC 中的需求可追溯性是如何实现的?
17. 在敏捷方法中，需求可追溯性是如何实现的?
18. 测试计算机程序是谁的主要责任?
19. 测试数据和活数据之间的差别是什么?
20. 使用行为驱动开发的 4 个优点是什么?
21. 系统审计人员有哪两种?
22. 列出 4 种系统实现方法。
23. 试述分布式系统是指什么?
24. 什么是客户 / 服务器模型?
25. 试述客户与用户有何区别。
26. 什么是分布式计算?
27. 使用客户 / 服务器方法的优点是什么?
28. 使用客户 / 服务器方法的缺点是什么?
29. 应当对哪些使用新信息系统或修订信息系统的人员进行培训?
30. 列出为信息系统用户培训的 5 种可能来源。
31. 列出 5 种把旧的信息系统转换为新系统的转换策略。
32. 列举 9 种组织隐喻，以及在各种隐喻下不同系统的成功假设。
33. 试给出物理安全性、逻辑安全性和行为安全性的定义，并分别举例说明每种安全性之间的差别。
34. 什么是双因素身份验证?
35. 定义加密软件。
36. 什么是防火墙或防火墙系统?
37. 列出分析员可以用来提高数据、系统、网络、个人和使用电子商务 Web 应用程序的组织的安全性、私密性和机密性的 5 种措施。
38. 试述为电子商务应用程序设计公司私密政策的 5 个指导原则。
39. 至少列出 5 个可以成为物联网一部分的设备。
40. 分析员可以采取哪些五种预防措施来降低与物联网实施相关的网络犯罪风险?
41. 简述灾难防备与灾难恢复的区别。
42. 术语“软件即服务”是指什么?
43. 列出并描述可用于评估信息系统的信息系统效用。
44. 分析员执行 Web 站点流量分析时应当包括的 7 个基本因素是什么?

问题

1. 系统分析团队的一个成员一直不鼓励用户关于质量标准的输入，他坚持认为系统分析团队是专家，是唯一真正知道什么可以构成高质量系统的人员。用一段话向你的团队成员解释，为什么让用户参与是保证系统质量的关键。并用一个例子进行说明。

2. 为程序手册编写一个详细的目录表，向用户说明如何登录学校的计算机网络，同时还要说明网络政策，如谁是授权的用户等。在编写手册时一定要考虑用户的需求。
3. 系统分析团队即将完成 Azuka Theatre 的系统。Kevin 非常有信心，他为 Azuka 的库存系统编写的用于跟踪舞台风景和道具的程序将按照要求被执行，因为它们与之前的程序类似。系统分析团队一直非常忙碌，希望尽快开始进行全系统测试。四名初级团队成员 Mark、Rebecca、Reva 和 Quinn 提出了以下建议：

 （1）跳过程序的桌面检查（因为在其他安装中已经检查过类似的程序，Kevin 同意了这一提议）。

 （2）用大量的数据进行连接测试，以证明系统将会工作。

 （3）使用大量活数据进行完整的系统测试，以显示系统正在运行。

 对他们建议的测试计划中的上述 3 个步骤的每一个做出回答。
4. 为 Azuka 剧院提出一个修订的测试计划（上一问）。将你的计划分解为一系列详细的步骤，并用一段话写一份备忘录，说明为什么新计划优于 Mark 和其他初级团队成员提出的计划。
5. NJ Builders 是一家家族式中型建筑公司，在新泽西州从事住宅和商业建筑及改造。他们的现场工作人员（包括他们的项目顾问）在投标过程中使用 iPad 在现场拍摄和测量房间尺寸，并在完成每样建筑工作前后拍摄图片。现场操作经理和他的姐姐（公司总裁）都使用电子邮件和移动电话。他们的办公室由他们的兄弟（会计师和管理员）配备，在他们的两个办公地点维护着两个小型网络，一个在岸边，另一个在费城外的新泽西郊区。敏感的消费者财务数据、住宅的住房保安系统信息，以及建筑方案和投标信息都保存在数据库中。他们总是能紧跟最新的住宅建筑趋势，并认为他们的计算机系统也应该反映出来这种趋势。他们已经听说过很多关于云计算的事情，想尝试一下。

 （1）为他们准备在选择云计算时应考虑的因素的列表，以及优缺点列表。

 （2）用一段话向他们解释私有云和公共云之间的区别。

 （3）用一段话提出升级 NJ Builders 网络的建议，包括迁移到云计算，并阐述私有云、公共云或混合云选项是否是他们的理想选择。
6. 绘制一个局域网或者其他某种分布式处理的配置，使用客户 / 服务器方法解决 Mariama Kah 建筑公司存在的某些数据共享问题。它希望能够允许建筑师团队在公司总部制定蓝图，允许监理师在工地对正在修建中的计划进行最后的修改，并允许客户从任何地方查看计划。目前，该公司有一个 LAN 供某个城市（费城）中的建筑师使用，让他们共享某些画图工具及团队成员与其他城市（纽约、新泽西州福伊斯和印第安纳州卡梅尔）的建筑师共同完成的任何更新。目前，监理师使用的笔记本计算机不能做任何修改，也不与数据库相连。客户可以通过显示屏查看计划，但是销售代理不能输入修改来向客户展示某堵墙移动以后或者屋顶轮廓线改变以后会发生什么。列出公司遇到的问题，分析症状，考虑一个解决方案，然后开始画图（提示：可能需要多个网络，而且一个系统解决方案并非能够解决所有问题。）
7. 针对上一问中你给 Mariama Kah 推荐的网络之一，制订一个灾难恢复计划。
8. Cramtrack，区域通勤列车系统，在新泽西州南部和纽约市宾州的车站之间运行。系统分析员正在努力培训其新安装的计算机系统的用户。为了使用户获得适当的培训，参与该项目的系统分析员向 4 个部门（包含主要用户和次要用户）的负责人发送了备忘录。备忘录部分说明如下：（1）只有需要被培训的人才需要预约离线培训；（2）其他人应当通过在工作中使用系统来学习。在可能的 42 名用户中只有 3 人需要培训。分析员对备忘录可以有效地从不需要离线培训的用户中筛选出需要培训的人而感到满意。

 （1）以一段话解释系统分析员在他们的培训方法中是如何偏离轨道的。

（2）简述你将采取的步骤，以确保使用 Cramtrack 系统的合适的人员都能接受培训。

（3）以一段话说明如何使用 Web 和 / 或新的移动应用程序来辅助 Cramtrack 的培训。

9. Allen Johnston 的办公桌上放着一本漂亮的彩色手册，生动地描述了 Shropshire 公司的离线培训方案和设施。它展示了坐在电脑前心情愉悦的用户和手中拿着相关资料俯视着他们的专业培训人员。Allen 兴奋地跑进 Kim 的办公室，告诉她说："我们准备利用这些人员。这个地方看起来好极了！" Kim 没有为小册子所动，但是又不知道拿什么来为她已经授权的在线用户培训进行辩护。

（1）用几句话帮助 Kim 辩护，相对于通过外聘培训人员进行的离线培训，通过内部培训人员的在线培训的有用性。

（2）如果 Allen 最后决定接受 Shropshire 公司的培训，为了验证该公司的确是培训公司的信息系统用户的地方，他应该做什么？

10. "再等一会儿 ...... 我希望在转换之前确保这能正确工作，" Ebele 说道，她是三家名为 Tub's Stuff 的浴室装饰品精品店的老板。她的会计帮助她建立了一个新的记账信息系统，极力劝说 Ebele 彻底转换到新系统。在整整一年时间内，Ebele 一直被要求同时运行旧系统和新系统。

（1）简要说明采用并行转换策略实现某个新的信息系统涉及的基本问题。

（2）用一段话尽力说服 Tub's Stuff 的老板，在一年的时间同时运行两个系统太长了。请你建议一个能够让 Ebele 完全放心的结束 Tub's Stuff 双重系统的办法。（假定新系统是可靠的。）

11. 为 Marathon 维生素商店开发的电子商务应用程序起草一个执行 Web 流量分析的计划（有关该组织、其产品和目标的更多信息，请参见咨询时间 1.1，13.2 和 14.5）。计划应该以书面报告的形式呈送给连锁店老板 Bill Berry。一定要指出将要监测的统计信息，以及 Marathon 维生素商店知道它们是重要的。

12. Ayman 的办公设备供应公司最近安装了一个新的信息系统，以帮助它的管理人员 Omar、Julie 和 Adam 进行库存管理。在与管理人员的交谈中，你注意到他们似乎对系统输出感到不满意。系统输出是一系列屏幕界面，展示当前库存、顾客和供应商地址等。所有屏幕界面都需要通过几个特殊的命令和保密密码才能访问。管理人员对该系统有若干意见，但却没有系统地评估它的方法。

（1）设计一个检验表或表单，帮助 Ayman 的管理人员评估一个信息系统的效用。

（2）建议另一种评估信息系统的方法。

小组项目

1. Ben Menk 是国际著名的 Le Corked 酒店的总经理。他的信息系统由一个名为 Amanda 系统的小公司随着时间慢慢开发出来，如它现在存在的那样，它由两个互不通信的计算机系统组成。一个系统负责处理预订并维护一个数据库，其中保存顾客的偏好（喜欢、不喜欢、食物过敏）、生日和纪念日及其他信息。另一个由 Todd Fuller 公司设计的系统负责为每一方在指定的晚上分配一张桌子。为了只用一个计算机系统完成 Ben 想要做的一切工作，从预订位置到点菜，要求你的小组采用自顶向下的方法确定所需的模块。根据你自己的经验，确定经营好一家餐厅需要什么样的系统，然后描述它的模块以及你将怎样和何时使用它们。

2. 把你的团队分成两个小组。一个小组与另一个小组面谈有关他们在注册一个班级时遇到的经历。应设计问题以引出有关习惯、故事、谚语和艺术形式的信息，它们将有助于学校注册过程的编档。

3. 再把你的团队整合起来，为 FOLKLORE 手册的一个简短摘要开发一个 Web 页，根据上一问的面谈中传递的信息，用文档记录注册一个班级的过程。记住要包括习惯、故事、谚语和艺术形式的例子。

参考文献

Aten, J. (2019, December 9). The FBI is warning that your smart home devices aren't secure. Here's what you should do about it. *Inc.* https://www.inc.com/jason-aten/the-fbi-is-warning-that-your-smart-home-devices-arent-secure-heres-what-you-should-do-about-it.html

Azad, M. H. (2011, Febraury 6). *Say hello to behavior driven development part I.* https://www.codeproject.com/Articles/148043/Say-Hello-To-Behavior-Driven-Development-BDD-Part

Evans, J. R., & Lindsay, W. M. (2015). *An introduction to Six Sigma and process improvement* (2nd ed.). Cengage Learning.

Hardware trends in 2022 and beyond. (n.d.). https://swzd.com/resources/hardware-trends-in-2022-and-beyond/

Hecht, J. A. (2002). Business continuity management. *Communications of the AIS*, *8*, Article 30.

Juran, J. M. (1964). *Managerial breakthrough.* McGraw-Hill.

Kannenberg, A., & Saiedian, H. (2009). Why software requirements traceability remains a challenge. *Journal of Defense Software Engineering*, *22*, 14–19.

Kendall, K. E. (1980). Evaluation of a regional blood distribution information system. *International Journal of Physical Distribution and Materials Management*, *10*(7), 457–466.

Kendall, J. E., & Kendall, K. E. (June 1993). Metaphors and methodologies: Living beyond the systems machine. *MIS Quarterly*, *17*(2), 149–171.

Kendall, K. E., Kendall, J. E., & Lee, K. C. (2005). Understanding disaster recovery planning through a theatre metaphor: Rehearsing for a show that might never open. *Communications of AIS*, *16*, 1001–1012.

Kendall, K. E., & Losee, R. (1986). Information system FOLKLORE: A new technique for system documentation. *Information and Management*, *10*(2), 103–111.

Lübke, D. and van Lessen, T. (2016). Modeling test cases in BPMN for behavior-driven development. *IEEE Software*, 33 (5), 15–21.

McFarland, R. (2014). *Information security basics: Fundamental reading for InfoSec including the CISSP, CISM, CCNA-Security certification exams* (Kindle ed.). Amazon Digital Services.

Oetzel, M. C., & Spiekermann, S. (2013). A systematic methodology for privacy impact assessments: A design science approach. *European Journal of Information Systems*, *23*, 126–150.

Robb, D. (2022, April 14). *5 storage area network (SAN) trends in 2022.* https://www.enterprisestorageforum.com/networking/storage-area-network-trends/

Rosencrance, L., Loshin, P., & Cobb, M. (2021, July). *What is two-factor authentication and why is it used?* https://www.techtarget.com/searchsecurity/definition/two-factor-authentication

Sazzarin, A. (2021, August 4). 4 challenges for IoT implementation - and how to overcome them [Blog]. https://www.siemens-advanta.com/blog/IOT-challenges

Spies, A. (2021, August 24). *Who is responsible for technical documentation during development.* https://workingmouse.com.au/way-of-working/

SSL.com Support Team (2021). SSL/TLS Best Practices for 2021. https://www.ssl.com/guide/ssl-best-practices/

Steele, B. A. (2019, December 3). *Tech Tuesday: Internet of Things (IOT).* https://www.fbi.gov/contact-us/field-offices/portland/news/press-releases/tech-tuesday-internet-of-things-iot

Stephens, D. O. (2003). Protecting records in the face of chaos, calamity, and cataclysm. *Information Management Journal*, *37*(1), 33–40.

Vigliarolo, B. (2021, November 4). *2022 will be the year of convergence between edge, IoT and networking tech, Forrester predicts.* https://www.techrepublic.com/article/2022-will-be-the-year-of-convergence-between-edge-iot-and-networking-tech-forrester-predicts/?

Warkentin, M., Moore, R. S., Bekkering, E., & Johnston, A. C. (2009). Analysis of systems development project risks: An integrative framework. *DATA BASE for Advances in Information Systems*, *40*(2), 8–21.

Wiegers, K. (2022). Requirements Traceability and Embedded Systems: A Key to Success. file:///Users/iMacJulie/Dropbox/My%20Mac%20(iMac.fios-router.home)/Downloads/requirements-traceability-and-embedded-systems.pdf

Zmud, R. W., & Cox, J. F. (1979). The implementation process: A change approach. *MIS Quarterly*, *3*(2), 35–44.

术 语 表

括号中的数字指定义术语的章节。

100-Token Method（100代币法） 系统分析员用于确定需求优先级的一种方法。分析员可以给每个参与者100个代币，以便在他们认为属于需求重要性的内容之间进行分配。（4）

Abstract Class（抽象类） 不能直接实例化的类。抽象类在生成/规范关系中链接到具体类，抽象类的名称通常以斜体表示。（10）

Action（行动） 解决决策表的结果，可以是人为的动作，也可以是由计算机执行的动作。（9）

Action Rule（行动规则） 条件替代方案的组合，促成作为开发决策表的结果的行动（人类或计算机）。（9）

Actor（参与者） 在UML中，系统用户的一个特定角色。参与者存在于系统外部，并以一种特定的方式与系统交互。参与者可以是人、另一个系统或者键盘或调制解调器等设备。（10）参见Use Case。

Accelerometer（加速器） 一种运动检测设备，通过晃动智能手机来检测三维运动，从而改变应用程序中的某些内容。（14）

Activity Diagram（活动图） 用于说明活动的总体流程。每个用例可以创建一个活动图。（10）

Actual Cost（实际成本） 在特定时间点之前完成项目（或任务）工作所产生的总成本（直接和间接）。另一种表示方法是迄今为止所完成工作的实际成本。（3）

Audio Ouput（音频输出） 一种数字或模拟音频信号，目标用户可以听到。它可以通过扬声器放大，也可以设计为个人在电子设备上收听。（11）

Aggregation（聚集） 使用UML进行面向对象方法建模时，通常描述为“Has a”（有）关系。聚集提供了一种表示方式，即整个对象是由它的部分（其他对象）之和组成的。（10）

Agent Of Change（变革者） 系统分析员承担的最全面和最负责任的角色是变革者，无论是业务内部的还是外部的。每当系统分析员执行系统开发生命周期中的活动，并且在较长时间内与用户和业务交互时，都属于变革者。（1）

Agile Approach/Agile Modeling（敏捷方法/敏捷建模） 一种系统开发方法，对期望采用一种灵活的、交互式的和参与式方法的系统分析员具有有用的价值、原则和实践。（6）参见Extreme Programming。

Agile Principle（敏捷原则） 由Beck（2000）提出的一套关键原则，旨在确保公司优先考虑正确的事情，包括通过交付可工作的软件来满足客户，接受变更（即使是在开发后期引入的变更）等。（6）

Agile Value（敏捷价值） 在敏捷宣言中被阐述，敏捷价值优先考虑人而不是过程，优先考虑使用软件而不是文档，优先考虑客户合作而不是合同谈判，以及适应变化而不是坚持计划。（6）

Ajax 一种是用JavaScript和XML动态修改Web页的方法，通过从服务器获得少量数据而无须显示新页。（12）

Alert（警报） 智能手机和平板计算机上的一种输出形式。如果强雷雨来临，这是很有用的。（14）

Alphabetic Derivation Code（字母衍生码） 识别账号的常用方法。（15）

Analyst's Playscript（分析员剧本） 系统分析员使用的一种更人性化的方法，可描述管理者所做的事情。在该项技术中，“演员”是被观察到“表演”或做出决定的决策制定者。（5）

Analytic Hierarchy Processing（AHP，层次分

析法）一种复杂的方法，系统分析员用于需求优先级排序，它向参与者提供成对的备选方案，并让参与者决定两个方案中哪一个更重要。(4)

Annotational Thing（注释事物） 用于向图表添加注释。(10)

App（应用程序） 在计算机发展早期，软件被称为程序。苹果更喜欢用"应用程序"这个词。当软件被设计用于 iPhone 和 iPad 时，软件被简单地称为 App。(11)

Application Programming Interface（API） 一组小程序和协议，使用方法同构建软件应用程序的构建模块类似。(14)

Association（关联） 最简单的关系类型，是类或对象之间的关联或结构连接。关联在类图上显示为一条简单的线。(10)

Associative Entity（关联实体） 一种实体类型，关联一个或者多个实体类型的实例，并且包含那些实体实例之间的关系所特有的属性。(2)

Attribute（属性） 一个实体的某个特征。每个实体可以有许多特征。(13) 参见 Data Item。

Attributive Entity（属性实体） 实体－关系图中使用的一种实体。主要用于描述属性，特别是重复的属性组。(2)

Augmented Reality（AR，增强现实） 将虚拟信息与真实世界巧妙结合的技术。(14)

Autocomplete（自动完成） 当用户开始键入姓名时，即使只输入了几个字符，下拉列表也会提示他们要输入的全名。单击此提示，即可输入全名，无须再为此字段键入任何内容，这称为自动完成功能或自动建议功能。(15)

Badge（徽章） 用于表示有多少更新正在等待用户下载和安装。(14)

Base Element（基本元素） 最初键入系统的元素，例如客户名称、地址或城市。(8)

Bar Code（条码） 通常出现在产品标签上，也出现在医院患者的识别手环上，甚至几乎可出现在任何需要进出库存系统的情况下。(15)

Base Plane（基础层） 主网页是基础层，是显示或获取信息的网页的标准层，页面下方的其他层不可见。(12)

Behavior-Driven Development（BDD，行为驱动开发） 一种通过测试特征并确定哪些特征成功、哪些特征失败以及哪些特征可能缺失来开发软件的方法。(16)

Behavioral Security（行为安全） 信息系统对行为做不定期监测，以确定是否遵循了适当的程序，并纠正任何可能随着时间的推移而受到破坏的行为。让系统记录用户未成功登录的次数是监视未经授权的用户是否试图登录系统的一种方法。(16)

Benchmarking（基准测试） 工作负荷可以在不同的系统上模拟和运行，包括组织中已经使用的系统上，这一过程被称为基准测试。(3)

Bespoke Software（定制软件） "专门编写的软件"的另一种表述，与 COTS 软件相反。它是为服务于特定功能或支持独特组织特征而开发的软件。(1)

Big Data（大数据） 当数据集变得太大或太复杂，无法使用传统工具或者在传统数据库或数据仓库中处理时，这类数据通常称为大数据。(13)

Binary（二进制） 适用于与压缩十进制格式相同的目的，但不太常用。(8)

Blockchain（区块链） 一种建立在互联网平台上的网络数据结构，允许共享和创建数字数据分类账，以创建可验证的电子记录，跟踪各种类型的商业资产。(13)

Block Sequence Code（块序列码） 序列码的一种扩展。(15)

Blog（博客） 一种写在网页上的内容，旨在频繁更新，甚至每天更新（从单词 Weblog 缩写而来）。它通常是非正式的和私人的，或邀请评论和反馈。博客常用于广告宣传，并围绕产品或服务为消费者、客户和供应商建立社交网络和社区。(11)

Bookmark（书签） 也常被称为收藏夹，是用户收集的相关 URL 或网页地址，通过保存或添加以供将来使用。(11)

Boolean Operator（布尔运算符） 诸如 AND、

OR、NOT 或 AND NOT 之类的词用于在搜索中组合或排除关键字，从而产生更精细的查询。（14）

Bottleneck（瓶颈） 数据输入中的限制因素或者薄弱环节被形容为类似瓶颈的物理外观。（15）

Bottom Up Approach（自下而上方法） 一种不强调接口和系统耦合的编程方法。这种方法也存在许多缺点，其中最严重的是，没有考虑组织的总体目标，因此无法实现。（3）

Boundary Class（边界类） 边界类或接口类为用户提供了一种使用系统的方法，接口类分为人工类和系统类。（10）

Branch（分支） 以菱形符号代表某一个决定。（10）

Breadcrumb Trail（面包屑跟踪） 一个生动的术语，指的是开发人员用来让用户知道他们在大型网站、程序或复杂文档中的位置的导航元素。（在同名童话故事中，面包屑跟踪指的是汉塞尔和格雷特进入森林时掉落的面包屑，他们希望沿着这条痕迹找到离开森林回家的路。）（12）

Break-Even Analysis（收支平衡分析法） 当前系统和拟建系统的总成本交叉点代表盈亏平衡点，即企业获得新信息系统的盈利点。（3）

Bring Your Own Device（BYOD）（自带设备） 一种公司政策，允许员工使用他们偏爱的个人移动设备（例如，移动电话或平板计算机）进行工作，但公司 IT 部门要对它们进行定制，即上传工作软件、安全加密等工具，为设备做好工作的准备。（3）

Bring Your Own Technology（BYOT）（自带技术） BYOD 的特例，通常是指携带自己的计算机或平板计算机到教学地点或教室。（3）

Browser（浏览器） 在一台与 Internet 相连接的计算机上运行的特殊软件，使用户能够查看 Internet 上的基于超文本的 Web 页谷歌 Chrome 浏览器、苹果 Safari 浏览器、微软 Edge 浏览器和火狐浏览器就是图形浏览器的实例。（11）

Bubble Diagram（气泡图） 一种简单的图表，表示数据元素间的数据关联。每个实体都被一个椭圆包围起来，箭头用来表示关系。它也被称为数据模型图。（13）

Budget At Completion（BAC，竣工预算） 项目从开始到竣工的总预算。如果用户正在计算一项任务的性能度量，那么它就是该任务的总预算。（3）

Burndown Chart（燃尽图） 显示敏捷系统项目进度的图表，描述剩余工作与时间的关系（以 sprint 周期测量）。（6）参见 sprint Cycle。

Business Analytics（业务分析） 使用定量工具来分析大数据，并为管理者和计算机系统的决策提供信息。（13）

Business-To-Business（B2B）Ecommerce（B2B 电子商务） 企业对企业电子商务的缩写，是指企业之间在线销售商品或服务，订单通过 Web 以数字方式接收。（5）

Business-To-Consumer（B2C）Ecommerce（B2C 电子商务） 在线企业和消费者之间通过 Web 进行的商业交易。（5）

Business Intelligence（BI，商业智能） 通过使用 BI 技术处理大量数据，帮助组织实现其战略目标，从而对组织有用的信息。（13）

California Consumer Privacy Act（CCPA）（加州消费者隐私法） 使消费者能够更好地控制企业收集的个人信息。CCPA 提供了实施方案，让访问者知道网站背后的业务所有者是否会与第三方共享或出售通过使用 Cookie 收集的信息。这是一项旨在加强加州居民隐私权和消费者保护的州法规。（14）

Capacitive Sensing（电容式感应） 一种基于电容耦合的技术，可以检测和测量任何导电或介电常数与空气不一样的东西。（14）

Cascading Style Sheet（级联样式表） 网站可以使用级联样式表（CSS）创建，这种语言允许设计者只指定一次颜色、字体大小、字体类型和许多其他属性。（11）

Central Tendency（集中趋势） 当被调查者将所有事情都评为平均水平时出现的问题。（4）

Changeable（易变化的） 每次广告公司向办公

用品批发商下订单时购买的用品数量。(15)

Chatbot(聊天机器人) 一种以对话方式回应人类查询、回答提出的问题以及处理特定信息请求的软件。(14)

Check Box(复选框) 包含选择某项(X)或为空(不选),具体取决于用户是否选择了该选项。它们用于非排他性选择,其中可以检查一个或多个选项。在GUI控件示例中,复选框用于指示新客户。(12)

Check Digit(校验位) 用于确保数据(尤其是识别号)准确性的方法。(15)

Cipher Code(密码) 可能是最简单的编码方法,其特征是直接用一个字母替换另一个字母,用一个数字替换另一数字,或用一个字符替换一个数字。密码可用于隐藏敏感或仅限于员工使用的信息。(15)

Child Diagram(子图) 分解关系0层图过程(称为父过程)所产生的关系图。(7)

Class(类) 在面向对象分析与设计和UML中,一组具有共同属性和共同行为的单独对象的公共模板。(10)

Class Diagram(类图) 用来图形化地模拟系统的静态结构设计视图。类图说明了通过分析获取的系统功能需求,以及系统的物理设计。(10)

Classification Code(分类码) 用于区分具有特殊特征的一组数据和另一组数据,可以由一个字母或一个数字组成。(15)

Clean Data(干净数据) 数据仓库不仅包括一个数据库,还包括多个经过处理的数据库,以便统一定义仓库的数据。这些数据库被称为干净数据。(13)

Closed Question(封闭式问题) 面谈或者调查中使用的一种问题类型,限定回答者可用的可能答案集。(4)参见Dichotomous Questions和Open-Ended Question。

Closed System(封闭系统) 通用系统理论的一部分,一个不以信息、能量、人员或者原材料为输入的系统。系统绝不会完全封闭或者完全开放,而是处于较封闭和较开放之间。(2)参见Open System。

Cloud Computing(云计算) 一个让组织和个人用户通过Internet(云)使用Web服务、数据库服务和应用程序服务的系统,除Web外不需要在公司或个人硬件、软件或软件工具上投资。企业使用Web浏览器来访问应用程序,而服务器为企业存储软件和数据。(1)

Client/Server Model(客户/服务器模型) 一种设计模型,可以认为是在网络上运行的应用程序,也被称为客户/服务器计算、客户/服务器模型和客户/服务器架构。(16)

Cluster Sampling(聚类采样) 系统分析员必须选择一组人员或文档进行研究,这个过程称为聚类采样。(5)

Coding(编码) 将不明确或冗长的数据转换成简短、易于输入的数字或字母的过程称为编码。(15)

Color Vision Deficiency(色觉障碍) 不能区分某些颜色的深浅。"色盲"一词也被错误地用来描述这种视觉状况,但很少有人是完全色盲的。(12)

Command Button(命令按钮) 当用户用鼠标单击命令按钮时,命令按钮会执行一个操作,例如计算总计、添加订单和确定订单等。按钮的形状为矩形,其中文本位于按钮的中心。如果有默认操作,文本将用虚线包围。该按钮也可以被着色以指示它是被默认的。用户通过按回车键选择默认按钮。(12)

Communication(通信图) 顺序图的另一种替代,它包含相同的信息,但强调通信而不是定时。(10)

Complex Random Sample(复杂随机采样) 最适合系统分析员的复杂随机样本是系统采样、分层采样和聚类采样。(5)

Control Classe(控制类) 控制类或活动类用于控制活动流,它们在实现类时充当协调器。为了创建可重用的类,类图可能包括许多小的控制类。控制类通常是在系统设计过程中派生的。(10)

Cookie Compliance(Cookie合规性) 用于

确保网站仅以法律允许的方式使用 Cookie。（14）

Computer-Aided Software Engineering（CASE，计算机辅助软件工程）（1）参见 CASE Tool。

Concatenated Key（连接键） 不能使用记录中的一个数据项唯一标识该记录时创建的一个组合键。通过选择两个或多个数据项并组合它们可以构造一个键。（13）

Condition（条件） 在决策表中最常用“真”或“假”来表示。在表中，每一列都与业务逻辑中的一条规则相关，该规则用于捕获将导致操作的唯一情况组合。（9）

Confidence Level（置信度） 所需的确定度，例如 95%。（5）

Condition Alternative（条件备选项） 在最简单的决策表形式中，每个条件都有两个备选项（Y 或 N）。在扩展条目表中，每个条件可能有许多备选项。（9）

Context-Level Data Flow Diagram（上下文级数据流图） 一个组织的最基本的数据流图，说明过程如何将输入数据转换成输出信息，也被称为环境模型。（2）参见 Data Flow Diagram。

Context-Sensitive Help（上下文相关帮助） GUI 中可用于解决用户问题的帮助。当用户将光标悬停在上下文敏感功能的一部分内容上时，光标将变为问号。点击问号将显示一条特定的说明，旨在帮助用户使用他们要使用的功能。它可以在不连接互联网的情况下获得帮助。（12）

Control Flag（控制标记） 在结构图中使用的标记，控制一个模块的哪个部分要执行，并与 If、THEN、ELSE 和其他类似语句关联。（16）

Controlling Business Form（控制业务表单） 企业通常会设一位表单专家来控制表单，但有时会安排系统分析员来他设置并实施表单控制。控制表单的基本职责包括确保使用中的每种表单都能实现其特定目的，帮助员工完成任务，并且特定目的是组织职能不可或缺的，包括防止收集的信息和收集信息的表单重复、设计有效的表单、决定如何以最经济的方式复制表单和制定程序，以尽可能低的成本提供表单（必要时）。（12）

Conventional File（传统文件） 包括许多不同功能文件的文件：主文件、表文件、事务文件、工作文件和报告文件。虽然数据库具有增长性和灵活性，但传统文件不具备这些能力。（13）

Cookie 在公司想要存储信息以实现更快、更准确的交易的情况下使用。（15）

Cross-Reference Check（交叉引用检查） 当某个元素与另一个元素有关系时，使用交叉引用检查。要执行交叉引用检查，每个字段本身必须正确。（15）

Convenience Sample（便利采样） 无约束的非概率型采样。（5）

Cost Performance Index（CPI，成本绩效指数） 表示项目是否超出预算的比率。如果该指数小于 1.0，则表示项目或任务超出预算；如果比率大于 1.0，则项目或任务在预算范围内。（3）

Cost Variance（CV，成本偏差） 用于告诉用户项目或任务的成本是否高于其计划。如果 CV 为负，则成本将高于计划，如果 CV 为正，那么它的成本比计划的要低。（3）

CRC Card（CRC 卡片） 从面向对象的角度建立系统模型时，分析员创建类、责任和协作者卡片，表示类的责任和类与类之间的交互。分析员根据概括系统需求的场景创建这些卡片。（10）

Critical Path（关键路径） 使用 PERT 调度方法计算的最长路径。根据这条路径，即使延迟 1 天的时间，也会使整个项目落后于进度。（3）

Crow's Foot（鱼尾纹表示法） 绘制 E-R 图的其中一种约定。其他表示法包括箭头表示法或 Bachman 表示法。（2）

CRUD 在设计主文件或数据库关系设计时，每个主表或数据库关系应该具有用于创建、读取、更新和删除（Create、Read、Update 和 Delete，CRUD）记录的程序。（13）

Cursor（光标） 将用户定向到当前数据输入位置。在屏幕上输入数据时，光标向前移动一个字符来指示方向。（12）

Cyberattack（网络攻击） 以信息系统、计算机网络和基础设施或个人计算机设备为目标进行恶意攻击。在开发电子商务系统时，网络安全需要得到最多的关注。（13）

Data Analytics（数据分析） 使用强大的算法来分析数据库中的大量结构化数据，以及大量非结构化实时数据，这些数据可以支持决策者做出基于事实的决策。（13）

Data Couple（数据耦合） 用于在结构图上描述两个模块之间的数据传递。（16）

Data Dictionary（数据字典） 系统分析员根据数据流图创建的关于数据的数据（元数据）的参考工作。它收集并协调特定的数据项，证实每个数据项表示组织中的不同人员。（8）

Data Element（数据元素） 一种简单的数据。它可以是基数据，也可以是派生数据。数据元素应该在数据字典中定义。（8）

Data Flow Diagram（DFD，数据流图） 一个业务系统的数据处理、数据流和数据存储的图形描述。（7）

Data Item（数据项） 文件或者数据库的最小单位，可与属性一词互换使用。（13）

Data Repository（数据存储库） 一种集中式数据库，包含所有的图表、表单和报表定义、数据结构、数据定义、过程流和逻辑以及其他组织和系统组件的定义。它提供了一系列机制和结构，用以实现无缝的数据对工具和数据对数据集成。（8）

Data Store（数据存储器） 系统中静止的数据，在数据流图中用一端开口的矩形表示。（7）

Data Structure（数据结构） 由数据元素组成的结构，通常使用代数计数法描述，用以产生元素的视图。分析员从逻辑设计着手，然后设计物理数据结构。（8）

Database（数据库） 一种正式定义并且集中控制的电子数据存储器，供许多不同的应用程序使用。（13）

Database Management System（DBMS）（数据库管理系统） 用数据库来组织数据的软件，提供了信息存储、组织和检索功能。（13）

Decision Support System（DSS）（决策支持系统） 一种交互式信息系统，通过呈现专门为决策制定者的问题解决方法和应用需求而设计的信息，支持决策制定过程。它不替用户进行决策。（10）

Data Flow Diagram Fragment（数据流图片段） 创建物理DFD的一种实用方法，即为每个唯一的系统事件创建一个简单的数据流图片段。（7）

Data Lake（数据湖） 一种集中式数据存储库，允许用户以任何规模存储结构化和非结构化数据。（13）

Data Model Diagram（数据模型图） 显示数据元素的数据关联的简单图表。每个实体都包含在一个椭圆中，箭头用于显示关系，也称为气泡图。（13）

Data Mining（数据挖掘） 大型数据集中提取和发现模式的过程，涉及机器学习、统计学和数据库系统的交叉方法。（13）

Data Repository（数据存储库） 集中式数据库，包含所有图表、表单和报告定义、数据结构、数据定义、流程和逻辑，以及其他组织和系统组件的定义。数据仓库提供了一套机制和结构，以实现无缝的数据到工具和数据到数据的集成。（8）

Data Store（数据存储） 系统中处于静止状态的数据，在数据流图中使用开放式矩形描绘。（7）

Data Structure（数据结构） 由数据元素组成的结构，通常使用代数表示法来描述，以生成元素的视图。分析员从逻辑设计开始，然后设计物理数据结构。（8）

Data Visualization（数据可视化） 以图表、地图或其他可视化形式表示数据，以使复杂的数据易于理解。（11）

Data Warehouse（数据仓库） 支持管理决策过程的数据集合，这些数据具有面向主题、集成、时变性和非易失性。（13）参见Data Mining。

Database Administrator（数据库管理员） 确保

数据库达到其目标的人员。(13)

Database Management System (DBMS，**数据库管理系统**) 对数据库中数据进行组织，提供信息存储、组织和检索能力的软件系统。(13)

Decision Table (**决策表**) 一种分析、描述和记录结构化设计的方法。决策表有 4 个象限，用来描述条件、确定可能的决策方案、指出应执行哪些操作以及描述这些操作。(9)

Decision Tree (**决策树**) 结构化决策的一种决策分析方法。如果操作必须按某种顺序完成，则选用这种方法。(9)

Decomposition (**分解**) 用于将复杂的问题或系统分解为更容易构思、理解、编程和维护的部分。(7)

Derived Element (**派生元素**) 不是被键入的，而是计算或逻辑运算的结果的元素。(7)

Denormalization (**反规范化**) 定义不属于第三范式或者更高范式的物理记录。它涉及把几个关系的属性连接在一起，以避开访问多个文件的费用。分区是一种故意的非正规化形式。(13)

Dependency (**依赖**) 关系是将事物结合在一起的黏合剂，从两个方面考虑关系是有用的。结构关系用于将结构图中的事物联系在一起，包括依赖关系。(10)

Deployment Diagram (**部署图**) 说明系统的物理实现，包括硬件、硬件之间的关系以及部署它的系统。部署图可以显示服务器、工作站、打印机等。(10)

Desk-Check (**桌面检查**) 在程序启动之前验证算法的编程与逻辑的过程。它可以帮助程序员发现可能妨碍应用程序正常运行的错误。(16)

Deletion Anomaly (**删除异常**) 当一条记录被删除而导致其他相关数据丢失时，就会发生这种情况。(13)

Destination (**目的地**) 数据流图中的外部实体，也被称为实体或数据源。它被视为所描述的系统的外部。(7)

Diamond-Shaped Structure (**菱形结构**) 用于构建面谈的金字塔和漏斗结构的组合产生了菱形结构。这种结构需要以一种特定的方式从封闭式问题开始面谈，然后通过提出开放式问题来检查一般问题，最后以提出封闭式问题和具体答案来结束面谈。(4)

Dichotomous Closed Question (**两极式封闭问题**) 一种特殊类型的封闭式问题，通过只允许在任一极点进行选择来限制受访者的回答，如“是”或“否”、“对”或“错”、“同意”或“不同意”。(4)

Differentiation Data (**区分数据**) 简明区分正在处理的特定项目与所有其他项目的数据。(15)

Direct Changeover (**直接转换**) 意味着在指定的日期，用户停止使用旧系统，让新系统投入使用。只有事先进行了广泛的测试，直接转换才能成功，并且当可以容忍处理中的一些延迟时，直接转换效果最好。(16)

Direct Message (**直接消息或组消息**) 用于在工作团队的两个或多个成员之间进行快速的私有消息传递。它们的可搜索性取决于你是否是 DM 的收件人，在这种情况下你才可以查看和搜索内容。Slack 和许多其他基于技术的工具在团队沟通中非常有用。(2)

Disaster Preparedness (**灾难防备**) 解决公司在遇到危机时应该如何应对的问题。(16)

Disaster Recovery (**灾难恢复**) 重点考虑企业如何在灾难发生后继续运营，以及如何恢复 IT 基础架构中的重要系统。(16)

Disaster Recovery as a Service (DRaaS) (**灾难恢复即服务**) 在发生灾难时，在另一个位置独立恢复企业应用程序，范围从自助服务到完全管理应用程序。(3)

Distributed Conversion (**分布式转换**) 考虑同一系统在多处安装的情况，如银行、餐馆或服装店等特许经营中的情况。在一个地点完成一次完整的转换（使用之前考虑的四种方法中的任何一种）。当该转换成功完成时，将为其他站点进行其他转换。(16)

Document Type Definition (DTD) (**文档类型定义**) 用于确定 XML 文档内容是否有效，即

是否符合文档中必须存在的数据的顺序和类型。DTD很容易被创建，并且得到标准软件的良好支持。一旦DTD完成，就可以使用标准XML工具对XML文档进行验证。如果数据字典已经完成，则DTD更容易创建，因为分析员已经与用户合作并对数据的结构做出了决策。(8)

Domain Integrity（域完整性） 用于验证数据，如表、限制、范围和其他验证检查。(13)

Dual-Factor Authentication（双因素身份验证） 一种安全过程，用户提供两个唯一的身份验证因素，如密码和一次性代码，以验证他们访问系统或软件的授权（16）

Drop-Down List（下拉列表框） 一种GUI设计元素，允许用户单击一个方框，在屏幕上缓慢地拉下一个列出许多选项的列表框，随后就可以从这些选项中进行选择。(12)

Dynamic Web Page（动态网页） 由于用户操作而改变自身的网页，常使用JavaScript来修改网页的某些部分或样式。例如，当鼠标在图像上移动时更改图像或以给定的时间间隔旋转随机图像都是动态网页。其他示例如网页可以检测浏览器窗口的宽度并相应地修改页面，用户通过单击菜单左侧的小加号或鼠标在菜单上移动时展开菜单等。(12)

Earned Value（挣值EV） 对迄今为止完成的工作价值的估计，挣值仅指迄今为止已完成的工作。(3)

Earned Value Management（挣值管理） 一种帮助确定项目进度（或挫折）的技术，涉及项目成本，项目进度和项目团队绩效。(3)

Ecommerce Project Management（电子商务项目管理） 与其他系统项目管理的不同之处在于，电子商务项目的数据分散在整个组织中，并且需要更多来自整个组织的员工。电子商务系统必须整合到现有的组织系统中，电子商务系统的安全性至关重要。(3)

Economic Feasibility（经济可行性） 资源确定的第二部分。需要考虑的基本资源是你和系统分析团队的时间、进行完整系统研究的成本（包括与你合作的员工的时间）、公司员工的时间成本、硬件的估计成本，以及软件、软件开发或软件定制的估计成本。(3)

Electronic Output（电子输出） 系统输出，包含网页、电子邮件、RSS订阅源和博客等方面的系统输出。(11)

Email（电子邮件） 一种使用电子设备在人与人之间交换信息的方法。(11)

Email Filtering Product（电子邮件筛选产品） 提供基于策略的电子邮件和电子邮件附件扫描和过滤的产品，以保护公司免受输入和输出电子邮件的影响。输入扫描可防止垃圾邮件（如广告等未经请求的电子邮件）的攻击，输出扫描可防止专有信息丢失。(16)

Encryption Software（加密软件） 一种安全程序，能够在静止或传输中对数据流进行加密和解密。(16)

End User License Agreement（EULA，最终用户许可协议） 赋予他人使用开发人员应用程序的权利，并限制用户使用该应用程序的权限。应用程序开发人员应该创建属于自己的EULA。(11)

Enterprise Resource Planning System（企业资源计划系统，即ERP系统） 用于对各种业务功能的过程进行标准化、精简和集成。(1)

Enterprise System（企业系统） 整个组织（企业范围）集成的信息系统，可帮助公司协调关键组织过程。(2)

Entity（实体） 接收或者发出信息或数据的人、组织、部门和系统。数据流图上的主要符号之一。(2) 参见Data Flow Diagram，External Entity。

Entity Class（实体类） 表示真实世界中的项目，如人和事物等。实体类是在实体-关系图上表示的实体。(10)

Entity Integrity（实体完整性） 实体完整性约束用于控制主键组成的规则。(13)

Entity Subtype（实体子类型） 一种特殊的一对一关系，用于表示另一个实体的附加属性（字段），这些属性可能不出现在第一个实体的每

个记录上。(13)

Entity-Relationship Model(实体–关系模型,或 E–R 模型) E–R 模型的图形表示。(2)

Environment(环境) 组织外部的一切事物。存在多种环境,诸如物理环境、经济环境、法律环境和社会环境。(2)

Epic(史诗) 客户和最终用户的用户故事简编。史诗可以用于组织所有用户故事,并将任务分解为发布版本。(6)

Estimate To Complete(ETC,预计完工尚需成本) ETC 考虑团队过去的表现,并估计以目前的绩效值完成项目所需的额外资金。它是通过竣工预算减去挣值来计算的。(3)

EU General Data Protection Regulation(GDPR,通用数据保护条例) 欧盟关于欧盟和欧洲经济区数据保护和隐私的法规,用于管理 Cookie 权限。(14)

Event(事件) 在特定时间和地点发生并导致系统执行某些操作的系统输入行为。(10)

Event-Response Chart(事件响应图) 当 Web 表单(或任何其他 GUI 表单)上存在复杂的交互时,可以使用事件响应图来列出可能发生的各种事件。事件响应图表可以在高层用于对业务事件和响应进行建模。(12)

Event Response Table(事件响应表) 通常将事件汇总于此表中。(7)

Estimate At Completion(EAC,预计完工成本) 表示修订后的项目预算。它是整个项目或任务完成后的成本,通过将实际成本加上完成项目所需的估计金额来计算。(3)

Expediting(加速) 表示加快一个过程,有时系统分析员或项目经理可能会从更快地完成项目中受益,比如如果你完成得更快,就会获得奖金。(3)

Exploded(分解,或 Decomposed) 分解的数据流图是一个被分解成更小部分进行分析的图。(7)

Exploration Phase(调研阶段) 敏捷开发的开始阶段。分析员声明他确信敏捷方法是正确的方法,然后组织一个开发团队并对他们的技能进行评估。该阶段可以持续几周或者几个月。(1)

Extensible Markup Language(XML,可扩展标记语言) 可用于在企业之间或企业内的系统之间交换数据。它类似于用于创建网页的标记语言 HTML,但 XML 的功能更强大。(8)

Extensible Stylesheet Language Transformation(XSLT,扩展样式表转换语言) 使用超文本标记语言的优点之一是可以将 XML 文档转换为不同的输出媒体类型。这是使用 CSS 或扩展样式表转换语言完成的。这些方法强化了一种观点,即数据可以定义一次,并以不同的格式多次使用。(11)

External Entity(外部实体) 被认为是正在描述的系统的外部数据源或者目标。(7)参见数据流图。(7)参见 Data Flow Diagram。

Extreme Programming(XP,极限编程) 一种系统开发方法,它认同我们所认为的良好系统开发实践,并把它们发挥到极限。它是敏捷方法的起源。(6)

Fat Footer(胖页脚导航) 一种网站页脚,可以作为网页的附加导航选项,以显示重要链接,如网站地图和公司联系信息等。(12)

Feedback(反馈) 系统控制的一种形式。作为系统,所有组织都使用计划和控制来有效地管理资源。系统输出用于将绩效与目标进行比较的反馈。这种比较反过来帮助管理者制定更具体的目标作为输入。(2)

Firewall(防火墙) 计算机安全软件,用来在组织的 Lan 和 Internet 之间建立屏障。尽管防火墙可以阻止黑客闯入内部网络,但是它也会使组织成员不能直接访问 Internet。(16)

First Normal Form(1NF,第一范式) 数据库中用来规范化数据关系的第一步,使它不包含重复的数据组。(13)参见 Second Normal Form 和 Third Normal Form。

First-Of-a-Series Prototype(系列首发原型) 原型设计的第三个概念涉及创建系统的第一个全尺寸模型,通常称为系列中的第一个原型或试验性项目。(6)

Fit（配合） 描述HCI要素（人、计算机和需要完成的任务）共同合作以提高业绩和福利的方法。（14）

Flat Web Design（扁平化网页设计） 在没有阴影的情况下使用二维图像来描绘网站上的对象。（11）作为设计方法的对比，另请参阅拟物化设计。

Folklore（民间故事） 一种系统编档技术，基于在收集有关人们传说的民间故事时使用的传统方法。（16）

Forecasting（预测） 系统分析员在把系统建议提交给客户前做出的关于某些关键因素的预测。预测是预测关键因素的艺术和科学，通常借助于数学预报模型。（3）

Fork（分叉） 一种并行行为，可能有一个事件进入同步条，同时几个事件从同步条中出来。（10）

Form-Fill Interface（表单填充界面） GUI设计元素的一部分，自动提示用户填写一个标准表单。主要用于电子商务应用程序。（14）

Form Flow（表单流） 可以最大限度地减少员工和其他用户在表单完成方面花费的时间和精力。在英语文化中，表单流应该遵从左到右、从上到下的顺序。（12）

Form Value（表单值） 用于在浏览器上使用JavaScript进行计算，以进行乘法、加法和决策等。（12）

Forty-Hour Workweek（每周40小时工作制） 敏捷开发团队有意支持的一种文化核心实践，即团队在典型的每周40小时的工作中紧密合作。（6）

Function Code（功能代码） 分析员或程序员希望计算机使用数据执行的功能。（15）

Function Point Analysis（功能点分析） 一种考虑计算机系统五个主要组成部分的项目规模估计方法：外部输入、外部输出、外部日志查询、内部逻辑文件和外部接口文件。（3）

Funnel Structure（漏斗结构） 提供一种简单、无威胁的面谈开始方式。当受访者对这个话题感到情绪化并需要自由表达这些情绪时，漏斗形的提问顺序序列也很有用。（4）

Gantt Chart（甘特图） 一个项目的图形表示，把每个任务活动表示为水平条形，其长度与完成时间成比例。（3）

General Public License（GPL，通用公共许可证） 一系列广泛使用的自由软件许可证，用于保证最终用户运行、学习、共享和修改软件的四种自由。（11）

Gen/Spec Diagram（Gen/Spec图） 属于类图的一个分支（代表泛化/专业化）。（10）

Gesture（手势） 手指或电容式设备（诸如手写笔）在智能电话或平板计算机的触摸屏幕上的各种移动，使用户能够改变屏幕、用挤压手势来缩放内容、页面放大或缩小，以及内容旋转或滚动。用于智能电话和平板计算机的App。（11）

Gradual Or Phased Conversion（逐步或分阶段转换） 即试图在不承担所有风险的情况下，结合前面提到的两个计划的最佳功能。在该计划中，随着新系统的逐步实施，新系统处理的交易量将逐渐增加。（16）

Green IT（绿色IT） 随着绿色IT（也称为绿色计算或ICT可持续性）的出现，许多组织正试图鼓励客户考虑节能性、易用性和24小时账户可访问性，以便他们从纸质账单转向在线账单。（11）

Halo Effect（光圈效应） 在一个问题中形成的印象被带入下一个问题时出现的问题，被称为光圈效应。（4）

Hamburger Icon/Hamburger Menu（汉堡图标或汉堡菜单） 用三个堆叠的条形来表现，这些条形很像夹在面包里的汉堡肉饼。作为GUI的一部分，这三个条在正方形内以平行的位置堆叠在一起。将此图标放在图形化显示界面的顶部，以提醒用户可以通过单击汉堡图标来显示网站的菜单。使用汉堡图标可以节省网站上的空间，这在手机等较小的移动设备导航设计时特别有用。（12）

Hardware as a Service（HaaS，硬件即服务） 利用HaaS，组织将其硬件运营需求外包给服

务提供商。(3)

Hidden Field(隐藏字段) 在Web表单上找到的一类控件，这些空间对观察者不可见，不占用网页上的任何空间，并且只能包含名称和值。(12)

Hierarchical(层次结构) 逻辑结构数据库。(13)

Horizontal Check-Off Caption(水平选择标记标题) 当所需信息为常规且恒定的时，优于行标题。(12)

Human-Computer Interaction(HCI，人机交互) 计算机使人和计算机之间的通信和交互成为可能的功能，即实现人和计算机之间通信的层。(4)

Hybrid Approach(混合方法) 将敏捷方法与SDLC过程相结合的适用方法称为混合方法(6)

ID(身份识别号码) 客户编号的属性列表定义包含关键字ID(大写字母)，这意味着属性编号在XML文档中作为具有ID元素的属性只能出现一次。(8)

IDREF 文档还可以具有IDREF属性，该属性将一个元素与作为ID的另一个元素链接。(8)

Image Map(图像映射) 用于选择图像中的值。用户点击图像中的某一个点，相应的x和y坐标就被发送到程序。当创建包含地图的网页时，将使用图像映射，并指示在某个特定区域单击以查看该地区的详细地图。(12)

Infographic(信息图) 表示任何比文字或表格更能传达数据的图表或图片。对设计者来说，这意味着可以更直观地显示数据以供用户查看，并可以选择哪种类型的图形、图表，甚至哪种数字最合适。(11)

Information System Utility(信息系统效用) 评估信息系统的方法，可以成为衡量已开发系统成功与否的一种全面而富有成效的技术。(16)

Infrastructure as a Service(IaaS，基础设施即服务) 或硬件即服务(Hardware as a Service，HaaS)，利用IaaS，组织将其硬件运营需求外包给服务提供商。(3)

Inheritance(继承) 在面向对象分析与设计中，派生类继承基类的所有属性和行为的能力。类可以有子类；父类称为基类，而子类称为派生类。(10)

Input Validation(输入验证) 显示用户刚刚输入的项目，是防止用户在文件或数据库中输入错误类型或格式的数据的一种方法，该设计使得在问题被纠正之前阻止用户进行下一个输入字段。(12)

Intangible Benefit(无形效益) 新信息系统为组织增加的很难度量的利益，诸如改善决策、增强精确性和竞争力。(3)参见Intangible Cost、Tangible Benefit、Tangible Cost。

Intangible Cost(无形成本) 那些难以度量且由于信息滞后或者不可访问而不为人所知的成本，这些无形成本包括失去竞争优势、损失创新声誉和损坏公司形象等。(10)参见Intangible Benefit、Tangible Cost、Tangible Benefit。

Intelligent Personal Assistant(智能个人助理) 可以接受用户编写或说出的命令并基于该输入命令执行任务的软件代理。(14)参见Virtual Assistant。

Interface Data Flow(接口数据流) 实体通常不会显示在0层关系图以下的子关系图上，与父流匹配的数据流称为接口数据流。(7)

Internal Auditor(内部审计员) 学习IS中使用的控件，以确保它们是足够的且正在做其声称要做的事情。此外，还需测试安全控件的充分性。(16)

Interdependent(相互依赖) 系统中的所有子系统是相互依赖的，它们相互依赖，相互影响。(2)

Interrelated(相互关联) 所有系统和子系统都是相互关联的。组织是由较小的、相互关联的系统(部门、单位、分支等)组成的，这些系统具有专门的职能。典型的职能包括会计、营销、生产、IT支持、运营、法律和管理。这些专门的职能(较小的系统)最终通过各种方

式重新整合，形成一个有效的组织整体。(2)

Interval Scale（区间标度） 每对数字之间的区间相等。基于这一特点，可以对问卷数据进行数学运算，从而进行更完整的分析。(4)

IS Quality Circle（IS 质量圈，或质量研讨小组） 一种参与式管理技术，在员工的帮助下解决与他们工作相关的问题。(16)

Intuitive Navigation（直观导航） 电子商务网站通常被设计为具有“直观导航”。用户需要知道如何导航网站，而无须学习新界面，也无须通过浏览网站才能找到自己想要的内容。(14)

Iterations To The First Release（第一次发布的迭代） 敏捷开发过程的第三个阶段由第一个版本的迭代组成。通常，这些迭代（测试、反馈和更改的周期）的持续时间约为三周。开发人员会强迫自己勾画出系统的整个架构，即使它只是大纲形式。其中一个目标是在每次迭代结束时运行客户编写的功能测试。(1)

Java 一种面向对象编程语言，允许动态应用程序在 Internet 上运行。(11)

Join（结合） 将多个事件合并为一个事件的同步操作。(10)

Joint Application Design（JAD）（联合应用程序设计） IBM 提出的专门小组会谈方法，与分析员、用户和行政人员一起执行，联合完成需求分析。(4)

Kanban（看板） 在软件开发中广泛使用的概念，强调可视化工作流程，使进展中的任务（WIP）尽可能小，重新评估工作流，在需要时重新分配优先级，持续改进，消除瓶颈和评估 WIP 限制。(6)

Keyboarding（键盘输入） 最古老的数据输入方法，也是组织成员最熟悉的方法。(15)

Layer（层） 动态 Web 页可以通过在网页设计中采用一系列堆叠层（使用层叠样式表 z-Index 属性）来存储信息，每个层都在另一层之上。主 Web 页为基础层，是显示或获取信息的 Web 页的标准层，页面下方的其他层则不可见。(12)

Leniency（不严格） 调查中随意打分的受访者所造成的问题。系统分析员可以通过将“平均”等级移到中心的左侧（或右侧）来避免宽不严格的问题。(4)

Level 0 Diagram（0 层图） 上下文级数据流图的分解，显示 3 到 9 个主要过程、重要的数据流和当前所研究系统的数据存储。(7)

Line Caption（行标题） 这些标题可以在空白的左边，也可以在同一行上，也可以打印在将要输入数据的行下面。(12)

Link Testing（连接测试） 用于检查相互依赖的程序是否按计划协同工作。(16)

Linux Kernel（Linux 内核） 世界上最大的开源项目之一，它是一个单片内核，包含最容易替换的软件，可以与用户模式下运行的所有应用程序（如 CPU、内存和进程间通信）进行交互。(1)

List Box（列表框） 用于列出可以使用鼠标选择的几个选项。(12)

Live Data（真实数据） 已通过现有系统成功处理的数据。这一步允许将新系统的输出与分析员所知道的正确处理的输出进行准确率比较，并为测试如何处理实际数据提供了一个好主意。(16)

Local Area Network（LAN，局域网） 位于一个有限的地理区域内（通常在一幢建筑物或者校园内），用来连接工作站、计算机和文件服务器的电缆、硬件和软件。(16)

Logical Data Flow Diagram（逻辑数据流图） 一种主要关注业务及其如何操作的图表，用于描述所发生的业务事件和每个事件所要求的和所产生的数据。(7) 参见 Data Flow Diagram, Physical Data Flow Diagram。

Logical Security（逻辑安全） 软件本身的逻辑控件。大多数用户熟悉的逻辑控件是某种类型的密码或授权码。使用时，允许输入正确密码的用户进入系统或数据库的特定部分。(16)

Logical View（逻辑视图） 驻留在企业中的数据表示。(13)

Luhn Formula（卢恩公式） 可用于识别数据输入中的错误的公式。例如，识别在电子商务网

站上是否输入了错误的信用卡号等。它可以与其他验证方法一起使用，例如信用卡到期日期或验证码。（15）

Magnetic Ink Character Recognition（MICR，磁性墨水字符识别） 通过一台机器对由磁性颗粒组成的墨水编码的单行材料进行读取和解释。（15）

Main Path（主路径） 用例中包含的各种决策的每条路径都是不同的场景。主路径属于打开操作，如登录系统、接收 Web 表单等。（10）

Maintenance Phase（维护阶段） 属于 SDLC 的其中一个阶段，此阶段用于维护信息系统以加以改进或解决问题。维护工作在系统的整个生命周期中持续进行。一些维护工作可以通过连接到供应商的网站来自动完成。（1）

Mark-Sense Form（标记识别表单） 允许通过使用扫描仪输入数据的表单，该扫描仪可感应特殊表单上的标记位置。（15）

Mashup 一种通过把两种或多种基于 Web 的 API 或应用程序编程接口组合在一起而创建的新型应用程序。（14）

Master File（主文件） 这些文件包含一组实体的记录。（13）

Megamenu（超级菜单） 一种大型二维面板型菜单，可以将其划分为显示导航选项的组。（11）

Menu（菜单） 提供给计算机应用程序用户的一组可选项，以帮助他们查找信息或执行相关功能，类似于餐馆的菜单。（14）

Merge（合并） 用于显示将多个事件组合成为一个事件。（10）

Message（消息） 一个类中的对象可以通过使用消息向另一个类的对象发送信息，类似于传统编程语言中的调用。（10）

Message Box（消息框） 用于警示用户，并在对话框中提供其他反馈消息，通常与显示重叠。消息框有不同的格式。每个消息框都显示在一个矩形窗口中并清楚地展示出消息，以便用户准确地知道发生的事情和可能采取的行动。（12）

Metadata（元数据） 与文件或数据库中数据相关的数据。元数据用于描述每个数据项给定的名称和分配给的长度，并描述每个记录的长度及其组成。（13）

Metatag（元标记） 搜索引擎用来将搜索请求链接到网站的关键字。

Metaverse（元宇宙） 一种大规模且可互操作的实时渲染 3D 虚拟世界网络，具备个人存在感和数据连续性，用户数量无限制，同时支持同步持久地体验（Ball，2021）。（14）

Method Overloading（方法重载） 在一个类中多次包含相同的方法（或操作）的过程。（10）

Method Overriding（方法覆盖） 面向对象的程序在超类 / 子类关系中对相同名称的同一方法产生多个版本的能力。（10）

Middle Management（中层管理） 三层管理体系中的第二层或中间层的构成部分。中层管理人员就如何最好地分配资源以实现组织目标做出短期规划及控制决策。（2）

Mockup 线框的一种替代方案。在对底层代码进行编程以使程序或应用程序正常运行之前，Mockup 可以显示输出和输入的样子。（11）

Moving Average（移动平均法） 用于消除一些季节性、周期性或随机模式，从而留下趋势模式。移动平均背后的原理是计算固定数量周期的数据的算术平均值。例如，三个月移动平均线就是过去三个月的算数平均值。（3）

Moscow Method（Moscow 方法） 系统分析员用于确定需求优先级的一种方法。系统分析员要求参与者将需求分为四个“桶”或类别：必须、应该、可以、不行。（4）

Mnemonic Code（助记码） 帮助数据输入人员记住如何正确地输入数据，或者帮助用户记住如何使用信息的设备（通常结合使用字母和符号）。（15）

Mini Spec（迷你规范） 整个项目规格的一小部分。（9）

Modular Approach（模块化方法） 包括将编程分解为逻辑的和可管理的部分或模块。（16）

Modular Conversion（模块化转换） 使用自包含的、可操作的子系统的构建块，以渐进的方式

将旧系统转变为新系统，在每个模块都修改和验收后，系统即可投入使用。(16)

Multitouch Gesture (多点触控手势) 电容式传感的特点是用人的手指或电容笔控制屏幕，用于在同一屏幕上进行屏幕切换或状态移动，后一种操作的典型例子如通过向外张开手指来放大照片。(14)

Natural Language Interface (自然语言界面) 一种允许用户以人类语言同计算机进行读写交互的接口。(14)

Navigation Bar (导航条) 始终显示在主页上，或者构成网站的所有其他页面的顶部和左侧的菜单栏。一旦最有用和最常用的操作类别被建立，它就可以包含在网站的所有页面上。(14)

Near Field Communication (NFC，近场通信) 一种输入数据的方式，以实现安全、非接触式支付。采用一种短距离无线连接技术，使支持NFC的设备能够相互通信。(15)

Nested Menu (嵌套菜单) 旨在使屏幕看起来不那么杂乱，是一种良好的设计。采用嵌入式菜单技术，还可以避免让用户看到他们不感兴趣的菜单选项。(14)

Network (网络) 由两台或多台计算机组成，这些计算机通过链接共享资源(如打印机和CD等)、交换文件或电子通信。(13)

Network Decomposition (网络分解) 属于网络建模的内容，用于概述系统，可以使用特殊符号。(16)

Network Modeling (网络建模) 一种详细显示网络中工作站连接的方式，可以使用特殊符号。(16)

No-Code (无代码) 现在无代码平台如雨后春笋般涌现，除了这些平台，人们还可以找到一系列教程，帮助非营利组织成员设计和构建网站或移动App。(6)

Nominal Scale (类别标度) 用于对事物进行分类，是最弱的衡量形式。一般来说，分析员所能做的就是获得每个分类的总数。(4)

Nonoperational Prototype (非操作原型) 为测试设计的某些方面而建立的非工作模式模型。(6)

Normalization (规范化) 将复杂的用户视图和数据存储转换成更小的、稳定的数据结构集。规范化的数据结构比复杂的结构更容易维护。(13)

Notice (通知) 与智能手机的警报和查询类似，通知用于向用户传达信息。(14)

Object (对象) 在面向对象的方法中，对象是现实世界中某种事物或者事件的计算机表示。对象可以有属性和行为。(10)

Object Identifier (对象标识符) 数据库中每个记录的唯一键，而不仅仅是表中的键。(13)

Object Oriented (面向对象) 一种通过分析作为系统一部分的对象的编程、分析与设计方法，与传统的过程编程不同。每个对象都是实际事物或事件的计算机表示。面向对象的关键概念包括对象、类和继承。统一建模语言是面向对象建模的标准图表工具。(10)

Object-Oriented (O–O) Systems Analysis And Design (面向对象系统分析与设计) 一种旨在促进系统开发的方法。系统必须能够快速变化，以响应动态业务环境。(1)

One-Click Navigation (一键式导航) 一种导航方法，用户不必学习新的界面，也不必在找到自己想要的东西之前浏览网站的每一个地方，就能知道如何导航网站。(14)

On-Site Customer (现场客户) 专家客户，在敏捷开发过程中，系统开发工作的业务方面的专家要在现场。(6)

Open-Ended Question (开放式问题) 在面谈或者调查中使用的一种题型，不限定回答者可用的可能答案集。(4) 参见 Bipolar Question，Closed Question。

Open Source Community (开源社区) 一种松散组织的社区，由开源码软件编码者和合作生产、维护和改进开放源码软件的公司组成。社区可以依据六个不同的维度分为四种类型，这六个维度是一般结构、环境、目标、方法、用户社区和许可。(1)

Optical Character Recognition (OCR，光学字符识别) 允许用户使用光学扫描仪而不是磁

性介质读取源文档（手写或打印）中的信息。（15）

Option Button（选项按钮） 用于选择独占选项。通过使用选项按钮，系统分析员可以向用户明确表示，他们必须在各个选项之间做出决定。用户的选择列在选项按钮右侧，通常按一定顺序排列。如果有一个常用选项，则通常在页面首次显示时将其设为默认选项。选项按钮外围通常有一个矩形，被称为选项组。如果有六个以上的选项按钮，设计者应该考虑使用列表框或下拉列表框。（12）

Organizational Metaphor（组织隐喻） 一种表明一个元素是另一个元素的修辞手法。例如，一个组织是一个家庭、社会、机器、有机体、游戏、旅程，等等。研究表明，信息系统的成功可能取决于主要的组织隐喻。（16）

Open Source Software（OSS，开源软件） 一种免费发放软件和公布其源代码的开发模型和基本原理，然后用户和程序员就可以研究、共享和使用源代码。Linux 操作系统就是开发源软件的一个实例。（1）

Online Analytical Processing（OLAP，联机分析处理） 用于处理复杂的联机查询。（13）

Open System（开放系统） 基本系统理论的一部分，一个免费接收信息、能源、人员或者原材料作为输入的系统。系统绝不会完全封闭或者完全开放，而是处于封闭和开放之间。（2）参见 Closed System。

Operational Control（运营控制） 构成组织三层管理的最底层。运营管理人员使用预先确定的规则做出决策，当正确执行这些规则时，可以产生可预测的结果。他们做出的决策会影响工作计划、库存控制、运输、接收和生产等过程控制的实施。运营管理人员需要全面了解组织的运营细节。（2）

Operational Feasibility（运营可行性） 取决于项目可用的人力资源，并涉及对系统一旦投入使用是否会运行和使用进行预测。（3）

Organizational Boundary（组织边界） 存在于一个连续体上，从极易渗透到几乎不可渗透。为了继续适应和生存，组织必须首先能够通过其边界（输入端）输入人员、原材料和信息，然后与外界（输出端）交换其成品、服务或信息。（2）

Organizational Culture（组织文化） 在过去几十年中显著发展的公认研究领域。与认为组织包括许多技术相类似，将它们视为多种经常相互竞争的亚文化的宿主也是合适的。（2）

Orientation（方向） 屏幕方向会改变页面上的字数，也会改变列结构。开发人员可以根据需要使用不同的方向。在纵向模式下，计算器应用 App 可以提供一个非常简单的计算器，反过来，在横向模式下，则可能会将其转变为一个强大的科学计算器。一般趋向于将这种简单的选择提供给客户。（11）

Output Bias（输出偏差） 在分析人员和用户选择如何为报告信息排序时，会引入输出偏差。常见的排序包括字母顺序、时间逻辑和成本等。（11）

Output Design（输出设计） 指网页、表单、屏幕和其他类型的信息系统输出的设计。（11）

Package（包） 在 UML 中，事物可以按包的形式进行组织。可以把包看成物理子系统，系统按包的形式实施和部署。（10）

Packed Decimal（压缩十进制） 通常用于节省文件布局上的空间，以及用于需要对其执行高级运算的元素。（8）

Pair Programming（结对编程） 敏捷方法的核心实践，两名选择共同合作的程序员一起编码、运行测试和讨论有效完成工作的方法。（6）

Parallel Conversion（并行转换） 同时并行地运行一个旧系统和一个新系统。（16）

Parent Process（父过程） 0 层图上的每个过程可以依次分解以创建更详细的子图。0 层图上被分解的过程称为父过程。（7）

Partial Dependency（部分依赖） 所有非关键属性都完全依赖于主键的属性。（13）

Partitioning（分割） 检查 DFD 并确定如何将其划分为手动程序集合和计算机应用程序集合的

过程。(7)

Payback（回报） 当业务不断增长时，回报是有用的，而数量是成本的一个关键变量。回报分析可以确定系统的收益需要多长时间才能偿还其开发成本。(3)

Patched-Up Prototype（拼凑原型） 第一种原型必须构建的一个可以工作但属于经过修补或拼凑在一起的系统。(6)

Performance（性能） 对执行任务所涉及的效率与执行任务所产生工作质量两方面所做的衡量结果。(14)

PERT Diagram（PERT图） 一种用来确定项目的关键活动的工具。它可以用来加快项目进度和评估进展情况。PERT是指程序评审技术（Program Evaluation and Review Technique）。(3)

Physical Data Flow Diagram（物理数据流图） 一种表示如何实现系统的DFD，包括系统涉及的硬件、软件、人员和文件。(7) 参见Logical Data Flow Diagram。

Physical Data Structure（物理数据结构） 分析员以逻辑设计为基础，随后设计的物理数据结构，其中包括实现系统所需的额外元素。(8)

Physical Security（物理安全） 通过物理手段保护计算机设施、设备和软件。它可以包括通过机器可读标记、生物识别系统或人工登录/注销系统控制对计算机机房的访问，以及使用闭路电视摄像机监控计算机区域，定期备份数据，并将备份存储在防火防水场所，通常将数据存储在安全的外部位置，或使用云供应商提供的数据存储。(16)

Physical View（物理视图） 涉及如何存储和关联数据，以及如何对该数据进行访问。(13)

Picker（选择器） 一种允许用户从预定列表中选择的方法，可用于开发Apple产品的下拉列表。选取器包括一个或多个可滚动列表，其中所选值出现在视图中心的较暗文本中。(12)

Planned Value（PV，计划成本） 项目（或任何任务）中要完成的工作的价值。因为完成工作的成本是投入的精力和金钱，所以可以将PV视为计划工期的预算成本。(3)

Planning Game（计划游戏） 敏捷开发中采用的一种博弈，阐明有助于制定敏捷开发团队与商业客户关系的规则。(1)

Planning Phase（规划阶段） 设计人员和客户约定一个日期，从当前日期起两个月到半年不等，为他们最紧迫的业务问题提供解决方案。该计划可能只需要几天就能完成。(1)

Polymorphism（多态性） 在面向对象方法中，指派生类之间的备选行为。如果几个类都继承属性和行为，则可能出现这样的情况，一个派生类的行为可能不同于其基类的行为，或者不同于兄弟派生类的行为。(10)

Primary Key（主键） 一个唯一地标识记录的键。(13) 参见Key，辅助键。

Primary Use Case（主要用例） 描述用例场景的主要行为的例外情况的口头表达。(10)

Primitive Process（原始过程） 过程可能被分解，也可能不被分解，这取决于过程的复杂程度。如果一个过程无需分解，则认为它在功能上具有原始性，并被称为原始过程。(7)

Privacy Directive（Eu Cookie Law）[隐私指令（欧盟Cookie法）] 一项对进入网站的数据隐私进行管理的立法，在存储、使用或检索用户的个人信息之前，需要征得用户的同意，对以电子通信形式处理个人数据进行约束。(14)

Privacy Policy（隐私政策） 企业电子商务网站上的声明或法律文件，公开其收集、使用、披露和管理客户或客户数据的部分或全部方式，这对安全和私人网站至关重要。(16)

Private Cloud（私有云） 可以通过私人配置的云服务对组织的数据中心进行集中，以实现内部云服务，与战略目标和企业知识产权相关的更多关键的数据一般保存在私有云中。(1)

Probe（调查） 在分析员和用户的面谈期间采用的后续问题。(4) 参见Closed Question，Open-Ended Question。

Problem Definition（问题定义） 问题的形式化陈述，包括当前情况的难题、每个难题的目标、在所有建议的系统中都必须包含的需求、

限制系统开发的约束。(3)

Process(过程) 在一个信息系统中转换或者改变数据的活动。它们既可以是手工活动，也可以是自动活动。在数据流图中用一个圆角矩形表示。(2)

Process Mining(过程挖掘) 一种自动化、不引人注目的过程，它扫描通过 Sap、Sales Force 和 Oracle 等公司软件产品包中的 API 发现的过程，并确定可能存在的问题。(5)

Process Specification(过程规范) 为数据流图上的基本过程以及某些扩展为子图的高级过程而创建的。(9)

Product Backlog(产品待办事项列表) 由设计员根据用户故事为产品设计的特征和其他交付物组成。(6)

Productionizing Phase(产品化阶段) 敏捷开发过程中发布软件并接收改善软件产品的反馈意见的阶段。产品发布可以频繁到每周一次。(1)

Productivity Goal(生产率目标) 当与团队成员在各种项目上进行合作时，团队领导者将通过敏锐的洞察力预测团队在特定时间内可以实现的目标，并以此建立生产力目标。(3)

Program Testing(程序测试) 为找出错误而执行程序的过程。程序测试的大部分责任在于原作者。系统分析员是用测试数据来测试程序的顾问和协调者。(16)

Project Charter(项目章程) 描述系统项目的期望结果（交付物）和交付时间框架的书面文档。它实际上是主要分析员（或项目经理）及其分析团队与申请新系统的组织用户之间的一个合同。(3)

Prototype(原型) 文档、系统、界面或显示的模型或实物模型，而非实物。我们可以在系统设计中使用四种原型，即拼凑原型、非操作原型、系列首发原型和选定特征原型。(6)

Prototyping(原型化) 用户和分析员之间的一种快速交互过程，用以创建或精化新系统的某些部分。对于确定需求方面，可以把它作为 SDLC 的一部分，也可以用它取代 SDLC。(6)。

Public Cloud(公共云) 外部云提供商，有时使用公共云的决定与公司从战略上控制数据的重要性有关。(1)

Public Key Infrastructure(公钥基础设施) 组织通过加密管理安全性的一种方式。电子商务网站的 SSL/TSL 证书是 PKI 安全的常见实例。(16)

Pull-Down Menu(下拉菜单) GUI 设计元素之一，在屏幕上提供一个命令选项菜单，在用户从一个菜单栏上选择命令名之后出现。(14)

Purposive Sample(目的采样) 目的的样本是以判断为基础的。系统分析员会选择一组看起来对新的信息系统知之甚多并且非常感兴趣的人员。(5)

Pyramid Structure(金字塔结构) 面谈中使用的一种问题排序结构，从特定的封闭式问题开始逐渐扩展到普遍的问题。(4)

Q-Sort(Q- 排序) 系统分析员用于确定需求优先级的一种方法，该方法将一副需求卡片分类。与其他方法不同，参与者必须在每一堆卡片中提出一定数量的要求。(4)

Quantitative Document(定量文档) 可用于业务中的解释工作，包括决策的报告、绩效报告、记录等。(5)

Qualitative Document(定性文档) 定性文档包括书面电子邮件、备忘录、布告栏和工作区的标志、网页、程序手册和政策手册等。(5)

Query By Example(QBE，范例查询) 在数据库系统（如 Microsoft Access）中实现查询的一种简单但功能强大的方法。(14)

Quick Response Code(快速响应代码，QR 码) 由丰田子公司 DENSO WAVE 于 1994 年首次创建，它们是在印刷品上和 Web 上出现的光学的机器可读代码，可以把用户指引到编码的网站。(15)

Query(查询) 用户向数据库提出的关于其中的数据的问题。每个查询都涉及一个实体、一个属性和一个值。(14)

Question-And-Answer Interface(问答式界面) 计算机在显示器上向用户显示问题，用户（通

过键盘敲击或鼠标点击）输入答案，然后计算机以预编程的方式对输入信息进行反馈。(14)

Questionnaire（调查问卷） 信息收集技术的一种，允许系统分析人员研究组织中可能受到当前和拟建系统影响的几个关键人员的态度、信念、行为和特征。(4)

Radio Button（单选按钮） GUI设计元素之一，在对话框上提供一个圆形的选项按钮。单选按钮之间是互斥的，用户只能在一组按钮中选择一个单选按钮。(12)

Radio Frequency Identification（RFID，射频识别） 一种利用电磁场自动识别和跟踪附着在对象上的标记的技术。(15)

Record（记录） 与所描述的实体有共同之处的数据项集。(13)

Referential Integrity（参照完整性） 以一对多关系来管理记录的性质。(13)

Regular Expression（正则表达式） 验证单个字段通常使用一系列IF…ELSE语句来完成，但也有模式验证方法。在数据库设计中（如Microsoft Access）可以找到这些模式，也可以包含在Perl、JavaScript和XML模式等编程语言中，这些模式被称为正则表达式，包含表示字段中必须存在的数据类型的符号。(15)

Relational Data Structure（关系数据结构） 由一个或多个二维表组成，这些表被称为关系，表中的行表示记录，而列包含属性。(13)

Relationship（关系） 实体间的关联（或数据关联）。实体之间具有一对一、一对多、多对一或者多对多关系。(2)

Reliability（可靠性） 用于度量一致性的问题。如果在相同的条件下进行的两次问卷调查得到的结果相同，则认为这种方法具有外部一致性。如果问卷调查表包含子部分，且这些部分有相同的结果，则称这种方法具有内部一致性。外部一致性和内部一致性都很重要。(4)

Repeating Group（重复组） 数据结构中存在许多相同的元素。(8) 参见Data Structure。

Repeating Item（重复项） 在数据结构中重复的项。(8)

Report File（报告文件） 当无打印机可用时（例如，当打印机忙于打印其他作业时），可以使用报告文件。(13)

Requirement Prioritization（需求优先级） 涉及分析员和客户，需求优先级排序的方法有六种，以帮助分析人员和客户决定哪些功能应该成为软件产品的一部分。(4)

Requirement Traceability（需求可溯性） 可以通过手动跟踪可跟踪矩阵中的需求来实现，该矩阵可在Microsoft Excel中维护。敏捷开发人员可以使用诸如Jama的软件来对需求进行跟踪。(16)

Responsive Web Design（响应式网页设计） 使所开发的网站可以在任何设备上查看，包括台式机、平板计算机或智能手机等。(11)

Risk Assessment（风险评估） 数据库规划的重要组成部分，将数据的价值和保护成本与数据或安全性的损失进行权衡。(13)

Roll-Over Menu（滚动菜单） 当光标放到网站上选定的图像或文本上时触发的屏幕菜单功能。(14)

RSS（Real Simple Syndication）Feed［Rss（简易信息聚合）源］ 允许用户和应用程序以标准化的计算机可读格式访问网站更新的网络摘要。(11)

Retrieval（检索） 从文件、文件组或数据库中选择和提取数据的过程。(13)

Sampling（采样） 系统地选择一种种群的代表性元素的过程。分析员在确定信息需求的过程中，对硬数据、存档数据和人员进行采样。(5)

Schedule Performance Index（SPI，进度绩效指数） 一个比值，用于告诉分析员项目有没有落后于进度。如果进度绩效指数小于1.0，则表示项目或任务落后于进度。如果进度绩效指数大于1.0，则项目比进度提前了。

Schedule Variance（SV，进度偏差） 用于告诉系统分析员项目所花费的时间是否比计划的要多。如果比计划的要多，则对成本具有负面影响。同样，如果进度偏差是负的，则完成工作所花的时间比计划的时间更长，其值表示超出成本。如果进度偏差是正的，则所花时间比计划的时间小，其值表示实际成本比预算成本低了多少。进度偏差等于挣值减去计划成本。

Scope of the System（**系统范围**） 上下文级数据流图是显示系统范围或系统中要包含的内容的一种方式。外部实体在系统范围之外，是系统无法控制的。（2）

Scrum 开发团队开始一个具有高级计划的项目，随着“游戏”的进展，可以随时进行更改。Scrum 是一种适用于复杂项目的敏捷软件开发方法。选择有限数量的功能或任务以在 sprint 周期中完成，通常持续两到四周。结果是潜在的可交付产品。一旦 sprint 周期结束，该过程将再次开始，新的优先级和功能将在下一个 sprint 中完成。（1）另请参见 sprint 或者 sprint 周期。

Scrum Planning Poker（**Scrum 计划扑克**） 一种帮助团队确定完成用户故事中产生的功能的估计值的方法。

Second Normal Form（2NF）（**第二范式**） 对一个数据库中的数据进行规范化时，分析员保证所有的非键属性完全依赖于主键。第 2 范式消除了所有部分依赖，并把它们置于另一个关系中。（13）参见 First Normal Form，Third Normal Form。

Secondary Key（**辅助键**） 不能唯一地标识一个记录的键，可用于选择一组属于某个集合的记录。（13）

Security（**安全**） 对组织信息系统的运作至关重要，这对参与系统开发的每个人员来说都是一个挑战。（1）

Selected-Feature Prototype（**选定特征原型**） 原型设计的第四个概念涉及构建一个操作模型，该模型包括最终系统将具有的部分而非全部功能，称为选定特征原型。（6）

Self-Validating Code（**自验证代码**） 确保数据（尤其是识别号）准确性的方法是对代码自身使用校验位。（15）

Sequence Code（**序列码**） 如果某个东西需要编号，就对它任意分配一个数字，该数字与数据本身无关。（15）

Sequence Diagram（**顺序图**） 在 UML 中，顺序图说明对象实例之间随着时间的过去而发生的一连串交互。顺序图通常用来说明用例场景中描述的处理。（10）

Service-Oriented Architecture（SOA）（**面向服务的架构**） 一种软件架构，各种软件服务互不相关或只是松散耦合，它们独立地作为用户的应用程序或部分应用程序，通常使用 Web 作为平台。（16）

Short Release（**简短发布**） 开发团队要压缩产品发布之间的时间。该团队将首先解决最重要的功能，发布该系统或产品，然后再进行改进，而不是在一年内发布一个完整的版本。（6）

Significant-Digit Subset Code（**有效数字子集码**） 使用数字分组来描述产品或任意分配的数字的代码，其优点之一是可以定位属于某个组或类的项。（15）

Simple Random Sample（**简单随机采样**） 在该采样方法中，样本必须来自种群的编号列表，以确保种群中的每个文件或个人都有平等的机会被选中。（5）

Simple Ranking（**简单排序**） 系统分析员用于确定需求优先级的一种方法。系统分析员要求所有相关方对正在考虑的需求列表进行排序，将 1 分配给最理想的需求，将 10 分配给最不理想的需求。（4）

Site Map（**站点地图**） 一种提高网站设计导航效率的方法，该方法要包含在网站上的页面、菜单、导航结构以及页面链接方式的表示。站点地图一般设置在主页上。（14）

Six Sigma（**六西格玛**） 一种建立在质量至上的文化。六西格玛的目标是消除全部缺陷。（16）

Skeuomorphic Design（**拟物化设计**） 一种网页设计方法，以 3D、带阴影的图像为主要特征（与扁平化网页设计风格相反）。（11）

Slack 适用于工作场所的社交媒体平台，包含电子邮件、聊天室和直接消息传递。每个工作

团队都有像大型聊天室一样的频道，可以是公共场所或半公共场所。(2)

Slider (滑动块) 用于设计网站以更改具有连续值范围的数据，让用户在选择值时有更多的控制权。在一个方向或另一个方向（向左 / 向右或向上 / 向下）移动滑块会增加或减少值。(12)

Socioemotional Leader (社会情感领袖) 关心群体成员之间社会关系的人。(3)

Social Media (社交媒体) 为社交媒体设计输出和内容本身已经成为一项职业，但系统分析员可能会遇到这些设计任务，并作为他们为组织进行整体信息系统设计工作的一部分。(11)

Source (源) 数据流图中的外部实体（或实体）。源被称为数据的目的地，被视为所描述的系统的外部。(7)

Smartphone (智能手机) 一种集成计算机和其他功能（如操作系统、网络浏览和运行软件应用程序的能力）的蜂窝电话。设计人员可以在为智能手机设计输出时使用提醒通知和标志。(14)

Software as a Service (SaaS，软件即服务) 云计算的组成部分之一。它是由第三方分发的软件，为用户托管应用程序并使其可通过 Internet 访问。(3)

Special Character (特殊字符) 一种数据项的值类型。(13)

Specialty Form (专业表单) 由文具商或专业印刷商准备的业务表格。文具商的专业表格的例子包括用于创建三份复制数据的多部分表格、在没有干预的情况下通过打印机运行的连续进纸表格，以及在分离时留下存根作为记录的穿孔表格。(12)

Spin Button (微调按钮) 用于更改具有连续值范围的数据，让用户在选择值时有更多的控制权。(12)

Sprint And Sprint Cycle (sprint 与 sprint 周期) 在敏捷软件开发方法中，sprint 周期让开发团队致力于有限的功能，持续两到四周，结果可能是可交付的产品。(6) 参见 Scrum。

Sprint Backlog (sprint 代办事项列表) 用于选择需要尽快完成的用户故事，故事应该是团队完成的可交付成果。(6)

Sprint Review Meeting (sprint 评审会议) sprint 评审会议是一个回顾性的会议，团队在其中阐述所取得的成就及要吸取的教训，说明哪些进展顺利，哪些不顺利，团队可以在预期下一次 sprint 时改进过程。(6)

State (状态) 用于区分事件，例如等待填写的订单，事件也区分状态，例如“订单接收”事件或“订单完成”事件。(10)

Statechart Diagram (状态图) 在 UML 中，一种进一步精化需求的方法。(10)

Stakeholder (利益相关者) 参与第一阶段设计工作的人员是协调项目的用户、系统分析员和系统管理员，我们将他们作为 SDLC 过程中的利益相关者进行讨论。(1)

Stickiness (粘滞性) 网页的一个属性，在电子商务网页中讨论得特别多，它表明网页吸引和吸引客户的程度。增加网页粘滞性的功能就是想办法吸引客户，让其在页面上停留更长时间，帮助他们在点击链接时导航回页面，并提高他们购物的可能性。(11)

Storage as a Service (STaaS，存储即服务 StaaS) 使用公共云存储资源来存储数据的做法。(16)

Storage Area Network (SAN，存储区域网络) 一种存储设备网络，可由多个服务器或计算机访问，提供共享的存储空间。(16)

Story (故事) 起源于工作场所，可由许多同事分享和重复。虽然比较耗时，但对于寻求信息需求的系统分析员来说，听故事而不是简单回答面试问题可能会更有收获。(4)

Storyboarding (故事板) 在开发网站（或任何应用程序）时，用于显示屏幕之间的差异。它可以逐屏显示网站访问者如何使用它来查找所需信息。可以用 Microsoft Powerpoint 和许多其他应用程序来开发故事板。(11)

Stratified Sample (分层采样) 对于系统分析员来说的最重要的采样类型。分层是识别子群或社会阶层的过程，然后在这些子群中选择对象

或人进行采样。(5)

Strategic Management(战略管理) 组织三级管理控制的第三级，战略管理者从组织向外看未来，其做出的决策将指导未来数月和数年的中层管理和运营控制。(2)

String Testing(字符串测试) 用于检查相互依存的程序是否按计划协同工作。(16)

Structural Record(结构化记录) 例如，数据项“客户姓名”、“地址”和“电话”就是一个元素组或结构化记录。(8)

Structure Chart(结构图) 一种自顶向下设计模块化系统的工具，由矩形框和连接箭头组成。(16)参见 Control Flag，Data Couple。

Structured Decision(结构化决策) 例行、重复，遵循一系列预先确定的步骤。它们不一定涉及人类决策者。当过程逻辑涉及公式或迭代，或者当结构化决策并不复杂时，分析决策过程的一种正确技术是使用结构化英语。(9)

Structured English(结构化英语) 一种用于分析结构化决策的技术，基于结构逻辑和简单的英语语句(诸如 Add、Multiply 和 Move 等)。(9)

Structured Observation Of The Environment(STROBE，结构化环境观察) 一种系统观察方法，用于分类和解释影响决策的组织元素。STROBE 基于布景电影评论。(5)

Structured Query Language(SQL，结构化查询语言) 一种实现查询的流行语言。(14)

Structured Walkthrough(结构化走查) 系统编程和总体开发的系统化同级评审，指出问题并允许程序员或者分析员做出适当的修改。(16)

Stylus(导电笔) 一种笔形仪器，其尖端触碰计算机显示器上的位置可以被检测到，这提供了比人手更多样的输入控制。(14)

Supply Chain Management(供应链管理) 组织把供应商、销售商和顾客管理需求集成为一个统一过程的成果。电子商务应用可以改进供应链管理。(15)

Swinlane(泳道) 活动图中用来指示分割情况的区域，可以表示哪些活动在哪些平台上由哪些用户组执行，而且还可以描述系统逻辑。(10)

Synchronization Bar(同步条) 通常用长条矩形表示。(10)

Synchronous Message(同步消息) 对函数或子程序的调用。调用对象停止并等待将控制权和可选消息一起返回给它。(10)

System(系统) 许多互相关联和互相依赖的子系统的集合，共同完成预定的目标和目的。所有系统都有输入、过程、输出和反馈。例如，计算机信息系统是一个系统，组织也是一个系统。(2)参见 Closed System，Open System。

Systematic Sampling(系统采样) 例如，在最简单的概率采样方法——系统采样中，系统分析员会选择采访公司员工名单上的每一个人。(5)

Systems Analysis And Design(系统分析与设计) 识别问题、机会和目标的系统方法，用于分析组织中人与计算机生成的信息流，并设计计算机化的信息系统来解决问题。(1)

Systems Analyst(系统分析员) 系统地评估业务如何发挥作用的工作人员，评估时通过分析数据的输入和处理以及信息输出改进组织过程和用户工作生活的质量。(1)

Systems Consultant(系统顾问) 专门雇佣来解决企业内部信息系统问题的人员或企业。(1)

System Development Life Cycle(SDLC，系统开发生命周期) 一种系统分析与设计的 7 阶段方法，主张最好通过使用分析员和用户活动的特定周期进行系统开发。(1)

Systems Proposal(系统建议) 总结系统分析员目前在该行业中的工作的书面建议，包括用以解决所标识的问题的建议和方案。(3)

Table Caption(表标题) 一小段文字，用于提供有关其所附表格的信息。(12)

Table File(表文件) 包含用于计算更多数据或性能度量的数据的文件，通常只由程序读取。(13)

Tablet(平板计算机) 一种比笔记本计算机小但比智能手机大的无线触摸屏个人计算机。(14)

Tangible Benefit（**有形效益**） 信息系统为组织增加的可以用金钱度量的好处。（3）参见 Intangible Benefit、Intangible Cost 和 Tangible Cost。

Tangible Cost（**有形成本**） 系统分析员可以精确计划的那些成本，包括计算机成本、资源、分析员和程序员的时间，以及为开发新系统而支付给其他雇员的薪水。（3）参见 Intangible Benefit、Intangible Cost 和 Tangible Benefit。

Task（**任务**） 必须完成的工作。许多任务构成了项目中的工作分解结构。（14）

Task Leader（**任务领袖**） 领导成员完成任务的人。（3）参见 Socioemotional Leader。

Task Mining（**任务挖掘**） 对组织员工执行的任务进行非干扰性的桌面捕获。任务挖掘使得查看个人的工作成为可能。（5）

Team Norm（**团队规范**） 指共同的期待、价值和行为方式。某个团队的规范一般只属于该团队，并不一定能够从一个团队转移到另一个团队。（3）

Team Process（**团队过程**） 系统分析团队成员之间的互动。通过互动，其行为规范会随着时间的推移而变化。（3）

Temporal Event（**时间事件**） 在预定时间发生的事件，这些事件通常不涉及参与者或任何外部事件。（10）

Technical Feasibility（**技术可行性**） 包括评估计算机硬件和软件是否能充分处理工作负载的能力。（3）

Test Data（**测试数据**） 专门用于测试的数据，通常为计算机程序数据。（16）

Test For Class Or Composition（**类别或组成测试**） 用于检查本应完全由数字组成的数据字段是否包括字母，反之亦然。

Test For Comparison With Stored Data（**与存储数据的比较测试**） 输入数据的有效性测试，即将其与计算机已经存储的数据进行比较。（15）

Test For Correct Field Length（**字段长度正确测试**） 一种有效性测试，用于对输入进行检查，以确保字段长度合适。（15）

Test For Invalid Value（**无效值测试**） 如果只有几个有效值，则用于检查输入中是否存在无效值的测试有效。对于数值既不受限制也不可预测的情况，此测试不可行。这种测试对于检查将数据划分为有限数量类的响应非常有用。（15）

Test For Missing Data（**数据缺失测试**） 一种有效性测试，对数据进行检查，看是否有遗漏的项目。（15）

Test For Range Or Reasonableness（**范围或合理性测试**） 范围或合理性的有效性测试实际上是对输入的常识性测量，验证数据是否在可接受的范围内或在预定参数内是否合理。（15）

Text Analytics（**文本分析**） 用于分析任何来源的非结构化定性数据的软件，包括通过电子邮件、Wiki、博客、聊天室和其他社交网站收集的访谈记录、书面报告或客户沟通信息。（5）

Text Box（**文本框**） 用矩形表示，用于确定数据输入和显示字段的边界。文本框应足够大，以容纳必须输入的所有字符。每个文本框的左侧都应该设有一个标题，用于标识要输入或框中显示的内容。（12）

Third Design Space（**第三设计空间**） 研究团队对企业开发者和开发者社区之间的新合作的描述。这是一个隐喻性的而非实际的物理空间。第三设计空间的参与者共同创造了一个新的设计环境：他们创建了新的设计联系并循环使用共享的设计资源。他们的合作产生了新的、共享的软件和创新的软件开发过程。（1）

Third Normal Form（**3NF，第三范式**） 用于消除所有的传递依赖。传递依赖指非键属性依赖于其他非键属性。（13）参见 First Normal Form，Second Normal Form。

Throughput（**吞吐量**） 在某一时间段或周期内从“待办事项列表”栏移动到“已完成”栏的平均项目数。（6）

Top-Down Approach（**自顶向下法**） 通过自顶向下法绘制数据移动图，数据流图从一般向特殊发展。（7）

Top-Down Design（自顶向下设计） 允许系统分析员首先确定整个组织的目标，并确定如何在整个系统中最好地满足这些目标。（16）

Total Quality Management（TQM，全面质量管理） 一种管理方法，通过不断提供高质量的IT服务，以提供无与伦比的客户满意度，从而获得长期成功。（16）

Touch-Sensitive Screen（触摸屏） 允许用户使用手指点击屏幕，以激活显示器。（14）

Transaction Data Store（事务数据存储） 用于临时连接两个过程并临时存储数据。（7）

Transaction File（事务文件） 用于输入更新主文件和生成报告的更改信息。（13）

Transitive Dependency（传递依赖） 一种依赖关系，其中非关键属性依赖于其他非关键属性。（13）

Two_Dimensional Bar Code（二维条码） 矩阵型条码方块是一种二维条码，仍然属于光学且机器可读的代码，它们比旧的线性条码占用的空间小得多。（15）

Two-Factor Authentication（双因素身份认证） 也称为两步验证或双因素身份验证安全过程，用户需提供两个唯一的身份验证因素来验证他们访问系统或软件的授权。（16）

Two-Step Verification（两步验证） 一种验证过程，包括两种相继执行的身份验证方法，以验证请求访问的人或物是他们被声明的人或物。（16）

Three-Factor Authentication（三因素身份认证） 一种安全过程，用户需要拥有一个物理令牌和一个口令，并要与生物特征数据一起使用，例如视网膜扫描、声纹和指纹扫描。（16）

Unicode 一种字符集，包括所有标准语言符号，含65 535个字符。（15）

Unified Modeling Language（UML，统一建模语言） UML提供了一种标准化的工具集，用于对软件系统的面向对象分析与设计进行编档。（1）

Unnormalized Relation（非规范化的关系） 通常是从用户视图或数据存储中派生的关系，该关系可包含重复值。（13）

Update Anomaly（更新异常） 当对一个属性值的更改导致数据库包含不一致的数据或导致多个记录需要更改时，就会出现更新异常。（13）

Urgent/Important Matrix（紧急/重要矩阵） 系统分析员用于确定需求优先级的一种方法。在白板上画一个矩阵，矩阵的x轴表示紧迫性，y轴表示重要性。（4）

URL Filtering Product（URL过滤产品） 使组织能够限制员工可以访问的网站和内容的软件。（16）

Usability（有用性） 设计人员用来评估他们创建的系统和接口的方法，旨在尽可能彻底地解决HCI问题。（14）

Use Case（用例） 在UML中，指系统中的事务序列。用例的目的是为系统中的参与者产生某些有价值的东西。用例主要强调系统做什么，而不关心如何做。用例模型基于各个用例的交互和关系。在用例中，使用系统的参与者发起一个事件，开始系统中的一系列相关的交互。（2）

Use Case Diagram（用例图） 可以作为系统开发生命周期方法或敏捷建模方法的一部分。（2）

Use Case Scenario（用例场景） 在开发UML图时主要用例中描述的主要行为异常的口头表达。（2）

User Experience Design（UX，用户体验设计） 一种客户至上的方法，用于设计软件，通过提高可用性和易用性来观察客户的行为并提高客户满意度和忠诚度。UX体验也是一种设计文化，强调用户在最大化短期利润方面的良好体验。（14）

User Involvement with Prototyping（用户参与原型设计） 用户在原型设计中的作用可以用两个词来概括：忠实、参与。如果没有用户参与原型设计，就没有理由进行原型设计。（6）

User Story（用户故事） 作为敏捷方法的一部分，用户故事从最终用户的角度捕获需求。这

是一个简短且易懂的故事，并提供服务来提醒开发人员在用户故事中开展有关用户需求的对话。（6）

Validating Input（**验证输入**） 测试应用程序接收的输入是否符合应用程序中定义的标准，有几种方法可以验证输入。（15）

Validity（**有效性**） 在调查中，有效性用于度量分析员打算度量的内容的程度。（4）

Varchar（**可变字符**） 可变字符数据可以包含任意数量的字符，最高可达到数据库软件设置的极限。

Vertical Balancing（**纵向平衡**） 创建子关系图的主要规则，它规定子关系图不能产生输出或接收父过程不产生或接收的输入。（7）

Vertical Check-Off Caption（**垂直选择标记标题**） 检查标题的其中一种类型，当响应项必须受到限制时，这种标题效果更好。（12）

Vendor Support（**厂商支持**） 厂商支持服务包括硬件的日常和预防性维护、紧急设备故障时指定响应时间（如六小时内，下一个工作日等）、在硬件必须永久更换或需要场外维修的情况下提供替代设备，并为用户提供内部培训或场外小组研讨会。（3）

Video-Calling（**视频通话**） 使用智能手机、移动设备、网络摄像头等设备与一个或多个用户进行通信，以传输和接收音频和视频。（4）

Video-Conferencing（**视频会议**） 一种允许世界不同地区的人们通过使用视频屏幕来召开会议相互交流的会议系统。（4）

Virtual Assistant（**虚拟助理**） 可以根据用户编写或说出的命令输入执行任务的软件代理。（14）另请参见 Intelligent Personal Assistant。

Virtual Enterprise（**虚拟企业**） 通过利用计算机和通信技术网络，虚拟企业以电子方式将具有特定技能的人员聚集在一起从事不在同一地点的项目，这些远程团队成员能够利用信息技术进行协调。（2）

Virtual Reality（VR，**虚拟现实**） 一个完全由计算机生成的人造世界。（14）

Virtual Team（**虚拟团队**） 经常出现在已经建立的组织中。但是，在某些情况下，远程工作人员所在的组织能够在没有做传统的物理设施投资的情况下取得成功。（2）

Voice Recognition（**语音识别**） 机器或程序能够对听写进行接收和解释，并能够对口头命令理解和加以执行的能力。（14）

Walled Garden（**围墙花园**） 控制用户访问基于网络的内容和服务的环境。围墙花园引导用户在特定区域内导航，只允许访问选定的内容，并阻止访问其他材料。（11）

Web Page（**网页**） 网络上的超文本文档，网页由网络服务器传递给用户，并显示在网络浏览器中。（11）

Web 2.0 Technology（**Web 2.0 技术**） 诸如博客、电子邮件和聊天室等可以被添加到网站上来改善交互和协作的合作技术。（11）

Web-Based Form-Fill Interface（**基于 Web 的表单填充界面**） 显示包含需要与用户通信的数据项或参数的字段。（14）

Whole/Part Relationship（**整体 / 部分关系**） 在面向对象分析和设计中，当一个类表示整个对象，而其他类表示该对象的部分时，就会出现整体 / 部分关系。整体就像是其部分的容器。（10）

Work Breakdown Structure（WBS，**工作分解结构**） 把一个项目分解成更小的任务的方法，通常采用分解方法。WBS 既可以面向产品，也可以面向过程。信息系统项目往往面向过程。（3）

Wide Area Network（WAN，**万维网**） 一种大型计算机网络，可远距离连接计算机组。（16）

Wiki（**维基网站**） 指向公司所在的社交网络的链接以及标记（也称为社交书签），该标记提供指向在线资源的有用指针，如网站、公司内部网上的内容、公司文档，或与组织和用户相关的照片。（11）

Wireframing（**线框**） 用于页面设计，该过程只显示基本信息，没有颜色，没有字体款式，图形显示为一个简单的方框，里面画有一个 X。（11）

Wireless Local Area Network（WLAN，无线局域网） 位置靠近在一起的计算机网络，基于无线电传输而非有线连接。（16）

Workforce Analytics（劳动力分析） 一套先进的数据分析工具和指标，用于实施全面的员工绩效衡量，并根据需要改进。（5）

Work File（工作文件） 临时文件，通常称为事务文件、工作文件或报告文件。（13）

Work Management System（工作管理系统） JIRA 是辅助敏捷开发的其中一个工作管理系统。JIRA 将工作视为协作过程，通过使用模板来解决三种类型的工作管理情况：在 JIRA 中的模版有看板和 Scrum。此外，JIRA 还有用于错误跟踪的模板。（6）

XML Schema（XML 模式） 一种精确地定义 XML 文档的方法，可以包括一个元素能够出现的精确次数、元素内数据的类型、对数据的限制以及小数点左右的位数。（8）

Zoned Decimal（区位十进制） 区位十进制格式用于打印和显示数据。（8）

Zoom Fatigue（Zoom 衰竭） 表示过度使用虚拟交流平台带来的疲劳、焦虑或倦息。（4）

缩略语表

1:1	One-to-one	一对一
1:m	One-to-many	一对多
1NF	First Normal Form	第一范式
2NF	Second Normal Form	第二范式
3NF	Third Normal Form	第三范式
AC	Actual Cost	实际成本
AJAX	Asynchronous JavaScript and XML	异步 JavaScript 和 XML 技术
API	Application Programming Interface	应用程序编程接口
AR	Augmented Reality	增强现实
AWS	Amazon Web Service	亚马逊网络服务
BA	Business Analytics	业务分析
B2B	Business to Business	企业对企业
B2C	Business to Consumer	企业对消费者
BAC	Budget At Completion	竣工预算
BI	Business Intelligence	商业智能
BYOD	Bring Your Own Device	自带设备
BYOT	Bring Your Own Technology	自带技术
CASE	Computer-Aided Software Engineering	计算机辅助软件工程
CDLC	Cloud Development Life Cycle	云开发生命周期
CMS	Content Management System	内容管理系统
COTS	Commercial Off-The-Shelf	商业成品软件
CPI	Cost Performance Index	成本绩效指数
CRUD	Create, Read, Update, and Delete	创建、读取、更新和删除
CV	Cost Variance	成本偏差
DBMS	DataBase Management System	数据库管理系统
DFD	Data Flow Diagram	数据流图
DRaaS	Disaster Recovery as a Service	灾难恢复即服务
DSS	Decision Support System	决策支持系统
DTD	Document Type Definition	文档类型定义
E-R	Entity-Relationship	实体关系
ERP	Enterprise Resource Planning	企业资源规划
EULA	End User License Agreement	最终用户许可协议
EV	Earned Value	挣值
EVM	Earned Value Management	挣值管理
GPL	General Public License	通用公共许可证
GUI	Graphical User Interface	图形用户界面

HCI	Human-Computer Interaction	人机交互
HTML	HyperText Markup Language	超文本标记语言
IaaS	Infrastructure as a Service	基础结构即服务
IoT	Internet of Things	物联网
ISO	International Standards Organization	国际标准组织
JAD	Joint Application Design	联合应用程序设计
KDD	Knowledge Data Discovery	知识发现
LAN	Local Area Network	局域网
MICR	Magnetic Ink Character Recognition	磁性墨水字符识别
NFC	Near Field Communication	近场通信
OCLC	Online Computer Library Center	联机计算机图书馆中心
OCR	Optical Character Recognition	光学字符识别
OID	Object IDentifier	对象标识符
OLAP	OnLine Analytical Processing	联机分析处理
O-O	Object-Oriented	面向对象
OOA	Object-Oriented Approach	面向对象方法
OS	Operation System	操作系统
OSS	Open Source Software	开源软件
PaaS	Platform as a Service	平台即服务
PERT	Project Evaluation and Review Technique	程序评审技术
QBE	Query By Example	范例查询
QR	Quick Response	快速响应
RFID	Radio Frequency IDentification	射频识别
RSS	Real Simple Syndication	简易信息聚合
SaaS	Software as Service	软件即服务
SAN	Storage Area Network	存储区域网络
SDLC	System Development Life Cycle	系统开发生命周期
SEO	Search Engine Optimization	搜索引擎优化
SOA	Service-Oriented Architecture	面向服务的架构
SPI	Schedule Performance Index	进度绩效指数
SQL	Structured Query Language	结构化查询语言
STaaS	STorage as a Service	存储即服务
STROBE	STRuctured OBservation of the Environment	结构化环境观察
SV	Schedule Variance	进度偏差
TQM	Total Quality Management	全面质量管理
UI	User Interface	用户界面
UML	Unified Modeling Language	统一建模语言
UPC	Universal Product Code	通用产品代码
UX	User eXperience	用户体验
VR	Visible Reality	虚拟现实
WAN	Wide Area Network	广域网
WLAN	Wireless Local Area Network	无线局域网

推荐阅读

软件工程：实践者的研究方法（原书第9版）

作者：[美] 罗杰 S.普莱斯曼 等著 译者：王林章 等译
ISBN：978-7-111-68394-0 定价：149.00元

软件工程（原书第10版）

作者：[英] 伊恩·萨默维尔 著 译者：彭鑫 赵文耘 等译
ISBN：978-7-111-58910-5 定价：89.00元

软件工程导论（原书第4版）

作者：[美] 弗兰克·徐 等著 译者：崔展齐 潘敏学 王林章 译
ISBN：978-7-111-60723-6 定价：69.00元

设计模式：可复用面向对象软件的基础（典藏版）

作者：[美] 埃里克·伽玛 等著 译者：李英军 马晓星 等译
吕建 审校 ISBN：978-7-111-61833-1 定价：79.00元

现代软件工程：面向软件产品

作者：[英] 伊恩·萨默维尔 著 译者：李必信 廖力 等译
ISBN：978-7-111-67464-1 定价：99.00元

软件测试：一个软件工艺师的方法（原书第5版）

作者：[美] 保罗·C. 乔根森 等著 译者：王轶辰 王轶昆 译
ISBN：978-7-111-75263-9 定价：129.00元